국어와 일본어의 사이

송민(宋敏)

1937년, 전라북도 익산시 출생. 성장, 滿洲國 牧丹江省 寧安縣 鹿道村.

학력, 1963년 서울대학교 문리과대학 국어국문학과 졸업. 1985년 동대학원 문학박사.

전문은 국어와 일본어의 음운사 및 어휘사.

경력, 성심여자대학(현 가톨릭대학교) 교수. 東京大學 文學部 外國人研究員. 東京言語研究所 研究員. 국민대학교 문과대학 교수. 한국일본학회 회장. 국어심의회 위원(언어순화분과 위원장). 국민대학교 문과대학 학장. 국립국어연구원 원장. 국어학회 회장. 國際日本文化研究센터 客員敎授. 국민대학교 대학원장. 延邊大學校 朝鮮-韓國學學院 講義派遣敎授.

현재, 국민대학교 명예교수. 사단법인 한국어문회 이사. 재단법인 일석학술재단 이사.

저서, 『日本語의 構造』, 『前期近代國語 音韻論 研究』, 『韓國語と日本語のあいだ』, 『근대국어 연구』, 『어휘사와 어원연구』 외에 한·일양국어의 계통 및 관계사 분야와 국어음운사, 국어어휘사 분야의 공저와 논문 다수.

수상, 동숭학술연구상. 홍조근정훈장. 일석국어학상. 옥관문화훈장.

# 국어와 일본어의 사이

| | |
|---|---|
| 초판 인쇄 | 2024년 1월 12일 |
| 초판 발행 | 2024년 1월 26일 |

| | | |
|---|---|---|
| 지은이 | 송 민 | |
| 펴낸이 | 박찬익 | |
| 편집 | 이기남 | |
| 책임편집 | 권효진 | |
| 펴낸곳 | ㈜박이정 | ▌주소 경기도 하남시 조정대로 45 미사센텀비즈 F827호 |
| 전화 | 031-792-1195 | ▌팩스 02-928-4683 |
| 홈페이지 | www.pijbook.com | ▌이메일 pijbook@naver.com |
| 등록 | 2014년 8월 22일 제2020-000029호 | |
| ISBN | 979-11-5848-925-0 (93710) | |

| | |
|---|---|
| 책값 | 30,000원 |

# 국어와 일본어의 사이

송 민 지음

# 논고집을 상재(上梓)하면서

일찍이 19세기 후반, 서양에서 비롯된 역사·비교언어학은 인구어의 계통연구로 이어지면서 그 연구성과는 한 동안 학계를 풍성하게 장식하였다. 그 여파가 동양으로 확산된 것은 일본에서였다. 남들보다 한 발 앞서 서양에 눈을 뜨게 된 일본학자들은 자국어의 계통에 관심을 보이기 시작했는데, 여기서 비롯된 것이 국어와 일본어의 비교연구였다. 이에 저자는 공부를 시작하면서부터 계통론에 적지 않은 관심을 가지게 되었다.

저자가 대학의 문으로 들어선 1950년대 전후의 국어학계는 사적(史的) 연구의 전성시대였다. 이숭녕(李崇寧) 선생님을 처음 만나 그러한 학계의 흐름을 배우는 동안 우연히도 국어와 일본어의 비교연구를 접하게 되었다. 그 과정에서 특히 비교연구의 기본원리인 음운대응(音韻對應) 규칙은 매력덩어리가 아닐 수 없었다. 자연히 사적음운론(史的音韻論)에 관심을 쏟게 되었다. 그러나 실질적 연구는 험난한 길이었다. 일본 현지에 직접 가서야 그 점을 뼈저리게 깨달았다. 언어 간의 역사적 비교연구를 순조롭게 수행하기 위해서는 고대언어 자료와 방언 자료, 거기에 동계언어와 같은 실효성이 분명한 자료에 의존해야 한다. 그러나 국어는 고대 자료와 동계언어를 주변에 거느리지 못하고 있는 언어여서 이를 일본어와 비교하는 작업은 무수한 난관을 넘어야 하는 과정이었다.

저자는 세 차례에 걸친 1년씩의 일본 현지연구를 통하여 한 가지 사실을 새로 발견하였다. 근대일본어 시대에 태어난 한자어 중에는 서양문화에 대한 번역형 신조어가 엄청나게 많다는 점이었다. 그런데 바로 그렇게 태어난 신생한자어의 어형이나 의미가 구한말에서 식민지 시대에 걸쳐 그때그때의 국어에 적지 않은 영향을 끼쳤다는 사실도 알게 되었다. 그러다 보니 이번에는 그러한 신생한자어에 나도 모르게 흥미를 느끼게 되면서 국어어휘사의 연구 과제로도 충분한 가치가 있으리라고 여기게 되었다.

국어와 일본어의 경우, 막연하고도 불확실하나마 계통적 관계를 보이는 것 같기도 하지만, 다른 한편으로는 선사시대를 비롯하여 고대에서 현대에 이르기까지 눈에 보이지 않는 상호 간의 접촉과 간섭을 거듭했던 것으로 추정된다. 그러한 사실을 역사적으로 밝혀보고 싶어진 저자는 오랫동안 국어와 일본어 사이를 넘나들며 그나름의 노력을 기울여 온 바 있다. 이 논고집에는 그러한 노력의 일단이 그런대로 반영되어 있다고 믿는다.

공부라고 하긴 했지만 스스로 생각할 때 그 성과는 그리 신통하지 못하여 세상에 내놓을 만한 것이 못된다고 여겨왔다. 그래서 그동안에는 뒤를 돌아볼 여유도 없이 그때그때 발표하기에만 급급했을 뿐 자신의 연구성과를 논고집으로 정리할 생각도 해본 적이 없다. 사실, 옛 선현들은 살아있는 동안 문집을 스스로 엮은 사람이 거의 없다고 해도 과언이 아니다. 당연한 일이다. 누구나가 자신의 머리에서 나온 고핵(考覈)의 조각들을 문집에 모아 천하에 내보이기는 멋쩍기도 하거니와 무엇보다도 두려울 수밖에 없었을 것이다. 그럼에도 불구하고 저자는 결국 염치를 무릅쓰고 여기에 만용을 부리게 되었다. 평생에 걸쳐 한 눈 팔지 않고 국어의 주변을 맴돌며 공부한 결과를 뒤늦게나마 정리해 보기로 한 것이다.

그 발단은 같은 대학에서 함께 봉직한 김주필(金周弼) 교수에게서 비롯되었다. 정년을 맞아 학교를 떠난 후 김 교수가 말을 꺼냈다. 후진들이 저자의 논고를 읽어보고 싶어도 여기저기에 흩어져 있어 일일이 찾아내자면 번거로움이 이만저만이 아닐 것이니 그들의 편의를 위해서라도 연구성과를 저서로 한데 묶어놓아야 한다는 의견이었다. 말이 좋아서 남의 연구성과를 찾아 읽는다고 하지만 그 말을 믿기에는 세상이 너무 급변하고 있다. 학술상의 이론과 연구자의 취향이 하루가 다르게 새롭게 바뀌고 있는데 구태여 지난 시절의 연구성과를 찾을 연구자가 있을 것 같지 않기 때문이었다.

거기다가 지난 시절의 모든 연구성과는 원고지에 손으로 쓰여진 후 활판인쇄를 거쳐 세상에 나왔다. 그러나 지금은 전산기에 입력되는 절차를 통해야 세상에 나올 수 있다. 과거의 연구성과는 입력절차 없이 저서가 되어 나올 수 없는 것이다. 이 절차부터가 손쉬운 일이 아니어서 출판은 엄두를 내기도 어려웠다. 그러나 김주필 교수는 까다롭고 번거로운 입력작업을 마무리할 수 있도록 온갖 번거로운 수고를 마다하지 않았다. 자신의 연구실과 인연이 닿는 대학원생들의 협력을 얻어 입력작업을 마치도록 힘써 준 것이다. 그게 바로 2013년이었다.

입력파일을 넘겨받고 보니 출판을 위한 교정을 시작하지 않을 수 없었다. 그러나 해결해야 할 문제가 한 둘이 아니었다. 우선 당초의 연구성과 중에는 발표시기가 반세기를 넘어선 것도 있었다. 오랜 기간에 걸쳐 있다 보니 논고 하나하나의 체제(體裁)나 형식 등도 그때그때 제 각각이어서 통일되어 있지 않았다. 무엇보다도 문제는 한자혼용이었는데 요즈음은 한글전용이 대세인지라 이에 대한 해결책이 그리 쉽지 않았다. 왜냐하면 저자의 논고에 나타나는 인용문의 원문에 한자가 섞여 있거나 연구과제 자체가 한자어일 경우, 그 한자를 그대로 살려 쓸 수밖에 없기 때문이다. 또한, 본문의 한자만은 한글표기로 바꾸고 싶었으나 입력자에 따라 생각이 다른 바람에 통일을 기하지 못하고 논고에 따라 여전히 들쑥날쑥한 모습을 드러내고 있다. 서양어나 한문으로 쓰여진 원문을 인용할 경우, 과거에는 외국어를 번역 없이 그대로 제시하고 넘어갔으나 오늘날의 관점으로는 문제가 될 수도 있다. 주석 또는 참고문헌의 제시방식도 일정한 기준을 따르지 못한 채 남아있어 아쉽게 느껴진다.

각 논고의 체재(體裁)는 그렇다 치더라도 또 하나의 커다란 문제는 발표당시의 본문에 나타나는 비문(非文)이나 오탈자(誤脫字), 저자의 무지에서 비롯된 오류(誤謬), 잘못된 판단이나 해석이 아닐 수 없다. 비문이나 오탈자는 발견되는 족족 적절한 수정을 가하는 선에서 해결이 되었으나, 저자가 저지른 오류는 어떻게 대처해야 할지 판단이 쉽지 않았다. 발표당시의 모습을 그대로 남겨두는 것이 연구자의 양심적 도리라는 말을 들은 적이 있긴 하지만, 무조건 그렇게 밀어붙이기도 어렵기 때문이었다. 이에 그때그때 저자의 판단에 따라 잘못된 점에 대해서는 어느 정도 손을 대기도 했지만, 비록 잘못일지라도 저자가 책임을 진다는 뜻에서 당초대로 남겨둔 경우도 없지 않다. 요컨대 발표당시의 원문에 수정이 가해져 당초와는 달라진 경우도 있지만 잘못인 줄 알면서도 그대로 놓아둔 경우도 있다는 뜻이다. 대체로 발표시기가 오래된 논고일수록 수정이 많이 이루어졌다고 보면 좋을 것이다. 학술용어, 국제음성부호(IPA)와 같은 전사기호, 그밖의 부가기호, 심지어 띄어쓰기에 이르기까지 논고마다 다른 점도 문제가 아닐 수 없다. 가령 저자는 논고에 따라 '한국어'와 '국어'라는 용어를 번갈아 쓴 바 있다. '일본어'라는 용어와의 대비를 위해서는 '한국어'가 적절하다고 생각되었으나 관용이라는 측면에서 본다면 '국어'가 자연스러웠기 때문이다. 이와 같은 혼용이 이 논고집에 그대로 남아있다는 점도 아쉬움이라면 아쉬움일 것이다.

또 하나의 커다란 문제점이라면 이른바 자기표절이라고 할 수 있다. 적어도 과거에는 특별히 문제가 되지 않았는데 비교적 근래에 불거진 이 기준에서 자유로울 수 있는 연구자는 아마도 별로 없으리라 생각된다. 왜냐하면 공부란 스스로의 온축(蘊蓄)을 발판으로 삼아 그 위에 새로운 연구내용을 쌓아 올리는 과정이다. 새로운 결론을 이끌어내자면 어쩔 수 없이 자신이 과거에 얻은 연구성과를 이용해야 할 때가 많아진다. 이를 무조건 표절이라고 한다면 이 세상 어느 누구도 연구 때마다 완전무결하고도 독창적인 성과를 내놓기는 불가능할 것이다. 연구성과를 모아놓은 이 논고집에도 어쩔 수 없는 중복이 여기저기에서 드러난다. 연구자로서는 결코 떳떳한 일이 아니겠지만 이미 저질러진 지난 시절의 과오라 더 이상 어쩔 수 없음을 고백하면서 하해와 같은 관용(寬容)을 구할 수 밖에 없다.

여기까지 작업이 진행되는 동안 주변의 많은 도움을 받은 바 있다. 우선 입력작업에 힘을 보태준 당시의 대학원생들로는 국민대학교 박사과정의 김성기, 박순란, 윤희선, 이민아, 홍성지 재학생, 그리고 석사과정의 박주언, 이재림 재학생 등이 있다. 저자의 논고에는 한자에 나타나는 각종 벽자(僻字)와 서양제어, 까다롭고도 특수한 전사기호와 부가기호에 이르기까지 전산기의 글자판만으로는 찾아볼 수 없는 기호가 많아 입력에 어려움이 많았을 것이다. 특히 박순란 재학생의 경우 입력작업을 총괄하는 역할까지 맡아 남다른 노고가 컸을 뿐 아니라, 박사학위를 받은 후에도 2016-2017년에 걸쳐 저자의 개인연구실을 출입하면서까지 파일 원고의 교정작업을 계속 돕는 노력을 아끼지 않았다. 나아가 그녀는 그 후에도 국제음성부호(IPA)와 같은 까다로운 입력작업을 도맡아 일감을 집에까지 들고 가는 성의를 마다하지 않았다. 그 고마움을 기억하면서 여기에 기록으로 남겨두고 싶다.

일부의 자료 입력작업과 교정작업에는 저자의 아내 윤수영과 딸내미 송나리도 그때그때 동원되어 적지 않은 힘을 보탰다. 식구들까지 이모저모로 고생을 시켰다는 점에서 미안한 마음을 금하기 어렵다. 그럼에도 불구하고 이 논고집에 어떤 과오나 결함이 남아있다면 이는 모두가 저자의 무지와 불성실에서 비롯된 책임이 아닐 수 없다.

끝으로 이번 논고집 출판에 즈음하여 박이정의 박찬익 사장님과 한국외대 일본연구소의 손경호 박사, 그리고 권효진 편집장을 위시한 편집부의 관계자 한 분 한 분에게도 각자의 노고와 열정을 되새기면서 감사의 인사를 전하지 않을 수 없다.

2023년 12월 10일, 저자 적음

# 논고집 3. "국어와 일본어 사이"에 대하여

　국어와 일본어 간에는 언어학적으로 부인하기 어려운 유사성(類似性)이 다양한 모습으로 나타난다. 이들 유사성의 경우 서로 대립되는 양면성을 드러내고 있는데, 그중 하나는 국어와 일본어의 계통적 친연성(親緣性)을 암시하고 있는 유사성이며, 시대적으로는 주로 고대(古代)나 그보다 이전인 선사(先史) 시대의 일본어로 거슬러 올라간다. 기초단어나 동사, 형용사의 어근 등에 걸쳐 나타나는 유사성이 바로 그것이라고 할 수 있다.

　다른 하나는 두 언어 간의 문화적 접촉이나 간섭의 결과에 따라 이루어진 차용어에 두드러지게 나타나는 유사성인데, 이들은 다시 두 시기로 구분될 수 있다. 그 하나는 역사시대로 접어든 이후의 고대일본어에 나타나는 한반도 기원의 차용어들인데, 이들은 주로 기본적 생활문화에 속하는 의식주나 농경문화 관련 어휘들이다.

　그후에는 오랜 동안 국어와 일본어 간에 직접적인 접촉이나 간섭이 거의 없었으나, 근대말·현대에 접어들면서 서양화(西洋化)라는 물결과 더불어 두 언어의 접촉이 또다시 밀접해짐에 따라 차용 또한 이전에 보지 못했을 만큼 급격하게 늘어나기에 이르렀다. 이때에 이루어진 언어적 간섭으로는 고대와 달리 일본어가 국어에 일방적으로 수용되었다. 그 중에서도 뚜렷하게 드러나는 존재는 개화기 이후 일본어로서 서양제어에 대한 번역어나 거기서 비롯된 문화관련 한자어였다고 할 수 있다.

　이에 저자는 그동안 오랜 역사적 배경을 지니고 있는 한·일 양언어 간의 유사성에 나타나는 양면성을 대상으로 삼아 그 근원과 역사적 성격을 구명하고자 여러 각도에서 면밀한 검토를 계속해 왔다. 그 결과 고대일본어에는 국어와의 계통적 관계를 보이는 것으로 해석되는 형태소가 분명히 나타나는가 하면, 국어에서 차용된 것으로밖에 달리 생각할 수 없는 어휘요소가 적지 않음을 알게 되었다. 이 책에는 그러한 저자의 연구성과가 모아져 있다.

　제1부에는 우선 일본어의 계통에 관련된 연구성과가 실려 있다. 여기에는 저자가 그동안 한·일 두 언어의 유사성 가운데에서도 계통적 친연성을 나타내는 것으로 추정되는 언어적 요소를 분석한 결과가 정리되어 있다. 구체적으로는 일본어의 계통론에 대한 회고와 전망, 한·일 두 언어 간의 형태소에 대한 비교연구 시도, 그리고 일본어와 친밀한 관계를 보이는 고구려어의 어말모음 소실에 대한 검토 등이 포함되어 있으며, 그 끝에 한·일 양국어의 비교

연구사가 실려 있다. 당초 이 비교연구사의 부록이었던 "한·일 양국어 비교어휘" 색인은 편의상 권말인 제3부에 '부록'으로 따로 붙여두었다.

여기까지의 연구성과는 일찍이 저자가 일본의 동경에서 펴낸 『韓国語と日本語のあいだ』(1999, 草風館)에 실린 바와 있는 내용과 같은 것이다. 그러므로 본서 제1부는 앞선 일본어판에 대한 국문판이라고 할 수 있다. 다만 제3부 "양국어 비교어휘" 색인의 경우, 당초의 일본어판에는 많은 잘못이 그대로 드러나 있었다. 시간에 쫓겨 서둘러 교정을 끝냈기 때문이다. 그러나 이번 국문판에서는 상당한 수정이 이루어졌다. 이로써 그동안 느껴왔던 과오에 대한 심적 부담을 어느 정도 덜 수 있게 된 셈이다.

제2부에는 고대와 조선시대, 특히 임진왜란(1592) 이후와 개화기 이후 현대에 이르기까지 두 언어의 상호접촉과 간섭에 대한 실상이 정리되어 있다. 고대에는 주로 한반도의 언어가 일본어에 차용되었지만, 그후 오랫동안 두 언어 간에는 실질적인 접촉이 거의 없었다. 그러다가 접촉이 재개된 된 것은 임진왜란 이후 통신사(通信使)들의 왕래를 통해서였다. 통신사들은 일본어와의 접촉 경험을 기록으로 남기기도 하였으며, 임진왜란 이후 일본으로 끌려간 동포들이 타국 땅인 일본에서 모국어를 망각해 가는 모습을 경험하기도 하였다. 저자는 이번 책에 그러한 역사적 실상을 찾아 정리해 두었다.

일본어가 국어에 대량으로 수용되기에 이른 것은 개화기 이후부터였다. 그 계기는 한·일 간에 어쩔 수 없이 체결된 강화도조약(1876)을 시작으로 하여 일본에 파견된 바 있는 수신사(修信使)들의 일본어 체험에서 비롯되었다. 그후 갑오개혁(1894)부터는 일본어가 더욱 본격적으로 국어에 수용되기 시작하였다.

그 결과 현대국어에는 일본어에서 비롯된 다양한 층위의 단어와 관용구, 언어의식까지도 어렵지 않게 발견된다. 특히 일본어에서 유래한 한자어가 크게 늘어났다. 자연히 개화기 이래 국어의 어휘체계, 특히 한자어휘체계는 일본어의 영향으로 크게 달라졌다. 이에 따라 수많은 전통적 한자어가 시대와 문화의 변천에 따라 일본식 신생한자어로 대체되기에 이른 것이다. 이 책에는 국어에 대한 일본어의 간섭이 저자의 시각으로 정리되어 있다.

끝으로 이번 논고집의 교정에는 특히 손경호 박사의 손을 빌려 원고파일 검토와 초교에 많은 도움을 받았다. 다시 한 번 고마운 인사를 전한다. 또한 교정의 마무리 검토에는 딸내미 송나리의 도움을 다시 받았다. 고마운 일로 기억될 것이다.

2024년 1월 10일 저자 적음

# 제2부  상호접촉과 간섭


古代日本語에 미친 韓語의 영향_ 215

# 제3부　부록

제 **1** 부

비교연구의 발자취

# 일본어 계통론에 대하여

## 1. 서 언

전후로 접어들면서 日本語의 史的硏究, 특히 上代日本語의 內的再構가 진전 심화됨에 따라 문헌이전의 古代日本語 내지 原始日本語의 再構 및 日本語의 起源 혹은 系統問題가 더욱 학계의 관심을 끌게 되었다. 이러한 관심은 語學界에만 국한된 것이 아니어서, 이른바 日本文化, 日本人種의 先史를 추적하는 모든 文化科學, 특히 歷史學, 考古學, 人類學, 民族學 분야까지를 동원하기에 이르렀으며, 학계의 그러한 관심은 저널리즘과 出版物을 통하여 일반 교양인의 흥미를 자극하기에 충분한 것이었다. 安田德太郎의 『人間の歷史』(1952)와 『萬葉集の謎』(1955), 大野晋의 『日本語の起源』(1957)이 계기적으로 몰아 온 日本人, 日本語의 起源論 붐은 그 구체적 표출이었다.

그런데 최근에 들어와 日本語의 起源論은 또 한 번의 붐을 일으키고 있다.[1] 이러한 붐은 高松塚古墳의 발굴(1972)을 계기로 古代日本과 외래 문화 문제가 크게 각광을 받았기 때문이 겠으나, 작년(1973) 10월 20~21 양일간 東京의 上智大學에서 열린 日本言語學會 제68회 대회는 日本語의 起源論 붐이 그 절정에 이르렀음을 실감시켜 주는 것이었다. "日本語の起源"이란 테마 밑에 6名의 강사(泉井久之助, 江上波夫, 大野晋, 大林太良, 崎山理, 村山七郎)를 내세운 제1일차 심포지움은 문자 그대로 입추의 여지도 없는 성황을 이루게 되자, 예정되었던 교실을 더 큰 곳으로 옮겼으나 그마저 자리가 모자라 아예 단념하고 돌아선 사람도 적지 않았다고 전한다.[2] 그런데 이 대회는 제2일차의 연구발표에서도 日本語의 起源과 관계되는 논문(藤原明 "日本語とウラル諸語の身體各部比較語彙", 長田夏樹 "日朝共通基語比定のための對應型の選擇について", 江實

---

1) 學問的 혹은 國際的 견지에서 이러한 붐의 淵源이 Martin, S.M.(1966)에 있다고 보는 사람도 있다. 馬淵和夫(1974), 昭和47·48年度における 國語學界の展望·總說. 『國語學』 97: 5.
2) 이 심포지움의 개략적인 발표내용에 대해서는 村山七郎(1974a): 243-252, 村山七郎(1974b): 11-12, 및 安田尚道(1974): 88-89 등 참조.

"ニューギニアのナン(Nan)語について")이 발표되어 전날의 성황과 조화를 이루었다.

이에 앞서 "東アジアの古代文化を考える會"와 每日新聞社는 공동으로 日本古代文化 시리즈로서의 강연회와 심포지움을 계획하고 "日本語와 東아시아의 諸言語"에 대한 제1회 강연회를 1973년 2월 10일 오후 東京의 中野文化센터에서 열었고, 그날 밤 東京 お茶の水의 駿台莊에서는 심포지움이 열렸다. 이 두 모임의 내용을 정리한 것이 江上波夫·大野晋 (編)(1973)이다. 日本語의 起源·系統問題를 직접 다룬 것은 아니었으나 심포지움은 起源問題에 상당한 관심을 쏟고 있다. 한편 월간 『言語』(大修舘書店)는 1974년 1~2월호에 걸쳐 "日本語の起源をもとめて"란 특집을 엮어내었다. 이러한 모든 사실이 日本語 起源論에 대한 최근의 열기를 잘 말해주고 있는 셈이다.

그러나 이러한 열기가 곧 日本語의 起源探索에 대한 결정적인 결론이나 새로운 성과에 직결되는 것은 아닌 듯하다. 安田尚道는 이 사실을 "정말 日本語起源論·系統論의 붐이다. 그러나 그 '論'의 質이 어떤가 하면 매우 의심스러운 것이다. 같은 論者의 것이 오히려 전보다도 조잡해졌다고 생각되는 곳마저 있을 정도이다"[3]라고 평하고 日本言語學會 大會 심포지움에 대한 소감을 "정직하게 말해서 심포지움 후에는 허무함만이 남았다"[4]라고 표현하고 있다. 그리고 그는 "결국 이와 같이 화려하게 보이는 日本語系統論·起源論의 붐이 새로 가져다 준 것은 거의 아무 것도 없다"[5]고 단정하고 있다. 모처럼 왕성하게 태두된 起源論議가 이처럼 冷評을 받고 있는 이유는 중요하다. 이에 필자는 여기에서 日本語系統論의 최근동향을 개관하고 그 이유를 찾아보기로 한다.

---

3) 安田尚道(1974): 88.
4) 安田尚道(1974): 89. 한편 千野榮一는 이 심포지움을 大石內藏助가 없는 "忠臣藏"에 비유하고 있다. "このシンポジウムは日頃閑散としている言語學會の大會を四百人以上の聽衆で一杯にして、日本語の起源は(觀客が多く集まるという意味で) '忠臣藏'であると豫言した人の言葉の正しさを裏書きしはしたが、殘念なことに大石內藏助のいない'忠臣藏'で、眞面目に參加した言語学以外の分野の人には気の毒な會であったといえよう". 千野榮一(1974): 86.
5) 安田尚道(1974): 91.

## 2. 系統論의 양상

한마디로 系統論이라고 하지만 그 양상은 다기다양하다. 우선 그 내용을 크게 둘로 나누어 볼 수 있다. 하나는 上代日本語 또는 그 이전의 자료를 재검토하는 방법이고, 다른 하나는 外國語와 비교하는 방법이다. 전자는 內的再構에 가까운 것이고 후자는 比較再構에 가까운 것이다.

### 1) 日本語史의 內的再構

이는 日本語의 起源論이나 系統論과 직접적인 관련을 가지고 있는 것이라기보다, 旣存業績을 반성하고 자료를 재검토하여 日本語史를 再構成한 후, 그 결과를 日本語의 形成 및 淵源에 연결시키려는 태도이다. 따라서 이러한 방법은 系統論의 전제로서 必須不可缺한 것이다. 물론 系統論을 위한 內的再構의 필요성이 최근에 와서 새로 제기된 것은 아니다. 그러나 안목을 달리하면 새로운 가능성이 나타날 수 있을 것이다. 그러한 안목 중에서 우선 다음과 같은 것들이 주의를 끈다.

첫째는 音韻論的인 안목이다. 가령 上代日本語의 音韻研究에는 漢字의 中古音이 중추를 이루어 왔으나 上古音의 重要性도 충분히 인식되어야 한다는 점이다. 賴惟勤은 다음과 같이 제의하고 있다.

> 例の卑奴母離だって、リというのは上古音だとラになってしまう。だからラである可能性はないか。それから、ヒナモリのナとか末廬(マツラ)の国のラとかああいうものもアの韻で讀むなら卑稱呼(ヒミコ)のコだって当然ヒミカになるはずなんでヒミカとしたらいったいどういうような日本語が当たるんだろうというこも考えた上でそれからヒミコになるならかまわないんですけれども初めからヒミコで一点の疑いがないというのはわれわれから見るとずいぶん亂暴のような気がします。[6]

推古期遺文의 假名表記에 周代의 古音 즉 漢字의 上古音이 반영되어 있다는 사실[7]은 일찍부터 알려져 있는 만큼, 이 사실을 『魏志』의 倭人傳이나 韓傳의 地名, 人名, 官職名에 적용

---

6) 江上波夫・大野晋(1973): 217.
7) 國語調査委員會(1911), 『假名源流考』(東京), 大矢透(1914), 『周代古音考』(東京).

시켜 한자음의 이용방법을 반성할 필요가 있다는 것이다. 賴惟勤은 中國語學者여서 구체적인 의견을 제시하지는 않았지만, 그의 발언은 上代語의 音韻史 再構에 새로운 안목을 시사해 주는 것임에 틀림없다. 이러한 노력이 경주된다면 日本語의 형성과 起源追跡에도 크게 공헌할 수 있을 것이다.

둘째는 語源論的 안목이다. 大野晋는 日本語의 內的再構를 위한 語源探究의 한 방법으로 單語家族(word-family)의 개념을 내세우고 있다. 이 개념은 단어의 결합과 意味變化를 추적함에 있어 적지 않은 역할을 수행한다는 것이다.

예를 들면 'ヤサシ'(易, 優)와 'ヤス'(瘦)는 語源論的으로 동일한 어근에서 발달한 것인데 그 이유는 다음과 같다.[8]

첫째로 意味面에서 ヤサシ는 中世에 'おとなしい, 素直である, 從順である'였고 平安時代에는 'さし向うと恥しい気持になるほど優美だ'였으며, 奈良時代에는 '身も細る思いである'였다. 이렇게 볼 때 ヤサシ의 의미는 '平易 → 從順 → しとやか → 優美 → 恥しい → 身も細る思い'처럼 거슬러 올라가므로 여기에 ヤセル(瘦)를 연결시킬 수 있다.

둘째로 語形面에서 ヤス는 下二段活用 動詞인데 下二段活用 動詞와 意味上 깊은 관계를 가지고 있는 形容詞의 語根中 ア列音으로 끝나는 것이 많다. 'アケ(明) → アカシ(赤), フケ(更) → フカシ(深), ウレヘ(憂) → ウレハシ(憂), メサメ(覺) → メザマシ(目覺)'. 그런데 'ヤセ(瘦) → ヤサシ'도 語形變化上 동일한 유형을 보이고 있다.

셋째 金田一春彦에 의하면 平安時代에 "어떤 말의 악센트가 高로 시작되면 그 派生語, 複合語도 모두가 高로 시작되며 低로 시작되면 그 派生語도 모두가 低로 시작된다"는 法則이 있었다. 이러한 法則은 현재에도 京都系 諸方言의 대부분, 그리고 대부분의 西南九州方言에 분명히 존재하므로 奈良時代에도 존재했을 것이다. 그런데 『類聚名義抄』에는 '瘦ヤス(上平), 薄ヤセタリ(上○○○), 艶ヤサシ(上上上)'처럼 第一音節의 악센트가 모두 上으로 되어 있어 ヤス와 ヤサシ가 起源的으로 동일하다는 추정을 막지 않는다.

이렇게 하여 asa(朝), asate(明後日), asita(朝), asu(明日)에서는 as란 共通語根을 추출할 수 있는데 그 의미는 "날이 밝는다, 날이 샌다"였을 것이다. 뿐만 아니라 kamiaFë(嚙合) → kamaFë(構), kakiaFë(懸合) → kakaFë(抱), sasiaFë(差合) → sasaFë(支), töriaFë(取合) → töraFë(捕), FikiaFë(引合) → FikaFë(控), mukiaFë(向合) → mukaFë(迎), kötöaFë(言合) → kötaFë(答) 등도 aFë(合)를

---

8) 大野晋(1970): 48-49.

核으로 생각할 때 語源이 분명해진다. 이처럼 意味變化의 유형, 形態變化의 유형, 악센트, 上代特殊假名, 母音交替, 音聲連結과 形態音韻論的 특징, 方言 등은 上代日本語의 語源硏究에 도움을 줄 수 있다.[9]

그는 이러한 작업을 "日本語 자체를 아는 일"[10]이라고 표현하고 있다. 그런데 日本의 古典語中 固有日本語의 버라이어티는 25,000語 정도이나 그 중에는 複合語가 많으므로 이들을 이와 같이 분석하면 대체로 1,200에서 1,500 정도의 語根이 생겨난다. 이 根語들은 日本語에서 가장 古形이 될 수 있으며 옛날 의미를 나타내고 있으므로 이에 의해서 日本語와 外國語의 比較硏究를 행해야 할 것이라[11]는 것이 그의 주장이다.

오랫동안 日本語의 起源을 추적해온 그는 『日本語の起源』(1957) 이후 자신의 연구를 진전시키기 위하여 이러한 방법을 택했다고 하는데[12] 그의 결과가 比較硏究에 어느 정도 有意味한 것이 될지는 두고 보아야 할 일이다. 다만 그의 노력은 日本語 자체의 內的再構에 크게 기여할 것임에 틀림없다.


## 2) 外國語와의 비교

### 가. 北方系統說

최근의 日本語系統論은 크게 北方系統說과 南方系統說로 나뉘는데 北方系統說은 Altai語가 주축을 이루고 있으며 韓國語도 여기에 포함된다. Ural語도 그 일부를 차지하고 있으나 그 비중은 미미한 것이다. 日本語의 Altai語 系統說은 오랜 전통을 가진 것이나 현재까지도 Altai諸語와 日本語의 體系的인 比較硏究가 日本學者의 손에 이루어진 바는 거의 없다. 따라서 이 방면의 연구는 주로 西洋學者들에게 機先이 돌아갔는데 최근에는 Miller(1971)가 공표되었다.

Miller(1971)는 上代日本語를 근거로 하여 日本語가 音韻, 語彙, 文法的인 면에서 Altai語와 親族關係에 있음을 밝히려고 한 것이다. 그는 이미 여러 노작을 통하여 Proto-Altaic $*d$-, $*\check{\jmath}$-, $*\check{c}$-, $*l_2$ 등의 反射形을 日本語에서 探索해 왔는데[13] 이 著書에는 $*\tilde{n}$, $*r_2$, $*e$, $*\dot{e}$, $*\bar{e}$,

---

9) 大野晋(1970): 60.
10) もともと日本語と外國の言語とを關連づける研究には, 二つの必要な要素があります. 一つは外國の言葉を深く研究する. 二つは日本語それ自體を知ること. 大野晋(1973): 19.
11) 大野晋(1973): 28.
12) 大野晋(1973): 19.

ĕ 등이 추가되어 있다. 그리고 語彙와 文法的인 측면에서는 代名詞, 數詞, Interrogatives, Negation, Gerunds 등을 비교하고 있다. 그는 音韻과 語彙에 역점을 두고 있으며 形態論的 비교는 일부에 국한시켰다. 이 저서에는 日本語學者로서의 그의 역량이 잘 발휘되어 있으며 명실상부한 比較方法의 科學性이 반영되어 있음에 틀림없으나 세부적인 면에서는 문제점이 많다. 일례를 들면 日本語學者인 그는 韓國語에 관한 한 전적으로 Martin(1966)에 의존하고 있으나 韓國語學의 立場에서 볼 때 거기에는 많은 문제점이 있다.[14] Martin(1966)에 對한 그의 信賴는 Miller(1967a)의 第2章 系統論에 잘 나타나 있는데 여기서 그는 日本語와 韓國語의 系統關係는 混沌狀態(chaotic)에 있었으나 Martin에 의해서 확실해졌다고 하였다. 그러나 日本學界에서도 Martin(1966)에 대해서는 "日本의 研究者를 納得시킬 수 없다"[15]고 평하고 있다. 어쨌든 日本語를 Altai語에 연결시키려는 그의 노력이 아직은 역부족임에 틀림없으나 미래의 연구를 위한 하나의 주춧돌이 구축되었음을 부인할 수는 없을 것이다.[16]

日本學者들에 의해서 이루어진 日本語와 Altai語의 비교가 없는 것은 아니나 대개의 경우 그 내용이나 方法論이 확립되어 있지 않으므로 比較文法이나 語源論으로서의 유효성을 인정 받기는 어려울 것이다.[17] 그리고 Altai語를 개별적으로 日本語에 비교한 것도 있으나[18] 이 역시 구체적인 성과로 간주하기는 어렵다. 다만 小澤重男(1968)은 上代日本語와 中世蒙古語 의 語彙를 광범하게 비교하고 있으나 큰 지지는 받지 못하고 있다.[19]

한편 日本語와 韓國語의 親族關係 여부는 일찍부터 학계의 각광을 받았으나 최근에 와서 는 이렇다 할 진전을 보이지 않고 있다. 일부의 학자들이 이 문제에 매달려 있으나 자료의 제약과 方法論의 미비로 이렇다 할 성과는 거두지 못하고 있다. 韓國語와 日本語의 音韻對

13) Miller, R.A.(1967b), _____(1968), The Japanese reflexes of Proto-Altaic *d-, *ʒ-, and *č-, *Journal of the American Oriental Society* 88: 753-765, _____(1970), The Old Japanese reflexes of Proto-Altaic *l₂, *Ural-Altaische Jahrbücher* 42: 127-47.

14) 宋敏(1969): 66.

15) 安田尙道(1974): 90.

16) The solution of the difficult problem concerning the affiliation of Japanese to other languages has not entirely achieved but his investigations have prepared a solid foundation for future study in the new field of Altaistics. 村山七郎(1972): 467.

17) 長田夏樹(1972, 1974). 前者는 그가 일찍이 발표한 論文들을 모은 것이어서 최근의 것이라고 볼 수 없으며, 後者는 比較方法, 研究史 등 주변적인 서술에 그치고 있다.

18) 蒙古語와 日本語의 比較에 대해서는 小澤重男(1968, 1973), 滿洲語와 日本語에 대해서는 三田村泰助(1973) 등 참조.

19) 村山七郎(1969). 書評 "小澤重男, 古代日本語と中世モンゴル語ーその若干の單語比較研究ー" 『言語研究』 55: 78-93.

應 試圖가 있었으나20) 논의의 대상이 될 만한 것은 못된다. 일찍이 Martin(1966)으로 兩國語의 音韻對應을 수립하여 韓日共通祖語 再構를 시도했던 Martin은 다시 形態素 比較를 시도하고 있는 듯하나 Martin(1970)이 보여 준 그 내용은 특기할만한 것이 못된다. 語彙比較는 親族關係 설명에 가장 무력한 것임에도 불구하고 일부 학자들은 이 戒命을 묵살하고 語彙爲主의 비교를 감행하고 있다. 따라서 그 비교는 선입견이나 근거없는 의미와 形態論的 語源論에 휘말려 난폭해지기 일쑤이다.21) 이러한 語彙比較나 語源論은 거론될 가치가 조금도 없으나 他山之石삼아 일례를 들어둔다.

高句麗의 祭天儀式 '迎鼓'는 이렇게 풀이된다. 日本語 tu-du-mi(鼓)의 mi는 名詞形成 接尾辭이므로 그 語根 tu-du-는 韓國語 tu-ťi-li, tu-tu-ri(扣)의 tu-ťi-, tu-tu-에 對應한다. 한편 '迎'의 韓國語는 mač, ma이므로 '迎鼓'는 ma-tu-tu-ri가 되는데 語中의 tu-tu가 줄어들면 ma-tu-ri가 된다. 따라서 日本語 ma-tu-ri(祭)는 夫餘의 '迎鼓' 바로 그것이다. 그리고 'お祭り' 時에 '御輿'를 메고 거리를 천천히 지나가면서 步調를 맞추기 위하여 외치는 'ワッショイ・ワッショイ'란 소리는 韓國語 '왓쇼'로서 그 의미는 "(神が)来られましたよ"이다.22) 이런 식의 語源論은 수백 아니 수천에 이르러도 日本語의 起源探索에 아무런 도움을 주지 못할 것이다.23)

言語接觸과 借用語는 系統論에서 빼놓을 수 없는 要素 중의 하나이다. 그리하여 필자는 최근 이 문제에 대한 약간의 시도를 宋敏(1973)으로 내놓은 바 있다. 그러나 이 문제에 대한 진지한 성과는 아직 없다고 말할 수 있다. 여기서는 가장 최근의 일례를 들어, 반성의 시간을 가져보기로 한다. 『日本書紀』의 '對馬島'는 『古事記』에 '津島', 『隋書』에 '都斯麻'로 표기되어 있다. 그런데 이것은 '두개의 섬'을 의미하는 韓國語系 지명이다.24) 이렇게 하여 '都斯

---

20) 長田夏樹(1972): 122-136. 金思燁(1973): 107-111. 이에 反해 Lee Nam Duk(1973)은 部分的인 것이지만 훨씬 조심스러운 시도를 보여주고 있다.

21) 國民學校에서 大學까지 日帝敎育을 받은 韓國人 중에 자신은 잠꼬대도 日本말로 할 만큼 日本語에 달통하고 있다고 자부하면서, 韓國語와 日本語의 比較를 통한 親族關係 究明은 자신들의 힘이 아니면 안 된다고 믿는 사람들이 있는 듯하다. 이런 부류의 인사들은 言語學的 소양을 돌보지 않고, 자신이 살아있는 동안에 이 과제를 해결해야 한다는 사명감과 자신의 語學實力만을 굳게 믿고 言語學的 방법과는 거리가 먼 比較 行爲를 서슴지 않는다. 그러나 모든 학문에 方法論과 원리가 있는 것처럼 言語比較에도 엄연한 원리가 존재한다. 더구나 그 원리는 다른 어떤 文化科學의 그것보다 科學的이며 정밀한 것이다. 따라서 言語比較에는 語學實力도 중요하지만 그보다 더 중요한 것은 원리와 그것을 운용하는 方法論이다. 이것이 없는 딜레땅뜨적 言語比較를 言語學者들은 난폭하다고 부를 수 있는 것이다. 따라서 이러한 비교는 民間語源의 範疇를 벗어날 수 없는 것이다.

22) 金思燁(1973): 94-95.

23) 김선기(1968), 明柱完(1974)도 이 범주를 벗어나지 못하는 것이다. 따라서 이들은 취할 것보다 버릴 것을 훨씬 많이 가지고 있다.

24) つまり'對馬'とは'津島'ではなく'二つの'を意味する朝鮮語系の地名で、なぜその名がついたか訝る讀

麻'의 '都'를 韓國語 '둘'(二)의 冠形詞形 '두'로 보고 있는데 意味問題는 그렇다고 치더라도 여기에는 音韻史的으로 중대한 과오가 저질러져 있다. 왜냐하면 韓國語 '둘'은 '*두블' 또는 '*두봉'로 소급되는 것이 확실하므로[25] '都斯麻'의 '都'에는 어디엔가 韓國語 兩脣閉鎖音 'ㅂ' 또는 'ㅸ'의 요소가 포함되어 있어야 한다. 그러나 스스로 예시한 漢字의 上古音 twəd, 六朝音 tuai에는 *p 흔적이 없다. 다시 말해서 '都'는 韓國語 '두'와 관련시킬 수 없는 것이다. 결국 이러한 語源論은 두 가지의 커다란 결함을 지니고 있다. 하나는 의미가 확실치 못한 固有名詞를 語源資料로 택했다는 점이고, 다른 하나는 音韻史를 도외시했다는 점이다.[26] 따라서 이러한 방법으로 借用語를 밝힐 수는 없는 일이다.

## 나. 南方系統說

日本語의 南方系統說 역시 꽤 오랜 傳統을 가지고 있다. 最近의 南方系統說에는 인도네시아諸語, 멜라네시아諸語, 폴리네시아諸語, 臺灣의 原住民諸語가 包含된다. 이밖에 티베트·버마系 言語가 系統論에 浮刻되고 있다.

최근에 들어와 川本崇雄은 日本語와 말레이·폴리네시아祖語의 音韻對應을 시도하였다.[27] 자료가 수중에 들어오지 않아 읽지 못하고 있으나, 山口佳紀에 의하면[28] 川本崇雄(1972, 1973)은 泉井久之助에 의하여 행해진 日本語와 南島語의 比較研究의 뒤를 이어 여기에 수정을 가한 것이라고 한다. 兩國語 간에는 일정한 音韻法則에 따르는 共通語가 약 450으로 日本語와 韓國語 간에 발견되는 共通語 200 또는 265를[29] 크게 상회하는 것이다. 그러나 단어의 意味記述이 단순하여 意味論的으로 同源이라고 보기에 힘든 점 등 곧바로 납득이 가지 않는 예가 적지 않다고 한다.

安本美典·本多正久(1972)는 약간 색다른 것이다. 우선 比較基準부터 특이하다. 單語比較

---

者は、對馬の地図をみていたいただきたい。鈴木武樹(1974) p.21.

25) 『雞林類事』에 '途字', 『朝鮮館譯語』에 '都卜二', "二中曆"에 tufuri로 나타나며 中世朝鮮語에는 ':둘ㅎ' (上聲)로 나타난다.

26) 音韻史를 고려할 때 鈴木武樹(1974)에 내세운 韓國語 sukur(村), nar(刃), nari(川) 등도 sikɒβɒr, nɒrh, narih로 수정되어야 할 것이다.

27) 川本崇雄(1972), 日本語とマライ·ポリネシア祖語との音韻對應試案, 『奈良教育大學紀要』 21-1,
   _____(1973), 日本語と南島語との音韻對應—補足と修正—, 『奈良教育大學紀要』 22-1.

28) 山口佳紀(1974), 昭和47·48年における國語學界の展望·音韻(史的研究), 『國語學』 97: 91-97.

29) 이러한 數値가 누구의 무엇에 근거를 두고 있는지 확실하지 않으나 韓日兩國語 比較研究史上 대표적인 업적만을 대상으로 하더라도 거기에 제시된 共通語數는 600을 훨씬 상회한다. 물론 신빙성의 여부를 따지지 않았을 때 말이지만. 宋敏(1969) pp.70-93 "韓日兩國語 語彙比較 索引" 참조.

의 중점을 語頭音의 유사성에 두고 있기 때문이다. 日本語 1에서 10까지의 數詞 가운데에는 티베트·버어마系 諸言語의 數詞와 語頭音이 일치하는 것이 3~4개 존재한다고 한다. 그러므로 티베트·버어마語(버어마系 江南語)는 日本語의 형성에 커다란 기여를 하였다는 것이다. 그러나 이러한 논리와 방법론이 比較言語學的으로 성립될 수 있는지 자못 의심스러운 일이다.

### 다. 混合語說

日本語系統論의 최근동향 중 가장 새로우면서도 강력한 것이 있다면 바로 日本語의 混合語說이 될 것이다. 日本語는 Altai語와 말레이·폴리네시아어의 혼합으로 성립되었다는 이 학설의 최초 主唱者는 Polivanov, E.D.였지만 최근에는 村上七郎이 그 총수격으로 활약하고 있다. 그는 60대 전반까지 日本語의 Altai語 系統說을 누구 못지않게 강력히 밀고 나왔으며 그에 관한 업적도 적지 않다.[30] 그러나 60년대 후반으로 넘어 오면서 그의 주장은 바뀌었다. 1968년 9월 3-10일 東京과 京都에서 열렸던 第8次 人類學民族學 國際大會 期間中 日本民族의 起源에 관한 심포지움(京都 9월 9일)을 통하여 그는 日本語의 混合語說을 정식으로 제기하였다. 그 후 오늘에 이르기까지 그는 이 학설을 꾸준히 발전시키고 있다.[31] 그의 學說內容은 村山七郎(1970a)에 가장 잘 요약되어 있다. 이것은 日本民族의 기원에 관한 심포지움 원고이기 때문에 그로서는 混合語說을 내세우기 위한 최초의 업적인 셈이다. 여기서는 이 원고를 중심으로 그 내용을 정리해 보기로 한다.

日本語와 Altai諸語의 親族關係는 音韻, 形態, 統辭, 語彙에 걸쳐 의심할 여지가 없다. 日本語는 Altai諸語와 마찬가지로 語頭에 r을 가지지 않으며, 上代日本語는 母音調和의 흔적을

---

30) 日本語의 Alatai語 系統說에 관계되는 그의 업적은 대략 다음과 같다.
村山七郎(1957), Vergleichende Betrachtung der Kasus-Suffixe im Altjapanischen, *Studia Altaica*, Festschrift für NIKOLAUS POPPE, Wiesbaden. _____(1961), 日本語の比較研究から, 『國語學』 47: 17-30. _____(1962a), 日本語および高句麗語の數詞—日本語系統問題に寄せて—, 『國語學』 48: 1-11. _____(1962b), 高句麗語資料および日本語·高句麗語音韻對應<第46回大會 研究發表報告要旨>, 『言語研究』 42: 66-72. _____(1963a), 高句麗語と朝鮮語との関係に関する研究, 『朝鮮學報』 26: 198-189. _____(1963b), Über einige japanische Kulturwörter altaischen Ursprungs, *Aspect of Altaic Civilization*: 227-233, Bloomington: Indiana University. _____(1966), Mongolisch und Japanisch—ein Versuch zum lexikalischen Vergleich, *Collectanea Mongolica*, Festschrift für Professor Dr. Rintchen, zum 60, Geburtstag: 153-156, Wiesbaden, Otto Harrassowitz.
31) 混合語說에 대한 그의 업적은 본고의 '참고문헌' 참조.

가지고 있다. 形態論的으로 日本語의 曲用體系는 名詞語幹에 曲用接尾辭, 活用體系는 약간 複雜化한 動詞語幹에 活用接尾辭를 연결시켜 성립된다. 특히 가장 중요한 動詞 wi<*bi 'to be'가 만주·퉁구스語 bi 'to be', 蒙古語 bui 'is'에 對應된다는 사실은 日本語의 Altai語的인 성격을 상징하고 있다.

이렇게 중요한 여러 가지 사실이 평행함에도 불구하고 日本語의 어떤 특징은 Altai語에서 발견되지 않는 반면 MP(Malayo-Polynesian)에서 발견된다. 그 중 중요한 것을 예시해보면 다음과 같다.

첫째 上代日本語는 Altai諸語에서 찾아 볼 수 없는 약간의 接頭辭를 가지고 있었다.

| a(an)- | tumë 'gathering' | a-tumë 'gathering' |
|--------|------------------|---------------------|
| | sayaka 'bright' | *an-sayaka>ãzayaka 'clear' |
| i- | kituk- 'to build' | i-kituk- 'to build' |
| ki(kin)- | tuk- 'to build' | *kin-tuk>kĩduk- 'to build' |
| mö-<*mə | tömë 'searching for' | mö-tömë 'searching for' |
| na(nan)- | yam- 'to be sick' | na-yam- 'to be troubled with' |
| | pur- 'to touch' | *nan-pur->nãbur- 'to dally with' |
| pa(pan)- | per- 'to humble oneself' | *pan-per->pãber- 'to attend upon' |
| sin- | tar- 'to hang'(vi.) | *sin-tar->sĩdar- 'to hang'(vi.) |
| tan- | kap- 'to cross' | *tan-kap->tãgap- 'to cross each other' |

둘째 上代日本語의 語形成에는 重疊法이나 反復法이 중요한 역할을 담당하고 있었는데 pak- 'to sweep', papaki 'sweeping', sŏr- 'to upheave(vi.)', sösör- 'to rise' 등이 그러한 실례들이다. 이러한 방식은 擬聲語, 擬態語, 親族呼稱語, 身體語彙에서도 발견되는데 MP諸語의 親族呼稱語와 身體語彙에서도 反復法이 발견된다. 즉 臺灣原住民語에 다음과 같은 것들이 있다. bubu 'mother', kaka 'elder brother', ngisngis 'lip', toto 'breast'.

셋째, MP諸語 특유의 形態音韻論的 특징인 前鼻音化(prenasalization) 현상의 흔적이 上代日本語에서도 발견된다. 前鼻音化에는 二種이 있다. 하나는 어간의 첫 자음이 同器官鼻音으로 바뀌는 鼻音代償(nasal compensation)인데, manãgo<*ma(n)-tsãgo 'fine sand'가 그러한 예이며 다른 하나는 接頭辭와 어간 사이에 鼻音이 새로 끼어 들어가는 鼻音增强(nasaler Zuwachs)인데 pãber-<*pan-ber- 'to attend upon'이 그러한 例이다.

한편 日本語와 MP諸語 간에는 다음과 같은 音韻對應이 존재한다.

第1音節의 母音對應
　MP 　*a i u ə*
　J 　　*a i u ö*<*ə

子音對應
<鼻音>
　MP 　*m-(-m-) n-(-n-) ń -ŋ-*
　J 　　*m-(-m-) n-(-n-) ? k-?*

<有聲閉鎖音>
　MP 　*b- d̦- ḓ- d̂- g-*
　J 　　*p- n- n- n- k-*

<無聲閉鎖音>
　MP 　*p- t-(-t-) t- t- t̂-(-t̂-) t̂-(-t̂-) k̂- k-*
　J 　　*p- t-(-t-) s-<ts- t- t-(-t-) s-<ts-(-s-<-ts-) k- k-*

<摩擦音>
　MP 　*v- l- ḷ- j- ɣ-*
　J 　　*? n- n- ? ?*

뿐만 아니라 基礎語彙에도 공통되는 것이 많다. 數詞 *pitö* 'one', *puta* 'two', *pata* 'twenty' 등. 身體語彙 *ki* 'cuspid', *kuti* 'mouth', *mï* 'body', *popo* 'cheek' 등 16語. 親族呼稱語 *kaka* 'mother', *papa* 'mother', *oya* 'parents', *otö* 'younger brother' 등. 自然物名稱 *ama* 'sky', *kapa* 'river', *kï* 'tree' 등 10語.

그런데 類型論的으로나 起源的으로 日本語는 Altai諸語와 동시에 MP諸語와도 관계를 갖고 있다. 어림잡아 볼 때 基礎語彙의 3분의 2가 MP諸語, 3분의 1이 Altai諸語 기원으로 보인다. 특히 다음과 같은 動詞活用은 分明히 Altai語的인 것이다.

　動詞語幹 뒤의 *-r-*
　　*nökö-r-* 'to remain', cf. MP *ləkət* 'haften'

形動詞(participium) 뒤의 *-ru*

*nam-a-ru* 'tasting', cf. MP *namnam* 'schmecken'

이상과 같은 사실을 통하여 다음과 같은 결론을 얻을 수 있다.

起源的으로 MP와 관련이 있었던 日本列島의 言語는 Altai人이 가져온 Altai語로 再組織되었으며 이러한 再組織을 통하여 上代日本語의 原型이 이룩되었다. 따라서 日本語는 典型的인 混合語이다.32)

그의 이론은 간결명료하면서도 정밀하고 科學的이다. 그 후의 노작들은 여기에 살을 붙여나간 것에 불과하다. 그러나 거기에는 약점도 없지 않다. 子音對應이 불완전하며 母音對應에서 上代日本語 ï, e, ë, ü, o의 기원은 밝혀지지 않는다. 語構成에 나타나는 反復法이 親族關係에서 연유한다는 보장도 없다. 똑같은 身體語彙이면서 어째서 *tura*(類)는 Altai系, *pana*(鼻)는 南島系이며, 똑같은 植物關係 單語이면서 *kutsa*(草)는 韓國語系, *kï*(木)와 *pana*(花)는 南島系에 語源을 두고 있는지 그 이유가 이해되기 어렵다. 그러나 이러한 모든 약점보다 더 큰 약점이 있다면 그것은 바로 混合語라는 개념일 것이다. 그는 이를 입증하기 위하여 캄차카半島 東方海上에 있는 코만돌諸島의 銅島言語를 混合語의 전형적인 예라고 내세우면서 그 실재를 강조하고 있다. 銅島는 원래 無人島였으나 알류샨語 사용자들이 이주해와 살던 중 러시아人들이 들어오게 되었다. 그 결과 알류샨語의 動詞活用語尾가 러시아語의 動詞活用語尾로 바뀌었다. 그리하여 하나의 混合語가 생겨났다는 것이다. 그러나 이 경우 그것을 꼭 混合語라고 보아야 할까에 문제가 있다. 따라서 그의 混合語說에 대해서는 여전히 비판적인 견해도 많다.33)

## 3) 기타

日本語의 起源 또는 系統論을 표방하고 있으면서 실질적으로는 敍上의 어느 부류에도 들지 않는 노작들이 존재한다. 이들은 어떤 이론이나 학설을 내세우고 있지 않기 때문에 他人에 대한 부정적 비판 혹은 반성이 그 내용의 전부를 이루고 있어 어느 부류에도 속하지 않는

---

32) 村山七郎(1970a): 481. 그밖에도 村上七郎·大林太良(1973): 10-16, 村上七郎(1974a), 序文 vii-viii 등 참조.
33) 服部四郎(1967), 日本語はどこから來たか, 『ことばの宇宙』2-2: 4-5, 李基文(1974): 39, 安田尚道(1974): 89.

다. 그렇다고 이들은 學史的인 것도 아니며 태도가 막연하고 불투명하여 구체적인 가능성의 제시나 적극적인 결론과는 거리가 먼 내용을 담고 있을 뿐이다.[34]

## 3. 앞으로의 과제

지금까지 70년대 日本語 系統論의 양상을 정리해 보았다. 그러나 최근의 系統論 붐이 가져다 준 새로운 성과는 별로 없다고 볼 수 있다. 系統論 붐이 학계의 냉대를 면하지 못하고 있음은 그 때문이다.

70년대 日本語系統論의 최대수확은 역시 村上七郞(1970a)과 Miller(1971)였다. 이들은 학설이 서로 다를 뿐 아니라 세부적인 問題點을 다분히 안고 있지만 적어도 言語比較의 궤도를 이탈하지 않았다는 사실 하나만으로도 높은 평가를 받아야 할 것이다. 이들을 귀감으로 삼아 앞으로의 系統論은 다음과 같은 기반을 바탕으로 재출발해야 할 것이다.

첫째, 比較對象 言語의 言語史를 재검토하고 충분한 內的再構를 앞세워야 할 것이다. 韓國語와 日本語가 절대적인 유사성을 보이는데도 비교에 진전을 보지 못하고 있음은 韓國語의 內的再構 성과가 비교에 그다지 활용되지 않았다는 데에도 원인이 있을 것이다.

둘째, 비교는 音韻論에 입각하여 체계적으로 이룩되어야 할 것이다. 또한 音韻論, 形態音韻論, 形態論이 내용의 주축을 이루어야 하며 基礎語彙 또는 特殊語彙는 그 뒤에 위치해야 할 것이다. 統辭論이나 一般語彙 比較는 최후로 돌아가야 한다.

셋째, 借用語의 구명도 1차적으로는 音韻論에 입각해야 할 것이며 文化史, 考古學, 人類學, 民族學 등은 사후의 補强資料로 쓰여야 할 것이다.

넷째, 이상과 같은 과정에서 얻은 성과를 가지고 語彙比較를 보강하고 語源論을 재검토할 것이다. 그러나 固有名詞의 語源解釋에는 더욱 신중을 기해야 할 것이다.

결국 系統論은 言語事實 자체로 구명해야 할 것이며 言語事實은 音韻論을 주축으로 삼아야 할 것이다. 그렇게 하지 않을 때 우리는 흔히 學問以前의 동기에서 출발하는 수많은 딜레땅뜨를 막을 수가 없을 것이며, 지금까지의 日本語系統論처럼 학계의 냉대를 면할 길도 없을 것이다.

---

34) 이러한 愼重論者가 千野榮一(1974)의 소위 '하므레트'型인데 그 대표적인 사례로는 龜井孝(1973, 1974) 등 참조.

江上波夫・大野晋(編)(1973), 『古代日本語の謎』, 東京 毎日新聞社.

大野晋(1970), 語源探究の方法, 『国語と国文学』 47: 47-60.

_____(1973), 原始日本語研究, 江上波夫・大野晋(編)(1973): 13-29.

長田夏樹(1972), 『原始日本語研究』—日本語系統論への試み—(神戸学術叢書 2), 神戸学術出版.

_____(1974), 日本語北方起源說—アルタイ学の立場から—, 月刊 『言語』 3-1: 2-10.

小澤重男(1968), 『古代日本語と中世モンゴル語』—その若干の単語比較研究—, 風間書店.

_____(1973), モンゴル語と日本語, 江上波夫・大野晋(編)(1973): 31-49.

龜井孝(1973), 『日本語系統論のみち, 龜井孝論文集』 2, 東京 吉川弘文舘.

_____(1974), 日本語系統論につき, そのたどりきたりしあとをかえりみ, また, そのゆくすえをおもい, すこしく私見をのぶ, 月刊 『言語』 3-1: 41-50.

川本崇雄(1972), 日本語とマライ・ポリネシア祖語との音韻對應試案, 『奈良教育大學紀要』 21-1,

_____(1973), 日本語と南島語との音韻對應—補足と修正—, 『奈良教育大學紀要』 22-1.

鈴木武樹(1974), 朝鮮渡來人のもたらした言語, 月刊 『言語』 3-2: 18-26.

千野榮一(1974), ハムレットかトンキホ—テか—日本語系統論のゆくえ—, 月刊 『言語』 3-1.

服部四郎(1967), 日本語はどこから来たか, 『ことばの宇宙』 2-2.

三田村泰助(1973), 滿洲語と日本語, 江上波夫・大野晋(編)(1973): 51-80.

村山七郎(1970a), About the Origin of the Japanese Language, *Proceedings*, VIII[th] International Congress of Anthropological and Ethnological Sciences 1968: Tokyo and Kyoto, Vol. III, Ethnological and Archaeology, Tokyo, Science Council of Japan: 447-481.

_____(1970b), しなてる・てるしの考. 『國語學』 82: 16-28.

_____(1971a), 原始日本語の數詞イタ'1'について. 『國語學』 86: 68-57.

_____(1971b), 古代語アニ'豈'について. 『國語國文』 448: 51-59.

_____・大林太良(1973), 『日本語の起源』, 弘文堂.

_____(1974a), 『日本語の語源』, 弘文堂.

_____(1974b), 『日本語の研究方法』, 弘文堂.

安田尙道(1974), 昭和48年度 國語國文學界の展望・國語學(古代語), 『語學・文學』 71: 87-93.

安本美典・本多正久(1972), 日本語の誕生, 『數理科學』 104: 54-75, 105: 67-91, 106: 57-80, 107: 62-76, 108: 63-77, 109: 51-79, 111: 71-87, 112: 68-80.

山口佳紀(1974), 昭和47・48年における國語學界の展望・音韻(史的研究), 『國語學』 97: 91-97.

賴惟勤(1973), 中國漢字音の東漸, 江上波夫・大野晋(編)(1973): 31-49.


金思燁(1973), 『朝鮮語と日本語』, 江上波夫・大野晋(編)(1973): 81-116.

김선기(1968), 한・일・몽 단어비교, 『한글』 142: 7-51.

明柱完(1974), 『韓日語彙의 比較』, 私家版.

宋　敏((969), 韓日兩國語 比較硏究史,『聖心女子大學 論文集』1: 5-89.

李基文(1974), 日本語系統論によせて, 月刊『言語』3-1: 33-40.

Lee Nam Duk(1973), *Some Note on Korean-Japanese Correspondences*, Unpublished Manuscript.

Martin, S.E.(1966), Lexical Evidence Relating Korean to Japanese, *Lg*.42.185-251.

_____(1969), Grammatical Elements Relating Korean to Japanese. *Proceedings*, Ⅷ[th] International Congress of Anthropological and Ethnological Sciences 1968: Tokyo and Kyoto, Vol. Ⅱ, Ethnology, Tokyo, Science Council of Japan: 405-407.

Miller, R.A.(1967a), *The Japanese Language*, Chicago and London: The University of Chicago Press.

_____(1967b), Old Japanese Phonology and the Korean-Japanese Relationship, *Lg*.43. 278-302.

_____(1971), *Japanese and the Other Altaic Languages*, Chicago and London: The University of Chicago Press.

**出處** <韓國日本學會(1974. 10.),『日本學報』2: 3-20.>

　　　<草風館(1999. 12.),『韓国語と日本語のあいだ』: 99-116(日譯再錄).>

# 최근의 일본어의 계통론

## 1. 머리말

　일본어의 계통에 대한 초기적 관심은 일찍이 19세기 초엽 서양에서 나타나기 시작하였다. 그후 오늘에 이르기까지 2백년 가까운 세월에 걸쳐 수많은 내외학자들이 이 과제에 매달려 크고 작은 관심을 꾸준히 보여왔다. 여기에는 일본어학이나 언어학과 같은 전문분야의 학자들 뿐만 아니라, 학술과는 아무래도 거리가 먼 딜레땅뜨 수준의 호사가들까지 수시로 참여하여 갖가지 통속적인 주장을 세상에 내보였다.

　한편 역사학, 고고학, 민속학, 인류학, 민족학, 의학과 같은 인접분야의 학자들은 각자의 전문분야에서 일본인종이나 일본문화의 선사해명을 통하여 일본어의 기원에 간접적으로나마 접근해 보려는 노력을 아끼지 않았다.

　자연히 이 과정에서 이루어진 연구결과는 일일이 헤아리기조차 벅찰만큼 널리 쌓여 있으며, 비교의 대상으로 떠오른 언어의 가지수도 수십에 이르렀다. 동서양에 걸친 여러 어족(語族), 여러 유형에 속하는 언어들이 일본어의 조어(祖語)나 자매어(姉妹語) 후보로 지목되었고, 연구방법론 또한 가지가지였다. 통계처리와 같은 인문·사회과학적 방법은 물론이려니와 혈액형, 지문, 생체계측과 같은 유전학적 방법도 적극적으로 동원되었다. 실로 엄청난 시간과 두뇌가 이 과제 해명에 바쳐진 셈이다.

## 2. 일본어 계통론의 한계성과 문제점

　아쉽지만 일본어의 계통 탐색은 아직도 믿음직한 결론에 이르지 못하고 있다. 여기에는 그럴만한 원인이 있을 수밖에 없다. 잠시 그 원인부터 살펴보기로 한다.

일본어는 최소한 6,7세기까지 거슬러 올라가는 언어자료와 독특하게 발달한 오키나와沖繩 방언 이외에도 다양하게 분화한 지역방언을 풍부하게 갖추고 있어, 계통론 탐색을 위한 내적재구(internal reconstruction)에는 비교적 유리한 언어에 속한다. 그런데도 일본어 계통론이 그럴듯한 성과를 거두지 못한 원인으로는 크게 두가지를 꼽을 수 있다.

첫째는 일본어나 그 주변언어가 안고 있는 구조적, 역사적 한계성이다. 이를 다시 몇가지로 나누어 본다.

우선 일본어는 구조적으로 교착어(膠着語)인데다가 음절구조 또한 기본적으로 단순하여 여기에 비교방법(comparative method)을 적용하기가 어렵다. 실상 일본어에는 교착어 특유의 굴절법, 파생법 접사가 꽤 발달되어 있지만, 그 의미나 기능이 일정치 않기 때문에 기본적인 접사 형태소 체계, 좀더 구체적으로 말하자면 격형태소나 시상형태소 체계 등에 비교방법을 적용하여 기원을 밝히기가 그다지 쉽지 않은 것이다. 대명사, 명사, 형용사와 같은 어간 형태소의 내부구조가 문법기능에 따라 독특한 불규칙 변화를 보이는 경우도 없기 때문에 여기에도 비교방법을 적절히 활용하기가 어렵다.

다음으로는 일본어와 일찍이 계통상으로 가까운 관계에 있었던 자매어들이 역사시대 이전에 대부분 소멸되었거나, 어쩌다 남아있을 경우, 공통조어에서 분리된지 너무 오래되어, 비교방법을 통하더라도 공통요소를 찾기가 어렵다는 점이다. 실제로 오키나와 방언을 제외한다면 일본어 주변에서는 지금까지 일부의 어휘나 문법형태소에 산발적인 유사성을 보이는 언어만 발견되었을 뿐 대명사, 수사, 곡용, 활용체계 등에 그럴듯한 공통성을 보이는 언어는 아직까지 떠오르지 않고 있다. 유사성을 보이는 언어들이 친족관계를 지녔다 할지라도 공통조어에서 분리된지 5천년 이상의 세월을 넘겼다면, 그동안 각 언어가 서로 다른 변화를 겪었을 것이므로 본래의 공통요소가 거의 남아있지 않을 것이기 때문이다.

또하나의 난점은 언어자료상의 역사적 한계성이다. 지금까지 일본어의 비교대상에 오른 언어로서 일본어처럼 1천년이 넘는 자료를 보여주는 언어는 거의 없다. 대부분은 현대어와 그 방언들이거나 기껏해야 수백년 정도의 언어자료를 가졌을 뿐이다. 따라서 상대일본어의 비교 대상이 된 타언어의 경우, 시대적으로 후대에 속하는 자료들 뿐이어서 실질적인 성과를 거두기가 어려웠다.

둘째는 비교연구과정에서 저질러진 방법론상의 문제점이다. 이 또한 몇가지로 나누어 볼 수 있다.

계통론 탐색의 두 주축은 철저한 내적재구와 비교방법이다. 이들은 서로 배타적인 것이 아니라 상호보완적인 관계에 있다.

따라서 계통탐색을 위한 비교연구나 어원론(語源論)에서는 널리 공인된 역사언어학의 원리를 최대한 따라야 한다. 그런데도 지금까지의 많은 연구가 음운대응이나 의미대응의 규칙성, 어휘 또는 문법형태소 대응의 체계성을 가볍게 넘겨 방법론상의 과오를 저질러 왔다고 할 수 있다. 방법론상의 결함을 지니고 있다면 그 결과는 피상적인 대조에 지나지 않는다.

일본어와 어느 언어 한가지만의 산발적인 비교에도 커다란 위험성이 개입될 소지가 높다. 두가지 언어만의 비교과정에는 자의성이 개입되기 쉽고, 우연의 일치나 차용어가 어쩔수 없이 내포된다. 이러한 난점을 해소하기 위해서는 최소한 세가지 이상의 자매어 후보를 통하여 비교를 행해야 한다.

일본어의 계통 탐색이 어휘비교에 치우친 점도 문제가 아닐 수 없다. 또한 자매어 후보간의 비교를 통하여 유사성을 지적하는 데 그쳤다는 사실도 커다란 문제점이 된다. 더구나 인접 학문에 대한 의존이 도를 넘어섰다는 점도 바람직하지 않다. 한 언어의 계통해명은 어디까지나 언어학적 방법을 기본으로 삼아야 하며, 인접학문의 성과는 언어학적 성과를 뒷받침하는 보조 증거로나 활용되어야 하기 때문이다.

먼 과거는 물론이려니와 비교적 최근에 이루어진 일본어의 계통론 가운데에도 위에서 대체로 살펴본 한계성이나 문제점을 안고 있는 경우가 많다. 당연히 결함을 내포하고 있는 연구결과가 학문적 비판을 견딜 수 있는 길은 어디에도 없을 것이다.


## 3. 일본어 계통론의 최근 성과

그동안 이루어진 일본어의 계통론적 논의를 정리해 보면 대략 세가지 방향으로 갈린다.

첫째는 북방계통설이다. 일본어가 북방대륙의 우랄·알타이 어족 내지 터키 제어, 몽골 제어, 퉁구스 제어로 대표되는 알타이 어족과 연결된다고 보는 태도다. 경우에 따라서는 우랄 어족과 연결된다고 보는 태도도 있다. 처음에는 북방의 여러 언어가 우랄·알타이 어족이라는 명칭으로 통용되었으나 나중에는 차츰 우랄 어족과 알타이 어족으로 구분되었다. 일본어의 계통을 북방언어에서 찾으려한 학자로는 아델룽(J. Ch. Adelung), 클라프로쯔(H. J. Klaproth), 지볼트(Ph. Fr. von Siebold), 볼레르(A. Boller), 로니(L. de Rosny), 호프만(J. Hoffmann), 빙클러르(H. Winkler), 그룬쩰(J. Grunzel), 후지오카[藤岡勝二], 쩬커르(E. V. Zenker), 프륄러(W. Pröhle), 람스테트(G. J. Ramstedt), 핫토리[服部四郎], 아그노이에르(Ch. Haguenauer), 오자와[小澤重男], 밀러(R. A. Miller) 등 이루 다 헤아리기 어려울 만큼 많다.

애스튼(W. G. Aston) 이래 일본어와 한국어의 비교는 줄기차게 꼬리를 이어왔는데 넓게 보아 이들도 북방계통설에 속한다. 람스테트가 본 대로 한국어는 알타이 어족의 일원일 가능성이 크기 때문이다. 다만 일본어와 한국어의 비교에는 서양, 일본, 한국학자가 대거 참여해 왔으나 두가지 언어만의 비교가 안고 있는 여러가지 문제점 때문에 여전히 확실한 결론에 이르지 못하고 있다. 이러한 난관을 극복하는 길은 두 언어를 알타이 제어와 통합하여 비교하는 일이다. 실제로 밀러는 그러한 방법을 택하고 있다.

둘째는 남방계통설이다. 일본어를 남방의 말레이·폴리네시아 어족 또는 오스트로네시아 어족과 연결된다고 보는 태도다. 여기에는 티베트·버마 어족도 포함되는데 이러한 견해를 밝힌 학자로는 폴리바노프(E. D. Polivanov), 라베르톤(V. H. Labberton), 쓰보이[坪井九馬三], 마쓰모토[松本信廣], 파커(C. K. Parker), 가와모토[川本崇雄], 구로사키[黑崎久] 등이 꼽힌다. 최근에는 오노[大野晋]가 일본어의 자매어로서 인도대륙 남단에서 아직도 쓰이고 있는 드라비다 어족 소속의 타밀어(Tamil)와 꾸준히 비교하여 음운대응의 규칙을 제시하기에 이르렀으나, 이 또한 두가지 언어만의 비교에 그치고 있어 방법론상의 문제점을 배제하지 못한 셈이다.

셋째는 남북방 언어의 혼합어설이다. 여기에는 라더(J. Rahder) 처럼 뚜렷한 태도를 밝히지 않은 채 남북방의 여러 언어를 가리지 않고 비교자료로 제시한 경우도 있고, 시트로미아트니코프(N. A. Sytromiatnikov)처럼 말레이·폴리네시아 어족의 저층(substratum)에 알타이 어족이 얹혀졌다고 본 경우도 있으나, 무라야마[村山七郎]처럼 혼합어설을 분명히 내건 학자도 있다. 그는 60년대까지 일본어의 알타이 제어 계통설, 특히 퉁구스 제어 내지 고구려어 계통설을 주장했으나, 70년대에 들어서면서 그 한계성을 깨닫고 말레이·폴리네시아 어족과 알타이 어족의 혼합어설을 내세우기에 이른 것이다. 최근에는 다시 아이누어를 일본어와 함께 말레이·폴리네시아 제어에 적극적으로 연결시키려는 노력을 펼치고 있다.

이제 여기에 북방계통설과 혼합어설에 대한 최근의 성과로서 적어도 비교언어학적 방법론상으로 주목되는 내용을 간략히 정리해 보기로 한다.

## 1) 북방계통설

일본어의 북방계통설 곧 알타이 어족설은 일찍부터 제기되어 왔으나 최근의 성과로 주목되는 것이 밀러(Miller1971, 1980)라고 할 수 있다. 그는 상대일본어가 음운, 어휘, 문법적인 측면에서 알타이 제어와 친족관계에 있음을 밝히려고 노력하였다. 우선 그는 원시알타이어 (proto-Altaic)의 *d-, *ʒ-, *č-, *l₂, *ñ-, *r₂, *e, *é, *ē, *ɛ̄ 등이 일본어에서 어떠한 반사형(反射形)으로 발견되는지를 정밀한 방법으로 추적하고 있으며, 어휘와 문법적인 측면에서는 대명사, 수사, 의문사, 부정법(否正法), 동명사 등을 비교하고 있다.

그는 주로 음운과 어휘에 힘을 쏟는 대신 형태론적 비교는 일부에만 국한시켰다. 다만 그의 비교방법은 정통적 역사언어학의 원리를 잘 따르고 있으나 세부적인 측면에서는 문제점도 없지 않다. 일례를 들자면 일본어 전문가인 그는 한국어에 관한 한 전적으로 마틴 (Martin1966)에 의존하고 있어 문제점을 드러내고 있다. 마틴에 대한 그의 신뢰는 대단해서, 그는 일본어와 한국어의 계통관계가 혼돈상태에 놓여 있었으나 마틴(Martin1966)으로 확실해졌다고까지 말하고 있다. 반면 마틴에 대한 일본학계나 한국학계의 평가는 대체로 부정적인 편이다.

그러나 밀러의 연구는 차츰 꺼져가고 있던 일본어의 알타이 어족설에 다시금 활력을 불어넣었다는 평가를 받기에 충분하다. 그의 노력이 아직은 역부족 상태에 머물러 있으나, 엄정한 내적재구와 비교방법의 한 표본으로서 후일의 연구에 중요한 주춧돌 구실을 할 것이기 때문이다.

구체적 언어자료를 통한 비교연구는 아닐망정 북방계통설에 대한 새로운 해석이 최근에 제기되어 주목을 끌고 있다. 고노[河野六郎외1994]에 그러한 해석이 나타나는데, 그는 여기서 일본어가 퉁구스계인 예(穢)에 연결되는 것으로 보고 있다. '예'라는 발음이 중세한국어로 일본을 뜻하는 '예'[倭]와 통하기 때문이다. 그 사정을 좀더 구체적으로 정리해 보겠다.

『삼국지 위지 오환선비동이전』(三國志 魏志 烏丸鮮卑東夷傳)에는 '예'의 언어법속이 '맥'(貊)에 속하는 여러 민족 곧 부여, 고구려, 옥저와 대체로 같다고 기록되어 있다. 그러나 고고학자나 역사학자 중에는 '예'와 '맥'을 서로 다른 민족으로 보는 학자도 있다. 이에 따라 고노 역시 '예'는 '맥'과 다른 민족으로서, 본래는 중국의 하북지방에 살고 있다가 나중에 흉노족에게 쫓겨 옛 만주지방으로 이동하였으나, '맥'의 침입으로 그 물결에 휩쓸리게 되어 결국은 '예·맥'이라는 한가지 이름으로 불리게 되었으리라고 보고 있다.

그는 『삼국지 예전』에 '예'가 고구려어와 유사한 언어를 쓰고 있다고 되어 있으나, 예족과 맥족이 연합체를 이루고 있는 동안 고구려어를 대량으로 받아들였으리라고 보면서 예어의 본체는 일본어와 유사한 언어였으리라고 추정하고 있다. 그러다가 맥어의 영향이 진행되자 그 언어에 동화되고 말았다고 생각한 것이다.

결국 부여지역에는 본래 예족이 살고 있었으나 맥족의 일파인 부여족이 침입하여 예족을 지배하기에 이르자 그 일부가 오늘날의 함경도와 강원도 지역으로 남하하게 되었으며 부여 지역에 남아있던 예족은 맥족의 일파인 고구려족에 동화되었다는 뜻이 된다.

이로써 일본어는 맥 어족 소속인 고구려어와 직접 관계가 있는 것이 아니라 예어와 관계가 있다는 추정이 성립된다. 곧 고구려 지명에 남아있는 어휘요소로서 일본어와 유사한 것들은 예어의 어휘요소라는 것이다. 잘 알려진 바와 같이 옛고구려 지명에는 일본어와 유사한 단어가 꽤 남아있다. 특히 4개밖에 남아있지 않은 수사 곧 3, 5, 7, 10에 해당하는 수사가 모두 일본어와 유사하다는 사실이 일찍부터 주목을 받아온 것이다.

그 중에서도 7을 나타내는 고구려 지명의 수사 곧 예어에 기원을 두고 있는 *nanin*[難隱]은 한편으로 퉁구스제어 *nadan*, 다른 한편으로 일본어 *nana*와 분명히 같으므로 예어도 결국은 퉁구스계라고 할 수 있다. 이와 같은 해석은 매우 새로운 것이어서 주목되나, 구체적인 언어 자료로 입증하기가 어려워 지금으로서는 무어라고 평가하기가 어렵다. 거기다가 고노는 예어가 일본어와 동계라는 사실을 뒷받침하기 위한 근거로 『삼국지』를 인용하면서 예족이 한족이나 왜인(倭人)과 근접 또는 혼재하고 있었다는 견해를 밝히고 있다. 그렇다면 왜인이 지금의 한국영토 동남지역에도 살았으리라는 추정이 되는데 여기에 대해서는 한국사학계가 강력하게 부정하고 있어 하나의 문제점이 아닐 수 없다.


## 2) 혼합어설

혼합어설의 적극적인 대변자는 무라야마인데, 그의 혼합어설은 다음과 같은 근거에서 출발하고 있다. 일본어와 알타이 제어의 친족관계는 음운, 형태, 통사, 어휘에 걸쳐 의심할 여지가 없다. 일본어는 알타이 제어와 마찬가지로 어두에 유음 *r*을 가지지 않으며, 상대일본어는 모음조화의 흔적을 지니고 있다. 형태론적으로 일본어의 곡용체계는 명사어간에 곡용 접미사, 활용체계는 약간 복잡하게 변한 동사어간에 활용접미사가 연결되어 성립된다. 특히 가장 중요한 동사 *wi* < *\*bi*(to be)가 만주·퉁구스어 *bi*(to be), 몽골어 *bui*(is)에 대응된다는 사실

은 일본어의 알타이 제어적인 성격을 상징하고 있다.

이렇게 중요한 여러가지 사실이 평행함에도 불구하고 일본어의 어떤 특징은 알타이 제어에서 발견되지 않는 반면 오히려 말레이·폴리네시아 제어에서 발견된다.

첫째, 상대일본어는 알타이 제어에서 찾아볼 수 없는 약간의 접두사를 가지고 있다. 둘째, 상대일본어의 단어형성에는 중첩법(重疊法)이나 반복법이 자주 이용되고 있는데, 이러한 방식은 의성어, 의태어, 친족호칭어, 신체어휘에서도 발견된다. 똑같은 방식이 말레이·폴리네시아 제어의 친족호칭어와 신체어휘에서도 발견된다. 셋째, 말레이·폴리네시아 제어 특유의 형태음운론적 현상인 전비음화(prenasalization)의 흔적이 상대일본어에서도 발견된다. 이러한 특징들이 말레이·폴리네시아 제어와 공통된다는 것이다. 이밖에도 일본어의 단어중에는 말레이·폴리네시아 제어와 비교되는 것이 많다. 몇몇 예를 찾아보기로 한다.

일본어 *ika*(烏賊)와 *iwo*(魚)는 다 함께 인도네시아 어파, 멜라네시아 어파, 폴리네시아 어파 등을 토대로 뎀프볼프(O. Dempwolff)가 재구한 공통조어 *ikan*, *ivak*(둘다 魚)으로 거슬러 올라간다. 일본어 *ika*는 *ikan*에서 나온 반사형으로 본래는 '물고기'를 뜻했으나 일본어에서 '오징어'만을 뜻하게 되었고, 일본어 *iwo*는 *ivak*에서 나온 반사형으로 본래의 뜻인 '물고기'를 그대로 유지한 것이다. *iwo*는 그후 *uwo*로 변했으며 *ika*와 *iwo*는 각기 의미를 분담하기에 이르렀다(村山七郎1995: 188-191).

일본어 *kï*(木)는 인도네시아 어파, 멜라네시아 어파, 폴리네시아 어파 그리고 필리핀 제어를 토대로 뎀프볼프가 재구한 공통조어 *kaju*로 거슬러 올라간다. 이것이 *kauj*(음운도치) > *kaoj* > *koi*를 거쳐 한편으로는 *kï*(상대일본어 을류, 단독형), 다른 한편으로는 *ko*(상대일본어 을류, 합성어 제1항)로 발전하기에 이르렀는데(村山는 甲類를 ɔ, 乙類를 o로 표기함—필자) 이 어형은 몽골 제어나 퉁구스 제어에서 발견되지 않는다(村山七郎1995: 197-203).

이에 반하여 일본어의 어떤 단어는 알타이 제어와 말레이·폴리네시아 제어의 혼합으로 설명되는 경우도 있다. 일본어 *kapawoso*(獺) 곧 *kapa*(川)+*woso*(獺)에 나타나는 *woso*는 본래 '개'를 뜻하는 단어였다. 인도네시아 어파, 멜라네시아 어파, 사모아어, 대만의 고사족(高砂族) 제어를 토대로 공통조어 *wasu*(犬)가 재구되는데, 일본어는 여기서 *wat'u* > *wosu* > *woso*로 변하면서 그 뜻도 '개'에서 '수달'로 변했다고 본 것이다. 아이누어 *wose*(犬, 이리처럼 짖다)도 여기에 연결된다(村山七郎1995: 180-185).

그렇다면 일본어 *inu*(犬)는 어디서 온 것인가. 이 단어는 알타이 제어 특히 퉁구스 제어에 연결된다. 퉁구스·만주 공통 조어로 *(ŋ)inda-kVn이 재구되는데 여기서 일본어 조어형 *(ŋ)in-da-hūn이 되었다가 *(n)inna-hūn >*ina-hūn >*inuun >inu로 변했다는 것이다. 이로써 '개'를 나타내는 단어가 조몬[繩文] 시대에는 남방계통의 woso였으나, 야요이[彌生] 시대에 이르러 북방계통인 inu에 떠밀려 woso의 뜻이 '수달'로 바뀌었으리라는 추정이 된다(村山七郎1995: 245-247). 일본어가 혼합어로 설명될 수 있는 하나의 실례가 되는 셈이다.

무라야마는 한국어에도 남방계통에 연결되는 단어가 있다고 보고 있다. 일본어 kani(蟹)는 대만의 고사족 제어, 대만과 필리핀의 루손섬 사이에 있는 바탄(Batan) 제어를 토대로 할 때 공통조어형이 *kaɣaŋ-i로 재구되는데 여기에 한국어 *kəŋi >kəi, 아이누어 kara가 비교된다고 본 것이다(村山七郎1995: 192-194).

일본어 uri(瓜)는 뎀프볼프가 말레이·폴리네시아 제어를 통하여 재구한 공통조어형 *punti (바나나)에서 유래한 단어인데, 일본어는 여기서 *bunti >*vundi >*vuri >wuri >uri로, 한국어는 여기서 다시 oi로 변했다는 것이다. 한편 일본어 pũdi(藤) 역시 공통조어형 *punti로 거슬러 올라가는데 '등나무 열매'가 외형상 '바나나'와 비슷하기 때문에 일본어에서는 pũdi가 '등나무'를 나타내게 되었을 것으로 보고 있다. 이로써 한국어에도 '게'나 '오이'처럼 남방계 단어가 보인다면서 그중에는 일본어에서 차용된 것도 있으리라고 보았다(村山七郎1995: 205-207).

무라야마의 혼합어설은 수사로도 설명된다. 그는 1, 2, 5, 10을 나타내는 일본어 수사는 남방계통, 3, 4, 6, 7, 8, 9, 100을 나타내는 일본어 수사는 퉁구스 계통으로 해석된다고 보고 있다(村山七郎1992: 216-217).

이러한 사실을 토대로 하여 그는 기원적으로 말레이·폴리네시아 제어와 관계가 깊었던 일본어가 알타이인이 가져온 알타이어로 재조직되었으며, 이러한 재조직을 통하여 상대일본어의 원형이 이룩되었으므로 일본어는 전형적인 혼합어라고 결론짓고 있다.

무라야마의 비교연구는 음운, 형태, 어휘에 널리 걸쳐 있을 뿐 아니라, 상당히 세심한 분석과 기술로 이루어져 있으나 방법론상의 문제점도 적지 않게 드러내고 있다. 무엇보다도 어휘비교에 체계성이 결여되어 있다. 가령 한 언어의 수사가 혼합체계로 설명될 수 있는지 의문이 아닐 수 없으며, 똑같은 신체어휘인데도 어째서 tura(頰)는 알타이계통, pana(鼻)는 남방계통인지, 마찬가지로 똑같은 식물관계 어휘인데도 어째서 kutsa(草)는 한국어계통, kï(木)와 pana(花)는 남방계통인지 그 이유를 쉽게 설명할 수 없기 때문이다.

그러나 그의 가장 큰 약점은 혼합어설 그 자체에 있다. 실제로 혼합어설에 대해서는 많은 비판이 있어왔다. 일찍이 핫토리[服部四郎1967]가 특정언어의 계통은 하나뿐이며 나머지는 차용어일 뿐이라면서 혼합어설을 비판한 적이 있는데, 최근에도 그러한 비판은 계속되고 있는 것이다.

곧 '일반적으로 한 언어에는 다른 언어에서 어휘를 차용하는 일은 있지만, 다른 언어와 혼합하여 잡종의 언어를 만든다는 일은 없다. 기초가 몽골어라면 몽골어, 퉁구스어라면 퉁구스어지 그 혼혈이란 것은 없다'[河野六郎1994: 14]와 같은 비판도 그중의 하나가 된다.


## 4. 앞으로의 과제

특정언어의 친족관계 해명에 어휘수가 문제되는 일은 없다. 헝가리어와 핀란드어의 친족관계는 약 45항목의 확실한 어원으로 구축되었다고 알려져 있기 때문이다. 결국 한 언어의 계통에 대한 탐색은 유사어휘의 발견보다 다음과 같은 절차를 따라야 어느 정도 신뢰할 만한 성과를 거둘 수 있다. 우선 지리적으로나 인종적으로나 역사적으로 연관성이 있어 보이는 몇몇 언어중에서 문법적 유형이 서로 비슷한 두서너 가지 언어를 대상으로 삼아 문법형태소의 구조와 기능, 기초어휘에 걸친 체계적 비교를 통하여 상호간 친족관계의 가능성을 찾아야 한다. 그 결과 비교대상에 오른 언어들이 자매어일 가능성을 보인다면 음운, 형태, 의미, 어휘에 대한 좀더 정밀한 비교를 통하여 공통조어를 재구한 후, 후대의 자매어에 나타나는 개별형태소 하나하나의 변화과정을 다시 설명할 수 있어야 한다. 이 과정에서 반드시 내적 재구와 비교방법 등 역사언어학의 모든 기본원리가 철저히 지켜져야 한다.

지금까지의 일본어 계통 탐색에 위와 같은 절차나 방법이 제대로 지켜진 일은 매우 드물다. 세부적인 내적 재구과정이나 비교방법에도 결함이 많았다. 자연히 그동안의 연구는 대부분 믿음직스럽지 못한 결과를 낳았을 뿐이다. 그중에서 어느 정도나마 신뢰할 수 있는 업적을 든다면 무라야마와 밀러의 연구 정도일 것이다. 그러나 여기에도 적지않은 결함이 내포되어 있기 때문에, 이들 결함을 반성의 거울로만 삼는다면 앞으로의 연구에 상당한 도움이 될 것이다.

# 참고문헌

池田次郎·大野晋편(1973), 『論集日本文化の起源 5, 日本人種論·言語學』, 平凡社.

江上波夫·大野晋편(1973), 『古代日本語の謎』, 每日新聞社.

大野晋(1981), 『日本語とタミル語』, 新潮社.

_____(1994), 『日本語の起源』(新版), 岩波新書(新赤版) 340.

小倉進平(1934), 日本語と朝鮮語(『國語科學講座 IV 國語學』), 明治書院.

小澤重男(1968), 『古代日本語と中世モンゴル語—その若干の單語の—比較研究』, 風間書店.

_____(1978), 『モンゴル語と日本語』, 弘文堂.

金澤庄三郎(1910), 『日韓兩國語同系論』, 三省堂.

龜井孝(1973), 『日本語系統論のみち』, 吉川弘文館.

黑崎久(1977), 『日本語起源論』, 牧野出版.

河野六郎(외)(1994), 『三國志に記された東アジアの言語および民族に關する基礎的研究』(平成2·3·4年度 科學研究費補助 一般研究 B 研究成果報告書), 財團法人 東洋文庫.

崎山理(편)(1990), 『日本語の形成』, 三省堂.

芝烝(외 편)(1985), 『日本語の系統論 基本論文集 1』, 和泉書院.

司馬遼太郎·大野晋(외 편)(1991), 『日本語の起源』, 河出書房新社.

白鳥庫吉(1905), 國語と外國語との比格研究, 『史學雜誌』16: 2, 3, 5, 6, 8, 9, 12.

新村出(1935), 日本語系統論(『國語科學講座 IV 國語學』), 明治書院.

服部四郎(1959), 『日本語の系統』, 岩波書店.

_____(1967), 日本語はどこからきたか, テック言語敎育事業グループ『言葉の宇宙』4月號.

馬淵和夫(편)(1986), 『日本語の起源』, 武藏野書院.

宮崎道三郎(1906-7), 日韓兩國語の比較研究, 『史學雜誌』17: 7, 8, 9, 10, 12/18: 4, 7, 8, 10, 11.

村山七郎·大林太良(1973), 『日本語の起源』, 弘文堂.

村山七郎(1974a), 『日本語の語源』, 弘文堂.

_____(1974b), 『日本語の研究方法』, 弘文堂.

_____(1975), 『國語學の限界』, 弘文堂.

_____(1978), 『日本語系統の探究』, 大修館書店.

_____(1979), 『日本語の誕生』, 筑摩書房.

_____·國分直一(1979), 『原始日本語と民族文化』, 三一書房.

_____(1981a), 『琉球語の秘密』, 筑摩書房.

_____(1981b), 『日本語起源をめぐる論爭』, 三一書房.

_____(1982), 『日本語—タミル語起源說批判』, 三一書房.

_____(1988), 『日本語の起源と語源』, 三一書房.

_____(1992), 『アイヌ語の起源』, 三一書房.

_____(1993), 『アイヌ語の研究』, 三一書房.

_____(1995), 『日本語の比較研究』, 弘文堂.

安本美典·本多正久(1978), 『日本語の誕生』, 大修館書店.

_____(1991), 『日本人と日本語の起源』, 毎日新聞社.

金公七(1995), 『원시한일어공통어의 연구』, 한국문화사.

宋　敏(1969), 韓・日兩國語 比較硏究史, 『聖心女大 論文集』 1.

_____(1974), 最近의 日本語 系統論, 『日本學報』 2.

辛容泰(1988), 『原始韓・日語의 硏究』, 東國大出版部.

李男德(1986), 『韓國語語源硏究 I-IV』, 梨花女大出版部.


Aston, W.G.(1879), A Comparative Study of the Japanese and Korean Languages, *The Journal of the Royal Asiatic Society of Great Britain and Ireland*, new series XI:III, London.

Haguenauer, Ch.(1956), *Origines de la civilisation japonaise—Introduction à l'étude de la pré-histoire du Japon*, 1-ère partie, Paris.

Martin, S. E.(1966), Lexical Evidence Relating Korean to Japanese Language, *Language* 42: 2.

Matsumoto N.(1928), *Le Japonais et les langues austro-asiatiques—étude de vocabulaire comparée*, Paris.

Miller, R. A.(1971), *Japanese and the Other Altaic Languages*. Chicago.

_____(1980)・金芳漢(역)(1985), 『日本語의 起源』(대우학술총서 번역 4), 民音社.

Polivanov, E.D.(1968)・村山七郎(역)(1976), 『日本語硏究』, 弘文堂.

Ramstedt, G.J.(1949), *Studies in Korean Etymology*, *MSFOu*. 95, Helsinki.

_____・Collected and Edited by Pentti Aalto(1953), *Studies in Korean Etymology* II, *MSFOu*. 95-2, Helsinki.

_____・Collected and Edited by Pentti Aalto(1954), *Additional Korean Etymologies*, Helsinki.

_____・Collected and Edited by Songmoo Kho(1982), *Paralipomena of Korean Etymologies*, *MSFOu*. 182, Helsinki.

Syromiatnikov, N.A.(1981), *The Ancient Japanese Language*, Moscow.

出處 <한국일본학회 편(시사일본어사, 1998. 12.), 일본연구총서 5, 『新日本語의 理解』: 7-33.>
<草風館(1999. 12.), 『韓国語と日本語のあいだ』: 117-129(日譯再錄).>

# 국어와 일본어의 유사성

## 1. 머리말

　서로 다른 두 언어가 音韻, 語彙, 文法에서 유사성을 보여줄 때 그것이 우연의 일치가 아니라면 우리는 그 원인을 두 가지로 나누어 생각해 볼 수 있다. 첫째는 두 언어가 하나의 共通祖語(proto language, common language)에서 분리되어 나왔을 가능성이고, 둘째는 두 언어가 접촉하면서 어느 한쪽이 다른 한쪽의 영향을 입었을 가능성이다. 전자일 경우, 두 언어 간의 유사성은 공통조어 시대로부터 현재에 이르기까지 그 특질이 보존된 것이며, 후자일 경우, 그 유사성은 외부의 간섭을 받은 결과일 수밖에 없다. 어느 경우일지라도 그 유사성은 史的 필연성을 지니고 있다고 볼 수 있다. 그러나, 실제로는 양자가 그렇게 명확히 구분되는 경우는 드물다. 특히 동일한 조어에서 分化한 두 언어가 그 후의 어느 시기에 새로운 접촉을 가졌다면 거기서 생겨난 간섭의 확산(diffusional cumulation)을 공통조어 시대부터 보존해 온 옛흔적(archaic residue)과 구별하기는 지극히 어렵다. 실제로 한국어와 일본어 간에 발견되는 유사성은 바로 위에 제시한 이론적 추리에 합치되는 하나의 실례가 될 것이다.

　한국어와 일본어는 우연의 일치라고 가볍게 보아 넘길 수 없는 유사성을 많이 보여준다. 文의 構造, 屈折法(inflection)과 派生法(derivation) 및 그 接尾辭, 敬語法 체계, 대명사의 형태와 특질, 形態素(morpheme) 구조를 제약하는 음운론적 조건, 流音의 특질, 그리고 상당수의 어휘에 나타나는 유사성이 그것이라고 할 수 있다. 그러나 이 모든 유사성은 音韻論的 對應(phonological correspondence)을 받지 못한 채, 문자 그대로의 유사성에 머물러 있을 수밖에 없었다.[1] 더구나 한국어와 일본어 간에 발견되는 數詞, 人體의 부위명칭과 같은 기초어휘의 불

---

1) Aston(1879) 이래 한국어와 일본어 간의 음운대응 규칙을 수립해 보려는 노력은 부단히 지속되었다. Haguenauer(1956), 大野晋(1957), Martin(1966), 長田夏樹(1972), 金思燁(1974) 등은 그 대표적인 예가 될 것이다. 그러나 그들이 수립한 規則 또는 音則은 여전히 많은 난점을 안고 있다. 따라서 한일 양국어 간에는 아직도 음운대응 규칙이 수립되었다고 보기는 어렵다.

일치를 근거로 내세워, 두 언어의 계통적 관계를 의심하는 학자도 많다. 두 언어 간의 유사성을 공통조어에서 기원하는 고유요소로만 이해하려고 할 때 생겨날 수 있는 당연한 결론이다. 그러나 우리는 그러한 회의적 결론을 그대로 받아들일 수만은 없다.

우리는 한국어와 일본어가 친근하건 소원하건 간에 계통적 관계를 가지고 있다고 본다. 그 분화과정이나 시기를 한마디로 단언하기는 어려우나 두 언어의 계통적 관계는 적어도 기원전 2-3세기경의 야요이식(彌生式) 문화 이전으로 거슬러 올라가는 듯하다.[2] 그런데 두 언어 간의 유사성은 서로 조화되기 어려운 하나의 斷層, 즉 兩面性을 보이고 있는데, 그 분기점이 바로 야요이식 문화의 맹아기인 것으로 이해된다. 야요이식 문화의 맹아기로부터 7세기 후반의 上代日本語 시대까지는 다시 1,000여년의 간격이 있다. 그동안 일본문화는 새로운 문화가 담긴 외부언어와 접촉을 계속하면서 발달을 거듭해 왔다. 역사학이나 고고학은 물론, 기타 여러 분야의 史的인 연구결과는 야요이 시대로부터 古墳文化 시대에 걸친 일본문화가 한국문화와 밀접한 관계에 있었음을 보여준다.

그러한 문화 접촉이 사실이었다면, 거기에는 필연적으로 언어접촉이 뒤따랐을 것이다. 20세기 전반기에 한국어가 입은 일본어의 영향을 돌이켜 볼 때, 우리는 정치적, 문화적 접촉과 언어접촉의 관계를 쉽게 짐작할 수 있을 것이다. 그러한 언어접촉 과정에서 생겨난 언어상의 차용요소를 공통조어 시대로부터 보존해 온 고유요소와 구별해야 함은 두 말을 요하지 않는다.

이에 우리는 한국어와 일본어가 공유하고 있는 몇 가지 특질을 고유요소와 차용요소로 구분하여 그 史的인 관계를 추적해 봄으로써 한국어와 일본어 간에 나타나는 유사성의 본질이 무엇인지를 이해하고자 하는 것이다.

## 2. 유사성의 양면성

한국어와 일본어 간의 유사성 속에는 분명한 양면성이 내재하고 있다. 그 하나는 일시적

---

2) 일반적으로는 大野晋(1959): 198-199처럼 일본어의 성립시기가 기원전 2, 3백년경, 즉 彌生式 문화의 맹아기와 같은 것으로 보는 듯하다. 그러나 그러한 견해가 절대적인 것이 아님을 암시해 주는 관점이 하나 있다. 언어통계학(glotochronology)적 접근방법이 그것이다. 服部四郞(1959): 208에 의하면 한국어와 일본어가 동일한 조어에서 분화되었다고 하더라도 기초어휘의 殘存率로 보는 한, 그 분화시기는 적어도 거금 4,000년 이전이 되지 않을 수 없다는 것이다. 따라서 두 언어의 분화시기는 彌生式 문화의 맹아기보다 훨씬 이전으로 거슬러 올라갈 가능성이 없지 않은 것이다.

이며 산발적인 언어의 접촉만으로는 설명하기 어려운 일면이고, 다른 하나는 문화적인 영향으로 이해하는 쪽이 보다 빨리 설명되는 일면이다. 어휘만을 대상으로 할 때, 전자는 동사나 형용사의 어근, 그밖의 기초어휘에서 발견되는 성격임에 반하여, 후자는 기초어휘가 아닌 문화관계 어휘에서 감지되는 성격이다. 이러한 양면성은 두 언어 간의 유사성이 하나의 사적 이유만으로는 설명되지 않음을 알려준다. 여기서 잠시 그러한 양면성을 구체적으로 검토해 본다.

### 1) 고유요소에 의한 유사성

공통조어로부터 물려받은 고유요소로밖에 이해하기 어려운 유사성의 하나로 존재를 의미하는 동사가 있다.

상대일본어에는 *ari*(有, 生)란 동사가 있었는데, ra行 변격활용에 속하므로, 그 어간은 *ar*-였다고 할 수 있다. 이에 대하여 *aru*(태어나다, 생겨나다, 보이다)란 동사도 나타나는데, 이는 *ari*에 대하여 '그 상태가 성립되다, 존재하는 상태가 되다'를 뜻하였다. *aru*는 下2段 활용에 속하므로 그 어간 또한 *ari*와 같은 *ar*-이었다. 의미나 형태로 보아 *ari*와 *aru*는 하나의 동일한 *ar*-에서 파생된 것이라고밖에 달리 생각할 길이 없다.

그런데 의미상으로나 형태상으로 *ari* 또는 *aru*에 아주 가까운 形狀言 *arafa*(露. 밖에 나타나 있는 상태, 밖을 향하는 것)가 우리의 주의를 끈다. 이 *arafa*는 보통 -*ni*(格語尾)와 결합하여 化石化한 형태로 상대일본어 문헌에 나타나지만, *arafa-nari*(『金光明最勝王經音義』)와 같은 예는 *arafa*가 명사적 형태였음을 알려준다. 이 *arafa*가 다름 아닌 *arafaru*(자동사. 나타나다, 겉으로 나오다)나 *arafasu*(타동사. 나타내다, 뚜렷하게 하다, 남에게 알리다)와 같은 동사를 파생시킨 어근이었다고 이해된다.

다시 말하면 *arafa*, *arafaru*, *arafasu*는 동근어라고 할 수 있다. 그런데 *ari*, *aru*의 어근 *ar*-와 *arafaru*, *arafasu*의 *arafa* 간에는 형태상으로나 의미상으로 어떤 史的關係가 있었으리라고 생각된다. 곧, *ar*-와 *arafa*는 통시적으로 한쪽이 다른 한쪽에서 파생된 형태라고 추정되는 것이다. 그것이 사실이라면 *ar*-와 *arafa*는 어느 쪽이 기원적인 것일까? 일단 *arafa*는 *ar*-에 -*afa*라는 접미사가 결합되어 파생된 2차적 어근처럼 보인다. 그러나 일본어 그 자체만으로는 문제가 더 이상 해결되지 않는다.

우리는 이 *ar-이 중세한국어 arh(卵, 實)와 비교될 수 있다고 생각한다. 그런데 중세한국어의 arh은 명사였다. 한국어의 명사 중에는 동사의 어간과 형태를 같이 하고 있는 것이 많다. 중세한국어에서 몇 가지 예를 든다. 이들은 聲調上으로도 양자가 일치하는 것들이다.

| 명사 | 동사 |
|---|---|
| $t^2iy$(帶) | $t^2iy$-(帶) |
| mus(束) | mus-(積) |
| pis(梳) | pis-(梳) |
| nuri(世) | nuri-(享) |
| nuri(稌) | nuri-(穋) |
| kʌmʌr(旱) | kʌmʌr-(旱) |
| sam(麻) | sam-(緝, 紡) |

나아가 한국어의 명사는 일본어의 동사어간에 비교되는 경우도 있다.

| 한국어 | 일본어 |
|---|---|
| ip(口) | ifu(言) |
| kuy(耳) | kiku(聞) |
| par(足) | fasu(走) |
| or(絲) | oru(織) |
| sak(芽) | saku(哎) |
| um(芽) | umu/umaru(産) |
| mo(苗) | moyu/moyasu(萌, 生) |

이러한 예들은 한국어의 명사와 동사어간 형태소의 일부가 기원적으로 동일한 어근에서 발달한 것임을 뒷받침해 준다(李基文1972). 따라서 한국어의 명사 arh이 일본어의 동사어근 *ar-이나 arafa의 어느 쪽에 대응된다고 하더라도 부자연스러운 것은 아니다. 문제가 있다면 그것은 의미상의 차이인데, 한국의 고대신화를 통하여 arh의 암시적 의미를 추적해 보면 그 의미가 일본어 *ar-이나 arafa에 연결됨을 알 수 있다. 한국의 고대 건국신화에는 大卵에서 태어난 사람이 많은데, 특히 한 국가의 始祖는 거의가 그러한 인물로 되어 있다. 고구려의 시조 朱蒙, 신라의 시조 赫居世, 伽羅의 시조 首露가 모두 그러한 인물들이었다. 이것은 arh 이 생명의 始原 내지 存在의 起點으로 인식되었음을 뜻한다. 『三國遺事』에 의하면 혁거세가

알에서 태어나자 사람들은 天子가 하늘에서 내려왔다고 다투어 기뻐했다고 한다.[3] 알속에서 사람이 태어난다는 것은 생명의 시원을 암시할 뿐 아니라, 신의 뜻이 지상에 처음으로 도달했음을 뜻하기 때문이었을 것이다. 이러한 의미를 거의 그대로 보존하고 있는 것이 일본어의 존재를 뜻하는 동사 *aru*라고 할 수 있다. 상대일본어의 용례를 검토해 보면 *aru*는 흔히 천황의 아들이 태어나거나 神靈이 출현한다는 뜻으로 쓰이고 있다. 어느 것이나 신령의 의지, 곧 은총이 처음으로 세상에 나타났음을 뜻한다.

한국어의 명사 *arh*의 형태와 의미는 중세한국어에서 보는 것처럼 일찍이 명사로 굳어지면서 그 의미가 극도로 한정되고 말았으나, 기원적으로는 그 문법적 기능과 의미가 일본어의 *arafa*와 같았으리라고 추정된다. 그렇다면 한국어의 *arh*이란 단어도 기원적으로는 동사의 어간이 될 수 있었고, 그 의미는 상대일본어의 *aru*에 가까웠으리라고 생각된다.

그런데 *arh*의 어간말 자음 *h*는 연구개음 *\*k*에 소급되는 것으로 보인다. 중세한국어에 특징적인 명사의 어말자음 *h*의 일부는 분명히 *\*k*로 소급되는 것이다. 예컨대, 중세한국어의 *poh*, *tyəh*, *čah*, *syoh*, *zyo*는 각기 한자음 '襆, 笛, 尺, 俗, 襦'에서 차용된 명사들인데(李基文1961), 이들의 어말자음 *h*는 한자음의 喉內入聲 韻尾, 곧 연구개음 *\*k*에서 유래한 것임에 틀림없다. 한편, 상대일본어 *saka*(尺)라는 형태도 위와 같은 추정을 뒷받침해 주는 실례일 것이다.

중세한국어 *uh*(上)에 나타나는 어말자음 *h* 또한 *\*k*로 소급된다. 『日本書紀』의 古地名에 나타나는 '上'이라는 한자가 *oko*(-*si*)로 훈독되는 점이나,[4] 현대한국어의 남부방언에 *uk-e*[uge]와 같은 형태가 남아있는 점이 그 증거가 될 것이다.

이렇게 볼 때 語中母音消失(syncope)과 語末母音消失(apocope)을 경험하기 이전의 *arh*은 *\*araka* 정도의 형태였을 것이다. 이는 곧 일본어 *arafa*에 대응될 수 있는 형태인데, 문제는 *arafa*의 어말음절에 포함되어 있는 양순무성마찰음 *f*에 있다. 이 자음은 일반적으로 *\*p*에 소급되는데 한국어는 여기에 *p*로 대응되기 때문에 *\*araka*와 *arafa*를 그대로 비교하기는 어렵다. 그러나 일본어의 어중에 나타나는 *f* 중에는 *\*g*로 소급되는 것도 있는 듯하다. 그 하나의 예로 '葵, 薺菜'를 뜻하는 단어가 있다. 한국어, 일본어, 만주어, 몽골어의 형태는 각기 다음

---

3) 於是乘高南望 楊山下蘿井傍 異氣如電光垂地 有一白馬跪拜之狀 尋撿之 有一紫卵一云青大卵 馬見人長 嘶上天 剖其卵得童男 形儀端美 驚異之 浴於東泉 身生光彩 鳥獸率舞天地振動 日月淸明 因名赫居世王 位號曰居瑟邯 時人爭賀曰 今天子已降.... 『三國遺事』(권1): 新羅始祖 赫居世王.

4) 『日本書紀』繼體紀 6年 12月條 및 欽明紀 元年 9月條의 지명 '上多唎', 그리고 欽明紀 2年 4月條의 官職名 '上首位' 등에 포함되어 있는 '上'이 *oko*(-*si*)로 훈독되어 온 실례에 속한다.

과 같다.

| 한 | 일 | 만 | 몽 |
|---|---|---|---|
| *auk* | *afufi* | *abuha* | *abuga* |

일본어 *afufi*가 만주어, 몽골어와 같은 알타이제어에 대응되는 것이 확실하다면 적어도 어말음절의 *f*는 \**g*로 소급된다고 볼 수 있다. 현재로서는 일본어 \**g*⟩*f* 또는 *g*⟩\**p*⟩*f*와 같은 내적 변화가 있었음을 확인하기 어려우나, 적어도 비어두음절에 나타나는 일부의 *f*가 \**g*의 내적변화에 의한 결과임은 위의 실례로 볼 때 있을 수 있는 일이라고 생각된다.

이상과 같은 추론을 통하여 우리는 한국어의 *arh*⟨\**araka*(생명의 시원)가 일본어 *arafa*⟨\**ar-aga*(존재)에 대응된다고 생각한다. 결국 일본어의 어근 *arafa*는 자동사 *arafaru*, 타동사 *arafasu*를 파생시켰지만, 그보다 먼저 *ari*, *aru*의 어근 \**ar*-를 파생시켰다고 생각된다. 이러한 재구를 가능하게 해주는 것이 중세한국어 *arh*이라고 할 수 있다. 다만, 이 단어가 알타이제어의 공통조어에 소급될 가능성은 희박한 듯하다.[5]

일본어 동사 *naru*(자동사. 成, 實, 化)와 *nasu*(타동사. 成)에도 비슷한 추론을 적용해 볼 수 있다. 이 동사의 個別形態史는 *nafë*(苗)라는 명사형이 재구시켜 준다. *nafë*는 단독형(이른바 露出形)이므로 결합형(이른바 被覆形)은 *ë*/*a*의 교체에 따라 \**nafa*였으리라고 추정되는데, 실제로 그 가능성을 보여주는 것이 *nafasiro*(苗代)라는 지명이다. 그렇다면 이 형태소의 기본형은 \**nafa*였음이 분명하다. 이 *nafa*의 동사형은 *nafu*로 추정되는데, 이 형태는 상대일본어에서 파생접미사로밖에 발견되지 않는다. 그것은 명사나 형용사의 어간 또는 동사어근에 연결되어 어떤 동작을 나타내는 파생동사 속에서만 발견되기 때문이다.

> *aki-nafu*(*aki*. 商, 商賣하다, 賣買하다)
> *ata-nafu*(*ata*. 寇. 敵對하다, 敵을 만들다)
> *ama-nafu*(*ama*. 甘. 사이좋게 지내다, 甘受하다)
> *iza-nafu*(*iza*. 감탄사. 끌어들이다, 유혹하다)
> *ubë-nafu*(*ubë*. 諾. 承服하다, 伏罪하다)
> *udu-nafu*(*udu*. 貴, 珍. 좋다고 하다, 重하게 생각하다, 嘉賞하다)

---

5) 한국어 *al*(seed, grain, corn). 몽골어 *alisun*(des pois fauchés), 터키어 *aš*(food), 야쿠트어, 코이발어, 카라카스어 *as*(food). *Ramstedt*(1949): 6-7. 이때의 *al*에는 '씨앗, 낱알'과 같은 의미만 표시되어 있을 뿐 *egg*(卵)라는 의미는 나타나지 않는다.

*ura-nafu*(ura. 占. 점치다, 점으로 길흉을 판단하다)

*otö-nafu*(otö. 音. 소리내다, 울리다)

*tumi-nafu*(tumi. 罪. 죄를 주다, 罰하다)

*tömö-nafu*(tömö. 友. 함께 데리고 가다)

*ni-nafu*(ni. 荷. 메다, 어깨에 메고 옮기다)

*mazi-nafu*(mazi. 呪. 災厄을 피할 수 있도록 기도하다)

*mafi-nafu*(mafi. 幣. 賄賂品을 보내다)

　형태분석이 용이한 이들로부터는 *nafu*라는 접미사가 쉽게 추출된다. 현재로서는 형태분석이 불가능하나 다음과 같은 사례 역시 어떤 형태소와 *nafu*와 결합된 파생어일 것이다(三省堂 1967).

*aganafu*(돈이나 물건으로 속죄하다, 보충하다)

*azanafu*(새끼를 꼬다)

*usinafu*(잃다, 놓치다, 여의다)

*oginafu*(부족을 메우다, 보충하다)

*okönafu*(정해진 방식에 따라 어떤 동작을 하다, 처치하다, 佛道를 修行하다 )

*tugunafu*(갚다, 재물로 책임이나 죄를 면하다, 賠償하다)

　이 -*nafu*는 기원적으로 *nafë/\*nafa*의 동사형이었을 것이며, *nafë*는 *nafu*의 한 활용형(예를 들어 4段활용이었다면 已然形, 下2段 활용이었다면 未然形이나 連用形)이 화석화하면서 그 의미도 한정되어 '초목의 씨앗에서 싹이 나온 상태'만을 뜻하는 형태소가 되어버린 듯하다. 이러한 추정을 토대로 하여 *\*nafa*의 의미를 '생겨나다, 나타나다'로 재구할 수 있지 않을까 한다. 그뿐 아니라 다음과 같은 형태도 *\*nafa*를 어근으로 하는 파생어였을 것이다.

*nafo*(形狀言. 곧은 것, 평범한 것, 변하지 않는 것)

*nafo*(부사. 그래도 역시, 꼭...같다)

*nafosi*(형용사. 쭉 곧은, 옳은, 정직한)

*naforu*(자동사. 病이 낫다)

*nafosu*(타동사. 곧게 하다, 나쁜 곳을 바로 잡다, 矯正하다)

*naru*(자동사. 어떤 사물의 성질이 변하여 다른 것이 되다, 생물이 생장하다, 생기다, 열매를 맺다).6)

---

6) 이 동사의 連用形 *nari*를 南方諸島語에서 유래한 것으로 생각하는 견해도 있다. 村山七郎(1974): 119-123.

*nasu*(타동사. 어떤 사물을 바꾸어 다른 것을 만들다, 만들어 내다, 낳아서 기르다)

그런데 *arafa*가 명사적 어근이었음에 대하여 *nafa*는 동사적 어근이었을 가능성이 있다. *nafa*에 비교되는 중세한국어가 동사 *nah*-(産)이기 때문이다. *nah*-는 *nah*(명사. 나이), *nas*-(형용사. 愈, 勝, 優, 好), *nas*-(동사. 進)을 파생시키는 한편, *na*-(동사. 出, 生), *nat*-/*nat*ʰ-(동사. 顯, 現)으로까지 발전되었다고 생각된다. 다만, 이들 어간의 聲調가 완전히 일치하는 것은 아니어서 문제가 될 수 있지만, 이러한 난점만 해결된다면 *nah*-의 파생과정은 일본어의 어근 *nafa*와 일련의 평행을 이룬다. 이러한 평행성은 한 걸음 더 나아가 다른 내적 파생법에까지 연장된다. 한국어 *nah*-(産)와 *noh*-(置, 放, 架)는 일종의 母音交替(ablaut)에 의한 파생법으로 이해되는데, 이와 같은 특징적인 파생법은 일본어 *nafa*에서도 발견된다. *udu-nafu*(貴)/*udu-nöfu*, *tugu-nafu*(償)/*tugu-nöfu*와 같은 교체형이 바로 그러한 예에 속하는데, 이때의 -*nafu*/-*nöfu*가 보여주는 모음교체는 중세한국어 *nah*-/*noh*-에 나타나는 모음교체와 흡사한 파생법을 보여주기 때문이다.

다만 여기에도 의미의 문제가 따른다. 한국어 *nah*(나이)와 일본어 *nafë*(苗)는 다같이 극도로 한정된 의미밖에 보여주지 않는다. 그것은 이들 주변에 다음과 같은 형태소가 별도로 존재하고 있기 때문이었을 것이다. 곧, 한국어에는 *mo*(苗), *um*(苗, 芽), *sak*(芽)과 같은 단어가 다양하게 발달되어 있으므로 *nah*-의 명사형 *nah*가 구태여 '苗, 芽'와 같은 의미를 떠맡을 필요성이 없었던 것이 아닐까 한다. 한편, 일본어 *moyu*/*moyasu*(萌, 生), *umu*/*umaru*(産), *saku*(咲)는 각기 한국어 *mo*, *um*, *sak*과 비교되는데, 일본어는 모두 동사형이므로 *nafë*가 대신 명사적 의미를 떠맡게 되었으며, 일본어 *nafë*의 의미를 한국어에서는 *mo*, *um*, *sak* 등이 책임지고 있었기 때문에 *nah*-의 명사형 *nah*는 '나이'라는 의미만을 나타내기에 이르렀으리라고 생각된다.

존재를 뜻하는 다른 하나의 일본어 동사로 *wiru*(있다, 앉다, 머물러 움직이지 않다, 坐礁하다)가 있다. 이 동사는 기원적으로 上2段 활용이었다는 견해도 있으나 상대일본어에서는 上1段 활용에 속하는 것이었다. 그 활용은 다음과 같았다.

| 未然 | 連用 | 終止 | 連體 | 已然 | 命令 |
|------|------|------|------|------|------|
| *wi* | *wi* | *wiru* | *wiru* | *wire* | *wiyö* |

이 동사가 上2段 활용이었다면 그 어간은 폐음절 형태소였을 것이나 上1段 활용이었다면 그 어간은 개음절 형태소였을 것이다. 이에 *wiru*의 어간은 *wi*-로 볼 수 있다. 이 *wi*-에 대해

서는 중세한국어 *isi-*(有)와 비교되어 왔다. *isi-*는 *\*bi-si*로 소급되어 퉁구스제어에 연결되므로 한국어의 *i-*가 일본어의 *wi-*에 대응되는 셈이며, 한국어와 일본어는 어두음에서 ø(零): *w*의 대응을 보인다고 할 수 있다. 한국어는 *\*bi-si*〉*\*wi-si*〉*\*i-si*〉*isi-*와 같은 단계적 변화를 보이는데, *\*wi-si*까지는 문헌으로 확인할 길이 없다. 다만, 상대일본어 *wi-*는 이미 다른 동사의 연용형에 후속되어 조동사화 하였는데, 이것은 중세한국어 *isi-*가 겪은 변화와 평행을 이룬다. *isi-*는 중세한국어에서 *is-*이란 형태로 다른 동사의 부사형에 연결되어 과거시상의 기능을 담당할 수 있었기 때문이다.

지금까지의 논의를 종합할 때, 우리는 다음과 같은 사실을 지적할 수 있을 것이다. 존재 또는 생성을 뜻하는 형태소의 어근은 한국어와 일본어에서 다같이 다양한 의미분화 과정을 보이지만, 의미범주가 일치하며 음운론적으로는 모음교체 파생법의 일치, 한국어 어두의 ø(零)에 대한 일본어 *w-*의 대응 등이 주목을 끈다. 형태론적으로는 기원적인 동사의 문법화와 같은 파생법의 일치를 보여준다. 다만 이들은 한국어와 일본어 간에만 나타나는 공통요소로, 알타이 공통조어에는 부분적으로밖에 연결되지 않는다. 이와 같은 특징은 두 언어의 어휘 간에 두드러지게 나타나는데, 이 사실이야말로 두 언어 간의 남다른 관계를 암시하는 것이 아닌가 한다. 왜냐하면 위에 예시한 어휘나 어근들은 그 성격상 문화관계 어휘가 되기 어려운 것들이다. 따라서 이러한 어휘의 어근들이 보여주는 유사성은 우연의 일치나 언어접촉에 의한 산발적인 간섭으로는 설명되지 않는다. 이러한 유사성은 시간적으로는 길고, 지역적으로는 광범하게 兩言語併用(bilingualism)이 행해지지 않았다면 기원적인 관계에서 유래하는 것으로밖에 설명이 되지 않는다. 이것은 곧 두 언어 간의 유사성 중에는 하나의 공통조어로부터 물려받은 고유요소로밖에 이해할 수 없는 부분이 존재함을 뜻한다. 유사성 속에 내재하고 있는 공통요소가 부분적이거나 단편적인 것이 아니고, 음운, 형태, 의미에 모두 관련되어 있으므로, 그러한 유사성이 일시적인 내적변화 과정 속에서 성립된 것이라기보다는 오랜 역사에 걸친 언어변화 과정 속에서 기원적인 고유요소가 손상을 입지 않은 채, 그 명맥을 그대로 지켜온 것이라고 생각되기 때문이다.


## 2) 借用要素에 의한 類似性

한국어와 일본어 간의 유사성 중에는 위에서 본 일면과는 대립적인 또 하나의 일면이 있다. 이와 같은 일면은 기본적인 명사나 동사의 어근보다는 문화적 어휘에 두드러지게 나타난다. 다만 우리는 그러한 유사성을 언어학적인 방법만으로 설명할 만한 지식이나 문헌을 가지고 있지 않을 뿐 아니라 言語外的인 근거 역시 믿을만한 것이 없다. 우리가 시도할 수 있는 방법은 등질적인 문화관계 어휘를 부류별로 비교해 보는 일이다. 이것은 결코 유효한 방법이 못 되지만 자료를 재검토하는 데 일조가 되므로 그러한 예를 몇 가지 제시하고자 한다.

고대의 일본어에 차용된 것으로 보이는 韓國語 起源의 言語材라면 農業, 武具, 工藝, 服飾, 制度와 같은 관계어휘로 묶어 볼 수도 있다(大野晋1956, 1957). 문화생활 전반에 걸친 접촉관계를 일별할 수 있는 방법임에 틀림없기 때문이다. 그러나 개개인의 일상생활로 볼 때 그들에게 가장 중요하고 기본적인 것은 의식주와 같은 생활주변에 관계되는 문화적 어휘일 것이다. 그런데 두 언어 간에는 여기에 관계되는 어휘 속에 무시할 수 없는 유사성이 엿보인다. 이들을 재음미함으로써 문헌시대 이전인 고대의 일본어에 차용된 한국고유의 문화관계 어휘를 몇 가지만 찾아보기로 한다.

일본의 원시적 의류용 섬유로는 *asa*(麻) 이외에 *fudi*(藤), *sina-no-ki*(科木), *ira*(蕁麻), *taku/tafë*(栲), *kazo/kadi*(楮) 등이 있었으리라고 한다(柳田國男1952). 이중에서 *asa*, *ira*, *taku*와 유사한 어형이 한국어에서 발견된다. 중세한국어의 *sam*(麻), *yerh*(麻), *tak*(楮)이 바로 그것이다.

삼(麻)은 중앙아시아, 서북 히말라야 지방을 원산지로 하고 있는 섬유식물로서, 일찍이 한반도를 경유하여 일본에 전해진 것으로 알려져 있다. 彌生時代 후기 내지 고분시대의 패총이나 유적에서 삼씨가 발견되고 있는 점으로 보아 奈良시대 이전부터 삼이 널리 재배되었음을 알 수 있으며, 그 섬유는 衣類에 이용되었음이 분명하다. 결국, 삼은 농경문화의 北九州 전파보다 훨씬 나중에 일본에 들어간 외래식물이다. *asa*라는 단어는 이때에 한국어로부터 차용되었을 것으로 보인다. 다만 일본어 *asa*가 차용어라고 할지라도 지금으로서는 한국어와의 관계를 음운론적으로 적절히 설명하기가 어렵다. 구태여 그 변화과정을 묻는다면 *sam*〉*sa*(어말자음의 탈락)〉*a-sa*(의미불명의 접두사 첨가)와 같은 정도의 형태적 변화를 가정할 수 있을 뿐이다.

일본어 *ira*(蕁麻)는 *ira-kusa*라는 명칭으로 알려져 있는데 문헌에는 다음과 같이 설명되어 있다.

　　荊. 卉木芒人刺也. 伊良(『新撰字鏡』)
　　苛. 擾也怒也煩也小卉也怨也疾也. 伊良(『新撰字鏡』)

苛. 伊良. 小草生刺也(『和名抄』)

이로 미루어 보면 *ira*는 본래 '가시가 나있는 작은 풀(나무)' 정도의 뜻을 가진 단어였다. 이 단어가 *ira-kusa*로 대용되기 시작한 것은 *ira*의 의미가 점차 축소되어 '가시'만을 뜻하게 되었기 때문일 것이다. *ira-kusa*는 잎의 안쪽에 絹紗와 같은 가시가 나있어 스치면 아프고 가려우며 *ira-ira*(따끔따끔)한다고 해서 붙여진 명칭이라는 견해가 일반적인 듯하나, 이는 민간 어원(folk etymology)에 가깝다. 辭典의 설명에 의하면(예를 들어 大槻文彦의 『大言海』) *ira-kusa*는 한국의 모시(苧)와 비슷한 식물인데 줄기와 잎에 가시가 나있는 점이 다르다고 한다. 그렇다면 가시가 나있기 때문에 그 풀이 *ira-kusa*란 명칭을 갖게 된 것이 아니라, *ira-kusa*에 가시가 나있기 때문에 *ira*가 '가시'란 뜻으로 轉用되었다고 보는 것이 『新撰字鏡』이나 『和名抄』와 같은 문헌의 설명과도 일치한다. 상대일본어의 *iranasi*(마음이 아프다, 마음이 괴롭다)와 같은 파생어도 *ira*가 '가시, 아프다'와 같은 의미변화를 일으킨 후에 생겨난 형태일 것이다. 현대일본어의 *ira-ira-suru*(아프다, 따끔따끔하다) 역시 同軌의 파생어임이 분명하며, *ira-kusa*를 *ita-ita-gusa*라고 하게 된 것도 *ira*가 '아프다'란 뜻으로 바뀐 뒤에 생겨난 형태일 뿐이다. 따라서 *ira-kusa*에 가시가 나있는 것은 사실이지만 *ira*-의 의미가 본래부터 '가시'나 '아프다'는 아니었다. 왜냐하면 *ira*는 중세한국어 *yerh*(麻)과 비교되기 때문이다. *yerh*은 '삼' 또는 '삼씨'라는 의미로 쓰이고 있으나 기원적으로는 麻類植物을 지칭하는 단어였을 것으로 추정된다. 아직도 慶尙道 방언에는 *yer*(麻)이란 형태가 보존되어 있기 때문이다. 이것이 일본에 전해진 후, 섬유를 이용한다는 점에서 공통되는 유사식물의 명칭으로 전용된 것이 *ira*로 보인다. 이것이 사실이라면 *ira*는 한국어에서 기원한 단어이고,[7] *ira-kusa*는 하나의 混種語인 셈이다.

일본어 *taku*(栲)는 또 하나의 섬유식물인데, 이는 그 껍질을 벗겨 만든 섬유로 천을 짜거나 노끈이나 종이를 만드는 데 이용한 식물이었다. 이 단어 또한 일찍부터 중세한국어 *tak*(楮)에 비교되어 왔다. 그러나 *taku*는 한국어 기원의 차용어일 것이다.[8] 왜냐하면 이 단어는 흔히 *tuno*(角), *nafa*(繩), *fire*(領巾), *fusuma*(衾) 등과 합성되어 *taku-tuno*(栲角), *taku-nafa*(栲繩), *taku-*

---

7) 중세한국어 *yerh*은 일찍이 *i의 파손(breaking of *i)을 경험한 형태로 보인다. 그것은 *irah>yerh과 같은 변화를 입은 결과라는 뜻이다. 이에 일본어 *ira*는 그러한 변화 이전의 기원적인 형태를 그대로 유지하고 있는 셈이다. 한국어와 일본어 간에 나타나는 이와 같은 관계에 대해서는 후술하게 될 것이다.

8) 상대일본어에는 *taku*와 의미가 유사한 단어로 *tafë*라는 형태가 있었는데, 이 단어는 원시인도네시아어에 기원을 두고 있는 것으로 풀이되고 있다. 村山七郎(1975): 219-222. 그것이 사실이라면 *taku*와 *tafë*는 그 기원을 서로 달리하고 있는 셈이다.

*fire*(栲領巾), *taku-busuma*(栲衾)와 같은 문화적 혼종어로 쓰였기 때문이다. 특히 *taku-busuma*는 그 빛깔이 하얗다는 데서 *sira/siro*(白)와 같은 音相을 가진 고유명사의 枕詞(마쿠라고토바)로 쓰이는 경우가 많았는데, 그중에는 *sirakï*(新羅)가 포함되어 있어 주목된다.

> 是謂栲衾新羅國焉(『日本書紀』 仲哀紀 8年, 199)
> 栲衾志羅紀乃三埼矣(『出雲風土記』 意宇郡)
> 多久夫須麻 新羅邊伊麻須 伎美我目乎(=栲衾新羅へいます君が目を.『萬葉集』
>    3587. 신라에 계신 그대를 뵙게 되기를)

닥나무 섬유로 만들어진 이불을 뜻하는 *taku-busuma*가 *sirakï*(新羅)라는 國名의 枕詞로 굳어졌다는 사실은 그것이 본래 신라의 생산품이었거나 신라식 제품이었음을 말해 주는 것으로 이해된다. 그 원자재인 *taku*의 이용법은 또다른 섬유식물 *asa*(麻), *ira*(蕁麻) 등과 함께 한국에서 전해진 것으로, 그러한 這間의 사정이 언어표현 속에 퇴적되어 있었다고 해도 좋을 것이다.

이러한 추리를 뒷받침해 주는 또 하나의 섬유관계 단어가 상대일본어의 *kara-musi*(紵)라고 할 수 있다. 지금까지 *kara-musi*의 *musi*는 한국어의 *mosi*(苧)와 비교되어 왔다(金澤庄三郎1910, Haguenauer1956, 大野晋1957 등). 그러나 *kara-musi*라는 합성방식이나 *musi*의 어형으로 볼 때 이 단어는 한국어 기원의 차용어임이 분명하다. 崔世珍은 중세한국어 *mosi*에 대하여 다음과 같은 기록을 남기고 있다. 이는 표제어 '毛施布'에 대한 주석인데, 이때의 '毛施'는 한국어 *mosi*(苧)에 대한 한자표기이다.

> 毛施布 此則本國人苧麻布之稱 漢人皆呼曰苧麻布 亦曰麻布 曰木絲布 或書作
> 沒絲布 又曰漂白布 又曰白布 今言毛施布卽沒絲之訛也 而漢人因麗人之稱 見麗
> 布則直稱此名而呼之 記書者因其相稱 而遂以爲名也(『朴通事集覽』 上)

이 기록은 적어도 두 가지 사실을 우리에게 증언해 준다. 하나는 중국인들이 '苧布'를 '苧麻布, 麻布, 漂白布, 白布' 또는 '毛施布'와 더불어 '木絲布, 沒絲布'라고도 불렀다는 사실이고, 다른 하나는 '毛施布'는 '沒絲布'의 訛言인데 중국인들은 高麗布를 보면 곧 '毛施布'라고 했다는 사실이다. 중국인들이 고려포를 보면 곧바로 *mosi*라고 부를 정도로 *mosi*라는 명칭은 일찍이 중국에까지 알려져 있었던 것이다.[9] 그런데 '苧麻布, 麻布, 漂白布, 白布' 등은 어느 것이

---

9) '毛施'를 '沒絲'의 訛言이라고 밝힌 崔世珍의 견해는 잘못된 것이다. '毛施'라는 표기는 이미 『雞林類事』에

나 중국어임에 반하여, '木絲布, 沒絲布'의 '木絲, 沒絲'는 한국의 고유어 *mosi*의 直接借用 (intimate borrowing)에 따른 模寫(replica)였음에 틀림없다. 한자음으로 볼 때 *mosi*가 중국어에 차용된 시기는 元代였던 것으로 보인다. 元代의 한자음으로 보면 '木絲'는 [*musï*], '沒絲'는 [*mosï*]였기 때문이다.[10]

한편, 만주어 *mušuri*에 대한 『五體淸文鑑』(布帛部 布帛類 第五)의 語釋을 보면 '朝鮮産麻布'라는 표제어가 위구르어로는 '*gaoli ak k'atan*'(高麗의 白苧麻布), 漢語로는 '高麗夏布'로 되어있다. 한국의 *mosi*는 멀리 위구르족에게까지 알려져 있었음을 말해준다. 이렇게 볼 때 만주어 *mušuri*도 한국어에 기원을 둔 차용어로 이해된다. 한국어 *mosi*가 사적으로 어느 시기까지 소급되는지는 잘 알 수 없으나 중국어에 차용된 시기로 보아 적어도 고려중기 이전으로 소급된다는 사실은 부인하기 어려울 것이다. 그런데 일본측 자료에 의하면 *mosi*는 다시 8세기 이전으로 거슬러 올라갈 가능성을 보여준다.

> 詔令天下勸殖桑紵利栗蕪菁等草木以助五穀(『日本書紀』 持統紀 7年, 693)
> 寄人五百木部加良牟志(「古文書」 大寶 2年, 702)
> 苧　麻屬白而細者也(『和名抄』)
> 枲　麻也　加良牟自(『新撰字鏡』)

이 기록들은 '加良牟志, 加良牟自'(*kara-musi*)의 역사가 상당히 오래되었음을 증언해 준다. 이들 '加良牟志, 加良牟自'(*kara-musi*. 그 의미는 '紵, 苧, 枲' 등)의 '牟志, 牟自'(*musi*)는 한국어 *mosi*에 대한 模寫임에 틀림없다. 『古事記』 神代歌謠에 다음과 같은 詩句가 보인다.

> 牟斯夫須麻 爾古夜賀斯多爾(苧衾柔やか下に. 모시이불 부드러운 감촉 밑에)
> 多久夫須麻 佐夜具賀斯多爾(栲衾さやぐが下に. 닥나무이불 바스락거리는 감촉
> 밑에)

여기에 나타나는 '牟斯夫須麻'(*musi-busuma*)의 '牟斯'(*musi*)에 대해서는 여러 가지 견해가 있다. *musi-busuma*를 '모시로 만든 夜具', 즉 '苧衾'으로 본다면,[11] *musi*는 '모시'(苧)의 뜻이 된다. 그러나 『萬葉集』(524)의 '蒸被'(*musi-busuma*)라는 用字法으로 볼 때 이를 '따뜻한 夜具'

---

'苧曰毛施'로 나타나기 때문이다. '毛施'라는 한자표기가 일찍부터 중국에서 생겨났음을 보여준다.

10) 『雞林類事』의 '苧曰毛施'라는 자료를 근거로 삼는다면 이 단어가 중국어에 차용된 시기는 元代 이전이었을 가능성도 없지 않다.

11) 倉野憲司·武田祐吉(1958), 『古事記·祝詞』. 『日本古典文學大系』 1, 東京 岩波書店, 104 頭註.

라고 본다면,[12] *musi*는 '찌는 듯한 더위'(蒸)를 뜻하는 단어가 된다. 한편, *musi-busuma*를 '비단으로 만든 夜具'(蠶衾)라고 하여 *musi*를 '누에벌레'(蠶)라고 보는 연구자도 있다.[13] 그러나 *musi-busuma*의 *musi*는 아무래도 '苧'로 보는 것이 詩的 對句上으로 자연스럽다. 모시로 만든 이불이 부드러운 감촉을 주는데 비하여 닥나무섬유로 만든 이불은 깔깔한 느낌을 준다는 대조법은 詩的 技巧로도 손색이 없기 때문이다. 그러므로 *taku-busuma*의 對句인 *musi-busuma*는 '苧衾'으로 해석되어야 마땅하다. 그렇다면 *musi*는 '苧'를 뜻하는 단어였음이 분명해진다. 이 *musi*가 '韓, 漢, 唐'을 뜻하는 접두사 *kara*와 결합되어 *kara-musi*란 형태로 사용되었다는 사실은 그것이 차용어였음을 암시해 준다. *kara*는 한반도나 중국대륙 기원의 문물을 나타내는 단어의 접두사로 굳어졌으나 그 유래는 '韓國, 加良國'(*kara-kuni*)에서 비롯되었음이 분명하다(金澤庄三郎1929). 따라서 *kara*는 본래 고유명사였으나 점차 한반도 전체가 되었고, 나아가서는 중국 또는 외국일반을 뜻하는 접두사로 변하여 많은 합성어를 낳게 되었다.

*kara-usu*(臼)
*kara-awi*(藍)
*kara-obi*(帶)
*kara-kaki*(垣)
*kara-körömö*(衣)
*kara-suki*(犂)
*kara-tama*(玉)
*kara-fitö*(人)
*kara-muro*(室)

그런데 *musi*라는 단어는 일찍이 아이누어에도 차용된 것으로 보인다. 아이누어의 *mose*(蕁麻)가 바로 그것이다. *mose*는 일본어 *ira-kusa*(刺草)와 같은 식물이며 衣料의 원료로 이용되는데, 아이누족은 옛날로 거슬러 올라갈수록 모피를 착용한 민족이었으므로 *mose*는 대륙에서 건너갔으리라는 것이다(金田一京助1934). 이러한 사실들을 감안할 때 상대일본어 *musi*는 위에서 본 몇 가지 섬유관계 식물명칭들처럼 한국어 *mosi*에서 차용된 단어로 믿어진다.

식품관련 단어 중에도 한국어와 일본어 간에 유사한 것이 있는데 이 역시 차용관계로 보

---

12) 土橋寬·小西甚一(1957), 『古代歌謠集』, 『日本古典文學大系』 3, 東京 岩波書店, 41 頭註 및 補註.
13) 高木市之助·五味智英·大野晋(1957), 『萬葉集』 一, 『日本古典文學大系』 4, 東京 岩波書店, 253 頭註. 여기에는 *musi*가 韓語 *mosi*와 同源이라고 되어 있다. 따라서 註釋者는 이 *musi*를 '苧'로 보고 있다.

인다. 중세한국어 *myəču*(醬麴)는 일본어 *miso*(醬)에 연결된다. 『雞林類事』의 '醬曰密祖'라는 항목은 중국인 孫穆이 '장국'(醬麴)을 '장'(醬)으로 오인한 것이 아니라면, 고려시대에는 '醬' 자체를 *\*mičo*라고 했을 가능성을 보여준다. 중세한국어나 현대한국어의 *myəču, myeču, meču*는 한결같이 '醬麴'을 뜻하는 단어지만 만주어 *misun*(醬)으로 보면 *\*mičo*가 본래 '醬'의 일종을 지칭하는 단어였을 가능성도 있기 때문이다. 일본어로는 '醬'을 *fisifo*, '末醬'을 *miso*라고 했으므로, *miso*는 '醬'의 일종이었음이 분명한데, 현대일본어 *miso*(味噌)가 이를 잘 말해주고 있다. 한국어 *myəču*가 기원적으로 '醬'을 뜻했는지 '醬麴'을 뜻했는지는 알 수 없으나, 한국고유의 식품이었음에는 틀림없다. 『和名抄』는 『楊氏漢語抄』에서 '末醬을 高麗醬이라고 했다'고 밝히고 그 註로서 '美蘇'에 대하여 다음과 같이 덧붙이고 있다.

> 美蘇 今按弁色立成說同 但本義未詳 俗用味醬二字 味宜作末 何則通俗文有末
> 楡莢醬 末者搗末之義也 而末訛爲未 未轉爲味

平安時代에는 *miso*를 속칭 '味醬'이라고 했음을 알려준다. '味'가 '末'의 訛傳이라고 본 것은 어원을 한자에서 찾으려는 태도를 보여주는 것으로, 이러한 태도는 과거의 일본이나 한국에서 자주 볼 수 있는 일이다. 어찌 되었건 '本義未詳'이라고 한 것을 보면 *miso*의 어원은 이미 平安時代 이전에 망각되어 버렸음을 알 수 있다. *miso*는 상대일본어의 문헌에 거의 나타나지 않으나 최근 奈良 市街地의 서쪽에 위치하고 있는 平城宮趾에서 발굴된 木簡 하나에 '末醬'이 나타난다.

> (表面) 寺請 小豆一斗醬一十五升 大床所 酢末醬等
> (裏面) 右四種物 竹波命婦御所 三月六日

『和名抄』의 訓으로 추정하건대 여기에 나타나는 '醬'은 *fisifo*, '末醬'은 *miso*였을 것이다. 본문의 '竹波命婦'를 '筑波命婦'와 동일인물로 본다면 이 목간은 孝謙上皇 측근에 있었던 命婦가 상황을 모시고 法華寺에 체재하고 있을 때 상황의 食料를 청구한 일종의 傳票로 보인다. 『續日本紀』는 상황의 법화사 行幸을 天平寶字 6년(762) 5월이라고만 기록하고 그 체재기간을 밝히지 않았으나, 예의 목간에 나타나 있는 '三月六日'이란 날짜로 보아 그 이듬해 3월에도 同寺에 체재하고 있었던 것으로 추측되기 때문이다(龜井孝1963-1966, 권3). 따라서 이 목간은 763년에 쓰인 것으로 생각되는데, 이것이 사실이라면 *miso*라는 단어는 적어도 8세기 중엽 이전으로 소급되는 것이다. 그런데 만주어에 *misun*(醬)이 있음을 보아 일본어 *miso*는 한국어 *mičo*의 차용어임이 분명하다. 이러한 식품이 초기 농경문화와 더불어 일본에 전해졌다고는 생각되지 않으므로 문화관계 단어로서 8세기 이전의 어느 시기에 일본어에 차용되었다고 볼 수 있는 것이다.

이상과 같은 물질 문화 생활에 대하여 정신문화 생활 속에서도 차용에 의한 유사성이 발견된다. 그 일례로 윷놀이를 들 수 있다. 『五洲衍文長箋散稿』(권10 柶戲辨證說)에는 윷놀이가 다음과 같이 설명되어 있다.

> 柶戲…(중략)…俗訓扭 其骰有都介傑扭模之號…(중략)…其局行道 今爲二十九
> 圈 外象天圓內法地方 卽象天地之儀也

윷놀이를 철학적으로 해석하고 있는데 실제로 윷놀이는 단순한 오락이 아니었던 모양이다. 『東國歲時記』(12月條)에는 '世俗除夜元朝以柶擲卦占新歲休咎'라는 기록이 보이는데, 이는 윷놀이가 원시적인 占卜術에 이용되었음을 알려주기 때문이다. 윷놀이의 패는 5가지인데 그 명칭을 『오주연문장전산고』, 『동국세시기』, 『京都雜誌』에서 찾아보면 다음과 같다.

| | 산고 | 세시기 | 경잡 | 현대어 |
|---|---|---|---|---|
| 三俯一仰 | 都 | 途 | 徒 | 도($to/t^ho$) |
| 二俯二仰 | 介 | 開 | 个 | 개($k\varepsilon$) |
| 一俯三仰 | 傑 | 杰 | 傑 | 걸($k\bar{\partial}r$) |
| 四 仰 | 扭 | 流 | 忸 | $yuc^h/suc^h$ |
| 四 俯 | 模 | 牟 | 牡 | 모($mo$) |

이 윷놀이와 비슷한 오락이 일본의 奈良時代에도 있었음을 알려주는 단어가 남아있다. 『萬葉集』에 나타나는 '折木四/切木四'의 古訓 *kari-uti*가 그것이다. 『和名抄』에서는 '樗蒲'를 *kari-uti*라고 훈독하고 있으나 한국의 윷놀이, 일본의 *kari-uti*, 중국의 '樗蒲'는 그 방식이 서로 달랐다. 이들 상호간에 어떤 연관이 있는지 알 수 없으나, 일본의 *kari-uti*는 한국의 윷놀이에 가까웠던 것으로 보인다. 차이가 있다면 한국의 윷놀이는 패의 종류가 5가지인데 대하여 일본의 *kari-uti*는 3가지였다는 점일 것이다. 그 명칭은 '三伏一向'이 *tuku*, '一伏三向'이 *koro*, '一伏三起'가 *tami*였다. '一伏三起'가 어떠한 상태를 지칭하는 패였는지는 알 수 없으나, 나머지 두 명칭 *tuku*와 *koro*는 각기 윷놀이의 *to*(도)와 *kər*[$k\bar{\partial}r$](걸)을 연상시켜 준다. 그런데 '三伏

一向'인 일본어 *tuku*와 '三俯一仰'인 한국어 *to*, '一伏三向'인 일본어 *koro*와 '一俯三仰'인 한국어 *kər*은 우연한 유사성으로 보아 넘길 수 없는 존재다. 우리는 일본어가 한국의 윷놀이에서 그 패의 명칭을 차용했다고 보는 것이다. 비록 방식은 서로 달랐으나 윷놀이가 한국에서 일본에 전해졌다면 그 패의 명칭도 동시에 차용되었으리라고 이해되기 때문이다.

지금까지 검토해 본 한국어와 일본어 간의 유사성은 차용요소에 의한 것이었다. 농경문화가 일본에 전해진 후에도 일본과 한국 간에는 奈良時代 이전까지 밀접한 문화적 유대가 계속되었으므로 한국어가 일본어에 차용되었을 가능성은 이밖에도 얼마든지 있었을 것이다. 위에 보인 차용요소는 그러한 가능성의 일부분이라고 이해된다.


## 3. 日本語의 系統과 韓國語

일본어의 계통에 관해서는 오랜 세월에 걸쳐 수많은 논의가 거듭되었음에도 불구하고 아직까지 이렇다 결론을 얻지 못하고 있다. 중국어를 위시하여 아이누어, 우랄·알타이제어, 南方諸島語, 한국어 계통설 등이 1세기 이상의 세월에 걸치는 일본어 계통론사를 점철해 왔지만, 결정적인 증명이 제출된 적은 거의 없기 때문이다. 최근에는 村山七郎 교수가 混合語說을 꾸준히 전개하고 있는데, 그에 의하면 일본어는 알타이어와 남방어의 혼합으로 이루어졌다는 것이다(村山七郎1970a 이후의 論著들). 혼합어설에 대해서는 服部四郎 교수의 적절한 반론이 오래 전에 제기된 바 있으므로(服部四郎1967) 그 추이는 좀더 후일을 기다려야 하겠지만, 일본어 계통론사를 통람해 볼 때 한 가지 두드러진 경향은 언제나 알타이제어 내지 한국어 계통설이 우위를 견지해 왔다는 사실이다. 그렇다면 람스테트(G. J. Ramstedt)나 포페(N. Poppe)의 노력에 의해서 한국어가 알타이어족의 일원임이 어느 정도 확실해진 이상 일본어는 소원하건 친근하건 간에 역시 알타이어 내지 한국어와 계통을 같이 하고 있는 언어라고 보는 것이 온당하지 않을까 한다. 그러한 견해의 토대가 될 수 있는 근거를 여기에 간략히 정리해 보기로 한다.

이러한 작업은 원칙적으로 비교방법에 의하여 수행되어야 한다. 따라서 계통관계가 증명되지 않은 두 언어 간의 유사성을 기계적으로 대조한다는 것은 언어학적인 비교라고 볼 수가 없다. 비교는 어디까지나 공통조어와의 관련 하에서만 행해져야 하기 때문이다. 그러나 우리의 사정은 아직도 엄밀한 비교문법을 허용하지 않는다. 한국어나 알타이제어가 모두 고대의 언어자료에 零細性을 면하지 못하고 있기 때문이다. 일본어는 어느 정도 고대의 언어자료를 갖추고 있으나 이들 역시 그 표기가 한자로 되어있기 때문에 음운체계의 재구에는 미흡한 면을 많이 가지고 있다. 이로 인하여 개별언어의 內的再構(internal reconstruction)가 어려울 뿐 아니라, 언어비교 또한 어려움 속을 맴돌아 온 것이다. 더구나 이들 언어는 모두가 膠着語로 되어있어 屈折法이나 派生法이 接辭에 의존하고 있기 때문에 형태론적 비교에 한계를 드러낼 때가 많다. 그렇다고 인체의 각 부분 명칭, 數詞, 친족관계 호칭과 같은 특수어휘가 현저한 유사성을 보이는 것도 아니다. 그러므로 여기서는 한국어와 일본어 간에 나타나는 유사성 중에서 계통적으로 기원을 함께 하는 것으로 보이는 어형들을 통하여 음운대응의 가능성을 살펴보는 동시에 그에 따르는 몇 가지 문제점을 검토하는 데 그치기로 한다.

용례는 문헌상 가장 오래된 형태로 표기될 것이며, 의미는 대표적인 것만으로 표시될 것이다. 平安時代 이전의 일본어는 AJ(Ancient Japanese), 그 이후의 일본어는 MJ(Modern Japanese), 16세기까지의 한국어는 AK(Ancient Korean), 혹은 MK(Middle Korean), 그 이후의 한국어는 mK(Modern Korean)로 표시될 것이다. 중세한국어의 성조나 일본어의 액센트는 고려하지 않을 것이다. 특별한 경우를 제외하고는 異形態(allomorph)를 일일이 나열하지 않을 것이며, 개별적인 재구형이나 어원도 최소한으로 제한할 것이다.

## 1) 자음의 비교

한국어와 일본어 간에는 우선 다음과 같은 어두자음의 대응이 가상된다.

| MK | $p(p^h, p^?)$ | $t(t^h, t^?)$ | $k(k^h, k^?)$ | $č, s$ | $h$ | $m$ | $n$ | $y$ | $ø(*w)$ |
|---|---|---|---|---|---|---|---|---|---|
| AJ | $f(b)$ | $t(d)$ | $k(g)$ | $s$ | $s(?)$ | $m$ | $n$ | $y(?)$ | $w$ |

이 목록은 중세한국어와 상대일본어를 기준으로 작성된 것이다. 그리고 어중에만 나타나는 $r$은 목록에서 제외되었다. 이에 대해서는 어중자음 비교 때 따로 논의하기로 한다. 이제 위에 제시한 목록에 따라 어두자음을 비교해 보기로 한다.

한국어 양순무성폐쇄음 $p$는 일본어 양순무성마찰음 $f$와 비교된다. 일본어 $f$가 폐쇄음 $*p$로 소급된다는 사실은 한국어 $p$와 일본어 $f$의 비교를 고무시켜 준다. 한국어의 帶氣化音은 기원적인 것이 아니며 喉頭化音 중에도 비교적 후대에 새로 생긴 것이 많다. 따라서 $p^h$는 $p$와 함께 일본어 $f$에 대응되지만 $p^ʔ$는 확실한 비교가 불가능하다. 한편 한국어 무성음 $p$는 일본어 유성음 $b$에 대응되는 것도 있다.

| | |
|---|---|
| MK $pa$(所) | AJ $ba$(場) |
| MK $pahoy$(岩) | AJ $ifafo$(巖) |
| MK $par$(足) | AJ $fasu$(동사. 走) |
| MK $pari$-(貼) | MJ $faru$(貼) |
| MK $pask$(外) | AJ $foka$(外) |
| MK $p^h{\land}$-(掘) | AJ $foru$(掘) |
| MK $p^h{\land}r$(蠅) | AJ $fafë$(蠅) |
| MK $p_{\land}r_{\land}$-(望) | AJ $foru$(欲) |
| MK $p^ʔ{\land}r{\land}$-(速, 早) | AJ $fayasi$(速, 早) |
| mK $poči$(女陰) | AJ $fotö$(陰部) |
| MK $pər$(原) | AJ $fara/fira$(原) |
| MK $pər$-(張) | AJ $faru$(張) |
| MK $pətir$(楊) | MJ $fota$(榾) |
| MK $pyər$(星) | AJ $fosi$(星) |
| MK $pir$-(增) | MJ $fuyu/fuyeru$(增) |
| MK $pirir$(莧) | MJ $fiyu$(莧) |
| MK $piyuk$(雛) | MJ $fiyoko$(雛) |

한국어 치경무성폐쇄음 $t$는 일본어 $t$와 비교된다. 한국어 대기화음 $t^h$, 후두화음 $t^ʔ$는 그 사정이 양순음 $p^h$, $p^ʔ$의 경우와 비슷한 것으로 보인다. 특수한 경우로 한국어 $t$에 일본어의 유성음 $d$가 대응되는 일이 있다. 이때의 일본어 $d$는 무성음 $^*t$로 소급되는 듯하나 확실한 것은 알 수 없다.

| | |
|---|---|
| MK $tam$-(盛) | AJ $tamaru$(溜) |
| MK $tamir$-(黙) | MJ $damaru$(黙) |
| MK $t_{\land}r$-(懸) | AJ $tar$(垂) |
| MK $task$-(修) | AJ $togu$(磨, 研) |
| MK $tat$-(閉) | AJ $todu$(閉) |
| MK $tay$(竹) | AJ $takë$(竹) |

| | |
|---|---|
| MK $t^h\Lambda$-(燒) | AJ *taku*(燒) |
| MK $t\Lambda rk$(鷄) | AJ *töri*(鳥) |
| mK *tors*(一年) | AJ *tösi*(年) |
| MK *tərəp*-(汚) | MJ *doro*(명사. 泥) |
| MK *timir*-(稀) | AJ *tömösi*(乏) |
| MK *tit*-(聞) | AJ *tutafu*(傳) |
| MK *tir*(陶器) | AJ *tiri*(塵) |

한국어 연구개무성폐쇄음 *k*는 일본어 *k*와 비교된다. 대기화음 $k^h$와 $k^2$는 양순음이나 치경음의 경우와 비슷하다. 특수한 경우로 한국어 *k*가 일본어의 유성음 *g*에 대응되는 예가 있으나 이때의 일본어 *g*는 무성음 \**k*로 소급되는 것이다.

| | |
|---|---|
| MK *kač*(類) | AJ *kazu*(數) |
| MK $kač^h$(皮) | AJ *kafa*(皮) |
| MK *kaps*(價) | AJ *kafu*(동사. 買) |
| MK *karm*-(藏) | AJ *kömoru*(隱) |
| MK *karyəp*-(痒)<\**kari-əp* | AJ *kayusi*(痒) |
| mK $kara(-\eta-nip^h)$(落葉) | AJ *kare*(枯) |
| MK $k\Lambda r\Lambda$(粉) | AJ *kasu*(滓) |
| MK $k\Lambda t$-(如) | AJ *götö*(如) |
| MK *koh*(鼻) | AJ *ka*(香) |
| MK *kok*(頂)/*kokay*(峴) | AJ *kuki*(岫) |
| MK *kom*(熊) | AJ *kuma*(熊) |
| MK *koč*(花) | AJ *kusa*(草) |
| MK *kop*-(麗) | AJ *kufasi*(細, 美) |
| MK *kor*(谷) | AJ *kura*(倉, 藏) |
| MK *kəs*(事) | AJ *kötö*(事) |
| MK *kyər*(波, 紋) | AJ *kisa*(橲) |
| MK *kuy*(耳) | AJ *kiku*(동사. 聞) |
| MK *kup*-(燒) | AJ *kuberu*(燒) |
| MK *kup*-/*kop*-(曲) | AJ *kubi*(명사. 首) |
| MK *kur*-(轉) | AJ *köröbu*(轉) |
| MK *kut*(穴) | MJ *kute*(湫) |

한국어 무성폐찰음 *č*는 일본어와의 비교에서 이렇다 할 대응을 보이지 않으나 구태여 찾는다면 마찰음 *s*에 대응되는 것으로 생각된다. 상대일본어 sa(サ)行音節의 어두자음은 마찰음 *s*가 아니라 폐찰음 *ts*였으리라는 견해가 있으나 확실한 것은 알 수 없다. 일부의 마찰음 *s*가 폐찰음 *ts*로 소급될 가능성은 없지 않으나, 이 경우에는 그 환경에 조건이 있었을 것으로 생각된다. 한국어 기원의 차용어로 볼 때 *a*, *o*에 선행하는 *č*에 대하여 일본어의 模寫가 *s*로 나타나기 때문이다. MK *čas*(城) → AJ *sasi*, MK *\*mičo*(醬麴) → AJ *miso*(宋敏1977). 따라서 *a*, *o*에 선행하는 일본어의 마찰음 *s*는 *ts*로 소급될지도 모른다. 그러나 여기서는 한국어 *č*, *s*가 다같이 일본어 *s*에 대응되는 것으로 간주해 둔다.

| | |
|---|---|
| MK *čop-*(狹) | AJ *sebasi*(狹) |
| MK *čom*(蟲) | AJ *simi*(衣魚) |
| MK *čur*(絃) | AJ *sudi*(筋) |
| MK *čyok-/čyək-*(小) | AJ *sukosi*(小) |
| MK *sak*(芽) | AJ *saku*(동사. 咲) |
| MK *say*(新) | AJ *sara*(更) |
| MK *sʌr-*(消) | AJ *saru*(去) |
| MK *sop/sok*(內) | AJ *sökö*(底) |
| MK *sok-*(欺) | AJ *sukasu*(欺) |
| MK *sos-*(注) | AJ *sosoku*(注) |
| MK *səp*(薪) | AJ *siba*(柴) |
| MK *syəm*(島) | AJ *sima*(島) |
| MK *syəy*(白) | AJ *sira/siro*(白) |
| MK *simi-*(浸) | AJ *simiru/simu*(浸) |
| MK *sis-*(抹, 拭) | AJ *suru*(擦) |
| MK *suh*(雄) | AJ *se*(男) |
| mK *sʔip*(淫行) | AJ *sibe*(蘂) |

　한국어 *h*의 기원은 확실하지 않으나 적어도 그 일부는 *\*s*에 소급되는 것으로 추정된 바 있다(Ramstedt1949). 이에 따라 한국어 *h*는 일본어 *s*에 대응될 가능성이 없지 않으나 사례가 적을 뿐 아니라 모음의 대응이 의심스러울 때가 많아 확실한 결론을 내리기는 불가능하다.

| | |
|---|---|
| MK *hʌ-*(爲) | AJ *suru*(爲) |

| | |
|---|---|
| MK *hyə*(舌) | AJ *sita*(舌) |
| MK *hʌy-/hiy-*(白) | AJ *sira/siro*(白) |
| MK *hyok-/hyək-*(小) | AJ *sukosi*(小) |

이번에는 비음을 비교해 보기로 한다. 한국어 *m*은 일차적으로 일본어 *m*과 비교된다.

| | |
|---|---|
| MK *manh-*(多) | AJ *manesi*(普) |
| MK *mač-*(迎) | AJ *matu*(待) |
| MK *-mata*(每) | AJ *mata*(又) |
| MK *mʌr*(藻) | AJ *mo*(藻) |
| MK *mʌr*(糞尿) | AJ *mari*(糞尿) |
| MK *mo*(苗) | AJ *moyu*(동사. 萌, 生) |
| MK *moh*(隅) | AJ *mö*(方) |
| MK *moto*(總) | AJ *muta*(共) |
| MK *myər*(蕺) | AJ *mira*(韮) |
| MK *mir*(水) | AJ *midu*(水) |
| MK *mur*(衆) | AJ *mure*(衆) |
| MK *musk-*(結) | AJ *musubu*(結) |

한국어 *m*에는 일본어 *f*, 또는 한국어 *p*에 일본어 *m*을 대응시키는 경우도 왕왕 있어왔다(大野晋1957). 양순음끼리의 대응이므로 그 가능성 자체를 부인하기는 어려우나, 제시할 수 있는 실례가 적을 뿐 아니라 모음의 대응에도 의심스러운 점이 많다. 다만 그것이 환경에 의한 개별적 변화의 결과라면 그 원인을 면밀히 밝힐 수 있어야 한다. 따라서 어중위치라면 모르겠지만 어두위치에 이른바 脣音相通의 원리를 막연히 적용한다는 것은 음운대응 규칙의 남용 또는 혹사라고 볼 수밖에 없다.

한편, 한국어 *n*은 일본어 *n*에 무난히 비교된다.

| | |
|---|---|
| AK *na*(土)>MK *narah*(國) | AJ *na*(土) |
| MK *nah-*(産) | AJ *naru/nasu*(成) |
| MK *narho*(緩) | MJ *norosi*(遲) |
| MK *nazi*(薺) | MJ *naduna*(薺) |
| MK *nam-*(餘) | AJ *namaru*(訛) |
| MK *nʌmʌr*(菜) | AJ *na*(菜) |

MK *nok-*(融)　　　　AJ *nukaru*(融)

MK *noph-*(高)　　　AJ *nöboru*(登)

MK *nori-*(懰)　　　AJ *nöru*(罵)

MK *nəp-*(廣)　　　AJ *nöbu*(延)

mK *niph*(沼)　　　AJ *numa*(沼)

MK *nup-*(臥)　　　AJ *nu*(寢)

MK *ni-*(去)　　　　AJ *nigëru*(逃)

MK *nik-*(熟)　　　AJ *niki*(和)

반모음에 대해서는 명확한 결론을 제시하기가 어렵다. 한국어 *y*에 일본어 *y*, 한국어 *ø*에 일본어 *w*가 대응되는 듯하나 실례를 찾아내기가 어렵다. 후자의 경우 한국어는 최소한 \**b*〉\**w*〉*ø*와 같은 과정을 경험했을 것으로 가상된다.

MK *yərə*(多)<\**yʌrʌ*　　AJ *yörödu*(萬)

MK *yətirp*(八)<\**yʌtʌrp*　AJ *ya*(八)

MK *isi-*(有)<\**wisi*　　AJ *wiru*(有)

MK *is-*(引)<\**wis*　　　AJ *wiru*(引)

MK *or*(絲)<\**wor*　　　AJ *wo*(緒)/*oru*(織)<\**woru*

mK *ori-*(折)<\**wori*　　AJ *woru*(折)

MK (*poŋ*)-*ori*(頭, 峯)<\**wori*　AJ *wo*(峯)

마지막에 예시된 한국어의 접미사 *-ori*에 대해서는 *-uri*〈\**wuri*와 같은 재구가 더 적절할지도 모른다. 중세한국어에는 *puri*(嘴, 端)와 같은 형태소가 따로 존재하기 때문이다. 그렇다면 *-ori*의 *o*는 *san-poŋ-uri*(山峰), *k'och-poŋ-uri*(花頭)와 같은 형태소 결합 때문에 *-uri*에 선행하는 한자형태소 *poŋ*의 *o*에 동화된 결과일 것이다. 이밖에 일본어의 반모음은 환경에 따른 여러 가지 변화의 결과일 가능성도 없지 않다.

MK *tyoh-*(好)　　　AJ *yökï*(良)<\**dyökï*

MK *toskuy*(斧)　　　MJ *yoki*(斧)<\**dyoki*

MK *nəyh*(四)<\**dəyh*　AJ *yö*(四)<\**dyö*

MK *nuri*(世)/*nuri-*(亨)　AJ *yö*(世)<\**dyö*

MK *patah*(海)　　　AJ *wata*(海)<\**bata*

다만 MJ의 *yoki*(斧)와 *wata*(海)는 후대의 차용어로 보인다.

어중위치에서도 자음은 대략 어두위치에서와 같은 대응을 보인다. 결합적 변화를 고려한 다면 어두위치에서보다는 좀더 다양한 대응이 예상되지만 현재로서는 그 이상의 대응규칙 확대가 허락되기 어려울 것이다. 다만 어중위치에서밖에 논의될 수 없는 자음으로 유음 *r*이 있다. 한국어나 일본어는 이 자음을 어두에 허락하지 않는 일종의 제약을 가지고 있었기 때문이다. 한국어 *r*은 일차적으로 일본어 *r*에 대응된다.

| | |
|---|---|
| MK *pari-*(貼) | MJ *faru*(貼) |
| MK *pʌrʌ-*(望) | AJ *foru*(欲) |
| MK *pər*(原) | AJ *fara/fira*(原) |
| MK *tamir-*(黙) | MJ *damaru*(黙) |
| MK *tʌr-*(懸) | AJ *taru*(垂) |
| MK *tʌrk*(鷄) | AJ *töri*(鳥) |
| MK *tərəp-*(汚) | MJ *doro*(泥) |
| MK *tir*(陶器) | AJ *tiri*(塵) |
| mK *kara(-ŋ-nip²)*(落葉) | AJ *kare*(枯) |
| MK *kor*(谷) | AJ *kura*(倉, 藏) |
| MK *kur-*(轉) | AJ *köröbu*(轉) |
| MK *sʌr-*(去) | AJ *saru*(去) |
| MK *mʌr*(糞尿) | AJ *mari*(糞尿) |
| MK *myər*(韮) | AJ *mira*(韮) |
| MK *mur*(衆) | AJ *mure*(衆) |
| MK *narho-*(緩) | MJ *norosi*(遲) |
| MK *nori-*(慍) | AJ *nöru*(罵) |
| MK *yərə*(多) | AJ *yörödu*(萬) |
| MK *əri-/ərisək-*(愚) | AJ *oröka*(愚)/*orösoka*(疎) |
| MK *ur-*(泣) | AJ *uramu*(恨)/*urutafu*(訴)/*urefu*(愁) |

다음과 같은 예들은 한국어 또는 일본어에서 모음 간의 *r*이 탈락되거나 *y*로 변했음을 보여 준다.

| | |
|---|---|
| MK *p²ʌrʌ-*(速, 早) | AJ *fayasi*(速, 早) |
| MK *pir-*(增) | MJ *fuyu/fuyeru*(增) |

MK *pirir*(莧)          MJ *fiyu*(莧)

MK *karyəp-*(痒)<*kari-əp-* AJ *kayusi*(痒)

MK *say*(新)          AJ *sara*(更)

MK *oy*(瓜)           AJ *uri*(瓜)

그런데 위에 제시된 대응과는 전혀 다른 가능성을 보여주는 일련의 단어가 존재한다. 한국어 *r*에 대한 일본어 *s*(*z*), *t*(*d*)의 대응이 그것이다. 그 실례로서 다음과 같은 비교가 흔히 제시되었다.

MK *par*(足)          AJ *fasu*(동사. 走)

MK *pər*(蜂)          AJ *fati*(蜂)

MK *pyər*(星)         AJ *fosi*(星)

MK *tors*(一年)       AJ *tösi*(年)

MK *-tʌrh*(等)        AJ *-tati*(達)

MK *kar*(枷)          AJ *kasi*(枷)

MK *kʌrʌ*(粉)         AJ *kasu*(滓)

MK *kyər*(波)         AJ *kisa*(櫷)

MK *mar*(斗)          AJ *masu*(升)

MK *mir*(水)          AJ *midu*(水)

한국어와 일본어는 문헌시대 이전에 이미 *r*과 *l*의 음운론적 대립을 망각하였다. 따라서 위에 든 예들이 공통조어에서 분화된 결과라고 단언할 수는 없다. 결국 한국어와 일본어 *s*(*z*), *t*(*d*)의 비교를 긍정적으로 받아들이자면 먼저 여러 가지 음운사적 문제가 해결되어야 하므로 여기서는 이 문제에 더 이상 천착하지 않을 것이다.

## 2) 모음의 비교

한국어와 일본어는 모음의 대응에 이렇다 할 규칙성을 보여주지 않는다. 橋本進吉, 有坂秀世 이래 상대일본어에는 8개의 모음이 존재했으며,[14] 불완전하나마 모음조화가 존재했던 것으로 추정된 적도 있지만 한국어와 일본어의 모음비교를 가로막고 있는 난점은 여전히

---

14) 최근에 와서는 다시 상대일본어의 모음체계가 모음이 아닌 모음 또는 그 이하의 체계라는 주장이 제기되어 주목을 끌고 있다. Lange(1973) 및 松本克己(1975) 등 참조.

해소되지 않고 있다. 실제로 腹部四郎(1959)은 上代日本語의 모음을 6音素체계로 보고 있으나 中世韓國語의 모음은 7音素체계로 되어 있다. 이러한 사실은 일본어의 모음체계가 한국어보다 더 큰 변화를 입었으리라는 추정을 가능하게 해준다. 그만큼 일본어의 모음체계보다 한국어의 모음체계가 알타이 공통조어의 모음체계에 가까운 것으로 생각되고 있다. 형태소 내부의 환경에 의한 여러 가지 개별적인 변화도 한국어와 일본어의 모음대응을 방해하는 원인으로 지적될 수 있을 것이다. 이로 인하여 지금까지 한국어와 일본어의 비교에서 모음대응은 무시되거나 소홀히 다루어지기 일쑤였다. 이러한 태도는 원칙적으로 용인되기 어려운 것이다. 이에 우리는 중세한국어와 상대일본어 간에 다음과 같은 어두음절 모음의 대응을 가상해 둔다.

| MK | $a$ | $o$ | $\Lambda$ | $\partial$ | $u$ | $i$ | $i$ |
|----|-----|-----|-----|-----|-----|-----|-----|
| AJ | $a$ | $u,\ddot{o}(o)$ | $a,\ddot{o}(o)$ | $\ddot{o}(o)$ | $u$ | $u$ | $i$ |

이 이상의 대응을 서슴지 않는 것은 무의미한 모험에 속한다. 그러므로 여기서는 비교적 그럴듯한 대응 몇 가지를 제시하는 데 그치기로 한다. 우선 한국어 $a$는 일본어 $a$에 비교되는 경우가 가장 많다.

MK *pa*(所)    AJ *ba*(場)
MK *pahoy*(岩)    AJ *ifafo*(巖)
MK *par*(足)    AJ *fasu*(동사. 走)
MK *pari-*(貼)    MJ *faru*(貼)
MK *tamir*(黙)    MJ *damaru*(黙)
MK *tam-*(盛)    AJ *tamaru*(溜)
MK *tʌr-*(懸)    AJ *taru*(垂)
MK *tay*(竹)    AJ *takë*(竹)
MK *say*(新)    AJ *sara*(更)
MK *sak*(芽)    AJ *saku*(咲)
MK *kač*(類)    AJ *kazu*(數)
MK *kač*[h](皮)    AJ *kafa*(皮)
MK *kaps*(價)    AJ *kafu*(買)
MK *kara(-ŋ-nip*[h]*)*(落葉)    AJ *kare*(枯)
MK *karyəp-*(痒)    AJ *kayusi*(痒)

| | |
|---|---|
| MK *manh-*(多) | AJ *manesi*(普) |
| MK *-mata*(每) | AJ *mata*(又) |
| MK *mač-*(迎) | AJ *matu*(待) |
| MK *nah-*(産) | AJ *naru/nasu*(成) |
| AK *\*na*(土) | AJ *na*(土) |
| MK *nazi*(薺) | MJ *naduna*(薺) |
| MK *arh*(卵) | AJ *aru/ari*(有)/*arafa*(露) |
| MK *aok*(葵) | AJ *afufi*(葵) |

한국어 *o*는 일본어 *u*에 비교되는 경우가 많으나 *ö(o)*에 비교되는 실례도 있다.

| | |
|---|---|
| MK *sok-*(欺) | AJ *sukasu*(欺) |
| MK *koč*(花) | AJ *kusa*(草) |
| MK *kom*(熊) | AJ *kuma*(熊) |
| MK *kok*(頂)/*kokay*(峴) | AJ *kuki*(岫) |
| MK *kop-*(麗) | AJ *kufasi*(細, 美) |
| MK *kor*(谷) | AJ *kura*(倉, 藏) |
| MK *moto*(總) | AJ *muta*(共) |
| MK *nok-*(融) | MJ *nukaru*(融) |
| MK *aok*(葵) | AJ *afufi*(葵) |
| MK *oy*(瓜) | AJ *uri*(瓜) |
| mK *poči*(女陰) | AJ *fotö*(陰部) |
| mK *tors*(一年) | AJ *tösi*(年) |
| MK *sok/sop*(內) | AJ *sökö*(底) |
| MK *sos-*(注) | AJ *sosoku*(注) |
| MK *moh*(隅) | AJ *mö*(方) |
| MK *mo*(苗) | AJ *moyu*(동사. 萌, 生) |
| MK *nop*ʰ-*(高) | AJ *nöboru*(登) |
| MK *nori-*(憴) | AJ *nöru*(罵) |
| MK *or*(絲) | AJ *wo*(緒)/oru(織) |
| mK *ori-*(折) | AJ *woru*(折) |

한국어 ʌ는 일본어 *a* 또는 *ö(o)*에 비교되는 경우가 많다. 한국어의 *y*에 후행하는 ə가 일본어 *a* 또는 *ö*에 비교되는 경우도 있으나 이때의 한국어 ə는 전술한 바와 같이 *ʌ로 소급되기

때문이다.

MK pʰʌr(蠅)　　　　　AJ fafë(蠅)

MK pʔʌrʌ-(速, 早)　　AJ fayasi(速, 早)

MK tʰʌ-(燒)　　　　　AJ taku(燒)

MK sʌr-(消)　　　　　AJ saru(去)

MK kʌrʌ(粉)　　　　　AJ kasu(滓)

MK mʌr(糞尿)　　　　AJ mari(糞尿)

MK mʌt(伯)　　　　　AJ madu(先)

MK nʌm-(餘)　　　　　AJ namaru(訛)

MK nʌmʌr(菜)　　　　AJ na(菜)

MK pʰʌ-(掘)　　　　　AJ foru(掘)

MK pʌrʌ-(望)　　　　AJ foru(欲)

MK tʌrk(鷄)　　　　　AJ töri(鳥)

MK kʌt-(如)　　　　　AJ götö(如)

MK mʌr(藻)　　　　　AJ mo(藻)

MK yətirp(八)<*yʌtʌrp　AJ ya(八)

MK yərə(多)<*yʌrʌ　　AJ yörödu(萬)

한국어 ə는 일본어와의 비교에서 애매한 성격을 보여주는 모음 중의 하나라고 할 수 있다. 그러나 대체적으로는 한국어 ə에 일본어 ö(o)가 비교될 수 있는 듯하다.

MK pətir(楊)　　　　　MJ fota(榾)

MK kəs(事)　　　　　AJ kötö(事)

MK nəp-(廣)　　　　　AJ nöbu(延)

MK əp-(負)　　　　　AJ ofu(負)

MK əri-/ərisək-(愚)　AJ oröka(愚)/orösoka(疎)

한국어 u는 원칙적으로 일본어 u와 비교된다. 그러나 약간의 예에서 한국어 u는 일본어 ö와 비교될 수 있는 것도 있다.

MK kup-(曲)　　　　　AJ kubi(首)

MK kup-(燒)　　　　　AJ kuberu(燒)

MK kut(穴)　　　　　MJ kute(湫)

| | | |
|---|---|---|
| MK | *muk-*(舊) | AJ *mukasi*(昔) |
| MK | *mur*(衆) | AJ *mure*(衆) |
| MK | *musk-*(結) | AJ *musubu*(結) |
| MK | *nup-*(臥) | AJ *nu*(寢) |
| MK | *uh*(上) | AJ *ufë*(上) |
| MK | *um*(芽) | AJ *umaru*(産) |
| MK | *urh*(籬) | AJ *ura*(裏) |
| MK | *ur-*(泣) | AJ *uramu*(恨)/*urutafu*(訴)/*urefu*(愁) |
| MK | *kur-*(轉) | AJ *köröbu*(轉) |
| MK | *mut-*(問) | AJ *mötömu*(求) |

한국어 *i*는 일본어와의 비교에서 가장 애매한 성격을 보여주는 모음이다. 그러나 대체로 한국어 *i*는 일본어 *u*와 비교될 수 있으며 더러는 *i*와 비교되는 경우도 있다.

| | | |
|---|---|---|
| MK | *pir-*(增) | MJ *fuyu/fuyeru*(增) |
| MK | *tit-*(聞) | AJ *tutafu*(傳) |
| MK | *sis-*(抹, 拭) | AJ *suru*(擦) |
| MK | *simi-*(浸) | AJ *simiru/simu*(浸) |
| MK | *mir*(水) | AJ *midu*(水) |

한국어 *i*는 일본어 *i*와 비교된다.

| | | |
|---|---|---|
| MK | *pirir*(莧) | MJ *fiyu*(莧) |
| MK | *piyuk*(雛) | MJ *fiyoko*(雛) |
| MK | *tir*(陶器) | AJ *tiri*(塵) |
| mK | *s²ip*(淫行) | AJ *sibe*(蘂) |
| MK | *ni-*(去) | AJ *nigëru*(逃) |
| MK | *nik-*(熟) | AJ *niki*(和) |
| MK | *isi-*(有) | AJ *wiru*(有) |
| MK | *is-*(引) | AJ *wiru*(引) |

그런데 한국어의 어두음절 모음 *i* 중에는 일찍이 후행음절 모음의 영향으로 파손(breaking)을 경험한 것들이 있다. 한국어와 알타이제어의 비교에서 그러한 예들이 드러난다(李基文 1959). 한국어와 일본어의 비교에서도 그와 같은 실례가 약간 발견된다.

MK *pər*(原)                  AJ *fira/fara*(原)

MK *tyər*(寺)                 AJ *tera*(寺) < **tira*

MK *səp*(薪)                  AJ *siba*(柴)

MK *syəm*(島)                 AJ *sima*(島)

MK *syəy*(白)                 AJ *sira/siro*(白)

MK *kyər*(波, 紋)             AJ *kisa*(樗)

MK *hyə*(舌)                  AJ *sita*(舌)

MK *myər*(蔽)                 AJ *mira*(韮)

MK **mičo>myəču*(醬麴)        AJ *miso*(醬)

MK *yərh*(麻)                 AJ *ira*(蕁麻)

　이중에는 차용어가 포함되어 있는가 하면 약간 의심스러운 존재도 없지 않으나 일본어가 어두음절의 *i*를 유지하고 있을 뿐 아니라 제2음절 모음이 *a* 또는 *o*로서 *i*의 파손을 유발시킬 수 있는 환경이므로 한국어 어두음절에 나타나는 *yə*는 *(C)*iCa/o*와 같은 구조의 **i*가 파손을 경험한 결과라고 추정된다. 중세한국어 *myəču*가 **mičo*(鷄林類事의 '密祖')로 소급된다는 사실은 우리의 위와 같은 추정을 문헌이 지지해 주고 있는 셈이다.


## 3) 한국어와 일본어의 관계

　지금까지 우리는 한국어와 일본어의 비교를 통하여 음운대응의 가능성을 찾아 보았다. 비록 자립형식의 어두음절에 국한되기는 했지만 이상과 같은 자음 또는 모음의 비교를 통하여 우리는 한국어와 일본어가 계통적으로 전혀 무관한 언어가 아님을 추론할 수 있다. 위에 정리된 단어들은 차용 가능성이 적은 것들이므로 이를 모두 우연의 일치로 돌려버릴 수는 없을 것이다. 물론 비교된 단어의 형태나 의미가 완전무결한 대응을 보이는 것은 아니다. 형태나 의미 하나하나에 대한 면밀한 재구가 뒤따라야 할 것이기 때문이다.

　그런데 우리는 알타이제어와는 다르면서도 한국어와 일본어 간에만 공통되는 몇 가지 특징에 대하여 주목할 필요가 있다. 그 특징들을 열거해 보면 다음과 같다. 첫째, 한국어와 일본어의 형태소는 자립형식일 경우 어두에 유성폐쇄음을 가질 수 없는 제약을 가지고 있었다. 둘째, 두 언어는 일찍이 유음 *r*과 *l*의 음운론적 대립을 다 같이 망각하였다. 셋째, 두 언어는 인칭어미를 일찍이 망각하였다. 넷째, 두 언어의 대명사는 원근에 따른 형태상의 구별을 가지고 있다(大野晉1957).

　이상과 같은 공통특질은 무엇보다도 두 언어의 밀접한 관계를 대변해 주는 것으로 생각된다. 존대법 체계 역시 두 언어에 공통되는 특징이지만 이는 후대의 발달일 가능성도 있다. 그러나 앞에서 검토한 바 있는 모음교체에 의한 파생법, 동일한 어근의 파생양식도 무시할 수 없는 공통점이 될 것이다. 그뿐 아니라 동·식물상(fauna and flora), 감각이나 정서를 뜻하는 어휘, 심지어는 생리적 배설을 뜻하는 어휘에 이르기까지 공통점이 발견된다는 사실(李崇寧 1955a)은 마땅히 중시되어야 할 것이다.

　하여튼 이상과 같은 공통점들은 일본어가 계통적으로는 우선적으로 한국어에 연결될 가능성을 보여준다. 그러나 두 언어의 분화시기나 분화과정은 그렇게 단순하지 않았을 것으로 추정된다. 두 언어의 분화시기를 일반적으로는 彌生式 문화기에 두고 있으나 만약 그렇다면 두 언어가 보여주는 소원한 음운대응이나 그밖의 중요한 차이점을 설명하기가 어려워진다. 따라서 우리는 원시일본어가 일본열도의 서부지역에 자리 잡기 시작한 시기를 적어도 야요이식(彌生式) 문화발생 이전으로 끌어올릴 필요가 있으며, 그렇게 될 경우, 원시일본어의 기원은 원시한국어에 연결된다고 보는 것이다. 원시일본어가 기원전 2, 3세기경에 비롯되었다고 본다면 한국어와 일본어 간에 발견되는 고유요소의 유사성이 그렇게 빈약할 리가 없기 때문이다. 이러한 우리의 추론이 구체적인 뒷받침을 얻기 위해서는 앞으로 많은 과제가 해결되어야 한다. 악센트와 같은 초분절음소의 비교, 형태론적 비교 등이 그러한 과제의 일부가 되겠는데 고구려어와 일본어 및 퉁구스제어 간에 보이는 유사성 또한 중시되어야 마땅할 것이다(李基文1961, 1964, 1967. 村山七郎1962, 1963a).

# 4. 古代日本文化와 韓國語

　일본의 九州지방에 외래농경문화인 彌生式 문화가 움튼 것은 기원전 3세기경이었을 것으로 추정된다. 이때부터 稻作과 紡績이 시작되고 金屬器도 나타나기 시작하였다. 우리는 이때부터 새로운 문화관계 어휘가 일본어에 유입되기 시작했으리라고 본다. 彌生式 문화는 점차 畿內지방으로 확산되면서 고분문화를 유발시켰을 것이다. 일본의 『古事記』(712)나 『日本書紀』(720)에 전하는 神武天皇의 東征傳說이란 곧 彌生式 문화의 東進을 암시하고 있는데 문화사적 편년으로 볼 때 실상은 應神천황에 의한 東進이었을 것으로 추정된다. 이것이 사실이라면 畿內지방에 고분문화가 탄생된 시기는 대체로 4세기 말에서 5세기 초에 이르는 기간이었을 것이다. 고고학자들은 고분문화의 상한을 3세기 후반으로까지 끌어올리는 수도 있지만 그렇다고 치더라도 고분문화가 畿內지방에 그 기반을 구축한 것은 奈良시대로부터 불과 數世紀 전의 일이었다.

고분문화는 한국문화와 밀접한 관계를 가졌던 것으로 밝혀지고 있다. 고분의 양식은 물론 고분문화 시기의 유적에서 출토되는 농기구·낫·가위·칼·馬具 등이 이 사실을 대변해 주고 있다. 이 시기에도 여러 가지 문화관계 한국어가 일본어에 차용되었으리라고 생각된다. 그러나 무엇보다도 중요한 것은 이 시기의 일본인들은 한국문화와의 접촉을 통하여 한자이용법을 배우게 되었다는 사실이다. 이러한 사실은 일본문화사에 상세히 기술되어 있으므로 여기서는 고대일본의 한자이용법과 한국어 기원의 차용어를 검토함으로써 고대의 일본문화에 끼친 한국어의 영향을 정리해 보기로 한다.

## 1) 한자이용법의 기원

일본에는 본래 그들의 언어를 기록할 수 있는 문자가 없었다. 따라서 그들이 문자를 알게 된 것은 한자를 받아들이면서부터였다. 그 시기를 명확히 밝히기는 어려우나 일본에 한자를 전하고 학습시킨 것은 百濟의 阿直岐와 王仁 등이었다고 알려져 있다. 그러한 추정은 다음과 같은 기록에 근거를 두고 있는 것이다.

> 亦百濟國主照古王 以牡馬壹疋 牝馬壹疋 付阿知吉師以貢上 亦貢上橫刀及大鏡 又科賜百濟國 若有賢人者貢上 故受命以貢上人 名和邇吉師 卽論語十卷 千字文一卷 幷十一卷 付是人卽貢進(『古事記』 中)

> 百濟王遣阿直岐 貢良馬二匹...(중략)...阿直岐亦能讀經典 卽太子菟道稚郎子師焉 於是天皇問阿直岐曰 如勝汝博士亦有耶 對曰 有王仁者 是秀也 時遣上毛野君祖荒田別巫別於百濟 仍徵王仁也 其阿直岐者阿直岐史之始祖也(『日本書紀』 應神紀 15年, 284)

> 王仁來之 則太子菟道稚郎子師之 習諸典籍於王仁 莫不通達 故所謂王仁者 是書首等之始祖也(『日本書紀』 應神紀 16年, 285)

이러한 기록으로 보면 일본에서 한자학습이 시작된 것은 應神天皇 15년(284), 즉 3세기 말엽이 된다. 그러나 이 연대를 액면 그대로 받아들이기는 어려울 것이다. 더구나 일본인들이 한자를 이용하여 스스로 글을 쓸 수 있게 된 것은 훨씬 나중의 일일 것이다. 그것은 다음과 같은 기록을 통해서도 짐작할 수 있다.

始之於諸國置國史 記言事達四方志(『日本書紀』 履中紀 4年, 403)

이 기록에 의하면 일본은 履中天皇 4년(403)에 처음으로 諸國에 國史를 두고 言事를 기록했다고 했으니 5세기를 전후하여 비로소 한자를 직접 이용했다는 것이다. 그러나 이 연대 또한 그대로 믿기는 어려울 수밖에 없다.

실상 일본에서 한자를 최초로 이용한 것은 인명이나 지명과 같은 고유명사를 표기할 때였을 것이다. 가장 오래된 금석문으로 알려진 熊本縣 玉名郡 菊秀町(구마모토현 다마나군 기쿠스이정)의 江田船山(에다후나야마) 고분에서 출토된 太刀銘(5세기 중엽)에 나타나는 인명 '伊太加'는 백제계일 가능성도 없지 않아 잠시 덮어둔다고 하더라도 6, 7세기의 금석문에 나타나는 다음과 같은 고유명사는 당시의 실상을 잘 보여준다.

意紫沙加('隅田八幡宮人物畵象鏡銘')
夷與(逸文 『伊予風土記』 所引 '道後溫湯碑銘')
斯歸斯麻, 佐久羅韋等由良, 阿末久爾意斯波羅岐比里爾波旀己等, 巷宜伊那米
　　(『元興寺緣起』 所引 '元興寺露盤銘')
夷波禮(『元興寺緣起』 所引 '元興寺丈六釋迦佛光背銘')
阿麻古('御物金銅如意輪觀音菩薩造像銘')
平沙多(『上宮法王帝說』 所引 '天壽國曼茶羅繡帳銘')
止利('法隆寺釋迦佛造像銘')
喇加('法隆寺釋迦三尊造像銘')
汗麻尾古('觀心寺阿彌陀佛造像銘')
安里故('船首王後墓誌銘')

萬葉假名의 초기적 모습을 보여주는 이들 고유명사는 어느 것이나 漢字의 音만을 이용한 표기로 되어있다. 그런데 한자음으로 고유명사를 표기한다고 하더라도 동일한 발음을 가진 수많은 한자 중에서 특정문자를 선택하여 특정음절 표기에 고정시킨다는 것은 결코 쉬운 일이 아니다. 그럼에도 불구하고 推古期(593-628) 遺文이나 그밖의 금석문, 그리고 正倉院 文

書와 같은 萬葉假名의 초기적 표기에 나타나는 音假名은 놀랄 만큼 안정되어 있다. 이것은 특정음절 표기에 이용된 한자의 선택이 일본인들에 의하여 직접 이루어진 것이 아님을 암시해 준다. 우리는 音假名으로 이용된 한자가 신라나 백제에서 정제된 표기체계의 영향을 받았으리라고 믿는다. 그것은 推古期 遺文이나 萬葉假名의 초기적 표기법이 신라시대의 한자 이용법과 흡사할 뿐 아니라, 특정음절 표기에 이용된 한자도 일치되는 예가 많기 때문이다 (李崇寧1955b, 馬淵和夫1960 등). 여기에 그 내용을 전부 종합할 여유가 없으므로 萬葉假名의 초기적 音假名과 한국의 고유명사 표기에 이용된 한자의 비교를 통하여 일본인의 한자이용법에 대한 유래의 일단을 살펴보기로 한다.

우선 삼국시대의 지명, 인명과 같은 고유명사 표기에 이용된 한자를 정리해 보면 대략 다음과 같다.

| | a | ə | o | u | ʌ | i | ay | ʌy | yəy |
|---|---|---|---|---|---|---|---|---|---|
| '- | 阿 | 於斺 | 烏吾 | 于亐羽優友 | | 耳伊異爾 | | | |
| k- | 加伽可 | 居巨 | 古高固 | 仇丘句荀 | | 只奇岐 | | 皆 | |
| n- | 乃奈那 | | 奴 | | | 尼 | | 內 | |
| t-(tʰ-) | 多(陁) | | 刀道都度 | 豆頭杜 | | 知智 | | | |
| r- | 羅 | | 老露路魯盧 | 婁留 | | 里理利離璃 | | | 禮 |
| ry- | | | | 流琉類 | | | | | |
| m- | 馬摩 | | 毛牟帽 | 武 | | 未味彌 | | 買 | |
| p-(pʰ-) | (波婆巴) | | 甫保 | 夫富 | | 比毗卑 | | | |
| s- | 沙娑舍 | 西 | 所蘇素召 | 首須壽漱 | 斯史 | 時 | | | |
| č-(čʰ-) | | | 助 | 主朱周(鄒芻) | (次) | 支 | | | |
| h- | 河 | 許虛 | 好 | 厚 | | | 解亥 | | |
| hy- | | | | 休 | | | | | |
| y- | 也耶 | | | 儒由 | | | | | |

이밖에도 신라의 인명에는 '音, 今, 闕, 末, 乙, 勿, 骨'과 같은 한자가 쓰인 바 있으나 이들은 음절말음이 -m, -r과 같은 자음이었음을 나타내기 위한 것이었다.

이번에는 萬葉假名의 초기적 표기를 보여주는 推古期 遺文과 正倉院 文書 및 금석문의 音假名 한자를 정리해 보기로 한다. (  ) 속에 표시된 한자는 推古期 遺文 이외의 경우를 뜻한다.

| | *a* | *e* | *ë* | *o* | *ö* | *u* | *i* | *ï* |
|---|---|---|---|---|---|---|---|---|
| '- | 阿(安) | (衣愛依) | | 意於(隱飫) | | 汗有(宇于) | 伊夷 | |
| k- | 加可(賀珂哿河) | (祁家計) | 居氣希擧(旣) | 古(故高庫祜) | 己許巨(居去) | 久(玖口句群) | 支吉岐(伎棄枳企者) | 歸貴(紀) |
| g- | 奇宜何我(賀河) | (下) | 義(宜) | 胡吳候後 | (其期) | (具) | (藝祇岐伎) | (疑宜義) |
| n- | 那奈(乃) | 尼禰(泥) | | (努怒奴) | 乃(能) | 蕤奴怒(努濃) | 爾(邇仁日) | |
| t- | 侈多(太大) | 氐(提天) | | 刀(斗都土) | 止等(登) | 都(豆) | 至知智 | |
| d- | 陁太(大驒) | (提代) | | (度渡土) | (抒) | 豆(頭) | 遲(治地) | |
| r- | 羅良 | 禮(例) | | (漏魯婁) | 里(呂侶) | 留(流琉) | 利(里理) | |
| m- | 麻磨(萬馬末摩滿) | 賣(양) | 咩 | 母(毛茂) | | 牟(武无模務) | 彌美 | 未(味) |
| f- | 波播(幡芳婆破方防八房半) | 俾(平弊霸) | (閇倍拜) | 富菩(保寶) | | 布(不敷富甫) | 比(卑必毗) | 非(斐肥悲飛) |
| b- | 婆 | 婢(弁) | (倍陪) | | | 夫(父) | (毗) | (備) |
| s- | 佐沙作(左者柴娑) | 勢(世西) | | 嗽蘇宗(祖) | | 須(周酒洲州珠) | 斯志之(師紫新四子思司資玆) | |
| z- | (射藏) | (是) | | | | | 自(士慈) | |
| y- | 移夜(楊陽耶也野益) | | 叡 | (用) | 己余與(予日遠) | 由 | | |
| w- | 和 | (惠) | 好(麦烏曰遠) | | | | 韋位(爲威) | |

대략 이상과 같은 결과를 통하여 두 언어에 공통적으로 이용된 한자를 추출해 보면 다음과 같다.

| | *a* | *e* | *ë* | *o* | *ö* | *u* | *i* | *ï* |
|---|---|---|---|---|---|---|---|---|
| '- | 阿 | | | 於 | | 于 | 伊 | |
| k- | 加可 | | 居 | 古高 | 巨居 | 句 | 支岐 | |
| g- | 奇河 | | | | | | 岐 | |
| n- | 那奈(乃) | 尼 | | 奴 | 乃 | 奴 | 爾 | |
| t- | 多 | | | 刀都 | | 都豆 | 知智 | |
| d- | 陁 | | | 度 | | 豆 | | |

| | | | | | | | | |
|---|---|---|---|---|---|---|---|---|
| r- | 羅 | 禮 | | 魯婁 | 里 | 留流琉 | 利里理 | |
| m- | 馬摩 | | | 毛 | | 牟武 | 彌 | 未味 |
| f- | 波婆 | | | 富保 | | 富甫 | 比卑毗 | |
| b- | 婆 | | | | | 夫 | 毗 | |
| s- | 娑 | 西 | | 蘇 | | 須 | 斯 | |
| y- | 耶也 | | | | | 由 | | |
| w- | | | | 烏 | | | | |

이중에서 '阿(a), 伊(i), 加可(ka), 支岐(ki), 古(ko), 那奈(na), 爾(ni), 奴(nu), 努(no), 乃(nö), 多(ta), 陁(da), 智知(ti), 都(tu), 豆(du), 刀(to), 羅(ra), 利里(ri), 留琉(ru), 禮(re), 彌(mi), 牟武(mu), 毛(mo), 波(fa), 婆(ba), 比(fi), 毗(bi), 夫(bu), 保富(fo), 斯(si), 須(su), 蘇(so), 由(yu) 등은 萬葉假名 전체를 통하여 그 빈도가 가장 큰 문자들이다. 『古事記』, 『日本書紀』, 『萬葉集』, 그밖의 모든 후대적 문헌에 나타나는 한자를 모두 종합한다면 이보다 훨씬 많은 공통점을 보일 것이다.

모든 한자음이 동일한 음절표기에 이용된 것은 아니지만, 두 언어의 음절표기에 이용된 한자가 이 정도의 일치를 보인다는 사실은 그들 상호간의 역사적 관계를 상정하지 않을 수 없게 한다. 그 역사적 관계란 곧 한국인의 한자이용법이 일본에 전해진 것으로 풀이된다. 이러한 견해와 대립되는 주장이 없는 것은 아니다. 漢譯佛經의 陀羅尼 音譯에 이용된 한자가 萬葉集의 音假名으로 발전되었으리라는 주장이 그것이다(中田祝夫1972). 이러한 견해를 전적으로 부정하기는 물론 어렵다. 그러나 한자의 이용법은 고유명사 음역에만 그친 것이 아니라 점차 고유어의 표기로 발전되어 갔다. 그리하여 한자는 음과 훈 두 가지가 모두 고유어 표기에 적극적으로 이용되기에 이르렀다. 이러한 방식을 일찍부터 알고 있었던 나라는 신라였다. 이른바 鄕札式 표기방식은 신라문화에서 창안된 것이었다. 음역에 의한 고유명사의 표기에는 뒤지겠지만 소박하나마 훈역에 의한 고유명사의 표기가 6, 7세기의 推古期 遺文에서 산견되는 점으로 보아 일본인들도 일찍부터 신라식 한자이용법을 알고 있었다. 이러한 사실을 종합할 때 일본인들은 한국과의 문화적 접촉을 통하여 한자이용법의 원리를 비교적 쉽게 습득했다고 추정할 수 있다. 따라서 타라니의 음역용 한자가 일본인들의 한자이용법에 영향을 미쳤다고 하더라도 그것은 부분적인 정도에 그쳤을 것으로 이해된다.

## 2) 文化關係 語彙의 借用

彌生式 농경문화가 일본에 이식되면서 한국과 일본의 문화적 관계는 한층 밀접해졌다. 더구나 미생식 문화가 畿內지방으로 확산되면서 大和(야마토)朝廷이 안정을 이룩하게 되자 한국과의 접촉은 더욱 빈번해졌을 것이다. 특히 大和조정과 백제는 오랫동안 정치적으로나 문화적으로 우호적인 관계를 지속하였다. 그 일례가 앞에서 인용한 바 있는 阿直岐와 王仁의 일본파견이었다고 볼 수 있다. 여기에 한국과 일본의 문화접촉을 암시하는 몇 가지 기록을 『日本書紀』에서 찾아보도록 하겠다.

> 奚新羅王波沙寐錦 卽以微叱己知波珍干岐 爲質 仍齎金銀彩色及綾羅縑絹 載于八十艘船 令從官軍. 仲哀紀 9年 神功皇后 攝政前紀(200).

> 高麗人百濟人任那人新羅人並來朝 時命武內宿禰 領諸韓人等作池 因以名池 號韓人池. 應神紀 7년(276).

> 百濟王貢縫衣工女 曰眞毛津. 是今來目衣縫之始祖也. 應神紀 14년(283).

> 高麗國貢鐵盾鐵的. 仁德紀 12年(324).

> 天皇召酒君 示鳥曰 是何鳥矣. 酒君對言 此鳥之類 多在百濟 得馴而能從人. 亦捷飛之掠諸鳥. 百濟俗號此鳥曰俱知(是今時鷹也). 乃授酒君令養訓. 仁德紀 43年(355).

> 遺使求良醫於新羅. 秋八月 醫至自新羅. 則令治天皇病. 未經幾時 病已差也. 天皇歡之 厚賞醫以歸于國. 允恭紀 3年(414).

> 天皇崩. 時年若干. 於時新羅王聞天皇旣崩 而驚愁之 貢上調船八十艘 及種種樂人八十. …(중략)…悉捧御調 且張種種樂器 自難波至于京 或哭泣 或儛歌. 允恭紀 42년(453).

> 遺日鷹吉士 使高麗 召巧手者. 仁賢紀 6年(493).

이와 같은 정치적, 문화적 접촉은 필연적으로 당시의 한국어와 일본어의 상호접촉을 유발시켰을 것이며 이로 인한 언어간섭에 따라 한국 기원의 문화관계 어휘가 상당량 일본어에 차용되었을 것으로 추측된다. 여기에 그 윤곽을 정리해 보기로 한다.

위에 인용된 『日本書紀』(仁德紀 43年, 355)에 따르면 당시의 백제어에는 '매'(鷹)를 뜻하는 단어로 *kuti*(俱知)라는 어형이 있었음을 알려준다. 한편, 당시의 일본어에서는 백제어 *kï*(城)가 *sirakï*(新羅)처럼 접미사로 이용되기도 하였다. 이밖에도 『日本書紀』의 古訓으로 전하는 *sasi* (城), *kofori*(郡), *mure*(山), *nirimu*(主), *sema*(島), *oko*(上), *aru*(下), *kasi*(夫人) 등은 중세한국어 *čas* (城), *kʌβʌr*(村), *moyh*(山), *nim*(主), *syəm*(島), *uh*(上), *aray*(下), *kas*(妻)로 판단할 때 일본어에 흔적을 남긴 한국어였음에 틀림없다(白鳥庫吉1897). 다만 훈독으로만 전해오는 점으로 보아 이들 한국어 기원의 단어들이 당시 일본에서 일상적인 구어로 통용되었으리라고는 생각되지 않는다. 따라서 이들 한국어 기원의 단어들은 兩言語倂用을 필요로 하는 식자층 사이에서나 통용된 일종의 전문외래어였으리라고 생각된다(宋敏1973).

한국의 고유명사로서 국명, 관직명, 지명 등이 일본어에 영향을 끼친 경우도 있다. 전술한 바 있거니와 *kara*(韓, 唐)는 '伽羅'라는 국명에서 유래하여 접두사화한 대표적 차용어일 것이다. *sirakï*(新羅), *kudara*(百濟), *koma*(高句麗)와 같은 국가명이 *kara*와 나란히 접두사처럼 쓰이기도 하였다.

*sirakï-kötö*(新羅琴)      *sirakï-wonö*(新羅斧)
*kudara-gaku*(百濟樂)      *kudara-kötö*(百濟琴=箜篌)
*koma-turugi*(高句麗劍)    *koma-nisiki*(高句麗錦)

신라의 관직 17관등 가운데 14등급인 '吉士'는 한국출신 하급관리의 호칭으로 이용되기도 하였는데 '阿知吉師, 和邇吉師'(『古事記』中), '多吳吉師'(『日本書紀』神功紀 元年) 등의 '吉師'(*kisi*)가 그것이었다. 그밖에도 고구려, 신라, 백제, 가라국의 인명, 지명 등이 일본문헌에 허다하게 남아있다.

이상과 같은 사례들은 고대의 한국어 요소가 고대의 일본어에 영향을 끼친 것은 사실이지만 이들을 차용어라고 보기는 어렵다. 이들이 일본어에 적극적으로 이용된 일은 별로 없었기 때문이다. 그러므로 일본어에 차용된 한국어 기원의 단어는 일본어 자체에서 별도로 탐색되어야 한다. 우리는 이러한 차용어를 물질생활에 관련된 어휘 속에서 찾아낼 수 있을 것이다. 이에 대한 서론적 검토는 앞에서 이미 마쳤으므로 여기서는 차용어라고 추정되는 단어의 부류별 목록을 제시하는 선에서 머물기로 한다. 편의상 한국어의 어형은 중세한국어 또는 근대한국어를 기준으로 하여 표기한다.

먼저 고대의 農耕文化에 관계되는 다음과 같은 단어는 한국어 기원의 차용어라고 생각된다.

AJ *fata*(畑)      cf. MK *pat*(田)

AJ *fo*(穗)      cf. MK *pyə*(稻)

AJ *fataru*(徵)      cf. MK *pat*-(受)

AJ *nata*(鉈)      cf. MK *nat*(鎌)

AJ *kufa*(鍬)      cf. mK *kwaŋi*(鑼)<*kuwa-ŋi*

AJ *sabi*(鉏)      cf. MK *sarp*(鍤)

AJ *masu*(升)      cf. MK *mar*(斗)

AJ *tabari*(把)      cf. MK *tapar*(束)

衣生活 문화에 관계되는 단어 중에도 한국어 기원의 차용어가 있는 것으로 생각된다.

AJ *osufi*(衣袖)      cf. MK *os*(衣)

AJ *nufu*(縫)      cf. MK *nubi*/*nubi*-(縫)

AJ *asa*(麻)      cf. MK *sam*(麻)

AJ *ira*(蕁麻)      cf. MK *yərh*(麻)

AJ *taku*(栲)      cf. MK *tak*(楮)

AJ *musi*(紵)      cf. MK *mosi*(苧)

AJ *kabuto*(兜)      cf. MK *kamtʰo*(冠)

AJ *kasa*(笠)      cf. MK *kas*(笠)

AJ *kusirö*(釧)      cf. MK *kusir*(珠)

AJ *fata*(機織)      cf. MK *patʌy*(筬)

AJ *oru*(織)      cf. MK *or*(絲)

食生活 문화에 관계되는 한국어 기원의 차용어로는 다음과 같은 것들을 지적할 수 있을 것이다.

AJ *miso*(醬)      cf. MK *\*mičo*(醬)

AJ *sakë*(酒)      cf. MK *sak*-(醱酵)

AJ *su*(酢)      cf. MK *siɣ*-(酸)

AJ (*turu*-)*bami*(橡)      cf. MK *pam*(栗)

AJ *kama*(釜)      cf. MK *kama*(釜)

AJ *kusi*(串)      cf. MK *koč*(串)

住生活 문화에 관계되는 어휘 중에도 한국어 기원의 차용어가 있는 것으로 생각된다.

| | |
|---|---|
| AJ *kudo*(竈) | cf. MK *kut*(坑)/mK *kutir*(坑) |
| AJ *susu*(煤) | cf. MK *susk*(炭) |
| AJ *tuto*(苞) | cf. MK *tosk*(蕩) |
| AJ *nafa*(繩) | cf. MK *noh*(繩) |
| AJ *fako*(箱) | cf. MK *pakoni*(簞) |
| AJ *turube*(汲器) | cf. MK *tirəy*(汲器) |

이밖의 문화관계 어휘로서 한국어 기원의 차용어라고 생각되는 것들을 찾아보면 다음과 같다.

| | |
|---|---|
| AJ *tera*(寺) | cf. MK *tyər*(寺) |
| AJ *namari*(鉛) | cf. AK *\*namir*(鉛) |
| AJ *saka*(尺) | cf. MK *čah*(尺)<*\*čak*(한자음 '尺') |
| AJ *kasi*(枷) | cf. MK *kar*(枷) |
| AJ *fë*(舟) | cf. MK *pʌy*(舟) |
| AJ *tuku*(三伏一向) | cf. mK *to*(三俯一仰) |
| AJ *koro*(一伏三向) | cf. mK *kər*(一俯三仰) |

불교를 일본에 전한 것은 백제였다(『日本書紀』 欽明紀 13年, 敏達紀 6年 등). 백제는 불상과 경전 뿐만 아니라 造佛工, 造寺工까지 직접 일본에 파견하였으므로 AJ *tera*(寺)가 한국어 기원의 차용어임은 거의 확실하다고 할 수 있다. 고구려어에 *\*namir*(鉛)이라는 단어가 있었는데 『鄕 藥救急方』(1417)에도 *\*namir*(鉛)이 보인다. AJ *namari*(鉛)는 이 어형을 차용한 것으로 보인다. 그밖의 단어들도 일찍이 한국에서 차용한 것들로 추정된다.

지금까지 정리해본 고대의 일본어 요소들은 중세한국어 또는 근대한국어의 어형을 통하 여 어원해명이 가능할 뿐 아니라 한국의 고유문화와 깊은 관계를 가진 것들이다. 따라서 이들은 한국어 기원의 차용어라고 볼 수 있다. 한국어 기원의 차용어는 그밖에도 많았을 것으로 추정된다. 그럼에도 불구하고 이를 판별해 낸다는 일은 어려운 작업에 속한다. 그 이유는 첫째, 한국어나 일본어 자체의 내적변화가 두 언어의 간격을 한층 크게 벌려놓았기 때문일 것이며, 둘째, 15세기 이전으로 거슬러 올라가는 고대 한국어 자료의 결핍이 일본어 의 어원탐색을 어렵게 만들고 있기 때문일 것이다.

하여튼 일본은 大化의 改新(645)을 계기로 하여 중국과 더욱 가까워지기 시작하였다. 이에 따라 중국문화나 한자의 보급은 갑자기 활발해졌지만 한국문화나 한국어의 영향은 크게 위축되기 시작하였을 것으로 보인다. 결국 한국어는 6세기경까지의 일본어에 대하여 적지 않은 영향을 끼친 바 있으나 推古天皇의 재임기(593-628) 이후로 접어들면서 그 세력이 급속하게 한문과 한자로 옮겨졌다고 볼 수 있을 것이다.

## 5. 결 어

지금까지 우리는 한국어와 일본어 간에 드러나는 유사성을 통하여 그 기원과 성격을 모색해 보았다. 그 결과 한국어와 일본어는 남다른 관계를 가지고 있다는 결론에 도달하였다. 두 언어 간의 유사성은 고유요소에 의한 것과 차용요소에 의한 것으로 구분된다. 전자가 彌生式 문화 이전의 오랜 역사를 배경으로 삼고 있음에 대하여, 후자는 그 이후부터 奈良시대에 이르는 기간을 배경으로 삼고 있다.

결국 일본어는 원류는 두 가지 측면에서 추구될 필요가 있다. 하나는 계통상의 측면이고 다른 하나는 후대에 겪은 문화적, 언어적 접촉과 간섭이라는 측면이다. 한국어는 이 두 가지 측면에 모두 밀착되어 있었던 것으로 추정된다. 다시 말하면 일본어는 먼저 계통상으로 한국어에 연결되어 있다. 그 관계는 비록 소원할지라도 언어상의 여러 가지 특징을 공유하고 있는 점만은 부인하기 어렵기 때문이다. 후대에 이르러 일본어는 또다시 한국의 한자이용법을 수용하고 문화관계 어휘를 적지 않게 차용하였다. 이처럼 일본어는 오랜 기간의 역사를 통하여 한국어와 밀접한 관계를 유지해온 언어라고 말할 수 있다. 따라서 일본어의 원류를 찾아가는 작업에서 한국어는 결코 도외시할 수 없는 언어가 될 것이다.

### 참고문헌

金思燁(1974), 『古代朝鮮語と日本語』, 東京 講談社.
宋 敏(1969), 韓日兩國語 比較硏究史, 聖心女子大學 『論文集』 1.

_____(1973), 古代日本語에 미친 韓語의 影響, 韓國日本學會 『日本學報』 1.

_____(1974), 最近의 日本語 系統論에 대하여, 韓國日本學會 『日本學報』 2.

_____(1977), 『日本語의 構造』, 서울 關東出版社.

李基文(1959), On the Breaking of *i* in Korean, 高麗大學校 亞細亞問題研究所 『亞細亞研究』 2-2.

_____(1961), 『國語史槪說』, 서울 民衆書館.

_____(1963), A Genetic View on Japanese, 天理大朝鮮學會 『朝鮮學報』 27.

_____(1964), Materials of the Koguryo Language, The Korean Research Center, *Journal of Social Sciences and Humanities* 20.

_____(1967), 韓國語形成史, 高麗大學校 民族文化研究所 『韓國文化史大系 V 言語·文學史』 所收.

_____(1972), 『改訂國語史槪說, 서울 民衆書館.

_____(1974), 日本語系統論によせて, 大修館書店 月刊 『言語』 3-1.

李男德(1977), 한국어 /n/과 일본어 /y/와의 對應考察, 梨花女大 韓國文化研究院 『論叢』 30.

李崇寧(1955a), 韓日兩語의 語彙比較試考, 大韓民國 『學術院會報』 1.

_____(1955b), 新羅時代의 表記法體系에 관한 試論, 서울大學校 『論文集 人文社會科學』 2.


江上波夫·大野晋(1973), 『古代日本語の謎』, 東京 毎日新聞社.

楳垣實(1944), 『增補日本外來語の研究』, 大阪 靑年通信社.

_____(1962), 『舶來語·古典語典』, 東京 東峰出版社.

大野晋(1952a), 日本語と朝鮮語との語彙比較についての小見, 東京大學 國語國文學會 『國語と國文學』 29-5.

_____(1952b), 日本語系統論はどのように進められて来たか, 國語學會 『國語學』 10.

_____(1956), 日本語の黎明, 至文堂 『解釋と鑑賞』 19-10.

_____(1957), 『日本語の起源』(岩波新書), 東京 岩波書店.

_____(1974a), 『日本語をさかのぼる』(岩波新書), 東京 岩波書店.

_____(1974b), 『岩波古語辭典』, 東京 岩波書店.

小倉進平(1934), 『朝鮮語と日本語』, 明治書院 『國語科學講座』 IV.

_____(1935), 『朝鮮語の系統』, 岩波書店 『岩波講座 東洋思想』.

_____(1943), 『國語語源の問題』, 帝國學士院東亞諸民族調査室報告會記録 13.

長田夏樹(1972), 『原始日本語研究』―日本語系統論への試み―, 神戸 神戸學術出版.

金澤庄三郎(1910), 『日韓兩國語同系論』, 東京 三省堂書店.

_____(1913), 『古語の研究と古代の文化』, 東京 弘道館.

_____(1929), 『日鮮同祖論』, 東京 刀江書院.

龜井孝(1963-1966), 『日本語の歷史』(全8卷), 東京 平凡社.

_____(1973), 『日本語系統論のみち』, 東京 吉川弘文館.

菅野裕臣(1978), 朝鮮語からの借用語, 大修館書店 月刊 『言語』 7-2.

金田一京助(1934), 國語に於けるアイヌ語の問題, 信農教育會 『國語學講習録』 所收, 東京 岡書院.

_____(1938), 『國語史―系統篇』, 東京 刀江書院.

河野六郎(1949), 日本語と朝鮮語の二三の類似, 『人文科學の諸問題』 所收, 東京 岡書院.

_____(1971), The Chinese Writing and its Influences on the Neighbouring People, *Memoirs of the Research Department Scripts of the Toyo Bunko* 27.

白鳥庫吉(1897), 日本書紀に見えたる韓語の解釋, 『史學雜誌』 8-4, 6~7.

_____(1898), 日本の古語と朝鮮語との比較, 『國學院雜誌』 4-4~12.

上代語辭典編修委員會(編)(1967), 『時代別國語大辭典―上代編』, 東京 三省堂.

新村出(1916), 國語及朝鮮語の數詞について, 『藝文』 7-2, 4.

_____(1935), 『國語系統論』, 明治書院 『國語科學講座』 IV.

_____(1944), 『外來語の話』, 東京 修文館.

西村眞太郎(1934), 國語と朝鮮語との交涉, 朝鮮總督府 『朝鮮』 230~231, 234.

中田祝夫(編)(1972), 『國語史講座 2 音韻史・文字史』, 東京 大修館書店.

服部四郎(1959), 『日本語の系統』, 東京 岩波書店.

_____(1967), 日本語はどこから來たか, テック言語教育事業グループ 『ことばの宇宙』 4 月號.

松本克己(1975), 古代日本語の母音組織考, 金澤大學法文學部 『論集文學篇』 22.

馬淵和夫(1960), 日本語・音韻の歷史―上代, 至文堂 『解釋と鑑賞』 25-10.

_____(1965), 『上代のことば』, 東京 至文堂.

_____(1971), 『三國史記』『三國遺事』にあらわれた古代朝鮮の用字法について, 東京外國語大學 言語學研究會 『言語學論叢』 11.

村山七郎(1961), 日本語の比較研究から, 國語學會 『國語學』 47.

_____(1962), 日本語および高句麗語の數詞, 國語學會 『國語學』 48.

_____(1963a), 高句麗語と朝鮮語との關係に關する研究, 天理大學 朝鮮學會 『朝鮮學報』 26.

_____(1963b), Über einige japanische Kulturwörter altaischen Ursprungs, *Aspects of Altaic Civilization*, Bloomington, Indiana University.

_____(1966), Mongolisch und Japanisch―ein Versuch zum lexikalischen Vergleich, *Collectanea Mongolica*, Festschrift für Prof. Dr. Rintchen zum 60 Geburstag. Wiesbaden, Otto Harrassowitz.

_____(1970a), About Origin of the Japanese Language, *Proceedings*, VIII[th] International Congress of Anthropological and Ethnological Sciences 1968, Tokyo and Kyoto, Vol. III. Ethnology and Anthropology, Tokyo, Science Council of Japan.

_____(1970b), しなてる・てるしの考, 國語學會 『國語學』 82.

_____(1971a), 原始日本語の數詞イタ<1>について, 國語學會 『國語學』 86.

_____(1971b), 古代語アニ<豈>について, 京都大學 文學部 國語學國文學研究室 『國語國文』 448.

_____(1972), Review of Japanese and the other Altaic Languages by Roy Andrew Miller, *Monumenta Nipponica* XXXVII-4.

_____(1974a), 『日本語の語源』, 東京 弘文堂.

_____(1974b), 『日本語の研究方法』, 東京 弘文堂.

_____(1975), 『國語學の限界』, 東京 弘文堂.

_____・大林太良(1973), 『日本語の起源』, 東京 弘文堂.

宮崎道三郎(1906-1907), 日韓兩國語の比較研究, 『史學雜誌』 17-7~10, 12/18-4, 8, 10~11.

柳田國男(1952), 『木綿以前の事』(創元文庫), 東京 創元社.


Aston, W. G.(1879), A Coparative Study of the Japanese and Korean Languages, *The Journal of the Royal Asiatic Society of Great Britain and Ireland*, new series XI-3.

Haguenauer, Ch.(1956), *Origines de la civilization japonaise—Introduction à la l'étude de la préhistoire du Japon*, 1-ère partie, Paris.

Lange, R. A.(1973), *The Phonology of Eight-Century Japanese*, Sophia University, Tokyo.

Martin, S. E.(1966), Lexical Evidence Relating Korean to Japanese, *Language* 42.

_____(1969), Grammatical Elements Relating Korean to Japanese, *Proceedings*, VIII[th] *International Congress of Anthropological and Ethnological Sciences* 1968, Tokyo and Kyoto, Vol. II. *Ethnology*, Science Council of Japan, Tokyo.

Miller, R. A.(1967a), *The Japanese Language*, The University of Chicago Press, Chicago and London.

_____(1967b), Old Japanese Phonology and the Korean-Japanese Relationshio, *Language* 43.

_____(1971), *Japanese and the Other Altaic Languages*, The University of Chicago Press, Chicago and London.

Ramstedt, G. J.(1924), A Comparison of the Altaic Languages with Japanese, *Transaction of the Asiatic Society of Japan*, 2nd series 1.

_____(1926), 朝鮮語及び日本語の二單語について, 『民族』 1-6.

_____(1949), *Studies in Korean Etymology*, *MSFOu*. 95, Helsinki.

出處 <アジア公論社(서울, 1977. 9.), 『アジア公論』 第6卷 第9號: 282-310.>
　　<千寬宇・金東旭編(學生社, 東京, 1980. 7.), 『[比較] 古代日本と韓國文化(上)』: 167-211 (再錄).>
　　<東北亞細亞研究會編, 三省出版社(1980. 7.), 『日本文化의 源流로서의 比較韓國文化. 言語・文字』: 145-193(再錄).>
　　<草風館(1999. 12.), 『韓國語と日本語のあいだ』: 133-177(再錄).>

# 고구려어의 語末母音 消失

## 1. 서 언

현존하는 高句麗 地名表記 資料만으로 高句麗語란 개념을 확고하게 수립할 수 있는 것은 아니지만, 최근 들어 국어와 일본어의 비교에 어떤 피치 못할 틈(gap)이 가로놓여 있음을 발견한 학자들이 고구려어를 다시 검토하는 과정에서 이를 계통적으로 일본어에 먼저 연결시키려는 노력이 있어 왔다. 그에 따라 고구려어라는 명칭이 자주 쓰이게 되었는데 본고의 고구려어란 개념도 편의상 이를 따른 것이다.

본고의 대상자료는 것은 주로 『三國史記』 地理志 등에 남아 있는 순수고구려어 지명인데, 이들은 고유명사임에도 불구하고 언어의 양면성인 발음과 의미 중 발음만을 보여주고 있으므로 언어사 자료로서 완전하다고는 볼 수 없다. 다만 순수고구려어 지명에 신라 경덕왕때 새로 고쳐진 중국식 한자지명이 병기되어 있는 경우가 있어, 이 중국식 지명의 한자표기에서 우리는 고유한 고구려어의 片鱗을 모아, 이를 자료로 이용할 수 있는 것이다.

최초로 고구려의 지명에서 '三, 五, 七, 十'에 해당하는 數詞가 일본어와 유사함을 지적한 학자는 新村出였다.[1] 그런데 이 4개의 고구려어 수사는 중세국어와는 전혀 다를 뿐 아니라, 최근까지 밝혀진 고구려어는 한편으로 퉁구스어(Tungus)에 가깝고, 다른 한편으로는 일본어에 가까운 모습을 보이고 있다.[2] 여기서 최근 학자들은 고구려어를 신라어의 근간인 중세국

1) 新村出(1916), 國語及び朝鮮語の數詞について(『藝文』第七卷第二, 四号).
2) 村山七郎(1961), 日本語と高句麗語との關係に關する暫定報告(『順天堂大學體育學部紀要』4).
　　　　(1962a), 日本語及び高句麗語の數詞—日本語系統の問題に寄せて—(『國語學』48).
　　　　(1962b), 高句麗資料および若干の日本語・高句麗語音韻對應(發表要旨)(『言語研究』42),
　　　　(1963), 高句麗語と朝鮮語との關係に關する研究(『朝鮮學報』第26輯),
　　李基文(1963), A Genetic View on Japanese(『朝鮮學報』第27輯),
　　　　(1964), Materials of the Koguryo Language(*Journal of Social Sciences & Humanities* No. 20).

어와는 별개의 존재로 구별하여 사용하기에 이르렀다. 이러한 흐름은 현재까지 밝혀진 고구려어 자료가 빈약하고 불완전하다는 면에서 볼 때 자못 귀중한 성과라고 볼 수 있다. 그러한 성과를 토대로 삼아 본고에서는 고구려어에 나타나는 語末母音 消失의 흔적을 찾아보고 이를 일본어와 관련시켜 고구려어의 위치를 재확인하고자 한다.


## 2. 어말모음 소실의 윤곽

어말모음 소실(apocope)란 람스테트(Ramstedt, G.J.)의 표현을 따르자면 제2음절의 소실 (Schwund der zweiten Silbe)인데, 이 발달을 경험하고 나면 기원적으로 2음절이었던 어간은 단음절로, 3음절이었던 어간은 2음절로 축소된다.[3] 그런데 이때 축소되는 요소는 주로 어간말음이 開母音이거나 -n을 가진 음절구조로 -V 또는 -Vn인 경우가 많다.[4]

이 현상은 알타이제어 전반에 걸치는 것이 아니고, 남부지역인 국어와 터키어에 현저한 반면, 북부지역인 몽골어와 퉁구스어는 그렇지 못하다.[5]

Mo.*quča* 去勢羊      Tü.*qoč, qočqar* 去勢羊

Mo.Tg.*balagan* 建物      Tü.*balyg* 都市

  Mo.*balga-sun* 都市

Mo.*očin*(<*hotin*) 불꽃      Tü.*ot* 불

Mo.Tg.*bajan* 富裕한      Tü.*baj* 富裕한

Tg.*saja* 間隔      Tü.*sai* 길고 가는 도랑

                 kor.*sai* 間隔

---

3) 음성학적 발달의 가장 중요한 특징은 어쩌면 기원적으로 2음절의 단어—명사류도 동사어간도—가 1음절로 단축되는 경향이 있는지도 모른다. Ramstedt, G.J.(1951), Über die Stellung des Koreanischen, *JSFOu*. 55, p.53.

4) Ramstedt, G.J.(1957), Einführung in die Altaische Sprachwissenschaft I: Lautlehre, *MSFOu*. 104: 1, p.152.

5) 본고에 사용될 약호는 다음과 같다. kor.=한국어, Nkor.=북한어, MK=중세국어, jap.=일본어, AJ=고대일본어, Mo.=몽골어, Ma.=만주어, Tg.=퉁구스어, Ev.=에벤키어, Gol.=골디어, Oi.=오이라트어, Lam.=라무트어. Sol.=솔롱어. Tü.=터키어, Atü.=고대터키어, Uig.=위글어, 三史=『三國史記』, 龍歌=『龍飛御天歌』, 訓蒙=『訓蒙字會』, 萬=『萬葉集』, 倭=『箋注倭名類聚抄』

Mo.*saja* 요즈음            Tü.*sai* 젊은,
                               kor.*sai* 새로운

Mo.*qota, qotan* 도시       kor.*kot* 장소
   Tg.*koton* 도축매매장

Ma.ǯ*afa-* 붙들다, 잡다      Tü.*jap-* 세우다, 만들다, 붙잡다
   Tg.ǯ*aɯa-* 붙잡다, 잡다      kor.*čap-* 붙잡다[6]

실례 중에는 어간말이 開母音 아닌 閉母音 *u, i*로 끝나는 것도 포함되어 있어 어말모음 소실이 개모음 어간에만 엄격하게 적용되는 현상은 아님을 나타내고 있다.

Mo.*qutuq* 행운, 위엄       Tü.*qut* 同
   Tg.*kutu* 행운              kor.*kut* 呪術
Mo.*bari-* 붙잡다, 갖고 있다   Tü.*bar-maq* 손가락
Mo.*qadu-,* Ma.*xadu-*       Atü.Uig.*qad-* 前同
   Go.*hado-,* 수확하다        kor.*kad-* 모으다
Mo.*širi-* 녹이다            Tü.*šiz-* id., kor.*sir* id.

결국 람스테트의 규정은 엄밀한 것이 되지 못하는데, 포페(Poppe, N)도 어간말의 개모음에는 개의치 않았음을 보여주는 근거가 있다.

한국어의 특유함은 非語頭音節에 나타나는 음절말 모음의 소실이다. 실례. kor.*kut* 呪術 =Ev.*kutu* ⟨*kutuk* 행운=Mo.*qutuq* ⟨*kutuq* 행운, 신성함=Atü.*qut* 행운, Oi.*qut* 영혼.[7]

결과적으로 우리는 람스테트의 세부규정에 얽매일 필요가 없을 듯하다. 어찌 되었건, 람스테트는 이 어말모음 소실을 다시 국어와 일본어에도 적용시킨 바 있다.

일본어에서도 어원상 위와 같은 대응을 보이는 약간의 한국어 단어를 발견할 수 있다는 점이 매우 흥미롭다.

jap.*shima* 섬              kor.*sjęm,* Nkor.*sęm* 同
jap.*kuma* 곰               kor.*kom,* Nkor.*kōm* 同
jap.*kusa*(⟨*kuča*) 풀       kor.*koč* 꽃, Nkor.*kkoǯ-i* (그) 꽃이
jap.*kasa* 모자, 우산         kor.*kas* 同

---

6) Ramstedt, G.J.(1957) p.153~155에서 摘出.
7) Poppe, N.(1960), *Vergleichende Grammatik der Altaischen Sprachen. Teil* I, *Vergleichende Lautlehre* p.153.

jap.*mono* 物(<*mona*)      kor.*mon* 물품, 물건

jap.*iye*<*ipe* 집          kor.**ip* 同

jap.*hata-ke* 밭, 耕地       kor.**path* 同

jap.*fude* 붓               kor.*put* 同

jap.*shiru-ko*, mo.*šilü* 汁   kor.*sjül* 주류, 술[8]


# 3. 중세국어의 어말모음 소실

국어사라는 관점에서 볼 때 위에 든 실례 중에는 배격되거나 수정되어야 할 것도 있지만, 그보다도 우리는 다음과 같은 실례를 추가함으로써 국어와 일본어에 나타나는 어말모음 소실에 대한 람스테트의 지적은 그럴 듯한 근거가 있음을 알 수 있다.


## 1) 체언의 어간에서

MK.*nat*(鎌)=AJ.*nata*(鉈)

MK.*pām*(栗)=AJ.*pami*(*turu-pami*, 橡) cf.都流波美(倭六 調度部)

MK.*tak*(楮)=AJ.*taku*(同)

MK.*noh*(繩)=AJ.*nafa*<*napa* (同). cf.奈波(萬3663)

MK.*uh*(上)=AJ.*ufĕ*(同). cf.宇倍(萬3609)

MK.*kač/kači*(類)=AJ.*kazu*(同). cf.可受(萬3727, 3942)

MK.*kōr*(谷)=AJ.*kura*(洞)

MK.*aok*<*ahok*(葵)=AJ.*afufi*<*apupi*(同). cf.阿布比(倭九 菜蔬部)<*apupa*. cf.Ma. *abuha*, Mo.*abuga*(同)

MK.*koč*(串)=AJ.*kusi*(同)

MK.*mat*(初)=AJ.*madu*(先)

MK.*mur/muri*(衆)=AJ.*mure/mura*(群). cf.牟禮(萬3993), 牟良(萬3991)

MK.*pas-k*(外)=AJ.*poka*(同). cf.保可(萬3975)

---

8) Ramstedt, G.J.(1957) p.155.

## 2) 용언의 어간에서

MK.*pat*-(受)=AJ.*fataru*<\**pataru*(徵)

MK.*muk*-(舊, 留)=AJ.*muka-si*(昔). cf.牟可之(萬3695)

MK.*mus*(*k*)-(結)=AJ.*musubu*(同). cf.牟須妣(*musubi* 萬3717)

MK.*kʌt*-(如)=AJ.*götö*(同). cf.期等(萬816) 期等久(*götö-ku*, 萬3750)<\**kötö*

MK.*nop^h*-(高)=AJ.*nöböru*(登). cf.能保留(萬886)[9]

MK.*kop*-(美)=AJ.*kufa-si*<\**kupa-si*(細, 美). cf.具波之(萬3993)

MK.*sok*-(欺)=AJ.*sukasu*(同)

MK.*nok*-(融解)=AJ.*nukaru*(融)

이와 같은 비교에서 우리는 중세국어가 어간말 모음을 거의 잃어버린 반면에 고대일본어는 그대로 유지하고 있었음을 알 수 있다. 여기에 예외가 없는 것은 물론 아니다. 예를 들어 *kama*(釜)라는 단어는 중세국어와 고대일본어에 함께 보이는데, 이는 현대국어에도 그대로 '가마'로 남아 있다. MK.*kama*(釜, 鍋). cf.『朝鮮館譯語』憂罵(\**kama*, 鍋, 釜),[10]『訓蒙字會』中10 가마(釜, 鍋, 鬵, 錡, 鑊), AJ.*kama*(釜). cf. 可麻度(*kama-do*, 萬892), -*do*는 '處'의 뜻.[11] 다만 이 단어는 다분히 차용어일 수도 있으나 어말모음 소실은 차용어간에도 나타나고 있으므로[12] 그것이 차용어든 아니든 따질 필요는 없을 것이다.

지금까지의 결과에 따라 우리는 고대일본어가 국어와는 달리 어말모음 소실을 경험하지 못한 북부지역의 몽골어나 퉁구스어와 같은 상태로 어간말 모음을 유지하고 있다고 결론할 수 있다.

---

9) '能保留'는 문자대로 전사하면 *nöforu*가 된다.

10) '憂罵'를 \**kama*로 전사할 수 있음은 同書의 다음과 같은 예에서 분명해진다.
　　憂罵貴(烏鴉) cf. MK.가마괴(同), 憂尺(皮) cf. MK.갗(同), 扯罵(裙) cf. MK.쵸마, 츄마(同),

11) 『箋注倭名類聚抄』에는 '竈'가 '加萬'(*kama*)로 되어 있고(同四 燈火部), '釜, 鍋' 등은 *kanabë*계 계열 단어로 기록되어 있다. 阿之加奈倍(*asi-kanabë*, 鼎), 賀奈倍(*kanabë*, 釜), 比良賀奈倍(*pira-kanabë*, 鐼子), 加奈奈倍(*kananabë*, 鍋) 이상 同四 器皿部.

12) Ramstedt, G.J.(1957) p.155.

## 4. 고구려어의 어말모음 소실

이제부터 우리는 『三國史記』 地理志의 고구려어 지명에 나타나는 고구려어를 검토해 보기로 하겠다.

(1) 瀑池郡本高句麗內米忽郡(『三史』三十五)
　　內米忽一云池城一云長池(『三史』三十七)

여기서 우리는 內米*nami='池'의 대응을 얻을 수 있는데, 이는 여러 언어에서 유사성이 확인된다. cf. AJ.*nami*(波), Ma.Gol.*namu*, Ev.*lamu*, Lam.*nam*(海)<*namu*.

(2) 兎山郡本高句麗烏斯含達縣(『三史』三十五)

여기서는 烏斯含*osakam='兎'의 관계가 성립되는데, '烏斯含'의 '斯'가 과연 *sa*로서, 하나의 음절을 이루고 있었는지, 아니면 단순한 *s*로서 어말자음을 나타낸 것인지 확실히 단언하기는 곤란하다. 여기서는 *sa*라는 음절을 나타냈다고 보기로 한다. 왜냐하면 '斯'가 어두에 사용된 사례가 있기 때문이다.

徐耶伐或云斯羅或云斯盧(『三史』三十四)
壽同縣本斯同火縣(『三史』三十四)

다만 어두에 사용된 예들은 모두 신라 지명이며 고구려 지명에서는 어중 또는 어말에만 사용되었으나 '斯'가 한 음절을 표기한 것으로 볼 수 있는 용례도 있다.

a. 猪足縣一云烏斯廻(『三史』三十七)
　　猪守穴縣一云烏斯押(『三史』三十七)
　　cf. 猪蘭峴縣一云烏生波衣一云猪守(『三史』三十七)

b. 獐項縣一云古斯也忽次(『三史』三十七)
　　獐項口縣一云古斯也忽次(『三史』三十七)
　　cf. 獐塞縣一云古所於(『三史』三十七)

c. 松峴縣本高句麗夫斯波衣縣(『三史』三十五)
　　松山縣本高句麗夫斯達縣(『三史』三十五)

cf. 松岳郡本高句麗扶蘇岬(『三史』三十五)

이 일련의 사례가 뜻하는 바는 '斯'가 s를 표기한 것이 아니라 sa를 표기하는 데 쓰였음을 알 수 있다. '猪'를 나타내는 '烏斯'(cf. No.8), '獐'을 나타내는 '古斯也'(cf. No.9), '松'을 나타내는 '夫斯'(cf. No.7) 등의 '斯'가 단순한 s였다면 똑같은 '猪'를 나타내는데 '烏生', '獐'을 나타내는데 '古所於', '松'을 나타내는데 '扶蘇'와 같은 異表記가 나오지 않았을 것이며, '斯'대신 사용된 이들 '生, 所, 蘇'까지 s를 표기한 것으로 보기는 어렵기 때문에 우리는 '斯'도 하나의 음절을 표기한 것으로 볼 수 있다.

이상의 추론에 의하면 '斯'가 적어도 단순한 s표기만은 아니었으며 음절표기였을 가능성이 큰 것이다.[13] 따라서 우리는 이 경우의 '烏斯含'을 *osakam으로 재구할 수 있으며, 이는 AJ. usagi(兎)에 대응되는 것이다.

(3) 赤城縣本高句麗沙伏忽(『三史』三十五)
　　赤本縣一云沙非斤乙(『三史』三十七)

여기서는 沙伏/沙非*sapok/*sapi='赤'의 관계를 알 수 있는데 여기에는 AJ.sofo(<*sopo(赤土), sabi(錆)가 비교될 수 있다.[14]

(4) 深川縣一云伏斯買(『三史』三十七)

여기서는 伏斯*poksa='深'의 관계가 성립하며 AJ.puka(同)에 대응된다.

(5) 七重縣一云難隱別(『三史』三十七)

여기서는 難隱*nanin='七'의 관계가 성립된다. 일본어와 어원을 같이 하고 있는 고구려어 수사 중의 하나인 이 단어는 AJ.nana(同), Ma., Tg.nadan(同)과 대응되며, 고구려나 일본어 는 다 같이 어중위치에서 -*d-〉-n-과 같은 변화를 겪은 결과로 풀이된다.

---

13) 다음과 같은 경우에는 '斯'가 s 표기였다고 생각된다.
　　玉馬縣本高句麗古斯馬縣(『三史』三十五). cf. No.10.
　　橫川一云於斯買(『三史』三十七). cf. No.12.
　　於斯內縣一云斧壤(『三史』三十七). cf. No.11
14) 백제지명에도 *sobi란 말이 보인다. cf. 赤鳥縣本百濟所比浦縣(『三史』三十六).

(6) 穴口郡一云甲比古次(『三史』三十七)
　　穴城本甲忽(『三史』三十七, 鴨綠以北打得城三 條)

여기서는 甲比/甲忽*kappi/*kap='穴'의 결과를 얻는데 AJ.*kafi*<*kapi*(同)와 비교된다.

(7) 松峴縣本高句麗夫斯波衣縣(『三史』三十五)
　　松山縣本高句麗夫斯達縣(『三史』三十五)
　　松岳郡本高句麗扶蘇岬(『三史』三十五)

이상에서 우리는 夫斯*pusa/*puso='松'을 확인할 수 있으며, 이는 MK.봇(樺)에 대응하는 것으로 보아 고구려어에서 이미 어말모음이 동요되고 있었다고 볼 수 있다. '夫斯'='扶蘇'에서 '斯'='蘇'와 같은 변이가 그 사실을 말해주는 것으로 생각된다.

(8) 猪足縣一云烏斯廻(『三史』三十七)
　　猪守穴縣一云烏斯押(『三史』三十七)
　　猪蘭峴縣一云烏生波衣一云猪守(『三史』三十七)

여기서는 烏斯/烏生*osa/osaŋ='猪'의 관계를 알 수 있는데 '夫斯'='扶蘇'라는 용례로 '斯'='蘇'와 같은 관계가 성립하므로써 그들이 음절이었다면, '烏斯'='烏生'이라는 용례로 '斯'='生'의 관계도 성립함으로 이때의 '斯'도 음절로 볼 수 있을 것이다. 이 단어는 대응예가 쉽게 발견되지 않으나 어두의 *t*-를 가정한다면 MK.돝(同)과 관계가 있을 듯하다.[15]

(9) 獐項縣一云古斯也忽次(『三史』三十七)
　　獐項口縣一云古斯也忽次(『三史』三十七)
　　獐塞縣一云古所於(『三史』三十七)

여기서 '古斯也/古所於'는 *kosaya/kosoə로 해석되는데 그 근거는 다음과 같다. 고구려어에는 '童子'를 뜻하는 말로 *kus이 있었는데[16] 이는 AJ.*ko*(子)와 비교되는 것이다. 따라서 *kosaya/*kosoə의 *ko는 '小'를 뜻하는 접두사였을 것이다. 그다음 *saya/soə는 기원적으로 같은 어사에서 발달한 형태인데 그 과정을 정밀화하기는 어려우나 대략 *saya<*saka<*sika, *soə<*sokə<*soka<*sika로 소급된다고 할 수 있으며, AJ.*sika*(鹿)와 비교될 것이다. 따라서

---

15) 李崇寧(1955), 新羅時代의 表記法 體系에 關한 試論(서울대학교,『論文集 人文社會科學』제2집 p.78.
16) 童子忽縣一云仇斯波衣(『三史』三十七).

*saya/soə는 이미 *i의 부서짐(breaking)을 경험한 것으로 보인다. 결국 *kosaya/kosoə는 '小鹿' 또는 '小獐'의 뜻을 지닌 복합어로 AJ.kozika(小鹿)〈*ko(子)+sika(鹿)에 비교될 것이다. 그런데 AJ. sika는 '鹿'이고 고구려어의 *kosaya/kosoə는 '獐'이므로 AJ.kozika와는 의미가 부합되지 않으나 고대일본어로는 '鹿'과 '獐'을 모두 sika라고 불렀던 듯하다. 즉 '獐'과 통하는 글자인 '麑'의 훈을 '久之可'라 하였는데[17] 이는 ko(子)+sika(鹿)의 변화로 보이기 때문이다. 이 사실로 보아 고구려나 고대일본어에서는 '鹿, 獐, 麑'에 모두 같은 이름을 사용하였고, 고구려어의 *kosaya/kosoə나 AJ.kozika는 모두 동일한 조어법에서 나온 결과로 믿어진다.

(10) 玉馬縣本高句麗古斯馬縣(『三史』三十七)

여기서 古斯*kos=玉의 관계가 보이며 이는 MK.구슬, AJ.kusirö(釧)에 대응되는데 이때의 '斯'는 이미 어말자음화한 것으로 볼 수 있을 듯하다.

(11) 於斯內縣一云斧壤(『三史』三十七)

이때의 '於斯'는 *əs='斧'와 같은 관계를 시사해 주는데 이 *əs은 중세국어에서도 발견된다. 『雞林類事』의 '斧曰烏子蓋'가 바로 그것이다. 똑같은 문헌의 '剪刀曰割子蓋'를 *kʌzgai로 읽을 수 있다면[18] '烏子蓋'는 당연히 *ozgai라고 읽을 수 있을 것이며, 이때의 -gai는 '마개, 덮개'에 보이는 접미사 '-애/-개'로 생각된다. 따라서 고구려어 *əs은 분명히 '斧'를 나타낸 것이며 MK.*os+kai의 *os에 대응된다고 할 수 있을 것이다.

한편 전술한 *osa/*osaŋ=돈(猪)의 관계를 인정한다면 고구려어의 *əs, 『雞林類事』의 *os은 MK. 돗귀, 도최, 도치(斧)의 '돗'에 연결될 수가 있을 것이다.

(12) 橫川一云於斯買(『三史』三十七)

여기서는 또 다른 '於斯'로 *əs='橫'의 관계를 이끌어 낼 수가 있으며 이는 MK. '엇마기'(橫防)(『龍歌』六 40), '엇마ㄱ시니'(橫防)(『龍歌』44章)의 '엇'에 대응된다.

(13) 鉛城本乃勿忽(『三史』三十七, 鴨綠以北逃城七 條)

---

17) 『箋注倭名類聚抄』卷七 毛群部.
18) 李基文(1962), 中世國語의 特殊語幹交替에 對하여, 『震檀學報』 제23호 p.141.

여기서 內勿*namil=鉛이 확인되는데 이는 AJ.*namari*(同), MK.*namil*[19]과 대응된다. MK. 에는 따로 '납'도 있으나 이는 한자 '鑞'의 차용으로 보인다.

　　(14) 功木達一云熊閃山(『三史』三十七)

여기서는 功(木)*koŋ*(mok)=熊의 관계가 성립하는데 AJ.*kuma*(同), MK.고마ㄴㄹ(熊津)(『龍歌』三 15)의 '고마', MK.곰, 그밖에 Lam.*kumathe*(great seal), Ev.*kuma*(同), *kumaka*(stag, elk?)와 대응된다.

국어의 *o*에 일본어 *u*가 대응됨은 일찍부터 알려진 사실인데 우리는 고구려어의 *o*도 일본어의 *u*에 대응되는 사례를 찾을 수 있다.

| 고구려어 | 고대일본어 |
|---|---|
| *osakam*(兎) | *usagi*(同) |
| *poksa*(深) | *puka*(同) |
| *koč*/*kolč*(口) | *kuti*(同) |
| *kos*(玉) | *kusirö*(釧) |
| *kol*(城) | *kura*(洞) etc. |

이 사실은 중세국어와 고구려어의 음운론적 관계를 암시해주고 있다.

　　(15) 蒜山縣本高句麗買尸達縣(『三史』三十五)

여기서는 *mail*=蒜이 성립하며 AJ.*mira*(同), MK.마늘, Mo.*manŋgir*(同)에 대응된다.[20]

　　(16) 五谷郡一云弓次云忽(『三史』三十七)

이 '弓次云忽'은 『高麗史』 권58, 『東國輿地勝覽』 권41 등에 나타나는 '于次吞忽'의 오기라고 생각된다. 따라서 '于次'를 올바른 표기로 본다면 *uč*=五의 관계가 성립된다. 이때의 '次'는 어두에 쓰인 적이 없음을 보아 아마도 어말자음의 표기로 생각되는데 음운론적으로 구개음 /č/였는지는 확실하지 않다. AJ.*itu*(同)에 대응될 것이다.

---

19) 鉛俗云那勿(『鄉藥救急方』 方中鄉藥目 草部).

20) 필자는 이 어형을 MK.멸(蕺)과 비교할 수 있다고 생각한다. 이는 AJ.*mira*와 아울러 비교할 때 더 합리적으로 설명이 되기 때문이나 상세한 것은 후고로 미룬다.

(17) 穴口郡一云甲比古次(『三史』三十七)
　　 楊口郡一云要隱忽次(『三史』三十七)
　　 獐項口縣一云古斯也忽次(『三史』三十七)

　여기에 보이는 '古次/忽次'로는 *koč/*kolč=口의 관계를 얻는데 이는 AJ.*kuti*(同)에 대응된
다. 어말음 '次'에 대해서는 바로 앞의 (16)번 참조.

(18) 有鄰郡本高句麗于尸郡(三史 三十五)

　여기서는 *ul=有鄰의 관계가 맺어지는데 이는 MK.울(蘿), AJ.*udi*(氏)에 비교된다. cf.
Mo.*uruɣ*(relatives, descendants)

(19) 十谷縣一云德頓忽(『』三史『』三十七)

　이때의 '德' 또한 고구려어 수사의 하나로 *tək=十을 보여주는 것인데 이는 AJ.*töωö*(同)에
대응된다.

(20) 於支呑一云翼谷(『三史』三十七)
　　 原谷縣一云首乙呑(『三史』三十七)
　　 水谷城一云買旦忽(『三史』三十七)
　　 十谷縣一云德頓忽(『三史』三十七)

　이상의 예에서 우리는 呑/旦/頓*tan/*tun='谷'의 관계를 무난히 확인할 수 있는데 이는 『朝
鮮館譯語』의 村=呑으로도 재확인될 뿐 아니라 AJ.*tani*(谷)에 대응되는 것이다.

(21) 高峰山本高句麗達乙省縣(『三史』三十五)[21]
　　 高城郡本高句麗達忽(『三史』三十五)
　　 高本根縣一云達乙斬(『三史』三十七)
　　 土山郡本高句麗息達(『三史』三十五)
　　 蘭山縣本高句麗昔達縣(『三史』三十五)
　　 靑山縣本高句麗加支達縣(『三史』三十五)
　　 蒜山縣本高句麗買尸達縣(『三史』三十五)

---

21) 이 지명에는 그 유래가 細註로 붙어 있다. "達乙省縣漢氏美女於高山頭 點烽火 迎安臧王之處 故後名高
　烽"(『三史』三十七).

僧山縣一云所勿達(『三史』三十五)

여기서는 達*tal='高, 山'이란 한결같은 결과를 얻는데 이는 분명히 AJ.*taka*(高), *takë*(山)에 대응됨을 보아 *ta?*를 나타낸 것일지도 모른다. cf. 터키공통어*tag<*tagω(山).

(22) 犁山城本加尸達忽(『三史』三十七, 鴨綠以北逃城七 條)

이는 加尸*kal='犁'의 관계가 성립되는데 MK.*kal*-(耕), *karai*(鍬), Ma.*halhan*, *halgan*(ploughshare)에 비교된다.

(23) 江隱縣本高句麗屈押縣(『三史』三十五)

여기서는 屈*kul*=江의 대응을 보여주는데 이는 Ma.*golo*(river-bed)에 대응될 것이다. cf. Tü.*köl*(lake)[22]

(24) 遇王縣本高句麗皆伯縣(『三史』三十五)
    王達縣一云皆伯(『三史』三十七)[23]

이로써 伯*pak*='遇, 逢, 迎'의 관계가 가능한데 이는 Ma.*baha*-(to get), Gol.*ba*-(to find), Gol.*baxa*-(id.), Ev.*baka*-(id.), Lam.*bak*-(id.), Tü.*bak*-(to see)의 분명한 대응을 보이고 있다.

(25) 取城郡本高句麗冬忽(『三史』三十五)
    高城郡本高句麗達忽(『三史』三十五)

이밖에도 城='忽'의 관계를 보여주는 지명은 고구려지명에서 허다히 발견되므로 우리는 *kol*=城의 관계를 확인할 수 있다. 이것은 MK.ᄀᆞ볼(村)에 대응될 것이다. cf.조ᄏᆞ볼(要村)(『龍歌』二22). 이 단어는 다음과 같은 발달을 거쳐 오늘에 이르렀을 것으로 생각된다.

ᄀᆞ볼>ᄀᆞ올(『重刊杜詩』九17)>골(現代)
    >고올(『飜譯小學』九4)>고을(現代)

---

22) Poppe, N.(1956), On the Some Geographic Names in the Jamic' al-tawāríx(*HJAS*. Vol.19, Nos.1-2) p.35.
23) 이 지명에도 "漢氏美女 迎安臧王之地 故名王迎"이란 細註가 붙어 있다.

문헌을 따르자면 이상과 같은 추정이 가능하나 중세국어에는 이미 '골'(洞, 谷)이란 어형이 따로 존재하고 있었다.

> 고랫뫼ᅀᅡ리라(谷響)(『楞嚴經諺解』八55)
> 골곡: 谷(『訓蒙』上3),　　뒷심꼴(北泉洞)(『龍歌』二32)
> 골호: 衚(『訓蒙』上6),　　골동:衕(『訓蒙』上6)

현대국어의 '골'은 장음이며 MK.골 역시 上聲이다. MK.'ᄀᆞᄫᆞᆯ'과 '골'이 기원적으로 어떤 관련이 있는지는 알 수 없으나, 요컨대 중세국어에 이 두 어형이 공존하였으므로 MK.골 또한 *kol과 비교될 수 있다.

여기서 잠시 생각해볼 필요가 있는 것은 고구려어 *kol의 의미다. 이 지명에는 한결같이 '城'을 대응시키고 있어 그 의미를 '城'이란 협의로 단정하기가 쉬우나[24] 그렇게 되면 MK.'ᄀᆞ ᄫᆞᆯ'이나 '골'이 의미론적으로 다른 뜻을 갖게 되어 고구려어 *kol과의 비교가 어렵게 된다. 그러나 우리는 이 *kol을 "산 위에 세워진 요새"로서만 볼 수 없는 증거를 가지고 있다. 즉 『魏志 東夷傳』의 고구려 관계 기사에 아래와 같은 기록이 보인다.

> 多大山深谷 無原澤 隨山谷而為居 食澗水 無良田 雖力佃作 不足以實口腹(『三
> 國志』卷三十『魏志 東夷傳』)

이러한 기록이 우리에게 가르쳐 주는 바는 고구려인이 산곡을 거처로 삼았다는 점이다. 다시 말해서 고구려지명 표기의 '城'이란 꼭 '山城'이 아니고 오히려 '山谷'에 들어 박혀 있었으리라는 의미이며, 결과적으로 '城'의 의미는 '谷'과 통한다고 해석할 때 MK.'ᄀᆞ ᄫᆞᆯ'이나 '골'이 고구려어의 *kol과 의미가 통한다고 볼 수 있을 것이다. '城'의 개념을 이렇게 본다면 고구려어 *kol은 AJ.kura(洞)와도 비교될 수 있는 것이다.

한편 Ma.holo(谷)도 여기에 비교되는데 여기서 우리는 고구려어 지명 표기의 '忽'이 문자 그대로 *hol을 나타냈다고도 볼 수도 있다. 그것이 사실이라면 고구려어의 어두 h-와 만주어의 어두 h-가 대응되는 셈인데 이러한 과제에 대해서는 후일을 기다리는 수밖에 없다.

---

24) 실제로 村山七郎교수는 고구려인이 이 '山城'에 의거했다는 사실을 생각할 때 '谷'을 의미하는 '골'과 관계지을 수 없다고 단정하고 '忽'을 *kuə²로 재구한 후 여기에 백제어 kii~kui(已)(城) AJ.kii~kui(id.)를 비교하였다. 이것은 '忽'='城'을 문자 그대로 인정해 버린 데서 생긴 오인이었다. cf. 村山七郎(1963), 高句麗と朝鮮語との關係に關する硏究(『朝鮮學報』第26輯) p.31(192)~32(191).

## 5. 결 어

이상과 같은 검토로 얻어진 결과를 정리하면 다음과 같다. (고구려어=대응어)

(1) *nami(池)=AJ.nami(波), Ma.Gol.namu, Ev.lamu, Lam.nam(sea)

(2) *osakam(兎)=AJ.usagi(同)

(3) *sapok/*sapo(赤)=AJ.sopo(赤土), sabi(錆)

(4) *poksa(深)=AJ.puka(同)

(5) *nanin(七)=AJ.nana(同), Ma.Tg.nadan(同)

(6) *kappi/*kap(穴)=AJ.kapi(同)

(7) *pusa/*puso(松)=MK.pos(樺)

(8) *osa/*osaŋ(猪)=MK.tot ʰ(同)

(9) *kosaya/*kosoə(獐)=AJ.kozika(小鹿)

(10) *kos(玉)=AJ.kusirö(釧), MK.kusil(玉)

(11) *əs(斧)=MK.*os, toč ʰ(同)

(12) *əs(橫)=MK.əs(同)

(13) *namil(鉛)=MK.*namil, AJ.namari(同)

(14) *koŋ(mok)(熊)=MK.koma>kōm, AJ.kuma(同). Ev.Lam.kuma(the great seal), Ev.kumaka(stag, elk)

(15) *mail(蒜)=MK.manʌl, AJ.mira(同)

(16) *uč(五)=AJ.itu(同)

(17) *koč/*kolč(口)=AJ.kuti(同)

(18) *ul(有鄰)=MK.ulh(籬), AJ.udi(氏), Mo.uruɣ(relatives, descendants)

(19) *tək(十)=AJ.töωö(同)

(20) *tan/*tun(谷)=MK.*tan(村), AJ.tani(谷)

(21) *tal(高, 山)=AJ. taka(高), takë(山) Tü.*tag(山)

(22) *kal(犁)=MK.kāl-(耕), karay(楸), Ma.halhan, halgan(ploughshare)

(23) *kul(江)=Ma.golo(rever-bed), Tü.köl(lake)

(24) *pak(遇, 逢)=Ma.baha-(to get), Gol.ba-(to find), Sol.baxa-(同). Ev.baka-(同), Lam.bak-(同), Tü.bak-(to see)

(25) *kol(城)=MK.kōl(谷, 洞), kʌβʌl(村) AJ.kura(洞), Ma.holo(山谷)

이와 같은 결과는 우리에게 흥미있는 사실을 알려준다. 즉 일본어를 위시한 퉁구스어, 만주어에 유지되고 있는 어말모음이 고구려어에서는 이미 약화 내지 소실을 경험했다는 사실이다. 어말이 '斯'로 표기된 어형은 잠시 보류해 두더라도 (13) 이하 (25)까지는 분명히 어말모음 소실을 경험한 사례들이다. 우리는 대응어형으로 이 사실을 확인할 수 있으며, 특히 중세국어와 대응되는 사례 중 *kāl*(耕), *kōl*(谷, 洞)은 上聲을 보여주고 있어서, 고구려어의 *kal(犁), *kol(城)이 기원적으로는 2음절이었을 가능성을 시사하고 있다. 거기에 각기 대응되는 만주어나 일본어는 어말모음을 유지하고 있기 때문이다. 그들은 중세국어에서 현대국어까지 계속 두 개의 모라(mora)를 지켜 온 것으로 생각된다. 실제로 음절축소 후에 상성화하는 경우를 우리는 알고 있기 때문이다.[25]

그런데 고구려어의 어말모음 소실은 '斯'를 어말에 가지고 있는 단어에서 특히 문제가 된다. 이 '斯'는 중세국어의 대응형으로 볼 때 후대의 어말음 -s로 굳어졌지만 기원적으로는 하나의 음절이었을 것으로 추정되기 때문이다. 그리하여 '烏斯含, 烏斯, 古斯也, 夫斯, 伏斯'에서는 앞에서 본 바와 같이 '斯=sa'라고 추정되므로 '古斯, 於斯'의 '斯'도 기원적으로는 sa였을 것이니 고구려어에서는 이미 어말모음이 소실되어 가고 있었다고 추정된다.

우리는 여기서 고구려어가 이미 많은 단어에 있어서 어말모음 소실을 겪었으며, 나머지 일부는 어말모음을 유지하고 있었다고 생각할 수 있을 듯하다. 만주어, 퉁구스어, 일본어, 중세국어의 대응형들이 이 사실을 뒷받침해주고 있다.

〈附記: 본고는 1966년 3월 19일 국어학회 제16회 연구발표회에서 동일 제목으로 발표한 내용임〉

**出處** <聖心女大 國語國文學科(1966. 11.), 『聖心語文論集』 1: 17-22.>
   <草風館(1999. 12.), 『韓国語と日本語のあいだ』 178-193(日譯再錄).>

---

25) 拙稿(1965), 韓日兩國語 音韻對應試考(서울大學校文理科大學, 『文理大學報』 第20號) p.42.

# 韓·日 두 언어 音韻對應 試考

## -국어의 *l/r*(ㄹ)과 *o*(ㅗ)를 중심으로-

1. 日本語의 系統 문제를 둘러싼 왈가왈부의 논의가 계속된 지도 반세기가 훨씬 지났건만, 아직도 당해 문제는 확고한 결론을 얻지 못하고 있는 듯하다. 南方說과 北方說이라는 전혀 다른 주장이 여전히 일치점을 찾지 못하고 평행선을 달리고 있는 가운데, 람스테트(G. J. Ramstedt)에 의한 알타이(Altai)제어 4대 語派[1] 속에 國語가 확고하게 일좌를 차지하자, 종래부터 비교의 가능성을 다분히 내포하고 있던 國語와 日本語의 系統問題가 자못 北方說로 기울어져 가는 감이 농후하다. 알타이어학을 신기원으로 이끌어 준 람스테트나 포페(N. Poppe)에 이어, 최근 국내외에서도 이를 바탕으로 하는 새로운 업적들이 놀랄 만큼 정밀화되어 가고 있으며, 특히 북방의 高句麗 言語材가 한편으로는 퉁구스제어에 가깝고, 다른 한편으로는 古代日本語에 가깝다는 사실, 그 중에서도 數詞가 넷이나 對應 가능성을 보인다는 사실[2]은 日本語의 北方說을 확고하게 해 주는 데 자못 고무적인 사실이 아닐 수 없다. 그러나 본고에서는 日本語나 國語의 系統問題보다도 19세기 말엽에서 20세기 초반에 걸쳐 日本 및 西歐學者들이 시도했던 國語와 日本語의 비교에서 두드러졌던 몇 가지 문제를 들어 이를 검토해 보기로 한다.

1879년이라면 아직 동양에는 언어학이란 학문이 제대로 귀에 익기 전이었는데도 영국의 애스턴(Wiliam George Aston)은 國語와 日本語의 比較研究란 역작을 발표하였다.[3] 이 논문은 國語와 日本語의 音韻組織, 문법상의 특질, 문법적 기능의 3부문에 걸친 比較研究로서 당시에 상당한 주목을 끌었으나, 엄밀히 따지고 보면 共通特質, 예컨대 두 언어에는 人稱의 구별

---

1) Ramstedt, G.J.(1957), *Einführung in die altaische Sprachwissenschaft*, I. *Lautlehre*, Bearbeited und herausgegeben von Pentti Aalto, *MSFOu.* 104-1, Helsinki.

2) 李基文(1963), A Genetic View on Japanese, 『朝鮮學報』 제27집.

3) Aston, A.G.(1879), A Comparative Study of the Japanese and Korean Languages, *Journal of the Royal Asiatic Society of Great Britain and Ireland*, new series, Vol. XI, Part. III, London.

이 없고, 性과 數의 구별이 없다는 식의 논의를 비롯하여 語順이 공통되는 항목으로 8가지를 들고 있다. 여기서 주목되는 점은 양국어 간의 音韻對應을 시도했다는 사실인데 그 방법론에 있어서는 比較音聲學的 관점을 크게 벗어나지 못하였다. 그럼에도 불구하고 당시의 언어학적 기반과 외국인이란 기준으로 보았을 때, 그의 논의는 그런대로 주목을 받기에 충분했다고 인정하지 않을 수 없었다.

1.1. 그 후의 서구학자들은 주로 日本語와 國語의 系統에 관심을 나타내는 한편, 일군의 일본학자들은 國語와 日本語의 비교에 큰 힘을 기울인 시기가 있었다. 그리하여 한동안 國語와 日本語를 사학자인 白鳥庫吉, 법학자인 宮崎道三郎, 언어학자인 金澤庄三郎가 각기 자신들의 입장에서 比較를 시도하는 한편, 日本, 中國, 우리나라의 史籍에 기록된 古地名의 語源문제가 논의의 중심이 되기도 하는 등, 자못 활발한 흐름을 보이기는 하였으나, 결과적으로 남은 업적은 다음과 같은 몇몇을 들 수 있을 정도였다.

① 白鳥庫吉(1898), 日本の古語と朝鮮語との比較(『國學院雜誌』第4卷 第4~12).
② 白鳥庫吉(1905~6), 韓語城邑の稱呼たる忽(*kol*)の原義に就いて(『史學雜誌』第16編 第11號, 第17編 第1, 2, 3號).
③ 宮崎道三郎(1906~7), 日韓兩國語の比較研究(『史學雜誌』第17編 第7~10, 12號 第1編 第4, 7, 8, 10, 11號).
④ 金澤庄三郎(1910), 『日韓兩國語同系論』(東京, 三省堂).

이들은 어느 것이나 單語의 形態比較가 위주여서, 체계적인 音韻對應의 결여라는 공통점을 보였다. 뿐만 아니라 애스턴을 포함하여 저들은 모두 古代國語, 中世國語에 대한 지식을 갖추지 못한 채 國語에 대한 지식으로는 오직 현대어에 의존하고 있었기 때문에, 지금의 기준으로 본다면 경우에 따라서는 격세지감을 안겨주기도 한다. 더구나 白鳥와 宮崎는 언어학자가 아니었기 때문에, 거기서 오는 엉뚱한 결론도 자주 눈에 뜨인다. 그후 白鳥는 日本語와 外國語, 國語와 우랄·알타이(Ural-Altai)제어를 비교하는 가운데, 멀리 피노·우그리엔(Finno-Ougrien) 제어까지는 좋다고 하겠으나, 남방아시아(Asia) 제어에 印歐語와 中國語까지 동원했다는 점이 모두 그러한 데서 야기된 과오였다. 다만 그들에게서 취할 점이 있다면 누구나가 그런대로 日本語의 北方說을 믿었다는 사실이다.

1.2. 필자는 상술한 日本學者들의 업적이 形態比較에 그쳤다고 보았으나, 실상은 단편적

이나마 音韻對應과 같은 설명도 군데군데에 보이는데, 특히 위에 보인 ①의 최종호에서는 부분적이나마 音韻對應을 시도했다는 점이 주목할 만하다.[4] 그는 6개 항목에 걸쳐 이를 정리하려고 했던 것이다. 그 항목만을 들어 본다면 다음과 같다.

① 國語의 語頭에 母音을 첨가하여 日本語와 비교할 수 있는 것
　　韓 *tattat*(暖):日 *atata*(*ka*)(同), 韓 *pahoi*(巖):日 *ihaho*(同) 등 22例.
② 國語 *p* 또는 *pʰ*가 日本語 *h*와 比較될 수 있는 것.
　　韓 *pat*(畠):日 *hatake*(同), 韓 *pochi*(陰):日 *hodo*(同) 등 30例.
③ 國語 *t*가 일본어 *ts*에 比較되는 것.
　　韓 *tari*(連):日 *tsure*(id.), 韓 *turumi*(鶴):日 *tsuru*(id.) 등 4例.
④ 國語 *s*가 日本語 *sh*에 比較되는 것.
　　韓 *sul*(酒):日 *shiru*(同), 韓 *syöm*(島):日 *shima*(同) 등 4例.
⑤ 國語 *i*(또는 *y*)를 日本語 *r*에 比較할 수 있는 것.
　　韓 *moi*(山):日 *mure*(同), 韓 *nai*(川):日 *nari*(同) 등 10例.
⑥ 國語 *p*가 日本語 *m*에 비교되는 例
　　韓 *nap*(鉛):日 *namari*(同), 韓 *nup*(沼):日 *numa*(同) 등 3例[5]

　이상의 6개 항목에 포함된 사례 가운데에는 특히 音韻史나 音韻論的으로 신빙성이 있다고 보기 어려운 점이 여기저기 드러나 있으나, 그 중에서도 특히 본고에서는 ⑤의 문제점을 논의의 대상으로 삼고자 한다.

　音韻對應이 외면당한 채 진행되기는 했지만, 많은 노력에도 불구하고 그 성과가 공허한 것이 되고 말았다는 점은 매우 아쉬운 일이다. 그러나 韓日兩國語의 비교는 白鳥의 고백과 같이[6] 당시의 學界에서조차 냉대를 받은 듯하다. 이러한 무관심은 당시는 물론, 그후 거의 1세기가 가까워 오는 오늘날까지도 아직 우리나라 쪽에서 이 분야에 관한 이렇다 할 업적이 거의 나오지 않는 현실이다. 일본학자와 우리나라 학자는 각기 이 比較問題에 있어 피차 상대방의 언어지식에 대한 약점을 가지고 있으므로, 지금껏 日本側에서 이루어 놓은 결과를 우리 쪽에서 검토, 비판할 필요가 시급해졌다. 이러한 요청에서 본고는 우선 특이한 音韻對應 한 두 가지에 대하여 간략한 검토를 가해 보기로 한다.

---

4) 白鳥庫吉(1898), 日本の古語と朝鮮語との比較, 『國學院雜誌』 제4권 제12, pp.4~12.
5) 여기 뽑은 실례들은 편의상 원문의 Roma자 표기를 그대로 따랐다.
6) 白鳥庫吉(1899), 日本語と朝鮮語との比較に就きて福田芳之助君に答ふ, 『國學院雜誌』 제5권 제6, p.76.

2. 國語의 流音 *l*(출현환경에 따라서는 *r*이 되기도 한다)은 日本語와의 비교에서 문제가 가장 두드러진 예일 것이다. 國語音韻史上 이 *l*은 몇가지 점에서 특이한 발달을 겪었다. 우선 알타이어파에 속하는 몽골어, 터키어, 퉁구스어가 모두 *l*과 *r*의 구별을 알고 있는 반면, 國語는 이미 古代에 *l*과 *r*이 합류되어[7] 상호간의 音韻論的 對立을 잃고 말았다. 이 점은 日本語에서도 비슷한 성격을 보여 준다. 다음으로 중요한 점은 漢字入聲韻尾 *-t*에 대응하는 國語音 *-l*이다. 日本語는 이 入聲音을 충실히 유지하고 있는데도, 國語는 이를 *-l*로 변화시켰는데, 이러한 변화는 中世國語 훨씬 이전으로 소급되는 것이다. *l/r*과 관계되는 또 하나의 특이한 현상은 소위 不規則活用에서 나타나는 *t*와 *l/r*의 교체다. 이를 國語의 美音調(euphony)만으로 처리해 버릴 수는 없는 듯하다. 이렇게 특수한 양상을 띠고 있는 國語의 *l/r*은 日本語와의 比較에서 더욱 재미있는 對應 가능성을 보여 준다. 다시 말하면 國語의 *l/r*은 크게 세 방향으로 日本語와 대응되는 듯하다.[8]

| | 국어 *l/r* | 일본어 *-r-* |
|---|---|---|
| 2.1. | *pəl-*(列) | *par-u*(張) |
| | *pirir*(莧) | *piru*(同) |
| | *pʌra-*(望) | *por-u*(欲) |
| | *tire*(汲水器) | *turu-be*(同) |
| | *ol*(絲) | *or-u*(동사, 織) |
| | *tʌl-*(懸) | *tar-u*(垂) 등. |

이 對應은 정상적인 것으로 별다른 문제를 제기하지 않는다.

| | 국어 *l//r* | 일본어 *-s-/-t-* |
|---|---|---|
| 2.2. | *tol(s)*(一年) | *tösi*(年) |
| | *kal*(枷) | *kasi*(同) |
| | *mal*(斗) | *masu*(升) |
| | *pyəl*(星) | *posi*(同) |
| | *timil-*(稀) | *tömösi*(乏) |
| | *kʌl-*(磨) | *kasu-ru*(同) |

---

7) Ramstedt(1957) p.103.
8) 이에 관한 최초의 시도는 李崇寧(1955), 韓日兩語의 語彙比較試考—冀尿語를 중심으로 하여—, 大韓民國 學術院, 『學術院會報』 제1집 참조.

| | |
|---|---|
| *miri*(軟) | *mus-u*(蒸) |
| *pə̄l-*(蜂) | *pati*(同) |
| *parʌ(r)/pata*(海) | *wata*(海) |
| *tōl*(石) | *tuti*(土) |
| *-tʌl*(複數語尾) | *-tati*(同) 등. |

이 밖에 國語의 *l/r*은 日本語 *-z-/-d-*와 對應되는 경우도 보인다.

| 2.3. | 국어 | 일본어 |
|---|---|---|
| | *kʌlhʌi-*(擇) | *kazu-pu, kazo-pu*(數) |
| | *mʌl-*(混) | *madu*(同) |
| | *nazi*(薺) | *nadu-na*(同) |
| | *mil*(水) | *midu*(同) 등. |

이러한 일련의 對應에서 우리는 國語의 *l/r*과 日本語의 *-s-/-t-*와의 비교가능성을 추출해 낼 수 있다. 그런데 이러한 對應의 가능성을 인정하기 위해서는 다음과 같은 사실을 고려해 볼 필요가 있다.

2.4. 람스테트는 알타이제어의 流音(Liquida)에 대하여 다음과 같은 音韻對應을 제시하고 있다(Ramstedt1957, p.103).

| 알타이祖語 | 몽골語 | 퉁구스語 | 國語 | 터키語/추바시方言 |
|---|---|---|---|---|
| *-l-* | *-l-* | *-l-* | *-l-~-r-* | *-l-* |
| *-r-* | *-r-* | *-r-* | *-l-~-r-* | *-r-* |
| *-l´-* | *-l-* | *-l-* | *-l-~-r-* | *-š-* / *-l-* |
| *-r´-* | *-r-* | *-r-* | *-l-~-r-* | *-z-* / *-r-* |

그에 의하면 알타이 祖語에는 2계열, 4종의 流音이 존재하였으나, 몽골어와 퉁구스어에서는 *-l-/-r-*로 통합되었고, 國語에서는 *-l-/-r-*의 구별이 없어졌으며, 터키어에서는 *-l-/-r-*, *-š-/-z-*의 4종으로 발달되었다고 한다. 다시 말하면 原始祖語에서는 *-l'-〉-š-, -r'-〉-z-*와 같은 발달을 겪었으리라는 가설이 된다. 현재 이 가설은 확고한 기반을 가진 것은 아니지만 그 가능성은 기대할 수 있다고 생각된다.

가끔 古代國語나 中世國語에서 *l* 과 *r*의 구별을 밝히려는 시도가 보이지만, 우리는 그보다도 알타이祖語의 2계열 流音 *-l-/-r-*, *-l'-/-r'-*의 본질에 대한 근본적인 해결이 먼저 이루어져야 한다고 믿는다.

람스테트는 *-l'-*과 *-r'-*을 각기 *-l-*과 *-r-*의 口蓋音化形(palastalisierte Form)으로 보았는데, 터키어에서는 그것이 *-\*l'-⟩-š-*, *-\*r'-⟩-z-*의 발달을 보인다고 말하고 있다(Ramstedt1957, p.103). 그 이유로 추바시方言은 터키어의 *-š*에 대해서 *-l-*로, *-z* 에 대해서는 *-r-*로 대응하고 있으므로, 이 *-š-*와 *-z* 는 起源的이 아님을 들고 있다. 따라서 *-š-*와 *-z-*는 후대의 발달로 보아야 한다. 이러한 발달을 거친 터키語의 *-š-*와 *-z*는 國語를 위시한 몽골어, 퉁구스어, 추바시方言의 *-l-*에 對應된다.

터키어 *taš*(石)/추바시방언 *t'š'ul*(id.)/몽골어 *čila-gun*/칼카방언 *tš'ulūn*/칼뮈크어 *tšolūn*/부리야트어 *šulūŋ*/國語*tol*(石)(⟨*\*t'al'*)(Ramstedt1957, p.108).

여기에 람스테트의 前揭書에서 國語와 비교되는 항목 몇몇을 옮겨 보면 다음과 같다 (pp.108~113).

    ① 터키어 *-š-*와 國語 *-l-*의 대응
        터키어 *aš-*(飲食, 料理)/국어 *al*(種子, 낱알, 穀物)
        터키어 *iš*(일거리, 일)/국어 *il*(일, 일거리, 用件)
        터키어 *baš*(頭)/국어 *mari*, *meri*(同)
        터키어 *tüš-*(들어가다)/ 국어 *til-*(들어가다) 등

    ② 터키어 *-z-*와 國語 *-r-*의 대응
        터키어 *az*(小, 少)/국어 *phari ha*(수척하다)
        터키어 *taz*(禿, 머리털이 없는)/국어 *tämeri*⟨*tari-meri*(禿頭)
        터키어 *jaz*(어긋나다, 잘못되다)/국어 *tari-*(異, 違)
        터키어 *käz-*(산책하다, 헤매다)/국어 *ker-*(산책하다, 걷다)
        터키어 *säz-*(주의깊다, 신중하다)/국어 *sari-*(조심스럽다) 등

2.5. 이러한 對應을 日本語에까지 확대시킬 수 있다면, 알타이조어의 기원적인 流音을 거기서 구별할 수 있지 않을까 하는 것이 필자의 생각이었다. 그리하여 위에서 본 國語 *l/r*과 일본어 *-r-*의 대응은 알타이 原始祖語의 *-l'-*, *-r'-*에 該當하며, 國語 *l/r*과 日本語 *-s-/-t-*의 對應은 알타이 原始祖語의 *-l'-*, *-r'-*에 소급되지 않을까 가정해 보는 것이다. 그리하여,

-*l'-〉-s-/-z-, -*r'-〉-t-/-d-와 같은 발달로 현재에 이른 것이 日本語가 아닌가 한다. 다만 이러한 가정은 日本語가 알타이어에 속한다는 전제하에서만 성립하며, 알타이제어와의 比較가 이루어진 후에야 진부를 가려낼 수 있을 것이다.

① 　　국어 *l/r*　　　　　　　일본어 -*y*-
　　　　*kari-əp-*(痒)　　　　*kayu-si*(同)
　　　　*pil-*(增)　　　　　　*putu*(同)
　　　　*ʔʌrʌ-*(速)　　　　　*paya-si*(同)
　　　　*kʌl-*(替)　　　　　　*kayu*(同)
　　　　*sol-sol*(솔솔)　　　　*soyo-soyo*(同)
　　　　*kəl-*(肥沃)　　　　　*koya-si*(同) 등

　　國語의 語中에서 -*l/r*-이 탈락하는 예는 이미 古代의 地名 표기에서 흔히 나타므로, 日本語에서도 이러한 현상이 일어났을 가능성은 얼마든지 있다. 따라서 이러한 비교 자체는 가능하리라고 생각된다. 여기서 한 가지 더 생각할 수 있는 것은 國語에서는 *l/r*이 탈락한 반면 日本語에는 남아 있는 경우와, 그와는 반대로 日本語에서는 -*r*-이 떨어져 나간 반면 國語에는 남아 있는 경우도 있는 것이다.

② 　　국어 *l/r*　　　　　　일본어 -*ø*-
　　　　*mʌl*(藻)　　　　　　*mo*(同)
　　　　*sal*(矢)　　　　　　*sa*(箭)
　　　　*kulʔok*(寵)　　　　*kuto*(曲突)
　　　　*sal-*(生)　　　　　*su*(巢)
　　　　*pil*(火)　　　　　*pi*(同)(?) 등

　　③ 국어 -*ø*-: 일본어 -*r*-

　　이 경우에 대해서는 이미 白鳥庫吉이 『日本書紀』(720)에 보이는 國語의 해석에서 최초로 거론한 듯하다.9) 그는 그 사례로서 *nare*(川), *mure*(山), *nirimu*(主) 등이 현재의 *nai*(川), *moi*(山), *nim*(主)으로 변한 사실을 지적하고, *nari*〉*nayi*〉*nai*(川), *muri*〉*moyi*〉*moi*(山), *nirim*〉*niyim*〉*nim*

---

9) 白鳥庫吉(1897), 日本書紀た見えたる韓語の解釋, 『史學雜誌』 제8편 제6호, pp.39~51.
　　　　　(1898), 日本の古語と朝鮮語との比較, 『國學院雜誌』 제4권 제11, pp.13~5, 'シリ(後)' 참조.

(主)과 같은 발달이었음을 논하고, 語中의 *r*이 轉化되었다고 주장하였다. 다음 해에는 그가 日本의 古語와 國語를 比較하면서 다시 다음과 같은 사례를 추가하였다.

| 국어 | 일본어 |
|---|---|
| *tui*(後)<*\*turi* | *siri*(同) |
| *oi*(瓜)<*\*ori* | *uri*(同) |
| *pai*(腹)<*\*pari* | *para*(同) |
| *tui*(帶)<*\*turi* | *toro*(同) |

2.6. 이상의 예들 중에는 正鵠을 얻은 것도 있으나 신빙성이 희박한 것도 있다. 그러나 그는 이러한 변화의 원인을 해명하되 우랄·알타이어파의 언어는 語頭에서 *l/r*음을 기피하기 때문이라고 했다. 그리하여 國語, 日本語, 琉球語의 경우, 固有語는 물론, 漢字語나 外來語도 語頭에 *l/r*음을 기피하므로, 그러한 특성을 보아도 이들 3개 國語는 우랄·알타이어에 속함을 알 수 있다고 결론하였다. 그러나 위의 사례는 모두 *l/r*이 語中에 나타나는 경우이므로, 그의 결론은 스스로 모순된다고 하지 않을 수 없다. 그보다도 우리는 現代國語의 *nai*(川), *moi*(山), *nui*(世) 등이 古代에는 語中에 *-r-*을 유지하고 있었다는 실증을 가지고 있다. 실례. :뉘〈누리(『訓蒙字會』中 1r), :내〈나·리(高麗歌謠 「動動」. 단, 傍點은 推定形), :뫼〈모·로(『龍飛御天歌』제4장).

이러한 실례에서 우리는 聲調에 주목할 필요가 있다. 中世國語에 보이는 '뉘, 내, 뫼'는 모두 上聲(2點)인데, 『訓蒙字會』에 나타나는 '누리'는 '리'에 去聲(1點)을 가지고 있으며, 『龍飛御天歌』에 보이는 '피모로'(椵山)는 '로'에 去聲을 가지고 있다. 따라서 제2음절에 去聲, 제1음절에 平聲을 가진 어형 가운데 제2음절의 頭音이 *r*인 경우에는 그 *r*이 탈락되면서 單音節로 축약되는 동시에, 聲調는 上聲으로 변한다는 사실을 보여준다. 물론 이것은 반드시 語中 *-r-*에만 해당되는 것은 아니다(참고. 고·마(熊):곰, 막다히(木棒)〉막:대, 부톄〉부:톄[主格]). 이러한 점에서 '내'(川)가 上聲을 가졌으므로, 中世國語에서 聲調表示를 찾아볼 수 없는 高麗歌謠의 語形인 '나리'(川)의 聲調를 위와 같이 추정할 수 있으며, 나아가서는 中世國語에서 上聲調를 가진 單音節語를 親族語와 비교함으로써, 國語의 原始形을 재구할 수도 있다. 이러한 새로운 관점에 서면 白鳥가 비교한 語形의 진부를 가려낼 수 있게 되는데, '님(主), 외(瓜), 뒤(後)'는 모두가 中世國語에서 上聲으로 나타나므로, 이들의 原始形을 일단 *\*nirim*, *\*ori*, *\*turi*라고 볼 때, 古代日本語와 비교가 가능할 듯하다. 그러나 '비'(腹)와 '씌'(帶)(白鳥가 *tui*라고 轉寫한 것은 정확하지 못하다. 오식이라고 볼 수 없는 점으로, 그의 轉寫에는 이밖에도 부정확한 경우가 상당히 많기 때문이다)는 中世國語에서 모두 去聲調를 가지고 있으므로, 현재 우리의 논리에서 벗어나는 비교가 된다.

3. 지금까지 우리는 國語의 *l/r*을 日本語와 비교할 때 얼마나 복잡한 양상이 드러나는가를 개략적으로 보아 왔다. 그러나 그 과정에서는 세부적인 설명을 될수록 피해왔다. 결과적으로 불충분한 논술이 되었을지도 모르나, 필자의 의도는 體系的이고 종합적인 音韻對應의 시도에 있었으며, 이에 대한 제2차적인 작업은 현재 진행 중에 있다. 그런데 무난한 音韻對應인 듯하면서도 필자로서는 넘겨 버릴 수 없는 또 하나의 문제가 남아 있다.

그것은 좀 전에 언급한 *oi*<*ori*(瓜)와 對應되는 것으로 결론한 日本語 *uri*(瓜) 사이에 나타나는 국어 *o*와 일본어 *u*와의 比較 문제다. 지금까지는 양언어의 비교에서 도외시되기 쉬운 존재가 母音이었다. 이 말은 전술한 일본학자들에게도 예외 없이 해당된다. 그들이 비교한 國語와 日本語의 語彙 중에서 극소수를 제외한 거의 대부분은 母音의 對應이 무시되었기 때문이다. 위에서 본 白鳥의 비교 6개 항목은 물론, 金澤가 특히 주의를 요하는 韓日 兩國語의 音韻的 관계라고 하면서 내세운 4개 항목10)도 모두 子音에 관한 것들뿐이다. 兩國語의 비교에서 子音과 母音의 완전한 대응을 동시에 기대할 수는 없다 하더라도 하나의 이상으로는 삼아야 한다. 그러한 점에서 가장 먼저 필자의 눈을 끈 것이 바로 *ori*와 *uri*의 對應이었다. 이는 兩國語가 *o~o*, *u~u*로 대응될 가능성을 지닌 듯하면서도 사실은 *o~u*와 같은 대응을 보여주기 때문이다. 우선 그 실례를 예시하겠다.

| 국어 *o* | 일본어 *u* | 국어 *o* | 일본어 *u* |
|---|---|---|---|
| *ahok*(葵) | *apupi*(同) | *koč*(花) | *kusa*(草) |
| *mosi*(苧) | *musi*(同) | *koč*(串) | *kusi*(同) |
| *kop-*(美) | *kupa-si*(同) | \**kolč*(高句麗語, 口) | *kuti*(同) |
| *kokai*(峴) | *kuki*(岫) | \**osakam*(高句麗語, 兎) | *usagi*(同) |
| \**koma*(熊) | *kuma*(同) | *oi*(瓜) | *uri*(同) etc. |
| *kōl*(洞) | *kura*(同) | | |

3.1. 이러한 대응이 절대적이라고는 할 수 없겠지만, 적어도 國語의 *o*와 日本語의 *u*가 比較될 수 있는 가능성을 다분히 내포하고 있음에는 틀림이 없을 것이다. 國語의 *ahok*(葵)은 만주어가 *abuha*임을 볼 때, 日本語의 *apupi*와 그럴 듯한 대응이 성립한다. 國語의 *mosi*는

---

10) 金澤庄三郎(1910), 『日韓兩國語同系論』, pp.23~5.

아마 古代日本語에 차용되어 *musi*가 된 듯하다. 中國이나 日本의 古記錄[11])에 의하면 秦人이 織業에 長했다는 기록이 많으며, 『新撰姓氏錄』에 의하면 仲哀天皇, 應神天皇, 仁德天皇, 雄略天皇의 治世에 秦人이 數百의 民을 이끌고 日本으로 건너가 養蠶을 하고 天皇에게 바쳤다는 기록이 보이며, 『日本書紀』에도, '爰新羅王波沙寐錦 即以微叱己知波珍干岐爲質 仍齎金銀彩色及綾羅縑絹 載于八十艘船 令從官軍'(仲哀紀 9년, 神功皇后 攝政前紀)과 같은 기록을 보이고 있어, 織物이 新羅에서 많이 건너갔음을 알 수 있는데, 이로써 보면 *musi*란 말도 이미 그때 차용된 듯하며, 더구나 *kara-musi*라고 불린 것을 보면, 확신을 가져도 될 듯하다. 문제는 이것이 借用이건 아니건 간에 국어 *o*와 일본어 *u*의 音韻對應만은 주목할 만한 일이다.

3.2. 15세기 國語의 母音體系가 오늘날과는 사뭇 달랐다는 사실은 근자에 조금씩 밝혀지고 있다.[12]) 이러한 견해는 體系的인 변화의 관점에서 國語의 母音體系를 재검토함으로써 얻어진 새로운 결론인데, 그에 따르면 15세기의 母音體系는,

|     |     |     |
| --- | --- | --- |
| 이  | 우  | 오  |
| 으  |     | ᄋᆞ |
| 어  |     | 아  |

와 같은 대립관계를 보이며, '오'와 '우'에 대해서는 다음과 같은 해석이 보인다.

만약 '오'가 명실상부한 後舌閉母音 [u]였다면 外國語 轉寫에 이 사실이 반영되었어야 할 것이다. 그러나 실제에 있어서 中國語의 [u]를 부담하고 나선 것은 'ㅜ'이지 'ㅗ'가 아니었다. 그러므로 後舌母音 가운데서 開口度가 가장 큰 것이 'ㅗ'이면서도 [u]가 'ㅗ'에 의하여 처리될 수 없었다는 모순은 위의 추정도에서와 같은 해결을 요청하는 것으로 생각되었다. 즉 실제 발음에 있어서 'ㅗ'보다는 'ㅜ'가 오히려 [u]에 가까웠던 것을 의미한다(金完鎭1963, pp.72~3).

이 사실은 최근 여러 방면에서 유력한 지지를 얻고 있다.[13]) 中世國語 또는 그 이전의 外國語나 借用語의 轉寫에서 그러한 사실이 확인되기 때문이다. Ki-Moon Lee(1964a)는 中世國語에 나타나는 몽골어에서, 람스테트가 수립한 알타이어의 제1음절 母音體系(Ramstedt1957,

---

11) 『古事記』 '應神條', 『日本書紀』 '雄略紀', 『姓氏錄』 '太秦公 宿禰條' 등.
12) 金完鎭(1963), 國語母音體系의 新考察, 『震檀學報』 第24號, pp.63~99.
13) 예를 들면 姜信沆(1964), 十五世紀 국어의 'ㆍ'에 對하여, 『陶南趙潤濟博士 回甲記念論集』 pp.83~99. Ki-Moon Lee(1964a), Mongolian Loan-Words in Middle Korean, *Ural-Altaische Jahrbücuer*, Volumen 35. Fasciculus B. MCML XIII, pp.188~97, 특히 pp.195~6. 李基文(1964b), 蒙語老乞大 硏究, 『震檀學報』 第25·26·27合倂號 p.388.

p.137)로 볼 때, 몽골어의 母音 o와 u가 國語의 o에 대응됨을 상기시키면서, 람스테트의 母音
體系와 國語 母音體系의 관계를 다음과 같이 예시하였다.

中世몽골어           中世國語

*a* ............................... *a*

*o* ............................... *o*

*u* ............................... *o*

*ü* ............................... *u*

*ö* ............................... *ue̥*

*e* ............................... *e̥*

*i* ............................... *i*[14]

그리고 여기에 다음과 같은 해석을 가하고 있다.

이 도식은 매우 중요하다. 그것은 이 도식이 中世國語의 母音體系 再構를 분명하게 해
주기 때문이다. 몽골어의 o와 u가 中世國語에서는 ㅗ로 轉寫되는데, 이 전사로 추측해 볼
때 中世國語에는 원순, 후설, 고모음이 하나밖에 없고, 그 모음은 차라리 ㅜ로 나타낼 수
있다는 사실이다. 만약 중세국어에 o와 u 양쪽이 있었다면 그와 같은 전사는 일어나지 않았
을 것이다. 나아가 이 도식으로 알 수 있는 것은 'ㅜ'로 표기될 수 있는 모음이 실제로는
後舌母音 *u*—현대국어에서는 당연히 그렇지만—가 아니었다는 사실이다. 만약 ㅜ라는 문자
가 중세국어에서 후설, 고모음이었다면 몽골어 *u*는 ㅜ로 전사되었을 것이다. 그러므로 ㅜ라
는 문자는 아마도 *ü*[비]와 같은 모음이었을 것이다.

이렇게 볼 때 中世國語에서는 람스테트의 시스템이 맞지 않으므로 다음과 같이 수정하고 있다.

中世몽골어           中世國語

*a* ............................... *a*

*o* ............................... *u*

*u* ............................... *u*

*ü* ............................... *ü*

*ö* ............................... *üä*

*e* ............................... *ä*

*i* ............................... *i*[15]

---

14) Ki-Moon Lee(1964a) p.195.

우리의 결론이 뜻하는 바로는 u〉o, ü〉u, ä〉e과 같은 모음의 轉移가 중세국어와 현대국어 사이에서 일어났다는 점이다. 다시 말하자면 똑같은 문자가 중세국어와 현대국어에서 다른 음가를 갖고 있었다는 뜻이다.

그리고 이 사실은 18세기의 『蒙語老乞大』가 보여주는 轉寫體系를 검토해 보면 확연한 일이라고 말하고 있다.

3.3. 종래 表記法(graphie) 그대로라고 생각했던 中世國語의 'ㅗ'가 사뭇 다른 자질을 가진 음성이었음을 알게 되었다. 中世國語의 'ㅗ'가 [o]가 아니었다는 결론은 日本語와의 비교에서도 극히 중요한 역할을 하게 된다. 日本語의 u는 실상 圓脣性이 지극히 희박한 母音이며, 때로는 オ[o]로 변하기도 한다.

> *usagi*(兎) → *osagi*, *unagi*(鰻) → *onagi*, *ukera*(朮) → *okera*

마지막의 *ukera*가 오늘날 *okera*로 굳어졌다는 사실은 주목할 만한 일이다. 뿐만 아니라 '遙遙'(멀리서)를 뜻하는 語形이 『萬葉集』에 *paro-baro*와 *paru-baru* 두 가지 形態로 나타남을 보아, 日本語의 '*u*'도 中世國語 'ㅗ'와 성격이 비슷한 음성이었음을 알 수 있다. 다시 말하면 日本語의 '*u*'는 서로 다른 音價를 가진, 적어도 두 가지 이상의 異音을 대표하고 있다. 小倉進平은 일찍이 여기에 대한 소론을 발표한 일이 있다.[16] 그는 母音의 開合이란 술어가 中國韻學에서 나왔고, 『韻鏡』에서도 開合의 2종으로 분류하였으나, 現代音聲學으로 보면 이에 만족할 수 없지만, 전통적인 2종에 대해서만 살펴보겠다는 전제하에 日本語 '*u*'가 開音일 때를 音聲學的으로 해석하였다. 그는 日本語 'ウ'에 [u]가 사용되었던 사례를 들고 있다. 즉 예로부터 a의 長音을 'アア', i의 長音을 'イイ', u의 長音을 'ウウ', e의 長音을 'エエ'로 표기하였음에도 불구하고 o의 長音만은 オオ가 아닌 'オウ'(예. 'コウ', 'ソウ')를 사용한 점으로 보아, 이때의 'ウ'는 결코 [u]가 아니었다고 주장하였다(小倉進平1912, pp.9~10). 小倉은 그것을 [wu]라고 말하고, 이것은 'アフリ'(障泥, *apuri*)와 'アフヒ'(葵, *apupi*)를 古來로 'アヲリ'(*awori*), 'アヲヒ'(*awopi*)라고 적은 것으로 보아, 이는 *pu*〉*wu*〉*wo*의 경로를 밟았음에 틀림없으므로, '*wu*'의 존재를 확인할 수 있다고 결론지었다(小倉進平1912, p.15).

3.4. 小倉進平의 결론이 어찌되었든 간에, 中世 이래 國語의 'ㅗ'가 [u]에 가깝고, 日本語의

---

15) Ki-Moon Lee(1964a) p.196.
16) 小倉進平(1912), 母音の開合殊に'ウ'に就いて, 『國學院雜誌』 제18권 제3, pp.1~15.

'ウ'에 [o]와 [u]의 중간적인 성격이 있었다면, 우리는 의심 없이 中世國語의 '*o*'와 古代 日本語 '*u*'를 比較할 수 있으리라고 생각한다. 다만 古代日本語의 母音體系에는 아직 해결되지 않은 측면이 많으므로, 우리의 결론도 후일을 좀 더 기다리는 수밖에 없다.

4. 지금까지 우리는 國語와 日本語의 비교에서 드러나는 몇 가지의 音韻對應에 관하여 검토해 보았다. 일본학자들이 수립해 놓은 300여 共通語彙가 일찍이 종합적인 검토를 거치지 못한 채 방치되고 있는 지금, 우리는 이들을 주워 모아 옥석을 가리고 다듬어야 할 책임을 느낀다. 그들의 對應例에는 분명한 借用語도 보이며, 古代國語나 中世國語의 무지에서 비롯되는 기상천외의 單語比較도 눈에 뜨인다. 金澤庄三郎이 이룩한 形態素의 비교도 現代言語學의 관점에서 보면 수정을 요하는 곳이 허다하다. 해방 후 20년이 지난 오늘날 國語學은 불과 얼마 전에 비해 장족의 발전을 이룩하였다. 그러므로 우리는 지금껏 부분적으로밖에 이루어지지 않은 兩國語의 音韻對應이나 形態比較에 참신한 메스를 가해야 할 단계에 도달한 것이다.

出處 <서울大 文理大 學生會(1965. 7.), 『文理大學報』 20: 36-46.>
　　　<李基文編, 民衆書館(1977. 4.), 『國語學論文選 10 比較硏究』: 153-167(再錄).>
　　　<草風館(1999. 12.), 『韓国語と日本語のあいだ』: 194-209(日譯再錄).>

# 韓·日 두 언어의 비교에 대하여
## -日本語 古層의 길-

## 1. 머리말

여기서 古層이라 함은 오래 전의 모습, 또는 계통적 근원을 뜻한다고 해도 좋다. 그 근원에 가까워지는 길로서는 언어학 이외에도 다양한 방법이 있겠지만 가장 희망적인 것이라면 아무래도 언어학적 비교방법이 아닐까 여겨진다. 그러나 지금까지의 일본어 계통탐구에서 비교방법은 Miller(1971)나 村山七郎(1974a-b, 1975, 1978, 1979 등)과 같은 일부 뛰어난 노력을 제외하고는 반드시 성공적이라고 하기는 어렵다. 거기에는 당연히 여러 가지 이유가 있다. 그중에는 언어자료상의 제약도 있으나 방법론적 결함이나 오류도 있다. 자료상의 제약은 현재로서는 도리가 없다. 그러나 비교의 방법에는 문제가 남아있다고 하지 않을 수 없다. 그러한 방법론적 결함을 도외시하면서 똑같은 비교를 계속하는 한 거기서 신뢰할 만한 성과를 기대하기는 무리일 것이다.

비교의 방법론적인 문제점은 한국어와 일본어의 비교연구에 현저하게 많다. 여기서 그러한 문제점의 몇 가지를 다시 한번 들어 올려 일본어의 古層에 이르는 험난한 길을 잠시 거닐어 보기로 한다.

## 2. 어휘비교의 위험성

일본어 어휘의 일부와 약간의 문법형태소, 나아가서는 단어의 구조나 문법유형 등이 유난히 한국어와 비슷하다는 사실은 일찍부터 잘 알려진 바 있다. Aston(1879)과 金澤庄三郎

(1910)은 두 언어의 친족관계를 어휘나 문법형태소와 같은 언어사실을 바탕으로 삼아 구명하려고 했던 비교연구의 훌륭한 선구자였다. 그 후 두 언어의 비교연구는 기대만큼 진전되지 못하고 오랜 동안 유사성의 확인단계에만 머물러 있었다고 해도 과언이 아닐 것이다. 특히 최근의 일본어 계통탐구는 村山七郎(1974 이후의 업적)에 의한 南方諸島語와 알타이어 혼합설, 大野晋(1981)에 의한 타밀어 기원설, 그밖의 여러 방향을 향하고 있어 한국어는 이제 논의의 중심에서 제외된 듯한 감도 없지 않다. 만약 지금까지의 한국어와 일본어의 비교연구가 정밀한 방법에 따라 이루어진 결과, 두 언어의 사적관계가 어디에도 인정되지 않는다면 거기에 異議가 있을 리 없다. 그러나 그 동안의 많은 비교작업은 방법론적 결함 위에서 진행되어 온 것이다.

한국어와 일본어의 비교과정을 되돌아 볼 때 그 실상은 거의 두 언어만의 어휘를 나란히 배열해 놓고 보는 일이었다고 생각된다. 물론 비교연구는 어휘를 통하여 시작된다. 그 점 어휘를 나란히 배열해 놓는 일 자체에 문제가 있을 수는 없다. 문제는 나란히 배열된 어휘가 서로 비교될 수 있는 합리적 근거가 분명히 드러나 있는가 그렇지 않은가에 있다. 잘 알려진 바와 같이 어휘비교에도 이런 저런 원칙이 있어야 한다. 최초로 주의할 점은 우연에 따른 표면적 일치라고 할 수 있다. 두 언어의 자료를 비교대상으로 삼을 경우에는 뜻하지 않게도 우연의 일치에 빠져 주관적 어원해석으로 끝날 염려가 특히 많다고 할 것이다. 村山七郎 (1978: 48-62)는 두 언어만의 비교를 '二言語 比較主義'(bilinguistic comparison)이라고 부르면서 그 위험성을 세세히 논하고 있다.

여기에 하나의 실례를 들어보기로 한다. 일본어 *macuri*(祭)의 語源을 고구려의 제천의식이 었다고 전해오는 '迎鼓'에 연결시킨 한 가지 해석이 보인다. '迎'은 한국어로 *mač-/ma-*(맞-), '鼓'는 *tu-tu-li*(정확하게는 *tu-ti-li-*, 따)이므로 '迎鼓'는 *ma-tu-tu-li*와 같이 읽힌다. 어중의 *tu-tu-*가 축약되면 *ma-tu-li*가 되므로 이 어형이 일본어 *macuri*의 근원이 되었다는 해석이다(金思燁 1981: 497). 만약 그렇다면 일본어 *macuri*(マツリ)는 본래 *ma*(マ)와 *tuli*(つり)로 이루어진 복합어였다는 말이 된다. 그런데 일본어 'マツリ'가 'マ'와 'ツリ'로 분석될 수 있다는 형태론적 근거는 일본어사의 어디에도 보이지 않는다. 오히려 村山七郎(1978: 274)는 자바語나 말레이語 등의 南方諸島語에 보이는 *patut*(예절에 맞는)를 토대로 삼아 'マツリ'의 어근을 *matu-*과 같이 내세우고 있다. 이는 일본어 'マツリ'를 남방제도어의 古形 *N|patu*에서 나온 변화형으로 본 것이다.

지금으로서는 'マツリ'의 어근을 'マ+ツリ'로 보아야 할지 그렇지 않으면 'マツ-'로 보아야 할지 그 답은 저절로 분명해질 것이다. 곧, 앞쪽의 해석으로는 한국어 *ma-tu-tu-li*의 축약어형이 'マツリ'라고 하나 그러한 사적근거는 없다고 해도 좋다. 한편 한국어 *ma-tu-tu-li*와 일본어 'マツリ'는 의미상으로도 꽤 멀다. *ma-tu-tu-li*로 보자면 '(무엇인가를) 맞이하여 북을 치다'는 뜻인데 'マツリ'는 '神이나 사람에게 물건을 바치다'가 본래의 뜻이라고 한다. 따라서 'マツリ'의 어원을 한국어 *ma-tu-tu-li*에 연결시키려는 시도는 사적으로도 형태론적으로도 의미상으로도 자의적 해석으로밖에 볼 수 없다.

한국어와 일본어와 비교연구에는 이렇게 위험한 어원해석이 의외로 많다. 이와 같은 표면적 비교는 두 가지 언어만을 내세울 경우에 일어나기 쉽다고 말하지 않을 수 없다. 결국 그러한 비교연구가 계통론적 탐구에 아무런 도움이 되지 않는다 함은 말할 필요도 없을 것이다.

## 3. 어휘비교의 방향

객관성이 있는 어휘비교는 먼저 언어사적으로도 설명이 되는 음운론적, 형태론적, 의미론적 근거를 동시에 내세운 시도가 아니면 안 된다. 여기서 항상 주의를 요하는 것이 음운 대 음운(phoneme for phoneme)에 의한 비교라고 할 수 있다.

가령, 현대일본어 식물명칭의 하나인 *aoi*(葵)는 상대일본어 *afufi* 또는 *afofi*로 거슬러 올라가며 그보다 이전에는 *\*apupi*였다고 추정되고 있다. 일본어사에 의한 내적재구는 여기까지밖에 추론되지 않는다. 따라서 훨씬 옛날의 모습을 찾기 위해서는 비교방법을 따를 수밖에 없다. 이 *\*apupi*에 비교될 수 있는 단어가 현대한국어에 남아있다. *auk* 또는 *aok*(葵)으로 쓰이고 있는 말이 그것이다. 방언으로서는 *apuk*[abuk]/*apok*[abok]도 나타나며 이들의 祖語形으로는 일단 *\*apuk*을 내세울 수 있다. 한국어와 일본어의 비교에 이 단어를 처음으로 다룬 사람은 大矢透였다.[1] 그는 두 언어 사이에 나타나는 유사어 80여 항목을 대조형식으로 예시했는데 그 중에 '葵 아옥'('아옥'은 한국어문자로 표기되어 있음)이라는 비교가 들어있다. 다만 그는 일본어를 한자만으로 표기하고 한 마디의 설명도 붙이지 않았다. 그후 松岡靜雄은 일본어

---

1) 大矢透(1898), 日本語と朝鮮語の類似, 『東京人類學會雜誌』 第37號, p. 265.

*afufi*(アフヒ)를 외래어일 것이라고 추정하면서 한국어 'アウク'[auk](본문에서는 한국어문자가 사용되었다)을 예시한 일이 있다.[2]

그밖에 최근의 李男德(1968 Ⅳ: 423)에도 일본어 *afufi*와 한국어 *aok*의 비교가 나타난다. 그런데도 이 단어의 비교는 사람들에게 거의 버림을 받은 듯하다. 그렇기 때문에 여기에 다시 한번 검토할 필요가 있다고 생각된다.

실상, 앞에서 본 한국어 *\*apuk*과 일본어 *\*apupi*는 그저 그런 유사성을 보이고 있지만 이들 단어가 과연 사적으로 연결되는지 아닌지에 대해서는 여기서 곧바로 단정하기 어렵다. 그것은 일본어의 마지막 음절에 나타나는 양순파열음 *p*와 한국어 어말의 연구개파열음 *k*의 음운사적 관계가 아직 불분명할 뿐만 아니라, 일본어의 어말모음 *i* 또한 어원적인 것인지 비어원적인 것인지 알 수 없기 때문이다. 두 언어만의 비교에 나타나는 방법론적 한계는 여기에 있다고 할 수 있다. 여기에 제3의 언어자료가 있다면 크게 도움이 될 수밖에 없다.

지금까지의 연구에 의하면 한국어는 알타이어족에 속할 가능성이 가장 크다고 한다. 그에 따라 여기에 제3의 언어자료로 떠올릴 수 있는 것은 아무래도 알타이제어라고 할 수 있다. 실제로 滿洲文語에 *abuha*(薺菜), 몽골어에도 *abuga*(薺菜)가 있어서 이들과 한국어, 일본어는 어떤 사적 연결을 가지고 있다고 생각된다. 실상, 만주문어 *abuha*와 한국어 *aok*은 한번 비교된 일도 있다.[3]

그렇다면 이들 단어를 음운 대 음운의 비교로 검토해 보기로 한다. 어두의 모음은 모든 언어가 *a*로 되어있다. 이에 어두모음에 대해서는 공통조어형으로 의심없이 *\*a*를 내세울 있다. 제2음절의 자음은 일본어의 경우 *f*(<*\*p*, 한국어의 경우에는 *ø*(零)<*\*p*였다고 볼 수 있으나, 만주문어와 몽골어에는 다같이 *b*로 나타난다. 그런데 한국어는 이미 先史단계에서 알타이조어가 보여준 *\*p*와 *\*b*의 음운론적 대립을 상실한 것으로 추정된다. 이 사실을 토대로 한다면 제2음절 자음의 조어형으로서는 *\*b*를 내세울 수 있다. 제2음절 모음의 조어형은 *\*u*였다고 함은 거의 확실할 것이다. 일본어 *afofi*나 한국어 *aok*에 보이는 *o*는 어느 쪽도 후대적 변화의 하나라고 할 수 있다. 제3음절의 자음 및 모음에 대해서는 음운사적 해석이 필요하다. 우선 한국어의 어말자음 *k*는 *\*g*로부터의 발달임에 틀림이 없을 것이다. 이는 한국어가 선사단계에서 알타이조어 *\*k*와 *\*g*의 대립을 상실했다는 이유로도, 한국어 자체로도 어말모음이 탈락

---

2) 松岡靜雄(1937), 『新編日本古語辭典』, アフヒ 항목.
3) Ki-Moon Lee(1958), A Comparative Study fo Manchu and Korean, *Ural-Altaische Jahrbücher* XXX: 1-2) S.105.

하면서 *g가 무성화하여 k가 되었다는 이유로도 설명이 잘 되기 때문이다. 한국어는 어말모음 *a도 잃고 말았다. 다른 언어에 그것이 유지되고 있기 때문에 한국어의 어말모음 탈락은 확실한 사실일 것이다. 이 사실은 한국어와 알타이제어의 비교과정에서 이미 분명해진 것이다. 그런데 일본어의 제3음절 자음 p는 제2음절 자음 p에 동화된 결과일 것으로 추정된다. 그러므로 동화이전에는 *k, 그보다 훨씬 이전에는 *g였다고 생각된다. 일본어의 어말모음 i는 마땅히 *a로 거슬러 올라간다고밖에 달리 말할 수가 없다. 결국 지금의 i는 조어형 *a의 弱化로 살아남은 존재일 것이다. 결국, 각각의 언어는 공통조어형 *abuga에서 출발하여 다음과 같은 변화를 거쳤다고 생각된다.

>蒙 *abuga*
>滿 *abuha*
>韓 *apuka* > *apukə* > *apuk* > *auk*
                          > *apok* > *aok*
>日 *apuka* > *apupi* > *afufi* > *aoi*
                      > *afofi* > *aoi*

몽골어는 원래의 조어형을 그대로 유지해 왔다. 만주문어에서는 제2음절의 자음 *g만이 h로 변했다. 이 h는 아마 [x]와 음성으로 실현되었다고 생각된다. Poppe(1960: 58-59)에 의하면 後部母音 사이의 *g는 만주어에서 x에 대응한다고 되어있기 때문이다.

한국어와 일본어는 조어에서 갈라진 후 그 선사단계 때 *p와 *b, *k와 *g, 그리고 여기에는 나오지 않았으나 *t와 *d 등의 음운론적 대립이 없어진 것으로 보인다. 그 결과 파열·마찰·파찰음에 나타나는 모든 유성음이 무성음으로 합류되었다고 해석된다. 상대일본어 afufi에 나타나는 마찰음 f는 그것이 무성파열음 *p의 발달이었음을 말해주고 있다. 일본어에서는 제3음절의 자음 *k가 선행음절의 자음 *p에 동화되었으나 이 동화는 일본어 자체내에서 일어난 변화였을 것이다. 일반음운론적 자질상 순음 p와 연구개음 k는 邊音性(grave feature) 자질을 공유하기 때문에 서로 동화된다고 해도 부자연스러운 일은 아니기 때문이다.

일본어 afufi는 한국어로부터의 차용어일지도 모르나 그 가능성은 매우 낮다. 만약 이 단어가 차용어라면 어형으로 보아 한국어 *apuk의 단계에서 받아들였다고 하지 않으면 안 된다. 이때는 곧 일본어가 한국어를 차용한 쪽이 된다. 차용의 방향이 그 逆이었다면 일본어에 나타나는 어말모음이 한국어에서 탈락한 이유를 설명할 길이 없기 때문이다. 일본어는 어말자음을 가진 외국어를 차용할 때면 언제나 그 어말에 비어원적(non-etymological) 고위모음 하나를 덧붙이는 구조적 특징을 가지고 있다. 이러한 특징은 오래 전에도 있었음에 틀림 없다. 예컨대,『日本書紀』의 훈독으로 전해지는 sasi(城)는 고대한국어 čas(城)의 차용으로 여겨지지만 일본어의 어말에 나타나는 i야말로 다름 아닌 비어원적 모음인 것이다. 그리하여 일본어 afufi를 한국어 *apuk으로부터의 차용으로 보려고 하더라도 이번에는 한국어의 어말자음 k가 일본어에서 f로 변한 이유를 설명하기가 어려워진다. 이것은 일본어 afufi를 차용어로 볼 수 없는 음운론적 이유가 된다. 결국, 만주문어나 몽골어 쪽에서 보는 한 일본어 afufi의 어말모음 i는 조어형 *a로부터의 점진적 약화에 의한 어원적 모음이어서 새로 생긴 비어원적 모음은 아니라는 뜻이 된다.

일본어 afufi가 차용어일 수 없는 또 하나의 이유는 그 의미일 것이다. 일본어 afufi는 옛날부터 약용식물로서 대륙에서 일본으로 들어갔다고 알려져 있다.[4] 이것이 사실이라 할지라도 단어까지도 함께 따라왔다고 생각할 수 없음은 조금 전에 살펴본 바 있다. 여기서 또하나 재미있는 점은 그 의미라고 할 수 있다. 한국어 auk/aok은 소채류에 속한다. 다시 말하면 그 연한 잎과 줄기는 국으로 끓여 먹는 것이다. 만주문어와 몽골어로 보더라도 그 의미는 일단 소채를 나타낸다. 그렇다면 소채로 먹을 수 있다는 점에서는 한국어 auk/aok과 차이가 없다. 그러나 그 대상식물은 한국어와 다르다. 만주문어와 몽골어에서는 '薺菜', 곧 '냉이'류를 나타내기 때문이다. 그런데 만주문어에는 abuha ilha(蜀菊花)라는 복합어도 있어 abuha의 의미가 반드시 일정한 것은 아닌 듯하다. 어찌 되었건 만주문어·몽골어와 한국어와 일본어에는 각기 의미변화가 있었던 것으로 보인다. 아니 그렇다기보다 조어 *abuga가 나타내는 대상식물이 서로 엇갈렸다고 보아야 할 것이다. 각 언어에 이와같은 사적과정이 나타나는 일은 결코 드문 일이 아니다. 특히 동·식물(fauna and flora)의 경우, 그러한 일이 매우 흔히 나타난다. 그렇기 때문에 일본어 afufi는 음운사적으로도 의미사적으로도 차용어로는 보이지 않는다.

요컨대, 한국어와 일본어는 만주문어와 몽골어보다 심한 변화가 보이는 듯하다. 그것은 한국어와 일본어가 몽골제어와 퉁구스제어보다는 한 발 앞선 어느 시기에 조어와 갈라졌음을 의미하는 것이 아닐까 생각된다. 한국어와 일본어가 일견 알타이제어에 연결되지 않는 것처럼 보이는 것은 거기에 이유가 있을지도 모른다

---

4) 예컨대, 編修委員會(編)(1967),『時代別 國語大辭典 上代篇』, 三省堂, あふひ 項目 참조.

# 4. 일본어 어사의 근원

일본어의 어원탐구에 있어서 한국어와 알타이제어는 언제나처럼 중요하다. 따라서 한국어와 알타이제어를 함께 비교하는 일이 무엇보다도 중요하다. 지금까지 성과를 올린 비교연구가 있었다면 그것은 예외 없이 위와 같은 방법에서 태어난 결과였다.

Ramstedt(1949: 284-5)는 현대한국어 *ū*(上)에 대하여 *uh'ug*〈*\*ög*과 같은 조어형을 세운 후 그것을 알타이제어와 비교한 후 일본어 *ue*(上)에 대해서도 *\*u+\*pai*를 내세우고 있다. Poppe(1960: 107)도 거의 같은 내용을 이어받고 있는데, 그 중에서도 몽골어 *ögede*(nach oben, aufwärts), 에웬키어 *ugï*(das Obere), *ugïr*-(aufheben, heben), *ugū*(der obere), 라무트어 *ugeskï* (nach oben), *uger*(heban) 등은 주목할 만하다. 村山七郎(1978: 262)는 여기에 상대일본어 *okösu*(起コス, 興コス. *ö*는 이른바 乙類)의 어간을 *\*ögö*-〈*\*ögə*-로 잡아 비교하고 있다. 그는 중세한국어 *uh*(上)에 대해서는 *\*ug*〈*\*ögə*와 같은 조어형을 제시하였다.

이러한 비교에 일단 신뢰가 가는 이유는 일본어 *okösu*와 의미상으로 대립되는 *orösu*(下ロス, 降ロス. *ö*는 乙類)가 한국어와 알타이제어에 동시에 연결될 수 있기 때문이다. 중세한국어 *uh*(上)는 *arai*(下)와 의미상 대립의 짝을 이루고 있는데, Ramstedt(1949: 6)는 그 어근을 *al*로 잡고 여기에 위구르어 *al*(아래 쪽) 등과 비교하고 있다. Poppe(1960: 95)는 몽골어 *ala*(die Stelle zwischen den Beinen, Geschlechtsteile), 에웬키어 *als*(Schenkel) 등과의 비교에 한국어를 추가하지 않았으나, 村山七郎(1978: 261-2)는 여기에 상대일본어 *orösu*(下ロス, 降ロス)의 어간으로 *\*ölö*-〈 *\*ələ*-를 세워 중세한국어의 어근 *al*이나 알타이제어를 함께 비교하고 있다. 이처럼 의미상으로 대립관계에 있는 단어의 동시적 비교는 단어 하나하나의 고립적인 비교보다 그 유효성이 높다고 해도 좋을 것이다.

하나의 일본어 단어가 한국어를 제외한 채 알타이제어에 직접 연결되는 경우가 있다고 할지라도 그 비교에는 의문이 남는다. Miller(1971: 85)는 현대일본어 *tagai(ni)*(互イニ)를 몽골어 *daga*-(folgen), 에웬키어 *daga*-(nahe, neben), 고대터키어 *jaqïn*(nahe)과 비교하고 있으나 거기에 한국어는 포함되어 있지 않다. 더구나 이 비교에서는 우선 일본어 *tagai*의 형태와 의미가 동시에 문제가 된다. *tagai*(互イ. 번갈아 가며, 서로서로)는 상대일본어 *tagafu*(違)의 부동사형 *tagafi*(번갈아, 교대로)로 거슬러 올라간다. 결국 이 비교에 있어서 일본어 *tagai*는 형태적으로나 의미적으로도 의심스럽다. 여기에는 오히려 상대일본어 *tagufu*(類グフ, 比グフ. 나란하다, 친구,

짝이 되어 있다)와 그 명사형 *tagufi*(類グヒ)가 적절할 듯하다. 알타이제어의 대응형으로 볼 때 제3음절의 *fu*와 *fi*는 각기 동사형, 명사형(부동사형)의 접미사였으리라고 생각된다. 그것은 중세한국어 *taka*(집어서, 가까이 붙여)로도 추찰된다.

> *toro taka tuəra*(도로 제자리에 가져다 두어라)
> *moyhay taka tətira*(산을 향하여 던져라, 산 가까이 던져라)

이 *taka*의 의미는 본래 '가까워지다, 가까이 붙이다'였다고 생각된다. 이는 본래 자립형태소였으나 점차 문법화(grammaticalization) 하여 의존형태소가 된 것으로 보인다. 중세한국어에는 이미 의존형태소로서의 용례가 훨씬 많은 셈이다. 가령 *ka-taka*(가다가), *nō-taka*(놀다가)처럼 *taka*는 동사의 어간에 연결되어 그대로 다음 동작으로 옮겨간다는 뜻을 나타내고 있다. 그러나 현대한국어에는 *taka səta*(다가서다), *taka ant²a*(다가앉다), *taka ota*(다가오다)처럼 화석적 복합어의 前項으로 남아있다.

Ramstedt(1949: 5)는 현대한국어 *aguri/aggri*(口), *son-agui*(掌中)의 후항 *agui*를 몽골어(할하, 칼무크 방언)의 *ag*(the space between), 차가타이어 *aguz*(mouth), 카잔터키어, 키르기즈어 *auz* (mouth), 고대터키어 *aguz*〈*aguŕ, 중세터키어 *ay*(Zwischen Raum, zwischen den Schenkeln) 등과 비교하고 있다. 한국어 *akari*는 *ak+ari*(指小辭)로 분석되기 때문에 그 어근은 *ak*〈*ag-였다고 할 수 있다. 그 의미는 본래 '공간적 틈을 만든다'였으리라고 추정된다. 상대일본어의 *ak*-(開)〈*ag-도 여기에 연결되는 요소일 것이다. 이렇게 볼 때 일본어 단어나 형태소의 어원을 알타이제어에 연결시킬 경우, 한국어는 빼놓을 수 없는 징검다리가 될 것이다.

그렇다고 해서 일본어의 단어나 형태소 모두가 하나하나 한국어와 알타이제어에 연결된다고는 할 수 없다. 다시 말하면 일본어의 단어나 형태소 중에는 한국어와 알타이제어와의 관계를 동시에 보여주는 경우도 있지만 한국어와의 관계만 보여주는 경우도 있는 반면, 북방의 언어와는 전혀 관계를 가지지 않는 것처럼 보이는 경우도 적지 않다. 두 번째 경우에 속하는 실례의 하나로서의 일본어 *kusa*(草)는 인상적인 사례에 속한다. Ramstedt는 이를 한국어 *kkoč*(花)과 비교했으나,[5] 이는 중세한국어에 *koč*으로 나타난다. 한국어 *koč*과 일본어 *kusa* 사이에는 의미의 차이가 없지 않으나 그와 같은 의미변화는 충분히 있을 수 있는 것이

---

5) Ramstedt, G. J.(1939), Über die Stellung des Koreanischen(1951, *Aufsätze und Vorträge* von G. J. Ramstedt, Bearbeitet und herausgegeben von Pentti Aalto), *JSFOu.* 55, Helsinki, S.56.

다. 이에 村山七郎(1974: 217)은 그러한 실례의 하나로 퉁구스어파의 에웰키어에 하나의 단어가 '꽃'(花)과 '푸른 풀'(靑草)이라는 뜻을 동시에 가진 경우가 있음을 지적하고 있다. 하여튼 村山七郎은 이 *koč*과 *kusa*의 경우, 현재로서는 알타이제어에도, 남방제도어에도 그 어원적 연결이 보이지 않는 듯하다고 밝힌 바 있다.

이와 같은 수수께끼를 李基文(1974: 39)은 밋싱 링크(missing link)로 설명하려고 하였다. 곧, 일본어는 부여제어와 직접적인 관계에 있고, 한제어나 퉁구스제어와는 간접적인 관계에 있었기 때문이라고 본 것이다. 부여제어의 소멸에 따라 생겨난 밋싱 링크가 오늘날 한국어와 일본어의 계통연구를 어렵게 하고 있다고 풀이한 것이다. 고구려어의 수사를 비롯한 일부 言語材가 한편으로는 중세한국어나 퉁구스제어, 다른 한편으로는 일본어와 비교된다는 지금까지의 연구결과가 그 증거라고 할 수 있다.


# 5. 또 하나의 의문

村山七郎(1978: 291)에 의하면 繩文시대 일본어의 기반은 남방제도어였으나 거기에 알타이·퉁구스적 요소가 들어가 점차 통일적인 원시일본어가 형성되었다고 한다. 다만, 이 알타이·퉁구스적 요소는 이미 한반도(남부에만 한정되지는 않음)에서 남방제도어와 혼합되어, 거기서 어느 정도 알타이·남방제도어적 혼합어의 성격을 띠고 있었다고 한다. 그는 그 근거로서 일부의 한국어 요소가 일본어와 함께 남방제도어에 대응한다는 사례를 구체적으로 예시해 왔다. 村山七郎(1974a: 後記247-251)에 10개 항목의 비교가 나와 있고, 村山七郎(1978: 251)에는 이 *to*가 남방제도어와 비교되고 있다.

> 필리핀제어
> 타갈로그 *luwaŋ*(넓이), 이로카노 *ruwaŋan*(戶), 이바나그 *luwan*(出口, 나가다),
> 스루 *lawan*(戶)
> 도바·바다크 *ruwaŋ*(穴)
> 통가 *luo*(穴), 후도오나 *lua*(穴), 사모아 *lua*(穴), 하와이 *lua*(穴)

이를 토대로 그는 남방제도어의 조어형으로 *\*luwaŋ*(入口, 穴)을 내세워 여기에 일본어

to〈tua〈l(l)ua를 비교하였다. 상대일본어 to에는 '河口나 바다의 兩岸이 좁아져 門처럼 보이는 지형'과 같은 의미도 있기 때문에 본래는 to를 '열린 곳, 洞穴의 입구'라는 뜻으로 추정한 것이다.

그런데 한국의 『三國史記』에는 반도의 동남단에 加羅國이 있었는데 그 지역에도 *tol 또는 *to로 추정되는 단어가 있었다.

栴檀梁 城門名. 加羅語謂門爲梁云(『三國史記』 권44 斯多含傳)

加羅國의 언어적 배경은 확실하지 않다. 梁柱東은 일찍이 이 '梁'을 to로 읽으면서 일본어 to(戶)와 동일어라고 보았다.[6] 이는 "稱所居之邑里沙涿漸涿等…羅人方言 讀涿音謂道 故今或作沙梁 梁亦讀道"(『三國史記』 권1 辰韓)라는 기록과 "梁 돌량. 水橋也 水堰也 又石絕水爲梁"(『訓蒙字會』)이라는 주석을 근거로 삼은 것이다. 이로써 '梁'의 독음은 일단 'to[道]=tol'이 될 수 있다. 그러나 이 '돌'에는 加羅語의 '門'이라는 의미 외에도 '水橋, 水堰, 石絕水'와 같은 의미가 있다는 점에 주목해야 한다. 다음과 같은 지명의 읽기도 그 뒷받침이 될 것이다.

鳴梁一云熨斗項(『大東地誌』 권14 珍島) *全羅南道 珍島
窄梁 손돌(『龍飛御天歌』 권6) *京畿道 江華

'鳴梁'은 '熨斗項', 곧 '울두목'으로 불렸던 모양이다. 그러나 오늘날은 '울돌목'으로 전해지고 있다.[7]

이로써 '梁'의 독음은 'tu[斗]=*tol(門)'이 될 수도 있는데, 그 의미로서는 '水流의 출입구' 정도로 생각할 수 있다. 지금 서울의 한강 남측에 위치한 '露梁津'의 옛 이름 no-til도 여기에 포함될 수 있다. 여기에 포함된 til은 *tol의 변화임에 틀림 없다. 추측하건대, *tol의 의미가 불투명해지자 音相이 비슷하면서도 의미가 투명한 til(들[野])로 수정된 결과일 것이다. 일종의 과잉수정인 셈이다.

이렇게 볼 때 지명에 나타타는 모든 '梁'='돌'(海峽, 급류가 지나는 좁은 통로, 배가 건너는 곳)은 가라어로 알려진 '梁'='돌'(門)과 사적관계를 가지고 있다고 생각된다. 실상 이 모든 *tol의 본래 의미는 '수류의 출입구, 해협'이었을 것이나 점차 의미가 확대되어 '배를 건너는 장소, 門'

---

6) 梁柱東(1942), 『詞腦歌箋注』, 博文書館, 565.
7) 李泳澤(1986), 『韓國의 地名』, 圖書出版太平洋, 243.

과 같은 의미를 가지게 되었다고 추정된다. 요컨대 '門'이라는 의미는 지형을 표현하는 한 명칭에서 분화한 새로운 표현일 것이다. 이러한 사적과정은 바로 일본어 *to*(門, 海峽)가 걸어온 과정과 비슷하다고 할 것이다.

　문제는 이 *tol*이 일본어 *to*에 대응된다는 사실이다. 그 공통조어형은 *tul*이었다고 생각된다. 그런데 '梁'이 붙어있는 옛 지명은 한반도의 남단해안에서 중부내륙의 거대한 강변에 걸쳐 널리 분포되어 있다. '窄梁'이나 '露梁'에 나타나는 중부지방의 '梁'은 加羅요소로는 볼 수 없다. 李基文(1963: 104-5)의 지적대로 加羅語와 高句麗語가 가까운 관계에 있었다면 중부지명에 나타나는 '梁', 곧 *tol*은 高句麗的 요소로 볼 수밖에 없다. 加羅國의 언어적 세력이 중부지방까지 미쳤다고는 역사적 관점으로 판단할 때 이해되지 않기 때문이다. 그런데 李基文(1963: 104)은 다시 고구려어에도 *tol* 혹은 *to*가 있었을 가능성으로 만주어 *du-ka*(門)를 들고 있다. 이상의 내용을 알기 쉽게 정리하면 다음과 같다.

　　　일본어 *to*(門, 해협)
　　　加羅語 *to*<*tol*(門)='梁'
　　　地名 *tu*/*to*<*tol*(해협, 강의 초입, 배가 건너는 장소)='梁' 고구려어·가라공통어
　　형(?)
　　　만주어 *duka*(門)

　단정할 수는 없으나 이들의 형태와 의미에 사적관계가 없다고는 말하기 어려울 것이다. 그 경우 공통조어형은 *dul(-ka)* 정도가 될 것이다. 이렇게 되면 일본어 *to*(門)의 어원에는 아직 의문이 남아있다고 말하지 않을 수 없다. 그것이 남방제도어에 어원이 닿는지 그렇지 않고 한국어나 알타이제어에 어원이 닿는지는 금후에 다시 검토해 보아야 할 일이다.

　결론적으로 한국어와 일본어의 비교문제는 언제나와 마찬가지로 하나의 커다란 과제로서 우리 앞에 남아있다. 그런데 거기에는 가지가지의 가능성까지 함께 남아있다고 해도 좋을 것이다. 그러므로 이제부터는 한층 신뢰할만한 비교언어학적인 괭이를 두 언어 속으로 깊이 집어넣어야 할 것이다.

# 참고문헌

李基文(1974), 日本語系統論によせて, 月刊『言語』3-1, 大修館書店.

大野晉(1957), 『日本語の起源』, 岩波新書, 岩波書店.

_____(1981), 『日本語とタミル語』, 新潮社.

小倉進平(1934), 朝鮮語と日本語, 『國語科學講座 Ⅳ』, 明治書院.

長田夏樹(1972), 『原始日本語研究』一日本語系統論への試みー, 神戸學術出版.

金澤庄三郎(1910), 『韓日兩國語同系論』, 三省堂書店.

金思燁(1981), 『古代朝鮮語と日本語』(改訂增補版), 六興出版.

新村出(1935), 國語系統論, 『國語科學講座 Ⅳ』, 明治書院.

宋 敏(1980), 韓國語と日本語の類似性, 千寬宇・金東旭(편), 『[比較]古代日本と韓國文化 上』
    所收, 學生社.

服部四郎(1959), 『日本語の系統』, 岩波書店.

村山七郎・大林太良(1973), 『日本語の起源』, 弘文館.

村山七郎(1974a), 『日本語の語源』, 弘文館.

_____(1974b), 『日本語の研究方法』, 弘文館.

_____(1975), 『國語學の限界』, 弘文館.

_____(1978), 『日本語系統の探究』, 大修館書店.

_____(1979), 『日本語の誕生』, 筑摩書房.

_____(1981), 『日本語起源をめぐる論爭』, 三一書房.

_____(1982), 『日本語ータミル語起源論說批判』, 三一書房.


金芳漢(1983), 「韓國語의 系統」, 民音社.

김승곤(1984), 『한국어의 기원』, 건국대 출판부.

宋 敏(1969), 韓・日兩國語 比較研究史, 『聖心女大 論文集』 1.

李基文(1963), A Genetic View on Japanese. 『朝鮮學報』 27, 天理大學 朝鮮學會.

이남덕(1985-6), 『한국어어원 연구 I- Ⅳ』, 이화여대 출판부.

李崇寧(1955), 韓日兩語의 語彙比較試考, 『學術院會報』 1, 大韓民國 學術院.


Aston, W.G.(1879), A Comparative Study of the Japanese and Korean Languages, *The Journal
    of the Royal Asiatic Society of Great Britain and Ireland*, new series Ⅺ:Ⅲ.

Martin, S.E.(1966), Lexical Evidence Relating Korean to Japanese, *Language* 42.

Miller, R.A.(1971), *Japanese and the Other Altaic Languages*, The University of Chicago Press,
    Chicago and London.

Poppe, N.(1960), *Vergleihende Grammatik der Altaischen Sprachen, Teil 1 Vergleihende
    Lautlehre*, Otto Harrassowitz, Wiesbaden.

Ramstedt, G.J.(1949), Studies in Korean Eymology. *MSFOu.* 95, Helsinki.

_____(1951), *Aufsätze und Vorträge* von G. J. Ramstedt, Bearbeitet und herausgegeben von Pentti Aalto, *JSFOu*. 55, Helsinki.

_____(1982), Collected and Edited by Songmu Kho, Paralipomena of Korean Etymologies, *MSFOu*. 182, Helsinki.

**出處** <原題=韓日兩語の比較について, 大修館書店(東京, 1987. 6.), 『月刊言語』創立15周年記念別冊總合特集『日本語の古層』: 118-129.>

<草風館(1999. 12.), 『韓国語と日本語のあいだ』: 210-223(再錄).>

# 韓·日 兩國語 비교연구사

## 1. 서 언

### 1) 兩國語 比較研究史의 의의

日本語의 系統문제는 오랜 세월에 걸쳐 거듭된 수많은 논의에도 불구하고 아직 완벽한 결론에 도달하지 못한 듯하다. 中國語계설을 비롯하여 아이누어(Ainu), 아리아어(Arya), 페르시아어(Persia), 그리스어(Greek), 우랄·알타이어(Ural-Altai), 남양제어, 韓國語계설 등이 1세기 이상의 일본어 계통론사를 점철해 왔지만 아무런 결정적 증명이 나오지는 못한 것이다. 그러나 일본어 계통론사를 통람할 때 한 가지 두드러진 사실은 알타이어족 내지 한국어계통설이 지속적으로 우세한 자리를 지켜왔다는 점이다. 그렇다면 람스테트(Ramstedt, G.J.)나 폿페(Poppe, N.)의 오랜 노력에 의해서 한국어가 알타이어족의 일원임이 거의 확실해졌다고 볼 때, 소원하건 긴밀하건 간에, 일본어는 역시 알타이제어 내지 한국어와 계통을 같이 하고 있다고 보는 것이 가장 큰 개연성을 지닌 견해가 아닐까 한다. 지금은 일본어의 알타이제어 계통설을 가로막고 있던 여러 난점이 해소되면서 일본어의 기원에 대한 견해가 사실상 북방으로 기울었고, 그 사실을 뒷받침해주는 여러 가지 강력한 근거가 새로 발견되기에 이르렀다. 따라서 부진하던 학계는 희망에 넘치는 성과를 얻은 셈인데 이것은 말하자면 초창기의 한일어 비교연구 이래 1세기 여에 걸쳐 누적된 노력으로 얻은 결실이라 할 수 있다. 양국어 비교연구사의 의의는 바로 여기에 있다. 일본어의 기원 모색과정에서 한국어는 줄곧 일본어에 가장 친근한 유사언어로 지목되었고 그에 따라 이들은 同一祖語에서 갈라진 姊妹語라고 믿어졌다. 따라서 한일 양국어 비교는 주로 일본어의 계통탐구 과정에서 생성된 결과이다. 그런데 일반적으로 알려지기는 과거 1세기에 걸쳤던 양국어의 비교연구가 별다른 성과를 거두지 못하였다는 사실이다. 물론 이러한 견해에도 일리가 있다. 그러나 당시의 언어학적 기반은 이 과제를 성공적으로 이끌어 줄만큼 훌륭한 것이 못되었다. 서양에서는 이미 18세기 말엽 쌍스크리트어(Sanskrit)의 발견을 계기로 하여 19세기 초부터는 비교언어학이 번창일로에 접어들었고 언어의 계통과 기원에 대한 연구가 활발하게 이뤄졌다. 다만 동양에서 그러한 비교언어학을 알 리 없었다. 양국어 비교연구는 자연히 서양학자들의 손에서 시작되었다. 19세기후반부터 서양의 동양진출이 활발해짐에 따라 外交上, 布敎上의 필요에 의해서 이들 동양의 언어가 연구되었고 외교관이나 聖職者들에 의해서 한일 양국어의 유사성이 발견되고 지적되었다. 그러나 그들의 언어학적 기반은 절정에 도달했던 서양의 비교언어학에 비하여 소박한 것이었다. 이 때문에 그들의 연구에서 바람직한 결과를 기대하기는 어려웠다. 19세기 말엽부터 일본학자들이 비교연구에 참여하였으나 그들 역시 전문적인 언어학자가 아니었기 때문에 언어학적 방법과는 거리가 있었다. 더구나 치명적인 사실은 이들 양국어에 대한 內的硏究가 거의 황무지 상태였다는 데 있었다. 때는 바야흐로 비교연구에 불가결한 言語史나 方言硏究에 대한 언어학적 이론이 겨우 학계에 도입되기 시작한 단계였다. 이같은 조건 속에서 수행된 연구가 오늘날의 관점을 만족시켜 줄 리 없었다. 과거의 연구가 성공적인 것이 못 된다는 말도 나올 수밖에 없었던 것이다. 그러나 그들이 이룩한 결과는 하나의 연구사가 되는 것이며 좋건 나쁘건 간에 앞으로의 연구를 위한 토대가 된다. 따라서 이러한 업적들은 크건 작건 사적인 가치를 지니고 있다.

그런데 이 분야의 연구에서는 기존의 업적을 돌아보지 않기가 일쑤였다. 말하자면 선각자들의 노작을 재검토하고 새로운 연구에 지침을 삼는 학문적 성과의 계승이 특히 결여되어 일찍이 밝혀진 바 있는 사실이 오랫동안 빛을 보지 못한 예가 보통이었다. 이에 본고는 이러한 전통을 반성한다는 뜻에서 양국어 비교연구의 윤곽을 사적으로 개관함과 동시에 그에 대한 간략한 검토를 통하여 과거의 업적을 정리하는 데 목적을 두고 있다. 그런데 한일 양국어 비교에는 여러 가지 부대과제가 따르는 것이 통례였다. 특히 양국어의 계통에 관한 논의와 그에 따른 알타이제어 등과의 비교가 그것이다. 따라서 엄밀하게 양국어 비교에만 국한된 연구사는 존재하지 않는다. 그러나 본고는 주로 한국어와 일본어의 音韻, 語彙, 文法 등에 관한 비교성과만을 대상으로 삼는다. 곧 계통론이나 알타이제어의 비교연구에 관한 내용은 필요에 따라 그 결론을 음미하는 정도에 그칠 것이다. 이러한 의미에서 본고는 문자 그대로 한일 양국어 비교연구사란 한계를 벗어나지 않을 것이다.

지금까지 이 과제에 대한 업적은 영성한 편이다. 부분적인 것으로 다음과 같은 성과가 있었음을 부언해 둔다.

元田脩三(1906), 日韓語比較研究小史(『國學院雜誌』 第12卷 第9) pp.1-12.

岩橋小彌太(1921), 朝鮮語研究の沿革(『民族と歴史』 第6卷 第1號) pp.122-136.

Nobuhiro Matsumoto[松本信広](1928), *Le Japonaise et langues austroasiatiques*: Étude de vocabulaire comparé(*Austro-asiatica*, documents et travaux/publiés sous la direction de Jean Przyluski, t.1), Paul Geuthner, Paris.

金田一京助(1938), 『國語史 系統篇』(刀江書院, 東京).

小倉進平(1920), 『朝鮮語學史』(大阪屋號書店, 京城/東京).

_____(1940), 『增訂朝鮮語學史』(刀江書院, 東京).

_____(1964), 『增訂補注朝鮮語學史』(刀江書院, 東京).

拙稿(1966), 韓日兩國語 比較可能性에 關한 研究(『國語研究』 第18號).

## 2) 시대구분

본고는 다음과 같은 시대구분 아래 서술될 것이다.

(1) 비교연구의 초창기(18세기~20세기 초엽)

(2) 방법론의 모색기(20세기 초엽~20세기 중엽)

(3) 비교연구의 재출발기(20세기 중엽 이후)

초창기는 18세기 일본학자들의 원시적인 양국어 비교에서 시작되어 19세기 후반부터 연구 활동을 보여준 서양학자들과 1920년대까지 일본학자들의 연구를 포괄한다. 이 시기에는 양국어의 內的研究가 거의 되어 있지 않았으므로 비교연구도 자연히 초창기적인 성격을 탈피하지 못하고 있었다. 그러나 비교연구에 대한 의욕은 가장 왕성한 시기였다. 많은 서양학자들의 참여가 있었으나 그들의 대부분은 외교관이나 종교관계인, 아니면 넓은 의미의 동양학 학자들로서 언어학적 기반이 부족한데다가 특히 한국어에 어두웠다. 그들의 관심은 주로 한국어나 일본어의 계통문제였으므로 학자의 관점에 따라 의견이 백출하였다. 이에 반해서 일본학자들은 사학자, 법학자 등이었지만 한국어에 대해서는 서양학자들보다 유리한 입장에 있었다. 애스튼(Aston, W.G.)의 刺戟을 받은 그들은 문헌과 일본어라는 튼튼한 배경을 무기삼아 이 연구에 도전하였다. 그들은 주로 단어비교를 통하여 한국어와 일본어가 동계인 동시에 양민족 또한 동족임을 주장함으로써 때마침 일어난 일본의 한국 병합에 대한 정치적 대의 명분을 제공하기도 하였다. 기간을 길게 잡은 이유도 있겠지만 이 시기만큼 양국어 비교연구가 성황을 이룬 적은 없다. 드·로니(Rosny, L.de), 애스튼, 파아커(Parker, E.H.), 에드킨즈(Edkins, J.) 등의 서양학자와 오오야 토오루(大矢透), 시라토리 쿠라키치(白鳥庫吉), 미야자키 미치사부로(宮崎道三郎), 가나자와 쇼오사부로(金澤庄三郎), 이나가키 미츠하루(稲垣光晴) 등의 일본인 연구자들이 많은 업적을 남겼다. 특히 애스튼과 金澤의 노작은 이 시기의 최대성과였고 白鳥의 단어비교 또한 적지 않은 업적으로 남아있다.

람스테트가 양국어 비교에 관심을 표명한 1924년경부터 한국해방(1945)까지 계속되는 摸索期는 우선 두 가지 점에서 초창기와 구별된다. 그 첫째는 일본어의 내적재구가 차츰 성과를 거두기 시작했다는 점, 그 둘째는 람스테트에 의해서 새로운 비교방법이 제기되었다는 점이다. 하시모토 신키지(橋本進吉), 아리사카 히데요(有坂秀世) 등의 일본어사 연구는 上代日本語가 8母音體系였고 母音調和가 존재했음을 확인해 주었다. 이에 따라 일본어의 알타이어 계통설이 급진전을 보게 되었고, 람스테트의 정밀한 비교방법은 그 사실을 다른 방향에서 지지해 주었다. 뿐만 아니라 그는 알타이제어를 이용하여 일본어에도 閉音節이 존재했으리라는 가설에 도달함으로써 일본어가 알타이제어나 한국어와 비교될 수 있음을 역설하였다. 다만 일본어의 內的再構와 방법론의 개선으로 비교연구를 위한 기반은 어느 정도 갖추어졌으나 그것이 실제로 활용되지는 못하였다. 거기다가 한국어의 내적재구가 일본어에 비해 아직 불완전하였다. 그러나 이 시기에는 람스테트에 의해서 한국어와 일본어의 비교가능성이 증대되었으며 이들 양국어를 알타이제어에 연결시킬 수 있는 토대도 한층 군건해졌다. 또한 前代의 방법론을 답습한 몇몇 연구도 있었으나 그 방법은 이미 시대적으로 뒤진 것이었다. 젠커(Zenker, E.V.), 니시무라 신타로오(西村眞太郎) 등의 연구가 그러한 성격의 것이었다. 따라서 이 시기는 실질적인 성과보다 비교연구의 방법론적 모색을 특징으로 하고 있다.

한국해방(1945)을 기점으로 하는 再出發期는 비로소 비교연구의 토대를 구비한 시기이다. 한국어의 내적재구가 장족의 발전을 이룩하였고 람스테트나 폿페에 의한 알타이제어 비교문법은 양국어 비교연구의 시야를 넓혀 주었다. 이에 따라 언어학적 이론과 방법을 바탕으로 양국어의 내적 재구결과를 충실히 비교연구에 이용하려고 노력하였다. 그리하여 정밀하고도 체계적인 방법으로 공통음운체계를 수립하려는 노력이 대두되는 한편 아그노이에르(Haguenauer, Ch.), 오오노 스스무(大野晋) 등에 의해서 지금까지의 연구가 집대성되기도 하였다. 새로운 방법에 의한 단어비교를 통하여 양국어의 음운대응을 시도한 마아틴(Martin, S.E.)

의 노작은 특이한 것이다. 가메이 타카시(龜井孝), 오사다 나츠키(長田夏樹) 등의 세부적인 재검토가 이루어지는 한편 한국학자들도 이 분야에 관심을 보이기 시작하여 외국학자가 포착하기 힘든 새로운 가능성을 제시해 주기도 하였다. 따라서 이 시기에 이룩된 성과는 다대하다. 특히 고구려어에 대한 언어학적 재인식은 새로운 방향에서 일본어의 계통을 북방으로 이끄는 데 합리적인 설명을 가능케 하였다. 결국 이 시기는 양국어 비교연구사상 하나의 잠정적인 결실기라고 볼 수 있다.

## 2. 비교연구의 草創期

### 1) 비교연구의 先史

원시적이나마 한국어와 일본어의 비교작업을 최초로 시도한 것은 18세기의 일본학자들이었던 것으로 생각된다. 그것은 임진왜란 이후 양국의 정치적 관계가 다시 밀접해짐에 따라 朝鮮에 대한 인식이 새로워졌을 뿐 아니라 삼국시대의 정치적 문화적 관계와 함께 지리적으로도 가장 가까운 나라였던 만큼 자연스럽게 그들의 관심을 모은 것으로 믿어진다. 하여튼 조선어에 대한 연구가『全一道人』의 저자 아메노모리 호오슈(雨森芳洲, 1668-1755)에 의하여 시작되면서[1] 일본어를 조선어로 해석해 보려는 최초의 노력을 보여준 아라이 하쿠세키(新井白石, 1657-1725)가 나타났다. 특히 300여종이나 되는 그의 저서 중 어원연구서인『東雅』(20권, 1717)는 특별한 가치를 지니는 저술인데, 그 이유는 종전의 상투적인 해석을 배격하고 전거에 의한 역사적 고증을 중시하였기 때문이다. 그는 이 책에서 상당수에 달하는 일본어의 어원을 때로는 간략히, 때로는 자세한 설명과 함께 조선어에 연결시켜 놓았는데, 그 근거를 이렇게 밝히고 있다.

"스사노오(素盞烏)의 神, 하늘에서 강림하실 때 韓地를 지나 이즈모국(出雲國)에 이르렀다는 사실은 우리 國史에 보이는 바다. 그후 또한 新羅, 伽耶, 狛國 등의 사람이, 이곳에 왔다는 사실도 진구우 황후(神功皇后)가 신라를 정벌하셨을 때를 기다릴 일이 아니다. 그렇다면 우리의 語가 저쪽에 전해지고, 저쪽의 름이 우리 쪽으로 전해진 원인

---

1) 安田章(1964),『全一道人』の研究(京都大學文學部 編) 참조.

도 이미 오래된 일이라, 古言이 저쪽에서 나왔으리라는 점, 의심할 일이 아닐 것이다. 하물며 六經의 전해짐에 이르러서는 百濟의 博士 등이 각기 그 學을 가지고 와서 전했을 것이니, 그 方言이 이쪽의 말이 된 것도 적지 않을 것이고, 지금도 朝鮮의 方言을 그 증거로 삼을 수 있음은 논할 필요도 없으며……(總論)."

양국어의 관계를 위와 같이 인식했던 그는 50개가 넘는 일본어를 아래와 같은 방식으로 풀이하였다(* 원문에 인용된 용례가 일본문자로만 표기되어 있을 때에는 이해를 돕기 위하여 로마자 轉字를 추가하거나 아예 로마자 轉字로 바꾸기도 할 것이다. 이하 같음─필자).

> "熊クマ*kuma*……百濟의 方言에도 熊을 クマ*kuma*라고 했다. 지금도 朝鮮의 俗에 熊을 コム*komu*라고 하는데 クマ*kuma*의 音이 변한 것이며……예컨대 백제의 地名에 熊川이 보이는데 이를 クマガレ*kumagare*라 한다고 日本紀秘訓에 보인다. 곧 지금도 朝鮮의 俗에 熊川을 일러 コムガイ*komugai*라고 한다. 그 コムガイ*komugai*는 百濟 때 コムガレ*komugare*라고 하던 音이 변한 것이다(卷18 畜獸)."

이러한 착상은 民間語源의 태도와 구별되는 어원해석이며 비교적 정확한 것이었다. 이렇게 하여 그는 일본어 "あや*aya*(漢), ありかも*arikamo*(罷甀), うし*usi*(牛), かはら*kahara*(瓦), かぶと*kabuto*(兜), かま*kama*(釜), かみ*kami*(紙), きぬ*kinu*(絹), くも*kumo*(蜘蛛), こほり*kohori*(郡), しま*sima*(島), すくり*sukuri*(村主), すみ*sumi*(墨), たひ*tahi*(鯛), てら*tera*(寺), とんび*tonbi*(貂皮), とり*tori*(鳥), ながれ*nagare*(流), ぼさつ*bosatu*(米), みそ*miso*(味噌), むら*mura*(村), ゆすら*yu-sura*(櫻桃), わた*wata*(海)" 등을 '삼한의 방언, 백제의 방언, 신라방언, 고구려어 또는 韓地에서 전해 온 말'로 풀이한 것이다. 新井의 이러한 태도는 암시에 찬 것이었으며 비록 차용으로 성립된 단어라 할지라도 그것을 한국어에 연결시키고자 한 착상은 확실히 새로운 안목을 열어준 것이었다.

그후 오규우 소라이(荻生徂徠, 1666-1728), 이토오 토오가이(伊藤東涯, 1670-1736), 아오키 곤요(靑木昆陽, 1698-1769), 오오다 남포(太田南畝, 1749-1823), 이세 사다타케(伊勢貞丈, 1717-1784) 등 많은 학자들이 한국어문자 또는 어원에 대해서 약간의 고찰을 보여 주었으나 특별히 내세울 것은 없고, 다만 다니카와 코토스가(谷川士清, 1709-1776)의 巨秩辭書『和訓栞』(93권, 1877-1887)[2] 속에 일본어의 어원을 한국어에 연결시킨 사례가 얼마간 나타난다. "あはび*ahabi*(鰒), からかさ*karakasa*(傘), からすき*karasuki*(犁), くち*kuti*(鷹), せま*sema*(島), てら*tera*(寺), なれ*nare*

---

2) 谷川士清,『和訓栞』(前・中・後3篇, 93卷). 간행은 사후 바로 이듬해인 1777년부터 1887년까지였다.

(川), ぱっち*paqti*(裩袴), むら*mura*(村)" 등이 그것인데 『東雅』에 비하면 수도 적고 그 설명이 훨씬 간소하다. "くま*kuma*, 一說에 의하면 日本紀에 熊川이 クマナレ*kumanare*로 읽히는 것은 韓語가 아니라면 方言에서 나왔다고 할 수 있다. 지금 朝鮮人이 クム*kumu*라고 말한다"와 같은 일례를 보더라도 알 수 있는 일이다. 이밖에 도오 데이칸(藤貞幹, 1732-1797)도 『衝口發』 (1권, 1781)에서 일본의 神名, 姓氏 등이 한국에서 전래된 것으로 보고 "本邦의 言語는 音訓이 모두 異邦에서 옮겨온 것이다. 和訓에는 여러 가지 說이 있으나 십중팔구는 上古의 韓音, 韓語 혹은 西土의 音이 변한 것이다"라고 주장하였으나 견강부회가 많아 취할 바가 못 된다.

전체적으로 볼 때 新井의 『東雅』와 谷川의 『和訓栞』으로 대표되는 18세기의 양국어 비교는 문자 그대로 원시적인 것이었다. 일본어의 어원탐색 과정에서 얻어졌다고 볼 수 있는 이들 단어(대부분은 명사나 고유명사) 비교는 언어학적으로 백지상태의 기반 위에 이루어졌다. 따라서 그들은 이러한 비교를 계통문제로 끌어 올리지는 못하고, 上古 이래 양국의 교통이 성했으므로 대륙 측인 한국에서 많은 언어를 수입했으리라고 믿었던 것 같다. 결과적으로 그들의 어원연구는 근본적인 親族性을 염두에 둔 것이 아니고 차용관계를 밝힌 것으로 이해된다. 그러나 이들의 업적은 19세기 말엽 애스튼 등 서양학자들의 자극을 받고 요원의 불길처럼 일어난 일본학자들의 양국어 비교연구에 귀중한 토대를 제공하였다. 18세기 일본학자들의 원시적 비교연구는 실로 이 점에서 그 의의를 찾을 수 있다.


## 2) 서양인의 한국어 발견

한국어는 17세기 이래 서양에도 점차적으로 그 존재가 알려지기 시작하였다. 한국이 최초로 서양에 소개된 것은 하멜(Hamel)의 표류기(1668)[3]에서였는데, 그 후 빗첸(Witsen1692)은 143개의 단어를 수집함으로써 한국의 단어를 최초로 서양에 알렸다.[4] 그 중 20개의 단어가 팔라스(Pallas1786)에 轉載되었고[5], 헤르바스(Hervas1786)는 약간의 한국어 수사를 인용한 바 있는데 그후 헤르바스(1800)는 다시 한국어와 일본어가 크게 유사함을 지적한 바 있다.[6]

---

3) Hamel, H.(1668), *Journal van de ongelukkige voyagie van't jacht De Sperwer, gedestineed na Tayowän, in't jaar* 1665, Rotterdam.
4) Witsen, N.(1692), *Noord en Oost Tartarije*.
5) Pallas, P.S.(1786), *Linguarum totius orbis vocabularia comparativa*.
6) Hervas, L.(1786), *Aritmetica delle nationi e divisione del tempe fra l'oriental*.
　　　　　(1800), *Catalogo de las languas de las naciones conocidas*.

19세기로 접어들면서 브로우튼(Broughton1804)은 한국 서안 및 남안의 방언을 20여개 채록하였고[7], 아델룽(Adelung1806-7)[8]이나 화아테르(Vater1815)[9]도 한국어를 서양에 소개하는 데 상당한 역할을 하였다. 특히 호올(Hall1818)[10]은 브로우튼의 항해기와 함께 독특한 가치를 지니고 있다. 그 이래 날로 증대되는 동서양간의 교섭과 함께 서양인들의 동양에 대한 관심과 지식도 차츰 늘어나 채록 또는 타문헌으로부터의 轉載에 그쳤던 한국단어 이외의 문자에도 관심을 표명하기 시작하였다. 예컨대 아벨·레뮈자(Abel-Rémusat1820)[11]에는 한국문자에 관한 설명이 나타난다. 많은 오해와 불확실성을 내포하고 있긴 하지만 한국문자를 서양에 소개하는 데 커다란 역할을 담당했던 노작이었다.

정치적으로, 종교적으로 동서양간의 거리가 한층 좁아지고 일본어나 한국어에 대한 지식이 증대됨에 따라 이들 언어에 대한 계통문제에까지 관심이 크게 높아졌다. 클라프로드(Klaproth1823, 1824-28, 1832)[12]와 지볼트(Siebold1832-82, 1897)[13] 등에는 부정확하나마 수백을 헤아리는 한국단어가 포함되어 있었는데 이러한 자료들은 차츰 극동언어에 대한 비교연구를 불러일으키는 밑거름이 되었다. 한편, 미국인 선교사 메드허스트(Medhurst)는 1835년 『倭語類解』, 『千字文』 등에 나오는 한국어를 영어로 번역한 4개 국어 對譯集[14]을 간행하였다.

7) Broughton, W.R.(1804), *A Voyage of Discovery to the North Pacific Ocean.*

8) Adelung, J.Ch.(1806-7), *Mithridates oder allgemeine Sprachenkunde,* Bd.1-4, Berlin.

9) Vater, J.S.(1815), *Literatum der Grammatiken, Lexica, und Wörtersammlungen aller Sprachen der Erde.*

10) Hall, B.(1818), *Account of a Voyage of Discovery of the West Coast of Corea, and the Great Loochoo Islands,* etc.

11) Abel-Rémusat(1820), *Recherches sur les langues Tartars ou Mémoires sur différents points de la grammaire et de la littéature des Mandchous, des Mongols, des Ouigours de des Tibétains,* Paris.

12) Klaproth, J.(1823), *Asia Polyglotta*[with Sprachatlas]. Paris.

_____(1824-1828), *Mémoires relatifs à l'Asie, contenant des recherches historiques, géographiques et philologiques sur les peuples de l'orient,* Paris.

_____(1832), *San Kokf Tsou Ran, ou aperçu générale des trois royaumes. Traduit de l'original Japonais-Chinois,* Paris.

13) Siebold, P.F.von(1832-1882, published posthumously in 1882), *Nippon, Archiv zur Beschreibung von Japan und dessen Neben- und Schutzländern: Jezo mit den südlichen Kurilen, Krafto, Kooraï und den Liukiu-Inseln, nach japanischen und europäischen Schriften und eigenen Beobachtungen bearbeitet*(7 Teile). Ausgegeben unter dem Schutze Seiner Majestät des Königs der Niederlande. Amsterdam/Leiden.

_____(1897), *Nippon, Archiv zur Beschreibung von Japan und dessen Neben-und Schutzländern Jezo mit den südlichen Kurilen, Sachalin, Korea und den Liukiu-Inseln*(2Bände). Hrsg. von seinen Söhnen. Würzburg/Leipzig.

14) Medhurst, W.H.[筆名 Philo-Sinensis](1835), *Translation of a Comparative Vocabulary of the*

그는 한국어를 이해하지 못했으므로 허다한 오류를 범하고 있지만 서양학자들에게는 이 책이 거의 유일한 한국어 지침서가 되었고, 벨처(Belcher1848)[15]에는 수많은 단어가 인용되어 있다. 그러나 그때까지는 구체적으로 한국어와 일본어를 비교한 사람이 없었다.[16]

다만 1832년 구쯔라프(Gutzlaff)는 한 소론에서 한국어의 문자와 성격을 간략히 서술하고 나서 "한국어와 일본어 사이의 유사성은 매우 뚜렷하다"(The resemblance between the Corean and Japanese is very striking)고 지적하였다.[17] 그러나 더 이상 구체적인 언급은 보이지 않는다.

19세기 후반으로 넘어 오면서 일본어학자인 드·로니(L. de Rosny)는 일찌감치 한국어에 관심을 표명하기 시작하였다.[18] 몇 년 후인 1864년, 그는 "조선어개관"이란 논문을 발표하였는데 이는 그 자신의 말대로 "조선 원주민의 언어와 문법에 대한 최초의 개관, 문헌학과 일반언어학의 관점에서"(un premier aperçu de la langue et de la grammaire des indigènes de la Corée, au poin de vue de la philologie et de linguistique générale)[19]였는데 그 내용은 4장으로 이루어져 있다.

> I. De l'Écriture Coréenne
> II. Du Sinico-Coréen
> III. Obervations générales sur la langue Coréenne
> IV. De la grammaire Coréenne

그는 한국어의 문자, 한자어의 성격 등을 기술하고 나서 한국어가 일본어 또는 만주·몽고어와 유사함을 논하는 가운데 소박하게나마 실제의 비교를 보여 주었다. 즉 한국어와 일본어간에는 유사한 것이 적어 두 언어의 친족문제에 어떤 관계를 규정할 수는 없으나 문법형태(formes grammaticales) 간에는 뚜렷한 관계가 있다고 말하고 몇 개의 어미를 이렇게 비교하고 있다.

    *Chinese, Corean and Japanese Language*[朝鮮偉國字彙], Batavia.

15) Belcher, E.(1848), *Narrative of the Voyage of H.S.S. Samarang during the years* 1843-1846, London.
16) 여기까지의 서술 '서양인의 한국어 발견'은 小倉進平((1964), 『增訂補注朝鮮語學史』(東京) pp.69-74의 핵심적인 내용을 거의 그대로 이용한 것이다. 그밖에도 본고는 여기저기에 이 책의 도움을 많이 받았다.
17) Gutzlaff, Rev.Ch.(1932), Remarks on the Corean Language, *Chinese Repository*. Vol.I, No.7. p.278.
18) Rosny, L.de(1861), *Vocabulaire Chinois-Coréen-Ainu, expliqué en Français et précéde d'une introduction sur les écriture de la Corée et de Yeso*. Paris.
19) Rosny, L.de(1864), Aperçu de la lange coréenne, *Journal asiatique*, VI série, t.3, Paris. pp.287-325. 이 논문의 서두에 붙어 있는 '일러두기'(Avertissement)에는 '27 septembre 1859'란 연도가 적혀있다. 이점으로 보아 논문이 실제로 완성된 것은 1859년인 듯하다.

## 가. 후치사나 접미사에서

|  | cor. | jap. |
| --- | --- | --- |
| postposition(후치사) | *ka* | *ga* |
| génitif(속격) | *na* | *no* |
| datif(여격) | *i, yi* | *ni, ye* |

## 나. 동사어미에서

|  |  |  |
| --- | --- | --- |
| prétérit(과거형) | *ta* | *ta* |
| future(미래형) | *ô* | *ô* |

한 걸음 나아가 한국어와 일본어는 타타르어(Tartar)라는 대어족의 분파로서 문법체계 (système grammaticale)와 文의 구조(construction phraséologique)가 일치한다고 보았다. 4장에서는 주로 曲用(déclinaison)과 活用(conjugaison) 어미를 중심으로 한국어의 문법을 기술하고 있는데 여기서도 그는 타타르어족 동일기원론을 주장하면서 어사의 구성문자에서 발생하는 자연적 인 置換(permutation)을 참작한다면 친족성의 실마리를 얻을 수 있다고 그 나름의 비교언어학 적 원리를 제시하고 있다.

> "......et si l'on tient compte des permutations naturelles qui lieu dans lettres
> constitutives de certains mots, on arrive à établir des liens de parenté qui
> échappent au premier coup d'æil."(Rosny1864, p.312).

이러한 원리론을 뒷받침하기 위하여 그는 다음과 같은 비교를 예시하였다. 즉 한국어의 속격후치사(postposition du génitif) *na*는 일본어 *no*, 만주어 어미 *ni* 뿐만 아니라 다음과 같은 언어의 여격표지(marque du datif)와 같다는 것이다. 위글어 *ning*, 몽고어 *yin*, *oun*, 티베트어 *hi*, *yi*, *kyi*, *gi*, *gyi*, 토이기어 *in* 등. 또 한국어의 여격후치사(postposition du datif) *noŭr*은 일본어 *ni*, 몽고어 *yar*, *tour*, 티베트어 *tou*, *dou*, *rou*, 만주어 *dé* 등과 관계된다고 하였다.

그는 또한 한국어의 문법구조가 일본어와 동일함을 주장하면서 한국어 'oui-hăr(위홀), 'or-hăr(올홀)의 *hăr*은 일본어 *nar*과 대응되며 'isir(이실 avoir, être)은 'i (이, l'èxistence)와 *sir*(실 faire)의 복합이며 *sir*은 일본어 *sourou*(爲ル)와 대응된다고 하고 나서 다음과 같이 결론지었다.

"Quoi qu'il en soit, il nous semble résulter de ce que nous evons examiné dans les courant de ce travail la parenté évidente du coréen et des idiomes dits tartars de l'Asie centrale, en observent toute fois que cette affinité ne repose que sur l'emploi de procédés grammaticaux analogues et non point aur la ressemblance des vocabulaires."(Rosny1864, p.324).

대략 이상과 같은 한일 양국어 비교는 한국어와 일본어를 언어학적으로 연결시켜 보려는 구체적인 노력의 첫 시도였다. 이는 일본어가 우랄·알타이어 계통이란 주장을 최초로 내세운 볼레르(Boller 1857)[20])에 뒤이어 나온 성과였다. 따라서 드·로니의 논문은 내용자체보다 한일 양국어 비교연구의 출발점을 마련해 주었다는 사적 의의가 더 크다. 왜냐하면 그의 한국어 연구는 본래의 목적이 비교연구에 있었던 것이 아니며 그가 이용할 수 있었던 한국어에 관한 자료는 중국어나 일본어로 된 서적 외에 여행자들의 막연한 여행기, 클라프로드, 지볼트, 메드허스트 등의 불확실하고 조잡한 간행물과 런던(London)의 여러 도서관이나 기관에 흩어져있는 필기 노트, 단어집, 천자문 등이 고작이었기 때문이다. 이와 같은 여건 하에서도 그는 한국어에 관계되는 연구성과를 계속 발표하였다.[21])

## 3) 계통의 탐색과 애스튼의 비교연구

정치, 경제, 종교 등 각 방면에 걸쳐 동양에 진출한 서양인들은 곧 동양문화 내지 일본문화에 흥미를 갖게 되었고 동양에 대한 그들의 지식이 증대됨에 따라 비교연구도 그 성격을 달리하게 되었다. 그리하여 달레(Dallet1874)[22]), 로쓰(Ross, J.)[23]) 등에 이어 애스튼(Aston)의 한일어 비교연구[24])가 세상에 나오기에 이르렀다. 애스튼은 일본의 효오고(兵庫) 대리영사, 조선총영사 등을 역임한 외교관이었지만 대학에서는 언어학을 전공한 사람이었고 1864년 일

20) Boller, E.(1857), Nachweis daß das Japanische zum Ural-altaischen Stamme Gehört. *Sitzungsberichte der philos.-histor. Klasse der kais. Akademie der Wissenschaft*, Bd.33.
21) Rosny, L.de(1876), L'idiome vulgaire de la Corrée, *Paris congrès international des sciences ethnographiques*, pp.584-595.
_____(1886), *Les Coréens, apreçu ehtnographique et historique*. Paris.
22) Dallet, Ch.(1874), *Histoire de l'église de Corée*. Librairie Victor Palmé, Paris.
23) Ross, J.(1878), The Corean Language, *China Review* Vol.VI.
24) Aston, W.G.(1879), A Comparative Study of the Japanese and Korean Languages, *The Journal of the Royal Asiatic Society of Great Britain and Ireland*, new series Vol.XI, Part III, London, pp.317-364.

본공사관 통역생 시험에 합격하여 일본으로 부임하면서 일본어연구에 더욱 정진하여 비교연구 이전에 이미 일본어 문법연구서를 간행할 정도의 전문가였다.[25] 그의 비교연구(1879)는 1884년 駐箚조선총영사로 한국에 부임하기 전에 발표된 논문이었지만 당시로서는 타의 추종을 불허할 만큼 체계적인 것이었다.[26]

애스튼은 양국어에 대한 비교를 1.음성체계(phonetic system), 2.문법기능(the functions of their grammar), 3.문법절차의 특징(the character of their grammatical procedure)으로 나누어 기술하였는데, 먼저 음성체계에서는 한국어와 일본어 간의 대응을 다음과 같이 예시하고 이들 하나하나의 성격을 설명하고 있다.

모음

| 日 | | 韓 | |
|---|---|---|---|
| *a* | as in f*a*ther | *a* | as in Japanese |
| *e* | as *ay* in s*ay* | *é* | as in Japanese |
| *i* | as in mach*i*ne | *i* | as in Japanese |
| *o* | as in s*o* | *o* | as in Japanese |
| *u* | as *oo* in b*oo*k | *u* | as in Japanese |
| | | *è* | as in French |
| | | *eu* | as in French |
| | | *ŭ* | as in but |
| | | *ă* | as a in Thomas |

자음

| | | |
|---|---|---|
| 脣 音 | 日  —, —,  *b*, | *f / h*,  *w, m* |
| | 韓  *p, ph*, —, | —,  *w, m* |
| 齒 音 | 日  *t*,  —,  *d*, | *s, z, n,*    *r* |
| | 韓  *t*,  *th*, —, | *s, z, n, r / l* |
| 口蓋音 | 日  *ch/ts*, —, *j/dz*, | *sh*,   *y* |
| | 韓  *ch, chh*. —, | *sh*,   *y* |
| 喉頭音 | 日  *k*,  —,  *g*, | —, —,  *ng* |
| | 韓  *k, kh*, —, | *h*, *'*,  *ng* |

---

25) Aston, W.G.(1871), *Short Grammar of the Japanese Spoken Language*. 제4판(東京, 1888)에서는 제목을 *A Grammar of the Japanese Spoken Language*로 바꾸고 내용도 증보하였다.
_____(1872), *Grammar of Japanese Written Language*. 제3판(London, 1904)에서는 내용의 증감이 있었다.

26) 애스튼의 생애와 학문적 업적에 대해서는 龜田次郎(1912), 國語學上に於けるアストンの功績(『國學院雜誌』 第18卷 第1) pp.1-25 참조.

개별적인 설명에서 그는 한국어의 é(에)와 è(애), 일본어의 e는 근대에 와서 발달한 것이며 일본어에도 기원적으로는 유기음이 있었을 것이며 한국어에는 유성음 b, d, j, z, g가 없으나 실제발음에는 나타나며 또 일본어 f 나 h는 기원적으로 p에 소급한다고 보았다.

> "In classical Japanese there is no *p*. It is probable, however, that the Japanese language was not always without this letter, and that the present *h* or *f* represents an original *p*."(Aston1879, p.319).

그러므로 일본어 f 나 h는 한국어 p에 대응되며 한국어 h는 후두음이므로 일본어 k나 g에 대응된다고 논하였다. 그밖에도 r이나 l이 어두에 오지 못한다는 등 양국어의 음절구성과 발음에 대한 설명을 베풀었다.

그는 특히 양국어의 한자음 간에 나타나는 자음의 대응을 아래와 같이 정리하였다.

| 어두음 | 한자음 | 한국음 | 일본음 |
|--------|--------|--------|--------|
| 순 음 | *f* | *p* | *h* / *f*(more seldom) *b* |
| | *f* | *ph* | *h* / *f* |
| | *p* | *p* | *h* / *f*,         *b* |
| | *p* | *ph* | *h* / *f*,         *b* |
| | *ph* | *ph* | *h* / *f*,         *b* |
| | *w* | *m* | *m*, (less often) *b* |
| | *m* | *m* | *m*, (less often) *b* |

| 어두음 | 한자음 | 한국음 | 일본음 |
|--------|--------|--------|--------|
| 치 음 | *t* | *t* | *t, d, ch* |
| | *th* | *th* | *t*, (less often) *d* |
| | *n* | *n* | *n, d, j* |
| | *n* | ' | *n* |
| | *n* | *y* | *n* |
| | *y* | *y* | *n* |
| | *y* | *y* | *y* |
| | *y* | ' | *n* |
| | *l* | *l, n* | *r* |

| 구개음 | ch | t, ch, s | ch, sh, s |
|---|---|---|---|
| | chh | ch, chh | ch, sh, s |
| | ts | ch, s | ts, s, sh, z |
| | ths | ch, chh | ch, s, sh |
| | s | s, sy | s, sh, j |
| | sh | s, sy | s, sh, j, z |
| | n | ch | ch |

| 후두음 | k, kh | k | k, (less often) g |
|---|---|---|---|
| | h | h | k, g |
| | ng | ’ | g, omitted |
| | w or u | ’ | g, omitted |
| | y | ’, eu | g, omitted |
| | n | ’ | g |

| 어말음 | — | p | vocalized, (less often) tsu |
|---|---|---|---|
| | n | n, m | n |
| | — | l | tsu, chi, (less often) ki, omitted |
| | — | k | ku, ki |
| | ng | ng | vocalized |

그는 이 표를 한국어와 일본어의 자음대응에 이용했는데 그와 같은 원칙을 고유어의 비교에 적용할 때에는 語辭의 유통, 즉 차용어에 주의를 요한다고 경고하고 나서 다음과 같은 음운대응을 예시하였다.

① 일본어 f 나 h 때때로 w는 한국어 p 또는 ph에 대응한다.

<table>
<tr><td align="center">日</td><td align="center">韓</td></tr>
<tr><td>hato(a pigeon)</td><td>pitalki(a pigeon)</td></tr>
<tr><td>haru(to paste)</td><td>pallil (to paste)</td></tr>
<tr><td>haji (shame)</td><td>peus(shame)</td></tr>
<tr><td>harafu(to clear away, to sell off)</td><td>phal (to sell)</td></tr>
</table>

ha(distinctive particle)

*pa*(particle meaning 'that which', 'the thing which')

*heso*(naval), *hara*(belly)

*pè*(belly)

*ifu*(to speak)

*ip*(mouth)

*wara*(straw)

*pheul*(grass, straw)

*wata*(sea)

*pata, patang*(sea) (9예)

② 일본어 *m*은 특히 어두에서 한국어 *m*에 대응한다.

*mi*(body)

*mom*(body)

*moto*(origin, bottom)

*mis*(origin, bottom)

*umeru*(to fill up)

*myè*(to fill up)

*mure*(a flock), *mura*(a village), *muragaru*(to assemble)

*muri*(an assemblage)

*moroki*(easily crumbled)

*meuleul*(soft)

*shima*(an island)

*syŭm*(an island)

*kuma*(border, limit)

*kum*(limit)

*kuma*(a bear)

*kom*(a bear)

*kama*(a pot)

*kama, kamè*(a pot)

*kumo*(a spider)

*kŭmo*(a spider)

*toma*(a mat)

*stum*(a mat) 등 (13예)

③ 일본어 *m*이 한국어 *p*에 대응하는 경우

*tsume*(a finger or toe-nail, hoof)　*thop*(a finger or toe-nail, hoof)(1예)

④ 일본어 *b*가 한국어 *p*에 대응하는 경우

*tsubame, tsubakura*(a swallow)　*chŭpi*(a swallow)

*tsubone*(a chamber)　*chip*(a house, a room) 등 (3예)

⑤ 일본어 *b*가 한국어 *m*에 대응하는 경우

*tsuba*(spittle)　*chhum*(spittle)

⑥ 치음과 구개음의 대응에서는 상통(interchange)이 꽤 자유롭게 일어난다.

*tataku*(to beat)　*teutăl*(to beat)

*take*(a bamboo)

*koto*(thing)

*tadzuneru*(to search)

*toki*(time)

*taru*(to be enough)

*tsureru*(to accompany)

*tsuru*(a stork)

*chichi*(milk)

*uchi*(to strike)

*soko*(bottom), *suki* (interval)

*ushi*(ox)

*shishi*(deer)

*sukasu*(to deceive)

*suji*(thread, sinew)

*tè*(a bamboo)

*kŭs*(thing)

*chhăchal*(to search)

*cheuk, chŭk*(time)

*chal*(to be enough)

*talyŭ*(to accompany)

*tulumi*(a kind of stock)

*chŭs*(milk)

*chhil*(to strike)

*sok*(interior)

*sho*(ox)

*săsăm*(deer)

*sokil*(to deceive)

*chul*(thread, sinew) 등 (25예)

⑦ *n*은 변화없이 대응한다.

*niwoi*(smell)

*na*(you)

*ina*(no)

*nè*(smell)

*nŭ*(you)

*ani*(not) 등 (4예)

⑧ 어중과 어말에서 일본어 *r*은 한국어 *l* 이다.

*sarafu*(to clear out)

*harafu*(to clear away)

*kiru*(to cut), *katana*(sword)

*noru*(to speak)

*tori*(bird)

*seulu*(to clear out)

*pheulu*(to clear out)

*kal*(a sword)

*nilăl*(to speak)

*talk*(common fowl) 등 (9예)

⑨ 한국어 *l*은 특히 어말음일 때 일본어 *chi, tsu, dzu, shi, ji, s*로 나타나는 것이 보통이다.

*hachi*(a bee)

*kachi*(on foot)

*madzu*(previously)

*hoshi*(a star)

*koshi*(lions)

*pŭl*(a bee)

*kŭlăm*(walking)

*mili*(previously)

*pyŭl*(a star)

*hŭli*(lions)등 (14예)

⑩ 한국어 어말음 *l*은 일본어에서 자주 탈락된다.

*mŭma*(a horse)　　　　　　*mal*(a horse)
*hi*(fire, sun)　　　　　　*peul*(fire) (2예)

⑪ *k*는 일반적으로 변함없다.

*kasa*(a broad hat)　　　　*kas*(a broad hat)
*koso*(emphatic particle)　　*kos*(just, exactly)
*kafu*(to buy)　　　　　　*kap*(price) 등 (6예)

⑫ 한국어 *h*는 어두에서 일본어 *k*, 다른 위치에서는 *g*에 대응한다.

*kimo*(liver, courage)　　　*him*(strength)
*hagu*(to strip off)　　　　*pahil*(to pluck out)
*nigoru*(to be turbid)　　　*heulil*(to be cloudy, turbid) 등 (5예)

⑬ 약간의 한국어 어말음 *l*은 일본어 *ku, ki* 에 대응된다.

*fuku*(to blow)　　　　　　*pul*(id.)
*tsuki*(the moon)　　　　　*tăl*(id.)
*kaku*(to scratch, to write)　*keul*(id.)[27]
*kage*(a shadow)　　　　　*keulim*(id.) 등 (4예)

　항목에 따라서는 정밀성에 문제가 없지 않지만 대략 이상과 같은 결과에 대하여 그는 偶然의 一致나 피할 수 없는 오류가 섞여있을 가능성을 시인하면서 양국어의 친족관계를 수립하려면 적어도 2000 이상의 단어가 제시되어야 한다고 부언하였다.

　문법기능에 대해서는 구체적인 비교를 제시하기보다 양국어에 나타나는 문법상의 공통특질을 정리 기술하였으며, 이들 언어에는 인칭, 성, 수의 구별이 없고, have동사가 없으며, 피동형식의 발달이 불완전하다는 등의 특질과 격어미, 활용어미, 시제 및 서법에 관하여 기술하고 있다. 또한 이들 언어에 나타나는 가장 현저한 특징은 명사, 동사, 형용사, 부사 등이 동일어근의 활용이나 어미에 의하여 표시되며 그 점이 중국어나 아리아어(Aryan)와 다르다고 하였다.

---

27) 애스튼은 한국어 '*keul*(글)'과 일본어 *kaku*의 뜻이 같다고 보았으나 여기에는 약간의 문제가 있다. 한국어 '글'은 a writing이나 a composition을 뜻하지만 to scratch라는 뜻은 없으므로 일본어와 똑같다고 보기는 어렵기 때문이다.

"One of its most distinguishing characteristics is the regularity with which roots, which we should call verbal or adjectival, can be made to assume successively the character of nouns, adjectives, adverbs or verbs, according to the inflexion or termination employed. This feature distinguishes these languages in a marked way from Chinese, where the same root is used without change or addition in all these varied capacities, and from Aryan languages, where is less fully developed and without the same regularity."(Aston1879, p.338-339).

그는 한국어와 일본어에 이와 같은 어미가 크게 발달되어 동사에는 과거, 현재, 미래를 나타내는 문법적 수단(grammatical means)과 명령법 그리고 가능법(potential), 조건법(conditional), 원망법(optative mood)을 나타내는 형태, 부정형과 의문형, 화자와 청자 간의 지위를 구별해주는 형태 등이 있고 명사에는 격을 나타내는 접미사가 있으나 관사는 없다고 하였다.

문법절차의 특징에 대해서는 양국어가 모두 접미사의 첨가에 의한 방식을 채용하고 있으며 母音交替(ablaut)가 없어서 어근이 직접 변화하지는 않으며, 重疊(reduplication)은 적으나 擬聲副詞(onomatopoetic adverb)와 약간의 명사에 나타난다고 하였다. 이밖에 접두사와 부정부사에 대한 기술을 계속하고 나서 한 어근이 어미에 따라 동사, 형용사, 명사로 활용되는 구체적인 실례를 내세워 용언의 활용에 대한 비교를 꾀하였다. 앞에서 거론한 바 있지만 그는 한 어근이 명사, 동사, 형용사, 부사에 동일하게 나타나는 점에 흥미를 갖고 이에 대한 해명에 상당한 주의를 기울였다. 그 결과 일본어가 한국어에 비교되는 몇 개의 활용어미를 얻게 되었는데 이를 정리해보면 대략 다음과 같다.

| | 日 | 韓 |
| --- | --- | --- |
| 부사형 | *i, e* (동사의 경우)<br>*ku* (형용사의 경우) | *i*<br>*ko* |
| 종결 또는 직설법 어미 | *shi* (형용사의 경우)<br>*u* (동사의 경우) | *i* 또는 *ta* |
| 명사형 어미 | *u, uru, ki* | *ki* |
| 완료형 어미 | *e, ure* | *ŭ, yŭ, lŭ,* 또는 *a* |
| 명령형 | *ro* 또는 *yo* | *la* |

이밖에도 일본어와 한국어에는 동사에서 파생된 후 본래의 의미를 상실한 보조어미가 존재하는데 그 파생방식이 동일하다고 주장하였다. 즉 일본어 *chiri-nuru*(scatter)의 *nuru*는 in-

*uru*(to go away)에서 나온 것인데, 이때의 *nu*는 *naru*(to be)와 동일 어근이며 한국어 *nal*(to go or come out)에 대응되고, *ihi-keri* (has spoken)의 *keri*는 *kuru*(to come)에서 나왔는데 한국어 *ol* (to come)처럼 본래의 의미를 잃었다면서 다음과 같이 덧붙였다.

"In most of the words used as auxiliaries, the modification of meaning stops short at the second stage of the process just described. Most of the terminations indicative of mood and tense can be shown to have had their orgin in this way. The words used for this purpose are to a great extent the same in both languages. They are the verb, be, do, become, come, go away, pass, dwell, see, and a few others."(Aston1879, p.347).

그리하여 일본어 *tsuru*(to pass)에서 나온 과거분사 *te*나 과거 *ta*를 한국어의 과거시제 (preterite) 어미 *tŭ*에 비교하는 한편 동사나 형용사에 첨가되는 몇 개의 添辭(particle)를 비교 설명하였다.

|  | 日 | 韓 |
|---|---|---|
| 의문형 | *ka*와 *ya* | *ka, ya, ko, o* |
| 양보형 | *do, domo* | *to, na* |

그는 또 명사의 격어미를 비교하고 있는데 일본어의 속격(genitive) *ga*는 한국어 주격 (nominative) *ka*와 기원이 같을 것이며, 특수격(distinctive) 또는 분리성첨사(separable particle)인 일본어 *ha*와 한국어 *pa*는 기원적으로 모두 thing을 의미하였고, 복수어미의 일본어 *tachi*와 한국어 *teul*, 그리고 접미사로서 일본어 *to*(and)와 한국어 *to*(even also)도 각기 관계를 가진 것들이라고 하였다. 대명사로서는 일본어*na*=한국어*nŭ*(thou), 日*nani*=韓*nu*(who), 日*itsu*, *id-zure*의 *i*=韓*ŭi*의 *ŭ*(how), 日*ka*=韓*keu*(that), 日*so*, *sa*=韓*chŭ*, *syŭ*(that)를 비교하고, 이들은 분명히 기원적으로 동일어근을 가진 것이라고 보았다. 그는 특히 이들 양국어의 대명사나 문법적 어미가 동사와 어근을 같이 하고 있다고 주장하면서 그 근거를 다음과 같이 제시하였다.

일본어의 실례

| 동사 | 조동사 | 명사 | 대명사 | 첨사 |
|---|---|---|---|---|
| *kuru*(come. 어근 *ki*) | *keri*(완료표시) | *ko*(place) | *ko, kore*(this) *kochi*(hither) | *ku*(부사어미) *koso*(강세첨사) |
| *kaheru*(to go away, *to return*. 어근 *kaheri*) | — | — | *ka, kare*(he) | *ka*(의문첨사) *ga*(속격) |
| *saru*(to depart. 어근 *sari*) | — | — | *so, sore*(that) *sa*(thus) | — |
| *toworu*(to pass. 어근 *towori*) | *tsuru*(移轉을 나타내는 어미) | — | *chi*(quarter. *achi*의 *chi*) | *tsu*(소유격) *to*(접속격) |
| *idzuru / deru*(to go out. 어근 *ide / de*) | — | *itsu*(when) | *idzure/dore* (which) | — |
| *inuru*(to go away. 어근 *ini*) | *nuru* 점차 완성됨을 표시하는 어미. *nu*(is) | — | *nani*(what) *na*(you) | *no*(소유격) *ni*(여격·처격) |
| *aru*(to be. 어근 ari) | *eri*(완료표시) | — | *a, are*(I / he) | *ru, ruru*(피동어미) |
| *woru / oru*(to dwell. 어근 *wori / ori*) | — | — | *wore, ore*(I, you), *ware*(I) | *wo*(대격) |
| *wiru / iru*(to be. 어근 *wi / i*) | — | — | *i*(this) | — |
| *heru / furu*(to pass. 어근 *he*) | — | — | *he*(quarter, direction) | *he*(방향) |
| *miru*(to see. 어근 *mi*) | — | *meru*(term. signifying probability) | *me*(eye, event) | *mu*(미래 / 가능성) |
| *yoru*(to approach. 어근 *yori*) | — | — | — | *yori / yu*(탈격) |

한국어의 실례

| | | | | |
|---|---|---|---|---|
| *kol*(?)(come. 어근 *ko*) | — | *kos*(place) | — | *kos*(강세첨사), *koa*(과), *ko*(부사형) |
| *ol*(come. 어근 *o*) | *ol*(be) | — | *ol, o*(this) | *oa*(접속격) |
| *kal*(to go away. 어근 *ka*) | *kal*(uncertain) | — | *keu*(that) | *ka*(의문형) |
| *nal*(to go or come out. 어근 *na*) | *năn*(be) | — | *nu*(who) | — |
| *isil, ila, ini*(to be. 어근 *i, isi* ) | — | — | *i* (this) | *i* (부사형) |

數詞에 대해서도 상당히 숙고한 바 있으나 한국어 *yŭlŭ*(여러)와 일본어 *yoro-dzu*(萬) 정도를 제외하고는 동일기원이 없는 것 같다고 결론지었다. 그는 스스로의 결론에 놀라움을 표시하면서 한일 양국어에 공통수사가 없는 것은 이들 언어가 수사체계의 발생 이전에 분리되어 각기 독자적인 발달의 길을 걸었기 때문이라고 말하고, 양국어 간에 공통수사가 없긴 하지만 인구어의 영어와 쌍스크리트어 간의 차이를 생각하면 그리 큰 문제가 아니라고 보았다.

"In spite of the absence of common numerals, it seems probable that the distance which separates Japanese from Korean, whether as measured by lapse of time, of by differences in their fundamental character, is not greater than that which lies between English and Sanskrit, although in their case the numbers from two to ten are identical."(Aston1879, p.360).

끝으로 그는 統辭的 語順의 공통점을 8개 항목으로 정리하였다.
① 한정어나 한정구는 피한정어 앞에 온다.
② 한 문절의 주어는 문장의 첫머리에 온다.
③ 직설법에서는 동사나 형용사가 문장의 끝에 온다.
④ 복수어미, 격어미, 전치사는 명사의 뒤에 붙으며 복수어미는 타접미사의 앞에 온다.
⑤ 동사의 직접목적어는 동사 바로 앞에 온다.
⑥ 전치사에 의하여 지배되는 명사는 동사의 직접목적어 앞에 온다.
⑦ 접속사는 그것이 속하는 단어나 어절 뒤에 놓는다.
⑧ 종속절은 주절의 앞에 온다.

논문의 결론에서 그는 한일 양국어의 친족관계는 의심할 여지가 없으나, 그 관계가 어느 정도라고 말하기는 어려우며, 共通의 數詞가 없다 하더라도 통사론적으로 정세하게 일치하므로 양국어는 상호 밀접한 친족관계를 가진 것으로 보인다고 매듭지었다.

양국어 비교연구사에서 이 논문이 차지하는 사적 의의는 대단한 것이다. 물론 세부적으로는 적지 않은 약점을 면치 못하였으나, 언어사의 성립을 보지 못한 당시의 한국어학이나 일본어학계로부터 아무런 도움을 받을 수 없었던 그로서는 불가피한 일이었을 것이다. 그는 결국 19세기 후반의 음운체계에 입각한 비교연구에 만족할 수밖에 없었으므로 그의 비교음운론은 음운사와 거리가 먼 것이었다. 그 때문에 그는 모음의 비교를 포기할 수밖에 없었고 단어의 비교에서도 모음대응을 무시할 수밖에 없었다. 그러나 그가 보여준 방법론과 자음의 대응시도, 그리고 대응단어의 목록은 전인미답의 경지를 열어준 것이었다. 특히 대명사와 파생법에 원리를 둔 여러 형태소의 비교는 암시에 찬 것으로 이 분야의 연구에 하나의 방향을 제시한 것이다. 이처럼 애스튼의 양국어 비교연구는 과학적이고 체계적인 것이었으며 일관된 논리 위에 정연하게 전개된 것이었으므로 학계에 지대한 영향을 끼친 바 있다. 그 후 한동안 일본학자들이 한일 양국어 비교연구에 큰 관심을 보였지만 그 성과에 있어서는 애스튼을 넘어서지 못했다고 해도 과언이 아닐 것이다.

## 4) 애스튼 이후의 서양학자들

애스튼 이후 간접적으로나마 양국어 비교연구에 공헌한 서양학자로 중국어학자인 파아커 (Parker)와 에드킨즈(Edkins)가 있다. 파아커는 1869년 견습통역관으로 북경주재 영국공사관에 부임한 이래 중국각지의 영사관에 근무하다가 1885년에 부산주재 영국부영사로 한국에 건너와 이듬해 총영사대리가 되어 1887년까지 재임한 바 있는 외교관으로서 일본단어의 기원을 중국어에서 찾으려는 노력을 꾸준히 계속한 연구자이기도 하다.

그의 연구는 중국어학 위주였으며 부속적으로 일본어가 덧붙었고 한국어는 필요에 따라 삽입되었을 정도였다. 그는 일본어와 한국어의 음운, 단어 등이 중국어와 밀접한 관계에 있을 것으로 보고 그 추구를 게을리 하지 않았다.[28]

그는 Parker(1886)에서 한국어와 일본어는 문장구조가 유사하나 개별적인 유사성은 상당히 적은 편이며, 애스튼의 양국어 비교단어 중에는 중국어 방언이나 우연의 일치일 경우가 많아 믿음직스럽지 못하다고 하였다. 그리고 약간의 비교 예를 제시한 다음 양국어는 많은 한자어를 중국으로부터 차용했으므로 중국어 기원의 단어가 많다고 하였다. 이듬해 그는 또다시 Parker(1887)를 발표하였는데 그 분량이 상당히 컸다. 이는 일본단어와 한국단어 559

---

28) 그 중 대표적인 것을 들어보면 다음과 같다.

Parker, E.H.(1886), Chinese, Corean and Japanese(*China Review*, Vol.XIV, No.4) pp.179-189.

_____(1887), The "Yellow" Languages(*Transactions of the Asiatic Society of Japan*, Vol.XV, pp.13-49

_____(1893), Touching Burmese, Japanese, Chinese and Korean(*Transactions of the Asiatic Society of Japan*, Vol.XXI) pp.136-151.

개의 어원을 주로 한자음에 연결시켜 정리한 것인데 결론은 다음의 4개 항목이었다.

① 서력기원 이전에 일본어와 중국어는 대부분 한 근원에서 파생되었다는 가설을 세울 수 있다.
② 약간의 일본어는 한국어와 같은 근원에서 파생되었지만 중국어와는 분명히 기원을 달리하고 있다.
③ 약간의 일본어(自然物名)는 한국어, 중국어와 기원을 같이 하고 있다.
④ 일본어에 대응되지 않는 소수의 한국어는 중국어와 같은 근원에서 파생되었다.

이는 결국 ①일본어와 중국어 간에만 유사한 것, ②일본어와 한국어 간에만 유사한 것, ③일본어, 한국어, 중국어가 동시에 유사한 것, ④한국어와 중국어 간에만 유사한 것을 말한 것인데 ②를 제외한 ①③④는 차용관계에 있는 것들이다. 그런데도 그는 이 사실을 다음과 같이 해석하였다.

"Apart from Chinese importations into Japanese and Chinese subsequent to A.D.1, Japanese is 9/10 Chinese and 1/10 Corean, whilst Corean is neither Chinese nor Japanese, but has lent something to or borrowed something from Japanese. On the other hand, the grammatical construction of Corean and Japanese is quite similar, whilst both differ from that of Chinese, which, we know from her ancient literature, has not changed much in 3000 years."(Parker1887, p.20).

이 말은 일본어가 중국어와 기원을 같이 하며, 한국어는 중국어나 일본어와는 다르나 문법 구조만은 일본어와 혹사하고 기원이 같은 일본어와 중국어가 오히려 서로 다르다는 모순을 내포한 것이다. 여하튼 파아커는 559개의 단어를 Group A, Group B……식으로 분류 정리하여 비교하였는데 몇 가지 예를 들면 다음과 같다.

| 단어번호 | | 순수일본어 | 중국방언 | 중·일공통어 | 한자 | 의미 |
|---|---|---|---|---|---|---|
| G.A. | 8 | tsuba | t'u, me | to, matsu | 吐, 沫 | saliva |
| G.H. | 93 | nata | yet | yetsu | 鉞 | hatched |
| | 99 | namari | ch'ien, yün | yen | 鉛 | lead |
| | 100 | shita | shit | zetsu | 舌 | tongue |
| G.L. | 136 | ori | hii | i | 緯 | to weave |

| G.O. | 161 | *hira* | *p'ing* | *hei* | 平 | even |
|---|---|---|---|---|---|---|
| G.P. | 167 | *uma* | *ma* | *ma, ba* | 馬 | horse |
| | 183 | *obū* | *vu* | *fū, fu* | 負 | carry on back |
| G.Q. | 193 | *kurushi* | *k'u* | *ko, ku* | 苦 | to suffer pain |
| | 196 | *ku(chi)* | *k'ou* | *kō, ku* | 口 | mouth |
| | 200 | *shiru* | *chip, shi* | *shu, shi* | 汁, 豉 | sap, juice |

그에 따르면 일본어 '*yatsu, tori, hi, moye, kayu, mutsu*' 등도 각기 '八, 鳥, 火, 苗, 麝, 六'과 어원을 같이 할 뿐만 아니라 한국어 '*ssïta, t'a(ta), ch'êt, paraita, kit(ta), put(ta), kai*' 등도 각기 '寫, 彈, 初, 白, 汲, 附, 狗'와 어원을 같이 한다. 따라서 허다한 고유어를 한자음의 轉化로 본 것이다. Group S(No. 275에서 286까지)에는 한국어, 일본어가 동시에 중국어와 일치되는 10개의 단어를 나열하고 있는데 한국어*tai*와 일본어*take*는 '竹'에서, 韓*kom*과 日*kuma*는 '熊'에서, 韓*to(yachi)*와 日(*bu*)*ta*는 '猪'에서, 韓*chêl*과 日*tera*는 '刹'에서 기원한다는 것 등이다.[29] 한편 그는 한자와는 관계없고 한국어와 일본어 간에만 비교되는 39개의 단어(No.287에서 325까지)를 Group T로 모아놓았다. 그 중 일부는 애스튼의 단어와 공통되는 것이지만 일본어*kata*=한국어*kyêt*(side)/日*patchi*=韓*pachi*(breeches)/日*haru*=韓*pom*(the spring)/日*ahiru*=韓*ori*(duck)/日(*tsu*)*muri*=韓*mêri*(the head)/日*kori*=韓*kori*(basket)/日*mori*=韓*moi*(a copse)/日*nawa*=韓*no*(rope)/日*kara*=韓*koro*(because of)/日*toki*=韓*ttai*(time)/日*kama*=韓*kama*(fire-place)/日*na*=韓*na*(*mul*)(cabbage etc.)/日*tateru*=韓*tatêra*(shut) 등 20여개는 새로운 것이었다. 그러나 이 중에는 한자어가 포함되어 있는가 하면 차용어도 포함되어 있으므로 정밀하지 못할 뿐 아니라 음운대응에 입각한 체계적인 것도 아니었다. 그 후 파아커는 한국어나 일본어에 존재하는 접미사와 문법구조가 버마어(Burma)에도 나타남을 발견하고 Parker(1893)에 이 사실을 거론했으나 별다른 성과는 없었다. 결론적으로 볼 때 파아커의 연구에는 한국어와 일본어의 본격적인 비교가 없으며 Parker(1887)에 나타나는 39개의 단어비교가 전부라고 볼 수 있다. 그러나 그는 한국어와 일본어를 동일기원이라고 생각하지 않았으므로 이 분야의 연구로서는 사실상 무의미한 것이었다.

파아커와 같은 중국어학자였으면서도 그와는 사실상 태도를 전혀 달리한 연구자로 에드

---

29) 이와 같은 태도는 중국어학자에게서 흔히 볼 수 있다. Karlgren, B.(1926), *Philology and Ancient China,* Oslo. pp.119-139.

킨즈(Edkins)가 있었다. 그는 주로 일본어와 중국어의 친족관계를 설명하기 위하여 진력하였지만 그의 궁극목적은 중국어를 세계에서 가장 오래된 언어로 놓고 그것을 기원으로 하여 세계 각국어가 분화되었다는 이론, 즉 막스 밀러(Max Müller)의 言語一元說을 입증해보려는 데 있었다.[30] 이와 같은 그의 태도는 우선 "구라파 및 아세아 언어의 동일기원을 입증하기 위한 시도"란 부제를 가진 저서 Edkins(1871)[31]에 잘 나타나 있다. 그는 여기서 전세계 각국어를 종횡무진으로 비교하여 그 어근의 동일성을 찾으려고 하였으므로 그 내용을 여기에 되풀이할 필요는 없으나 언어의 지리적 분포를 논하는 가운데 아세아 대륙의 언어를 투란어족(Turanian)으로 부르면서 이를 일본어, 드라비다어(Dravida), 타아타르어(Tartar)로 三分하고 일본어에는 아이누어(Ainu)와 한국어를 포함시켰다. 따라서 한국어와 일본어의 동일기원을 인정한 것은 사실이었으나 이들에 대한 비교만을 위주로 한 것이 아니어서, 별다른 의미를 갖는 것은 아니다. 그 후에도 그는 세계언어의 일원설을 계속 주장하였는데 그중에는 한국어 비교에 관계되는 논문도 여러 편 보인다.[32]

그 일례로 Edkins(1887)에는 주로 일본어와 몽고어, 만주어를 비교하는 가운데 간혹 한국어도 예시되어 있다.

"日 *ama*=滿*abka*(heaven)/日 *mune*=韓*p'um*(breast)/日 *maga*(misfortune)=韓 *mako*(bad, recklessly)=蒙*mago*, 口語로는 *mo*(bad)/日 *meshi*(boiled rice)=蒙*bada* (rice or other food)/日 *mukashi* (in old times)=韓*muk*(old)/日 *kura*=韓*kilma*(saddle)" 등.

그는 일본어의 어근을 중국어, 한국어, 타아타르어와 비교할 때 필요한 4개항의 문자변화(letter change) 법칙을 들고 나서 이렇게 결론지었다.

"While in grammatical development the affinity of Japanese with Corean,

---

30) 八杉貞利(1900), 「エドキンス」氏の支那語學(『言語學雜誌』第1卷 第2, 3號) pp.182-201, 300-323 참조.
31) Edkins, J.(1871), *China's Place in Philology*, London.
32) Edkins, J.(1887), Connection of Japanese with the Adjacent Continental Languages, *Transactions of the Asiatic Society of Japan*, Vol.XV. pp.96-102.
_____(1895), Relationship of the Tartar Language, *Korean Repository*, Vol.II, pp.405-411.
_____(1896a), Korean Affinities, *Korean Repository*, Vol.III, pp.230-232.
_____(1896b), Etymology of Korean Numerals, *Korean Repository*, Vol.III, pp.339-341.
_____(1896c), Monosyllabism of the Korean Type of Language, *Korean Repository*, Vol.III, pp.365-367.

Manchu and Mongol is undoubted, the comparison of roots with those of the Chinese language proves affinity also, and this genetic connection is additional to ancient historical borrowing which could take place through Corea from the 11th century before Christ down to modern times."(Edkins1887, p.102).

결국 그는 일본어, 한국어, 몽고어, 만주어 상호간의 친족관계는 물론, 어근의 비교에서 이들은 중국어와도 친족관계에 있다고 주장하면서 고유한 일본어나 한국어에도 중국어로부터 차용한 것이 많다고 하였다. Edkins(1895)에서는 이를 더욱 발전시켜 한국어와 일본어 중 한자와 일치하는 예를 10여개 보여주고 있다. "住*chu*, *do*, *dat*(abide, dwell)=韓살*sal*/譽*yü*(to praise), 癒*yü*(cured, well), 俞*yü*(good)=韓죠*cho*=日*yoroshi*(good), *yorokobi*(rejoice), 蒙*sai*(good)/話 *hwa*, *gwat*(words, speech)=韓굴*kal*/衣*i*, *it*(clothing, to clothe)=韓옷*ot*/志*chi*(intention, will)=韓뜻 *t'is*(sense)" 등. 계속하여 한국어와 몽고어의 비교 예를 보이고 나서 인구어와 한국어의 약간 의 동일성(A few Indo European and Korean Identifications)이란 항목을 설정하여 "英*move*=Latin어 *mot*=韓*mool*(to remove)/英*two*=韓*tul*" 식 비교를 시도하였다.[33] 뿐만 아니라 "by careful study of letter change the Korean vocabulary may be be found to consist of words belonging to the common Asiatic and Korean vocabulary"(Edkins1895, p.410)라고 하여 "韓*nyok*(녁)=日 *tokoro*=蒙*jug*=中*ch'u*=Latin어*locus*" 등을 예시하였다. 그리고 나서 "What I hold from a careful study of the changes of letters in Korean, Manchu, Japanese, Chinese and Tibetan is that the Korean vocabulary is, like its grammar, of continental orgin." (Edkins1895, p.411)이라고 결론지었다.

이미 Edkins(1871)에서 수립된 이론이긴 하지만 그의 범세계어 일원론은 다시 Edkins(1896a)와 Edkins(1896c)에서 더욱 구체화되었다. 그리하여 한국어의 어원은 그리스어 (Greek), 라틴어(Latin), 히브리어(Hebrew)와 같은 언어를 넘어서 아메리카의 인디언 언어 (American Indian) 가운데 허드슨만(Hudson) 근처의 크리(Cree), 미시시피(Mississippi)와 미주리 (Missouri) 兩河 상류의 다코타어(Dacota), 위니페그湖(Winnipeg)와 슈페리어湖(Superior) 부근의 치페와이어(Chippeway)로까지 확대되어 갔다.

"I think it is, then the Dacota Indians are in closer relationship with the

---

33) 인구어와 한국어를 이런 식으로 비교한 대표적인 사례로서 Arraiso(1896), Kinships of the English and Korean Languages(*Korean Repository*. Vol.Ⅲ) pp.20-21.를 들 수 있다.

Koreans and Japanese than is true of the Cree and Chippeway."(Edkins1896a, p.231).

그는 한국어와 일본어가 크리어나 치페와이어보다 다코타어에 더욱 가깝다고 말하고 그 이유는 그들이 베링해협(Behring)을 건너갔거나 일본해류를 따라 북태평양을 건너 간 것이 크리인이나 치페와이인보다는 나중이었기 때문이라고 하였다. 한국어에 대응되는 만·몽·일 어가 없을 때에는 이 대응사례를 북미의 인디언 언어에서 찾을 수 있다는 것이 그의 주장이 었다. 또한 Edkins(1896b)에서는 한국어의 수사가 세계 여러 언어의 수사와 기원을 같이 하 고 있다고 결론지었다.

에드킨즈는 런던의 선교회(Missionary Society) 회원으로서 1848년 상해로 오면서 중국어 연 구를 시작하였는데 그가 세계언어 일원론을 주장한 이유는 종교적인 의도 때문이었다고 생 각된다. 즉 인류는 모두 하느님의 자녀이며 언어는 창조주로부터 받은 선물이기 때문에 그 기원이 모두 같으리라는(Edkins1896c, p.365) 신념에서 언어 일원론을 내세우고 비교를 통하여 그를 입증해보려고 애썼던 것이다. 그는 이러한 이론을 입증하기 위한 또 하나의 근거로서 기원적인 언어의 단어를 단음절로 보고, 현재 세계 각 언어의 다음절 단어는 단음절에서 발달한 것이며 한국어는 이러한 점에서 볼 때 원시적인 단음절 단어를 가장 많이 유지하고 있다고 보았다.

대략 이상에서 개관한 파아커와 에드킨즈의 연구는 한국어와 일본어의 비교에 국한된 것 은 아니었다. 뿐만 아니라 그 방법론조차 인구어 비교언어학에서 이루어진 결과와는 거리가 먼 것이었으므로 문제를 삼을 필요는 없으나 그러한 과정에서 그들이 보여준 일본이나 한국 어에 대한 관심은 당시의 일본학자들에게 큰 자극을 준 것도 사실이다. 결국 그들이 어떤 선입견이나 그릇된 도그마에 얽매인 막연한 목적의식 밑에서 고유한 한국어나 일본어의 어 원을 중국어에서 찾으려고 한 천착은 도로에 지나지 않았다. 물론 지리적으로나 역사적으로 나 문화적으로 일본, 한국, 몽고, 만주어는 중국어와 끊임없이 접촉해왔으며, 상호간에 영향 을 주고 받았으리라는 점도 틀림없는 사실이다. 따라서 그들이 동일기원이라고 한 단어 중 에는 차용으로 생성된 것이 포함되었을지도 모른다. 그러나 그들은 친족관계 이외의 면을 고려한 적이 없다. 말하자면 그들의 비교연구는 그림 형제(Grimm, J., Grimm, W.)로부터 슐라 이헤르(Schleicher, A.)에 이르는 동안의 고립적 비교를 평한 예스페르센(Jespersen, O.)의 말과 같이 '나무를 떠나 버린 죽은 잎들'이었다.[34]

파아커와 에드킨즈의 정력적인 비교연구 이후로는 그 여파가 사라지기를 기다리기라도 하듯, 이 방면에 대한 서양학자들의 연구가 일시 소강상태를 면치 못하였다. 물론 우랄·알타이제어의 공통특질과 한·일어의 관계를 논한 학자가 없었던 것은 아니지만[35] 정점을 이룬 애스튼의 비교연구를 뒤따른 노작은 찾아보기 어렵다.

## 5) 白鳥庫吉의 단어비교연구

明治維新(1868)을 계기로 서양문명을 본격적으로 받아들이게 된 일본에서는 애스튼 이래 서양학자들의 비교연구에 자극되어 이를 계승하려는 움직임이 싹텄다. 그들은 우선 서양학자들에 비해 한국어 습득이 용이했을 뿐 아니라, 18세기부터 시작된 선학들의 연구 기반과 한국어 관계의 문헌을 가지고 있는 등 유리한 입장에 놓여있었다. 이처럼 유리한 조건을 구비하고 있는 데다가 그들은 비교언어학의 발달과 함께 Boller(1857) 이래 구체화된 일본어의 기원 내지 계통문제 해결이란 중차대한 과제를 시급히 해결하지 않으면 안 되었다. 그리하여 한일 양국어의 비교는 일본학자들의 관심을 손쉽게 불러일으킬 수 있었다.

이러한 사정 속에서 이룩된 최초의 결실이 1889년 3월에 발표된 오오야 도오루(大矢透)의 소론이었다.[36] 그는 여기서 일본어와 한국어가 태서언어학자들이 말하는 소위 '阿爾泰'(알타이) 어파에 속하므로 유사성이 있음은 당연한 일이라고 말하고 ①어순이 같은 점, ②형태와 의미가 유사한 것이 많고, ③語頭에 r音이 오지 않으며, ④탁음이 드물다는 4개 항목의 공통점을 들고 나서, 제②에는 "山뫼, 田밧, 羣무리, 束다발, 方모, 葵아옥, 蠅파리, 橡도토리, 薺낭이, 散흐를" 등 80여 단어비교를 보여주었다. 이 중에는 일본어*ahuhi*=한국어*aok*(葵)과 같은 참신한 예가 포함되어 있으나 전혀 비교될 수 없는 예도 보인다. 또 음운비교가 아닌 단어비교에 그쳐 있어 체계가 선 것은 아니었으나 이들을 알타이 어파에 속하는 것으로 설정

---

34) "Isolated vowels and consonants were compared, isolated flexional forms and isolated words were treated more and more in detail and explained by other isolated forms and words in other languages, all of them being like dead leaves shaken off a tree rather than parts of a living and moving whole." Jespersen, O.(1954), *Language: Its Nature, Development and Origin*(10th ed., London) p.67.

35) 예컨대, Winkler, H.(1884), *Uralaltaische, Völker und Sprachen*, Berlin.
Gabelentz, G. von der(1892), Zur Beurtheilung des Koreanschen Schrift und Laut-wesens, *Sitzungsberichte der Königlich Preussischen Akademie der Wissenschaften zur Berlin*. pp.580-800.
_____ (1901), *Die Sprachwissenschaft, ihre Aufgaben, Methoden und bisherigen Ergebnisse* 등.

36) 大矢透(1889), 日本語と朝鮮語との類似(『東京人類學會雜誌』 第37號) pp.263-265.

한 점이 주목할 만하다.

같은 해 9월에는 다카하시 지로오(高橋二郞1889)가 발표되었다.[37] 그러나 2페이지에 불과한 의견제시인 데다가 한국어를 일본문자로 전사하였기 때문에 알아보기 어려운 어형이 많았다.[38] 그는 여기서 한국어, 유구어, 일본어는 相似하다고 말하고 전년 한국의 金麟昇, 金鶴羽라는 사람과 알게 되어 그들의 日用語를 들으니 비슷한 것이 많았다고 하면서 10개의 단어를 예로 들었다. 그러나 "이처럼 體言에는 同語가 많으나 用言에 이르러서는 'ダda' 語尾가 많아 크게 다른 것 또한 많다"(斯ク體言ニハ同語多キモ用言ニ至テハダノ語尾多クシテ大ニ異ルモノ亦多シ)라며 용언어미의 다름을 의아해 하였다. 다만, 체언에 같은 단어가 많다고 말한 데에는 다수의 한자어가 포함되었으리라고 짐작된다.

이렇게 시작된 일본학자들의 한·일어 비교는 미야케 요네키치(三宅米吉1890),[39] 아카미네 세이치로오(赤峯瀨一郞1892)[40] 등으로 연결되어 유사성의 인식이 일반화되어 가더니 사학자 시라토리 구라키치(白鳥庫吉)가 본격적으로 비교연구에 발을 들여놓음으로써 이 분야에 극적인 轉機를 가져 왔다. 그는 동양사를 연구하면서 상고시대의 문헌에 나타나는 국가·민족명, 지명, 인명, 외래어 등에 대한 해석을 시도하다가[41] 드디어 한·일어 비교에까지 관심을 갖게 된 것이다. 그러한 목표에서 시작된 첫 시도가 白鳥庫吉(1897)이었다.[42] 그는 여기서『日本書紀』(720)의 訓讀에 나타나는 한국어의 해석을 통하여 일본인종상, 역사상의 한 문제가 풀리지 않을까 하는 사학자다운 집념을 이렇게 토로하였다.

"여기(『日本書紀』를 뜻함—필자)에 실려 있는 韓語는 실로 오늘에 전해지는 유일한 古

---

37) 高橋二郞(1889), 朝鮮言語考(『女蘭社話』卷13) pp.33v-34r.
38) 가령 '귀신, 돈, 기러기'에 해당하는 한국어를 'クシミ、ツヨニ、キリキ'로 전사하고 있다. 음소배합이 복잡한 한국어를 일본문자로 전사하자면 어쩔 수 없이 겪어야 하는 난점이다.
39) 三宅米吉(1890), "朝鮮語"(『東京人類學會雜誌』第53卷).
40) 赤峯瀨一郞(1892), 『日韓英三國對話』.
41) 비교연구에 본격적으로 뛰어들기 전에 白鳥는 이미 다음과 같은 한국사 관계 논문을 발표한 바 있다.
   白鳥庫吉(1894a), 檀君考(『學習院輔仁協會雜誌』第28號).
   _____(1894b), 朝鮮の古傳說考(『史學雜誌』第5編 第12號).
   _____(1895a), 朝鮮古代諸國名稱考(『史學雜誌』第6編 第7-8號).
   _____(1895b, 1896a), 朝鮮古代地名考(『史學雜誌』第6編 第10-11號/同第7編 第1號).
   _____(1896b), 朝鮮古代王號考(『史學雜誌』第7編 第2號).
   _____(1896c), 朝鮮古代官名考(『史學雜誌』第7編 第4號).
   _____(1896d), 高句麗の名稱に就きての考(『國學院雜誌』第2卷 第10) 등.
42) 白鳥庫吉(1897), 日本書記に見えたる韓國の解釋(『史學雜誌』第8編 第4, 6, 7號) pp.348-357, 545-570, 630-654.

言으로서 이 책을 놓아두고 결코 다른 곳에서 찾을 수 없다. 그렇다면 이 數語는 他 國古言의 遺物이라고 말하는 것만으로도 充分히 貴重하다. 하물며 만약 이 말로 하 여 日本, 蒙古, 滿洲, 土耳其 諸族의 言語와 語脈이 連關됨을 찾아낸다면 이 數語 의 價値는 과연 얼마일까. 내가 여기에 解釋을 꾀하고 싶은 것은 실로 이 數語로 하여 금, 이 數語로 인하여, 日本人種上, 歷史上의 한 問題는 해결될 것이라고 본다."(白鳥 庫吉1897, p.349).

사학자인 그의 목적도 결국은 언어학자와 같았던 것이다. 3회에 걸친 이 논문은 산만하기 짝이 없으나 典據를 동서고금에서 널리 찾아 세밀한 고증을 가한 점이 특수하였다. 그는 여기서 『日本書紀』에 나타나는 "曾尸茂梨(そしもり*sosimori*), 河(なれ*nare*), 山(むれ*mure*), 主(に りむ*nirimu*), 島(せま*sema*), 俱知(くち*kuti*), 王(こにきし*konikisi*), 君(きし*kisi*), 上哆唎(おこしたり *okositari*), 下哆唎(あるしたり*arusitari*), 帶山城(しとろむれさし*sitoromuresasi*), 質(むかはり*muka-hari*), 熟皮(にひり*nihiri*), 母(おも*omo*), 王(おらか*oraka*), 妃(おりく*oriku*), 夫人(はしかし*hasikasi*), 女郎(えはし*ehasi*), 子(とも*tomo*)" 등의 訓을 한국어로 풀이하고 이를 입증하기 위하여 일본, 한국, 만주, 몽고, 토이기어는 물론 回鶻語, 韃靼語, 차가타이어, 야쿠트어, 키르기스어, 거란 어(契丹語), 핀란드어, 오스차크어, 사모예드어 등 수많은 언어를 동원하여 비교를 꾀하였다. 예를 들어 "*nare*(川)=日*nagara*(流), *nagaru*(id.)=蒙*nagor*(湖水)=Sanskrit어*nir*(水)=Greek*neros* (水), *neras*(濕)"와 같은 비교가 그것이었다. 따라서 그의 비교에는 우연의 일치나 차용어, 의 성어 등이 검토 없이 열거되어 있으며 '母'(*omo*)의 기원을 사모예드어, 핀란드어, 오스차크 어, 페르시아어에까지 연결시킨 것도 무리였다. 그에 반하여 약간의 암시도 보여준 바 있다. 가령 '曾尸茂梨'의 해석 가운데 한국어 '머리'는 일본어*makura*(頭)와 비교할 때 *mokuri*〉*mori*의 발달인데, 이로써 한국어는 -*k*-〉-*g*-〉-*γ*-〉-ø-(零)의 변화를 거쳤다고 해석하고, 일본어에도 *tu-ki*(就き)〉*tui*, *maki*(捲き)〉*mai*와 같은 동일현상이 있음을 상기시켰다. 또 '河, 山'의 해석 중 한 국어에는 어중 -*r*-의 소실현상이 있었음을 논하면서 한국어 '뫼'(山), '내'(川), '님'(主)은 각기 *mure*〉*moyi*, *nare*〉*nayi*, *nirimu*〉*nim*의 轉化라고 주장하였다. 이와 같은 태도는 어원을 음운 사의 관점에서 해명에 보려는 노력의 일단이었는데, 당시로서는 새로운 방법이 아닐 수 없었 으며 그런대로 가치를 지녔다고 평가된다.

白鳥는 계속하여 좀더 본격적인 연구를 발표하였다. 白鳥庫吉(1898)이 그것이다.[43] 9회에

---

43) 白鳥庫吉(1898), 日本の古語と朝鮮語との比較(『國學院雜誌』第4卷 第4-12) pp.255-273, 283-296, 315-328, 335-344, 362-375, 379-390, 409-416, 434-451, 461-476.

걸쳐 발표된 이 노작은 그의 대표적 업적이며, 여기서 보여준 200에 가까운 단어비교는 어떤 순서나 체제를 가진 것은 아니었지만 새로운 비교 예를 발굴해내는 데 적지 않은 공헌을 해준 것이다. 그는 먼저 양국어의 유사한 점이라고 하여 ①朝鮮語는 日本語와 같이 主格, 目的格, 動詞의 語順이다. ②朝鮮語에는 日本語와 같이 尊敬動詞가 있다. ③朝鮮語에는 日本語에서와 같이 助詞(天爾遠波)라는 것이 있다. ④朝鮮語에는 日本語에서와 같이 ra행(良行, r音)으로 시작되는 말이 없다. ⑤朝鮮語에는 日本의 옛날에 있어서처럼 濁音을 나타내는 音符가 없다. 이 5개 항목을 들고 나서 문법형식의 유사성을 지적하는 것이 본 취지가 아니므로 나머지는 생략한다고 전제하였다.

일본어 *tatayohu*(漂)=韓'써든'의 비교로 시작되는 개별적인 단어비교는 『古事記』, 『萬葉集』, 『日本書紀』 등 上古의 일본문헌에서 수집한 자료를 바탕으로 이룩된 것이다. "日*umashi*=韓 *mat*(味)/日*sake*(酒)=韓*sak*(醱酵)/日*taru*=韓*turi*(垂)/日*mo*=韓*mo*(方)/日*suku*(*nashi*)=韓*chok*(少)/日 *saku*(咲)=韓*ssak*(芽)/日*nuhu*=韓*nuhi*(縫)/日*toma*=韓*tum*(苫)/日*noboru*(登)=韓*nop*(高)/日*uri*=韓*oi* (瓜)/日*maga*=韓*mak*(惡)/日*iro*(色)=韓*öl*(色斑)/日*mo*=韓*mal*(藻)/日*kuru*(繰)=韓*kul*(轉)/日*numa*=韓 *nup*(沼)/日*mawosu*(申)=韓*mal*(*sam*)(言)/日*tuki*=韓*tal*(月)/日*sashi*=韓*susi*(刺)/日*suru*(擂)=韓*sul*(磋)/ 日*musubu*(結)=韓*mus*(束)/日*seba*(*shi*)=韓*chop*(狹)/日*todu*=韓*tat*(閉)/日*naku*=韓*nutki*(泣)/日*kayu*= 韓*karyö*(癢)/日*haya*(*shi*)=韓*pal*(速)/日*kuru*(*shi*)=韓*koro*(苦)/日*oroka*=韓*örisyök*(愚)/日*kame*=韓 *kobuk*(龜)/日*ihi*=韓*pap*(飯)/日*naha*=韓*na*(繩)/日*so*=韓*os*(衣)/日*hara*=韓*pai*(腹)/日*ture*=韓*tari*(連)/ 日*hito*(一)=韓*hot*(單)" 등. 활자 오식도 많았겠지만 한국어의 부정확한 지식에서 기인하는 오류도 많은 듯하다. 일본어 *napa*(繩)에 한국어 *na*를 비교한 것은 '끄나풀'의 '-*na*-'가 아니었다면 *no*(좀더 정확히 말한다면 중세한국어의 *noh*)였어야 할 것이고, 일본어 *huku*(吹), *atsu*(*shi*)(署)에 비교한 한국어 *pu*, *tö*는 둘다 어간말 자음을 빠뜨리고 있다. 이러한 예는 일일이 지적하기 힘들 정도이다. 따라서 한국어사의 지식부족에서 야기된 日*omohu*(思)=韓*maam*(心), 日*shiru*(酒)=韓*sul* 과 같은 비교는 차라리 이해가 된다. 당시의 한국어는 틀림없이 'ᄆᆞᅀᆞᆷ'아닌 '마ᅀᆞᆷ' 또는 '마음', '수볼' 아닌 '술'이었기 때문이다.

한편 그가 이전부터 내세워온 한국어 어중음 -*r*-의 탈락현상에 대해서는 다시 한번 보강하여 이렇게 정리하였다.

"내가 뒤(*tui*)의 古音을 *turi*라 보고, 외(*oi*)의 古音을 *ori*라 보고, 빗(*pai*)의 古音을

*pari*라 본 것은 결코 임의적인 단정이 아니라, 내가 일찍이 朝鮮의 古語를 연구할 때 부터의 추측이나 다름 없다. 『日本書紀』에 전하는 三韓의 말에 山을 *mure*라고 하지 만 오늘날은 *moi*(정확하게는 *moyi*)라 하고, 川을 *nari*라고 하지만 오늘날은 *nai*(정확하게 는 *nayi*)라 하며, 主를 *nirimu*라고 하지만 오늘날은 *nim*(정확하게는 *niyim*)라 하고, 帶를 *toro*라고 하지만 오늘날은 *tui*(정확하게는 *tuyi*)라 함과 같이 모두가 예전에는 良(ra)行으 로 들렸는데 오늘날은 耶(ya)行으로 변했다. 이에 따라 지금의 말에 ya행으로 변한 것 가운데 예전에 ra行으로 들리는 일이 있었다고 추측할 수 있다."(白鳥庫吉1898, pp.439-440).[44]

이러한 착안은 상당한 탁견이었다. 애스튼(Aston)도 이러한 생각은 못했기 때문이다. 그가 제시한 용례가 모두 적합한 것은 아니었지만, 史的으로 한국어는 語中(intervocalique) -r-의 탈락을 분명히 경험한 근거가 있으며, 白鳥는 그것을 올바르게 추론한 것이다. 특기할 것은 8회에 걸친 단어비교를 마치고 난 그가 최종회인 9회에는 자신이 비교한 자료를 종합하여 다음과 같은 6항목의 음운대응을 꾀했다는 점일 것이다.

① 韓語의 語頭에 母韻을 더하여 日本語와 비교해야 할 경우.
  韓*tattat*=日*atataka*(暖)/韓*pahoi*(岩)=日*ihaho*(巖) 등 22예.
② 韓語에 *p*나 *ph*音으로 들리는 사례를 日本語 *h*音에 맞춰 비교해야 할 경우.
  韓*pat*=日*hatake*(田)/韓*phari*=日*hahe*(蠅) 등 30예.
③ 韓語의 *t*音을 日本語 *ts*에 맞춰 比較해야 할 경우.
  韓*tari*=日*tsure*(連)/韓*turumi*=日*tsuru*(鶴) 등 4예.
④ 韓語에 *s*音으로 들리는 것을 日本語 *sh*音에 맞춰 비교해야 할 경우.
  韓*sul*=日*shiru*(酒)/韓*syöm*=日*shima*(島) 등 4예.
⑤ 韓語의 *i* (또는 y)를 日本語 *r*音으로 고쳐 비교해야 할 경우.
  韓*moi*(*moyi*)=日*mure*(山)/韓*nai*(*nayi*)=日*nari*(川) 등 10예.
⑥ 韓語 *p*音을 日本語 *m*音에 맞춰 비교해야 할 경우.
  韓*nap*=日*namari*(鉛)/韓*nup*=日*numa*(沼) 등 3예.

제③항의 일본어 *ts*는 음운사적으로 *t*의 변화이며, 제④항의 *sh*는 음소 *s*의 음성적 실현이 므로 그의 추론에는 별다른 무리가 없다. 그러나 결론을 이끌어 내는 데 쓰인 자료가 얼마나

---

44) 그는 이를 재정리하여 양국어의 대응관계를 다음과 같이 제시하고 있다. 日*mure*(山)=韓*moi*(*moyi*)/日 *nirimu*(主)=韓*nim*(*niyim*)/日*nari*(川)=韓*nai*(*nayi*)/日*uri*(瓜)=韓*oi*(*oyi*)/日*para*(腹)=韓*pai*(*payi*)/日 *poru*(掘)=韓*phai*(*phayi*)/日*potaru*(螢)=韓*pantui*(*pantuyi*)/日*shiro*(白)=韓*sai*(*sayi*)/日*toro*(帶)=韓 *tui*(*tuyi*)/日=*shiri*(後)=韓*tui*(*tuyi*). 白鳥庫吉(1898) p.471.

신빙성을 가진 것이냐에 대해서는 의문이 없지 않다. 또 그는 단어비교를 먼저 행한 후 그 결과인 단어목록에서 음운대응을 추출하였으므로 그 방법에는 문제가 있었다. 말하자면 비교를 음성체계(phonetic system)에 기반을 둔 애스튼의 방법과는 정반대의 것이었기 때문이다.

그는 일찍이 『日本書紀』의 訓讀에 나타나는 한국어의 어원을 해석한 바 있는데 이번에는 다시 漢籍에 나타나는 한국어를 거론함으로써 상고문헌에 나타나는 한국어의 어원을 총정리하기에 이르렀다고 할 수 있다. 白鳥庫吉(1900)과 白鳥庫吉(1901)이 그것이었다.[45]

앞쪽 논고에서는 "'骨蘇'=冠(『周書』高句麗傳), '朱蒙'=善射(『魏書』高句麗傳), '和白'=商議(『文獻通考』新羅傳), '位'=似(『三國志』高句麗傳), '溝漊'=城(『三國志』高句麗傳), '掩淲, 掩施, 奄利'=大水(王充의『論衡』吉驗篇), '健牟羅'=城, '啄評'=內邑, '邑勒'=外邑(이상『梁書』新羅傳), '固麻, 居拔, 固拔'=城, '擔魯'=邑(이상『梁書』百濟傳), '於羅瑕, 鞬吉支'=王, '禦陸'=妃(以上『周書』百濟傳)"등처럼 나타나는 단어의 의미 해석을 시도하였고, 뒤쪽 논고에서는 『三國史記』, 『三國遺事』 등에 나타나는 '鴨盧'=貝勒(官名), '阿斯'=九, '達'=月, '達'=山, '波衣. 波兮'=峴, '朴'=瓠, '弗矩內'=光る(빛나다), '夫蓋'=簀, '幢'=毛, '元曉'=始旦 이외에도 이전에 해석한 바 있는 『日本書紀』訓讀에 나타나는 한국어를 다시 풀이하였다. 주로 史籍과 대륙방면의 언어를 예증으로 삼고 있어 양국어 비교와 직접 관계되지는 않으나 『三國史記』地理志에 자주 보이는 '達'(tal, tar)을 '山'이라고 해석한 후 일본어take(岳), 토이기어tag, tau(id), 몽고어deg, teg(높다), 만주어den(同), 여진어 '登'(同)이 모두 '達'과 연고가 있다(白鳥庫吉 1901, p.21)고 본 것 등은 주목할 만한 안목이었다.

1901년 4월 그는 2년간의 史學연구를 위하여 구라파로 떠났기 때문에 그의 연구도 일시 중단되었다. 그러나 독일, 오스트리아, 헝가리, 토이기 등을 歷訪하고 돌아온 그는 그동안의 연구 범위를 더욱 확대시켜 일본어의 기원을 찾고자 하는 노력을 아끼지 않았다. 그 결실 중 비교적 무게가 있는 실적이 바로 白鳥庫吉(1905)이었다.[46]

논제가 암시하고 있는 바와 같이 여기에 동원된 언어는 한국어나 우랄·알타이제어의 여러 방언을 비롯하여 아이누어, 거란어(契丹語), 琉球語, 나아가서는 중앙아세아에서 남양에 이르는 여러 언어(자바어Java, 말레이어Malay, 티베트어Tibet, 파아리어Pâhri, 렙차어Lepcha, 부탄어Bhûtani 등 60

---

45) 白鳥庫吉(1900), 漢史に見えた朝鮮語(『言語學雜誌』 第1卷 第3-5號) pp.267-280, 391-407, 514-528.

_____(1901), 再び朝鮮の古語に就きて(『言語學雜誌』第2卷 第1號) pp.13-32.

46) 白鳥庫吉(1905), 國語と外國語との比格研究(『史學雜誌』第16編 第2, 3, 5, 6, 8, 9, 12號) pp.103-122, 242-260, 461-479, 548-567, 758-767, 834-853, 1136-1159.

여 방언)와 중국어 및 인구어 등에 걸쳐 있다. 따라서 이는 단순한 비교라기보다 하나의 거대한 단어대조표 같은 감을 주기도 한다. 이 논문 역시 하나하나의 단어를 들어 개별적으로 비교해 나간 것인데 특히 일본어와 한국어에는 單語家族(word-family)의 개념을 적용시켜 보려고 노력하였다.

가령 일본어 *naga*(長), *nobu*, *nosu*(延), *noboru*(登) 등 '延長, 高大'의 뜻을 가진 語辭群의 語根을 $\sqrt{na}$, $\sqrt{no}$ 로 표시하고, 여기에 한국어 *nöl*(廣), *non*(稻田), *nop*(高)을 비교하고 있다(白鳥庫吉1905, p.478). 각 항목에는 거의 한국어의 예가 나타나 있으나 대부분은 일찍이 白鳥庫吉(1898)에 제시되었던 것들이며, 간혹 전의 비교가 수정된 경우도 보인다.[47] 그러므로 이미 이룩된 白鳥의 비교단어 목록에 새로 추가될 만한 예는 그리 많지 않다. 그는 또다시 白鳥庫吉(1895-1896)을 발표함으로써[48] 양국어 비교에 대한 자신의 열성과 해박한 지식을 과시하였다.

이보다 앞서 白鳥는 다나카 가오루(中田薫)와 소위 한국의 '郡·村'에 대한의 어원을 두고 수차에 걸친 논전을 벌인 바 있다.[49] 상게 논문은 이 논전을 일단락지은 노작이기도 하지만

---

47) 예컨대 전에는 한국어*tui*(後)에 대응된다고 보았던 일본어*shiri*(白鳥庫吉 1898, p.471)가 *ado*(後)로 고쳐졌다. 이로써 한국어 '뒤'를 *tui*<*tuyi*<*turi*로 본 것이 잘못이었음을 자인한 셈이며, 한국어 어중음 -*r*-의 탈락에 대한 일련의 비교 중에는 재고할 단어가 내포되었을 가능성을 깨달은 것이다. 白鳥庫吉(1905), p.253 및 본고의 각주43 참조.

48) 白鳥庫吉(1905-1906), 韓語城邑の稱呼たる忽(*kol*)の原義に就いて(『史學雜誌』 第16編 第11號, 第17編 第1-3號) pp.987-1001, 58-72, 133-148, 232-254.

49) 論戰의 발단은 白鳥가 여러 논문에서 『日本書紀』, 漢史 등 상고의 典籍 중에 흩어져 있는 신라, 백제, 고구려어의 어원을 모색하는 가운데 '郡·村'을 뜻하는 단어의 어원적 해석을 시도한 데서 비롯되었다. 金澤庄三郎(1902), 郡村の語源に就きて(『史學雜誌』 第13編 第11號)도 白鳥와는 의견을 달리한 것이었으나 中田薫의 다음 논문은 논전의 직접적인 계기가 되었다.
中田薫(1904. 7.), 郡村の語源に關して專門大家の御敎示を乞ふ(『史學雜誌』 第15編 第7號) pp.769-782.
白鳥庫吉(1904. 9.), 中田君が郡村の語源に就いての考を読む(『史學雜誌』 第15編 第9號) pp.1013-1022.
中田薫(1904. 11.), 再び郡村の語源に就て(『史學雜誌』 第15編 第11號) pp.1264-1280.
여기서 논전은 일시 중단되었으나 中田의 다음 논문으로 재개되었다.
中田薫(1905. 3.), こほり(郡), むら(村)なる語の原義(『國家學會雜誌』, 第19卷 第3號).
白鳥庫吉(1905. 6.), 國語と外國語との比較研究(『史學雜誌』 第16編 第6號) pp.548-567.
이 때 白鳥는 마침 표제와 같은 비교연구를 연재로 발표하고 있었는데 中田의 논문을 반박하기 위하여 1회분을 모두 '村(*pure*), 邑(*mura*), 郡(*kopori*), 縣(*agata*)'의 어원해명에 할애하였다.
中田薫(1905. 7.), 四たび郡村の語源に就て(『史學雜誌』 第16編 第7號) pp.676-688. 白鳥의 不答으로 논전은 또다시 중단되었으나 中田의 다음 논문으로 다시 계속되었다.
中田薫(1905. 8.), 韓國古代村邑の稱呼たる啄評, 邑勒, 擔魯及び須祇に就きての考(『史學雜誌』 第16編 第8號) pp.768-778.
白鳥庫吉(1905. 10.), 中田君が韓國古代村邑の稱呼たる啄評, 邑勒, 擔魯及び須祇に就きての考を読む(『史學雜誌』 第16編 第10號) pp.913-933.

양국어 비교연구에도 빼놓을 수 없는 가치를 지닌 것이다. 왜냐하면 白鳥는 여기서 비로소 한일양국어가 모두 우랄·알타이제어와 친밀한 관계에 있다는 자신의 주장을 정식으로 선언했기 때문이다.

"國語(日本語. 이하 같음―필자)와 韓國語가 그 문장의 구성에서 우랄·알타이 語系에 속하는 言語의 그것에 유사하다는 점은 잘 알려져 있으나, 그 실질인 單語에 있어서도 적지않은 연고가 있다는 점은 이 논문과 내가 本誌에 연재한 '國語와 外國語의 比較研究'(國語と外國語との比格研究)에서 이야기한 바에 따라 인정을 받을 것이다. 나는 자신의 연구에 따라 國語, 韓語와 다른 우랄·알타이 語族의 언어 사이에는 世人이 생각하고 있는 것보다 한층 친밀한 관계가 있다고 믿는 고로…(하략)."(白鳥庫吉1905-1906, p.1000).

그는 '忽'(kol)의 어원을 해명함에 있어 한국어에는 'k~r, k~l, h~r, h~l'형의 어근이 존재함을 내세운 후, 그 구조 위에 만들어진 한국어hoal(弓), karak(手足의 指), keuru(木株), khal(刀), heulk(土) 등 40여 개의 단어를 몽고어, 만주어, 토이기어 등과 비교하였다. 그는 이 비교에 일본어의 참여가 의외로 적었음을 인정하고 그 이유를 이렇게 해명하였다.

"그러나 이렇게 비교된 單語 중에 國語(日本語. 이하 같음―필자)는 조금밖에 보이지 않으므로 어쩌면 國語와 他우랄·알타이 語族과의 관계는 의외로 疎遠한 것이라고 속단하는 사람이 있을지도 모르지만 그 추측은 옳지 않다. 國語 중에도 위의 단어와 실제 語脈을 함께하는 것은 매우 많지만 그 모습이 다른 것과는 약간 달라져 있는데, 그 달라진 모습이 아주 규칙적이어서 나는 나중에 이를 일괄해서 제시하는 쪽이 편리하리라고 생각했기 때문에 일부러 이를 빼놓고 예시하지 않았던 것이다."(白鳥庫吉1905-1906, p.234.

이 규칙이란 한국어 등에서 l이나 r로 끝나는 어근이 일본어에서는 p, b, m 곧 순음으로 나타난다는 것인데 그는 이 사실을 아래와 같이 예시하였다.

---

中田薰(1905. 11.), 韓國古代村邑の稱呼に就て白鳥博士に答ふ(『史學雜誌』第16編 第11號) pp.1035-1049.

白鳥는 中田의 이 답변을 기다리지도 않고 "韓語城邑の稱呼たる忽(kol)の原義に就いて"라는 논문의 첫 회분을 『史學雜誌』 제16편 제11호(1905.11.)에 발표했는데, 거기에는 위에 보인 中田의 답변도 함께 실려있었다. 하여튼 이듬해 1월부터 3월까지 4회에 걸쳐 발표된 白鳥의 이 논문은 당시 학계를 떠들썩하게 했을 뿐 아니라 그 후에 이르러 宮崎道三郎, 金澤庄三郎, 坪井九馬三 등도 이에 대한 의견을 공표함으로써 삼국의 지명어원이 說盡된 감을 준다. 그러나 그보다 더 중요한 것은 그 과정에서 그들이 보여준 한국어에 대한 관심과 더불어 비교연구 분야를 자극해 주었다는 점일 것이다.

日*kapa* 河 $\sqrt{kap}$ =韓*kaiul* 河 $\sqrt{kar}$, 蒙*khol* 河 $\sqrt{khor}$

日*kaperu* 替る $\sqrt{kap}$ =韓*kal-ta* 替 $\sqrt{kal}$

日*kupa* 鍬 $\sqrt{kup}$ =韓*karai* 鋤 $\sqrt{kar}$

日*kaba* 蒲 $\sqrt{kab}$ =韓*kal* 蘆葭類 $\sqrt{kal}$, 蒙*khol sun* 蘆 $\sqrt{khol}$

日*kabu* 株 $\sqrt{kab}$ =韓*keuru* 株 $\sqrt{keur}$

日*komaru* 苦る $\sqrt{kom}$ =韓*koropso* 苦む $\sqrt{kor}$ 등 27예.

결국 *l*, *r*로 끝나는 우랄·알타이어의 어근에 일본어는 *p*, *b*, *m*으로 대응된다는 주장이었다. 白鳥는 그 후에도 여러 논문에서 한·일 양국어의 관계를 열심히 추구하였다.[50] 그러나 1910년을 넘어서면서 그는 한·일 양국어의 관계에 회의를 느낀 듯하다. 1914년 드디어 자신은 애스튼이나 金澤가 주장하는 것처럼 일본어와 한국어 간에 그렇게 친밀한 유사가 존재한다고는 생각하지 않는다고 말하면서 "내가 현재의 지식을 가지고는 아직 日本語가 과연 우랄·알타이 어계에 속하는지 아닌지를 단언할 수는 없으나, 朝鮮語가 이 어족에 들어갈 수 있다는 데에는 거의 의심할 여지가 없을 것 같다."[51]와 같은 극적인 선언으로 10여 년 동안 일본어를 한국어나 우랄·알타이 제어와 비교하면서 이룩한 스스로의 업적을 백지화하면서, 자신의 학문적 소신을 내던지고 말았다. 확신 속에서 밀고 나가던 주장을 하루 아침에 포기해버린 데에는 일본어의 기원문제가 그만큼 해결하기 힘든 과제였다는 점에 그 원인이 있었겠지만, 일본어와 한국어 내지 알타이어 제어간에 존재하는 장벽을 당시의 언어사적 성과로는 해명할 길이 없었던 데에도 원인이 있었다고 볼 수 있다. 더구나 민족의 기원과 언어의 기원은 얼마든지 다를 수 있는데도 불구하고 白鳥는 언어의 기원을 해결함으로써 민족의 기원이 해결되리라고 믿었기 때문에 도중에서 사면초가를 겪지 않을 수 없었다. 일본어가 한국어나 우랄·알타이 제어와 친족관계에 있다고 정식으로 선언한 지 10년 만에 스스로의 신념에 회의를 느낀 채 끝나버렸지만 그가 보여준 전거 중심의 실증적 고증방법은 언어학적 이론과 방법 못지않게 언어사 연구에 중요한 기반임을 보여 주었다.

---

50) 白鳥庫吉(1906), 國語に於ける敬語法の原義に就いて(『史學雜誌』第17編 第4, 11, 12號) pp.341-368, 1125-1139, 1225-1250.

　　　_____(1907), 蒙古民族の起源(『史學雜誌』第18編 第2=5號) pp.109-130, 240-252, 366-374, 490-502.

　　　_____(1909), 日韓アイヌ三國語の數詞について(『史學雜誌』第20編 第1-3號) pp.1-11, 153-181, 251-269 등.

51) 白鳥庫吉(1914), 朝鮮語とUral-Altai語との比較研究(『東洋學報』第4卷 第2號) p.145. 이 논문은 1916년까지 3년 동안 7회에 걸쳐 발표되었는데 일본어는 하나도 포함되지 않았다.

## 6) 宮崎道三郎의 비교연구

사학자였던 白鳥庫吉가 일본민족의 기원을 찾기 위한 한 방법으로 한·일어 비교에 착수하였다면 법학자였던 미야자키 미치사부로오(宮崎道三郎)는 일본의 古代法制를 해명하기 위한 한가지 방편으로 양국어 비교연구에 뛰어 들었다. 그는 법제와 관계있는 일본어가 한국어와 유사한 데에 흥미를 느낀 것이다. 그 첫 번째 결실이 宮崎道三郎(1904a)였다.[52]

그는 이 논문에서 일본어의 難語 중에는 한국어를 참조하면 그 의미가 명백해지는 것이 있다고 전제하고 특히 법제와 관계있는 일본어 중에는 "コホリ*kohori*(郡), ムラ*mura*(村), ムレ*mure*(群), トモ*tomo*(伴), カラ*kara*(族), ヘ*he*(戸), マク*maku*(任), ハタル*hataru*(徵), マツル*maturu*(奉), タ*ta*(田), ハタ*hata*(畑), ハル*haru*(墾), タバ*taba*(束)" 등처럼 한국어에 相合하는 것이 많으나, 이들이 일본에서 한국으로 온 것인지 한국에서 일본으로 건너간 것인지 지금으로서는 확실치 않다고 조심스럽게 끝맺었다. 그는 2년 후 또 하나의 노작을 세상에 내놓았다. 宮崎道三朗(1906-1907)였다.[53]

이 논문은 단어 하나하나를 개별적으로 비교해나간 것인데 총단어수는 41개에 지나지 않으나 이 중에는 무시 못 할 예가 많이 포함되어 있어 주목된다. "日ほとき*potoki*(保止支, 缶)=韓'바탕이'(缸)/日つるべ*turube*=韓'드레박'(釣瓶)/日しとぎ*sitogi*(餈)=韓'썩'(餅)/日なた*nata*(鈵)=韓'낫'(鎌)/日ゆすら*yusura*=韓'이스랏'(櫻桃)/日そば*soba*=韓'섭'(柴)/日くど*kudo*(曲突)=韓'굴쑥'/日さび*sabi*(鉬)=韓'삽'(鍤)/日ころも*koromo*(衣)=韓'후리매'" 등.

특이한 단어로 백제어 '己, 支'=日*ki*(城), 고구려어 '旦, 頓, 呑'=日*tani*(谷)/'忽次, 古次'=日*kuti*(口) 등과 같은 어원해석이 엿보이며, 馬色 관련의 명칭이 蒙·滿·韓 삼국어에 일치함을 지적하고 있다. 그러나 전체적으로는 역시 언어학적으로 용인할 수 없는 附會가 많고 무리한 비교를 궁색하게 이끌어 가느라고 고심한 흔적이 보이는데 "日すまひ*sumahi*(相撲)=韓씨름/日さら*sara*(鈔鑼), さばり*sabari*(椀)=韓사발(椀), 소라(盆)/日かうり*kauri*(行李)=韓고리(篝筥)" 등이 그러한 예들이다. 그는 한·일 양국어를 동계어로 보고 비교한 것인지 외형상의 유사성을 막연히 비교한 것인지에 대해서 확실한 태도를 밝히지 않았으나, 아마도 전자의 태도를

---

52) 宮崎道三郎(1904a), 日本法制史の研究上に於ける朝鮮語の價値(『史學雜誌』第15編 第7號) pp.695 -735.

53) 宮崎道三朗(1906-1907), 日韓兩國語の比較研究(『史學雜誌』第17編 第7-10, 12號/第18編 第4, 8, 10-11號) pp.657-680, 809-818, 926-946, 1012-1031, 1211-1225, 357-366, 839-851, 1055-1067, 1173-1182.

취했을 가능성이 크다. 왜냐하면 그는 양국어에 관련된 논문을 상당히 많이 발표했지만 거의 유사성 지적에 그쳤기 때문이다.[54]

　　1905년을 전후하여 한·일 양국어의 단어비교 연구는 절정에 달한 감을 준다. 특히 白鳥와 宮崎는 언어학의 국외자였으면서도 이 분야에 적지 않은 실적을 남겼다. 이밖에 오오시마 마사타케(大島正健1898)[55]가 있으나 白鳥의 연구에는 비길 바 못되며, 白鳥와 논전을 전개한 바 있는 법학자 나카다 가오루(中田薰)[56]와 사학자 쓰보이 구마조오(坪井九馬三)[57]의 어원관계 논문이 약간 남아 있으나 거론할 만한 의미는 없는 듯하다.

　　한편, 파아커나 에드킨즈 이후에도 서양학자들의 연구는 계속되었다. 로스(Ross, J.), 맥킨 타이어(MacIntyre, J.), 스코트(Scott, J.) 등의 연구를 이어 받은 언더우드(Underwood, H.G.), 게일 (Gale, J.S.), 배어드(Baird, A.L.A.), 홋지(Hodge, J.W.), 배어드(Baird, W.M.) 등의 한국어 문법연구와 문법기원 연구가 활발하게 진행된 것이다. 그 가운데에는 특이하게도 한국어의 남방계설을 주장한 헐버어트(Hulbert, H.B.)의 여러 연구[58]가 발표되는 한편 꾸우랑(Courant. M.1899)[59]

---

54) 그 한 두 가지만 들어 보면 다음과 같다.
　　宮崎道三郎(1904b), 朝鮮語と日本法制史(『國家學會雜誌』 第19卷 第7號).
　　＿＿＿＿(1904c), 朝鮮語と日本の歷史(『東洋學藝雜誌』 第279號).
　　이밖에도 한국의 고대지명 등에 관한 어원해석 시도가 많다.

55) 大島正健(1898), 日本語と朝鮮語との關係(『獨立雜誌』 第1-2號).

56) 中田薰(1905-1906), 可婆根(姓)考(『史學雜誌』 第16編 第12號, 第17編 第2號) pp.1117-1136, 148-160.
　　"臣(*omi*), 連(*muraji*), 直(*atapie, atape*), 首(*opito, opushi*), 朝臣(*asomi, ason*), 忌寸(*imiki*), 稻置 (*inaki*), 縣主(*agatanushi*), 眞人(*mapito, matto, maputo*), 宿禰(*sukune*), 村(*sukuri*), 別(*wake*), 造 (*miyatsuko, tsuko, yatsuko*)" 등을 한국어 또는 아이누어로 해석하고 있으나 무리가 많다. 그의 '郡, 村' 어원관계 논문목록은 본고의 각주49 참조.

57) 坪井九馬三(1909-1910), 朝鮮古地名の二三に就て(『史學雜誌』 第20編 第1-2號, 第21編 第3號) pp.86-93, 208-215, 329-337.
　　＿＿＿＿(1910), 朝鮮古地名の二三に就いて(尉耶巖條)補考(『史學雜誌』 第20編 第3號) pp.364-367.
　　그는 古地名 외에도 '買'(川, 河), '弗'(邑), '高思曷伊'(冠文) 등을 해석하였으나 '音式'이라는 명칭하에 '$p \rightarrow m \rightarrow ng \rightarrow n \rightarrow y \rightarrow r(l)$'과 같은 音轉方式을 규정하는 등(참고, 補考 p.366) 지나친 것이 많았다.

58) 그의 주장인 남방계설 특히 드라비다어(Dravida) 계통설은 다음과 같은 여러 저술에 나타난다.
　　Hulbert, H.B.(1895), The Origin of the Korean People(*Korean Repository.* Vol.II, No.6-7).
　　＿＿＿＿(1901a), The Korean Pronoun(*The Korea Review.* Vol.I, No.2).
　　＿＿＿＿(1901b), The History of Korea(*The Korea Review.* Vol.I, No.2),
　　＿＿＿＿(1901c), Korean and Efate(*The Korea Review.* Vol.I, No.7-8).
　　＿＿＿＿(1902), The Korean Language(*The Korea Review.* Vol.II, No.10).
　　＿＿＿＿(1903), Korean and Formosan(*The Korea Review.* Vol.III, No.7).
　　＿＿＿＿(1905), Korea and Formosa(*The Korea Review.* Vol.V, No.1).
　　이들은 후에 정리되어 ＿＿＿＿(1905), *A Comparative Grammar of the Korean Language and the Dravidian Dialects of India*로 종합되었다.

이나 앞에서 언급된 가벨렌츠(Gabelentz, G. von der,1892, 1901) 등이 공표되어 한국어와 일본어 및 우랄·알타이 제어의 계통 내지 공통특질에 대한 비교를 보여주었다. 그러나 그들의 관심은 한결같이 계통문제에 고착되어 일본학자들의 단어비교와 같은 구체적인 업적을 내놓지는 못했다고 할 수 있다. 그러한 일례로서 白鳥의 비교연구가 이미 극에 도달했을 무렵에 발표된 레이(Lay, Arther Hyde1906)와 같은 소론[60]을 들 수 있다.

그는 여기서 먼저 한국어와 일본어가 膠着性을 보이고 있으며, 몽고·만주어와 함께 투란(Turan) 어족의 북방계열에 속한다고 보았다. 나아가 두 언어는 "문법구조에서 보통이 넘을 정도로 서로 유사하다"(In grammatical structure Japanese and Korean resemble each other in an extra-ordinary degree)"라고 하면서 동사가 문장의 끝에 온다는 등, 양국어의 어순과 문법상의 구조가 일치함을 지적하였다. 그러나 그 때마다 인구어를 대조 설명함으로써 애스튼 이래 초기의 서양학자들이 상투적으로 쓰던 설명방식을 구태의연하게 답습하고 있다. 그는 한국어와 일본어 간에 유사한 고유어가 많은데, 이는 친족관계에 있는 것으로 보인다고 말한 후, 좀 더 연구하면 많은 것이 드러날 것이지만 여기서는 암시에 그쳐 둔다면서 "고대일본어 *mi*=韓*mul*(water), 日*hoka*=韓*patkeui*(excepting), 고대일본어*tag(apu)*=韓*tarao*(to differ)" 등 20개의 단어 비교를 보여주었다. 당시 일본학자들의 연구성과에 비기면 보잘 것 없는 내용이었다.

## 7) 金澤庄三郎의 비교문법 연구

白鳥庫吉나 宮崎道三郎와 거의 같은 시기에 등장한 학자로서 정식으로 언어학을 전공한 연구자가 가나자와 쇼오사부로오(金澤庄三郎)였다. 1896년 帝國大學 博言學科를 졸업한 그는 다시 대학원에서 아이누어와 한·일 양국어의 비교연구에 종사하다가 1898년 문부성의 명을 받고 우리나라에 건너와 주로 양국어의 관계에 대하여 연구를 계속하였다. 3년 후인 1901년 가을 일본으로 돌아간 그는 동경외국어학교에서 교편을 잡는 한편 『日韓兩國語比較論』 및 『日韓語動詞論』 2편을 대학원 졸업논문으로 박사회에 제출하여 학위를 얻었으며 1902년 가을부터 동경제국대학에서 '일한어비교문전' 강의를 담당하였다. 그는 처음부터 비교연구에 뜻을 둔 사람이었고 그것을 위해 정진한 당시의 유일무이한 일본학자였다. 白鳥庫吉(1898)가

---

59) Courant. M.(1899)의 Sur les études coréenes et japonaises(*Actes du XL-e congrès internationale des orientalistes à Paris en* 1897. II *section* —— *Extrême orient*) pp.67-94.
60) Lay, Arther Hyde(1906), The Study of Corean from the point of view of a student of the Japanese Language(*Transactions of the Asiatic Society of Japan.* Vol. XXXIV, pt. I) pp.49-59.

발표되는 동안 한국에 머무르고 있던 그는 "諺文の起源"(『朝鮮月報』第1號, 1898(이듬해『言語學雜誌』第1卷 第2號, 1899에 再錄), "朝鮮の書籍"(『朝鮮月報』第2號, 第3號, 1899-1900), "朝鮮に關する西人の研究"(『朝鮮月報』第3號, 1900) 등을 발표하면서 비교연구의 기반을 닦았고, 귀국 후에는 "假字の起源に就きて"(『言語學雜誌』第3卷 第3號, 1902a), "郡·村の語源に就きて"(『史學雜誌』第13編 第11號, 1902b), "寧樂考"(『史學雜誌』第14編 第11號, 1903), "古事記の一節に關する私疑"(『帝國文學』第10卷 第1號, 1904), "國語に對する予の希望"(『國學院雜誌』第11卷 第1, 1905a), "延言考"(『帝國文學』第11卷 第1號, 1905b), "名詞の性に關する研究"(『國學院雜誌』第11卷 第7, 1905c), "郡の語源"(『帝國文學』第12卷 第1號, 1906a), "鼻目耳口"(『教育學術界』第12卷 第4號, 1906b), "活用に關する私見の一節"(『國學院雜誌』第12卷 第6, 1906c), "韓語研究の急務"(『國學院雜誌』第14卷 第1, 1908) 등 수많은 短論을 차례로 발표하면서 양국어에 대한 비교연구에 전념하였다. 1910년 그는 그동안 여기저기에 발표한 短論들을 모아 『國語の研究』[61]라는 단행본을 간행하였다. 이중에서 양국어에 관련되는 것을 추려보면 다음과 같다.

① 日韓語音韻比較の一節(pp.36-38). 한국어의 된시옷은 원래 독립된 하나의 綴音이 모음을 잃어버린 결과 생겨난 것으로 『鷄林類事』의 '菩薩'(米)은 *po-săr*이었는데 *po*의 *o*가 삭감된 후 *psăr*(뿔)이 되었고 *stăr*(쓸)도 *am-adăr*(女子)의 *a*가 떨어져 *mdăr*이 되었는데, 그 후 다시 *psăr*에서는 어두의 *p*가, *mdăr*에서는 *m*이 된시옷으로 변하였다. 『龍飛御天歌』에 보이는 *pski*(삐)도 원래는 三綴音이었던 것이 모음을 잃고 그처럼 되었을 것이며, 그밖에도 다음과 같은 예가 있다. "日 *shitoki*(粢餠)=韓 썩 *stök*(餠) / 日 *tuschi*(土)=韓 싸 *sta*(地) / 日 *magari*(饌飴)=韓 쑬 *skur*(密) / 日 *mata*=韓 쏘 *sto*(又) / 日 *sitomi*(蔀)=韓 씀 *steum*(苫)."

② 延言考(pp.39-47). 한국어와 일본어는 외형뿐 아니라 동사, 형용사의 활용에서도 부합된다.

| | 어근 | 부사법 | 명사법 |
|---|---|---|---|
| 일본어 | *nor*(宣) | *noraku* | *norafu* |
| | *mane*(普) | *maneku* | *maneki*, *manemi* |
| 한국어 | *nir*(謂) | *niră-köi* | *niră-ki*, *niră-m* |
| | *man*(多) | *man-köi* | *man-ki*, *man-ŭm* |

일본어의 동사·형용사는 본래 동일활용으로 그 부사법은 *k*형, 명사법은 *k*, *m* 양형

---

61) 金澤庄三朗(1910a), 『國語の研究』, 同文館, 東京.

이었던 것이 동사와 형용사가 분리된 뒤에는 주로 형용사에만 그것이 남고 동사에는 延言 중에 그 흔적을 남겼기 때문에 일본어의 형용사는 한국어와 활용이 일치하나 동사는 활용을 달리하게 된 것이다.

③ 形容詞考(pp.48-56), 形容詞考補遺(pp.223-227). 일·한 양국어중 계통이 같다고 생각되는 형용사의 부사법을 비교하면 다음과 같다.

日 *kata-ku*(堅) *naho-ku*(直) *goto-ku*(如) *tomo-si-ku*(乏) *kuha-si-ku*(美)
韓 *kut-köi*(堅) *nop-köi*(高) *kat-köi*(同) *teumur-köi*(乏) *kop-köi*(美) 등.

이로써 일본어 *si-ku*활용의 *si*는 어간에 속하지 않음이 확실하며 이는 *su*(爲)의 변태이다. 왜냐하면 한국어나 沖繩방언과 비교할 때 이 *si*가 나타나지 않기 때문이다.

④ 名詞の性に就いて(pp.61-64). 일본어의 명사에서 성을 나타내는 *se*(남성), *imo*(여성)가 한국어에도 부합된다.

| | | | |
|---|---|---|---|
| 남성 | *su-tărk*(雄鷄) | *su-so*(牡牛) | *su-kai*(牡犬) |
| 여성 | *am-tărk*(雌鷄) | *am-so*(牝牛) | *am-kai*(牝犬) |

⑤ 指定の助動詞に就いて(pp.75-79). 일본어 *nari, tari*에 대한 한국어는 *nira, töra*인데 *nira*는 과거, *töra*는 완료시로, 그 의의는 변화되었으나 *ka-nira, ka-töra*; *tărk-i-nira, tărk-i-töra*처럼 용언, 체언에 구별 없이 연결되어 사용된다.

⑥ 日韓滿蒙語研究に就いて(pp.157-168). 일본어와 한국어가 동일기원임은 자신이 확신하고 있으며 또 설명할 수도 있으나 만주어, 몽고어도 연구해보면 일본어와 관계가 있을 것이다.

日*ha*(者의 뜻), *ba*(場)=韓*pa*(所)=滿*pa*, 蒙*pa*(處)
日*ika*(大)=韓*kheu*=滿*ika*, 蒙*ike*(大)
日*omo*(母)=韓*ömi*(母)=滿*eme*(母), 蒙*eme*(妻)
日*kuhasi*(美)=韓*kop*(美)=滿*guwa*(美好)
日*toki*(時)=韓*chyök*(時)=蒙*chak*(時) 등 21예.

이 책에는 그밖에도 "神奈備考"(pp.117-122), "家族の稱呼に關する二三の考"(pp.123-127), "耳目鼻口"(pp.128-130), "古事記の一節に關する私疑"(pp.136-143), "探湯考"(pp.217-222)가 수록되어 있는데 각 편에는 단어 비교가 몇몇씩 나타난다.

金澤는 비교문법적 견지에 서서 개별적인 단어보다 체계적인 형태소를 중시하고 체언의 굴절접미사나 특수단어의 비교에 노력을 기울였다. 그에 따라 다른 학자들이 손대지 못한 새로운 면을 개척하였으며 양국어의 비교를 진일보시키는 데 커다란 역할을 하였다. 1910년 그는 문법적 형태소 비교를 체계화시킨 양국어 비교문법『日韓兩國語同系論』을 간행하였는데 이로써 10여년 이래의 지론이었던 양국어 동일계통설을 정리한 셈이다.[62] 서문에 의하면 이 책은 통속적으로 일·한 양국어의 유사점을 열거하여 그들이 동계에 속하는 국어임을 보이고자 한 것이다.

그 내용은 서설, 제1장 音韻의 비교, 제2장 語法의 비교로 되어 있는데, 제2장은 다시 제1절 體言(명사, 대명사, 수사), 제2절 用言(명사법, 부사법, 有ari라는 동사, 受動·自動·他動의 構造, 敬語法, 時에 関한 助動詞, 打消法의 比較), 제3절 助詞(主格, 領格, 造格, 詠嘆, 疑問, 反對의 意를 表하는 助詞)로 구분되어 있어 비교문법의 체재를 어느 정도 갖추고 있다. 그는 서설에서 "한국의 언어는 우리 대일본제국의 언어와 동일계통에 속하는 것으로, 우리 국어의 한 분파에 지나지 않는 일, 마치 유구방언이 우리 국어에 대해서 같은 관계에 있는 것과 같다"고 전제하고 나서 양국의 역사적 관계로 보아 고대에는 양국언어의 차이가 심하지 않았음을 알 수 있으며 근년 양국어의 관계문제가 내외학자의 주의를 끌게 되고 애스튼, 白鳥, 宮崎의 연구결과가 양국어 동계론에 일치되었다고 말하였다. 그리고 "어떤 신기한 점도 없는 이 사실, 의외로 널리 알려지지 않았음은 매우 유감이다"라고 하면서 일반은 물론 한국어를 할 줄 아는 사람이나 언어를 전문으로 하는 학자 중에도 이 사실에 어두운 사람이 있음을 한탄하고 일본어의 東洋 연구에 대한 냉담을 개탄하였다.

제1장 음운의 비교에서 聲音은 언어비교 연구의 근저가 되는 것으로 그 변천에는 엄밀한 법칙이 있어 이 방면의 연구가 중요함을 강조하고 외형만 가지고 비교하다가는 借用語나 암합하는 경우가 적지 않으므로 먼저 언어 내부의 조직을 연구해야 한다고 말한 후 150개(영문판에는 153개)[63]의 대응단어를 제시하였다. "日asa=韓sam(麻)/日bu-ta(家猪)=韓tot(猪)/日hiru=韓pi-reum(莧)/日ho-ne=韓pyo(骨)/日huku-be(瓢)=韓pak(瓠)/日huru(降)=韓pur(吹)/日ids-u(出)=

---

62) 金澤庄三朗(1910b),『日韓兩國語同系論』, 三省堂書店, 東京.
63) 이 책에 합철되어 있는 일본어판과 영문판의 단어수가 꼭 일치하지는 않는다. 영문판에는 일본어판에 나와 있는 단어 4개(日kukatachi=韓kuk-chhat 探湯/日kuro=韓kuröng 畔/日mo=韓mo 裳/日totoki=韓tötök 薑)가 없는 대신 일본어판에는 없는 단어 7개(日hotoki=韓tok, vessle/日magari, sweet sugar=韓mkur, honey/日mochi, bird-lime=韓mut, to adhere/日sabi=韓sarp, spade/日siru=韓sul, liquer/日susu, soot=韓sus, charcoal/日udsura=韓moi-cheura-ki, quail)가 들어 있어 결과적으로는 3개가 더 많아지게 된 것이다.

韓*toi*(化)/日*ika*=韓*kheu*(大)/日*imo*=韓*am*(女)/日*ka*(香)=韓*kho*(鼻)/日*kara-musi*=韓 *mosi*(苧)/日 *ka-ru*(離)=韓*ka*(行)/日*ki-ku*(聞)=韓*kui*(耳)/日*koh-u*(戀)=韓*kop*(美)/日*konami*(前妻)=韓*kheunömi*(嫡妻)/日*kowe*(聲)=韓*kui*(耳)/日*ko-yomi*(曆)=韓*hăi*(日)/日*kuha-si*=韓*kop*(美)/日*kuki*(岫)=韓*kokai*(峴)/日*kukatachi*=韓*kuk-chhat*(探湯)/日*kura*=韓*kor*(洞)/日*kuro*=韓*kurŏng*(畔)/日*kusa*(種)=韓*kaji*(類)/日 *mane-si*(普)=韓*man*(多)/日*mata*(又)=韓*mada*(每)/日*mata-si*(全)=韓*moto*(總)/日*mo*=韓*chi-ma*(裳)/日*na-mida*=韓*nun-mur*(淚)/日*se*=韓*su*(男)/日*siki*=韓*siki*(城)/日*simi*(衣魚)=韓*chom*(蠹)/日*si-uto*=韓 *seui-api*(舅)/日*su*(巢)=韓*sa*(住)/日*sune*(脛)=韓*sin*(鞋)/日*susu-ki*(芒)=韓*syusyu*(秋)/日*taku*=韓*tak*(楮)/日*tatsuki*(鐇)=韓*tokkeui*(斧)/日*tomo-si*(乏)=韓*teumu*(稀)/日*tor-u*(取)=韓*teur*(入)/日*totoki*=韓*tö-tök*(蓋)/日*tsuma*(褄)=韓*chhima*(裙)/日*tusto*(苞)=韓*tot*(席)/日*u-hanari*(後妻)=韓*myönari*(婦)/日*yu-hu*=韓*poi*(布)/日*wase*(早稻)=韓*ösö*(早)/日*wi*=韓*u-mur*(井)/日*wata-su*(渡)=韓*pat*(受)" 등은 그 중요한 일부인데 일견 무리한 것도 많이 포함되어 있음을 알 수 있다. 가령 중세한국어 '드외-'(化)를 생각할 때 日*ids-u*와 韓*toi*(되-)의 비교는 힘들어 보이며, 일본어*mo*(裳)와 *tsuma*(褄)가 한국어*chhi-ma*(裳)에, 일본어*ki-ku*(聞)와 *ko-we*(聲)가 한국어*kui*(耳)에 비교된 것도 음운대응으로 설명되어야 할 것이다. 또 일본어 *kara-musi*(苧)는 한반도로부터 일찍이 차용되었을 가능성이 크다. 일본어 *mata*(又)를 다른 논문에서는 한국어 '쏘'(又)에 비교하였으나 여기서는 *mada*(每)로 대치하였다. 성음의 중요성을 강조한 바 있지만 실제로는 그 역시 외형적 유사성을 떨쳐내지 못했기 때문이라고 볼 수 있다. 여기서 그러한 세부적인 면을 일일이 지적할 필요는 없을 것이다. 왜냐하면 당시 다른 학자들에 비하면 그의 연구는 상대적으로 과학적이었기 때문이다. 그는 필요에 따라 군데 군데에 음운론적인 주석을 베풀고 최후에는 단어비교상의 음운 관계를 다음과 같이 정리하였다.

① 韓語의 *h*음은 日本語에서는 반드시 *k*음이 된다.
② *t, n, r*의 同等性. *t n r* 三音의 성질이 매우 가깝다는 것은 兩國語 공통의 사실로서 比較研究上 잊어서는 안 된다.
③ *r*음은 語頭에 오지 않는다. 이 사실 또한 兩國語의 특질이다.
④ 韓語 *p*음은 日本語에서는 반드시 *h*음이 된다.

이것은 그의 단어비교가 음운대응을 바탕으로 행해진 것이 아님을 보여주는 간단한 법칙에 불과한 것으로, 이 정도 원칙은 이미 애스튼과 白鳥에서도 찾아볼 수 있었다.

제2장 어법의 비교에서는 다음과 같은 공통점이 제시되었다.

제1절 체언에서

① 명사. 다수를 나타낼 때 같은 말을 반복한다. 日*kuni-guni*(國々)=韓*chip-chip* (家々)

| | 日 | 韓 |
|---|---|---|
| 복수접미사 | *tachi, dochi* | *teur* |
| 성을 나타내는 말 | *imo*(女), *se*(男) | *am*(女), *su*(男) |

② 대명사

| | 日 | 韓 |
|---|---|---|
| 인칭대명사 | *a, ware*(我) | *a, uri*(我) |
| | *na*(汝) | *nö*(汝) |
| 지시대명사 | *ka*(彼) | *keu*(其) |
| | *so*(其) | *chö*(彼) |
| 의문대명사 | *idsu*(何) | *öt*(何) |

③ 수사

| | | |
|---|---|---|
| 수개념어 | *kazu*(數) | *kaji*(種類) |
| | *yoro-dsu*(萬) | *yörö*(衆) |
| | *mane-si*(普) | *man*(多) 등. |

제2절 용언에서

① 명사법

| | | |
|---|---|---|
| | *i  utah-i*(謠) | *nor-i*(遊戱) |
| | *mi tanosi-mi*(樂) | *chi-m*(荷物) |
| | *ku omoha-ku*(思) | *sar-ki*(生活) 등 |

② 부사법

| | | |
|---|---|---|
| | *i kaheri-*(*miru* 顧) | *kip-hi*(深) |
| | *ku chika-ku*(近) | *chop-köi*(狹) 등. |

③ 동사 *ari*(有)는 여러 가지 직분을 가진다.

| *ari* | *ir* |
|---|---|
| *tari*(半과거조동사) | *töra*(半과거조동사) |
| *nari*(半과거조동사) | *nira*(과거조동사) 등. |

④ 수동·자동·타동의 구조가 *ari*와 결합되는 것이 많은데 한국어도 그와 같다.

| | |
|---|---|
| *mir-u*(見)—*mir-aru*(수동) | *chap*(捕)—*chap-i*(수동) |
| *kah-u*(替)—*kah-aru*(자동) | *sok*(欺)—*sok-i*(타동) 등 |

⑤ 경어법

*ari*(有)와 복합되는 경어   *mir-u*(見)—*mir-aru*          *po*(見)—*po-o-i*

| su(爲)와 복합되는 경어 | tor-u(取)—tora-su | po(見)—po-si |
|---|---|---|
| ha行으로 활용하는 경어 | yob-u(呼)—yoba-hu | hǎ(爲)—hǎ-op 등. |

⑥ 時에 관한 조동사

| 半과거조동사 | tsu | tö |
|---|---|---|
| | tari | töra |
| 과거조동사 | nu | nira |

⑦ 타소법

| nu, ne, na | ani |
|---|---|
| ni, nani(의문대명사) | |
| imada(未) | mot(不能) |

第三節 조사에서

|  | 日 | 韓 |
|---|---|---|
| ① 주격 | i | i |
| | ga | ka |
| ② 영격 | tsu, ta | t(pata-t-mur 海水) |
| ③ 조격 | ka-ra, yo-ri | ro |
| ④ 영탄 | ka | ko |
| | kana | kona |
| | rokana | rokona |
| ⑤ 의문 | su-ya | hǎ-nǎn-ya |
| | si-tari-ya | hǎ-tön-ya |
| | su-ru-ka | hǎr-ka |
| ⑥ 반대 | are-do | ira-do |
| | tare-do | törǎ-do |

　그는 이밖에 문장법상 어구배열의 순서로부터 특수성어에 이르기까지 근본적 조직이 다른 점을 지적하기가 힘들다고 말하고 일·한 양국의 언어는 그 근본에 있어 동일하다고 결론 지었다.

　이상과 같은 그의 연구는 白鳥나 宮崎와는 달리 문법적인 형태소 비교를 체계화시켰다는데 그 가치가 있다. 애스튼이 어느 정도 손을 대기는 했지만 金澤는 더욱 깊게 파고 들어가 그 가능성을 구체화시켰다. 따라서 음운비교가 애스튼보다 부실한 반면 어미의 비교는 金澤가 우세한 셈이며 이러한 의미에서 金澤의 비교문법은 사적 의의가 크다. 그러나 *nari~nira*, *tari~töra*와 같은 비교를 위시하여 특히 동사 *ari*(有)와의 결합문제 등 여러 가지 점에 대해서는 좀 더 검토되어야 할 것이다. 金澤는 그 후에도 끊임없이 이어진 대소론저를 통하여 역사적으로 문화적으로 양국어가 동계임을 주장해왔으며[64] 한국해방 이후까지 노령임에도 불구하고 이 분야에 지속적인 관심을 보여 주었다.[65]

여기서 한 가지 덧붙이고 싶은 사실이 있다. 그것은 그 당시 일본학자들의 한국어 연구가 적어도 한동안은 일본의 국가정책과 밀접한 관계를 맺으며 부침하지 않았나 하는 점이다. 19세기 후반에 접어들면서 외교상 한국어의 필요성을 절감한 일본은 1872년 대마도에 '語學所'를 설치하고 한국어 교육을 시작하였다.

그러다가 1873년 대원군이 물러나고 閔씨의 세도정치가 시작되면서 세태가 혼란해진 틈을 탄 일본은 한국의 내정을 간섭하는 한편 대마도의 語學所를 부산으로 옮겼다. 丙子修好條約(1876)으로 일본과 한국이 통상을 시작한 이듬해인 1877년에는 교칙을 개정하여 '語學所'를 '朝鮮語學校'로 승격시킨 후 종전에 쓰던『交隣須知』,『隣語大方』과 같은 교과서를 폐기시키는 한편 한국어교육을 강화하고 많은 통역관을 배출시켰다. 1880년 동경외어학교에 조선어과가 설치되자 부산의 조선어학교는 문을 닫았다. 본국으로 옮아간 한국어교육은 많은 통역관, 외교관의 양성에 이바지하는 한편 한국어를 학문적으로 연구하는 계기를 마련해주었다. 그에 따라 한·일 양국어의 관계가 논의되면서 일본의 언어와 민족의 계통문제가 구체적으로 한국에 연결되기 시작하였다. 특히 애스튼의 연구에 자극을 받은 양국어의 비교는 大矢透 이후 白鳥庫吉, 宮崎道三郎 등을 맞아 일본에서 전성시대를 이루고 있었다. 金澤庄三郎의 양국어 비교연구도 이 같은 배경 속에서 이루어졌다.

1882년부터 美, 英, 獨, 露, 伊 등의 열강과 통상을 맺으면서 문호를 개방한 한국의 하늘에

---

64) 金澤庄三郎(1912),『日本文法新論』(早稻田大學出版部, 東京).
        (1913),『古語の研究と古代の文化』(弘道館, 東京).
        (1920/1941),『言語に映じたる原人の思想』(大鐙閣, 東京/創元社, 大阪).
        (1929),『日鮮同祖論』(刀江書院, 東京) 등.
65) 金澤庄三郎(1951), 朝鮮語研究と日本書紀(『朝鮮學報』第1輯) pp.69-91.
        (1955), 日本語比較雜考(『朝鮮學報』第8輯) pp.21-31.
        (1957), 語源雜考(『朝鮮學報』第11輯) pp.33-41. 등.
        (1957), 朝鮮語と助詞「イ」(『國學院雜誌』第58卷 第5) pp.4-5.
        (1960), 日韓兩語の比較につきて(『國學院雜誌』第61卷 第12) pp.1-12 등.

는 암운이 가실 날도 없었다. 특히 甲午更張(1894)을 앞뒤로 淸·露를 물리치고 한국에 대한 발언권을 독점하게 된 일본은 침략의 마수를 점차 노골적으로 드러내더니 1905년에는 강권으로 乙巳保護條約을 체결하였다. 병자수호조약 이래 일본의 정치적 침략은 한민족의 의분을 자극해 왔는데 을사보호조약과 함께 민족의 분노는 일시에 폭발하고 말았다. 皇城新聞 주필 張志淵은 사설 '是日也放聲大哭'을 쓰고 붓을 꺾었으며, 閔泳煥은 자살로써 국치를 씻었다. 賊臣暗殺團이 조직되었고 각지에서는 의병이 잇달았다. 1907년 海牙密使사건이 터졌고 민심은 날로 소란해갔다. 그러나 일본은 이를 외면, 1910년에는 드디어 한국을 일본에 합병하고 말았다.

이에 일본은 그들의 한국침략에 대한 명분이 필요했을 것이다. 때마침 한·일 양국어의 비교가 무르익고 있었다. 어쩌면 일본의 위정자들은 '한·일 민족은 역사적으로 하나'라는 학계의 결론에 솔깃했을지도 모르며, 이 사실은 민심교화의 대의명분이 될 수 있는 것이었다. 위정자들이 실제로 이러한 목적을 위해서 학문적인 배후를 조종했는지는 알 수 없지만 공교롭게도 정치적인 대의명분에 알맞은 양국어 비교연구가 때를 맞추어 성장해온 것도 사실이다. 金澤의 예를 들더라도 이러한 추측이 전혀 오비이락만은 아님을 알게 해준다.

을사수호조약으로 한국이 일본의 보호국이었을 때 출판된 그의 『日韓兩國語同系論』(1910)에는 분명히 다음과 같은 내용이 드러나 있다. 즉 그는 책 말미의 결론부분에서 "본 논문 起草의 취지는, 이미 序說에서 말한 바와 같이 특수 전문가보다는 오히려 세상일반의 인사에 대하여, 우리 보호국인 韓國이 그 언어에 있어서도 우리 일본어의 한 방언이라는 사실을 가지고, 분명히 同文同語의 나라라는 사실의 一斑을 나타내고, 한쪽으로는 실제로 韓國의 施政敎導의 임무에 나서는 사람들의 참고가 되게 하고…"(本論文 起草の趣旨は、旣に序說において述べたる如く、特殊の專門家よりは寧ろ世上一般の人士に對して、我保護國なる韓國が、その言語においても、亦我國語の一方言なる實を有し、明かに同文同語の國なりといふ事實の一斑を示し、一には實際上韓國の施政敎導の任に當れる人々の參考に資し…)라면서 이 연구의 목적을 밝히고 나서 "…그리하여 日韓兩國民이 서로 國語를 이해하고, 드디어 고대에 있어서처럼 다시 同化의 열매를 거두기에 이른다면 진실로 天下의 경사라고 할 것이다"(…欺くして日韓兩國民互に國語を了解して、遂に古代における如く再び同化の實を擧ぐるに到らば、眞に天下の慶事といふべきなり)라고 맺고 있는데. 이는 상술한 바 있는 대의명분과 일치하는 정치적 발언이었기 때문이다. 뿐만 아니라 이와 비슷한 발언은 그 후의 타 학술 논문에서도 산견되어[66] 학문적 성과가 국가정책의 들러리 역할을

---

66) 일례로 喜田貞吉(1921), 日鮮兩民族同源論(『民族と歷史』第6卷 第1號) pp.1-69가 대표적이다.

하지 않았나 하는 의아심을 자아내고 있다.

## 8) 기타의 군소연구

金澤庄三郎의 『日韓兩國語同系論』이 세상에 나온 1910년경부터 일본어학 연구는 신기원에 접어들고 있었다. 특히 上代特殊假名遺에 대한 본질이 橋本進吉 등에 의해서 밝혀진 이래 奈良시대의 음운체계가 점차 해명되어 현재는 5모음인 일본어가 上代의 奈良시대에는 8모음이었음이 밝혀졌고, 자음에 있어서도 여러 가지 새로운 사실이 밝혀졌다. 가령 sa(サ)행과 ha(ハ)행의 어두자음이 각기 [ts], [f]였고 ta(タ)행의 tʃi(チ)와 tsu(ツ)는 각기 [ti], [tu]로 소급된다는 사실 등이 그것이었다. 이에 따라 일본어학은 어원, 문법연구에도 급전환을 가져왔다. 그러나 이와는 달리 양국어 비교연구는 金澤 이후 차츰 정체상태에 빠져 들기 시작하였다. 몇몇 연구자들의 산발적인 연구가 발표되긴 하였지만 단편적인 데 그쳤고 이전과 같은 활발한 연구는 찾아볼 수 없게 되었다.

1916년 신무라 이즈루(新村出)는 고구려어와 일본어의 수사 사이에서 드러나는 유사성을 지적하여 주목을 받았다.[67] 그러나 이는 한·일어 간의 유사성과는 차원이 다른 문제이므로 이에 대해서는 본고의 후속인 '고구려어의 재인식'에서 별도의 검토가 있을 것이다. 그 밖에는 어쩌다 양국어의 유사성에 관심을 갖게 된 몇몇 사람의 즉흥적 연구가 공백상태를 메꾸어 줄 정도였는데 그러한 대표적 인물이 이나가키 미츠하루(稲垣光晴)였다. 그는 경상남도 晉州에 거주하면서 한국어에 접하게 되자 양국어의 유사성에 흥미를 느끼고 이에 대한 자신의 연구결과를 발표한 것이다. 본고에서는 총 4편의 내용을 요약해 보기로 한다.[68] (*稲垣의 원문에 나타나는 단어용례는 일본어는 물론이려니와 한국어마저도 거의 대부분이 일본문자로만 표기되어 있다. 본고에서는 일본문자로 표기된 용례를 편의상 모두 로마자 전사로 나타낸다).

① 稲垣光晴(1921a). 한일 양국어 간에 어원을 같이 하고 있다고 생각되는 단어가 5~600이나 되지만, 그 중 재미있는 것만 몇 개 소개한다면서 "한국어 'イ'i (齒), 'イカル'ikaru(齒をすり合せる)~日本語 'イカル'ikaru(怒)/韓 'ノ'no(汝)~日 'ナレ'nare(汝)의 'ナ'na/日(富士)~아이누어 'フ

67) 新村出(1916), 國語及び朝鮮語の數詞について(『藝文』第7卷 第2, 4號) pp.119-131, 353-367. 이 논문은 후에 그의 논문집 『東方言語史叢考』(1927), 『言葉の歷史』(1942)에 연달아 재록되었다.
68) 稲垣光晴(1921a), 朝鮮語斷片(『民族と歷史』第6卷 第1號) pp.165-167.
_____(1921b), 脣音の一部に對する私見(『民族と歷史』第6卷 第6號) pp.171-174.
_____(1922), 日鮮語同似の數例(『民族の歷史』第7卷 第2號) pp.203-7.
_____(1923), 日鮮單語の對照(『民族の歷史』第8卷 第2-4) pp.397-407, 482-489, 569-576.

ジ’huzi(火)~韓ブル’pul(火)” 등을 비교하였다. 또 사전에는 나오지 않는 부산지방의 방언 ‘マリカリ’(mar-ikari 馬を繋ぐ綱), ‘ソイカリ’(so-ikari 牛を繋ぐ綱)의 ‘イカリ’ikari와 일본어‘イカリ’ikari(碇), 역시 사전에는 보이지 않으나 자신의 고향지방(相樸國 厚本町)에서 밤에 불을 켜들고 고기 잡으러 간다는 의미로 쓰이는 ‘ヒボリに行く’hiboriniyuku의 ‘ヒボリ’hibori와 부산에서 쓰이는 ‘ヘバリカンダ’hebarikanda의 ‘ヘバリ’hebari는 모두 同語라고 하였다.

② 稻垣光晴(1921b). 어린 아기가 최초로 발하는 음은 ‘ウマウマ’umauma요 이로부터 ‘マムマ’mamuma(食物), ‘ウマイ’umai(味), ‘アマイ’amai(甘)와 같은 말이 생겨나는데, 한국어 mamma(食物), mas(味), masi-nda(飮)도 이와 같은 것이며, ‘マムマ’mamuma(食物)~‘バブ’(pap, 飯)은 m~p의 상통에 불과한 것이라고 하였다.

③ 稻垣光晴(1922). 몇 가지 접미사를 비교한 것으로 日‘クチ’kutʃi(鮸), ‘シャチ’syatʃi(鯱)~韓‘カルチ’karutʃii(太刀魚), ‘メロチ’merotʃii(鰯) 등의 魚名에 많이 붙는 ‘チ’tiʃi, 日‘セミ’semi(蟬), ‘シラミ’sirami(蝨)~韓‘ケアミ’keami(蟻), ‘メアミ’meami(蟬) 등의 虫名에 많이 붙는 ‘ミ’mi는 각기 ‘魚, 虫’의 뜻이며, 日‘トロバウ’torobau(盜賊), ‘ケチンバウ’ketʃinbau(吝嗇家) 등의 ‘バウ’bau와 韓‘ビロンバングイ’pirongbangui(乞人) 등의 ‘バング’bangu는 同源이라고 하였다. 또 일본어의 數, ‘ヒ’hi(一)~‘フ’hu(二), ‘ミ’mi(三)~‘ム’mu(六), ‘ヨ’yo(四)~‘ヤ’ya(八)는 모음의 差로 倍數를 표시하는데 한국어 hot-ot(單衣)의 hot(單數의 뜻)과 hat-ot(綿入)의 hat(複數의 뜻) 역시 모음의 차로 배수를 나타내는 것 같다고 보았다.

④ 稻垣光晴(1923). 어학의 전문선생에게 의뢰하여 정정 및 첨삭을 받았다는 이 논문은 문자 그대로 양국어의 한자음, 음운상통, 단어 등을 부류별로 정리한 대조표이다. 동일한 한자의 양국어음을 대조하여 거기서 양국어의 음운변화에 대한 8항목의 音通을 수립하고, 일본어와 한국어를 개별적으로 비교하여 고유어 자체 내에서는 각기 어떠한 음운상통이 존재하는가를 조사한 후 이 결과를 다음과 같이 총괄하였다.

其一, 한자음의 대조

| 조선음 | h | p | r | ch | m |
|---|---|---|---|---|---|
| 일본음 | k | h, f | t, ch | s | b, n |

其二, 한국인이 틀리기 쉬운 일본음
어두의 r → n, 탈락/sh → s/ts → s, ch
탁음과 청음의 구별 불명료

其三, 모음상호의 상통

$a \leftrightarrow i,\ a \leftrightarrow u,\ a \leftrightarrow e,\ a \leftrightarrow o$

$i \leftrightarrow u,\ i \leftrightarrow e,\ i \leftrightarrow o$

$u \leftrightarrow e,\ u \leftrightarrow o$

其四, 순음의 상통

$m \leftrightarrow p,\ \mathrm{m} \leftrightarrow b,\ m \leftrightarrow w$

$p \leftrightarrow b,\ p \leftrightarrow w$

$w \leftrightarrow b$

其五, 자음의 상통

$s \leftrightarrow t,\ s \leftrightarrow ch,\ \mathrm{s} \leftrightarrow sh,\ s \leftrightarrow r$

$k \leftrightarrow h,\ d \leftrightarrow r,\ y \leftrightarrow r$

$n \leftrightarrow j,\ n \leftrightarrow m,\ n \leftrightarrow r,\ n \leftrightarrow t,\ n \leftrightarrow ?$[69]

이상 5개 항목은 후속되는 양국어 단어대조의 기본원리가 된 것인데 이 원리에는 상통이 지나치게 허용되고 있다. 왜냐하면 이들은 다시 점검해 볼 때 모음과 순음은 각기 실질적으로 완전한 상통이고, 자음도 결과적으로는 's~t~n~r~d~y~ch~sh~j~m~p~b~w' 식이 되어 상통 아닌 것이 없게 되기 때문이다. 그의 日鮮語 단어대조는 바로 위와 같은 포괄적인 상통원리를 바탕으로 이루어진 것이다.

其一, 母音의 差로 인하여 日鮮語의 구별이 있는 語例.

日ニレ *nire*(楡)~韓*nu-rum*/ 日サオ*sao*(竿)~韓*sa-at-tai*/ 日マト =ム*mato*=*mu*(集)~韓*mo-to*=*nda*/ 日ト =ブ*to*=*bu*(跳)~韓*ttui*=*nda*/ 日ノ =ス*no*=*su*(載)~韓*ni*=*nda*/ 日カ =ス*ka*=*su*(貸)~韓*kui*=*nda*/ 日マ =ク*ma*=*ku*(捲)~韓*muk*=*nunda* 등 86예.

其二, 子音의 差로 인하여 日鮮語의 구별이 있는 語例.

① *s*와 *t*와 *ch*. 日ツバメ*tubame*(燕)~韓*choi-pi*/ 日ツク =ル*tuku*=*ru*(作)~韓*chin*=*nunda*/ 日ハタラ =ク*hatara*=*ku*(働)~韓*pu-chi-ron*=*hata*(忙)/ 日シメ =ル*sime*=*ru*(鎖)~韓*cham*=*kunda*/ 日タニ*tani*(谷)~韓*shi-nai*(谷川) 등 32예.

② *r*과 *t*. 日コト*koto*(詞)~韓*kur*/ 日クヅ*kudzu*(屑)~韓*karo*(粉)/ 日ヒヂ*hidzi*(肱)~韓*phar* 등 12예.

③ *r*과 *n*과 *m*. 日タヌキ*tanuki*(狸)~韓*sark*/ 日シモ*simo*(霜)~韓*sori* 등 6예.

---

69) '?'는 탈자로 비어 있는 자리이기 때문에 무슨 음이었는지 판단이 서질 않는다.

④ *n*과 *m*. 日メ*me*(目)~韓*nun*/日ナ=ズ*na=zu*(撫)~韓*manchi=nda*/日ニク=ム*ni-ku=mu*(憎)~韓*mui-up=ta* 등 5예.

⑤ *r*과 *y*. 日カヤ*kaya*(茅)~韓*kar*/日カヨ=イ*kayo=i*(痒)~韓*ka-ryop=ta* 등 4예.

⑥ *t, d*와 *m, n*. 日ト=ク*to=ku*(溶)~韓*nok=nunda*/日デ=ル*te=ru*(出)~韓*na=nda* 등 5예.

⑦ *h*와 *k*. 日ク=ル*ku=ru*(暮)~韓*huri=nda*/日カ*ka*(日)~韓*hai* 등 4예.

⑧ *k*와 *ch*, 기타. 日キビ*kibi*(黍)~韓*chemi*/日キヌ*kinu*(絹)~韓*kip* 등 4예.

其三, 脣音의 差에 따라 日鮮語의 구별이 있는 語例.

① 일본어 ハ*ha*행음과 조선어 *p*음.
日ヒエ*hie*(稷)~韓*phi*/日ハ=ハキ*ha=haki*(箒)~韓*pi*/日ハ*ha*(葉)~韓*nip*/日ヒラタシ*hirata=si*(平)~韓*pan-tut=hata*/日ハタシテ*hatasite*(果)~韓*pan-ta-si*/日ヒト=シ*hito=si*(等)~韓*pi-sut=hata*/日ハタ*hata*(織機)~韓*pa-tui*/日フト=ル*huto=ru*(太)~韓*put=nunda* 등 46예.

② *m*과 *b*와 *p*. 日タヒ*tahi*(鯛)~韓*to-mi*/日ナミ*nami*(波)~韓*na-pur*/日キビス*ki-bisu*(踵)~韓(*par*)-*kum-chi*/日アメ*ame*(雨)~韓*pi*/日ミ=ル*mi-ru*(見)~韓*po=nda*/日カフ*kahu*(代)~韓*kap=nunda* 등 24예.

음절과 어간, 어미를 구분 표시해 가며 비교한 어례 중 비약은 심하지만 특히 용언이 많이 포함되어 있어 주목된다. 양국어의 비교에서 용언은 언제나 체언보다 비관적이었는데 이에 대한 반성의 여지를 보여주었기 때문이다. 한편 그는 한국어의 *kidong~chidong*(柱) *ki-rum~chirum*(油), *hyo~soi*(舌)와 같은 口蓋音化 현상에서 *k~ch, h~s*라는 상통원리를 추출하여 이 원리를 양국어 비교에 적용하는가 하면, "日*sazi*(匙)=韓*sasi*, 日*se*(兄)=韓*seng*, 日*mukuge*(槿)=韓*mu-kung-hoa*" 등처럼 차용어나 한자어마저 비교하는 오류를 범하고 있다. 끝으로 그는 일본어의 특징을 단어가 모음으로 끝나는 것이라고 말하고, 한국어에 모음을 더하거나 일본어에서 모음을 떼어 버리면 완전히 同形이 되는 경우가 많다고 하면서 韓*kas*(笠)=日*kasa* 등 많은 예를 제시하였다.

稻垣의 연구는 언어학적 방법론의 결여에서 생기는 갖가지 과오를 범하고 있었지만 자료를 널리 구하고 이를 종합적으로 정리하려는 노력을 보여줌으로써 자국어와 타국어에 대한 관심과 열정을 충분히 보여주었다고 할 수 있다.

서양·일본학자들의 양국어 비교연구가 일세를 풍미하고 지나간 1920년대에도 한국어학계는 비교연구를 수행할 만한 여러 조건을 구비하지 못하고 있었다. 개화의 물결을 따라 시작된 문법연구 위주의 한국어학은 정치적으로 나라를 잃은 울분 속에서 계속된 데다가 외국어나 비교연구에 주목할 만한 시간적 정신적 여유가 없었다. 1921년 朝鮮語學會의 전신인 朝鮮語研究會가 창립되기는 하였으나 산적된 한국어 문제를 제쳐 놓고 딴 과제에 손을 대기는 힘들었을 것이다. 이 같은 실정은 한국 해방때까지 계속된 데다가 언어학의 이론과 방법론은 물론 한국어의 사적 연구와 방언에 대한 연구가 거의 백지상태였을 뿐 아니라, 일본어가 바로 정복자의 언어였기 때문에 한국학자들의 비교연구에 대한 관심을 끝내 유발하지 못하고 말았다. 따라서 1945년까지 한국학자로서 이 분야에 관심을 보인 사람을 찾아보기는 힘들다. 구태여 들자면 權悳奎(1923) 정도가 고작인데 이 책(pp.126~129)에는 '朝鮮語와 姉妹語의 比照'라는 一課가 들어 있다.[70] 그는 아무 설명도 베풀지 않은 59개의 한국어 단어를 다음과 같은 식으로 비교해 놓았다.

| 朝鮮 | 滿洲 日本內地 | 蒙古 |
|------|------|------|
| 검(神) | *kami*(カミ) | |
| 개울 | *kalo* | *kol* |
| 몬(物) | *mono*(モノ) | |
| 고(琴) | *koto*(コト) | |
| 아랑(燒酒滓) | *arki* | *arihi* |
| 메(飯) | *mesi*(メシ) | |
| 노루(獐) | *noro*(ノロ) | |
| 시루(甑) | *seirou*(セイロウ) | |
| 활(弓) | *hiru* | *horom* |
| 두듥(田疇) | *taraha* | *tuturka* 등 |

유사어의 나열에 그쳐 버린 것이지만 이 책의 본래 목적은 교과서이므로 더 이상 거론할 필요는 없을 것이다.


## 3. 방법론의 모색기

### 1) 람스테트의 등장과 방법론의 쇄신

한·일어 비교연구가 이처럼 침체상태를 벗어나지 못하고 있을 때 이 과제에 흥미를 느낀

---

70) 權悳奎(1923), 『朝鮮語文經緯』(廣文社, 京城) 第四十三課.

학자가 알타이어학의 건설자이며 몽고어학의 대가인 람스테트(Ramstedt, G.J.)였다.[71] 그의 공로는 구체적인 비교연구에 있다기보다 참신한 방법론의 제시에 있었다고 할 수 있다. 왜냐하면 그는 비교연구에 선행되어야 할 언어사로서 방언연구는 물론 체계적인 방법론의 결핍으로 이정표 없는 좌충우돌식 비교를 서슴지 않았던 당시의 학계에 정밀한 비교방법을 통한 새로운 가능성을 제시해주었기 때문이다.

1919년 초대일본공사로 동경에 부임한 그는 곧 일본어 연구에 착수하여 1924년에는 일본어의 음운사적 재구방법을 알려주는 소론 한 편을 발표하였다. 이 논문은 그가 아직 한국어를 전반적으로 파악하기 이전에 쓰여진 것이어서 양국어의 비교에 직접 관계되는 것은 아니었지만 원시일본어에 대하여 종래학자들이 전혀 생각하지 못한 여러 가설을 보여 주었다는 점에서 주목을 끌었다.[72]

가령 일본어의 음절구조가 개음절이란 사실은 폐음절일 수도 있는 알타이 제어와는 성질이 전혀 달라 일본어의 알타이어 계통설을 방해하는 하나의 장애물이 되어 왔다. 그러나 람스테트는 일본어도 폐음절을 가지고 있었을 가능성을 다음과 같은 비교로 보여주었다.

日*kata*(side, half)=通*kalta*(half)=蒙*qulta-gai*, *kelte-gei*(id.)=韓*karida*(to divide).

그는 이와 같은 비교를 통하여 원시일본어가 *karta*, *kasta*, *kamta* 등으로 재구될 수 있는 여지를 가지고 있으며, 위험하긴 하지만 *ka*란 음절도 *kak*, *kag*, *kai*, *kar*, *kal* 식으로 소급시킬 수 있는 가능성이 있다고 예견하였다. 이 가설은 자못 획기적인 의미를 지닌다. 왜냐하면 만약 원시일본어에 폐음절이 존재했었다면 일본어의 알타이어 계통설을 가로막고 있던 하나의 장벽이 제거되는 셈이기 때문이다. 문헌적인 고증이나 일본어 음운사를 통한 재구에 손을 댈 처지가 못 되었던 람스테트였지만 그 대신 그는 해박한 알타이어학의 배경을 가지고 있었다. 따라서 그는 현재의 일본어를 가지고도 위와 같은 추정을 시도할 수 있었고, 그 혜안을 통하여 이룩된 가설은 어느 누구의 그것보다 오히려 암시적인 것이었다. 그는 이러한

---

71) 그의 생애와 학문의 전반적인 업적에 대해서는 Toivonen, Y.H.(1951), Gustaf John Ramstedt, Discours commémoratif prononcé le 2. 12. 1950 à l'assemblée annuelle de la Société Finno-ougrienne, *Journal de la SFOu*[=*JSFOu.*] 55, Helsinki, pp.3-21 및 李崇寧(1954), "람스테트博士와 그 業績(『音韻論 研究』 所收) pp.521-572 등 참조.

72) Ramstedt, G. J.(1924), A Comparison of the Altaic Languages with Japanese, *Transactions of the Asiatic Society of Japan*, 2nd series I, pp.41-54. 이 논문은 그의 사후인 1951년, *Journal de la Société Finno-ougrienne*[=*JSFOu.*] 55, Helsinki, pp.7-24에 재록되었다. 여기에는 Pentti Aalto의 손으로 편집된 '람스테트의 논문과 강연'(*Aufsätze und Vorträge* von G. J. Ramstedt, Bearbeitet und herausgegeben von Pentti Aalto)이 모아져 있다.

방법으로 비교 이전의 작업인 내적재구를 강조하고 실제로 그 개연성을 충분히 보여준 것이다. 그 중에서 중요한 것을 몇 가지 들어보면 다음과 같다.

먼저 퉁구스(Tungus) 방언에 의하면 무성음 $k$, $t$, $p$와 그에 대립되는 유성음 $g$, $d$, $b$가 기원적으로는 어두에도 존재할 수 있었다고 생각되는데, 현재의 방언은 $k$, $t$, $b$에 한해 있고, 몽고어는 $p$를 제외한 $k$, $t$, $g$, $d$, $b$를 가지고 있으며, 토이기어에서는 $d$가 $j(y)$로 발달되고 $p$는 $p$〉$f$〉$h$를 거쳐 탈락되었다고 말하고 알타이 조어와 후대어의 발달관계를 아래와 같이 도시하였다.

| $k$ | 土 $k$, $g$ | 蒙 $k{:}q$ | 通 $k{:}q{:}h$ |
|---|---|---|---|
| $g$ | $g$, $k$ | $g$ | $g$ |
| $t$ | $t$, $d$ | $t(t\ddot{i} > \check{c}i)$ | $t$ |
| $d$ | $j$ | $d$ | $d$, $dj$ |
| $p$ | — — | $h$ — — | $p$, $f$, $h$ — —[73] |

그런데 고대일본어에서는 $k$, $t$, $p$만이 어두음이 될 수 있었다. $g$, $d$, $b$는 후에 특수한 連聲規則(sandhi law)(nigori, 탁음화)에 의해서 생겨났을 것이나, 만약 $g$, $d$, $b$가 한때 존재했었다면 알타이 제어나 기타 언어로 미루어볼 때 $g$는 $k$에 통합되었거나 $\eta$가 되어 후에 소실되었고, $d$는 $j$로, $b$는 약화되어 $w$로 변했을 것이라고 추정하였다. 이 추론의 정당성 여부는 별개로 치더라도 논리적이고 과학적인 이론 전개방식은 이 분야의 종래학자들에게서 찾아 볼 수 없을 만큼 정연한 것이었으며, 알타이 제어를 통해 추정된 일본어의 음운사적 해명은 오히려 커다란 안목의 비교가 얼마나 중요한가를 보여주었다. 그는 음운 하나의 비교에도 진중한 태도를 보여주었다.

We cannot connect the Japanese *kurai*, *kure* with Turkish *qara* 'black'. If we

---

73) 이 설명과 도표는 불완전하나 후에 더욱 정밀화되어 다음과 같이 수정되었다.

| | *$k$ | *$g$ | *$t$ | *$d$ | *$p$ | *$b$ |
|---|---|---|---|---|---|---|
| Ursprache | *$k$ | *$g$ | *$t$ | *$d$ | *$p$ | *$b$ |
| Türkisch | $k{:}q$ | $k{:}q$ | $t$ | $j$ | $O$ | $b$ |
| Mongolisch | $k{:}q$ | $g{:}\gamma$ | $t$ | $d$ | $O(h{:}t{:}s)$ | $b$ |
| Koreanisch | $k(kh)$ | $k$ | $t(th)$ | $t$ | $p(ph)$ | $p$ |
| Tungisisch | $k$ | $g$ | $t$ | $d$ | $p{:}f{:}h{:}O$ | $b$ |

Ramstedt, G.J.(1957), *Einführung in die Altaische Sprachwissenschaft* I, *Lautlehre*, Bearbeitet und herausgegeben von Pentti Aalto, *Mémoires de la Société Finno-ougrienne*[=*MSFOu.*] 104: 1, Helsinki, p.40. 이들의 발달관계에 대해서는 pp.40-46.

suppose the Mong. *qaltasun* and Jap. *kata* to be identical, and *qata-gu* to be the Jap. *kata-i*, then the vowel *u* is our obstacle on *kurai*, where we would except an *a*.(Ramstedt1924 → 1951, p.14).

즉, 토이기어 *qatyg, qaty*(hard), 몽고어 *qatagu*(id.), 퉁구스어 *kata*(id.) 등에 일본어 *kata*(id.)가 대응된다면 이들은 제1음절 모음이 모두 *a*이므로 일본어 *kurai, kure*는 토이기어 *qara*(black)에 비교할 수 없다는 것이다. 종래 이 정도의 사소한 차이에 주의를 기울인 학자는 없었다. 그들에게 모음 *a~u* 정도의 차이는 문제도 되지 않았으며, 그 이상의 차이도 소위 상통이란 비과학적 원리 하에 얼마든지 가능했기 때문이다. 람스테트의 방법은 유사성에 의지한 타학자들의 비교방법과는 엄청난 차이였으며, 이 논문에서 그가 보여준 과학적인 음운재구 방법 및 몇 개의 형태소, 그리고 대명사에 대한 비교시도는 말하자면 혁명적인 것이었다.[74]

일본에 머무르는 동안 람스테트는 다시 한국어에도 접하게 되었다. 1924년부터 본격적으로 한국어 연구에 착수한 그는 1926년에 "한·일어의 두 단어"라는 짤막하지만 명쾌한 논문 한 편을 발표하였다.[75] 이는 실상 한·일어 비교에 관한 람스테트의 유일한 논문이라고 할 수 있는데, 그가 여기서 사용한 자료는 새로운 것이 아니었다. 한국어*sjĕm*과 일본어*shima*(島), 韓*pä*(舟)와 日*he*(*hesaki* 뱃머리, 이물의 *he*)를 정밀하게 비교한 것으로 그 방법이 완전히 새로웠다는 점뿐이다. 그는 여기서 원시일본어에 -*ŋ*, -*m*은 물론 다른 자음도 음절말에 올 수 있었다는 점과 음절에는 장단의 구별이 있으리라는 견해를 굳히고 나서, 만약 일본어가 태평양제도의 어디서 건너 온 언어라면 "boat, sailing, rowing, island, cliffs, rocks, sand, beach, water, waves, wind"와 같은 의미를 나타내는 단어에 先祖의 言語 흔적이 남아있어야 할 텐데 이러한 단어들이 오히려 일본에 인접한 아시아 대륙의 언어와 공통되고 있음을 지적하였다.

---

74) 물론 현재까지 밝혀진 일본어음운사에 따르면 람스테트에게도 오류가 있었음을 알 수 있다. 가령 그는 일본어의 동음이의어인 *kami*(神)와 *kami*(上)를 동일어로 처리하였으나. 奈良시대에는 이들이 각기 *kami*(神)와 *kami*(上)로서 사실은 어원이 다른 단어일 가능성을 보이고 있다.

75) 이 논문은 당초 영어로 쓰여 졌으나(제목은 Two Words of Korean-Japanese), 金田一京助의 번역에 따라 朝鮮及び日本語の二單語に就いて(1926, 『民族』 第1卷 第6號, pp.999-1006)로서 발표되었다. 원문인 영문본은 람스테트 사후인 1951년, *Journal de la Socièté Finno-ougrienne*[=*JSFOu.*] 55, Helsinki, pp.25-30에 비로소 실렸다. 여기에는 Pentti Aalto의 손으로 편집된 '람스테트의 논문과 강연'(*Aufsätze und Vorträge* von G. J. Ramstedt, Bearbeitet und herausgegeben von Pentti Aalto)이 모아져 있다.

먼저 日*shima*〈*sima*=韓*sjēm*의 대응에서 한국어의 기원적인 제2음절모음은 부서져 제1음절모음에 엉겨 붙었다고 보고 그와 동일한 일련의 대응을 이렇게 예시하였다.

日*kuma*'bear'=韓*kōm*(〈*kaum*)'bear'/日*kasa*'hat'=韓*kat*(written *kas*)'hat' 등. 또한 日*he*(in *hesaki*)'the prow, the bow'=韓*pä*(〈*pai*)'boat, ship'의 대응에서 일본어*h*는 *f*를 거쳐 *p*에 소급하므로 日*h*-=韓*p*-의 대응이 성립되며, 일본어*he*의 모음 *e*에 관해서는 그것이 이중모음이었을 가능성이 농후하다고 말하고, 그 이유로 일본어*me*'eye'~*mayu*'eyebrow', *te*'hand'~*tamoto*'the sleeve', *fune*'boat'~*funanori*'a sailor' 뿐 아니라 *hi*'fire'~*honoo*'flame', *ki*'tree'~*konoha*'tree-leaf' 등에 나타나는 *a~e*, *i~o*의 교체는 그것들이 기원적으로 이중모음이었기 때문이라고 보았다. 따라서 *he*의 모음 *e*도 기원적으로 이중모음이었을 것이므로 한국어 *pä*에 대응됨은 물론 日*he*(in *heso*'naval')=韓*pä*'stomach', 日*he*(in *hebi* 'snake')=韓*pä*(in *päami* 'id.')의 대응도 성립함이 확실하다고 보았다.

그가 위의 두 논문에서 보여 준 과학적 비교방법은 종래의 수많은 노작에 대한 재고의 여지를 가르쳐 주었다. 람스테트는 일본인과 한국인 간에는 일찍부터 분명한 인종적 차이가 존재하며 일본인과 몽고인간에는 더욱 큰 차이가 의식됨을 주목, 일본어의 성립이 민족의 성립 문제와는 달라(Ramstedt1924→1951, p.15) 일본어를 당장 알타이어에 직접 끌어 들이기는 어렵다고 생각한 듯하다. 그리하여 그는 사후에 간행된 『알타이語學 導論』에서 끝내 일본어를 알타이 어족으로부터 제외하고 말았다.[76] 뿐만 아니라, 위에서 본 양국어의 비교시도 이후로는 이 과제를 더 이상 적극적으로 들고 나서지 않았다. 그러나 분명한 양국어의 공통 언어재에 대한 그의 관심은 그치지 않고 발표한 여러 논저에서 산견되며[77] 특히 그의 명저 『한국어 어원연구』(1949)와 死後의 『한국어 어원연구 Ⅱ』(1953)에 실려있는 앞 책의 서문 및 색인에는 양적으로는 풍부하지 않으나 100여 항목의 비교가 나타나는 데 그 중에는 示唆에 넘치는 사례도 상당히 포함되어 있다.

---

76) Ramstedt, G.J.(1952), *Einführung in die Altaische Sprachwissenschaft* Ⅱ, *Formenlehre*, Bearbeitet und herausgegeben von Pentti Aalto(*Mémoires de la Société Finno-ougrienne*[=*MSFOu.*] 104: 2, Helsinki.
_____(1957), 각주73 참조.
_____(1949), *Studies in Korean Etymology*, *MSFOu.* 95, Helsinki.
_____(1951), Über die Stellung des Koreanischen, *JSFOu.* 55, Helsinki.
_____(1953), *Studies in Korean Etymology* Ⅱ, edited by Pentti Aalto, *MSFOu.* 95: 2, Helsinki).
77) 예를 들어 Ramstedt, G.J.(1951) pp.47-53에서도 그는 일본어와의 관계를 들고 나서 몇몇 단어의 비교를 제시하고 있다.

"韓*čipta*(to shove with a pole)=日*tsue*<\**tupe*(stick)/韓*ida*(to be)=日*iru*<\**wi-ru* (to be)/韓*kari*(a waterfowl, the gray swan)=日*kari*(the wild goose)/韓*kit*(a coat collar)=日*kishi*(shore, beach)/韓*mot*(a lake, a pond)=日*musa*(marshland)/韓 *nä*(=*ŋai*)(man, person)=古日(『古事記』)*ne*(person)<\**ŋai*/韓*nara*(the state, the country, the kingdom)=古日 \**na*-(earth) in *naye*(earthquake)/韓*pal*(the foot)= 琉球*pagí, fagi, hagi, pai, pā*<\**paŋgi* or *palgi*(foot)/韓*pappuda*(to be occupied, to be pressed)=日\**pas*- in *hasamu*(to pinch), *hasami*(scissor)/韓*peṛit*(a habit, a vice)=아이누*puri*=日*furi*(habit, custom, manners)/韓*tɐi*(place)=日*tokoro*(id.)/韓 *sjęk*(an anchorage, a bay)=日*seki*(id.)/韓*tta*(the earth, the soil, the land)<\**ptaŋ*, \**ptag*=琉球*mta, nta*(earth, soil)=日*aka-da*(red orchre)<\**muta*" 등

이로써 일본어와 한국어의 비교에 대한 람스테트의 관심은 꾸준히 지속되었음을 알 수 있다. 다만 여기에는 한자어, 아이누어, 유구어가 많이 포함되어 있고, 의문부호를 덧붙여 회의를 표명한 것도 많으나 신빙성이 높은 비교도 눈에 뜨인다. 결국 이 분야에 대한 람스테트의 공헌은 실질적인 결실에 있었다기보다 알타이 어학의 관점에서 그가 보여 준 정밀한 방법론이 앞으로의 연구에 귀감이 될 수 있다는 점이었다.

## 2) 초창기적 방법론의 답습

람스테트의 획기적인 방법론이 제시된 이후에도 학계는 여전히 1910년대와 비슷한 성격을 면치 못하였다. 그러나 일거에 문제를 해결하고 말 듯 하던 白鳥庫吉의 태도와는 다른 성격의 움직임이 싹트기 시작하였다. 양국어의 동일기원론이 기정사실로 인정되는 가운데 비교연구는 세부적인 면을 파고드는 경향으로 변모된 것이다. 이에 따라 학자들은 좁은 범위의 문제를 신중히 검토하기도 하고 람스테트 식으로 단어 한 두 개를 깊이 파고 들어가는가 하면 새로운 과제를 제기하기도 하였다. 그러나 실제적으로는 람스테트의 엄밀한 방법을 넘어서지 못하였다. 가령, Ramstedt(1926), "한·일어의 두 단어"와 같은 해에 발표된 쩬커 (Zenker, E. V. 1928)를 들어 본다면[78] 이 논문은 주로 일본어의 음운사에 입각하여 아이누어, 유구어, 한국어, 일본어가 고대의 북방민족으로부터 갈라져 나온 四語派임을 주장한 것으로,

---

78) Zenker, E. V.(1926), Das Japanische Lautwesen im Zusammenhange mit dem Koreanischen und dem der Liu-kiu- und der Ainu-Sprache, *Mitteilungen des Seminars für Orientalische Sprachen,* Jahrgang XXIX, erste Abteilung: Ostasiatische Studien, Berlin, pp.215-224.

일본어와 유구어의 친족관계는 지볼트(Siebold, von)에 의해서 밝혀지고 챔버레인(Chamberlain, B.H.)에 의해서 과학적으로 증명되었다고 말하고, 한국어와 일본어의 친족관계 역시 챔버레인과 애스튼에 의해서 이미 추정된 바 있으나 이번 세기에 들어와 비로소 일본학자 宮崎와 金澤에 의해서 모든 의문이 사라졌다고 전제하였다.

> "Die Verwandtschaft zwischen dem Japanischen und Koreanischen wurde zwar schon von Chamberlain und Aston vermutet, aber erst in unserem Jahrhundert von Japanischen Gelehrten, Miyazaki und Kanazawa allen Zweifeln entrückt."(Zenker1928, p.215).

그는 또 일본어나 유구어가 한국을 거쳐 갔으므로 이들은 우랄·알타이어에 속할 것이며 당시 동북 아시아 민족이었던 아이누족은 같은 민족인 북방민족(한·일·유구의 先民)에게 압박을 받은 것으로 보았다. 그는 이들 네 언어가 음성상의 차이점보다 유사점을 더 보여준다고 말하고, 다만 하나의 자음과 그에 후행하는 모음으로 음절이 구성되는 일본어는 딴 세 언어에 비해 音聲破壞(Lautzerstörung) 현상을 심하게 경험한 것으로 보았다. 그러한 예로서 그는 어중($f$) 또는 어두($w$)의 자음탈락을 들고 있으며 이밖에 어두음 $p$가 $f$를 거쳐 $h$로 발달되었다는 근거를 四言語의 비교를 통하여 찾으려고 하였다.

> "日 *hiru*(Tageslicht), *hikaru*(leuchten)=琉球*pyru*(Tag)=韓*pur*(Feuer), *pyer*(Stern), *pit*(hell), *pichi*(Licht)=아이누*peke*(hell, Glanz), *pekere*(leuchten, glänzen).
>
> 日 *paru, puru, hari*(Dorn, Stachel, Nadel), *bara, ibara*(Dorn, Rose), *waru*(spalten, 유구어에서는 zerbrechen), *ware*(Riß), *bara-su*(zerbrechen)=韓*per*(Wepse), *peri-ta*(öffnen, aufsprengen), *par-ki-ta*(zerreißen)=아이누*pere*(stechen, spalten), *pirasa*(das Aufspringen der Blütenknospe)."

그는 이 비교로 일본어 $h \langle {}^*p$였음을 알 수 있으며, 일본어 자체 내에서 *yohodo, yahari* 등이 *yoppodo, yappari*로 변하거나, 유구어에는 아직도 *fa, fi, fu, fe, fo*가 존재하는 점, 한자음에 $p$가 남아있고 일본서부방언에 $f$음이 사용되고 있는 점 등도 모두 $h \langle {}^*p$였음을 알려 주는 사실이라고 보았다. 그는 계속하여 한국어 음성기호 'ㄹ'은 위치에 따라 $l$, $n$, $r$로 발음되는데, 이와 비슷한 현상이 아이누어에도 있으며, 일본어에서는 어중의 $r$이 자주 떨어지고 방언에서는 $r \rangle y$, $n \rangle y$로 바뀐다고 논하면서 네 언어의 일치는 놀랄 만큼 완전하다고 말한 후, 원시

일본어와 아이누어의 자음체계를 다음과 같이 수립하였다.

| 原始日本語 | 후두음 | 치음 | 순음 | 구개음 |
|---|---|---|---|---|
| 폐쇄음 | *k* | *t* | *p* | *tš* |
| 마찰음 | *h* | *s* | *F?* | *š* |
| 공명음 | — | *n, ñ* | *m* | — |
| 탄 음 | — | — | — | *r* |

| 아이누어 | | | | |
|---|---|---|---|---|
| 폐쇄음 | *k* | *t* | *p* | *tš* |
| 마찰음 | *h* | *s* | *w* | *š* |
| 공명음 | — | *n* | *m* | — |
| 탄 음 | — | — | — | *r* |

그는 이러한 음운론적 관련만으로 이들 네 언어의 동일 기원을 과학적으로 증명하려는 것은 아니며, 어원이란 항시 불확실한 것이므로 충분한 형태론적 분석과 네 언어의 비교만이 증명으로서 가능하다고 덧붙였다. 그런데 그가 위의 자음체계에 한국어와 유구어를 넣지 않은 것은 공통조어에서 아이누어가 먼저 분리되어 나갔기 때문에 한·일·유구 세 언어를 함께 원시일본어(Urjapanisch)로 본 듯하다. 그는 일본어의 음운변천이 가장 극심했던 것으로 보고 비교 등 여러 가지 방법으로 그 先史를 추정해 가면서 자음체계를 수립했지만 그 방법과 근거가 빈약하였다. 왜냐하면 *p*를 제외한 타음운의 해명은 거의 없는 셈이며, 특히 모음에 관해서는 전혀 언급이 없었기 때문이다. *a*와 *u*의 차이로 비교를 배격한 람스테트의 태도와는 격차가 아닐 수 없다.

쩬커 이후 서양학자의 실적으로는 코펠만(Koppelmann, H.1926, 1933)을 들 수 있다.[79] 그러나 그의 연구(1933)로 판단할 때 그는 인구어와 우랄·알타이어, 한국어, 길야크어(Gilyak), 아이누어, 수메르어(Sumer) 등의 친족관계를 거론하고 있어 한·일 양국어의 비교연구에는 별다른 의미를 지니지는 못한 것으로 판단된다.

---

79) Koppelmann, H.(1928), Die Verwandtschaft des Koreanischen und der Ainu-Sprachfamilie mit den indogermanischen Sprachen, *Anthropos. Internationale Zeitschrift für Völker-und Sprachenkunde*, Wien.

_____(1933), Die Eurasische Sprachfamilie: Indogermanische, Koreanische und Verwandtes, *Carl Winters Universitätsbuchhandlung*, Heidelberg.

한편 양국어의 비교연구에 적극적으로 참여한 것은 아니지만 일찍부터 한국어를 연구해 온 오구라 신페이(小倉進平)는 1920년대부터 한·일 양국어의 계통문제나 상호관계에 관심을 보이며 일부 견해를 세상에 내놓은 바 있다.[80] 그러나 그의 태도는 우랄·알타이어의 공통특질에 입각한 한국어의 성격규명 방법을 따랐는데 小倉進平(1935)이 대표적인 것이다. 그는 여기서 총설, 음운, 어법, 단어, 조사법의 5개 항목을 설정한 뒤, 우랄·알타이어의 성격과 특질을 열거하고 나서 음운에서는 모음조화, 두음 및 말음의 여러 법칙을 들어 알타이어와 일치함을 주장하였으며, 어법에서는 어구성법, 명사의 성·수·격, 인칭대명사, 지시대명사, 관계대명사, 소유적 인칭대명사 어미, 述體的 인칭대명사어미, 수사, 형용사, 동사 등의 여러 성격이 알타이어와 일치된다고 논하였다. 다만 그보다 앞선 小倉進平(1934)에는 단어비교를 통한 음운대응 시도를 보이고 있으나 개별적인 데서 그쳤을 뿐 아니라 정밀도에서 볼 때 람스테트의 방법과는 거리가 먼 것이었다.

일본의 한국병탄을 전후하여 양국어 비교 연구와 밀접한 관계를 맺게 된 정책적 명분인 소위 '내선일체론'(內鮮一體論)은 1930년대에도 가끔 나타나곤 하였다. 양민족의 융화라는 정치적 목적을 다분히 내포하고 있는 이 주장은 이미 1900년 이후부터 간헐적으로 학계에 나타나 한·일합방의 의의를 인식 내지 합리화시키려 한 것이므로 새삼스러울 것은 없으나, 조선총독부 통역관이었던 니시무라 신타로오(西村眞太郎)의 양국어 비교[81]도 말하자면 그러한 범주에 속한 것이었다.

그는 西村眞太郎(1934)의 머리말에서 일본어와 한국어는 완전히 서로 같은 것인데 동일부락에서 동일한 언어, 풍속, 인정 밑에 친형제로서 생활생존했던 자가 鮮·滿·日本 등에 흩어졌기 때문에 언어가 다르게 되어 외견으로는 매우 현격하게 보인다고 말하고 "그러나 한번 그 내면에 들어서면 거기에는 따뜻한 요가 깔려있어 우리를 불러 앉히고 있으므로 우리는 강한 신념 아래 양국어 동일론에 매진하여 모든 말 하나하나가 서로 같다는 표어의 실현을 서두름으로써 언어상으로 양민족이 同祖라는 실증을 일목요연하게 알 수 있도록 하여 혈연의 서약을 세우고 서로 친해져야 한다. 이것은 동양에 패권을 부르짖고 大滿洲의 原野에 번성하는 民草는 大和民族이고 倍達民族이고 滿蒙民族이며 서로 악수제휴하고 더욱더 결속을 굳게하여 邪道를 밟지 않고 계림팔도는 그 중계의 낙천지가 되지 않으면 안 된다"(然かし一

---

80) 小倉進平(1928), 國語と朝鮮語との系統的關係に就いて, 『警察會報』 第262號.

　　　　(1934), 朝鮮語と日本語, 『國語科學講座 Ⅳ 國語學』, 明治書院.

　　　　(1935), 朝鮮語の系統, 『岩波講座. 東洋思想, 東洋言語の系統』, 岩波書店.

81) 西村眞太郎(1934), 國語と朝鮮語との交渉, 『朝鮮』 第230, 231, 233號, pp.74-90, 80-100, 65-81.

度其の內面へ立入る其處には溫かい褥が延べられて居って我等を招じて着席せしめつゝあるから我等は强い信念の下に兩國語同一論に邁進し、全言葉一々相同じの標語の實現を速現せしめ以って言語の上から兩民族の同祖たるの實證を一目瞭然に判る樣にして血緣の誓を立てゝ相親しむべきである。夫れ東洋に覇を唱へ大滿洲の原野に榮える民草は大和民族であり、倍達民族であり、滿蒙の民族であり、互に握手提携し、益々其の結束を固くして邪道を踏まず鷄林八道は其の中繼の樂天地たらしめればならぬ」と 하였다.

말하자면 이 논문은 그 자신의 말대로 "실로 융화라는 두 글자를 실현시키기 위해서만을 위한 노력"(實に融和の兩字を實現せしまんが爲めのみの努力)이었지만 그 내용은 牽强附會투성이었다. 그의 비교 43개 항목의 내용은 다음과 같다.

①數詞小考 ②'イカヅチ*ikadzutʃi*'(雷)의 '*チtʃi*'에 대하여 ③'イヌ*inu*'(犬)의 語源考 ④內法(ウチノリ*utʃinori*)과 外法(ソトノリ*sotonori*) ⑤胞衣(エナ*ena*,)의 說 ⑥串와 櫛과의 關係 ⑦'カツラ*katsura*'(鬘)의 意味 ⑧瘤의 語源 ⑨霧와 錐에 대하여 ⑩桶의 '*ヶke*'와 '筥'(ケ*ke*)등의 語源 ⑪衣에 대하여 ⑫'簀'(ス*su*) 및 '透'(ス*su*)ク*ku*'에 대하여 ⑬'ス*su*' 및 'サ*sa*'는 鳥라는 말이다 ⑭蔀, 簀의 '*シsi*'에 대하여 ⑮籠의 '*タta*'에 대하여 ⑯'巧'(タクミ*takumi*) 및 '砥'(ト*to*)グ*gu*'에 대하여 ⑰白妙의 '*タヘtahe*'에 대하여 ⑱坏의 '*ツキtsuki*'에 대하여 ⑲'ドンクリ*donguri*'類의 名稱 ⑳咎에 대하여 ㉑鳥居의 '*トリtori*'와 橧木의 '*タルtaru*'에 대하여 ㉒'*ニni*'(荷)에 대하여 ㉓'大雨'의 和訓 ㉔ヒル*hiru*'(放)에 대하여 ㉕羊은 朝鮮語일까 어떨까 ㉖母衣의 '*ホho*'에 대하여 ㉗佛의 別訓 ㉘酸漿의 古語 ㉙'守ル*mamoru*'에 대하여 ㉚霙(ミゾレ*mizore*) ㉛陸奧의 字義考 ㉜菩(モツコ*motsuko*)에 대하여 ㉝股 및 身의 關係 ㉞モシル*mosiru*'(醯)에 대하여 ㉟藻音考 ㊱ヤブニラミ*yabunirami*의 'ヤブ*yabu*'에 대하여 ㊲カブト*kabuto*(甲)에 대하여 ㊳旅의 語源 ㊴닭에 대하여 ㊵'買ふ*kahu*'에 대하여 ㊶鳥의 '*ミmi*'는 朝鮮語'미' 또는 '매'일 것이다 ㊷阿蘇, 熊襲의 '*ソso*'에 대하여 ㊸朝鮮語'비'의 解.

일본어의 어원론적 방식을 택하여 한국어와의 비교를 꾀한 이 논문은 언어사나 비교언어학적 방법과는 거리가 먼 것이었기 때문에 심각한 곡해와 억설을 면치 못하였다. 양국어 수사동일론은 金澤나 白鳥의 주장 그대로이기에 논외라 치고 일본어 *kobu*(瘤)에 한국어 '눈꼽, 배꼽'의 '꼽'이나 '말굽'(馬蹄)의 '굽'을 연결시켰는데, 그가 만약 '배꼽<뱃복'이라는 사실을 알았다면 위의 비교는 불가능하였을 것이다. 또 ホトケ*hotoke*(佛)의 別訓 'サラギ*saragi*'를 한국어 '사랑이'(愛)에 결부시킨 것도 중세한국어의 '스랑'은 '思'의 뜻이었음을 알지 못한 데서 나온 결과였고, '마음'(心)을 マモル(守)에 비교하고 있으나, 이는 '모솜'을 알지 못한 소치였다. 이러한 오류는 대개 한국어사의 몰이해에서 오는 결과이므로 그런대로 이해가 되나

문제는 의미를 아예 도외시한 경우도 빈번하다. 일본어 コロモ(衣)~한국어 '골모, 골무'(指貫)의 비교는 가능하다고 치더라도, 日kame(カメ龜)~韓'가히, 가이, 가싀(犬)', 日hiru(ヒル, 放)~韓 '(술을)빗다'와 같은 비교는 신빙성이 의심스러운 것이다. 그만큼 그의 어원론에는 비약이 지나쳐 무리가 많고 자의적 해석이 허다하였다. 그러나 그의 신념은 결국 '數詞同一論'으로, '內鮮一體論'으로 발전해 갔다.[82]

1940년대로 넘어 오면서 고오노 로쿠로오(河野六郎)의 몇몇 소론이 발표되어[83] 이 분야의 명맥을 유지하는 한편, 오래 전에 발표가 이루어진 시미즈 겐타로오(淸水元太郎)의 물명비교[84]를 이어받은 田蒙秀의 새로운 시도가 나타나기도 하였으나[85] 날로 험악한 고비를 치닫던 세계전쟁의 소용돌이 속에서 한국에 대한 일본의 압박은 극한을 달리고 있던 시기였으므로 학문적인 연구가 제대로 기능을 발휘하여 성과를 거두기는 어려운 상태였다.

결국 람스테트의 등장으로 비교방법의 신천지가 개척되기는 하였으나 이 방법이 제대로 계승발전될 수 있는 여건을 얻지 못한 채 그 전도가 일시 차단되고 말았다. 일본어사 연구에 다대한 수확이 있었음에도 그것이 비교연구에 이렇다 할 도움을 주지 못한 이유로 첫째는 한국어사 연구가 그에 보조를 맞출 만한 단계에 이르지 못하였다는 점, 둘째는 일본어사의 연구 성과를 이용하여 비교연구를 발전시킬 만한 시대적 상황과 정신적 여유가 없었다는 점 등을 들 수 있다. 거기에 다시 세계대전의 암운은 이 기간에 이룩된 상대일본어의 모음조화 등 고무적인 성과가 양국어 비교연구에 이용될 수 있는 시간적 여유를 허락하지 않았다. 그러나 이 시기에 이룩된 람스테트의 참신한 언어학적 방법론은 세계대전이 끝난 1945년 이후부터 새로운 시대로 접어든 비교연구 분야에서도 없어서는 안 될 초석이 되었다.

---

82) 西村眞太郎(1938a), 國語朝鮮語數詞同一論, 『朝鮮』 第277號.
_____(1938b), 天地日月の信仰と其の言語を究明し內鮮一體を立證す, 『朝鮮』 第278號.
83) 河野六郎(1941a), 內鮮語の親近性, 『朝光』 第7卷 第8號.
_____(1941b), 國語と朝鮮語との關係, 『綠旗』 第6卷 第10號.
_____(1943), 國語と朝鮮語, 『綠旗』 第8卷 第11, 12號.
84) 淸水元太郎(1918), 天産物の日鮮名稱比較, 『藝文』 第9卷 第2號.
85) 田蒙秀(1942), 鳥の名にみられる內鮮關係, 『綠旗』 第7卷 第4號.
_____(1942), 果物の名にみる內鮮關係, 『綠旗』 第7卷 第5號.

## 4. 비교연구의 재출발기

### 1) 과거업적의 정리와 재검토

제2차 세계대전이 끝나고 한국이 일본의 속박을 벗어나면서 양국어 비교연구도 양상을 새롭게 하고 나섰다. 문법연구나 문자, 표기법, 표준어 시비 정도에 그쳤던 한국어학계에 사적인 연구와 방언연구가 활발하게 일어났다. 비교연구에 선행되어야 할 내적 연구가 비롯됨으로써 1945년은 비교연구사의 진정한 기점이 되었다. 물론 한국어의 사적연구는 1920년대부터 이미 시작되었지만 그 성과가 일본어의 사적연구에 비해 부진하던 터라, 새 시대와 더불어 기반을 다질 수 있는 기회를 비로소 얻은 것이다. 그러나 일본은 패전의 어려움 속에서, 한국은 6.25의 비극 속에서 학계는 또다시 새로운 공백기를 경험하지 않을 수 없었다. 1945년에서 1950년에 이르는 기간이 그것이었다.

새로운 전기를 맞아 한껏 부풀었던 의욕이 공산군의 남침으로 무참하게 짓밟히고 만 한국어학계의 타격은 특히 컸다. 다행히 일본학계는 그동안 비교연구에 대한 논의를 재개할 수 있었다. 여기에 참여한 몇몇 연구자로는 긴다이치 교오스케(金田一京助),[86] 핫토리 시로오(服部四郎),[87] 시바타 다케시(柴田武),[88] 고오노 로쿠로오(河野六郎),[89] 오사다 나츠키(長田夏樹)[90] 등의 논의를 들 수 있다. 이들은 과거의 업적에 대한 재검토와 함께 학계를 일신하는 데 큰 역할을 담당하였고, 비교언어학의 방법은 물론 양국어의 언어사를 반영시킬 수 있는 본격적인 비교연구를 위해서 절대적으로 시급하고 필요한 과제와 방향에 대하여 거론하였다. 그러나 한국어학은 이때까지도 한국어사를 제대로 비교연구에 반영시킬 수 있는 여건을 갖추지 못한 상태에 머물러 있었다.

---

86) 金田一京助(1948), 『國語の進路』, 京都印書館.
87) 服部四郎(1948), 日本語と琉球語, 朝鮮語, アイヌ語との親族關係, 『民族學研究』 第13卷 第2號, pp.109-113(服部四郎1959, pp.20-63에 재록).
　　 _____(1948), The Relationship of Japanese to the Ryu Kyu, Korean and Altaic Languages, *Transactions of the Asiatic Society of Japan*, series 3, Vol. I, pp.103-133.
　　 _____(1959), 『日本語の系統』岩波書店, 東京.
88) 柴田武(1949), 日本語の系統, 有賀喜左衛門(編), 『日本文化の起源』, pp.157-202 所收, 野村書店.
89) 河野六郎(1949), 日本語と朝鮮語の二三の類似, 八学会連合(編), 『人文科學の諸問題, 共同研究課題「稻」』, pp.74-80 所收, 關書院, 東京.
90) 長田夏樹(1949), 原始日本語研究導論 ―アルタイ比較言語學の前提として―, 『神戸外國語大學 開學記念論文集』, pp.45-80. 이 논문은 그후 _____(1972), 『原始日本語研究』―日本語系統論への試み―, 神戸学術出版, pp.27-62에 재록되었다.

## 2) 1950년대의 비교연구

### 가. 한국어사의 활용

일본학자들의 계속적인 노력과 서양학자들의 참여가 활발해진 50년대의 양국어 비교연구는 세부적인 재검토 외에도 방대한 종합적 시도에 그 특징이 있으나 그보다 더 큰 의의는 한국어사가 비로소 비교연구에 반영되기 시작했다는 데 있다. 그 동안 양국어의 비교연구를 선도한 바 있는 金澤庄三郎은 여전히 단편적 소론을 연달아 발표하였고, 전에 볼 수 없었던 새로운 연구자들의 이름이 속속 등장하기도 하였다. 이시하라 로쿠조오(石原六三), 나카지마 리이치로오(中島利一郎), 오오노 스스무(大野晋), 가메이 다카시(龜井孝), 李崇寧과 같은 연구자들이 내놓은 주목할 만한 논의들이었다.[91] 이들은 50년대 전반에 이룩된 성과들인데 여기에는 이전에 보기 어려웠던 세부적인 논의가 나타나기도 한다. 이들 중에서 특히 주목을 끄는 것은 李崇寧(1955)이라고 할 수 있다. 1세기에 걸친 비교연구사를 통하여 처음으로 학계에 공표된 한국학자의 논의일 뿐만 아니라, 여기에는 지금까지 도외시되기 일쑤였던 한국어사가 반영되어 있기 때문에 그 점 하나만으로도 적지 않은 가치를 지닌 것으로 볼 수 있다. 다루어진 과제 역시 참신한 발상으로 양국어의 糞尿관계 어사가 동일기원의 발달임을 논의한 것이다.

| 한국어 | 일본어 |
|---|---|
| *mali*(<\**mari*)(대소변) | *mari*(id.) |
| *mai*(방언<*mari*) | *maru*(동사) |
| *mari-ŏp-ta*(형용사) | *mare*(동사) |
| *mai-ju-t'oŋ*(변기) | *maru*(변기) |

---

91) 石原六三(1950), 古代日本語の格助詞「イ」と朝鮮語の格助詞「이i]に就いて,『天理大學報』第2卷 第1·2號, pp.17-73.

中島利一郎(1950), 日本·朝鮮共通語彙の問題,『短歌藝術』1950年 11-12月号.

大野晋(1952a), 日韓兩國語の語彙の比較に就いて<講演要旨>,『國語學』第9集.

_____(1952b), 日本語と朝鮮語の語彙比較についての小見,『國語と國文學』第29卷 第5號, pp.46-57

_____(1952c), 日本語の系統論はどのように進められて來たか,『國語學』第10集, pp.60-69,

_____(1955), 日本語の系統論, 市河三喜·服部四郎(共編)(1955),『世界言語概說』(下), pp.287-296.

龜井孝(1953), Are Japanese *turu* and *ito* related Korean *turumi* and *sil* respectively? *The Annuals of the Hitotsubashi Academy*, Vol.Ⅲ No.2, pp.227-235,

_____(1954),「ツル」と「イト」——日本語の系統問題を考える上の參考として,『國語學』第10集, pp.1-21.

李崇寧(1955), 韓日兩語의 語彙比較試考—糞尿語를 중심으로 하여—『學術院會報』(大韓民國 學術院) 第1輯, pp.1-19.

| | |
|---|---|
| *stoŋ*(<\**sito* 糞) | *sito*(尿) |
| *kŏr-ŭm*(비료) | *kuso*(糞) |
| *kur-ip-ta*(糞臭) | *kusa-si*(糞臭) |
| *kor-ip-ta*(糞臭) | |
| *kŏl-da*(肥) | *ko-yu*(肥沃) |
| | *ko-ya-si*(肥料) |
| | *ko-ya-su*(他動) |

이들 분뇨관계 어휘 간에 나타나는 양국어의 대응관계는 한국어사에 입각한 풍부한 자료 제시로 설명되어 있다. 사실 일본어가 분뇨어까지 외국어인 한국어를 채택하였을 리 없으며 이는 외래어적인 성질의 것이 아니라, 역사 이전에 침입한 한족어의 발달이라고 결론지었다. 이 논문은 양국어 비교연구에서 특히 소홀히 다루어진 한국어사의 중요성을 학계에 인식시 켜 주었다는 점에서 긍정적인 평가를 받을 만하다.

한편 이 50년대에는 이전보다 훨씬 전문적이고도 세밀한 비교연구와 더불어 연구성과의 방대한 집대성이 줄을 이어 발표되었다. 라아더(Rahder, J.)는 1940년대부터 각종의 대소론저 를 통하여 일본어 어원을 중심으로 한 각종의 비교 사례를 수집, 정리한 결과를 일련의 노작 으로 발표하였다.[92] 그러나 이들은 비교연구라기보다 기존의 여러 업적을 총정리한 일종의 어원자료 색인이라고 할 수 있다. 여기에 다시 아그노이에르(Haguenauer, Ch.)의 日本文化에 대한 끈질긴 탐색의 결과,[93] 오오노 스스무(大野晉)의 일본어의 기원에 대한 연구 성과 종 합[94]등이 그것이었다.

---

92) Rahder, J.(1951, 1952, 1953, 1954), Comparative Treatment of the Japanese Language, *Monumenta Nipponica*, Ⅶ pp.198-208. Ⅷ pp.239-288. Ⅸ pp.199-257. Ⅹ pp.127-168.
　　　　　(1956, 1959a, 1959b), Etymological Vocabulary of Chinese, Japanese, Korean and Ainu. Part I, *Monumenta Nipponica*, Monograph No.16. Part Ⅱ, 『亞細亞研究』第1卷 第2號 pp.307-371. Part Ⅲ, 『亞細亞研究』第2卷 第1号 pp.317-406 등.
　　이에 대한 서평으로는 服部四郎(1959), pp.173-183 참조.
93) Haguenauer, Ch.(1956), *Origines de la civilisation japonaise—Introduction à l'étude de la préhistoire du Japon*, 1ère partie, Paris.
　　이에 대한 서평은 李基文, 同書에 關한 書評(『社會科學』第1號, 1957) pp.151-155 참조.
94) 大野晋(1957), 『日本語の起源』(岩波新書 289), 東京.

## 나. 아그노이에르(Haguenauer)의 연구

『일본문화의 기원』제1권이라는 제목이 달린 Haguenauer(1956)는 문자 그대로 일본민족과 언어의 기원을 종합적으로 추적한 力著인데, 그 내용은 크게 인류학적 관점, 민족학적 관점, 언어학적 관점의 3부로 나뉘어져 있다. 총분량 640페이지 중 462페이지(pp.179-640)가 언어학적 관점으로 채워져 있음을 보더라도 저자는 일본문화의 기원문제를 다룸에 있어 일본어의 계통과 원시일본어에 대한 再構를 가장 중요하게 여긴 듯하다. 따라서 일본어의 비교연구가 본서의 근간을 이루고 있는 셈이다.

그는 동서고금의 허다한 논저를 널리 섭렵해가면서 인류학적 견지에서 일본민족의 기원을 추구한 결과 일본민족은 단일한 것이 아니라 교잡에 의하여 이루어진 것인데, 이들은 주로 대륙방면에서 이동해갔다는 것이다. 따라서 인류학적으로 일본인과 대륙방면의 여러 인종, 특히 알타이 제족 간에는 밀접한 관계가 있으며, 일본민족의 남양기원설은 근거가 희박하다는 것이다. 또한 민족학적 견지에서는 일본인의 신앙과 알타이족의 신앙 사이에서 발견되는 친근성(affinité)이 일본인의 신앙과 폴리네시아족(Polynésia) 사이에서 발견되는 그것보다 훨씬 명확하다고 단정하였다. 그는 일본민족의 기원을 이렇게 알타이 민족과 결합시키면서 이를 언어학적 관점에서 보강하려고 노력한 것이다.

그는 먼저 공통일본어(Japonais commun)의 음운조직을 재구하기 위하여 일본어 음운사와 琉球방언을 위시한 각지의 방언과 同系語와의 비교 등을 원용하면서 모음, 반모음, 자음의 체계와 각종의 음성 교체법칙을 포괄하는 일본어의 내적재구에 상당한 힘을 기울였다. 그는 이렇게 하여 성립된 공통일본어에 알타이 제어와의 비교를 시도하고 있는데 여기에는 토이기어, 몽고어, 퉁구스어, 한국어, 아이누어의 음운체계와 형태론적 특질의 비교가 포함되어 있다. 결과적으로 이 부분은 한·일 양국어의 비교를 주제로 한 것이 아니고 어디까지나 일본어의 기원을 추구하기 위한 알타이 제어와의 비교시도이므로 여기서는 그 중 몇 가지 원칙만을 살펴보기로 한다.

먼저 그는 일본어의 기본모음 5개간에 서로 허용되는 교체법칙을 $i(i)\sim e$, $a\sim i$, $a\sim o\sim u$, $u\sim o$, $i(i)\sim u//o$와 같이 규정하고 이러한 교체가 알타이 제어에도 존재함을 보여주었다. 따라서 실질적으로는 거의 모든 모음이 서로 교체될 수 있다는 결론이 되는 셈이어서, 람스테트가 알타이 제어의 모음체계 대응에 고심한 태도와 달리 그는 교체라는 편리한 원리를 활용한 것으로서 이는 1920년대의 稲垣光晴가 내세운 相通이란 개념과 거의 대등한 것이기도 하다.

더구나 반모음 *y*, *w*의 발달은 한층 복잡한 과정을 보이는 것(Haguenauez1956, p.376/p.379)으로 각 언어에 따라 다음과 같이 보았다(略語=土/터키어, 蒙/몽골어, 通/퉁구스어, 아/아이누어).

| 土 | **t~d->ć~dź- **đ | **n, ń | **-r- | **q,k>g>γ | **p>b>w? | |
|---|---|---|---|---|---|---|
| 蒙 | **d->dź- | **n, ń | -r-? | g>γ | -b-?-v- | |
| 通 | ? | ń | *-r-, -r | -g->-γ- | ? | →Y |
| 韓 | t? | n | ? | ? | p-, b- | |
| 日 | **t-~d->č-~dź- | n | **-ř- | -g- | **p/b>h[>-w-] | |
| 아 | ? | n | -ř-, -ř? | -k? | -h- | |

| 土 | b//m? | | | | 土 | ? |
|---|---|---|---|---|---|---|
| 蒙 | b//m | | W | | 蒙 | g>γ |
| 通 | b>f//m | | ↓ | | 通 | g>γ |
| 韓 | -p-;b>h//m | | [Y] | | 韓 | ? |
| 日 | b>h//m | | | | 日~琉球 | k->h- |
| 아 | p?>b//m | | | | 아 | ? |

이에 따르면 반모음 *w*와 *y*는 위치에 따라 여러 음성에서 발달했을 뿐 아니라 *w*와 *y* 상호 간에도 교체될 수 있는 관계를 가지고 있다. 이 결과는 물론 공통일본어의 내적재구 과정에서 얻어진 다양한 자음교체 경향인 *p-~b-~h-(〉f-)*; *b~p*; *b~m/m~b*; *b~w*; *k~h*[〉琉球 *f*]; *k~ts* 또는 *s*; *-k~-t̊*; *-g~dz*; *-k(~g)~n*(〈**g〉*ŋ*?)); *-g-*, *-g̃-~-w̃-*, *-g̃-~-ỹ-*; *-g-~-b-*; *t(d)~n*; *t~s*; *s~琉球 ts*; *t(d)~r̊*; *t(~d)~y*; *r̊~t(~d)〉ć* (>*dź*>*ź*) 또는 〉*ts(dz>z)*; *r̊~n~ŋ*; *r̊~s*(>*z*>*ś*); *r̊~h~f*; *s~h*(~ç); *m~b*; *m~w*; *n~d̊*; *n~y* 등과 함께 알타이 제어 비교에까지 그대로 적용되고 있다. 그런데 이 음운체계의 비교 가운데에는 약150에 달하는 한국어가 일본어와 대응을 보이는 것으로 나타난다.

실례. 韓*kama*(dessus de la tête)=日*kami*(le haut)/韓*kudu*(botte)=日*kutsu*(même sens)/韓*nam-*(être en excédent), *nɔm-*(être en trop)=日*amar̊.i*(trop)/韓*nahi*(âge)=日*tośi*(même sens)/韓*nok.*(fondre)=日*tok.*(même sens)/韓*nun*(œil)=日*nozo-k.u*(regarder)/韓*nil-~nir̊-*(apprâtre)=日*ᵈidz.*(même sens)/韓*mat〉masi*(goût)=日*aźi〉**ati*(même sens)/韓*pal*(pied, jambe)=日*aśi*(même sens)/*haśir̊.u*(courir)/韓*sal〉sar̊i*(dard, aiguillon)=日*har̊i*(même sens)/韓*sam*(chanvre)=日*asa*(même sens)/韓*säbi*(écrevisse)=日*ebi*(même sens)/韓*syɔp̊'〉sɔp̊'〉'yɔp̊'*(côté)=日*soba*(même sens)/韓*ɔl-*(geler), *kyɔul*(hiver)=日*kōr̊.*(geler)/韓*or̊-*(monter)=日*nor̊.*(même sens)/韓*ul-*(crier, chanter), *ut-*(rire)=日*ur̊eśi*(joyeux)/韓*t̊'okäŋi* (lièvre)=日*usagi*(même sens)/韓*hyɔ~soi*(langue)=日*śita*(même sens)/韓*hu'i-?*(courber, tordre)=日*woř* (tisser), *wo*(corde) 등.

이 비교에는 교체가 상당히 자유롭게 허용되어 있는 데다가 의미도 융통성이 많고 한국어사로 보아 믿음직스럽지 못한 예도 많다. 어찌되었건 그는 이러한 비교를 통하여 1,310개의 어근 또는 단순어사가 공통일본어의 기반을 가진 고유단어에 사용되었다고 말하고 복합요소나 차용 가능성을 가진 요소를 제외하고 나면 그 중 349개의 어근 혹은 단순어사가 알타이 제어에서 다시 발견된다고 하여 그 내역을 어두음별로 다음과 같이 분류하였다.

| 어두음 | 일본어사數 | 알타이 제어에 연결되는 어사數 |
|---|---|---|
| *a-* | 80 | 30 |
| *i-* | 54 | 8 |
| *e-* | 23 | 10 |
| *u-* | 65 | 12 |
| *o-*(<**o 또는 **wo) | 51 | 17 |
| *wa-* | 22 | 5 |
| *y-* | 52 | 8 |
| *h-* | 206 | 60 |
| *b-* | 7 | 1 |
| *k-* | 198 | 51 |
| *g-* | 4 | 1 |
| *t-* | 158 | 46 |
| *ć* | 10 | 6 |
| *d-* | 15 | 6 |
| *s-* | 121 | 19 |
| *ś-* | 48 | 6 |
| *m-* | 100 | 31 |
| *n-* | 96 | 32 |
| 계 | 1310 | 349 |

그는 특히 형태론적 여러 특질을 비교하기 앞서 일본어의 어사가 개음절로 끝나는 점 때문에 공통일본어를 알타이 어족에 소속시키는 데 방해가 된다는 점을 인정하였으나 한 어사가 모음으로 끝나는 것은 이들 언어가 어말자음의 磨滅過程(processus d'usure)을 겪고 난 결과일 수도 있다(Haguenauer1956, p.457)고 추정함으로써 일본어에도 어말자음이 존재했을 가능성

을 시사하였다. 예. 사할린(Sakhaline)의 오로크(Orok) *mū*(eau)~日*mi*.〈\*\**mur*. 이것은 람스테트에 이어 일본어의 폐음절 가능성을 재확인한 것으로 만약 이 가설이 확정된다면 일본어의 알타이 계통설을 가로막고 있던 하나의 장애물이 제거되는 값있는 성과가 될 것이다. 그는 또한 문법기능을 가진 상당수의 형태소 비교를 통하여 이들이 알타이 제어에만 일치되는 것으로 보아 남방제어와는 관계가 없는 것으로 보았다.

그의 결론은 공통일본어가 허다한 본질적 특징에 의하여 알타이 제어와 가장 가까운 위치에 있으며, 알타이 제어와 일본어의 친족관계는 공통일본어의 음운체계와 알타이 제어의 모음과 자음체계의 비교에 의해서도, 단어나 형태소의 비교에 의해서도 설명될 수 있다는 것이었다. Haguenauer(1956)이 비록 한·일 양국어를 직접 비교대상으로 삼은 것도 아니었고, 그 방법이나 결론에 재검토되어야 할 점이 많다고 하더라도 일찍이 없었던 음운체계와 형태소의 체계적인 비교시도는 의의 있는 업적이었다고 인정해야 할 것이다.

### 다. 大野晉의 연구

1950년대를 대표하는 또 하나의 저서가 大野晉(1957)이다.[95] 그의 방법은 아그노이에르(Haguenauer)와 비슷하여 언어학적 근거 이외에도 인류학적, 고고학적 근거를 다채롭게 원용하고 있다. 아그노이에르와 다른 점은 그가 일본어 전문학자로서 일본어사라는 유리한 기반에서 연구를 지속해 왔다는 점이다. 그는 아이누어가 일본어와 하등의 관계를 가질만한 근거가 없음을 밝히고 나서, 고래로 일본의 동부와 서부가 문화면에서나 언어면에서 서로 다른데, 이는 일본에 한 때 남방민족이 거주하고 있던 중, 언어가 다른 고도의 문화권이 일본서부에 상륙하자 차츰 그에 밀려, 원주민의 문화는 동부로 이동해가고 새로운 문화권이 서부를 지배하게 된 결과라고 해명하였다. 따라서 일본어에는 원주민이 사용하던 인체어 등 남방계통을 이끄는 몇 가지 기본단어가 남아 있다고 주장하였다. 남방계라고 생각되는 원주민의 문화가 곧 조오몬식(繩文式) 문화였는데, 남부조선에서 고도로 발달된 문화(당시로서는 농경문화)가 건너가(서력기원전 300년경) 야요이식(彌生式) 문화를 탄생시켰기 때문에 법제, 농작관계의 단어가 한국어와 일치되며 인체, 복식, 공예관계 단어에도 공통되는 것이 많다고 하였다. 그러나 이러한 인종적, 문화적, 정치사적 일치는 차용에서 생길 수도 있기 때문에 언어의 계통과

---

95) 그는 이미 이전부터 大野晉(1952a, 1952b, 1952c, 1955)처럼 한국어와의 비교를 포함한 일본어의 계통론을 꾸준히 발표해 온 바 있다. 각주91 참조.

는 다른 것이므로 이를 밝히기 위해서는 음운이나 문법을 검토해보아야 한다고 말하고 나서, 알타이 제어의 여러 특질, 특히 하시모토 신키치(橋本進吉)에 의하여 확인된 일본어의 8모음 체계와 모음조화의 성격을 알타이 제어와 비교한 후, 한국어와 일본어의 비교를 보여주고 있다. 구조에 있어서 이들 양언어는 알타이 제어에는 없는 공통점을 가지고 있는데 ①인칭 어미가 없다. ②*l, r*의 구별이 없다. ③탁음이 어두에 올 수 없다. ④대명사에 近·中·遠稱의 구별이 있다. ⑤고저액센트를 가지고 있다는 점이 그것이고, 다른 점으로는 일본어가 개음 절로 끝남에 반해 한국어는 자음으로도 끝날 수 있는 점이라고 하였다. 또한 성격은 약간 다르지만 모음조화를 가지고 있다는 점이 공통되며, 대명사와 문법단어(접미사), 인체어 외에 상당수의 단어도 공통된다고 말한 후, 애스튼, 白鳥, 金澤, 小倉, 河野, 長田 등이 탐구한 결과라고 전제하면서 양국어 비교상의 대응이라고 생각되는 '音則' 24항목에 각기 해당되는 비교단어의 실례를 열거하였다.[96] (*앞은 일본어, 뒤는 한국어를 나타낸다—필자).

①$k{\sim}k$ ②$s{\sim}s$ ③$s{\sim}\check{c}$ ④$t{\sim}t$ ⑤$n{\sim}n$ ⑥$p(F){\sim}p$ ⑦$m{\sim}m$ ⑧$s, z{\sim}r, l$ (어중, 어말) ⑨$t, d{\sim}r, l$ (어중, 어말) ⑩$k, g{\sim}r, l$ (어중, 어말) ⑪$s{\sim}t$(어두) ⑫치음, 순음 앞에 모음을 첨가하는 예 ⑬$r$이 탈락하는 예 ⑭$p{\sim}m$ ⑮$m{\sim}p$ ⑯$a{\sim}a$ ⑰$a{\sim}ö$ ⑱$ö{\sim}ö$ ⑲$ö{\sim}a$ ⑳$a{\sim}i$ ㉑$i{\sim}a$ ㉒$u{\sim}o$ ㉓$u{\sim}ï$ ㉔$i{\sim}ï$

이 음칙은 아그노이에르의 광범한 교체법칙보다 훨씬 간략하나 여기에 사용된 단어들이 얼마나 믿음직스러운 것들이냐에 대해서는 의문이 없지 않다. 왜냐하면 이 음칙을 유도하는 데 쓰인 단어 대부분이 과거의 업적에서 추출된 것이기 때문에 특히 모음대응에 있어 불완전 하며 한국어음운사가 제대로 반영되지 않아서 이들에 대한 재검토 없이는 결코 그 성과를 기대할 수 없기 때문이다. 예를 들면 韓*kut*(堅)~日*kata*/韓*nun*(眼)~日*nemu*(眠)/韓*pʼɐl*(臂)~日*pi-di*/韓*pap*(飯)~日*ipi*와 같은 일련의 비교를 놓고 볼 때 $u{\sim}a, u{\sim}e, ɐ{\sim}i, a{\sim}i$ 모음대응에는 무리가 많다. 또한 白鳥가 주장한 바 있는 $k, g{\sim}r, l$의 대응도 음운사적으로는 증명된 것이 아니다. 차용의 가능성이 짙은 단어도 많이 포함되어 있다. 그러나 일본어의 8모음체계를 비교에 적용시킨 점, 과거의 업적을 총괄하여 정리한 점 등은 일본어사를 구체적으로 비교연구에 반영시킨 하나의 성과였다. 그는 계속하여 대명사의 문법단어를 이렇게 정리하였다.

---

96) 이보다 앞서서 그는 이를 18개 항목으로 나눈 바 있다. 市河三喜·服部四郎(共編)(1955), 『世界言語概說』 (下), pp.293-296 참조.

| <대명사> | | <문법어휘> |
|---|---|---|
| 日 | 韓 | |
| *na*(吾) | *na* | *i*(主格助詞 イ*i*) |
| *ana*(吾) | *na* | *n*(主格助詞 *nö*) |
| *ware*(我我) | *uri* | *nɒn*(係助詞 ナム*namu*) |
| *önö*(汝) | *nö* | *nïn*(係助詞 〃 ) |
| *kö*(此) | *ki*(其) | *ka*(疑問의 助詞) |
| *sö*(其) | *čö*(あれ) | *ra*(命令에 붙인다. *rö*) |
| *i*(此) | *i* | *pa*(係助詞 *pa*) |
| *si*(其) | *čö* | *m*(名詞를 만드는 語尾. 日本에서는 *mi*) |
| *idu-*(何) | *nu*(誰) | *ki*(名詞를 만드는 語尾. 日本에서는 *aku*) |
| *nani*(何) | *nu*(誰) | *kəi*(形i容詞를 副詞化한다. 日本에서는 *ku*) |
| | | *si*(尊敬의 助動詞) |
| | | *ani*(否定의 助動詞. 日本에서는 反語의 副詞) |
| | | *ri*(方向을 나타내는 接尾語. 日本에서는 *ra, ti*) |
| | | *tïl*(複數語尾. 日本에서는 *tati*) |
| | | *kɒt-h*('같다'는 뜻. 日本에서는 *kötö, götö*) |

이상은 연구자들이 양국어 비교를 통하여 수립한 대명사와 문법형태소를 종합한 것인데 이들의 일치는 양국어의 친족관계에 유력한 근거가 되어 왔다. 그에 의하면 한국어와 일본어는 지금까지 어떤 다른 언어보다 밀접한 관계에 있으나 數詞가 서로 다른 점과 '顔, 目, 手, 臍'와 같은 몇 개의 중요한 인체어가 오히려 남방계통과 일치한다는 것이다(大野晋1957, p.187.). 그러나 일본어의 인체어는 몇 개를 제외하고는 모두 한국어와 대응된다고 하였다. 그 이유를 그는 이렇게 해명하고 있다. 즉 인구어에서는 문화적으로 강력한 하나의 집단에 의해서 수사가 형성되었으나 중국을 제외한 아세아 여러 민족은 확고한 수사체계가 형성되기 전에 언어집단이 분리되어 수사를 통일할 만큼 강력한 문화집단이 지속되지 못했기 때문이라고 하여 애스튼과 비슷한 견해를 표명하였다. 또 인체어 등 몇 가지 공통되지 않는 점은 남방계통을 이끄는 것으로 보이는데 이것은 남부조선이나 九州에 원래 남방계민족이 선주했던 결과이며 북방의 강대민족에게 언어가 동화되긴 하였으나 일부의 단어에는 아직까지 선주민의 基層이 유지되어 있는 것이라고 해석하고 이렇게 결론지었다.

"일본에는 조오몬식(繩文式) 시대 폴리네시아 어족과 같은 音韻組織을 가진 南方系의 언어가 쓰이고 있었다. 야요이식(彌生式) 시대의 전래와 함께 알타이어적인 문법체계와 모음조화

를 가진 조선남부의 언어가 쓰이게 되었고, 그것은 北九州에서 남으로, 동으로, 확대되어 제1차적으로는 긴키(近畿)지방까지 그 언어구역이 확대되었을 것이다. 얼마 있다가 그것은 야요이식 문화의 동방확대와 함께 동부 지역으로 퍼져 나간 후 九州・四國・本州에도 나라(奈良) 시대의 언어에 보이는 것과 같은 원시일본어가 성립되었을 것이다. 아마도 琉球의 여러 언어가 일본어적인 성격을 띠기에 이른 것도 야요이식 문화의 전파와 같은 시기였다고 볼 수 있을 것이다"(日本には繩文式時代に、ポリネシア語族のような音韻組織を持った南方系の言語が行われていた。彌生式文化の傳來とともに、アルタイ語的な文法體系と母音調和とを持った朝鮮南部の言語が行われるようになり、それは北九州から、南へ、東へと廣まり、第一次的には近畿地方までをその言語區域としたであろう。やがてそれは、彌生式文化の東方への廣大にともなってアヅマの地域にも廣まって行き、九州・四國・本州に、奈良時代の言語に見られるものに似た、原始日本語が成立したであろう。おそらく琉球の諸言語が日本語的な性格を持つに至ったのも、彌生式文化の傳播と同時であると見ることができるだろう(大野晋1959, pp.198-199).

다만 한국으로부터 언어가 전래되기는 하였으나 많은 사람이 도래한 것이 아니었기 때문에 그때까지 쓰이던 선주민어의 문법체계를 바꾸기는 하였지만 약간의 선주민 단어는 바뀌지 않고 남았다고 말하였다. 결국 일본어의 계통은 알타이어족 계통에 속한다고 말할 수 있으나 선주 문화나 언어의 영향으로, 일본단어 속에서는 알타이 제어와의 친근성이 조금밖에 발견되지 않으며, 친근성이 멀어진 또 하나의 원인은 일본에 전래된 언어가 이미 남부조선을 지나오면서 알타이 어계가 아닌 남방민족의 단어를 많이 받아들여 변질된 데 있다고 보았다. 그 결과 일본어는 몽고, 퉁구스 등 알타이계 단어와의 차이가 한층 커졌으며 일본어와 한국어가 동계라고 하더라도 그 단어의 대응에는 북방적 요소만이 아니라 남방적 기원의 요소가 포함되어 있음을 놓쳐서는 안 된다고 주장하였다.

결국 일본어의 계통에 대한 결론은 일본어가 移接된 언어라는 것이다. 즉 일본 열도에는 본래 남방계통으로 보이는 민족이 살고 있었으나 알타이 어계가 한국을 통하여 건너감으로써 원주민의 언어가 약화 소멸되고 알타이 어계가 그를 대신하게 되었으므로 일본어는 알타이 어계이면서도 여전히 그 사이에는 원주언어의 基層 때문에 설명하기 힘든 차이가 존재한다는 것이다. 따라서 大野晋의 결론은 과거 일본어의 계통론이 설명하지 못한 난점을 어느 정도 합리적으로 설명한 것이다. 뿐만 아니라 일본어가 소원한 것이긴 하지만 한국어와 함께 알타이 제어 계통이라는 결론에 보다 가까워진 셈이다. 그러나 일본어의 疏遠性을 남방계 요소 때문이라고 본 결론은 일본어가 원시 알타이 어계에서 타 알타이 제어보다 먼저 분리되어 나갔을지도 모른다는 가설을 고려에 넣지 않았을 때에만 가능하다. 만약 일본어가 토이기·몽고·퉁구스어나 한국어의 분기와는 다른 층위의 시대에 이미 원시 알타이 어계에서 분리되어 나갔을 가능성이 발견된다면 그 이유로서도 일본어의 疎遠性을 설명할 수 있기 때문이다. 실제로 1960년대에 새삼 논의의 대상이 된 고구려어는 그러한 這間의 사정을 해명해줄 수 있는 유력한 근거를 지니고 있다. 이에 대해서는 이 다음 '고구려어의 재인식' 항목에서 논의할 예정이다.

이밖에도 1950년대에는 핫토리 시로오(服部四郎)에 의한 言語年代學(glottochronology 또는 lexicostatistics)적 방법이 일본어 계통론에 이용되어 한국어와의 분리연대 등이 측정된 바 있으나 미더운 성과는 아니었고 몇몇의 일본어계통론에 양국어 비교에 대한 단편적인 논의가 보인다. 아무튼 한국어학자와 일본어학자의 참여로 양국어의 언어사 연구성과가 비교에 활용되는 계기를 만들어 준 점이 50년대의 사적 의의일 것이다.


## 3) 1960년대의 연구

### 가. 음운체계의 수립시도

60년대의 학계를 지배했던 하나의 흐름은 지금까지 최대 난점으로 남아있던 양국어의 공통음운체계 수립시도에 있었다고 생각된다. 그러한 흐름을 대변할 만한 실적으로 오사다 나츠키(長田夏樹)를 들 수 있는데, 그는 이미 40년대 말에 주목할 만한 노작을 발표해 왔으며(각주 90 참조) 그의 연구는 다시 60년대로 이어졌다.[97] 여기에는 또한 마부치 가즈오(馬淵和夫)의 무게있는 논의 하나도 추가될 필요가 있다.[98]

오사다 나츠키는 日鮮共通基語와 원시일본어 그리고 상고일본어의 변동을 추정한 바 있다(長田夏樹1960, p.75). 그가 밝힌 원시모음체계의 변동은 다음과 같다.

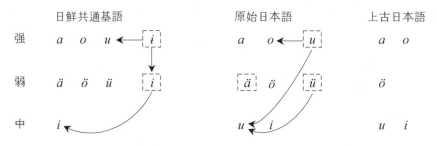

---

97) 長田夏樹(1960), 日鮮共通基語音韻體系比定のための二三の假說<發表要旨>, 『言語研究』 第37號, pp.73-78.
98) 馬淵和夫(1962), 古代朝鮮語と古代日本語の音韻組織の對比について, 『未定稿』 第10號, pp.102-156.

이는 결국 람스테트의 원시알타이어 8모음체계(Ramstedt1957, p.136 이하)에 기초를 둔 추정인데, 이 가설이 증명 단계에 도달하려면 많은 난관이 극복되어야 할 것이며, 이 난관돌파가 바로 앞으로의 과제라고 생각된다. 그는 또한 자음에 대해서도 3가지 가설을 제기하였다.

제1. 激音은 平音의 高악센트에서 2차적으로 생긴 것이다.
제2. 濃音은 제1음절의 母音脫落에 따라 2차적으로 생겼다.
제3. 日鮮兩語는 그 分岐이전부터 濁音(有聲音)의 位置에, 上古日本語와 같이
　　鼻濁音系列을 가지고 있었다(長田夏樹1960, pp.76-78).

제2항은 이미 한국어를 통하여 깊이 있게 검토된 바 있으나[99] 제1항과 제3항은 계속 검토되어야 할 과제들이다. 어찌되었건 지금까지 이루어진 공통의 음운체계는 어느 것이나 가설에 머물러 있으므로 이들의 가부를 당장 평가하기는 어려우나 그에 따른 양국어의 비교 연구는 그런대로 조심스러운 가운데 진전을 거듭해 왔다.

60년대에 이루어진 또 하나의 눈에 띄는 연구실적으로 마아틴(Martin, S.E.1966)[100]을 들 수 있다. 그는 이 논문을 통하여 매우 독창적이며 파격적인 방법으로 한일어공통 음운체계를 수립하고 음운대응과 어휘비교를 시도하여 주목을 끈 바 있다.

이 논문은 소위 스와데쉬(Swadesh, M.)의 기본 어휘 200개를 기준으로 하여, 그에 해당하는 한국어와 일본어 중에서 유사한 단어를 찾아 비교한 후, 이를 토대로 하여 양국어의 음운대응을 추출한 것이다. 여기에 이용된 한일 유사어는 총265쌍인데, 그는 이것을 의미와 형태의 유사정도에 따라 3가지 범주로 구분하였다.

(1) 의미와 형태가 일치되는 것. 102개.
(2) 의미는 일치되나 형태가 부분적으로 일치되는 것. 80개.
(3) 형태는 일치되나 의미가 약간 다른 것. 83개.

이들 단어비교에서 나온 음운대응 목록을 통하여 수립된 한일공통 음운체계는 다음과 같다.

---

99) 李基文(1955), 語頭 子音群의 生成 및 發達에 대하여, 『震檀學報』 第17號, pp.187-258 참조.
100) Martin, S.E.(1966), Lexical Evidence Relating Korean to Japanese, *Language*, Vol.42, No.2, pp.185
　　-251.

모음체계

|       |       |       |       |       |       |       |
|-------|-------|-------|-------|-------|-------|-------|
| *Cy-* | *i*   |       |       |       |       | *u*   |
|       | *yi*  |       |       |       |       |       |
|       |       | *e*   |       |       | *o*   |       |
|       |       | *ye*  |       |       | *yo*  |       |
|       |       |       | *a*   | *á*   | *ɔ*   | *ɔ́*  |
|       |       |       | *ya*  |       | *yɔ*  |       |
|       |       |       | *wa*  |       | *wɔ*  |       |

(자음체계)

어두음

*v(?=w)*

*vx*

| *p*  | *t*  | *ts*  | *c*  | *k*  |
|------|------|-------|------|------|
| *px* | *tx* | *tsx* | *cx* | *kx* |
|      |      | *s*   |      | *x*  |
| *b*  | *d*  |       | *j*  |      |
| *bx* |      |       |      |      |
| *m*  | *n*  |       |      |      |

비어두음

| *-dx-* | *-nx(-)* | *-mp-*  |        | *-l(-)*  | *-r(-)* | *-ř-*  | *-š(-)* | *-g-* | *-ğ-* |
|--------|----------|---------|--------|----------|---------|--------|---------|-------|-------|
|        |          | *-mpx-* |        | *-lpx-*  | *-rx-*  |        |         |       |       |
|        |          | *-mb-*  |        | *-lb-*   |         |        |         |       |       |
|        |          |         |        | *-ld-*   |         |        |         |       |       |
|        |          |         |        | *-ldx-*  |         |        |         |       |       |
|        |          | *?-sk-* | *-lk-* | *-rk-*   |         |        |         |       |       |
|        |          | *?-sg-* | *-lg-* |          |         |        |         |       |       |
|        |          |         | *-lğ-* |          |         |        |         |       |       |
|        |          |         | *-lm-* |          |         |        |         |       |       |
|        |          |         | *-lmp-*|          |         |        |         |       |       |

이상과 같은 음운체계는 결국 다음과 같은 양국어 음운대응 목록에서 종합된 것이다.

| Key |     | Proto-KJ    | K:J               |
|-----|-----|-------------|-------------------|
| 0   |     | *#V         | #V:#V             |
| 1   |     | *p..        | p:p>hw>h          |
|     | 1a  | *..p(..)    | p:p>hw,w>#        |
|     | 1b  | *..b(..)    | p:b               |

| | | | |
|---|---|---|---|
| | 1c | *..mp(..) | p:m |
| | 1d | *..mb(..) | m:b |
| 2 | | *m.. | m:m |
| | 2a | *..m.. | m:m |
| | 2b | NOUN*..m# | m:# |
| 3 | | *b.. | p:b>w/#, b |
| | 3a | *v.. | p:#(In complementary distribution with *wV.) |
| 4 | | *k.. | k:k |
| | 4a | *..k(..) | k:k |
| | 4b | *..g(..) | k:g |
| 5 | | *x.. | h, h/k:k |
| | 5a | *..x.. | h, h/k:k(contrast 28.) |
| | 5aa | *..x.. | Vy?<Vhi:Vk |
| | 5b | *..ğ.. | h:g |
| | 5bb | *..ğ.. | Vy?<Vhi:Vg |
| | 5c | *Cx | Ch:C |
| 6 | | *t.. | t:t |
| | 6a | *..t.. | t:t |
| | 6b | *..d.. | t:d(In complementary distribution with 8.) |
| 7 | | *n.. | n:n |
| | 7a | *n(..) | n:n |
| | 7aa | *..nx | nh:n |
| | 7b | *..n(ye/i) | #:n |
| 8 | | *d.. | t:y(In complementary distribution with 6b.) |
| 9 | | *c.. | c:t |
| | 9a | *..c(..) | c:t |
| | 9b | *ts.. | c:s |
| | 9c | *ts.. | c<MK ty, ti:s |
| | 9d | *..ts.. | c:s |
| 10 | | *j.. | c:y(In complementary distribution with 14b.) |
| 11 | | *..r.. | l:r |
| | 11a | *..rya(=11-23a) | ..y:..ra |
| | 11aa | *..ri..(=11-15a) | ..i:..ri |
| | 11b | *..rk..(Cf.12d.) | lk:r |
| 12 | | *..l.. | l:t |
| | 12a | *..ld.. | l:d |
| | 12b | NOUN*..l# | l:d |

| | | | |
|---|---|---|---|
| | 12c | *..lC(..) | lC:C |
| | 12cc | *..lg.. | lk:g |
| | 12d | *..lğ- | l:k |
| 13 | | *..r̃(..) | l:y |
| 14 | | *s.. | s:s |
| | 14a | *..s(..)(Cf.31.) | s:t |
| | 14b | *..j.. | s:d(In complementary distribution with 10.) |
| | 14c | *..š.. | l:s |
| | 14cc | *NOUN*..š# | l<lh:s |
| 15 | | *i | i:i |
| | 15a | *..i | ..i:..i |
| | 15b | *ya | ï:i(In complementary distribution with 23a.) |
| | 15c | *yi | ë:i(In complementary distribution with 15?) |
| | 15d | *..yi | ..#:..i |
| | 15e | *..Cy.. | ..Ci-:..C- |
| 16 | | *e | ë:o |
| | 16a | *(n,r,ts,5aa)ye | i/y:e |
| | 16b | *..ye | ..#:e |
| 17 | | *a | a:a |
| | 17a | *a(Cf.21e) | ë/a:a |
| | 17b | *a | ë?<*ë/a:a |
| 18 | | *wa | u:a |
| | 18a | *wɔ | o:a |
| 19 | | *u | u:u |
| | 19a | *u | u/o?<u:u |
| | 19b | *u | o?<u/o<u:u |
| | 19c | *..u(Cf.22b.) | ..#:..u |
| 20 | | *o | o:o |
| | 20a | *o | u/o?<o:o |
| | 20b | *o | u?<u/o,<o:o |
| | 20c | *yo | o:i |
| | 20d | *yɔ | a, ï(/a)<ɔ:i |
| 21 | | *ɔ | a<ɔ:u |
| | 21a | *ɔ | a?<ɔ:u |
| | 21aa | *ɔ | ï?<ɔ:u |
| | 21b | *ɔ́ | a>ɔ:o |
| | 21b' | *ɔ́ | ë<ɔ:o |

| | | |
|---|---|---|
| 21bb | *$\acute{ɔ}$ | $a?<ɔ:o$ |
| 21c | *$\acute{ɔ}$ | $ï(/a)<ɔ:o$ |
| 21c' | *$\acute{ɔ}$ | $u<ɔ:o$ |
| 21cc | *$\acute{ɔ}$ | $ï?<ɔ:o$ |
| 21d | *$\acute{a}$ | $a<ɔ:a$ |
| 21dd | *$\acute{a}$ | $i>ɔ:a$ |
| 21e | *$\acute{a}$ | $a/ë<ɔ:a$ |
| 21f | *$\acute{a}$ | $ï/a<ɔ:a$ |
| 22 | *$V_1C\#$ | $V_1C\#:V_1CV_1$(Japanese echo vowel.) |
| 22a | *..($a$) (Either 22 or 23 is possible; Cf.29.) | |
| 22b | *..($u$) (Either 22 or 19c is possible.) | |
| 22c | *..($yi$) (Either 22 or 15d is possible.) | |
| 22d | *..($ɔ$) (Either 24 or 21c.) | |
| 22dd | *..($ɔ$) (Either 24a or 21cc.) | |
| 22e | *..$y(o)$ (Either 22-15e, or 20c.) | |
| 23 | *..(C)$a$(Cf.22a) | $\#:a$ |
| 23a | *..$ya$ | $i:a$(In complementary distribution with 156.) |
| 24 | *..#(..) | $..i(..)<ɔ:\#$ |
| 24a | *..#(..) | $..i(..)?<ɔ:\#$ |
| 25 | *CY | $Cy..:C..$ |
| 26 | *$CV_1CV_1$ | $(..)CC(V):(..)CV_1CV_1$ |
| 27 | *$CVx$ | $ChV:CVk$ |
| 27a | *$CVxa$ | $VCh:VCk$ |
| 28 | NOUN*..$Vx\#$ | $Vh:V$(Cf.14cc, 7aa; contract 5a.) |
| 29 | *..($a$)- | $..a-:\#$ |
| 30 | *($a$-).. | $a..:\#..$ |
| 31 | *..$sC$.. | $..Cq..<sC:..C..$ |
| 32 | *..$mo$ | $..m\#:..mo$ |

　각 항목에는 거기에 해당되는 한·일 공통어가 재구형으로 제시되어 있으며, 이러한 음운 대응 목록을 유도하는 데 이용된 어사 265개, 그밖에 상당히 의심스러운 어사 55개에 대한 어원론이 첨부되어 있다. 총320개의 어원목록에는 그의 말대로 이전 학자들의 연구결과도 들어 있으나 상당수에 달하는 어원이 새로 제시되었다.

　마아틴(1966)은 전에 보기 어려울 만큼 정밀한 논고였지만 그 결과는 자못 의심스러운 바도 적지 않다. 그의 방법은 귀납적인 것인데, 비교연구의 출발점을 맹목적인 유사단어에 둔

점도 불만스럽거니와 그 결과를 세심하게 종합함으로써 사소한 유사성마저 음운대응 규칙에 충실히 반영시킨 결과, 결론이 난삽해졌기 때문이다. 문제는 난삽한 결론 그 자체에 있는 것이 아니라 거기서 생기는 복잡한 결과에 있다. 즉 한국어 *p*는 일본어 *p*, *b*, *m*, *w*에, 韓 *m*은 日 *m*, *b*에, 韓 *h*나 *k*는 日 *k*, *g*에, 韓 *t*는 日 *t*, *d*, *y*에, 韓 *c*는 日 *t*, *s*, *y*에, 韓 *s*는 日 *s*, *t*, *d*에, 韓 *lk*는 日 *r*이나 *g*에, 韓 *l*은 日 *r*, *t*, *d*, *k*, *y*에 대응되는 등 상호교체가 너무 자유로울 뿐 아니라 모음은 교체가 더욱 심하여 결과적으로는 아그노이에르의 광범한 교체법칙과 별다른 차이가 없기 때문이다. 뿐만 아니라 양국어만을 기반으로 하여 수립된 공통음운체계는 알타이 제어에 연결될 수 없어 고립적인 것이 되고 말았으므로 그 가부를 판가름해줄 수 있는 기준도 없다. 또 기본어휘를 문제의 대상으로 선택한 것까지는 좋다고 하더라도 우연한 유사어, 의성·의태어, 차용일 수밖에 없는 단어 하나하나의 미세한 부분까지 반영시킨 음운대응규칙은 그만큼 신빙성이 떨어질 수밖에 없는 것이다. 양국어의 단어비교에도 미덥지 못한 예가 포함되어 있기 때문에[101] 그 결과 역시 완전하다고는 할 수 없지만 그의 어원론에는 특히 중세한국어가 활용되고 있어 서양학자들이 양국어 비교연구에서 보여 주지 못한 측면을 개척하고 나선 점은 주목할 가치가 있다.

공통음운체계 수립시도 외에도 60년대에는 종래의 비교방법을 지양한 단어비교가 계속되었다. 그 중 빼놓을 수 없는 연구의 하나로 長田夏樹(1966)를 들 수 있다.[102] 그의 다른 논문과 함께 새로운 방법론에 입각한 비교시도를 보여주고 있는 점이 주목된다.

## 나. 고구려어의 재인식

지금까지의 연구에 의해서 일본어의 알타이 어족 계통설을 막고 있던 여러 난점이 많이 해소된 바 있다. 그 중에서도 나라(奈良)시대의 일본어가 8모음 체계였을 뿐 아니라 원시적이

---

101) 그의 어원론에는 음운·형태분석이 포함되어 있다. 그러나 한국어학의 견지에서 무리가 발견된다. 본문대로 2개만 예시하겠다.
　　20. BOILING.Ⅲ. pakïl/pëkïl' boiling': wak-'boil'. 3-17a-4a+K .. ïl(An adverb-deriving suffix related to the imperfect adnominal). *bak-. cf. Martin, S. E.(1966), p.226.
　　225. WASH.Ⅱ. ppal-<MK'spɔl-'launder':arap-' wash, launder'. 3a-21d-11-(22a)+J -(a)p-(frequentative suffix ?). *vár(a)-. This assumes that K pp->'sp- is a reinforcement from an original K*p-. Another possibility is to compare J sarap-'to clean out' (if this does not belong with VANISH) and reconstruct KJ *spár(a)- with a unique case of *sp-(reducing in Japanese to s-). S. E. Martin(1966), p.245 참조. 양국어 대응의 다음에 나타나는 숫자는 음운대응 목록번호로 각 음운의 대응을 설명한 것이다.
102) 長田夏樹(1966), 朝鮮語一音節名詞の史的比較言語學的考察, 『朝鮮學報』第39·40輯, pp.411-457.

나마 모음조화를 가지고 있었다는 점, 일본어에도 폐음절이 있었으리라는 점 등은 고무적인 성과였으며 일본어의 계통설을 북방으로 이끄는 데 긍적적인 근거가 되었다. 그러나 일본어와 한국어, 알타이 제어간에는 각기 석연치 않은 벽이 가로막고 있었다. 비교언어학상 동일 계통을 증명하는 데 유력한 근거라고 생각되어 온 數詞의 일치가 발견되지 않는 데다가 음운 대응을 수립하기가 어려웠다. 大野晉나 아그노이에르는 일본어가 일종의 혼합체임을 내세워 이 벽을 설명하려 하였다. 물론 일본어에 남방계 요소가 혼입되어 있다는 이론도 일본어와 알타이 제어간에 느껴지는 疎遠性의 원인을 설명해주는 하나의 근거가 될 수는 있다. 그러나 그러한 결론은 어디까지나 일방적인 것이다. 왜냐하면 현재의 알타이 제어나 한국어보다 더 오랜 층위에서 원시 일본어가 원시 알타이어로부터 분기되었다면 그것으로도 알타이 제어와 일본어의 소원성을 설명할 수 있기 때문이다. 이러한 추리는 60년대에 와서 드디어 구체화되었다. 死語가 되어버린 고구려어가 저간의 암운을 거두어 줄 듯한 희망을 던져 주었기 때문이다.

고구려의 고유지명 표기에서 발견되는 단어 가운데에는 일본어와 유사한 사례가 있다는 사실에 주목한 것은 宮崎道三郎(1906-1907)로까지 거슬러 올라간다. 宮崎는 일찍이 고구려어로 추정되는 '忽次, 古次'가 일본어 kuti(口)와 유사하며(宮崎1907, p.1173), '呑, 頓'이 일본어 tani (谷)과 유사함을 지적한 바 있다(宮崎1907, p.1179). 그러나 이를 언어학적으로 해석하여 주목을 끈 연구자는 신무라 이즈루(新村出1916)였다. 이 논문(각주 67 참조)에서 新村는 고구려어의 數詞가 일본어와 유사함을 지적한 것이다(로마자 전사는 필자).

| 3 | 5 | 7 | 10 |
|---|---|---|---|
| ミ, ミツ, ミル | ウチヤ | ナヌン, ナヌ | トク,ト |
| mi, mitu, miru | utʃa | nanun, nanu | toku, to |

이 발견은 획기적인 것이었으나 그것이 일본어와 고구려어의 친족관계를 암시해주는 근거로 부각되지는 못한 채 묻혀 있었다. 뿐만 아니라 『삼국사기』 등에 나타나는 고구려어의 지명을 언어학적으로 이용해보려는 시도 역시 오랫동안 중단되었다가 1950년대에 이르러서야 사쿠라이(櫻井花郎1953)가 그 가치를 재인식시킨 것이다.[103]

이에 60년대로 넘어 오면서는 고구려 지명 중에 나타나는 고구려어의 편린들이 고대일본

---

103) 櫻井花郎(1953), 高句麗の言語について(『東京學藝大學研究報告』 4(9)<史學·地理學>), pp.25-31.

어나 퉁구스어(Tungus) 또는 중세한국어 등과 유사하다는 사실이 李基文[104]과 무라야마 시치로오(村山七郎)[105]의 연구에 의해서 본격적으로 논의되기에 이르렀다.

이와 같은 노력을 통하여 얻어진 결론은 80여개의 고구려어 단어 가운데 4개의 수사를 비롯한 30여 단어가 고대일본어에 대응된다는 것이었다. 따라서 琉球語를 제외한다면 고구려어는 일본어와 계통적으로 가장 가까운 언어라고 말할 수 있게 된 셈이다. 뿐만 아니라 고구려어는 퉁구스어 등과도 공통성을 보이고 있어 알타이어라는 심증을 굳혀주고 있는데 村山는 동부 알타이어의 계통관계를 다음과 같이 추정하였다(村山七郎1963, p.189).

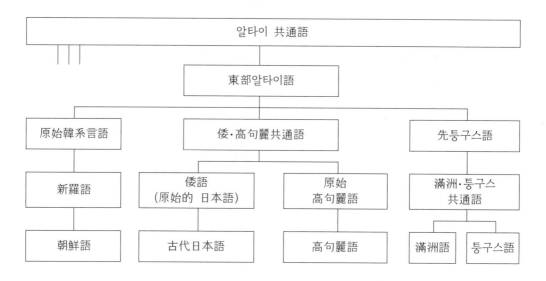

이에 대해서 李基文은 고구려어의 층위를 다음과 같이 보고 있다.[106]

---

104) 李基文(1961), 『國語史槪說』, pp.68-72, '高句麗語'.
  _____(1963), A Genetic View on Japanese, 『朝鮮學報』 第27輯, pp.136-147.
  _____(1964), Materials of the Koguryo Language, *Journal of Social Sciences and Humanities*, No.20, pp.11-20.
  _____(1967), 韓國語形成史, 『韓國文化史大系 V, 言語文學史』, pp.75-92, '高句麗語'
105) 村山七郎(1961), 日本語と高句麗語との關係に關する暫定報告, 『順天堂大學體育學部紀要』 第4號, pp.59-65.
  _____(1962), 日本語と高句麗語との數詞—日本語系統問題に寄せて—, 『國語學』 第48集, pp.1-11.
  _____(1962), 高句麗資料および若干の日本語·高句麗語音韻對應, 『言語研究』 第42號, pp.66-72.
  _____(1963), 高句麗語と朝鮮語との關係に関する研究, 『朝鮮學報』 第26輯, pp.189-198.
106) 李基文(1967), p.89 및 91. 여기에는 본래 알타이 조어와 부여·한공통어가 거느린 제언어의 계통도를 따로 도시하고 있으나 본고에서는 편의상 이 두 개의 계통도를 결합시켜 쓰기로 한다.

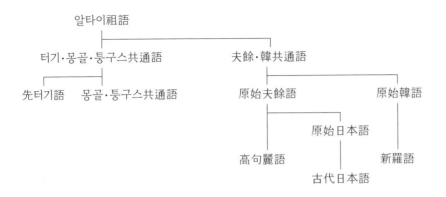

이 두 주장은 결론을 서로 달리하고 있으나 알타이 제어나 한국어간에 존재하는 일본어의 疎遠性을 설명해줄 수 있다는 점에서는 공통된다. 즉 원시일본어가 원시한어와는 다른 층위에서 고구려어와 가까운 언어였기 때문에 토이기·몽고·퉁구스어나 한국어와는 다른 특징을 가지게 되었으리라는 것이다. 현 단계로서는 이 가설이 일본어와 한국어, 일본어와 알타이 제어, 한국어와 알타이 제어 간에 느껴지는 간극을 어느 정도 합리적으로 설명해주고 있다. 뿐만 아니라 고구려어는 일본어의 소원성을 남방계 요소로 해결하려는 태도를 거의 무력하게 할 수 있을 만큼 언어학적으로 일본어에 가깝다. 그리하여 일본어의 계통연구에서 차지하는 고구려어의 비중이 재인식된 것이며 1세기에 걸쳤던 양국어의 비교는 마침내 전혀 새로운 방향에서 일본어의 계통설을 북방으로 이끄는 데 유력한 근거를 발견한 것이다.

## 5. 결 어

인구어에 비하면 알타이 제어는 고대 언어자료의 결핍 때문에 언어학적인 내적 재구에 극심한 제한을 받아왔다. 한국어나 일본어도 이 점에 있어서는 거의 마찬가지였다. 그러나 오랫동안의 노력으로 이룩된 양국어의 언어사는 각기 눈부신 성과를 거두며 오늘에 이르렀다. 이에 따라 양국어의 비교연구도 날로 새로운 양상을 띠며 변모되어 왔다. 음운사의 해명으로 일본어의 어두음 $h$나 $f$를 한국어 ㅂ, 알타이 제어의 $p, f, h$ 또는 $\emptyset$(zero)에 비교할 수 있게 되었고 상대일본어에서 확인된 8모음체계와 모음조화는 일본어를 알타이 어계로 이끄는 데 유력한 근거가 되었다. 여기서 양국어 비교연구가 거둔 성과를 종합해보면 대략 다음과 같다.

(1) 개별적이나마 몇 개의 음운대응이 확인된다.
(2) 일본어에도 폐음절이 존재했을 가능성이 있다.
(3) 모음조화가 공통된다.
(4) 상당수의 굴절접미사(곡용·활용어미 등)가 대응된다.
(5) 몇 개의 파생접미사가 대응된다.
(6) 대명사가 크게 유사하다.
(7) 인체어 등 몇 가지 기본어휘가 유사하다.
(8) 통사론적인 어순이 일치한다.
(9) 유사단어가 상당수에 이른다.

그러나 이상과 같은 특징이 모두 알타이 제어에까지 연결되는 것은 아니다. 공통음운 대응체계 수립에 있어서도 아그노이에르(Haguenauer)나 마아틴(Martin)과 같은 연구자들의 노력이 경주된 바 있으나 그 성과는 여전히 희망적이라고 보기 어렵다. 그리고 보면 양국어의 비교성과도 자못 회의적인 면을 내포하고 있다. 먼저 지금까지 발굴된 양국어간의 유사어는 음운대응규칙이 수립되지 않는 한 어디까지나 유사어에 머물 것이며, 그에 따라 우연의 일치나 차용어, 의성·의태어도 밝혀내기가 힘들다. 어순이나 모음조화가 언어의 계통연구에 적극적인 근거가 될 수 없다고 주장하는 학자도 있다. 어순은 우연히 일치되는 경우가 있으며 모음조화는 후대의 발달일 수도 있기 때문이라는 것이다. 자연히 연구자들은 한국어와 일본어가 상당히 소원한 관계에 있다는 잠정적 결론에 머물러 있는 셈이다. 그런데 양국어는 간과할 수 없는 특질을 공유하고 있음도 밝혀졌다.

(1) 어두에 유성음이 올 수 없다.
(2) l과 r의 구별을 망각하였다.
(3) 인칭어미를 가지고 있지 않다
(4) 존대법을 가지고 있다.
(5) 대명사에 원·중·근칭의 구별이 있다.
(6) 고저 액센트를 가지고 있었다.

이 특질들은 특히 알타이 제어와는 전혀 부합되지 않는 점이라는 데에 문제가 있다. 즉 음운대응과는 달리 이 특징들은 한국어와 일본어가 도리어 심상치 않은 관계를 지니고 있음을 암시해줄 뿐 아니라 한국어와 일본어가 모두 알타이 제어와는 자못 거리가 있는 언어임을 가르쳐준다. 그러나 고구려어의 등장은 이러한 문제점을 어느 정도 해소시켜 주었다. 즉 일본어는 한국어에서 직접분리된 것이 아니고 고구려어와 밀접한 관계에 있으며 이들의 공통조어는 부여계 언어에 연결된다는 것인데, 이 가설은 한국어, 알타이 제어, 일본어의 삼자간에 나타나는 간극을 현재로서는 그런대로 무난히 설명해 주는 것이다. 앞으로의 연구는 이러한 난점을 해소하기 위하여 새로운 근거를 더욱 보강해야 할 것이며 그 밖의 유력한 근거 추구에도 노력을 아끼지 말아야 할 것이다.

* 이 연구는 1967-1968년도 東亞文化硏究委員會의 學術硏究費補助費로 이루어진 보고서임.

出處 <聖心女大(1969. 6.), 『論文集』 1: 5-93).>
    <草風館(1999. 12.), 『韓国語と日本語のあいだ』: 7-98(日譯再錄).>

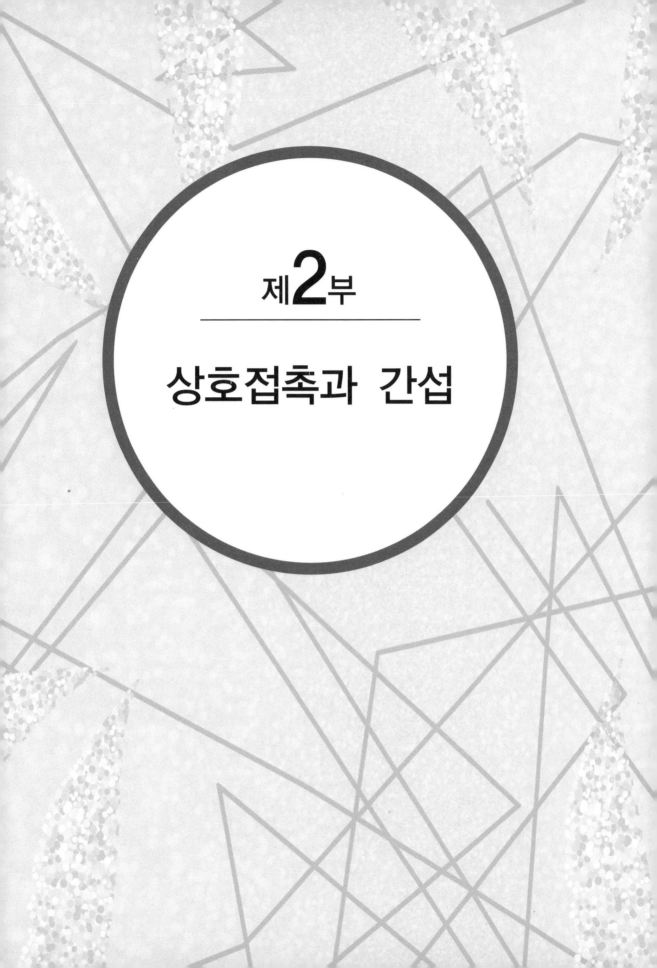

# 제2부

## 상호접촉과 간섭

# 古代日本語에 미친 韓語의 영향

## 1. 서 언

본고는 일본의 彌生式 文化가 北九州에서 발생한 이후 奈良時代에 이르기까지 일본어에 영향을 끼쳤다고 생각되는 韓語의 몇몇 단어를 대상으로 한다. 여기서 韓語라 함은 現代韓國語의 직접적인 조상이라고 생각되는 新羅 내지 韓系의 언어를 지칭한다. 그러나 이 언어의 자료는 어느 정도의 新羅語 자료를 제외하고는 거의 없으므로 본고에서는 주로 中世韓國語를 원용하기로 한다.

서로 다른 두 언어가 음운, 어휘, 문법면에서 적지 않은 類似性을 보여 줄 때, 그것이 우연의 일치가 아니라면, 두 가지의 史的인 원인을 가상할 수 있다. 하나는 두 언어가 같은 祖語에서 분리되어 나왔을 가능성이고, 다른 하나는 서로 接觸하면서 영향을 입었을 가능성이다. 前者일 경우, 그 유사성은 共通語時代에 지녔던 共通特質이 현재까지 보존된 것이며, 後者일 경우, 그 유사성은 외부의 干涉을 받은 결과다. 그러나 실제로는 이 兩者가 선명하게 구별되는 것이 아니다. 특히 동일한 祖語에서 분화된 두 언어가 다시 접촉을 가졌을 때, 거기서 생겨난 借用要素를 共通語時代부터 보존해 온 固有要素와 구별하기는 매우 어렵다.

좌우간 韓語와 일본어는 우연의 일치로 돌려버릴 수 없는 많은 유사성을 보이고 있다. 문장의 構造, 造語法과 派生法, 敬語法 體系, 단어의 語根, 曲用 및 活用體系, 代名詞 등에 나타나는 유사성이 그것이다. 그러나 音韻對應의 뒷받침이 없는 이 유사성은 어디까지나 유사성에 그칠 수밖에 없는 상태에 있다. 이런 사정 속에서 內外學者들은 그 유사성을 同一起源에서 유래하는 옛흔적(archaic residue)만으로 설명하려고 해왔다. 본고는 이러한 방법론을 반성하는 의미에서 兩國語의 유사성을 재검토하면서 적어도 그 일부가 언어접촉에 의한 干涉의 擴散(diffusional cumulation)일 가능성을 찾아보려는 것이다.

기록에 전하는 한, 현대일본어의 조상인 奈良時代의 일본어와 현대한국어의 조상인 新羅

語 즉 韓系言語는 兩言語竝用(bilingualism)이 가능한 경우가 아닌 한 의사소통이 어려운 별개의 언어였다. 한국이나 일본역사는 기원전까지 遡及하나 언어자료의 면에서는 7세기 이전의 모습을 체계적으로 파악하기가 불가능하다. 따라서 두 언어의 기원적인 관계여부는 물론 필시 있었으리라고 생각되는 언어접촉의 양상이나 그 결과를 밝히기는 불가능에 가깝다.

결국 본고는 하나의 가정에서 출발한다. 일본어가 친근하건 소원하건 간에 韓語와 系統的 관계를 갖고 있다고 보면, 그 分化시기를 기원전 2, 3세기의 彌生式 文化 발생에 두더라도 7세기 후반의 언어자료 시대까지 1000년 정도의 세월이 흐른 셈이다. 韓語와 일본어가 계통적으로 소원한 관계에 있거나 彌生式 文化 이전의 繩文式 文化 시기에 분화되었다면[1] 말 할 필요도 없지만, 彌生式 文化가 시작되면서 분화되었다고 하더라도, 분화 후 새로운 문화를 담은 외부언어와 문화적인 접촉을 가졌다면 거기에 언어적 간섭(linguistic diffusion)을 가정할 수 있을 것이다. 그런데 歷史學이나 考古學 또는 民族學의 연구결과는 彌生時代로부터 古墳 時代에 걸친 西部日本文化가 한국과 밀접한 관계에 있었음을 보여 준다. 그러한 문화접촉이 사실이었다면 거기에는 언어의 접촉이 豫想되며[2] 이로 인해 생겨난 언어의 간섭확산을 言語 比較에서 옛흔적과 구별해야함은 당연한 일이다. 따라서 上代日本語를 중심으로 그 이전의 古代日本語에 韓語의 영향이 있었다면 이는 親族關係와 별도로 논의될 수 있는 課題가 된다.

---

1) 韓語와 일본어가 한 祖語에서 분화되었다 하더라도 그 시기가 彌生式 文化 이전의 繩文式 文化 시기일 가능성도 있다. 服部四郞는 두 언어가 친족관계를 가지고 있더라도 基礎語彙의 殘在率로 보아 그 분화시기는 적어도 去今 4000년 이전이 될 수밖에 없다는 사실을 語彙統計學的 計算으로 밝힌 바 있다, ＿＿＿＿＿(1959), 『日本語の系統』, 東京 岩波書店, 208. 이에 반하여 大野晉는 일본어의 성립이 기원전 300년경 곧 彌生式 文化의 傳來에 있다고 보고 있다, ＿＿＿＿＿(1957), 『日本語の起源』, 東京 岩波新書, 198-199.

2) 漢字가 일본에 전해지고 거기서 다시 萬葉假名이 생기게 되기까지는 적어도 新羅나 百濟의 한자이용법이 영향을 미쳤으리라고 생각된다. 그것은 推古期 遺文이나 초기의 萬葉假名 표기법이 신라시대의 用字法과 흡사하다는 사실이 지적되고 있기 때문이다. 李崇寧(1955), 新羅時代의 表記法體系에 關한 試論, 서울대 『論文集 人文社會科學』 제2집, 62-67, 123-126.

馬淵和夫(1960), 日本語·音韻の歷史: 上代, 『解釋と鑑賞』 제25권 제10호, 7-15.

＿＿＿＿＿(1962), 古代朝鮮語と古代日本語の音韻組織の對比について, 東京敎育大學 文學部 『未定稿』 제10호, 101-156.

＿＿＿＿＿(1965), 『上代のことば』, 東京 至文堂, 32-33.

＿＿＿＿＿(1971), 『三國史記』『三國遺事』にあらわれた古代朝鮮の用字法について, 東京敎育大學 言語學研究會 『言語學論叢』 제11권, 57-74.

Rokurô, Kôno(1969), The Chinese Writing and its Influences on the Scripts of the Neighbouring Peoples. *Memoirs of the Research Department of The Toyo Bunko* 27, 107, 129-131.

森山隆(1971), 『上代國語音韻の研究』, 東京 櫻楓社, 45-56.

한편 4세기 후반부터 시작된 歸化人들의 役割에 대해서는 龜井孝(等 編)(1963-1966), 『日本語の歷史』, 東京 平凡社, 권2 제4장 "日本語と文字との接觸"에 자세한 論述이 보인다. 한국과의 관계는 182-205, 232-253 등 참조.

## 2. 研究史 개관

20세기를 전후하여 소위 韓日兩國語 同系論이 일시 학계를 풍미했으나 借用語는 관심의 대상에 오르지 못하였다. 따라서 차용이란 술어 밑에 이루어진 연구는 거의 없었다. 白鳥庫吉은 『日本書紀』에 보이는 韓語의 硏究[3]에서 同源이란 용어를 썼으나 옛흔적(archaic residue)이란 뜻인지 간섭의 확산을 포함한 뜻인지 분명치 않다. 그는 『日本書紀』에 나타나는 韓語를 다음과 같이 정리하였다. *sosimori*(曾尸茂梨), *nare*(河), *mure*(山), *nirimu*(主), *sema*(島), *kuti*(鷹), *konikisi*(王), *kisi*(君), *okositari*(上哆唎), *arusitari*(下哆唎), *sitoromuresasi*(帶山城), *mukafari*(質), *nifiri*(熟度), *omo*(母), *oraka*(王), *oriku*(妃), *fasikasi*(夫), *efasi*(女郎), *tomo*(子)[4]. 그는 이들의 어원을 韓語로 풀이하였으나 그것이 일본어에 차용된 것인지 외국어를 그대로 기록한 것인지에 대한 견해는 밝히지 않았다. 이에 반해 宮崎道三郎은 *kofori*(郡), *mura*(村), *mure*(郡), *tomo*(件), *kara*(族), *fe*(戸), *maku*(任), *fataru*(徵), *maturu*(奉), *ta*(田), *fata*(田), *faru*(墾), *taba*(束)와 같은 法制關係 단어가 韓語에 相合하나 이들이 일본어에서 韓語로 들어온 것인지 韓語에서 일본어로 들어간 것인지 확실치 않다고 하였다[5]. 金澤庄三郎 역시 여러 論著에서[6] 同源이란 용어를 썼으나 기원적인 것과 외래어적인 것을 명확히 구분하여 논한 바는 없다.

借用이란 개념을 분명히 하면서 이 문제를 논의한 사람은 新村出이었다. 그는 歷史 이후 韓語가 일본어에 들어간 經路를 3期로 나누고 各期에 이루어진 차용어를 다음과 같이 들고 있다.[7]

> 제1기. 神功皇后, 應神天皇 이후 平安初期까지 6, 7백년간. *kuti*(鷹), *kasasagi*(鵲), *miso*(味噌), *tai*(鯛), *jagi*(羊).
>
> 제2기. 平安中期(醍醐天皇) 이후 약7백년간. *toi*(刀伊), *tjoku*(猪口), *tokuri*(德利), *komokai*(金川).

---

3) 白鳥庫吉(1897), 日本書紀に見えたる韓語の解釋, 『史學雜誌』 제8편 제4, 6-7호, 348-357, 545-570, 630-654. _____(1970), 『白鳥庫吉全集』 제3권, 東京 岩波書店, 115-154에 재록.

4) 본고의 일본어 轉寫는 원칙적으로 上代語 音韻을 나타낸다. 그러나 甲乙類로 구별을 하지 않았거나 轉寫없이 일본문자로만 쓰여진 어형을 본고에서 인용할 때에는 편의상 '歷史的假名遣'에 따라 전사하기로 한다.

5) 宮崎道三郎(1904). 日本法制史の研究上に於ける朝鮮語の價値. 『史學雜誌』 제15편 제7호. 695-735.

6) 金澤庄三郎(1913), 『言語の研究と古代の文化』, 東京 弘道館. _____(1929), 『日鮮同祖論』. 東京 刀江書院, 등.

7) 新村出(1944), 『外來語の話』, 東京 修文館, 39-50.

제3기. 明治 이전까지의 近世 약 3백년간. *patuti*(袴).

실례는 많지 않으나 이를 기원적인 요소와 구별하고 시대구분을 시도한 태도는 이 문제의 연구에 龜鑑으로 삼을만 하다.

한편 彌生式 文化가 일본에 전해질 때 農業, 武具, 工藝, 服飾, 制度 등에 관한 韓語가 일본어에 借入되었으리라고 보는 학자가 大野晋이다. 宮崎道三郎이 法制關係 단어에 대하여 착안했던 文化史的 관점과 같은 것이다. 이는 언어외적 방법으로서 歷史的 방법이나 言語學的 방법을 측면에서 보강해 주는 文化人類學적 방법이다[8]. 大野晋이 借入이라고 제시한 단어는 다음과 같다[9]. (轉寫는 原文대로임)

農業: *nata*(鉈):*nat*(鎌), *kupa*(鍬):*xomai*(鋤), *kusi*(串):*kos*, *sape*(鉏):*stapo*(耜), *sade*(小網):*sadul*, *pata*(畑):*pat*, *pö*(穗):*pyo*(稻), *sitöki*(粢):*stək*, *taku*(栲): *tak*, *pera*(犂):*pyöt*.

武具: *kabuto*(甲):*kabot*, *kari*(劍):*k'al*, *satu*(矢):*sat*, *pɜ*(舟):*pɐi*, *kura*(鞍):*karïa*.

工藝: *kama*(窯):*kama*, *namari*(鉛):*nap*, *ya-suri*(鑢):*tʃul*, *pë*(瓮):*pyöŋ*(壺).

服飾: *pata*(機織):*patïi*, *ösufi*(衣):*os*, *pari*(針):*panɐl*, *kasa*(笠):*kas*, *kusirö*(釧):*kus-ïl*(珠), *kutu*(靴):*xuit*.

制度: *kopori*(郡):*kopar*, *mura*(村):*maul*(里), *pataru*(徵):*pat*, *pirö*(尋):*pal*, *masu*(斗):*mal*.

지금까지 기원적 관점에서만 비교된 이들 단어가 실제로는 文化借用語일 가능성이 크다. 그러나 이들의 借用時期가 彌生式 文化 즉 農耕文化의 발생 시기와 같다면 그밖의 유사성을 어떻게 설명할 수 있을지 의심스럽다. 文化語 이외의 유사성이 우연의 일치가 아니라면 그

---

[8] 人類學者들은 언어의 변화를 문화의 변천이나 사회변천과 관련시켜 설명해야 한다고 주장한다.
Reinecke, J.(1938). Trade Jargons and Creole Dialects as Marginal Languages. *Social Forces* 17. reprinted in Hymes, D.(ed.)(1964), Languages in Culture and Society, 534-542. Hoijer, H.(1948), Linguistic and Cultural Change. *Language* 24. reprinted in Hymes, D.(1964), 455-462.
Swadesh, M.(1951). Diffusional Cumulation and Archaic Residue as Historical Explanation. *Southwestern Journal of Anthropology* 7. reprinted in slightly revised form in Hymes, D.(1964). 624-635.
Diebold, Jr. A.R.(1961)., Incipient Bilingualism. *Language* 37. reprinted in Hymes, D.(1964). 495-506. 한편 Weinreich, U.(1953). *Languages in Contact, Findings and Problems*, 2nd printing(1963). London, The Hague, Paris, Mouton. 83ff도 사회적, 심리적, 문화적 요인을 考慮에 넣고 있다.

[9] 大野晋(1956), 日本語の黎明, 『解釋と鑑賞』 제19권 제10호, 31. _____(1957), 『日本語の起源』, 124-125 등.

것은 적어도 彌生式 文化 이전 곧 繩文式 文化에서 그 원인을 찾을 수밖에 없는데 大野晋은 이에 대하여 아무런 의견도 제시한 바 없기 때문이다.

古代日本語에 차용된 韓語에 관한 단편적인 언급은 많으나[10] 새로운 견해는 없다. 다만 大陸의 문화, 문물이 韓半島를 경유하여 일본에 전해졌으므로 그 媒介役割을 했던 韓語가 외래어로서 古代日本語에 들어갔으리라는 가능성은 누구나 인정하고 있다. 楳垣實은 차용의 가능성이 충분한데도 실제로는 借用이 별로 생기지 않은 이유를 한국이 중국문화의 中繼役割에 그쳤기 때문이라고 보았다. 따라서 한국과의 문화 接觸은 한국을 經由한 중국문화와의 접촉이었으므로 韓語가 외래어로서 일본어에 들어갈 수 있는 여지가 없었다는 것이다[11]. 그는 외래어의 범위를 현대까지 사용되고 있는 어휘에 국한시킨 듯하나 1000년이 지난 현대어 속에서 그것을 밝혀 내기도 어렵거니와 현대어에 남아있지 않다는 사실만으로 차용이 없었다는 증명은 성립되지 않을 것이다. 따라서 韓語가 외래어로서 고대일본어에 들어갈 여지가 없었다는 단정은 재고를 필요로 한다.

한편 大槻文彦의 『大言海』(1932~1937)와 松岡靜雄의 『日本古語大辭典』(1937)에는 일본어의 어원을 韓語에서 찾은 것이 많다. 同源이란 용어로 설명되어 있어 과학적인 語源探究라고는 할 수 없으나 암시를 주는 바가 크다. 이러한 의미에서 岩波書店의 日本古典文學大系本 『古事記·祝詞』(1958), 『日本書紀』上(1967), 『日本書紀』下(1965), 『萬葉集』一(1957), 『萬葉集』二(1959), 『萬葉集』三(1960), 『萬葉集』四(1962) 각권의 鼇頭 및 補註도 적지 않은 암시를 더해 준다.

---

10) 金田一京助(1948), 『國語の進路』, 京都 京都印書館, 63-64.
　　佐伯梅友(1949), 『國語史要』, 東京 武藏野書店, 44-45.
　　＿＿＿＿＿(1950), 『奈良時代の國語』, 東京 三省堂, 33.
　　永山勇(1968), 『國語史槪說』, 東京 風間書店, 63.
　　井手至(1971), 古代の語彙 I, 阪倉篤義(等 編), 『講座 國語史 제3권 語彙史』所收, 東京 大修舘書店, 55-56.
　　長田夏樹(1972), 神戶學術叢書 2 『原始日本語研究』, 神戶 神戶學術出版 73, 120-122 등.
11) 楳垣實(1944), 『日本外來語の研究』, 增補版, 大坂 靑年通信社, 56-57.
　　＿＿＿＿(1962), 『舶來語·古典語典』, 東京 東峰出版社, 76-78.

## 3. 類似性의 兩面性

韓語와 일본어의 유사성을 검토해 보면 그 속에는 이해하기 힘든 양면성이 내재하고 있음을 느낀다. 즉 일시적이며 산발적인 언어의 확산으로는 설명하기 어려운 일면이 느껴지는 반면, 문화의 영향으로 이해하는 쪽이 보다 빨리 설명되는 일면이 그것이다. 前者는 동사나 형용사의 어근과 기초어휘에서 느껴지는 성격임에 반하여 後者는 기초어휘가 아닌 명사나 문화관계어휘에서 감지되는 성격이다. 이러한 양면성은 兩國語의 유사성을 하나의 이유로 설명할 수 없게 한다. 우선 한 두가지 예를 통하여 양면성의 내용을 검토하기로 한다.

存在를 의미하는 上代日本語 동사에 *ari*(有, 生)가 있다. ra行 變格活用에 속하므로 그 어간은 *ar-*이라고 할 수 있다. 한편 *aru*(태어나다, 생겨나다, 보이다)란 동사가 있는데 이는 *ari*에 대하여 '그 狀態가 성립하는 것' 즉 '存在하는 狀態가 되는 것'이란 뜻으로 쓰였다. *aru*는 下二段活用에 속하므로 어간은 역시 *ar-*이다. 의미로 보나 형태로 보나 *ari*와 *aru*는 한 어근 *ar-*에서 파생한 것이다. 그런데 의미나 형태상으로 *ari*, *aru*에 아주 가까운 形狀言 *arafa*(露, 밖에 나타나 있는 形態, 밖을 向하는 것)가 우리의 흥미를 끈다.

이 *arafa*는 보통 *-ni*(격조사)와 결합하여 화석화된 채 上代文獻에 나타나는데 *arafa-nari*(『金光明最勝王經音義』)란 예로 볼 때 *arafa*는 명사형이었음을 알 수 있다. 그런데 *arafa*는 轉成하여 *arafaru*(나타나다, 겉으로 나오다)와 *arafasu*(*arafaru*의 타동사. 나타내다, 뚜렷하게 하다, 남에게 알리다)를 파생시켰다고 볼 수 있다. 결국 *arafa*, *arafaru*, *arafasu*는 同根語이며 그 어근은 *arafa*라고 할 수 있다. 그런데 *ari*, *aru*의 어근 *ar-*는 의미상 *arafa*, *arafaru*, *arafasu*의 어근 *arafa*와 관계가 있다고 생각된다. 곧 *ar-*와 *arafa*는 통시적으로 한 어근에서 파생되었으리라는 가정이 전혀 불가능하지는 않을 것이다. 그렇다면 *ar-*과 *arafa*는 어느 쪽이 기원적일까를 밝혀야 한다. 一見 *arafa*는 *ar-*에 접미사가 결합되어 파생된 二次的 어근처럼 보인다. 그러나 일본어 자체만으로는 문제가 해결되지 않는다.

필자는 이 *ar-*, *arafa*에 중세한국어 *arh*(卵, 實)을 비교할 수 있다고 생각한다. *arh*은 명사여서 동사와는 성격이 다르나 韓語의 명사는 그 자체만으로 동사어근이 될 수 있는 경우가 있다[12]. 한편 韓語의 명사가 일본어의 동사어근에 비교되는 예도 일찍부터 제시되었다[13].

---

12) 중세한국어에서 몇 가지 예를 든다. 쯰(帶)~쯰-, 뭇(束)~뭇-(積), 빗(梳)~빗-, 삼(麻)~삼-(緝, 紡), 누리(世)~누리-(享), 누리(稌)~누리-(穋), ᄀᆞᄆᆞᆯ(旱)~ᄀᆞᄆᆞᆯ-. 단 ·신(屨)~:신-, ·비(腹)~비-(孕)처럼 형태상으

이는 韓語의 명사와 동사의 어간형태소가 零交替될 수 있었음을 뜻한다. 따라서 韓語 명사 *arh*이 일본어 동사 *ar-*, *arafa*에 대응된다고 하더라도 부자연스러운 것은 아니다. 문제가 있다면 의미차이다.

韓語의 古代神話를 검토해 볼 때 *arh*은 일본어 *ar-*, *arafa*가 가진 뜻을 모두 암시하고 있음을 알게 된다. 韓語의 古代建國神話에는 大卵에서 태어난 사람이 많다. 고구려의 시조 朱蒙, 신라의 시조 赫居世, 가야의 시조 首露가 모두 그러한 인물이었다. 사람들은 알에서 사람이 나오자 天子가 하늘에서 내려 왔다고 기뻐했다[14]. 알 속에서 사람이 태어난다는 것은 신의 뜻이 이 세상에 나타나는 것을 뜻했기 때문이다.

이러한 의미를 잘 유지하고 있는 것이 일본어 *aru*이다. 上代日本語의 용례를 검토해 보면 *aru*는 흔히 天皇의 아들이 태어나거나 神靈이 출현하는 뜻으로 쓰이고 있다. 어느 것이나 신령의 意志가 이 세상에 나타남을 뜻한 것이다. 韓語 *arh*은 중세한국어에 이르는 동안 명사로 굳어지고 그 의미도 극도로 한정되고 말았으나 기원적으로는 일본어와 같았으리라고 짐작된다. 이러고 보면 일본어 *ar-*과 *arafa* 중 어느 것이 기원적이라는 판정이 가능한데 그 의미는 변화되었다고 하더라도 韓語 *arh*은 *arafa*에 더욱 합리적으로 연결될 수 있다. 韓語 *arh*도 본래는 동사어간이 되어 활용할 수 있었고 의미는 上代日本語 *aru*에 가까웠으며 어간 말자음 *-h*가 史的으로 유의미한 것이었음을 알게 된다.

그런데 *-h*는 *\*k*였던 것으로 생각된다. 따라서 어중모음 소실(syncope)과 어말모음 소실 (apocope)을 經驗하기 이전의 형태는 *\*arVkV*였을 것이며 일본어 *arafa*의 *-f* 또한 *\*k*에 遡及되는 것으로 보인다.[15] 결국 일본어의 어근 *arafa*는 자동사 *arafaru*, 타동사 *arafasu*를 파생시키는 한편 *ari*, *aru*의 어근 *ar-*로 발전하여 왔으리라는 내용의 언어사가 再構된다. *arafaru~arafasu*는 四段活用에 속하므로 *arafar-*, *arafas-*를 어간으로 잡고 있으나 이는 공시적 기술에서만 가능한 것이며, 史的으로는 *-ru*, *-su*가 파생접미사였다.

---

로는 같으나 聲調상의 차이를 보이는 경우도 있다.

13) 韓*ip*(口):日*ifu*(言), 韓*kui*(耳):日*kiku*(聞), 韓*sak*(芽):日*saku*(咲), 韓*um*(芽):日*umu*(産), 韓*mo*(苗)日: *moyu*(萌, 生) 등.

14) 於時乘高南望 楊山下蘿井傍 異氣如電光垂地 有一白馬跪拜之狀 尋撿之 有一紫卵一云靑大卵 馬見人 長嘶上天 剖其卵得童男 形儀端美 驚異之 浴於東泉 身生光彩 鳥獸率舞 天地振動 日月淸明 因名赫居 世王 位號曰居瑟邯 時人爭賀曰 今天子已降……(『三國遺事』卷一, 新羅始祖 赫居世王)

15) 중세한국어의 명사어간말자음 *-h*의 기원은 확실하지 않으나 *arh*(卵)의 末音 *-h*가 *\*k*에 遡及될 가능성은 음운론적인 검토에서 논하기로 한다.

이상과 같은 추론은 일본어 *naru*(成, 實, 化)~*nasu*(타동사, 成)에도 그대로 적용될 수 있다. 이 동사의 언어사는 *nafë*(苗)란 명사가 再構해 준다. *nafë*는 露出形이므로 被覆形은 *ë ~ a* 교체형에 따라 *nafa*였을 것이다. 실제로 *nafasirö*(苗代)란 지명이 존재한다. 그렇다면 이 형태소의 기본형은 *nafa*가 된다. 여기에 접미사 -*nafu*(명사나 형용사 어간 또는 다른 동사의 어근 등에 연결되어 어떤 동작을 나타내는 복합어를 만들어 주며 활용은 四段에 속한다)를 比定할 수 있다.

*aki-nafu*(aki 商. 商賣하다, 賣買하다), *ata-nafu*(ata 寇. 敵對하다, 敵을 만들다), *ama-nafu*(ama 甘. 사이 좋게 지내다, 甘受하다), *iza-nafu*(iza 感動詞. 끌어 들이다, 誘惑하다), *ubë-nafu*(ubë 諾. 承服하다, 伏罪하다), *udu-nafu*(udu 貴, 珍. 좋다고 하다, 重하게 생각하다, 嘉賞하다), *ura-nafu*(ura 占. 占치다, 占으로 吉凶을 判斷하다), *otö-nafu*(otö 音. 소리내다, 울리다), *tumi-nafu*(tumi 罪. 罪를 주다, 罰하다), *tömo-nafu*(tömo 友. 함께 데리고 가다), *ni-nafu*(ni 荷. 메다, 어깨에 메고 옮기다), *mazi-nafu*(mazi 呪. 災厄을 피할 수 있도록 기도하다), *mafi-nafu*(mafi 幣. 賄賂品을 보내다) 등은 형태분석이 가능하므로 -*nafu*를 곧 抽出할 수 있다.

그러나 *aganafu*(돈이나 物品으로 贖罪하다, 補充하다), *azanafu*(새끼를 꼬다), *usinafu*(잃다, 놓치다, 여의다), *oginafu*(不足을 메우다, 補充하다), *okönafu*(定해진 方式에 따라 어떤 동작을 하다, 處置하다, 佛道를 修行하다), *tugunafu*(갚다, 財物을 내어 責任이나 罪를 免하다, 賠償하다) 등의 경우, 현재로서는 형태분석이 명확치 않으나 이들도 어떤 형태소가 -*nafu*와 결합된 복합어일 것이다. 그리하여 이 -*nafu*는 원래 *nafë*~*nafa*의 동사형이었을 것이며, *nafë*는 *nafu*의 활용형(예를 들어 四段活用이었다면 已然形, 下二段活用이었다면 未然形 또는 連用形) 중 하나가 화석화되어 남게 되고, 그 뜻도 한정되어 '草木의 씨에서 싹이 나온 상태'만을 나타내는 형태소가 되어 버린 듯하다.

결국 *nafa*는 '생겨나다, 나타나다'란 의미를 가졌던 형태소였으며 여기서 *nafo*(形狀言. 곧은 것, 平凡한 것, 變하지 않는 것), *nafo*(副詞. 그래도 역시, 꼭~같다), *nafosi*(형용사. 쭉 곧은, 옳은, 正直한), *naforu*(病이 낫다), *nafosu*(naforu의 타동사. 곧게 하다, 나쁜 곳을 바로 잡다, 矯正하다)가 파생되는 한편 *naru*(어떤 사물의 성질이 변하여 다른 것이 되다, 생물이 生長하다, 생기다, 열매를 맺다), *nasu*(naru의 타동사. 어떤 사실을 바꾸어 다른 것을 만들다, 만들어 내다, 낳아서 기르다)가 파생된 것으로 볼 수 있다.

*arafa*가 명사적 어근이었음에 대하여 *nafa*는 동사적 어근이었을지도 모른다. 그 이유는 *nafa*에 대한 중세한국어 對比形態가 *nah*-(產)이기 때문이다. *nah*-는 *nah*(명사. 나이), *nas*-(형용사. 愈, 勝, 優, 好), *nas*-(동사. 進)을 파생시키는 한편, *na*-(동사. 出, 生), *nat*~*nat*[h](顯, 現)으로 발전되었다고 생각된다. 여기서 문제가 되는 것은 이들 어간의 聲調가 다르다는 사실인데 이것

이 기원적으로 어떤 의미를 가진 것인지 알 수 없으나 여기서는 聲調를 문제삼지 않기로 한다. 이러한 難點만 제거된다면 *nah*-의 파생과정은 일본어 어근 *nafa*의 그것과 一連의 평행성을 보이고 있다. 이 평행성은 한걸음 나아가 또 다른 내적파생법에까지 연장됨으로써 우리의 주목을 끈다. 韓語의 어간모음교체(ablaut)에 따른 파생법이 그것이다.

*nah*-(産)에 대립되는 중세한국어 *noh*-(置, 放, 架)는 분명 어간모음교체적 특징을 나타내고 있다. 그런데 이러한 어간모음교체적 특징은 일본어 *nafa*에서도 발견된다. *udu-nafu*(貴)~*udu-nöfu*가 바로 그러한 예인데 *tugunafu*(償)~*tukunöfu*도 같은 類에 포함될 수 있을 것이다. 여하튼 *nafu~nöfu*의 교체는 韓語 *nah-~noh-*와 흡사한 파생법이다. 이러한 특징은 또한 일본어 *nafa*에서 *nafo*가 파생되는 원인을 설명할 수 있게 한다.

여기서 잠시 덧붙여 둘 말은 의미문제이다. 일본어 *nafë*(苗)와 韓語 *nah*(나이)의 의미가 이렇게 한정된 데에는 그 周圍에 다음과 같은 형태소가 있었기 때문이라고 생각된다. 즉 韓語에는 *mo*(苗)[16], *um*(苗, 芽), *sak*(芽)처럼 '芽, 萌'을 뜻하는 형태소가 다양하게 발달되어 있으므로 *nah*-의 명사형 *nah*가 '芽'란 의미를 負擔할 필요가 없었다. 일본어 *moyu~moyasu*(萌, 生), *umaru~umu*(産), *saku*(咲)는 각기 위의 韓語에 대응되는데 이들은 동사화했기 때문에 일본어에서는 *nafë*가 '苗'의 뜻을 전담하기에 이르렀다고 믿어진다. 즉 일본어 *nafë*의 의미를 韓語에서는 *mo*, *um*, *sak* 등이 負擔할 수 있었기 때문에 *nah*-의 명사형 *nah*는 '나이'란 뜻으로 한정되고 말았으리라고 생각된다.

지금까지 韓語 *arh*(卵)과 *nah*-(産)에 대한 언어사를 추정해 본 셈이다. 이를 종합하여 정리하면 다음과 같다.

|  韓語  |  日本語  |
|---|---|
| *arh*(卵) | *arafa*(露) → 名詞 *arafa*(露) |
|  | 動詞 *arafaru*(顯. 自動詞) |
|  | ~*arafasu*(他動詞) |
|  | *aru*(生) |
|  | *ari*(有) |
| *nah*-(産) → 名詞 *nah*(歲) | *nafa*(苗) → 名詞 *nafë*(苗) |
| 動詞 *nas*-(愈) | 動詞 -*nafu*(助動詞) |

---

16) 이는 중국어 '苗'의 차용어처럼 보이기도 하나 '苗'(明音 宵母開口三等)는 上古音 \*miɔg에서 中古音 mieu 에 이르기까지 *i*를 유지하고 있으므로 韓語에 차용되었다면 그것이 반영되었으리라고 생각된다. 그러나 중세 한국어에서 '苗'의 음은 *mjo*였으므로 韓語 *mo*는 차용으로 설명되지 않는다.

|  |  | nat-/nat^h-(顯) | naru(成. 自動詞) |
|  |  | na-(生) | 어간모음 교체 -nöfu(助動詞) |
| 어간모음 교체 | noh-(置) |  | nafo(直. 形狀言)~ |
|  |  |  | nafo(尙. 副詞) |
|  |  |  | nafosi(直. 形容詞) |
|  |  |  | naforu(愈. 自動詞) |
|  |  |  | ~nafosu(直. 他動詞) |

|  | mo(苗. 名詞) | moyu(萌, 生. 自動詞)~moyasu(他動詞) |
|  | um(芽. 名詞) | umaru(産. 自動詞)~umu(他動詞) |
|  | sak(芽. 名詞) | saku(咲, 動詞) |

한편 *存在*를 뜻하는 또 하나의 일본어 동사에 *wiru*(있다, 앉다, 머물러 움직이지 않다, 坐礁하다)가 있다. 이 동사는 上代에 上一段活用에 속한 것이었으나 『日本書紀』(崇神紀 10년. 88)에 '急居' (갑자기 앉는다, 急히 앉는다)를 *tukiu*라고 訓讀하고 있음을 보아 본래는 上二段活用이었던 것 같다. 上代日本語에 *wa, wi, we, wo*는 존재하였으나 *wu*는 나타나지 않는다. 그러나 *tukiu*는 上代日本語의 음절결합 원칙에 어긋나므로 *u*는 기원적으로 \**wu*였다고 추정할 수 있다. 이것이 사실이라면 *wiru*의 활용은 다음과 같았다고 생각할 수 있다.

|  | 未然 | 連用 | 終止 | 連體 | 已然 | 命令 |
|---|---|---|---|---|---|---|
| 上一段活用이었다면 | wi | wi | wiru | wiru | wire | wiyö |
| 上二段活用이었다면 | \*wï | \*wï | \*wu | \*wuru | \*wure | (\*wï) |

上二段活用이었을 경우란 가정에 불과하나 이론적으로는 *wi*가 \**wï*였다고 추정된다. *wiru* 가 본래 上二段活用이었다면 그 어간은 開音節이었다. 그러나 여기서는 이를 上一段活用으로 보아 어간을 일단 *wi*-로 잡아 둔다.[17] 일본어 *wi*-에 대해서는 중세한국어 *isi*-(有)가 비교될 수 있다. *isi*-는 \**bisi*-에 遡及되므로 *wi*-와 *isi*-는 語頭音이 w:ø로 대응되는 셈이다. 이미 上代 日本語에서 *wi*-는 다른 조사의 連用形에 後續되어 助動詞化하였는데 이는 중세한국어 *isi*-가 겪은 변화와 평행하다. *isi*-는 *is*-이란 형태로 다른 동사의 부사형에 연결되어 과거시제를 나타내는 기능을 부담하기도 한 것이다.

---

17) 上二段活用이었다면 그 어간은 \**wï C*-였어야 한다. 이는 실상 韓語 *isi*-(有)의 음절구조로 보아 그럴 가능성이 크다. 그러나 이렇게 본다고 하더라도 현재 우리의 지식으로는 문제가 해결되지 않을 뿐 아니라 더욱 많은 餘他問題가 제기되므로 여기서는 문제를 축소시켜 보자는 것이다.

韓語는 *bisi->*wisi->isi-의 단계를 거쳤을 것으로 예상되나 *wisi-를 문헌으로 확인할 길은 없다. 다만 일본어 語頭音 w에 대한 韓語 ø의 가능성은 다음과 같은 예가 지지해 주고 있다. 일본어의 上一段活用動詞 wiru(끌다, 데려가다, 同伴하다)는 중세한국어 i-kʔir-(引, 率)과 비교된다. -kʔir- 하나만으로도 '引, 率'을 뜻하는 형태소가 되므로 i-kʔir-은 복합어이며 형태소 i-는 *bi-에 遡及되어 그 자체가 '引, 率'의 뜻을 가진 형태소였으리라고 추정되는 것이다.

현대한국어의 pikʔirə-meta(結)를 일본어 wiru와 대조해 보면 그 가능성이 커진다. 차이가 있다면 일본어 wiru는 단독으로 동사의 기능을 부담할 수 있는 반면 중세한국어 i-는 문법화의 길을 걸어 접두사로 화석화되고 만 것이다. 그에 따라 어원적인 의미를 상실하게 되고 복합어 i-kʔir-에 固着된 채 命脈을 이어온 것이다[18].

또한 일부의 韓語 i-가 *bi-일 가능성은 isis-(似), isjəs-hʌ-(동사), isjəč-i(부사)와 같은 예들이 말해 주고 있다. 이는 현대한국어 pisis-ha-(似)에 연결되므로 i-는 *bi-였을 가능성이 많다[19]. 결국 일본어 wiru의 어간 wi-는 韓語 i-에 대응된다고 할 수 있다. 이상의 결과를 정리하면 다음과 같다.

| 韓語 | 日本語 |
|---|---|
| isi-(有) | wi-(有) |
| i-(引) | wi-(引) |

이 결과를 다시 한번 음미할 때 거기에는 암시적인 사실이 숨어 있음을 알 수 있다. 즉 存在를 뜻하는 兩國語의 동사는 다양한 意味分化 과정을 거쳤으나 意味範疇가 일치하며, 음운론적으로는 어간모음 교체적 특징을 위시하여 韓語 語幹末子音 -h와 일본어 -f의 內的 변화, 韓語 i와 일본어 wi-의 대응, 형태론적으로는 명사와 동사의 同根語幹, 파생법의 일치 등 흥미있는 문제들이 드러난 셈이다. 이들은 성격상 문화관계 어휘가 될 수 없는 것들이며, 따라서 그 유사성은 우연의 일치나 간섭의 擴散(diffusion)으로는 설명이 되지 않는다. 이러한

---

18) i-가 동사어간이었으리라는 추정은 韓語에서 동사와 결합되는 i- 또는 pi란 접두사가 i-kʔir- 외에는 발견되지 않는다는 사실로도 설명이 가능하다. 형태분석이 어느 정도 가능한 것으로 '비틀-'(縊), '비웃-'(嘲)이 있는데 前者의 '비-'는 그 의미로 보아 '빗-'(橫)과 관계가 없다면 i-kʔir-의 i-와 관계가 있을 듯하다. 後者의 '비-'는 중세한국어에서 上聲이므로 별개의 형태소일 가능성이 있으나 현재로서는 語源不明이다.

19) 한편 八重山方言 등은 일본어 w에 b-로 대응하고 있다. 일본어 w-가 *b에 소급될 수 있는 가능성을 보여 주는 예라고 생각된다. 例 wa(我)-ba, waku(通)-baguŋ, wara(藁)-bara, wiru(居)-bïruŋ, uweru(植)-ib'iruŋ, wo(尾, 緒, 苧)-bu:, wono(斧)-bu:nu, buinu 등.

일면은 시간적으로 길고 지역적으로 넓게 양언어병용이 행해지지 않았다면 기원적인 관련으로 밖에 설명되지 않는다. 이는 共通祖語에서 유지되어 온 옛흔적(archaic residue)로 밖에 이해되지 않는다는 뜻이다. 유사성 속에 내재하고 있는 공통요소가 부분적인 것이 아니고 음운, 형태, 의미에 모두 연관되어 있으므로 그것은 일시적으로 성립된 것이 아니고 오랜 역사에 걸친 언어변화 속에서도 固有要素가 보존된 셈이다.

이에 대하여 위와 같은 유사성과는 완전히 대립되는 또 하나의 일면이 있다. 그것은 명사나 동사의 어근보다 문화관계 어휘에 두드러지게 나타나는 일면이다. 그러나 우리는 그것을 언어학적인 방법만으로 해명할 수 있는 지식을 가지고 있지 않다. 언어외적 근거 역시 믿을 만한 것이 없다. 우리가 시도할 수 있는 방법은 등질적인 문화관계 어휘를 부류별로 비교해 보는 길이 있을 뿐이다. 이것은 결코 유효한 방법이 못 되지만 자료를 재편하는 데 일조가 되므로 음운론적인 문제점에 앞서 다음에 약간의 자료를 부류별로 검토하고자 한다.


## 4. 語源의 재음미

앞에서 잠시 살펴본 바와 같이 大野晋은 古代日本語에 借入된 것으로 보이는 韓語를 農業, 武具, 工藝, 服飾, 制度로 정리한 바 있다. 문화생활 전반을 일별할 수 있는 방법일 것이다. 그러나 개개인의 일상생활로 볼 때 그들에게 가장 중요하고 기본적인 것은 다름 아닌 衣食住 問題였을 것이다. 그런데 韓日 兩國語間에는 여기에 관련된 어휘 속에 무시할 수 없는 유사성이 보인다. 여기서 당시의 문화와 그 기원을 논의할 여유는 없으므로 상론은 피하고 생활에 관계된 어휘를 재음미함으로써 그것이 韓語 고유의 문물에서 기원한 어휘였을 가능성을 찾아 보기로 한다.

柳田國男은 일본의 원시적인 衣料로 asa(麻) 이외에도 fudi(藤. 원래는 葛類의 總稱), sina-no-ki (科木. 동북에서는 mada-no-ki), ira(蕁麻), taku~tafe(栲), kazo~kadi(楮) 등이 있었다고 본 바 있다.[20] 이 중 asa, ira, taku~tafe와 유사한 단어가 韓語에서 발견된다. 중세한국어 sam(麻), jərh(麻), tak(栲)이 그것이다.

---

20) 柳田國男(1952), 『木綿以前の事』, 東京 創元文庫, 20-31.

삼(麻)은 原産이 중앙아시아, 서북히말라야 지방으로서, 韓半島를 경유하여 일본에 전해졌다고 한다. 彌生後期 내지 古墳文化期의 貝塚이나 유적에서 씨가 발견되고 있으므로 奈良時代에는 이미 널리 재배되었음이 확실하며 그 纖維는 일반서민의 衣料로서 보급되어 있었을 것이다. 이로써 삼(麻)은 農耕文化의 北九州 傳播보다 훨씬 후대에 일본에 전래된 外來植物임을 알게 된다. 따라서 sam이란 단어도 當該植物의 유입과 함께 외부로부터 확산되었다고 보는 것이 자연스러울 듯하다.

ira는 ira-kusa(棘草)란 명칭으로 알려져 있는데 『新撰字鏡』에 '荊 卉木芒人刺也 伊良. 苛 擾也 怒也 煩也 小卉也 怨也 伊良'이라고 나와 있고, 『和名抄』에는 '苛 伊良. 小草生刺也'라고 되어 있다. 그러나 이때의 ira는 ira-kusa와는 관계가 없다. ira-kusa는 잎의 안쪽에 絹糸와 같은 가시가 나 있어 스치면 아프고 가려우며 ira-ira(따끔 따끔)한다고 해서 ira-kusa라고 한다는 견해가 있으나 이는 民間語源이다.

『大言海』의 설명으로 미루어 보면 ira-kusa는 한국의 '쑥'와 비슷한 것인데 다만 줄기와 잎에 가시가 나 있는 점이 다르다. 가시가 나 있기 때문에 ira-kusa가 된 것이 아니고 ira-kusa에 가시가 나 있기 때문에 ira가 가시란 뜻으로 轉用되고 거기서 다시 上代日本語 iranasi(마음이 아프다, 마음이 괴롭다)가 파생되었고 현대일본어의 ira-ira, ira-ira-suru(아프다, 따끔따끔하다)가 파생되면서 ira는 '아프다'란 뜻을 갖게 된 것이다. ira-kusa를 ita-ita-gusa라고 하는 것도 ira 자체가 '아프다'는 뜻으로 바뀐 뒤에 새로 생겨난 명칭일 것이다. 따라서 ira-kusa에 가시가 나 있는 것은 사실이지만 ira가 본래부터 '가시'란 의미는 아니었던 것이다.

『新撰字鏡』이나 『和名抄』도 ira의 어원이 망각된 후에 이룩된 책이므로 그 설명을 그대로 믿기는 어렵다. 왜냐하면 ira-kusa의 ira는 중세한국어 jərh(麻)에 연결되기 때문이다. jərh은 '삼' 또는 '삼씨'의 뜻으로 쓰였으나 원래는 '麻'를 지칭한 단어였다. 慶尙道方言에는 jər이 남아 있다. 이것이 일본에 전해져 纖維를 이용하는 점이 공통되는 類似植物의 명칭으로 轉用된 것이 ira로 보인다. 이것이 사실이라면 ira-kusa는 하나의 혼종어(hybrid)라고 할 수 있다.

taku(栲)는 그 껍질을 벗겨 纖維를 만든 후 그것으로 천을 짜거나, 노끈 또는 종이를 만드는 데 이용한 식물이다. taku에서 만들어 낸 纖維 또는 그것으로 짠 천이 tafe다. 이 단어는 중세한국어 tak(楮)에 비교되어 왔다. 삼씨의 연대가 後期 彌生式 文化 이전으로는 소급되지 않으므로 纖維植物과 그 이용법이 일본에 전해진 것은 빨라도 3세기경이 아니었을까 한다. 그렇다면 纖維를 이용할 수 있는 식물명칭인 asa(麻), ira(蕁麻), taku(栲) 등도 韓語에서 전해진 것으로 생각된다. 이러한 추리를 뒷받침해 주는 또 하나의 纖維관계 단어가 일본어 *kara-mu-si*(紵)이다. 중세한국어에 *mosi*(苧)로 나타나는 이 단어에 대하여 『朴通事集覽』에는 다음과 같은 주석이 보인다.

> 毛施布 此卽本國人呼苧麻布之稱 漢人皆呼曰苧麻布 亦曰麻布 曰木絲布 或書作沒絲布 又曰漂白布 又曰白布 今言毛施布卽沒絲之訛也 而漢人因麗人之稱 見麗布則直稱此名而呼之 記書者因其相稱 而遂以爲名也(上 13r)

이 기록은 적어도 두 가지 점을 우리에게 알려 준다. 漢人들이 '苧布'를 '苧麻布, 麻布 漂白布, 白布' 또는 '木絲布, 沒絲'라고 불렀다는 점이 그 하나이고, '毛施布'는 漢語 '沒絲布'의 訛傳인데 漢人들은 高麗人들에게서 이 말을 듣고 '高麗布'를 보면 곧 '毛施布'라고 했다는 점이 그 둘이다. 漢人들이 麗布를 보면 곧 *mosi*라고 부를 정도로 *mosi*란 명칭은 중국에 알려져 있었던 듯하다. 漢人들이 '苧麻布, 麻布 漂白布, 白布'라고 불렀다는 것은 어느 것이나 중국어임에 틀림없다. 그러나 '木絲布, 沒絲布'의 '木絲, 沒絲'만은 韓語 *mosi*의 模寫形(replica)임에 틀림없으므로 이는 直接借用(intimate borrowing)의 예가 된다. '木'은 周*muk* → 六朝*muk* → 唐*mbuk* → 元*mu* → 北京*mu*이고, '沒'은 周*muət* → 六朝*muət* → 唐*muə* → 元*mo* → 北京*mo*이며, '絲'는 周*siəg* → 六朝*sie* → 唐*si* → 元*sï* → 北京*si*라고 추정되는데, 그 한자음의 변천으로 보아 韓語*mosi*가 중국인에게 차용되기는 元代였던 것으로 보인다. 따라서 元音으로 보면 '木絲'는 [*musï*], '沒絲'는 [*mosï*]가 된다.

이렇게 볼 때 韓語 *mosi*는 元代를 전후하여 중국어에 차용되었음이 거의 확실해진다. 한편 滿洲語 *mušuri*(『五體淸文鑑』二十三 28v)에 '朝鮮産 麻布'라는 설명이 베풀어져 있고, 漢語로는 '高麗夏布'라고 되어 있으며, 위글語로는 *gaoli ak k'atan*(高麗의 白苧麻布)라고 되어 있음을 보아 *mosi*가 중국은 물론 위글族에게까지 高麗苧麻布로 알려져 있었던 듯하다. 이로써 滿洲語 *mušuri*도 韓語에서 차용된 것일 듯하다. 한국에 언제 *mosi*가 생겼는지 알 수 없으나 중국어에 차용된 시기로 보아 적어도 高麗 이전에 생겨났음이 분명하다.

일본어에서는 '紵'를 *kara-musi*라고 하였으며, 大寶2년(702)의 古文書에 나타나는 것으로 보아 이 단어의 역사가 오래임을 알 수 있는데, 『日本書紀』(持統紀7년, 693)에 '詔令天下 勸殖桑紵梨栗蕪菁等草木以助五穀'했다는 기록을 보면 7세기 후반에는 이미 '紵'의 필요성이 널리 알려져 있었다고 생각된다. 이 *kara-musi*는 *kara*와 *musi*의 합성인데, *musi*는 바로 韓語의

mosi에 해당한다. 『古事記』神代歌謠 *musi-busma nikoyagasitani, taku-busuma sayagugasitani*[21] (모시이불 부드러운 밑에, 닥나무 이불 바스락거리는 밑에) 중에 보이는 *musi-busuma*의 *musi*에 대해서는 여러 가지 의견이 있다.

倉野憲司는 '苧衾' 곧 '모시로 만든 夜具'라 하여 *musi*를 '苧'로 보고 있으나[22] 土橋寬은 '蠶衾' 곧 '비단으로 된 夜具'라 하여 *musi*를 누에로 보고 있다[23]. 한편 『萬葉集』(524)의 '蒸被 *musi-busuma*라는 用字法으로 보아 그대로 '따뜻한 夜具' 곧 *musi*를 '蒸'으로 보는 견해도 있다[24]. 그러나 *musi-busuma*의 *musi*는 '苧'로 보는 것이 詩의 對句로도 자연스럽다. 모시로 된 이불이 부드러운 감촉을 주는 데 대하여 닥나무 纖維로 만든 이불은 깔깔한 기분을 준다는 내용은 詩의 對句로 손색이 없다. 그러므로 '栲衾'의 對句가 되기 위해서는 *musi-busuma*를 '苧衾'으로 보아야 한다. 이로써 *musi*는 자체만으로도 '苧'를 指稱한 것이었음을 알게 된다. *kara-musi*의 *kara*는 '韓, 漢, 唐'의 訓으로 대륙에서 건너간 문물을 나타내는 접두어였으나 원래는 *kara-kuni*(韓國, 伽羅國)란 고유명사에서 유래한 것이다[25]. 한편 *musi*란 단어는 아이누語에도 차용된 것으로 생각되는데[26] 이로 미루어 보면 일본어 *musi*는 叙上의 纖維關係 植物名稱들처럼 韓語 mosi가 간섭에 따라 擴散(diffusion)된 것으로 보인다.

食品名稱에도 유사성이 보인다. 중세한국어 *mjəču*(醬麴)는 일본어 *miso*(醬)에 연결된다. 『雞林類事』는 '醬'을 '密祖'라고 하였으나, 중국인 孫穆이 '醬'과 '醬麴'을 혼동한 것이 아닌지, 당시에는 실제로 '醬'을 '密祖'라고 하였는지 분명하지 않으나, 중세한국어에서 현대한국어에 이르기까지 *mjəču*는 醬麴을 뜻한다. 滿洲語 *misun*(醬)으로 보면 *mjəču*도 醬의 일종을 지칭한

---

21) 원문은 다음과 같다. "牟斯夫須麻 爾古夜賀斯多爾, 多久夫須麻 佐夜具夫賀斯多爾".
22) 倉野憲司(校註)(1958), 日本古典文學大系 1 『古事記·祝詞』, 東京 岩波書店, 104 鼇頭.
23) 土橋寬(外 校註)(1957), 日本古典文學大系 3 『古代歌謠集』, 鼇頭 및 補註.
24) 高木市之助(外 校註)(1957), 日本古典文學大系 4 『萬葉集』一. 253 鼇頭에는 이 *musi*가 韓語 mosi와 同源이라고 되어 있다. 따라서 주석자는 이 *musi*를 '苧'로 본 것이다.
25) 金澤庄三郎(1929), 『日鮮同祖論』, 東京 刀江書院, 157-171.
한편 伽羅語는 고대일본어에 유사한 단어를 가지고 있었음이 확실해졌다. Ki-Moon Lee(1963), A Genetic View on Japanese. 『朝鮮學報』 第27輯, 104-105. 이는 두 언어가 계통적으로 밀접한 관계에 있었음을 암시하는 것으로 주목할 만한 점이다. 그런데 *kara*란 단어가 원래는 '伽羅'에서 유래하여 한국전체를 뜻하게 되고 나아가서는 중국까지도 뜻하게 되면서 外國一般을 뜻하는 말로 轉用되어 *kara-usu*(臼), *kara-awi*(藍), *kara-obi*(帶), *kara-kaki*(垣), *kara-körömö*(衣), *kara-suki*(犁), *kara-tama*(玉), *kara-fitö*(人), *kara-muro*(室)와 같은 복합어의 접두어가 된 것으로 보면 *kara*는 문화접촉에 따라 일본어로 확산된 것이다.
26) 아이누語 *mose*(蕁麻)가 그것인데 일본어의 *ira-kusa*(棘草)와 같은 식물이며 衣料의 原料로 이용된다고 한다. 아이누族은 옛날로 거슬러 올라갈수록 毛皮를 입었던 것으로 보아 *mose*는 대륙에서 건너갔으리라는 것이다. 金田一京助(1934), 國語學に於けるアイヌ語の問題, 信農教育會 東筑麻部會內 國語學講習會 編 『國語學講習錄』 所收, 東京 岡書院, 180-181.

단어였을 가능성이 있다.

일본어에서는 '醬'을 *fisifo*, 末醬을 *miso*라 했으므로 *miso*는 '醬'의 일종이었다. 현대의 '味噌'도 바로 그것이다. 韓語 *mjəču*가 '醬'의 일종이었는지, '醬麴'을 뜻한 것인지 확실하지는 않으나 한국고유의 食品이었음에는 틀림없다. 『和名抄』는 '楊氏漢語抄에서 末醬을 高麗醬이라고 했다'고 밝히고, 그 註에 '美蘇 今按弁色立成說同 但本義未詳 俗用味醬二字 味宜作末 何則通俗文有末榆莢醬 末者搗末之義也 而末訛爲未 未轉爲味'라고 하였다. 平安時代에 *miso*를 俗稱 '味醬'이라고 했으며 그 발음이 *miso*였음을 알려 준다. '本義未詳'이라고 한 것을 보면 平安時代에도 그 기원이나 어원은 알지 못했던 모양이다. *miso*는 上代文獻에 별로 나타나지 않으나 최근 奈良市街地의 서쪽 平城宮趾에서 발굴된 木簡 하나에 '末醬'이 나타난다.

(表) 寺請 小豆一斗醬一十五升 大床所 酢末醬等
(裏) 右四種物竹波命婦御所 三月六日

이를 보면 '醬'과 '末醬'은 다른 것이며 『和名抄』의 訓으로 보아 '醬'은 *fisifo*, '末醬'은 *miso*였을 것이다[27]. 이 木簡은 763년에 쓰여진 것으로 생각되는데[28] 이것이 사실이라면 우리는 *miso*가 8세기 중엽까지 소급됨을 알게 된다. 滿洲語에 *misun*(醬)이 있음을 볼 때 일본어 *miso*는 韓語의 간섭에 따른 확산(diffusion)으로 보인다.

한편 위의 木簡에는 '초'(酢)가 나타나는데, 上代日本語로는 *su*이다. 『和名抄』에 '陶隱居曰 俗呼爲苦酒 今按 鄙語謂酢爲加良佐介此類也'란 주석이 보이는데, 이를 보면 '酢'를 鄙語에서 '苦酒'(*kara-sakë*)라고 했음을 알 수 있다. 이 경우의 '苦酒'란 '쓴 술'이 아니고 '신 술' 즉 오래되어 시어진 술(초)의 뜻일 것이다. 그렇다면 초 역시 한국문화와 밀접한 관련이 있었다고 생각된다. 중세한국어에 *sii*-(酸)란 형용사가 있다. 일본어 *su*도 기원적으로는 형용사였음이 거의 분명하다. '醋 *susi*'(『金光明最勝王經音義』), '酸 酢也 *suki-mono*'(『新撰字鏡』) 같은 예가 그것을 말해 주고 있는데, 後者는 連體形 *suki*임에 틀림없고 前者는 그 기본형 *susi*를 나타낸 것이

---

27) 醬을 *miso*, 末醬을 *sjouju*로 보기도 하나 그렇게 되면 『和名抄』의 訓과 일치하지 않는다. 龜井孝(等, 編)(1963-1966), 『日本語の歷史 3』, 東京 平凡社, 53.

28) 본문의 '竹波命婦'를 '筑波命婦'로 본다면 이 木簡은 孝謙上皇 側近에 있던 命婦가 上皇을 모시고 法華寺에 滯在하고 있을 때 上皇의 食料를 청구한 일종의 傳票로 보인다고 한다. 『續日本記』는 上皇의 法華寺 行幸을 天平寶字 6년(762) 5월이라고만 기록하고 그 滯在期間을 밝히지 않았으나, 例의 木簡에 나타난 3월 6일이란 날짜로 보아 그 이듬해 3월에도 同寺에 滯在하고 있었다고 추정되기 때문이다. 龜井孝(等, 編)(1963-1966), 54.

다. 連體形이 *suki*이므로 이는 *ku*活用 형용사였으며 어간은 *su*-였다.

上代日本語 *su*(酢)는 이 형용사와 同根語라고 생각되는데, 이는 韓語 *sii*-(酸)란 형용사의 간섭에 따른 확산에서 생겨난 것으로 보인다. 『和名抄』의 기록처럼 平安時代의 鄙語로 '酢'를 *kara-sakë*라고 했음이 사실이라면 그 제조법은 술과 관계 있는 것이며, 술을 이용하여 下級酢를 만드는 방법은 한국의 서민적인 방법이었다. 그런데 최초에 전해진 한국식 제조법이 술을 재료로 하는 下級方法이었기 때문에 거기서 *kara-sakë*란 단어가 생겨났고, 그것이 平安時代까지 鄙語에 남아 있었던 것으로 보인다. 한국식 제조법이 일본에 전해졌다면 그와 함께 *sii*-(酸), *sak*-(消, 酵)~*sək*-(腐, 朽)이란 단어도 확산되었을 것이다. *miso*란 식품과 아울러 생각할 때 이러한 식품 문화가 농경문화와 동시에 일본에 전해졌다고는 생각할 수 없기 때문에 *su*(酢), *sakë*(酒. 被覆形은 *saka*)는 韓語 *sii*-(酸), *sak*-(酵)의 확산으로 생겨난 명칭이다.

이상과 같은 물질문화생활에 대하여 정신문화생활 속에서도 유사성이 발견된다. 『五洲衍文長箋散稿』 卷十 柶戲辨證說에 '柶戲俗訓扭 其骰有都介傑扭模之號……(중략)……其局行道 今爲二十九圈 外象天圓內法地方 卽象天地之儀也'라 하여 윷놀이를 哲學的 의미로 해석한 견해가 있다. 이는 윷놀이가 단순한 오락이 아니었음을 뜻한다. 『東國歲時記』 12월조에는 '世俗除夜元朝 以柶擲卦占新歲休咎'란 기록이 보이는데, 이는 윷놀이가 원시적인 占卜術과 관계있었음을 보여 준다[29]. 그런데 윷놀이의 패는 5가지인데 이 명칭을 『五洲衍文長箋散稿』, 『東國歲時記』, 『京都雜誌』에서 찾아보면 다음과 같다.

| | 散稿 | 歲時記 | 京雜 | 現代 |
|---|---|---|---|---|
| 三府一仰 | 都 | 徒 | 徒 | 도, 토, 퇴 |
| 二府二仰 | 介 | 開 | 个 | 개 |
| 一府三仰 | 傑 | 杰 | 傑 | 걸 |
| 四仰 | 扭 | 流 | 忸 | 윷, 숯 |
| 四府 | 摸 | 牟 | 牡 | 모 |

그런데 윷놀이에 유사한 오락은 일본에도 있었다. 『萬葉集』에 나타나는 '折木四, 切木四'의 古訓 *kari-uti*가 그것이다. 『和名抄』에서는 '樗蒲'를 *kari-uti*라고 하였으나 한국의 윷놀이, 일본의 *kari-uti*, 중국의 樗蒲는 노는 방식이 서로 달랐다. 이들 상호간에 어떤 관련이 있는지

---

29) 村山智順(1933), 『朝鮮の占卜と予言』, 朝鮮總督府 調査資料 第37輯, 479-486에는 柶占卦에 대한 상세한 調査報告가 보인다.

알 수 없으나 문헌의 기록으로 볼 때 일본의 *kari-uti*는 중국의 樗蒲보다 한국의 윷놀이에 가까웠다. 차이가 있다면 윷놀이는 패의 종류가 5가지인데 비하여 *kari-uti*는 3가지였다는 점이다. 즉 三伏一向이면 *tuku*, 一伏三向이면 *koro*, 一伏三起면 *tami* 이렇게 3가지였다. 이 중 一伏三起가 어떤 형태를 뜻하는 패인지 알 수 없으나 나머지 두 패의 명칭은 韓語 *to*, *kər*과 유사하다. 즉 三伏一向은 한국문헌의 三府一仰과 같은 것인데 이에 대한 일본어 *tuku*는 韓語 *to*와 유사하며 一伏三向은 一府三仰인데 이에 대한 일본어 *koro*는 韓語 *kər*과 유사한 것이다. 이는 윷놀이와 *kari-uti*가 기원적으로 관련되어 있음을 뜻하는 것으로 보인다. 이와 같은 명칭의 유사성은 우연의 일치라고 보기가 어렵기 때문이다. 비록 방식은 변하여 서로 달라졌으나 윷놀이는 卦占의 일종으로 일본에 전해졌으며 *tuku*와 *koro*는 韓語 *to*와 *kər*의 擴散(diffusion)이라고 이해하는 것이 자연스러운 결론이 될 것이다.

## 5. 音韻論的인 問題點

지금까지 논의해온 韓日 兩國語의 유사성 속에서 제기될 수 있는 음운론적인 문제점 몇 가지를 검토하기로 한다. 그렇다고는 하나 再構된 음운체계를 갖지 못한 지금으로서는 그 검토가 개별적인데 그칠 수밖에 없음을 전제하지 않을 수 없다.

필자는 앞에서 韓語 /arh/(卵)와 日本語 /arafa/(露), 韓語 /nah-/(産)와 日本語 /nafè/(苗)를 비교하면서 韓語 語幹末子音 /h/와 日本語 語中子音 /f/의 음운대응 관계에 대한 해명을 후술로 미룬 바 있다. 그 이유는 그동안은 일본어 /f/가 韓語 /p/에 대응된다고 여겨 왔으므로 韓語 /h/와의 비교는 불안하기 때문이었다. 그러나 이는 語頭 위치가 아닌 語中位置이므로 독자적인 內的變化를 고려에 넣는다면 문제는 달라지리라고 본다. 語中位置에서 일본어 /f/는 우선 韓語 /p/에 비교된다.

> 韓*kap*(價):日*kafu*(買), 韓*ip*(口):日*ifu*(言), 韓*kop-*(美):日*kufa-si*(細, 美),
> 韓*əp-*(負):日*ofu*(負), 韓*nupi-*(縫):日*nufu*(縫)

上代日本語는 語中位置에 /b/를 가지고 있었는데 이 /b/ 또한 韓語의 /p/와 비교된다.

韓kup-(燒):日kubu(燒), 韓čop-(狹):日seba-si(狹), 韓nəp-(廣):日nöbu(延), 韓səp(薪):日 siba(柴)

韓語는 이미 新羅時代 이전에 /*p/:/*b/의 대립을 잃고 /p/:/pʰ/가 되었으나, 上代日本語는 語中位置에서 /f/:/b/의 대립을 유지하고 있었다. 上代日本語 /t/:/d/, /k/:/g/, /s/:/z/는 有聲性을 徵表로 하는 대립을 보이고 있으므로 체계상 /f/:/b/ 역시 /*p/:/*b/에서 유래했으리라고 추정되고 있다. 그런데 兩國語의 어휘비교상 /p/=/f/, /pʰ/=/b/의 대응이 성립되지 않고 /p/=/f/, /p/=/b/ 즉 上代日本語 /f/, /b/가 모두 韓語 /p/에 대응된다는 사실은 일본어가 韓語에서 分岐되었다고 하더라도 그 시기는 韓語에 /*p/:/*b/ > /p/:/pʰ/와 같은 內的推移가 생기기 이전이었음을 말해 주는 것으로 생각된다. 따라서 韓語ipʰ(戶):日本語ife(家), 韓語nopʰ(高):日本語nöböru(登)의 비교가 성립한다 하더라도 이 경우 韓語 /pʰ/는 內的發達의 所産이므로 韓語와 日本語 간에 /pʰ/=/f/ 또는 /pʰ/=/b/와 같은 대응은 존재할 수가 없게 된다.

그런데 日本語 /f/는 韓語 語幹末音 /h/와 비교되는 예가 있어 문제가 제기된다.

韓uh(上):日ufë(上)
韓noh(繩):日nafa(繩)
韓mah(南, 前), mapʰaram<mah-param(南風):日mafe(前)

韓語 語幹末子音 /h/의 기원은 확실하지 않으나 적어도 uh(上)의 경우 /h/는 /*k/에 遡及되는 것이 확실하다. 그것은 『日本書紀』에 차용된 韓語 oko(上)[30]나 현대한국어의 방언 /uke/[uge]와 같은 예로 推察할 수 있다. 다만 韓語 /*k/는 韓語 /*k/:/*g/의 대립이 소멸되고 난 후의 어느 시기까지 遡及한다는 뜻일 뿐, 그 이전의 祖語段階에까지 그렇다는 뜻은 아니다. 그 이유는 다음과 같다.

韓語aok(葵):日本語afufi(葵):滿洲語abuha(葵):蒙古語abuga(葵)

이 대응은 韓語 語中音/∅/=日/f/=滿/b/=蒙/b/, 韓語 語末音/k/=日/f/=滿/h/=蒙/g/를 보여줌으로써 대응의 다양성을 드러내고 있다. 韓語 aok은 近世韓國語에 ahok으로 나타나기도

---

30) 任那國上哆唎(okositari)(『日本書紀』繼體紀 6년, 512).
　加羅上首位(okosisjuwi)(『日本書紀』欽命紀 2년, 541).
　oko가 모두 伽羅와 관계있는 단어란 점에 주의를 要한다.

하나 이는 母音間 /h/의 탈락을 의식한 擬古的인 표기일 것이다. 오히려 현대방언 [abuk]이란 형태가 aok의 원형을 再構하는 데 도움이 된다. 즉 aok은 *apok으로 遡及되며 그렇게 되면 語中位置에서 韓語 /p/는 일본어 /f/에 잘 대응되며 滿洲語 /b/, 蒙古語 /b/와도 자연스럽게 대응된다. 그러나 문제는 韓語 語末音 /k/에 있다. 이 /k/는 滿洲語나 蒙古語로 보아 /k/〈 /*k/〈/*g/의 가능성이 충분하나 여기에 일본어 /f/가 문제된다. 현재로서는 일본어 /f/〈/*k/〈 /*g/란 內的變化를 확언할 수 없으나, 적어도 일본어 afufi의 마지막 /f/가 모종의 內的變化 소산임은 위의 비교 예로 보아 확실하다31). 또한 韓語 uh(上)의 /h/가 /*k/에 遡及되고 aok(葵)의 /k/가 /*g/에 遡及된다면, 이 사실을 종합할 때 /h/〈/*k/〈/*g/와 같은 再構가 가능할 것으로 보아 韓語 /h/도 內的變化를 경험한 결과임이 분명하다. 이러한 內的變化를 감안할 때 韓語 arh(卵)과 日本語 arafa(露), 韓語 nah-(産)과 日本語 nafĕ(苗)도 그 비교가 가능하지 않을까 한다. 즉 이 때의 韓語 語幹末子音 /h/와 日本語 /f/의 관계는 대응이 아닌 別個의 문제점이 되는 것이므로, 韓語 /p/=일본어 /p/, /b/는 어느 위치에서나 확고한 것이라고 결론지을 수 있다.

兩國語의 유사성에 음운론적인 검토의 깊이를 더하면 더할수록 거기엔 옛흔적(archaic residue)으로 보이는 일면이 허다함을 느끼게 된다. 이것이 체계화된다면 간섭에 따른 확산적 측면을 밝히는 데 도움이 될 것이다. 가령 어간모음 교체에 의한 파생법이 확인된다면 그것은 적어도 확산적인 것이 될 수 없다. 따라서 韓語nah-(産)~noh-(置)와 日本語-nafu(助動詞)~ -nöfu가 어간모음 교체에 의한 內的派生임이 확실하다면, 韓語와 日本語 사이에 나타나는 유사성은 옛흔적 요소일 뿐이지 간섭에 따른 확산요소(diffusional)가 아니다.

한편 韓語 jərh(麻)은 日本語 ira(蕁麻)로 볼 때 *i의 부서짐(breaking)을 경험한 것으로 보인다. 日本語에 의해서 *i의 부서짐을 추리할 수 있는 예는 다음과 같다.

> 韓sjəm(島):日sima(島), 韓səp(薪):日siba(柴), 韓mjər(蕺):日mira(蒜),
> 韓kjər(波, 紋):日kisa(槫), 韓mjəču(醬麴):日miso(醬), 韓tjər(寺):日tera(寺)

일본어가 *i를 유지하고 있으므로 韓語 *i의 부서짐(breaking)은 분화 후에 생긴 內的變化이

---

31) 日本語 taku(栲)/tafĕ(楮)에도 /k/와 /f/의 대립이 보이는데 이는 韓語 tak(楮)과 비교할 때 taku가 기원적인 것이다. 따라서 /k/와 /f/의 대립은 공시적인 교체가 아니라 통시적인 변화의 결과로 해석된다. 일본어 /f/의 내적변화를 보여 주는 일례가 될 것이다.

다. 위의 사례 중 일본어 *tera*는 韓語 *tjər*의 直接借用으로 보여 약간 의심스러우나 韓語 *mjəču*는 『雞林類事』의 '密祖'로 보아 前期中世韓國語 이후에 \**i*의 부서짐을 경험한 단어라고 생각된다.

끝으로 韓語를 일본어와 비교할 때 韓語는 語幹末母音의 탈락을 경험했음이 드러난다.

> 韓*pat*(田):日*fata*(畑), 韓*nat*(鎌):日*nata*(鉈), 韓*kat*(笠):日*kasa*(笠),
> 韓*sat*(簀):日*sasa*(小竹), 韓*koč*(花):日*kusa*(草), 韓*kom*(熊):日*kuma*(熊),
> 韓*pat-*(受):日*fataru*(徵), 韓*muk-*(舊):日*muka-si*(昔), 韓*nop*ʰ(高):日*nöböru*(登),
> 韓*kop-*(美):日*kufa-si*(細, 美), 韓*sok-*(欺):日*sukasu*(賺)

韓語는 체언에서도 용언의 어간에서도 語幹末母音의 탈락이 확인된다. 그런데 韓語 *mosi* (苧), *mjəču*(醬麴)와 같은 경우는 일본어와 마찬가지로 어말모음 소실(apocope)을 겪지 않았다. 우리는 『日本書紀』에 차용된 *oko*(上)란 어형이 伽羅와 관련이 있는 단어임에 주목한 바 있다. 이것이 사실이라면 伽羅語 *oko*가 적어도 『日本書紀』에 기록될 때까지는 어말모음 소실을 겪지 않았던 것으로 보인다. 이 사실을 감안할 때 우리는 어말모음 소실을 거부한 단어가 남부방언의 요소일지도 모른다는 생각이 들지만 단정하기는 어렵다. 하여튼 兩國語間의 유사성 속에는 아직도 허다한 음운론적 문제점이 가로 놓여 있는 셈이다.


# 6. 결 어

지금까지 韓語와 日本語間에 보이는 유사성을 기원적인 것과 외래어적인 것으로 나누어 검토해 본 셈이다. 이러한 양면성으로 보아 일본어가 韓語와 관계가 있다고 하더라도 그 시기는 彌生式 文化의 발생 이전으로 거슬러 올라가는 듯하다. 그러나 농경문화 이후에 韓語는 다시 文化接觸을 통하여 古代日本語에 영향을 끼쳤다고 이해된다. 따라서 기록에 남아 있지 않다는 이유만으로 韓語가 古代日本語에 아무런 영향도 미치지 못했다고 단정하기는 어렵다. 우리는 農耕文化 生活周邊을 맴돌면서 零星하나마 上代日本語의 몇몇 단어가 韓語의 영향이나 擴散(diffusion)을 겪은 결과로 이해하고자 하였다.

기록에 전하는 한 *kuti*(鷹)는 분명한 百濟語였고 *kara*(韓, 唐), *aya*(漢)는 伽羅國의 部族名稱

에서 유래한 것이다. 그리고 白鳥庫吉이 밝힌 바와 같이 『日本書紀』 등에 전하는 *sasi*(城), *kofori*(郡), *mure*(山), *nirimu*(主), *sema*(島), *oko*(上), *aru*(下), *kasi*(夫人) 등도 中世韓國語 *čas*(城), *keβer*(洞), *moih*(山), *nim*(主), *sjəm*(島), *uh*(上), *arai*(下), *kas*(妻)로 미루어 볼 때 古代日本語에 영향을 끼친 韓語였음에 틀림없다. 다만 이들 대부분이 訓讀으로만 전해 온 것으로 보아 古代日本語나 上代日本語에서 이들이 口語였을 가능성은 희박하다. 따라서 이들 韓語는 어떤 특수한 환경 속에서 일본어에 침투된 것이다. 다시 말하면 이들 韓語는 양언어병용 상태 (bilingual situation)에 처해 있는 一部層에서 사용된 피진성 단어(pidgin word)였으리라고 생각된다. 그렇다면 예의 단어들은 지배적 언어(dominant language)인 韓語를 모델로 古代日本人들이 만들어 낸 模寫形(replica)이었으리라고 생각된다.

한편 記錄上의 根據는 없으나 문화관계 단어의 일부가 韓語의 영향으로 이해된다. 농경문화를 배경으로 한 日常生活文化를 대상으로 어원을 조사한 결과 우선 다음과 같은 어휘가 韓語의 확산으로 생각된다.

衣料 관련 단어
韓*sam*(麻) 日*asa*(麻), 韓*jərh*(麻):日*ira*(蕁麻), 韓*tak*(楮):日*taku/tafë*(栲, 楮), 韓*mosi*(苧):日*musi*(紵)

食品 관련 단어
韓*mjəču*(醬麴):日*miso*(醬), 韓*sii-*(酸):日*su*(酢), 韓*sak-*(消酵):日*sakë*(酒).

生活文化 관련 단어
韓*to*(三府一仰):日*tuku*(三伏一向), 韓*kər*(一府三仰):日*koro*(一伏三向).

이들은 中世韓國語나 現代韓國語로 語源解明이 가능할 뿐 아니라 한국의 國有文化를 반영하는 단어들이다. 이들은 농경문화 시대의 일상생활에 밀착되어 있던 것들이지만 비교적 발전된 농경문화 단계를 나타내는 단어들이므로, 농경문화와 함께 일본에 상륙한 것이라기보다 後代의 어느 시기에 韓語의 확산을 입은 결과로 생각된다.

韓語의 확산은 이밖에도 많을 것으로 추측되나 그것을 다 합하더라도 古代에 韓日間의 文化接觸이 빈번했던 사실에 비하여 韓語의 영향이 적은 것도 사실이다. 그 이유는 여러 가지로 생각할 수 있다. 첫째 兩國語의 內的變化로 語源이 망각되었기 때문이다. 따라서 8세기 이후 문헌에 정착될 때에는 일본어에서 韓語의 모습을 거의 판별하기 어려울 만큼 동화되었기 때문일 것이다. 둘째 동일한 시대의 언어 자료가 兩國語에 함께 갖추어져 있지 않기 때문이다. 이에 따라 동일한 시대의 언어를 비교하기가 어렵게 되었다. 셋째 大和改新(645)을 계기로 일본은 중국문화와 직접 접촉할 수 있게 되었다. 자연히 漢字와 漢語의 유입이 많아 짐과 동시에 韓語의 확산은 점차 축소되기에 이르렀을 것이다.

결국 韓語의 확산은 6세기경까지 계속되었으나 推古天皇 이후 漢字가 보급되고 漢字를 이용하여 일본어를 적기 시작하게 되자 韓語의 영향력도 자연스럽게 저항을 받아 약화의 길을 걷게 되었을 것이다.

**出處** <韓國日本學會(1973. 8.), 『日本學報』 1: 29-57).>
　　　<アジア公論社(서울, 1973. 12.), 『アジア公論』 第2卷12號: 141-159(日譯再錄).>
　　　<(上)(日韓親和會(1975. 2., 東京), 『親和』 254: 22-32(日譯再錄).>
　　　<(下)(日韓親和會(1975. 3., 東京), 『親和』 255: 2-11(日譯再錄).>

# 言語의 接觸과 干涉유형에 대하여
## －현대국어와 일본어의 경우－


## 1. 서 언

　갑오경장(1894) 이후 한국의 문호가 세계로 열리고, 국어가 열강제국의 언어와 직접적인 접촉을 새로 시작한 이래, 국어의 문법구조에 가장 큰 영향을 끼친 외국어는 영어와 일본어였다. 이들 두 외국어는 그동안 중국 이외의 외래문화를 한국에 담아 나르는 주된 매체였으므로, 이들이 국어의 제 位相에 불러일으킨 언어상의 干涉은 다른 어떤 외국어의 그것보다 비중이 컸던 것이다. 실제로 현대국어의 각 層位에는 이들 두 외국어의 직접적이거나 간접적인 간섭에 그 기반을 두고 있는 새로운 문법구조가 적지 않게 나타난다.

　더구나 지난 20세기 전반기를 통하여 국어에 가해진 일본어의 간섭은 질적으로 양적으로, 지금까지 흔히 알려진 것보다 훨씬 다양한 내용을 보여준다. 여기에는 물론 역사적 배경이 있다. 明治維新(1868)을 전후하여 한국보다 한발 앞서 서구적 근대화의 물결을 타게 된 일본은 그 정치적, 외교적 마수를 재빨리 한국으로 뻗쳐왔다. 구한말의 對外條約 가운데 한일간의 조약이 가장 많다는 사실은 일본의 한국진출이 어떻게 이루어졌는지를 암시해 준다. 江華島條約=丙子修好條約, 1876)을 발판으로 한 일본의 한국진출 정책은 韓日修好條約及貿易章程(1876), 濟物浦條約(1882), 韓日修好條約續約(1882), 韓日海底電線敷設條約(1883), 韓日通商章程(1883), 仁川日本租界條約(1883), 漢城條約(1884), 韓日漁撈章程(1889), 韓日議定書(1904), 第一次韓日條約(1904), 第二次韓日條約(乙巳條約, 1905), 韓日新協約(1907)으로 이어졌다가 韓日合邦條約(1910)으로 한국을 식민지화하기에 이르렀다. 이를 문화사적으로 잠깐 훑어보면 강화도조약(1876)이 체결된 직후 修信使 金綺秀를 단장으로 한 75명의 조선인이 일본을 다녀왔고, 몇 년 후인 1880년에는 수신사 金弘集 일행 58명, 그리고 1881년에는 朴定陽, 趙準永,

魚允中 등이 이끄는 紳士遊覽團 62명이 일본을 시찰하고 돌아왔다. 1895년에는 學部에 외국어학교가 생기게 되었고, 이 무렵부터는 대규모의 유학생이 일본에 파견되었다. 뿐만 아니라 일본인은 한국의 교육분야에 공식적으로 참여하게 된다.[1] 1895년에 설치된 漢城師範學校에는 처음부터 일본인 교사의 참여가 있었고, 1896년에 학부에서 펴낸 『新訂尋常小學』(전3책) 편찬에도 일본인이 참여하고 있다.[2] 1904년부터 학부 편집국에서는 일본인 學政參與官의 감독 하에 교과용 도서편찬이 시작되며, 1906년부터는 일본어가 한성사범학교의 정식 교과목으로 채택되었다. 1910년까지 간행된 일본어독본만 하더라도 초등용이 2책, 중등용이 6책, 기타가 18책, 도합 26책에 이르렀고, 한성사범학교의 교과과정에서 차지하는 일본어의 비중도 크게 늘어났다(趙文濟1972).

한일합방 이듬해인 1911년에는 朝鮮敎育令이 발포되었다. 일본어의 세력은 날로 늘어나 교육적으로나 문화적으로까지 한국의 언어사회를 파고들게 되었다. 국어와 일본어의 접촉이 확대됨에 따라 국어에 대한 일본어의 간섭도 심도를 더해간다. 처음에는 일본어의 간섭이 주로 구어에 반영되는 데 그쳤겠지만, 1920년대부터는 문어에까지 간섭이 노출된다. 1930년대와 1940년대에 이르면 일본어의 간섭은 절정을 이룬다.[3] 현대국어의 문법구조는 이러한 간섭을 통하여 적지 않은 변모를 경험하게 되었다.

현대국어에 가해진 일본어의 간섭에 대해서는 지금까지 많은 연구가 행해진 바 있으나, 그 대부분은 고유일본어의 借用, 즉 발음을 통한 直接借用(intimate borrowing)에만 관심이 기

---

1) 한 일본 시인의 詩集은 이 무렵의 사정과 오만불손했던 일본인의 태도를 엿보게 해준다. 1895년에 한국을 다녀간 적이 있는 與謝野寬(1873-1935)의 歌集 『東西南北』(1896)에는 다음과 같은 해설과 노래가 보이기 때문이다. "그 나라에 건너가는 길에 大阪을 지나면서 中島의 豊臣秀吉 祠堂을 참배하고 나서 읊다. 이번 여행은 실로 그 나라 學部衙門의 교관으로서 일본어 교수를 담당하는 것이다. ―들어 주소서 일본글을 이제는 저 나라에서 가르치는 세상이 되었나이다―." "1895년 봄 槐園(鮎貝槐園. 與謝野寬의 스승인 落合直文의 實弟)이 조선정부와 논의하여 乙未義塾을 京城에 창립하다. 본교 이외에 분교를 성내 5개소에 마련하고 생도 총수 7백에 이르다. 고려민족에게 日本文典을 가르치고 겸하여 일본창가를 부르게 한 그런 일은 특히 가이엔 [槐園]과 나로써 그 嚆矢라 할 것이다. 개교하자 내 읊기를 ―한국산천에 벚꽃을 심어주고 한인 그들에게 대장부의 노래를 불리과저―라고 하였다."
2) 당연한 일이지만 『新訂尋常小學』(전3책)에는 일본 냄새가 진하게 배어들 수밖에 없었다. 권2 제12과의 小野道風(오노노 미치카제. '오노노 도오후우'로도 읽힘) 이야기, 권3 제3과의 塙保己一(하나와 호키이치) 이야기, 제12과 서울의 일본인 居留地 지도안내 등 일본에 관련된 내용이 그 구체적 證左로 꼽힐 수 있다. 뿐만 아니라 군데군데 들어있는 인물이나 풍경 揷畵가 모두 일본인이나 일본풍경과 흡사하다.
3) 당시의 『한글』지는 "朝鮮語에 흔히 쓰이는 國語[日本語―필자]語彙"라는 난을 통하여 국어에 쓰이고 있던 일본어를 五十音 순으로 정리, 연재형식으로 싣고 있다. 'a'행(ア行)이 미처 끝나기 전에 4회로 중단되어 그 전모를 알 수는 없으나, 당시의 사정을 엿볼 수 있게 해주는 자료가 될 것이다. 『한글』 제6권 제10호(통권61호, 1938): 22-23, 제6권 제11호(통권62호, 1938): 26-27, 제7권 제2호(통권64호, 1939): 28, 제7권 제4호 (통권66호, 1939): 30 참조.

울어진 듯한 느낌을 준다. 그러나 일본어의 간섭은 형태론적 층위에만 그치지 않고 통사론적 층위에까지 널리 퍼져 있으며 그 유형 또한 다양하다. 이에 본고는 현대국어에 나타나는 일본어의 간섭요소를 유형별로 정리해 보려는 것이다.

## 2. 형태층위의 간섭

언어의 접촉과정에서 가장 용이하게 이루어지는 간섭이 바로 형태층위의 차용이다. 현대국어에 나타나는 일본어의 간섭도 이 범주에 드는 것이 가장 일반적이다. 다만 여기서 말하는 형태층위의 차용이란 곧 語詞的 차용을 지칭하는 것이어서, 屈折法 접미사와 같은 문법형태소가 여기에 포함되는 일은 매우 드물다. 국어와 일본어의 굴절법 접미사는 대부분 1대 1로 대응되고 있어 번역이 용이하므로 일부의 특이한 경우를 제외하고는 차용의 필연성이 희박했을 것으로 이해된다. 따라서 현대국어에 간섭을 일으킨 일본어의 굴절법 접미사는 그 수가 극히 제한되어 있다.

간섭의 개념을 직접차용에 국한시킨다면 일본어의 형태론적 간섭, 즉 語詞의 차용이 문헌에 구체적으로 노출되기 시작하는 시기는 1920년대 이후라고 할 수 있다. 그러나 국어에 대한 일본어의 간섭은 직접차용 말고도 그 유형이 다양하다. 그동안 한국의 서양문화 수용은 일본의 중계를 받은 경우가 많았으므로 일본에서 新造된 학술, 제도 등 문화관련 漢字語詞가 그대로 차용되거나 번역차용(loan translation, calque)으로 국어에 유입된 경우도 많다. 이와같은 유형의 간섭은 적어도 1910년대 이전부터 문헌에 나타난다. 그중에는 물론 일시적으로 사용되다가 자취를 감춘 사례도 많지만 일본의 고유문화 관련어사나 학술용어, 전문직업어 등으로서 아직까지 명맥을 유지하고 있는 사례도 허다하다.

한국의 광복(1945) 이후 한동안 뜸했던 국어와 일본어의 접촉은 한일국교의 정상화(1965)를 계기로 하여 다시금 활발해졌다. 그러나 내면적으로는 국어와 일본어가 접촉을 중단한 일이 없다. 일본어를 자유자재로 구사할 수 있는 인적 자원이 사회의 각계각층에 남아 있었기 때문이다.[4] 결국 광복 이후 20여년간 陰性的으로 지속되던 국어와 일본어의 접촉은 한일국

---

4) 조선총독부 관계 주요문헌선집 조선근대사료에 의하면 1943년 12월말 현재 일본어를 해득하는 한국인의 총수는 5,722,448명으로 총인구 25,827,308명의 22.2%에 이르렀다고 한다. 金奎昌(1972), 日帝下 言語教育

교의 정상화를 계기로 하여 다시 陽性化하였다고 보아야 할 것이다. 최근에는 다시 젊은 세대가 부분적으로나마 일본어를 새로 깨우쳐 가고 있다. 이와같은 역사적 배경을 기반으로 하여 일본어는 거의 일방적으로 국어에 간섭을 일으킬 수 있었던 것이다.

일본어의 형태론적 간섭을 유형별로 정리해 보면 대략 발음을 통한 직접차용, 한자표기를 통한 간접차용, 번역차용 그리고 부분적인 造語法의 차용으로 구분된다.

## 1) 발음을 통한 직접차용

이 범주에 속하는 차용은 외국어의 발음을 자국어로 模寫(replica)하는 방식이기 때문에 순수한 차용이라고 볼 수 있다. 현대국어에 나타나는 이 범주의 차용에는 고유일본어에 기원을 두고 있는 어사가 가장 많으나, 근대중국어 혹은 서양어 기원의 어사가 일본어를 거친 경우도 적지 않으며, 두 가지 이상의 언어합성으로 이루어진 混種語(hybrid, loan blend)도 있다. 이들 중에는 口語的, 卑語的, 전문직업어적 성격을 지닌 것이 많으며, 문어적으로 국어순화라는 명분에 밀려 다른 말로 대치된 것도 흔하다.[5] 그러나 많은 사람들의 구어에는 아직도 이 범주의 어사가 그 명맥을 유지하고 있다.

### 가. 고유일본어에 기원을 둔 語詞

가다(어깨, 깡패) ← *kata*(肩)
가다(틀) ← *kata*(型)
가다꾸리(요리재료의 일종, 번역어로는 녹말가루) ← *katakuri*(片栗)
가라데(空手道) ← *karate*(空手)
가리방(등사판, 謄寫기구의 일종) ← *gariban*(ガリ版)
가마니(곡식을 담기 위하여 볏짚으로 만든 부대) ← *kamasu*(叺)
가마보꼬(번역어로는 생선묵) ← *kamaboko*(蒲鉾)
갸꾸(당구용어의 일종) ← *gyaku*(逆)

---

政策의 制度史的 考察(I)(『箕軒孫洛範先生回甲記念論文集』): 539 참조. 이 통계는 총독부 자료에 의한 것이므로 그대로 믿기는 어려우나 광복 이후의 한국에 일본어를 해득하는 인적 자원이 얼마나 남아 있었느냐에 대한 암시가 될 것이다.

5) 장지영(1946), 나랏말을 깨끗이 하자(一), 『한글』 제11권 제5호(통권98호): 22-27, 장지영(1947), 나랏말을 깨끗이(二), 『한글』 제12권 제2호(통권100호): 49-56. 문교부 편수국(1947), 『우리말 도로찾기』(油印) 등 참조.

게다(일본고유의 나막신) ← *geta*(下駄)

겐노(돌을 깨거나 들어 올리는 공구) ← *gennou*(玄翁)

고데(調髮기구의 일종, 번역어로는 머리인두) ← *kote*(鏝)

곤로(전열기구의 일종) ← *konro*(焜炉)

곤색(紺色) ← *kon*(紺)

구두(서양식 가죽신발) ← *kucu*(靴)

구두헤라/헤라(번역어로는 구두주걱) ← *kucubera*(靴箆)

구루마(번역어로는 손수레) ← *kuruma*(車)

기마이(뱃장, 마음을 크게 쓰는 것) ← *kima'e*(気前)

기모노(일본의 전통복식) ← *kimono*(着物)

기즈(흠집, 상처) ← *kizu*(疵, 傷)

기지(옷감, 천) ← *kizi*(生地)

긴따마(당구용어의 일종) ← *kintama*(金玉)

긴짜꾸(속어의 일종) ← *kincyaku*(巾着)

나까오리(중절모자) ← *naka'ore*(中折れ)

나라즈케(번역어로는 참외절임, 외지) ← *naraduke*(奈良漬)

네지마와시(나사를 조이거나 빼는 공구, 드라이버) ← *nezimawasi*(ねじ回し)

노가다/노가대(막일꾼) ← *dokata*(土方)

노깡(하수도용 토관) ← *dokan*(土管)

니즈꾸리/미수꾸리(짐꾸리기) ← *nizukuri*(荷造り)

다꾸앙/다꽝(번역어로는 무짠지, 단무지) ← *taku'an*(沢庵)

다나(선반) ← *tana*(棚)

다다미(일본식 방바닥용 자리) ← *tatami*(畳)

다라/다라이(커다란 빨래용 함지) ← *tarai*(盥)

다마(유리구슬) ← *tama*(玉)

다마네기(번역어로는 양파) ← *tamanegi*(玉葱)

데모도(보조일꾼) ← *temoto*(手元)

도꾸리(작은 술병) ← *tokuri*(德利)

도끼다시/도께다시(건축용어의 일종) ← *togidasi*(研出し)

돔부리(번역어로는 덮밥) ← *donburi*(丼)

마끼(김말이밥, 말이) ← *maki*(巻き)

마에가리(봉급을 미리 당겨 쓰는 것) ← *ma'egari*(前借り)

마호병(보온병) ← *mahoubin*(魔法瓶)

멧끼(도금) ← *meqki*(鍍金)

모지방(시계의 문자판/얼굴) ← *mozibaɴ*(文字版)

모찌(떡)(번역어로는 찹쌀떡) ← *moci*(餠)

몸뻬(여성용 간편바지) ← *moɴpe*(もんぺ)

무뎁뽀(우직한 행동, 막무가내) ← *muteqpou*(無鉄砲, 無手法)

미깡(밀감) ← *mikaɴ*(蜜柑)

미다시(인쇄용어) ← *midasi*(見出し)

미소시루(일본식 된장국) ← *misosiru*(味噌汁)

미아이(맞선보기) ← *mi'ai*(見合い)

벤또(밥)(번역어로는 도시락) ← *beɴtou*(弁当)

빠가(가 되다)(못쓰게 되다) ← *baka*(馬鹿)

사꾸라(일본의 國花/가짜/앞잡이) ← *sakura*(桜)

사라(큰 접시) ← *sara*(皿)

사시미(생선회) ← *sasimi*(刺身)

센베/센베이(일본식 과자의 일종) ← *seɴbei*(煎餠)

소데나시/나시(소매없는 여름옷) ← *sodenasi*(袖無し)

스끼야끼(일본식 요리의 일종) ← *sukiyaki*(鋤焼)

스시(번역어로는 초밥) ← *susi*(寿司, 鮨)

시다(기술/기능 보조원) ← *sita*(下)

시보리(번역어로는 물수건/사진용어의 일종) ← *sibori*(絞り)

시아게(번역어로는 끝손질) ← *si'age*(仕上げ)

시오야끼(번역어로는 소금구이) ← *si'oyaki*(塩焼)

쓰리(꾼)(번역어로는 소매치기) ← *curi*(釣り)

쓰메끼리(번역어로는 손톱깎이) ← *cumekiri*(爪切り)

아다리(추첨 등에 뽑힘/바둑용어의 일종) ← *'atari*(當り)[6]

아미(그물, 망) ← *'ami*(網)

아부라게(유부, 일본식 요리재료의 일종) ← *'aburage*(油揚)

아지(전갱이) ← *'azi*(鯵)

야미(암거래) ← *yami*(闇)

야지(비웃음, 조롱) ← *yazi*(野次, 彌次)

에리(목둘레 깃) ← *'eri*(襟)

---

6) 표준어인 동경방언에는 자음음소로 /p: b, t: d, c: z, s, k: g, h: ', r, m, n/, 반모음 음소로 /j, w/, 모음음소로 /i, e, a, o, u/, 그리고 모라(mora) 음소로 /N, Q/ 등이 존재하는 것으로 해석되고 있다. 市河三喜・服部四郎 (공편)(1955),『世界言語槪說』下(東京, 硏究社): 153 참조. 본고에서는 이를 토대로 하여 일본어를 轉寫하되 /j/는 /y/로, /N, Q/는 각기 /ɴ, q/로 바꿔 쓴다. 편의상 액센트 표기는 생략하며 사례 배열은 '가나다' 순으로 한다.

오꼬시(일본과자의 일종) ← *'okasi*(お菓子)

오뎅(번역어로는 꼬치안주) ← *'odeN*(おでん)

오리까에시(도박용어의 일종) ← *'orika'esi*(折返し)

오리메/오리미(양복 하의의 주름) ← *'orime*(折目)

오봉(그릇을 받쳐드는 넓적한 판) ← *'oboN*(お盆)

오시이레(옷장) ← *'osi'ire*(押入れ)

오차(엽차) ← *'ocya*(お茶)

와리깡(각자부담) ← *warikaN*(割勘)

와리바시(나무젓가락) ← *waribasi*(割箸)

와리쓰께(인쇄용어) ← *waricuke*(割付け)

와사비(일본향신료의 일종, 번역어로는 고추냉이) ← *wasabi*(山葵)

와이당(猥褻, 음담패설) ← *waidaN*(猥談)

와이로(뇌물) ← *wairo*(賄賂)

요꼬(편물의 일종) ← *yoko*(横)

우끼(부표, 구명대) ← *'uki*(浮き)

우와기(상의, 번역어로는 윗저고리) ← *'uwagi*(上着)

이다(판자) ← *'ita*(板)

자부동(번역어로는 솜방석) ← *zabutoN*(座布団)

하꼬짝(상자)/하꼬방(판자집) ← *hako*(箱)

항고(반합) ← *haNgou*(飯盒)

호로(布帳) ← *horo*(幌)

호리꾼(盜掘者) ← *hori*(掘り)

호야(燈皮) ← *hoya*(火屋)

후미끼리(번역어로는 건널목) ← *humikiri*(踏切り)

훈도시(일본식 팬티) ← *huNdosi*(褌)

히네리(당구용어의 일종) ← *hineri*(捻り)

히야시/씨야시(냉장처리) ← *hiyasi*(冷やし)

　　내용으로 보면 의식주 관련어사, 사진, 인쇄, 당구, 理美容, 木工, 土役과 같은 전문직종 관련어사로 이루어져 있으나, 의미상으로는 일본어 본연의 의미와 달라진 것이 많다. 구어나 비어로만 쓰이고 있을 뿐, 왜색배척이라는 명분에 몰려 문어에서는 그 모습을 찾아보기 힘든 경우가 있는가 하면, 더러는 번역차용화하여 쓰이고 있는 경우도 있다. 그러나 많은 예들이 구어에서는 자주 발견되며 '아지, 가마니, 구두' 등은 문어에도 자연스럽게 쓰일 만큼 그 기반이 확고해졌다. 일본고유의 문물을 지칭하는 어사의 일부도 문어에 나타나는 경우가 많다. 그러나 대부분은 여전히 구어에서만 명맥을 이어오고 있어 서양어 기원의 직접차용과는 다른 성격을 보이고 있다. 위에 예시된 어사 이외에도 현대국어에 부분적으로 통용되거나, 특수사회, 특수환경, 특수계급의 언어사회에서만 구어적으로 통용되는 어사도 많다. 그 일부를 예시해 보면 다음과 같다.

(시장)가고(장바구니) ← *kago*(籠)

가까리(담당자) ← *kakari*(係り)

가도방(바둑이나 장기에서 승부가 결정되는 마지막 판) ← *kadobaN*(角番)

가시끼리(전세택시) ← *kasikiri*(貸切り)

가이당(계단) ← *kaidaN*(階段)

간조(계산, 셈) ← *kaNzyou*(勘定)

게이샤(기생) ← *geisya*(芸者)

겐까도리(싸움패) ← *keNkatori*(喧嘩取り)

겐또(어림, 짐작) ← *keNtou*(見当)

고마까시(속임수) ← *gomakasi*(誤魔化し)

고쓰까이(사환, 심부름꾼) ← *kodukai*(小使い)

곤야꾸(식품의 일종) ← *koNnyaku*(蒟蒻)

곤조(못된 근성) ← *koNzyou*(根性)

곰부(식용해초의 일종) ← *koNbu*(昆布)

구미(단체, 같은 편) ← *kumi*(組)

구찌(한 몫) ← *kuci*(口)

구찌베니(입술연지) ← *kucibeni*(口紅)

기소(기초, 건축용어의 일종) ← *kiso*(基礎)

나까마(일당, 한패) ← *nakama*(仲間)

나라시(터고르기) ← *narasi*(均し)

나리낑(벼락부자) ← *narikiN*(成金)

나마가시(생과자, 일본식 단팥빵) ← *namagasi*(生菓子)

나쓰미깡(밀감의 일종) ← *nacumikan*(夏蜜柑)

네지끼(바지를 이불 밑에 깔고 자면서 주름을 내는 것) ← *neziki*(寝敷)

노리까에/노리까이(환승, 바꿔타기) ← *norika'e*(乗換え)

다데(세로) ← *tate*(縱)

다데까에(代佛) ← *tateka'e*(立替え)

다비(일본식 버선) ← *tabi*(足袋)

다찌구이(간이식당, 선 채로 음식을 먹는 집) ← *tacigui*(立食い)

다찌노미(선술집) ← *tacinomi*(立飲み)

단도리(단속, 준비) ← *daNdori*(段取り)

당가(들것) ← *taNka*(担架)

당고(팥떡) ← *daNgo*(団子)

데도리(세금 등을 제하고 실제로 손에 들어오는 돈) ← *tetori*(手取り)

데쓰가부또(철모) ← *tecukabuto*(鉄兜)

덴노헤이까(일본 천황) ← *tennouheika*(일본왕, 天皇陛下)

덴마선(작은 배) ← *tenmaseN*(伝馬船)

덴찌(손전등) ← *deNci*(電池)

뎃뽀(거짓말) ← *teqpou*(鉄砲)

도로보(도둑) ← *dorobou*(泥棒)

도리우찌(남자용 모자의 일종) ← *tori'uci*(鳥打)

도비라(속 표지) ← *tobira*(扉)

렌가(벽돌) ← *reNga*(煉瓦)

로오까(복도) ← *rouka*(廊下)

마사무네(최고의 日本刀/淸酒의 한 상표) ← *masamune*(正宗)

몬메(무게의 한 단위) ← *moNme*(匁)

뽕꾸라/뻥꾸라(바보) ← *boNkura*(盆暗, 凡暗)

사까다찌(물구나무서기) ← *sakataci*(逆立)

사루마다(팬티) ← *sarumata*(猿股)

사무라이(일본무사) ← *samurai*(侍)

사요나라(작별인사말) ← *sayounara*(然樣なら)

사이께이레이(깎듯한 경례) ← *saikeirei*(最敬禮)

산뽀(산책) ← *saNpo*(散步)

소바/모리소바(메밀국수) ← *soba*(蕎麦)

소오당(밀담) ← *soudaN*(相談)

스모오(일본식 씨름) ← *sumou*(相撲)

습뿌(물찜질) ← *siqpu*(湿布)

시고로꾸(주사위) ← *sugoroku*(双六)

시로또(비전문가) ← *siro'uto*(素人)

시마이(끝장) ← *simai*(仕舞)

싱껜쇼오부(진짜 승부, 사생결단) ← *sinkensyoubu*(真剣勝負)

쓰메에리(학생복의 목둘레 깃) ← *cume'eri*(詰め襟)

아다마(머리) ← 'atama(頭)

아이노꼬(혼혈아) ← 'ainoko(間の子)

아이노리(합승) ← 'ainori(相乗り)

야끼니구(고기 구이) ← yakiniku(焼肉)

야끼도리(닭고기 구이) ← yakitori(焼鳥)

야끼마시(사진현상) ← yakimasi(焼増し)

야끼이모(군고구마) ← yaki'imo(焼芋)

에노구/에누구(그림물감) ← 'enogu(絵の具)

오모짜(장난감) ← 'omocya(おもちゃ)

와꾸(윤곽, 틀) ← waku(枠)

와라지(일본식 짚신) ← warazi(草鞋)

와리(배당되는 몫) ← wari(割り)

요꼬도리(새치기) ← yokodori(横取り)

우나기(장어) ← 'unagi(鰻)

우데마끼(손목시계) ← 'udemaki(腕巻き)

우라까에/우라까이(뒤집는 것) ← 'uraka'esi(裏返し)

우왓빠리(사무를 보거나 일을 할 때 입는 상의) ← 'uwaqpari(上っ張り)

이다바(조리사) ← 'itaba(板場)

잇빠이(술 한잔/가득한 모양) ← 'iqpai(一杯)

조오리(일본식 신발의 일종) ← zouri(草履)

조오바(계산원) ← cyouba(帳場)

조오시(상태) ← cyousi(調子)

지라시/찌라시(광고지/女性調髮의 일종) ← cirasi(散らし)

지리가미(휴지) ← cirigami(塵紙)

지지미(織物의 일종) ← cizimi(縮み)

찜바(병신 노릇) ← cinba(跛)

카아도(굽돌이 길) ← kado(角)

쿠세(버릇) ← kuse(癖)

하까마(일본옷의 일종) ← hakama(袴)

하나가다(인기 독점인) ← hanagata(花形)

하나비(불꽃) ← hanabi(花火)

하라마끼(배가리개) ← haramaki(腹巻き)

하바(폭) ← haba(幅)

하오리(일본옷의 일종) ← ha'ori(羽織)

하지마끼(머리띠) ← *hacimaki*(鉢巻き)

하지부(반편) ← *hacibu*(八分)

혼모노(진짜) ← *honmono*(本物)

후꾸로(주머니) ← *hukuro*(袋)

후스마(미닫이, 이부자리) ← *husuma*(襖, 衾)

히끼노바시(사진확대) ← *hikinobasi*(引伸ばし)

히노마루(일본국기) ← *hinomaru*(日の丸)

히니꾸(야유) ← *hiniku*(皮肉)

히야까시(놀림) ← *hiyakasi*(冷かし)

히끼다시(설합) ← *hikidasi*(引出し)

이러한 차용어 중 그 시기가 이른 것은 이미 1920년대부터 문학작품에 등장하지만,[7] 현재로서는 이들이 주로 군인이나 학생을 포함하는 전문직업인 또는 나이든 세대의 구어, 그리고 방언에 그 명맥을 의지하고 있다.[8] 따라서 이들을 문어에서 찾아보기는 매우 힘들다. 실상 이들의 대부분은 적절한 국어로 대체되고 있으며 *udemaki*(腕巻き), *enogu*(絵の具), *yokodori*(横取り)에 대한 '손목시계, 그림물감, 새치기'처럼 번역차용으로 그 기반이 안정된 것도 있다. 이에 대해서는 나중에 상술하게 될 것이다.

직접차용 중에는 특수언어사회, 즉 학생, 군인, 불량배, 범죄자와 같은 특수계급의 비어나 은어로 활용되는 것도 많다. 비교적 자주 쓰이는 것들을 몇 개만 예시해 보면 다음과 같다.

꼬붕(부하, 똘마니) ← *kobun*(子分)

닥쌍(많다/좋다) ← *takusan*(沢山)

모노(대단한 인물 또는 물건) ← *mono*(物, 者)

---

7) 『少年』, 『青春』, 『金星』, 『創造』, 『廢墟』, 『白潮』, 『朝鮮文壇』을 대상으로 행해진 한 조사보고에 의하면 다음과 같은 語詞가 1920년대 후반부터 1930년대 전반까지의 문학작품에 등장한다고 한다.
가시끼리, 가오루, 가와씨, 게다, 겡광, 고구라, 고디기, 고부가리, 고시마끼, 고쓰갱이, 고이비도, 구루마, 구론보, 구쓰, 기라쭈, 기모노, 나쌰나까, 나마가시, 나마이끼, 나지미, 낫쏘, 네꼬이라쓰, 네마씨, 네우찌, 노가다, 노시, 다쑤앙, 다다미, 다모도, 다랏프, 덴쌰라소바, 도고야, 도비꼬미, 도로로, 도리우찌, 마사무네, 마지메, 메다쓰, 베니, 벤또, 보로, 사구라, 사루마다, 사미쎙, 셋다, 쓰메에리, 스스끼, 시끼시마, 시로도, 아까보, 야끼이모, 알쌰가, 에노구, 에노시마, 에누리(단, 이 단어는 일본어가 아니라 엄연한 한국어임—필자), 에리, 오리에리, 오비, 오시이레, 요보, 요비링, 유가다, 자부동, 조오리, 쥬스다비, 하리이다, 하부다이, 하오리, 호리바다, 히니꾸, 히야까시. 安東淑·趙惟敏(1972): 27 참조.

8) 군대사회의 비속어에 나타나는 일본어계 語詞에 대해서는 姜信沆(1957), 건축이나 양복 등 전문직업인들의 용어에 나타나는 일본어계 語詞에 대해서는 姜信沆(1968, 1969) 등 참조. 한편 방언에 나타나는 일본어 기원의 語詞에 대해서는 小倉進平(1944) 下卷: 576-589의 '朝鮮語に於ける外來語', 金完鎮(1957), 金亨奎(1974) 下卷: 303-308 등 참조.

분빠이(분배) ← *bunpai*(分配)
　　신마이(신참) ← *sinmai*(新米)
　　아다라시(새것/처녀) ← *'atarasi'i*(新しい)
　　오야붕(우두머리)/오야(계 따위의 주관자) ← *'oyabuN*(親分)

　한편 '구라까지 마, 아사리판, 보로가 터지다, 쿠사리 먹다/쿠사리 맞다, 사바사바하다'와
같은 비어적 표현에 흔히 쓰이는 '구라(거짓말), 아사리(무질서), 보로(누더기, 결점), 쿠사리(꾸중을
듣거나 혼나는 것), 사바사바(뒷거래)' 등의 어원은 확실하지 않으나 *bonkura*(盆暗, 凡暗), *'asari*(浅
蜊), *boro*(襤褸), *kusari*(鎖, 腐り), *sabasaba*(기분이 상쾌한 모양)와 같은 일본어에 그 기원을 두고
있는 것으로 생각된다. 이처럼 직접차용이 비어나 은어로 발전할 경우[9] 대개는 어형과 함께
의미에 극심한 변화를 입게 되므로 그 어원을 확인하기 어려운 경우도 많이 생긴다.

## 나. 근대중국어에 기원을 둔 語詞

　일찍이 일본어에 차용된 바 있는 중국어 기원의 어사 중에는 개화기 이후의 국어에 일본
어의 물결을 따라 들어온 것이 많다. 여기에는 대략 다음과 같은 어사가 있다.

　　가방(책이나 물건을 넣는 도구) ← *kabaN* ← 夾板
　　고다쓰(화로가 달린 식탁) ← *kotacu* ← 火燵
　　단스(옷장) ← *taNsu* ← 簞笥
　　당면(麵의 일종) ← *taNmeN* ← 湯麵
　　라면(麵의 일종) ← *raameN* ← 老麵
　　만두(밀가루 빵의 일종) ← *manzyuu* ← 饅頭
　　사시(젓가락) ← *sazi* ← 茶匙
　　앙꼬(마작용어) ← *'aNko* ← 暗刻
　　앙꼬(빵의 달콤한 소) ← *'aNko* ← 餡
　　요오깡(양갱) ← *youkaN* ← 羊羹
　　우동(가락국수) ← *'udoN* ← 饂飩
　　잉꼬(새의 일종) ← *'iNko* ← 鸚哥

---

9) 차용어는 흔히 자국어와 文體的 對立(stylistic contrast)을 일으켜 자국어의 의미를 低俗化한다. '치아-이,
　연세-나이'와 같은 대립에서 국어 쪽에 나타나는 低價的 含蓄(derogatory connotation) 또는 俗物的 含意
　(snobbish overtone)가 그러한 경향을 나타내고 있다. 그러나 일본어 기원의 차용어가 국어와 대립되어 국어
　의 의미를 卑語化한 사례는 거의 없는 듯하다. 일본어는 오히려 국어에 들어와 卑語化, 隱語化하고 있는
　것이다.

장껜[뽕](가위 바위 보) ← zyaɴkeɴ[poɴ]← [八卦]掌拳
포대기(어리이용 이불) ← hudoɴ ← 蒲団
핫삐(웃옷의 일종) ← haqpi ← 法皮

중세일본어(1086-1603)나 근세일본어(1603-1868)는 그때그때 중국어로부터 많은 문화관련 語詞를 차용하는데, 이때의 차용어들이 보여주고 있는 일본한자음은 소위 唐音 또는 宋音이라 불린다. 새로운 차용어들은 바로 이 한자음으로 일본어에 정착되었다. 『下學集』(1444)이나 『節用集』(1474 이전), 『運步色葉集』(1548)와 같은 辭書類는 이미 faqpi(法被), manzyuu(饅頭), yaukaɴ(羊羹), futon(蒲団), 'uɴdoɴ(饂飩), kotacu(火燵)와 같은 어형을 보여주고 있으므로 이들의 차용시기는 16세기 중엽 이전으로 거슬러 올라간다. 이러한 근대중국어계 차용어들은 비록 음운변화를 입었을망정 현대일본어에까지 그 명맥이 유지되었기 때문에 그 일부가 다시 개화기 이후의 국어에 일본어를 따라 들어온 것이다.

## 다. 서양어에 기원을 둔 語詞

여기에는 포르투갈어, 스페인어, 네델란드어 그리고 영어, 독일어, 불어 등이 포함된다. 포르투갈어와 스페인어는 이미 중세일본어 시기에 차용되었던 것들이고, 네델란드어는 근세일본어에 차용된 것들이다. 이에 대하여 영어, 독일어, 불어는 현대일본어에 들어와 차용되기 시작한 것들이다.

> (가) 포르투갈어·스페인어에서(韓 ← 日 ← 포·스)
> 가루다(카드) ← karuta ← carta
> 갓빠(천막, 雨裝) ← kaqpa ← capa
> 吉伊施端(천주교도) ← kirisitaɴ ← Christão
> 나사(羅絲) ← rasya(羅絲) ← raxa
> 담비(煙草) ← tabako ← tabaco
> 뎀뿌라(기름튀김) ← teɴpura ← tempora
> 메리야쓰(서양식 속옷)(스페인語) ← meriyasu ← medias
> 보당(단추) ← botaɴ ← botão
> 부랑코(아기용 그네) ← buraɴko ← balanco
> 비로드(서양 織物의 일종) ← biroodo ← veludo
> 빵(밀가루 떡) ← paɴ ← pão

사봉(비누) ← *saboɴ* ← sabão(이상, 포)
카스테라/가스테라(서양식 빵의 일종) ← *kasutera* ← (포)castella

　室町시대의 말경인 16세기 말엽부터는 포르투갈의 宣敎師, 스페인의 貿易商人들이 일본에 출입하게 되었다. 그 때문에 새로운 西洋文化를 담은 어사가 일본어에 많이 借用되었다 (佐藤喜代治1972: 306). 문헌에 남아있는 것은 대부분 포르투갈어에 기원을 둔 어사들인데, 이들의 일부가 현대일본어에 계승되었고, 그 일부가 또다시 開化期 이후의 국어에 차용되기에 이른 것이다. 다만, '담빅'는 『同文類解』(1748) 上권 飮食條에 이미 나타나며, '吉伊施端'[10]은 『通文館志』卷九에 나타나므로 그 유래가 매우 오래임을 알 수 있다. 그밖의 예들은 모두가 開化期 이후의 국어에 차용된 것이다.

　　(나) 네델란드語(韓 ← 日 ← 네)
　　　가라스(유리) ← *garasu* ← glas
　　　가배(珈琲)차(커피) ← *koohi*(珈琲) ← koffie
　　　고무(화학제품의 일종) ← *gomu* ← gom
　　　곱푸(컵) ← *koqpu* ← kop
　　　깡통(통조림, 또는 그 통) ← *kaɴ*(罐) ← kan
　　　란도셀(어린이용 책가방) ← *raɴdoseru* ← ransel
　　　렛델(商標) ← *reqteru* ← letter
　　　마도로스(船員) ← *madorosu* ← matroos
　　　비루(麥酒) ← *biiru* ← bier
　　　뻥끼(페인트) ← *peɴki* ← pek
　　　뽐푸(펌프) ← *poɴpu* ← pomp
　　　샤벨(서양 劍) ← *saaberu* ← sabel
　　　소다(화학약품의 일종) ← *sooda* ← soda
　　　임파선(淋巴腺) ← *rinpa-seɴ* ← rymphe
　　　잉끼(잉크) ← *'iɴki* ← ink
　　　칸데라(석유燈) ← *kaɴtera* ← kandelaar

---

10) '吉伊施端'은 분명히 일본식 한자표기를 그대로 옮긴 것이다. 이 말은 對馬島主의 書契로 국내에 전해진 것이기 때문이다. "島會平義成書契有云 南蠻有耶蘇宗文 出沒於里菴甫島 其島在中原朝鮮之間 宗文卽 吉伊施端之餘黨 如或漂到 務要窮捕 卽將右項具咨兵部"(『通文館志』卷九 紀年 仁祖22年 甲申[1644]). 따라서 '吉伊施端'이란 일본어계 호칭이 한국어에 실제로 쓰인 일은 없었을 것이다. 한편, 『韓佛字典』(1880)에는 '그리스당'(基利斯當)이란 어형이 나타나지만, 이 말은 일본어계 '吉伊施端'과는 별도로 18세기 말엽 天主敎의 전래와 함께 새로 생긴 표기일 것이다.

豊信秀吉(1536-1598)이나 德川家康(1542-1616)은 天主敎를 禁하면서도 서양제국과의 通商貿易만은 國利를 위하여 보호하였다. 이에 따라 慶長(1596-1615), 元和(1615-1624) 무렵까지는 포르투갈, 스페인, 네델란드, 영국 등지까지의 商船이 빈번하게 九州를 드나들었다. 그러나 德川家光(1604-1651)은 鎖國政策을 펴 모든 외국과의 통상을 단절하고 네델란드만을 예외로 남겨 두었다. 그 때문에 18세기 초엽에는 靑木昆陽(1698-1769) 등에 의해서 蘭學이 일어나게 되었고, 일본인들은 네델란드어를 통하여 자연과학과 醫術 등을 받아들이게 되었다. 이때에 일본어는 네델란드어로부터 많은 語詞를 차용한 것이다(佐藤喜代治1972: 356-357). 이러한 네델란드계 차용어 중에는 현대일본어에 계승된 것이 많은데, 그 중의 일부가 다시 開化期 이후의 국어에 들어온 것이다. 위에 예시한 語詞 이외에도 일본어형 'arukooru, mesu, gasu, pisutoru, konpasu, 'arukari, rensu' 등이 네델란드어 'alcohol, mes, gas, pistool, kompas, alkali, lens'로부터 일찍이 차용된 것들이지만, 이들에 대한 한국어형 '알코올, 메스, 가스, 피스톨, 콤파스, 알카리, 렌스'의 경우, 일본어형을 기반으로 한 것인지, 英·獨·佛語形을 기반으로 한 것인지는 확인하기가 어렵다. 이들에 대한 서양제어의 어형이나 발음은 대동소이하여 한국어형만으로 그 源流를 밝히기는 어렵기 때문이다.

    (다) 英語에서(韓 ← 日 ← 영)

        게라(인쇄용어) ← *geraa* ← galley
        구락부(俱樂部) ← *kurabu*(俱樂部) ← club
        구리스(기계용 기름) ← *gurisu* ← glease
        남포(램프) ← *raɴpu* ← lamp
        낫또(낫트) ← *naqto* ← nut
        다스(12개를 한 묶음으로 하는 단위) ← *daasu* ← dozen
        다이야(타이어) ← *taiya* ← tire
        도나스(서양식 빵의 일종) ← *doonacu* ← doughnut
        도락꾸(트럭) ← *toraku* ← truck
        도람뿌(트럼프) ← *torampu* ← trump
        도랑꾸(트렁크) ← *toraɴku* ← trunk
        도롱(바둑용어, 승부가 나지 않았을 때) ← *doroɴ* ← drawn (game)
        마후라(머훌러) ← *mahura* ← muffler
        미루꾸(밀크) ← *miruku* ← milk
        바께쓰(물통) ← *bakecu* ← bucket
        바레에 볼(排球) ← *bareebooru* ← volley ball

반도(허리띠) ← *bando* ← band

밧떼리(뱃터리) ← *baqteri* ← battery

부루마(여성용 운동팬티) ← *buruma* ← bloomers

부르독꾸(개의 일종) ← *burudoku* ← bulldog

빠꾸(後進) ← *paaku* ← back

빠다(버터) ← *pataa* ←butter

빠이푸(파이프) ←*paipu* ← pipe

빠클(버클) ← *baqkuru* ← buckle

빤쓰(팬티) ← *panɴcu* ← pants

빤찌(펀치) ← *panɴci* ← punch

빳따(야구방망이, 매맞기) ← *paqta* ← batter

빳찌(뱃지) ← *baqci* ← bagde

빵꾸(펑크) ← *panɴku* ← puncture[11]

뻰찌(공구의 일종) ← *penɴci* ← pinchers

삐라(傳單) ← *pira* ← bill

사라다(서양식 요리의 일종) ← *sarada* ← salad

사르비아(꽃이름) ← *sarubia* ← salvia

삭꾸(주머니, 자루) ← *saqku* ← sack

샤쓰(內衣) ← *syacu* ← shirt

샷타(窓 가리개, 카메라의 렌스가리개) ← *syaqta* ← shutter

세멘(시멘트) ← *semenɴ* ← cement

세비로(신사복) ← *sebiro*(背廣) ← civil clothes

세타(冬內衣) ← *seetaa* ← sweater

스빠나(工具의 일종) ← *supana* ← spanner

스카트(서양식 짧은 통치마) ← *sukaato* ← skirt

스프레(화장품의 일종) ← *supuree* ← spray

쎄에라服(海軍服, 일제시 여학생 校服) ← *seeraa* ← sailor

---

11) 일본어형 *panɴku*나 한국어형 '빵꾸'는 다같이 "자동차 등의 바퀴에 구멍이 나는 것"을 뜻하고 있으나 그 어원은 불분명하다. 흔히는 영어의 puncture에 그 어원을 두고 있는 것으로 알려져 있으나 의미로 볼 때 납득이 가지 않는다. 그런데 셰익스피어의 *Measure for Measure*(1604-5) 제5막 제1장에는 *punk*(賣春婦)라는 용례가 나타난다.

Duke: Why, you are nothing then; neither maid, widow, nor wife?
Lucio: My lord, she may be a punk; for many of them are neither maid, widow, nor wife.
혹자는 이때의 punk를 일본어형 *panɴku*, 한국어형 '빵꾸'의 어원으로 보고 있다. 『正音』제5호(1934): 82. 風聞錄 '쌍구' 참조. 그러나 현대영어의 punk에는 '賣春婦'라는 의미가 없다고 함으로 이를 *panɴku*나 '빵꾸'의 어원으로 보는 태도 역시 문제가 없지 않다. 여기서는 편의상 흔히 알려진 견해를 따르기로 둔다.

와이셔츠(남성용 속옷의 일종) ← *waisyacu* ← white shirts
작끼(工具의 일종) ← *zyaqki* ← jack
주우브/주부(튜우브) ← *cyuubu* ← tube
지루박(서양춤의 일종) ← *ziruba* ← jitterbag
짬뿌(跳躍) ← *zyaɴpu* ← jump
쪽끼(맥주잔의 단위) ← *zyoqki* ← jug
타올(수건) ← *ta'oru* ← towel
훅꾸(단추의 일종) ← *hoqku* ← hook
후라이 판(후라이 팬) ← *huraipaɴ* ← frying pan
후랏빠(막된 행동) ← *huraqpa* ← frapper
후록꾸(요행으로 맞추는 것) ← *huroqku* ← fluke

(다) 독일어에서(韓 ← 日 ← 독)
스피츠(개의 일종)(이하는 독일어) ← *supiqcu* ← Spitz
코펠(등산용구의 일종) ← *koqheru* ← Kocher

(라) 불어에서(韓 ← 日 ← 불)
낭만(浪漫)(이하는 불어) ← *romaɴ*(浪漫) ← roman
다오다(직물의 일종) ← *tahuta* ← taffetas
부라자(브레지어) ← *burazya* ← brassière
쎄무(가죽)(가죽의 일종) ← *seemu*(*gawa*, 革) ← chamois
쓰봉(바지) ← *zuboɴ* ← jupon

현대국어에는 史的으로 서로 다른 經路를 보이는 서양어 기원의 두 가지 차용어형이 공존하고 있다. 첫 번째 어형은 일본어를 경유한 것이고, 두 번째 어형은 서양어를 직접 받아들인 것이다. 일본어의 경우, 明治維新 이후부터는 먼저 영어가 새로운 세력으로 침투하기 시작하였고, 그 뒤를 이어 독일어와 불어, 그리고 기타의 외국어가 여기에 합세하였다. 이러한 역사를 배경으로 하여 현대일본어에 일찍이 차용된 각종 문화관련 서양어의 대부분은 開化期 이후의 국어에 거의 그대로 이식되었다. 이러한 경로로 현대한국어에 남아있는 서양어는 대개 '곱뿌, 뽐뿌, 도랑꾸, 도람뿌, 미루꾸'처럼 일본어의 음절구조에 일단 동화된 것이었으므로 서양어 본래의 발음과는 거리가 먼 것이었다. 그러나 西洋諸語의 문화관련 어사가 일본어의 중계 없이 한국어에 직접 受容된 경우도 있었다. 이것이 바로 두 번째 어형을 가져다준 경로인데, 이때의 서양어는 본래의 발음에 따라 비교적 충실하게 模寫되었다. 광복 이후에는 '곱뿌~컵, 뽐뿌~펌프, 도랑꾸~트렁크, 도람뿌~트럼프, 미루꾸~밀크'와 같은 두 가지 어형이 서로 충돌하여 투쟁을 일으켰는데, 그 결과는 '컵, 펌프, 트렁크, 트럼프, 밀크' 쪽의 승리로 끝나게 되었다. 이렇게 되기까지는 물론 '倭色排斥'이라는 명분이 크게 작용하였겠지만, 다른 한편으로는 한국의 전후세대가 일본어 대신 서양어를 직접 배우게 됨에 따라 서양어의 발음에 익숙해졌다는 사실도 빼놓을 수 없는 원인의 하나가 되었을 것이다.

1960년대 후반부터는 일본어를 거친 서양어 기원의 외래어가 또다시 한국어에 쏟아져 들어오기 시작하였다. 위에 예시한 차용어 중에도 그러한 경우가 적지 않게 포함되어 있다. 따라서 현대국어는 다시 한 번 두 가지 경로를 통하여 유입되는 서양어 기원의 외래어를 동시에 受容할 수밖에 없는 처지에 놓이게 되었다. 서양어 기원의 차용어 중 그 음절구조나 발음이 비교적 단순한 것은 일본어에 의한 模寫와 한국어에 의한 모사가 거의 비슷하므로, 그 어형만으로는 유입경로가 쉽게 밝혀지지 않는다.[12] 이 경우에도 실제로는 일본어를 경유했을 때가 많을 것으로 추측된다. 일본어를 구사하거나 일본어 서적을 통하여 서양세계를 호흡할 수 있는 인구가 한국에는 아직 많이 남아있기 때문이다.

서양어 기원의 차용어 중에는 일본어를 경유하면서 그 형태가 간략화한 것도 있는데, 이러한 일본식 간략형들은 현대한국어에 그대로 받아들여진 경우가 많다. 이 유형의 실례를 약간 정리해 보면 다음과 같다.

    (ㅂ) 영어에서(韓 ← 日 ← 영)
        데모 ← *demo* ← demonstration
        데파트 ← *depaato* ← department store
        도란스 ← *toransu* ← transformer
        라이스 카레 ← *raisu kare* ← rise and curry
        마이크 ← *maiku* ← microphone
        맥씨 ← *makisi* ← maximum
        메모 ← *memo* ← memorandum
        미니 ← *mini* ← miniature
        미디 ← *midei* ← median skirt

---

12) 일본어의 干涉을 받은 어형은 서양어의 閉鎖音 표기에 특징을 보인다. 가령, 네델란드어 gom, pek가 일본어에 차용될 때에는 非語源的(non-etymological) 모음 *-u*나 *-i*가 語幹末에 첨가되어 *gomu, peɴki*가 된다. 이에 대한 국어형 '고무, 뻥끼'는 일본어를 그대로 模寫한 것이 된다. 그러나 네델란드어 soda가 일본어에 차용될 때에는 비어원적 모음의 첨가 없이 *sooda*가 되므로, 국어형 '소다'가 일본어를 모사한 것인지 네델란드어 또는 기타의 어형을 직접 모사한 것인지 알 수 없게 된다.

미싱 ← *misin* ← sewing machine
바리콘 ← *barikon* ← variation condenser
빠마/파마 ← *paama* ← permanent wave
뻬에빠 ← *peepa* ← paper
삼뿌라 ← *sanpura* ← sunplatinum
아파트 ← *'apaato* ← apartment house
에로 ← *'ero* ← erotic, eroticism
테로/테러 ← *tero* ← terorism
텔레비전 ← *terebi* ← television
하이야 ← *haiya* ← automobile for hire
함박 ← *hanbaagu* ← hamburg steak

(ㅅ) 불어에서(韓 ← 日 ← 불)
바리깡 ← *barikan* ← bariquant et Marre(제품회사명)
직구 ← *ciqku* ← cosmétique의 '-tique'

(ㅇ) 독일어에서(韓 ← 日 ← 독)
데마 ← *dema* ← Demagogie
멘스 ← *mensu* ← Menstruation

현대한국어에는 또한 서양어나, 특히 영어로는 의미가 통하지 않는 합성어 내지 복합어가 많이 나타난다. '원피스(one piece), 투피스(two piece), 뉴페이스(new face), 빽넷(back net), 바톤 텃치(baton touch), 스코어링 포지션(scoring position), 나이터(nighter), 마도로스 파이프(matroos pipe)' 등이 그 실례의 일부인데, 이들은 본래 일본에서 造語되어 국어에 그대로 유입된 것이다.13) 따라서 이들은 현대한국어에 나타나는 일본어의 간섭에 또 하나의 유형이 있음을 말해 준다. 스포츠계, 연예계, 상업계 등의 언어사회에 특히 많은 것으로 보이는 이 유형은 결국 영어도 아니고 일본어도 아니므로 국적불명의 독특한 존재가 아닐 수 없다. 이들 중에는 한국에서 독자적으로 造語된 경우도 있겠지만 위에 예시한 합성어나 복합어는 현대일본어 사전에도 등장하는 것들이므로 적어도 이들에 대한 한국어형은 일본어의 간섭으로 보인다.

---

13) 이에 대한 시비는 광복 이전부터 있어 왔다. 당시에 이미 '*modaan garu*(modern girl), *modaan booi* (modern boy), *riya kaa*(rear car), *'oorudo misu*(old miss), *sarari man*(salary man), *biya hooru*(beer hall), *hai karaa*(high collar)'와 같은 일본제 영어가 한국어에 들어와 있었던 것이다. 『한글』 제9권 제4호 (통권86호, 1941): 3, '外來語의 僞造' 참조.

## 라. 混種語

다음과 같은 실례들이 직접적으로나 간접적으로 일본어의 간섭을 통하여 태어난 混種語들이라고 생각된다. 국어형에 대응되는 일본어형이 그 사실을 암시해 준다.

(ㄱ) 한국어 ← 일본어 ← 어원

가께우동(사발국수) ← *kake-'udoɴ* ← 掛け(일)-饂飩(중)

간빵(건빵) ← *kaɴ-paɴ* ← 乾(일)-pão(포르투갈)

간즈메(통조림) ← *kaɴ-zume* ← kan(네델란드)-詰め(일)

게시고무(지우개) ← *kesi-gomu* ← 消し(일)-gom(네델란드)

깡기리(통조림 따개) ← *kaɴ-kiri* ← kan(네델란드)-切り(일)

도꾸리 샤쓰 ← *toqkuri-syacu* ← とっくり(德利, 일)-shirt(영)

돈까스 ← *toɴ-kacu* ← 豚(일)-cutlet(영)

로이드 안경 ← *roido-megane* ← Lloyd(영, 商標)-眼鏡(일)

마도가라스(창유리) ← *mado-garasu* ← 窓(일)-glas(네델란드)

반쓰봉 ← *haɴ-zuboɴ* ← 半(일)-jupon(불)

반코트 ← *haɴ-kooto* ← 반(일)-coat(영)

삼삥(도박용어) ← *saɴ-piɴ* ← 三(일)-pinta(포르투갈)

스리가라스(우유빛 창유리) ← *suri-garasu* ← 磨り(일)-glas(네델란드)

식빵 ← *syoku-paɴ* ← 食(일)-pão(포르투갈)

쎄라복 ← *seera-huku* ← sailor(영)-服(일)

쎄무가죽 ← *seemu-gawa* ← Chamois(불)-革(일)

아까징끼(빨간 물약) ← *'aka-ciɴki* ← 赤(일)-tincture(네델란드)

옷또세이(海狗) ← *'oqto-sei*[14] ← onnep(아이누)-sei(臍)(중)

요비링(초인종) ← *yobi-riɴ* ← 呼び(일)-ring(영)

유담뿌(보온기구) ← *yu-taɴpo* ← 湯(일)-湯婆(중)

차단스 ← *cya-daɴsu* ← 茶(일)-箪笥(중)

하부라시(칫솔) ← *ha-buras* ← 齒(일)-brush(영)

국어에서 독자적으로 만들어진 일본어 관련 혼종어도 있다. 이들 또한 일본어가 국어에

---

14) 이 어형은 실상 근대중국어에서 유래한 것이다. 아이누어 onnep(혹은 uneu)이 중국어에 들어가 '膃肭'[wànà]란 音譯으로 표기되었는데, 이것으로 만든 일종의 강장제가 바로 '膃肭'劑였다고 한다. 이 명칭이 일찍이 일본어에 들어와 'oqto-sei로 읽히게 되었고 그 의미도 단순히 '海狗'를 나타내게 되었다고 한다(楳垣實1973: 93). 다만, '膃肭'[wànà]와 'oqto-sei는 音相으로 볼 때 연관성이 거의 없어 보이는데 여기에 대하여 楳垣實(1973)에는 아무런 해명이 없다.

불어넣어준 干涉의 한 유형이 되므로 여기에 약간의 실례를 들어 두기로 한다.

        (ㄴ) 한국어 ← 어원
            가오-마담 ← 顔(*kao*, 일)-madam(영)
            다마-사탕 ← 玉(*tama*, 일)-사탕(한)
            다마-치기 ← 玉(*tama*, 일)-치기(한)
            마메-콩  ← 豆(*mame*, 일)-콩(한)
            말-씨바우 ← 말(馬, 한)-芝居(*siba'i*, 일)
            모찌-떡 ← 餠(*moci*, 일)-떡(한)
            사꾸라-꽃 ← 桜(*sakura*, 일)-꽃(한)
            야끼-만두 ← 焼き(*yaki*, 일)-饅頭(중 → 일)
            잉꼬-부부 ← 鸚哥(*'iɴko*, 중 → 일)-夫婦(한)

지금까지 논의해 온 몇 가지 유형의 直接借用이 현대국어의 형태층위, 곧 어사에 나타나는 일본어의 발음에 따른 간섭의 실례들이다. 이들이 가지는 하나의 성격이 있다면 그것은 이들이 주로 口語에만 사용된다는 점일 것이다. 그러므로 文語에까지 자연스럽게 사용될 수 있는 것은 서양어 기원의 어사를 포함한 일부의 고유일본어에 그치고 있다. 물론 서양어 기원의 어사에 대한 일본어식 발음은 거의가 본래의 발음에 가깝게 수정되었다.

## 2) 漢字를 통한 間接借用

이 범주에 속하는 차용어는 거의가 일본어에서 음독되는 한자어들이다. 이들은 일본한자음과 관계 없이 한국한자음을 통하여 국어에 수용되었으므로 일본어의 간섭에 의한 차용임에도 불구하고 그 지위를 자연스럽게 굳히게 되었다. 이들이 일본어의 간섭이라는 심리적 부담을 주지 않는 이유는 단순히 한자로 조어되어 있기 때문일 것이다. 한자란 무릇 일본어에서도 그러하지만 국어에서는 전통적으로 외국어나 외래문자라는 의식을 주지 않을 만큼 토착화한 문자이기 때문에, 이들에 의해서 이루어진 어사의 受容에는 별다른 저항이 개입되지 않았던 것이다. 결국 이 범주에 속하는 차용은 일본어의 발음을 통한 직접차용이라 현대국어에서 거의 백안시당하는 경향과는 좋은 대조를 이룬다.

이 유형에 속하는 차용어들은 그 성격상 두 가지로 구분된다. 그 하나는 서양문화 수용과정에서 한자로 조어된 새로운 학술문화 관련 어사이고, 다른 하나는 비교적 전통적인 일본식 한자어들이다. 여기서는 이들을 각기 학술어사와 일반어사로 불러둔다.

## 가. 學術語詞

현대국어는 개화 초부터 어느 외국어보다 먼저 일본어를 통하여 서양의 학술, 제도 등 문화관련 어사를 일방적으로 차용할 수밖에 없었다. 이들은 거의 모두가 한자어로 되어 있었기 때문에 구태여 일본어의 발음을 따르지 않더라도 한국한자음으로 이들을 간편하게 수용할 수 있었던 것이다.

이 유형의 한자어들은 일찍이 일본이나 중국이 서양문화를 받아들이면서 필요에 따라 만들어진 전문용어들이었다. 그러한 전문용어들이 개화기 이후 일본어를 통하여 국어에 수용되기 시작한 것이다. 여기에는 먼저 일본인들이 직접 만들어 낸 학술, 제도 등에 관련된 용어가 있다. 이미 明治維新 이전의 通事와 蘭學者들은 주로 네델란드 서적의 번역을 위하여 많은 한자어를 만들지 않을 수 없었다(佐藤喜代治1972: 246-351). 여기에 그 일부를 예시해 둔다.

- 醫術관련: 近眼 病院 視力 强心劑 丸藥 蛔蟲 發汗劑 甲狀軟骨 鎖骨 視神經 胃液 小腸 大腸 膣 尿道 輸精管 腹膜 脂肪 神經……
- 科學관련: 沸騰 光線 蒸氣 分子 分母 立方 花粉 氣室 氣孔 氣管 葉柄 球根 元素 酸素 水素 窒素 炭素 酸化 中性 靑酸加里 細胞 壓力 還元 粘液 澱粉 地球 宇宙 大氣 物質 引力 重力 重心 化學……
- 기타: 詩學 理學(오늘날의 哲學) 論理術 文學 文體 書籍 相場 裁判所 批判 法則 契約 自由 議論 鎖國 演說……15)

이미 근세일본어 시대에 만들어진 이들 한자어는 明治維新 이후의 현대일본에 그대로 계승되어 사용되다가 다시 국어에도 수용된 것들이다.16) 명치유신 이후부터는 더욱 많은 한자어가 서양서적의 번역과정에서 새로 만들어졌다(阪倉篤義1971: 358-361). 그중에서도 개화기 이후의 현대국어에 수용된 전문용어의 일부를 보면 다음과 같다.

演繹 歸納 絶對 先天 論理學 倫理學 形而上學 相對 範疇 哲學 心理學 美學 工學 現象 主觀 客觀 觀念 美術 汽車 版權 討論 郵便 爲替 一週間 日曜日……17)

---

15) 이들 실례는 佐藤喜代治(1972: 351)에서 추출하여 종합한 것이다.
16) 이에 대한 저항의 일단이 1930년대 초의 『한글』지에 엿보인다. 당시의 교과서에 나타나는 과학술어를 고유어로 제시하고 있는 것이다. 몇가지 실례를 들어본다. 물리학술어: 몬바탕(物質), 볼록눈(近眼). 화학술어: 되결갈(化學), 밑감(元素). 『한글』제1권 제4호(통권4호, 1932): 177-184, '科學術語와 우리말' 참조. 그러나 이와같은 시도는 오늘날까지 이렇다 할 호응을 얻지 못하고 있는 실정이다.
17) 이들 실례는 阪倉篤義(1971: 363-365) 및 佐藤喜代治(1972: 352)에서 추출하여 종합한 것이다. 한편, '哲學, 心理學, 現象, 客觀, 主觀, 觀念, 歸納, 演繹, 論理學, 倫理學, 美術' 등은 西周(1829-1897)가,

이들 중에는 본래 漢籍에 그 기원을 두고 있는 것들도 많으나 그 의미는 모두 서양적 학술, 제도, 문화에 알맞도록 개변되었다. 이러한 성격은 국어에도 그대로 이식되어 오늘날까지 변함없이 사용되고 있다. 이처럼 일본에서 만들어진 대부분의 전문용어는 漢字라는 韓·日공통문자를 통하여 어렵지 않게 국어에 수용될 수 있었기 때문에 현대국어의 한자어사목록은 크게 늘어났다. 이러한 경향은 또한 광복 이후에도 계속되어 일본에서 만들어지는 각종 문화관련 어사가 얼마 후에는 대개 국어에 유입되고 있다. '冷戰(cold war), 壓力團體(pressure group), 微視的(micro), 國民總生産(G.N.P.)'과 같은 譯語는 물론, '團地, 公害, 過疎'와 같은 한자조어가 현대국어에 널리 쓰이고 있다는 사실은 형태층위에 가해지는 일본어의 간섭이 아직도 끈질기게 지속되고 있음을 말해준다.

이상은 일본에서 직접 만들어진 한자어가 국어에 간섭을 일으킨 경우이거니와 전문용어 중에는 중국에서 먼저 만들어진 것들이 일본어에 차용어로 사용되다가 여기서 다시 국어에 들어온 경우도 적지 않은 듯하다. 중국에는 일찍부터 서양문화가 유입되어 있었다. 이에 따라 일본인들은 중국에서 먼저 이룩된 飜譯書와 辭書 등을 통해서도 서양문화를 접할 수 있었다. 일본인들이 이용한 英華辭書에는 몇 가지가 있으나 그중에서도 가장 큰 영향을 끼친 것은 W. Lobsheid의 *English and Chinese Dictionary, with Punti and Mandarin Pronunciation*(Hong Kong, 1866-1969)이었다. 당시 일본에서 나온 번역서나 辭書에 'absolute 自主, arithmetic 數學, ascent 階級, baronage 男爵, cabinet 內閣, chant 聖歌, charge 委任, comment 批評, commissioner 委員, congress 國會, contagion 傳染, cube root 立方根, director 監督, discourse 理論, electricity 電氣, idol 偶像, legistration 立法, national flag 國旗, United State 合衆國'과 같은 단어가 나타나지만 이들은 W. Lobsheid의 譯語와 일치되므로, 일본인들이 Lobsheid의 사전에서 차용한 것으로 보인다(阪倉篤義1971: 363-364). 이 단어들은 국어에도 그대로 유입되어 사용되기에 이르렀다. 이들이 일본어를 경유하여 국어에 들어왔는지, 아니면 일본어를 거치지 않고 직접 중국어에서 국어로 넘어왔는지에 대해서는 아직 단언하기 어려우나 개화기 이후의 한일관계로 미루어 보건대 일단 일본어를 경유했다고 보는 것이 사실에 가까운 판단일 것이다.

일본어의 간섭에 의한 이상과 같은 학술어사의 차용은 현대국어의 한자어 목록에 큰 변화를 가져왔다. 다시 말하면 개화기 이후의 현대국어 한자어사에 많은 변화가 일어난 것은

---

'汽車, 版權, 討論' 등은 福澤諭吉(1834-1901)가, '郵便, 爲替' 등은 前島密(1835-1919)가 각기 처음으로 사용하기 시작한 譯語로 알려져 있다(阪倉篤義1971: 364-365).

일본어의 간섭 때문이었다고 볼 수 있다.

## 나. 一般語詞

한자어사에 대한 일본어의 간섭은 일반어휘 측면에서도 찾아볼 수가 있다. 개화기 이후 오랫동안 지속된 일본 한자어사의 유입은 전통적인 국어 한자어사에 큰 변모를 일으켰다. 같은 의미를 나타내는 두 가지 한자어가 충돌을 일으켜 한국식이 일본식으로 크게 바뀐 것이다. 이러한 변모는 두 언어의 접촉과정에서 일어난 간섭의 결과이므로 이들 역시 차용의 범주에 포함되어야 할 것이다. 여기에 部門別로 그 일부를 예시해 보기로 한다.[18] 괄호 속에 묶인 쪽이 전통적 한국의 한자어사들이다.

- 人事: 家族(食口) 兄弟(同氣) 夫婦(內外, 兩主) 妻(內子, 內相) 學者(文章) 保證人(保人) 美人(一色) 外出(出入) 引繼(傳掌) 訴訟(呈狀, 呈訴) 同伴(作伴) 更迭(改差) 融通(變通)
- 性行: 嫌惡(大忌) 氣分(氣運) 自白(吐說) 贅言(客說, 客談) 見聞(聞見) 企圖(生意)
- 身體: 熱病(運氣) 胃病(滯症) 虎熱刺(怪疾) 天然痘(疫疾) 盲人(判數) 處方書(方文) 變死(誤死) 全滅(沒死)
- 衣食: 毛皮(毛物) 化粧(丹粧, 成赤) 穀物(穀屬, 穀食) 食前(空心) 食欲(口味) 煙草(南草)
- 建築: 民家(閭閻) 貰家(貰家) 別莊(亭子) 露店(假家) 客室(舍廊) 階段(層臺) 請負(都給) 便所(厠所)
- 器具: 椅子(交椅) 懷中時計(時表) 分針(刻針) 望遠鏡(千里鏡) 天幕(帳幕) 拳銃(六穴砲) 彈丸(鐵丸)
- 慶吊: 慶賀(致賀) 香奠(賻儀) 出産(生産) 三周忌(大祥, 大碁) 一週忌(小祥, 小碁)
- 交際: 交際(相從, 交接) 訪問(尋訪) 不和(圭角, 氷炭) 通知(通寄, 寄別) 奉迎(祗迎) 奉送(祗送) 出迎(迎接) 送別(餞送, 餞別) 約束(言約, 相約) 延期(退定)
- 職業: 職業(生涯) 仲媒(居間) 醫者(醫員) 農夫(農군) 小作人(作人) 料理人(熟手) 人夫(役夫) 工事(役事) 石工(石手匠) 兵士(兵丁)
- 經濟: 市場(場) 行商(褓負商) 見本(看色) 小賣(散賣) 競賣(公拍) 組合(都中) 紙幣(紙錢, 紙貨) 現金(直錢) 口錢(口文) 利息(邊利) 利益(利文) 元利(本邊) 高利(重邊) 低利(輕邊) 下宿料(食債, 食價) 株券(股票, 股本票) 船賃(船價) 旅費(路

---

18) 奧山仙三(1929), 『語法會話 朝鮮語大成』(京城 日韓書房) 附錄: 1-14 참조.

需, 路資) 爲替(換錢) 租稅(結錢, 稅納) 費用(浮費, 所費) 元金(本錢, 本金) 原價
(本錢, 本金) 差引(相計, 計除) 支佛(支撥, 出給) 販賣(放賣)

- 天文·地理: 地震(地動) 貯水池(洑) 堤防(防築) 溫泉(溫井) 墓地(山所) 庭園(東山) 下水(水道) 境內(局內) 地方(外方) 上陸(下陸)
- 文書: 書籍(冊, 書冊) 表紙(冊衣) 送狀(物目) 證書(手票, 手記) 活字(鑄字)
- 時: 昨年(上年) 日曜日(空日) 土曜日(半空日) 正午(午正) 午前(上午) 午後(下午) 將來(來頭) 近日(日間) 瞬間(瞥眼間)
- 기타: 惡魔(雜鬼) 曲馬(馬上技) 賭博(雜技) 等級(等分) 大槪(居半) 平素(恒茶飯) 假令(設或, 設使) 內容(裏許, 內坪) 失敗(狼狽) 境遇(地境) 調査(相考) 確實(的實, 分明) 取調(査實) 途中(中路, 路上) 妨害(毀妨) 硏究(窮究) 授受(與受)

전통적 국어한자어 중에는 이처럼 일본한자어의 간섭에 밀려 거의 없어지거나 의미에 변화를 입은 것이 많다. 더러 쓰이고 있더라도 그 세력이 크게 위축되거나 의미가 복고적 어감으로 바뀌고 말았다. 이처럼 현대국어에 자연스럽게 쓰이고 있는 일반 한자어일지라도 개중에는 일본어적인 것이 적지 않다. 이들 또한 일본어의 간섭에 따른 결과이므로 차용이라고 할 수 있을 것이다. 결국 현대국어는 학술어사 이외의 일반어사에 있어서도 일본식 한자어의 간섭을 두루 받은 것이다.


### 3) 翻譯借用

외국어의 단어나 文句가 가지고 있는 특별한 의미나 용법을 자국어로 직역하여 사용하는 것이 翻譯借用(loan shift, loan translation, calque)이다. 합성어나 복합어 혹은 句를 逐語的, 直譯的으로 번역한 후 그 의미나 용법만은 외국어의 것을 빌리는 것이므로 차용되는 범위는 단어나 구 전체가 아니라 그것이 나타내고 있는 특수용법에 국한되는 것이다.

현대국어는 두 가지 방식을 통하여 일본어를 번역차용하고 있다. 첫째는 순수한 번역차용이고 둘째는 한자로 표기된 고유일본어의 합성이나 복합어를 한국한자음으로 차용하는 방식이다. 여기서는 이 두 가지 유형을 각기 일반번역차용, 특수번역차용이라고 불러둔다.


### 가. 일반번역차용

비교적 직역에 가까운 실례로 다음과 같은 것들이 있다.

| 가로놓이다 | *yokotawaru*(横たわる) |
| 검둥이/껌둥이 | *kuroɴboo*(黑人坊) |
| 꽃다발 | *hanataba*(花束) |
| 돈줄 | *kanezuru*(金蔓) |
| 돌대가리/석두 | *'isi'atama*(石頭) |
| 떠오르다 | *'ukabi'agaru*(浮上がる) |
| 뒷맛 | *'ato'azi*(後味) |
| 만들어내다 | *cukuridasu*(作り出す) |
| 모가지(목을 자르다) | *kubi*(-*kiri*)(首(-切り)) |
| 밑돌다 | *sitamawaru*(下廻る) |
| 벽걸이 | *kabekake*(壁掛け) |
| 별로야 | *becuni*(別に) |
| 불꽃 | *hanabi*(花火) |
| 불러내다 | *yobidasu*(呼び出す) |
| 생것 | *nama*(生) |
| 여덟달 반 | *hacibu*(八分) |
| 이것저것 | *'arekore*(彼是) |
| 웃돌아 | *uwamawaru*(上廻る) |
| 짝사랑 | *kata'omoi*(片思)/*katakoi*(片戀) |
| 타오르다 | *moe'agaru*(燃え上がる) |

이러한 번역차용은 현대국어의 조어법을 크게 확대시키는 결과로 이어졌다. 특히 주목되는 것은 동사의 합성법이다. 전통적인 방식에도 국어에 '아라내다, 에워싸다, 업서지다, 아라듣다'(이상 『한불자전』의 실례)와 같은 합성법이 없었던 것은 아니다. 다만 그 생산력이 일본어에는 미치지 못하였다. 그러던 것이 그 세력을 크게 확장한 것은 일본어의 간섭 때문인 것으로 생각된다. 다시 말하면 동사어간에 직접 동사어간을 연결시켜 합성동사를 만들던 방식이 일부의 化石的 용례를 제외하고는 주로 동사어간과 동사어간 사이에 副動詞語尾를 끼워넣는 방식으로 변화한 것은 일본어를 차용하는 과정에서 파생된 결과로 보인다. '만들어 내다, 불러 내다'와 같은 실례는 그 대표적인 유형으로 지적될 수 있을 것이다.

### 나. 특수번역차용

이 범주에 속하는 차용은 외면상 한자를 통한 간접차용과 다름이 없다. 그러나 이때의 일본어가 비록 한자표기를 가지고는 있지만 그들은 音讀되지 않고 訓讀될 뿐이다. 그러므로 이들에 대한 한자어식 차용은 한자를 통한 간접차용과는 본질적으로 다르다. 우선 실례를 정리해 보기로 한다.

| | |
|---|---|
| 가교 | *karibasi*(仮橋) |
| 가출 | *'i'ede*(家出) |
| 거소 | *'idokoro*(居所) |
| 거치 | *sue'oki*(据え置き) |
| 건평 | *tatecubo*(建坪) |
| 격발(하다) | *'ucinuku*(撃ち抜く) |
| 격하 | *kakusage*(格下げ) |
| 견본 | *mihoɴ*(見本) |
| 견습 | *minarai*(見習い) |
| 견적 | *micumori*(見積もり) |
| 경매 | *seri'uri*(競り売り) |
| 경합(하다) | *seri'au*(競り合う) |
| 계출(하다) | *todokederu*(届け出る) |
| 고목 | *kareki*(枯れ木) |
| 기상(하다) | *'oki'agaru*(起き上がる) |
| 기합 | *ki'ai*(気合い) |
| 낙서 | *rakugaki*(落書き) |
| 낙엽 | *'ociba*(落ち葉) |
| 낙착(하다) | *'ocicuku*(落ち着く) |
| 내역 | *'uciwake*(内訳) |
| 대부 | *kasicuke*(貸し付け) |
| 대절 | *kasikiri*(貸し切り) |
| 대출(하다) | *kasidasu*(貸し出す) |
| 대폭 | *'oohaba*(大幅) |
| 대형 | *'oogata*(大型) |
| 동사 | *kogo'ezini*(凍え死に) |
| 매기 | *'uriki*(売り気) |
| 매도(하다) | *'uriwatasu*(売り渡す) |
| 매립(하다) | *'umetateru*(埋め立てる) |
| 매상 | *'uri'age*(売り上げ) |

| | |
|---|---|
| 매수(하다) | *kai'ukeru*(買い受ける) |
| 매입(하다) | *kai'ireru*(買い入れる) |
| 매점(하다) | *kaisimeru*(買い占める) |
| 매출(하다) | *'uridasu*(売り出す) |
| 명도(하다) | *'akewatasu*(明け渡す) |
| 모사 | *ke'ito*(毛糸) |
| 모직물 | *ke'orimono*(毛織物) |
| 벽지 | *kabegami*(壁紙) |
| 부교 | *'ukihasi*(浮橋) |
| 부조 | *'ukibori*(浮彫り) |
| 부지 | *sikici*(敷地) |
| 사입 | *si'ire*(仕入れ) |
| 삽목 | *sasiki*(挿し木) |
| 상수 | *'uwate/kamite*(上手) |
| 색안경 | *'iromegane*(色眼鏡) |
| 생방송 | *namahoosoo*(生放送) |
| 생사 | *ki'ito*(生糸) |
| 생약 | *kigusuri*(生薬) |
| 선발 | *'erinuki*(選り抜き) |
| 선불 | *sakibarai*(先払い) |
| 선적 | *hunadumi*(船積み) |
| 선취 | *sakidori*(先取り) |
| 소매 | *ko'uri*(小売り) |
| 소포 | *koducumi*(小包) |
| 소형 | *kogata*(小型) |
| 수당 | *te'ate*(手当て) |
| 수배 | *tehai*(手配) |
| 수부 | *'ukecuke*(受け付け) |
| 수속 | *tecuzuki*(手続き) |
| 수수료 | *tesuuryoo*(手数料) |
| 수순 | *tezyuɴ*(手順) |
| 수입 | *te'ire*(手入れ) |
| 수취 | *'uketori*(受け取り) |
| 수타 | *te'uci*(手打ち) |

| | |
|---|---|
| 수하물 | *tenimocu*(手荷物) |
| 승강 | *nori'ori*(乗り降り) |
| 시장 | *'iciba*(市場) |
| 십팔번 | *'ohako*(十八番)[19] |
| 압맥 | *'osimugi*(押麦) |
| 언도(하다) | *'iiwatasu*(言い渡す) |
| 역할 | *yakuwari*(役割) |
| 연불 | *nobebarai*(延べ払い) |
| 엽서 | *hagaki*(葉書/端書) |
| 유모차 | *'ubakuruma*(乳母車) |
| 음지 | *kakeci*(陰地) |
| 이서 | *'uragaki*(裏書き) |
| 익사 | *'oborezini*(溺れ死に) |
| 인계(하다) | *hikicugu*(引き継ぐ) |
| 인도(하다) | *hikiwatasu*(引き渡す) |
| 인상(하다) | *hiki'ageru*(引き上げる) |
| 인수(하다) | *hiki'ukeru*(引き受ける) |
| 인출(하다) | *hikidasu*(引き出す) |
| 인하(하다) | *hikisageru*(引き下げる) |
| 입구 | *'iriguci*(入り口) |
| 입장 | *taciba*(立場) |
| 입체 | *tateka'e*(立て替え) |
| 입회 | *'iri'ai*(入り会い) |
| 장면 | *bameɴ*(場面) |
| 적립(하다) | *cumitateru*(積み立てる) |
| 절상 | *kiri'age*(切り上げ) |
| 절취 | *kiritori*(切り取り) |
| 절하 | *kirisage*(切り下げ) |
| 조립 | *kumitate*(組み立て) |
| 조장 | *kumicyoo*(組長) |
| 조합 | *kumi'ai*(組み合い) |

19) 본래는 일본의 傳統劇인 '가부키'(歌舞伎)의 배우 '市川家'(이치가와家)에 전래해 온 新舊 各 18종의 뛰어난 '狂言'(교오겐)을 뜻하던 단어였으나, 후에는 어떤 사람의 長技 가운데 가장 뛰어난 노래나 재주라는 뜻으로 쓰이게 되었다. 이 단어는 보통 '十八番'처럼 한자로 표기되기 때문에 그 한자음 그대로 *zyuuhaciban*이라고 읽히는 경우도 많다. 국어의 '십팔번'은 이를 한자어처럼 차용한 것이다.

| 주 | *kabu*(株) |
| 지분 | *mocibuɴ*(持ち分) |
| 지불 | *siharai*(支払い) |
| 직물 | *'orimono*(織物) |
| 차압 | *sasi'osa'e*(差し押さえ) |
| 차인 | *sasihiki*(差し引き) |
| 차입 | *sasi'ire*(差し入れ) |
| 차출(하다) | *sasidasu*(差し出す) |
| 추량(하다) | *'osihakaru*(推し量る) |
| 추월 | *'oikosi*(追い越し) |
| 축출(하다) | *kedasu*(蹴出す) |
| 출구 | *deguci*(出口) |
| 출영 | *demuka'e*(出迎え) |
| 출입 | *de'iri*(出入り) |
| 취급(하다) | *tori'acukau*(取り扱う) |
| 취소(하다) | *torikesi*(取り消す) |
| 취조(하다) | *torisiraberu*(取り調べる) |
| 취체 | *torisimari*(取り締まり) |
| 취하(하다) | *torisageru*(取り下げる) |
| 치환(하다) | *'okika'eru*(置き換える) |
| 편도 | *katamici*(片道) |
| 편물 | *'amimono*(織物) |
| 품절 | *sinagire*(品切れ) |
| 하물 | *nimo'cu*(荷物) |
| 하수 | *sitate/simote*(下手) |
| 하역 | *niyaku*(荷役) |
| 하청 | *sita'uke*(下請け) |
| 할인 | *waribiki*(割り引) |
| 할주 | *waricyuu*(割り注) |
| 행방 | *yuku'e*(行方) |
| 호구 | *toguci*(戸口) |
| 호명 | *yobina*(呼び名) |
| 호출 | *yobidasi*(呼び出し) |
| 화대 | *hanadai*(花代) |

|  |  |
|---|---|
| 후불 | *'atobarai/gobarai*(後払い) |
| 후수 | *gote*(後手) |

여기에 예시된 바와 같이 고유일본어의 합성어 중에는 그 어간요소 하나하나가 한자로 표기되면서도 그것이 본래부터 한자어가 아니기 때문에 음독되지 않고 뜻에 따라 훈독되는 경우가 많다.[20] 그러므로 이때의 漢字表記는 合成語의 構成要素 하나하나에 대한 의미를 나타내고 있을 뿐이다. 현대국어는 이러한 한자표기를 음독한자어처럼 받아들이고 말았다. 그동안 이들이 우리에게 일본어라는 거부감이나 저항감과 같은 심리적 부담을 거의 주지 않았던 이유는 일본어에 나타나는 한자표기가 음독한자어처럼 인식되었기 때문이었을 것이다.[21] 그러나 이들은 조어법상 중국식 한자어와는 그 성격이 다를 수밖에 없다. 그럼에도 불구하고 이들은 결과적으로 위에서 논의한 바 있는 한자어의 간접차용과 같아졌지만, 본질적으로는 한자어가 아닌 고유일본어에서 차용된 것들이기 때문에 翻譯借用의 한 유형으로 처리되어야 마땅할 것이다. 이들을 특수번역차용이라고 불러둔 이유가 거기에 있다.

이 유형의 차용어는 고유일본어에 대한 한자표기가 마치 음독한자어처럼 인식된 것이기 때문에 의미상으로는 이렇다 할 변화를 입지 않았으나, 문법적으로는 일본어와 약간 다른 성격을 지니게 되었다. 가령, 일본어의 합성동사 *'ume-tateru*(埋め-立てる)는 국어에 들어온 후 '매립-하다'가 되었는데, 이때의 '-하다'에 대응되는 형태소는 일본어에 나타나지 않는다. 이처럼 일본어의 합성동사는 국어에 들어오면서 한자표기가 일단 명사화하고 거기에 다시 '-하다'가 결합되면서 그 구성요소가 일본어와는 다른 합성동사로 새롭게 태어난 것이다. 요컨대 *'ume-tateru*와 같은 일본어의 합성동사는 국어에 들어온 후부터 국어의 전통적 한자어와 같

---

20) 漢字 두 글자로 이루어진 일본어 합성어의 표기 가운데 어느 한쪽은 音讀, 다른 한쪽은 訓讀되는 경우도 없지 않다. 위에 예시된 실례로 보면 앞쪽이 음독되고 뒤쪽이 훈독되는 경우(이른바 '重箱'[*zyuu-bako*]식 읽기)로는 *kaku-sage*(格下), *ki-'ai*(氣合), *raku-gaki*(落書), *yaku-wari*(役割), *si-harai*(支佛), *go-barai*(後佛), *go-te*(後手) 등이 있으며, 앞쪽이 훈독되고 뒤쪽이 음독되는 경우(이른바 '湯桶'[*yu-tou*]식 읽기)로는 *mi-hoN*(見本), *siki-ci*(敷地), *te-hai*(手配), *te-zyuN*(手順), *kake-ci*(陰地), *ba-meN*(場面), *kumi-cyoo*(組長), *moci-buN*(持分), *ni-yaku*(荷役), *wari-cyuu*(할주), *hana-dai*(花代) 등이 있다. *nama-hoo-soo*(生放送), *te-suu-ryoo*(手數料)도 성격상으로는 후자에 속한다. 하여튼 이들 유형에 속하는 합성어에는 고유일본어와 한자가 섞여 있어 그 실상은 일종의 混種語라고 할 수 있다.

21) 일부에서는 이들에 대한 불쾌감을 털어놓기도 하였다. 1930년대의 신문잡지에 일본어계 한자어가 공공연히 쓰이는 것을 본 어느 독자는 『한글』지에 다음과 같은 내용을 투고하고 있다.
[물음] 受付 氣付 花形 役割 見送 乘組員 乘合 跳上 波止場 引渡 取消 手配 吹込 拂下 封切. 이런 것을 적당히 다른 말로 고치어 쓸 수 없습니까. 공공연히 신문 잡지들이 쓰고 있으니 매우 불쾌합니다(춘천 신영철). 『한글』 제3권 제9호(통권28호, 1935): 27 '新聞公募'란 참조. 이를 계기로 하여 1936년 한 해 동안 독자간의 열띤 논쟁이 『한글』지를 통하여 전개된 바 있다.

은 방식, 곧 한편으로는 명사로도 쓰이고 다른 편으로는 동사로도 쓰일 수 있게 되었다. 일본어에서 차용된 '매입-하다, 적립-하다, 취급-하다, 취소-하다'와 같은 단어가 '매립-하다'와 같은 문법적 성격을 띠게 된 것도 그 때문이라고 할 수 있다. 이는 일본어의 합성동사가 명사적 기능을 나타내려면 반드시 동명사형을 취하는 방식과는 그 문법적 성격을 달리하는 것이다. 결국, 한자표기로 되어있는 일본어의 합성동사가 국어에 차용되고 나면 그것이 본래 음독이었건 훈독이었건 간에 일단 전통적 국어한자어와 같은 文法性을 지니게 된 것이다.

### 4) 조어법의 차용

이미 앞에서 지적한 바와 같이 '뒷말, 짝사랑, 웃돌다, 밑돌다, 만들어내다, 불러내다'와 같은 번역차용은 현대국어의 合成法을 크게 확장시켜 놓았다. 일본어의 간섭에 의한 造語法의 차용으로서는 위에서 본 번역차용식 합성법이 그 대표적 존재가 될 것이다. 또 하나의 번역차용식 합성법은 한국어의 동사 '하다'와 관련되어 있다. '하다'는 본래 행위와 관계되는 명사 또는 동명사, 동사적이거나 형용사적인 한자어, 의성어와 의태어 등 상당히 광범위한 語基에 연결되어 합성동사를 구성하는 형태소인데 이것이 점차 이전에는 연결되는 일이 없었던 語基나 새로 생겨난 명사적 어기에 연결되어 새로운 합성동사를 구성할 수 있게 된 것이다. 바로 앞에서 검토한 바와 같이 고유일본어의 합성동사가 국어에 차용되면서 '하다'와 결합되어 합성동사로 재구성되는 것도 그 실례가 되거니와 '값하다, 데모하다'와 같은 합성동사도 실상은 일본어 'ataisuru(値する), demosuru(デモする)'에 대한 번역차용식 합성법이 아닐 수 없다. 뿐만 아니라 고유일본어의 합성명사 'niyaku(荷役), yobina(呼び名)'가 국어에 들어오면서 '하역하다, 호명하다'처럼 합성동사로 재구성될 수 있는 것도 '하다'에 의한 합성법이 일본어의 간섭 때문에 그만큼 확대되었음을 말해주는 것이다.

일본어의 간섭에 의한 합성법으로 가장 특징적인 것은 한자어와 결합되어 접두사나 접미사적 기능을 나타내는 일부 한자형태소의 조어력일 것이다. 일본어에서는 일부 한자형태소의 조어력이 크게 활성화하였다. 실제로 '的, 式, 法, 性, 量, 線 角, 期, 病, 業, 部, 率, 學, 表, 上, 下, 半, 不'과 같은 한자형태소들은 접미사나 혹은 접두사로서 크게 활용되고 있다. 이들은 왕성한 생산력으로 '合理的, 多項式, 歸納法, 蓋然性, 絶對量, 水平線, 絶對角, 衰退期, 職業病, 自由業, 編輯部, 上昇率, 政治學, 一覽表, 便宜上, 戰時下'나 '半製品, 不安定'과 같은 합성어를 만들어 낼 수 있었다(佐藤喜代治1972: 364 참조). 이와같은 조어법이 국어에 없었던 것은 아니다. 그러나 그 세력은 일본어의 간섭으로 더욱 확대되었다고 볼 수 있다. 결국 현대 국어는 조어법에 있어서도 부분적으로나마 일본어의 간섭을 받은 것이다.


## 3. 統辭層位의 干涉

현대국어의 통사적 구성 중에는 근대국어 이전 시기에 찾아볼 수 없는 특징적인 것이 많다. 물론 현대국어라고 하더라도 시대와 지역, 나이와 성별, 계급과 신분, 학식과 직업에 따른 차이가 있을 수도 있고, 口語와 文語에 따른 차이가 있을 수도 있다. 그럼에도 불구하고 한 가지 분명한 것은 현대국어의 文語文 構造나 慣用的 表現에 새로운 특징이 많아졌다는 점일 것이다. 이러한 추정이 사실이라면 현대국어에 나타나는 통사층위의 차용은 그 대부분이 영어나 일본어를 통하여 이루어졌다고 전제할 수 있을 것이다.

번역차용의 일부가 될 수 있는 통사층위의 차용은 크게 두 가지로 구분해볼 수 있다. 첫째는 수사적 표현에 널리 쓰이는 慣用句이고, 둘째는 특정문체에 나타나는 통사구조가 그것이다.


### 1) 慣用句의 借用

현대국어는 근대국어 이전 시대에 비하여 그 표현이 매우 技巧的인 관용구를 많이 보여주고 있다. 특히 동사구에 많이 나타나는 관용표현은 일반인들의 일상언어에까지 널리 활용되는데도 결코 어색하거나 부자연스럽게 느껴지지 않을 만큼 일반화하였음을 보여준다. 이들의 성립시기나 과정을 일일이 밝히기는 어려우나 적어도 그들이 통사층위의 번역차용에 속할 가능성은 매우 높은 것으로 추정된다. 왜냐하면 국어와 일본어는 그 문법구조나 의미가 거의 합치되는 일종의 관용구를 다음과 같이 보여주고 있기 때문이다.

| | |
|---|---|
| 가게를 열다 | *mise'o 'akeru*(店をあける) |
| 가슴(속)이 타다 | *munega yakeru*(胸が焼ける) |
| 가슴에 손을 얹다 | *muneni te'o 'oku*(胸に手を置く) |
| 가슴을 펴다 | *mune'o haru*(胸を張る) |
| 가슴이 아프다 | *munega 'itai*(胸が痛い) |

| | |
|---|---|
| 값이 높다 | *nega takai*(値が高い) |
| 같은(한) 지붕밑 | *'onazi yaneno sita*(同じ屋根の下) |
| 구멍이 나다(뚫리다) | *'anaga 'aku*(穴があく) |
| 궁지를 벗어나다 | *kyuuciwo daqsuru*(窮地を脱する) |
| 궁지에서 빠져 나오다 | *kyuucikara nukedasu*(窮地から抜け出す) |
| 궤도에 오르다 | *kidooni noru*(軌道に乗る) |
| 귀가 멀다 | *mimiga tooi*(耳が遠い) |
| 귀가 아프다 | *mimiga 'itai*(耳が痛い) |
| 귀를 기우리다 | *mimi'o katamukeru*(耳を傾ける) |
| 귀를 막다 | *mimi'o husagu*(耳をふさぐ) |
| 귀를 세우다 | *mimi'o tateru*(耳を立てる) |
| 귀를 의심하다 | *mimi'o 'utagau*(耳を疑う) |
| 귀에 들어오다 | *mimini hairu*(耳にはいる) |
| 귀에 못이 박히다 | *mimini takoga dekiru*(耳にたこができる) |
| 그물에 걸리다 | *'amini kakaru*(網に掛かる) |
| 그물을 치다 | *'ami'o 'utu/haru*(網を打つ/張る) |
| 기가 막히다 | *kiga cumaru*(気が詰まる) |
| 기대에 어긋나다 | *kitaini somuku*(期待にそむく) |
| 기쁨의 눈물을 흘리다 | *'uresii namida'o nagasu*(嬉しい涙を流す) |
| 기억이 되살아나다 | *ki'okuga yomiga'eru*(記憶が蘇る) |
| 기억이(에) 새롭다 | *ki'okuni 'atarasii*(記憶に新しい) |
| 기침소리 하나 없다 | *seki hitocu sinai*(せき一つしない) |
| 길이 갈리다 | *miciga wakareru*(道が分れる) |
| 꼬리를 끌다 | *'o'o hiku*(尾を引く) |
| 꼬리를 내놓다(내밀다) | *siqpo'o dasu*(しっぽを出す) |
| 꽃을 꺾다 | *hana'o 'oru*(花を折る) |
| 꽃을 피우다 | *hana'o sakasu*(花を咲かす) |
| 꿈 같은 일 | *yumeno yoona koto*(夢のような事) |
| 꿈처럼 지나가다 | *yumeno yooni sugiru*(夢のように過ぎる) |
| 나쁘게 말하다 | *waruku 'iu*(悪く言う) |
| 낙인을 찍다 | *raku'iɴ'o 'osu*(烙印を押す) |
| 납득이 가다 | *naqtokuga 'iku*(納得がいく) |
| 낯가죽이 두껍다 | *curano kawaga 'acui*(面の皮が厚い) |
| 눈(알)이 (핑핑) 돌다 | *mega mawaru*(目が回る) |

| | |
|---|---|
| 눈물에 젖다 | *namidani nureru*(涙にぬれる) |
| 눈물을 닦다 | *namida'o nuguu*(涙をぬぐう) |
| 눈살을 찌푸리다 | *mayu'o hisomeru*(眉をひそめる) |
| 눈시울이 뜨거워지다 | *meziriga 'acuku naru*(目尻が熱くなる) |
| 눈에 들어오다 | *meni hairu*(目にはいる) |
| 눈에 보이다 | *meni mieru*(目に見える) |
| 눈을 빼앗기다 | *me'o 'ubawareru*(目を奪われる) |
| 눈을 의심하다 | *me'o 'utagau*(目を疑う) |
| 눈이 (반짝반짝) 빛나다 | *mega kagayaku*(目が輝く) |
| 눈이 똥그래지다 | *me'o maruku suru*(目をまるくする) |
| 달콤한 말 | *'amai kotoba*(甘い言葉) |
| 달콤한(좋은) 말 | *'umai hanasi*(うまい話) |
| 닻을 내리다 | *'ikari'o 'orosu*(碇を降ろす) |
| 도토리 키재기 | *doŋgurino sekurabe*(どんぐりの背比べ) |
| 돈에 몰리다 | *kaneni cumaru*(金に詰まる) |
| 돈이 되다 | *kanega dekiru*(金ができる) |
| 돈줄을 잡다 | *kanezuru'o cukamu*(金蔓をつかむ) |
| 돛을 올리다 | *ho'o 'ageru*(帆を揚げる) |
| 땀을 흘리다 | *'ase'o nagasu*(汗を流す) |
| 마각을 드러내다 | *bakyaku'o 'arawasu*(馬脚を現わす) |
| 마음을 주다 | *kokoro'o yaru*(心をやる) |
| 마음이 끌리다 | *kokoro'o hikareru*(心を引かれる) |
| 마음이 넓다 | *kokoroga hiroi*(心が広い) |
| 말 한마디도 없다 | *'icigoɴmo nai*(一言もない) |
| 말뼉다구[22] | *'umano hone*(馬の骨) |
| 말을 다하다 | *kotoba'o cukusu*(言葉を尽くす) |
| 말을 뱉다 | *kotoba'o haku*(言葉を吐く) |
| 매일처럼(과 같이) | *mainicino yooni*(毎日のように) |
| 머리(골치)가 아프다 | *'atamaga 'itai*(頭が痛い) |
| 머리가 나쁘다/좋다 | *'atamaga warui/ii*(頭が悪い/いい) |
| 머리가 무겁다 | *'atamaga 'omoi*(頭が重い) |
| 머리가 올라가지 않는다 | *'atamaga 'agaranai*(頭が上がらない) |

---

22) 이 말은 학생들이나 깡패 사회에서 "어디서 굴러먹던 말뼉다귀인지는 몰라도"처럼 쓰인다. 일본의 깡패 사회에서 쓰이는 *dokono 'umano honeka siranaiga*(どこの馬の骨かしらないが)의 번역차용으로 여겨진다.

| | |
|---|---|
| 머리를 긁다(긁적이다) | 'atama'o kaku(頭を掻く) |
| 머리를 들다 | 'atama'o 'ageru(頭を上げる) |
| 머리를 숙이다 | 'atama'o sageru(頭を下げる) |
| 머리를 쓰다 | 'atama'o cukau(頭を使う) |
| 머리를 옆으로 흔들다 | 'atama'o yokoni huru(頭を横に振る) |
| 머리를 짜다 | 'atama'o siboru(頭を絞る) |
| 목(목숨, 모가지)을 걸다 | 'inoci'o kakeru(命を懸ける) |
| 목을 비틀다 | kubi'o hineru(首をひねる) |
| 목을 자르다 | kubi'o kiru(首を切る) |
| 목을 흔들다 | kubi'o huru(首を振る) |
| 몸을 던지다 | mi'o nageru(身を投げる) |
| 몸이 (부들부들) 떨리다 | miga huru'eru(身が震える) |
| 못을 치다 | kugi'o 'ucu(釘を打つ) |
| 무릎을 치다 | hiza'o 'utu(膝を打つ) |
| 물거품 | mizuno 'awa(水の泡) |
| 반감을 사다 | haɴkaɴ'o kau(反感を買う) |
| 발을 옮기다 | 'asi'o hakobu(足を運ぶ) |
| 밥(알)이 목구멍으로<br>　넘어가지 않는다 | mesimo nodo'o tooranai(飯も喉を通らない) |
| 배가 터질만큼/터지도록 | 'akiruhodo(飽きるほど) |
| 백일하에 | hakuzicuno motoni(白日の下に) |
| 벼락이 떨어지다 | kaminariga 'ociru(雷が落ちる) |
| 벽에 부딪치다 | kabeni cuki'ataru(壁に突き当たる) |
| 불을 놓다 | hi'o hanacu(火を放つ) |
| 불을 붙이다 | hi'o cukeru(火を付ける) |
| 붓을 꺾다/휘두르다 | hude'o tacu/huruu(筆を絶つ/ふるう) |
| 비밀이 새다 | himicuga moreru(秘密が漏れる) |
| 빈틈이 있다 | sukimaga 'aru(隙間がある) |
| 뿌리를 내리다 | ne'o 'orosu(根を下ろす) |
| 상상하기 어렵지 않다 | soozooni kataku nai(想像にかたくない) |
| 새빨간 거짓말 | maqkana 'uso(まっかな嘘) |
| 생각이 흔들리다 | kaɴga'ega yureru(考えが揺れる) |
| 서광을 던지다 | syokoo'o nageru(曙光を投げる) |
| 성격을 띠다 | seikaku'o 'obiru(性格を帯びる) |

| | |
|---|---|
| 세상이 조용해지다 | seкeɴga sizukani naru(世間が静かになる) |
| 소매를 끌다 | sode'o hiku(袖を引く) |
| 소문에 오르다 | 'uwasani 'agaru(噂に上がる) |
| 손꼽아 기다리다 | 'yubi'ori kazo'ete macu(指折り数えて待つ) |
| 손에 가지다(쥐다) | teni mocu(手に持つ) |
| 손에 들어오다 | teni hairu(手に入る) |
| 손에 땀을 쥐다 | teni 'ase'o nigiru(手に汗をにぎる) |
| 손에 붙지(잡히지) 않다 | teni cukanai(手に付かない) |
| 손을 대다 | te'o cukeru/hureru(手をつける/触れる) |
| 손을 빌리다 | te'o kasu(手を貸す) |
| 손을 빼다 | te'o nuku(手を抜く) |
| 손을 흔들다 | te'o huru(手を振る) |
| 손이 닿다 | tega todoku(手が届く) |
| 수속을 밟다 | tecuzuki'o humu(手続きを踏む) |
| 수위를 차지하다 | syu'i'o simeru(首位を占める) |
| 순풍에 돛을 달다 | zyuɴpuuni ho'o 'ageru(順風に帆を揚げる) |
| 술잔을 기우리다 | sakazuki'o katamukeru(杯を傾ける) |
| 숨을 죽이다 | 'iki'o korosu(息を殺す) |
| 숨이 막히다 | 'ikiga cumaru(息が詰まる) |
| 시합에 지다 | si'aini makeru(試合に負ける) |
| 시험에 떨어지다/미끌어지다 | sikeɴni 'ociru/suberu(試験に落ちる/滑る) |
| 식견이 높다 | keɴsikiga takai(見識が高い) |
| 실패로 끝나다(에 그치다) | siqpaini 'owaru(失敗に終わる) |
| 심장이 강하다/약하다 | siɴzooga cuyoi/yowai(心臓が強い/弱い) |
| 앞이 막히다 | sakiga cumaru(先が詰まる) |
| 애교가 넘치다 | aikyouga koboreru(愛嬌が溢れる) |
| 양상을 띠다 | yoosoo'o 'obiru(様相を帯びる) |
| 어깨가 가벼워지다 | kataga karuku naru(肩が軽くなる) |
| 어깨가 무겁다 | kataga 'omoi(肩が重い) |
| 어깨를 나란히 하다 | kata'o naraberu(肩を並べる) |
| 얼굴에 흙(먹)칠을 하다 | kaoni doro'o nuru(顔に泥を塗る) |
| 얼굴을 내다(내놓다, 내밀다) | kao'o dasu(顔を出す) |
| 얼굴을 돌리다 | kao'o somukeru(顔を背ける) |
| 얼굴을 맞대다(마주치다) | kao'o 'awaseru(顔を合わせる) |

| | |
|---|---|
| 얼굴을 하다(표정을 짓다) | kao'o suru(顔をする) |
| 얼굴이 넓다 | kaoga hiroi(顔が広い) |
| 얼굴이 붉어지다 | kaoga 'akaku naru(顔が赤くなる) |
| 얼굴이 새파랗게 되다 | kaoga maqsaoni naru(顔が真っ青になる) |
| 얼굴이 서다 | kaoga tacu(顔が立つ) |
| 엉덩이가 무겁다/가볍다 | siriga 'omoi/karui(尻が重い/軽い) |
| 엉덩이에 불이 붙다 | sirini higa cuku(尻に火が付く) |
| 엔진을 걸다 | 'enzin'o kakeru(エンジンをかける) |
| 열쇠를 걸다(채우다) | kagi'o kakeru(鍵を掛ける) |
| 욕심에 눈이 어두워지다 | yokuni mega kureru(欲に目がくれる) |
| 운이 강하다 | 'unga cuyoi(運が強い) |
| 운이 나쁘다/좋다 | 'unga warui/'ii(運が悪い/いい) |
| 운이 다하다 | 'unga cukiru(運が尽きる) |
| 원한(망)을 사다 | 'urami'o kau(恨みを買う) |
| 의기에 불타다 | 'ikini mo'eru(意気に燃える) |
| 이불을 깔다 | hudon'o siku(ふとんを敷く) |
| 이야기에 꽃이 피다 | hanasini hanaga saku(話に花が咲く) |
| 입술을 깨물다 | kucibiru'o kamu(唇を噛む) |
| 입에 오르다 | kucini 'agaru(口に上がる) |
| 입을 다물다 | kuci'o toziru(口を閉じる) |
| 입을 모으다 | kuci'o soro'eru(口を揃える) |
| 입이 무겁다/가볍다 | kuciga 'omoi/karui(口が重い/軽い) |
| 자리에서 일어서다 | za'o tacu(座を立つ) |
| 자세를 고치다(바로하다) | sisei'o tadasu(姿勢を正す) |
| 자신(감)에 넘치다 | zisinni miciru(自信に満ちる) |
| 잘 자다 | yoku neru(よく寝る) |
| 재미있는 사람 | 'omosiroi hito(面白い人) |
| 젊음을 팔다 | wakasa'o 'uru(若さを売る) |
| 젖을 짜다 | cici'o siboru(乳を絞る) |
| 종말을 고하다 | 'owari'o cugeru(終りを告げる) |
| 종지부를 찍다 | syuusihu'o 'ucu(終止符を打つ) |
| 좋은 사람 | 'ii hito(いい人) |
| 죽고싶다 | sinitai(死にたい) |
| 죽을 것 같다 | sinisooda(死にそうだ) |

| | |
|---|---|
| 지혜를 짜다 | *ci'e'o siboru*(知恵を絞る) |
| 짐이 무겁다 | *niga 'omoi*(荷が重い) |
| 침을 삼키다 | *cuba'o nomu*(つばを飲む) |
| 코를 쥐다/막다 | *hana'o cukamu/husagu*(鼻をつかむ/ふさぐ) |
| 코를 훌쩍이다 | *hana'o susuru*(鼻をすする) |
| 콧대가 높다 | *hanaga takai*(鼻が高い) |
| 콧대를 꺾다 | *hana'o hisigu*(鼻をひしぐ) |
| 패색이 짙다 | *haisyokuga koi*(敗色が濃い) |
| 폭력을 휘두르다 | *booryoku'o huruu*(暴力をふるう) |
| 해를 보내다 | *tosi'o 'okuru*(年を送る) |
| 허세를 부리다(떨다) | *kyosei'o haru*(虚勢を張る) |
| 혀를 깨물다 | *sita'o kamu*(舌を噛む) |
| 호감을 사다 | *kookaɴ'o kau*(好感を買う) |
| 화(노여움)을 풀다 | *'ikari'o toku*(怒りを解く) |
| 흥분의 도가니 | *koohuɴno rucubo*(興奮の坩堝) |
| 희망에 불타다 | *kibooni mo'eru*(希望に燃える) |
| 힘을 다하다/쏟다 | *cikara'o cukusu/sosogu*(力を尽くす/注ぐ) |

현대국어의 慣用句 중에는 여기에 예시된 것처럼 형태소 하나하나의 기능과 의미가 일본어와 일치되는 경우가 의외로 많다. 특히 依存形式인 文法形態素의 기능과 의미에 일치가 많은 것은 이들이 결코 독자적으로 생겨난 존재만은 아님을 암시한다. 여기에 제시된 모든 실례가 그렇다고 보기는 어렵겠지만 적어도 상당수는 일본어에서 번역차용된 것으로 볼 수 있을 듯하다. 실상 일본어의 관용구 중에는 고전에 나타나는 것들도 있어 그 역사가 비교적 오래된 것도 많다. 경우에 따라서는 漢籍이나 서양어에 기원을 두고 있는 사례가 포함되어 있을 가능성도 있다. 예컨대, 일본어에 관용적으로 나타나는 *kai'o mocu*(会を持つ), *kokorono mede miru*(心の目で見る)와 같은 動詞句는 각기 영어의 have a meeting, see one's mind's eye를 직역한 것으로 보이기 때문이다. 그렇다고 치더라도 현대국어에 새롭게 사용되고 있는 여러 가지 修辭的 慣用句 중에는 전통적인 일본어의 관용구로부터 번역차용된 것이 많으리라는 사실만은 부인하기 어려울 것이다.

## 2) 統辭構造의 借用

현대국어의 통사구조 중에는 근대국어 이전에 찾아보기 어려운 특징적인 존재가 많다. 直接話法의 間接話法化, 單文의 複文化나 包有文化, 敍述句의 修飾句化 등은 비교적 비중이 큰 특징들이겠지만, 그밖의 새로운 특징들이 도처에서 발견된다. 가령, 非人稱代名詞나 無情名詞가 主語의 위치에 나타나는가 하면 指示代名詞가 필요 이상으로 쓰이기도 하고, 使動的 표현이나, 被動的 표현이 자주 쓰이는 것도 새로운 구조가 아닐 수 없다.

> 그것은 어느 비오는 날이었다(主語가 비인칭대명사 '그것').
> 그 길이 나를 끝없는 곳으로 이끌어 갔다(주어가 무정명사 '길').
> 서울의 기후는 부산의 그것보다 춥다(필요이상으로 나타나는 지시대명사 '그것').
> 따뜻한 봄바람이 개구리를 잠에서 깨어나게 했다(사동표현 '깨어나게 했다').
> 전기는 물로 만들어진다(피동표현 '만들어진다').

근대국어에는 이와같은 통사적 특징이 보이지 않는다. 그런데 일본어는 이와같은 구조를 국어보다 먼저 보여준다. 물론 이들은 서양어의 直譯的 표현에 그 기원을 두고 있는 것이다. 이러한 서양어의 통사구조는 일본어에 차용되었다가 다시 국어에도 영향을 끼친 것으로 추측된다. 국어와 일본어에 공통적으로 나타나는 서양어의 통사구조는 일일이 예시하기 어려울 만큼 많다. 여기에 그중 몇 가지를 영어에서 찾아보기로 한다.

| | | |
|---|---|---|
| ...그것 | ...*no sore*(のそれ) | that of... |
| ...중의 하나 | ...*no hitocu*(の一つ) | one of... |
| ...하자마자 | ...*suruya 'inaya*(するやいなや) | as soon as... |
| ...보다는 오히려 | ...*yoriha musiro*(よりはむしろ) | rather than... |
| ...에도 불구하고 | ...*nimo kakawarazu*<br>(にも拘わらず) | in spite of... |
| ...하기에 충분하다 | ...*subekinizyuubuNde'aru*<br>(すべきに充分である) | enough to... |
| ...하지 않으면 안된다 | ...*de'araneba naranai*<br>(であらねばならない) | must be... |
| ...을 의미한다 | ...*'o 'imisuru*(をいみする) | it means that... |
| ...마치 ...처럼 | ...*'atakamo‥kanogotoku*<br>(あたかも...かのごとく) | just as if... |
| ...부터 ...까지 | ...*kara‥made*(から...まで) | from... to... |

현대국어에 흔히 쓰이고 있는 이와같은 통사구조는 일본어의 중계 없이 영어로부터 직접 차용된 것일지도 모른다. 그러나 광복이전의 우리 학습자들은 국어로 영어를 배운 것이 아니라 거의 대부분은 일본어를 통하여 학습하였다. 이 사실을 감안할 때 현대국어에 나타나는 서양어 통사사구조의 기반은 그 대부분이 이미 일본어를 통하여 국어에 구축되었으리라고 이해된다. 거기에다 광복이후의 서양어에 대한 직접적인 학습은 서양어 통사구조의 기반을 더욱 굳혀 주었을 것이다.

한편 현대국어의 '…있을 수 있다, …한 것이다(…던 것이다)'와 같은 통사구조도 일본어 '…'ari'uru(有り得る), … 'arubeki(有るべき), …tano de'aru(たのである)'의 번역차용임이 거의 분명하며, '보다 바르게'의 '보다'나 '…뿐만 아니라'의 '뿐'이 文頭에 올 수 있게 된 것도 일본어 yori(より), nominarazu(のみならず)의 통사적 용법을 차용한 것으로 풀이된다.

결국, 현대국어는 통사구조에 있어서도 일본어의 간섭을 적지 않게 받은 것으로 생각된다.


# 4. 결 어

일본어는 20세기 전반기를 통하여 지배자의 언어로서 국어 위에 군림하면서 국어를 억압하였고, 20세기 후반기에는 다시 영어가 강자의 언어로 국어를 위협하였다. 그 때문에 국어는 이들 두 언어로부터 여러 가지 유형의 간섭을 받을 수밖에 없었다. 그중에서도 일본어가 국어에 끼친 간섭은 형태론적으로나 통사론적으로 다양한 모습을 보인다.

우선, 형태론적 층위에서 수많은 어사의 차용이 일어났다. 여기에는 발음을 통한 직접차용, 한자표기를 통한 간접차용과 번역차용, 그리고 부분적인 조어법의 차용이 있었다. 직접차용 중에는 고유일본어에 기원을 둔 어사가 다양하게 많으나 근대중국어나 서양제어에 기원을 둔 어사도 있다. 또한 각종 외국어의 합성으로 이루어진 혼종어도 나타난다. 그러나 광복 이후, 고유일본어에 기원을 둔 어사의 차용은 그 세력이 크게 약화한 데다가 그동안 끈질기게 지속된 일제잔재에 대한 순화라는 명분에 밀려 현재로서는 특수계층의 언어사회에 그 일부의 명맥이 유지되고 있을 뿐이다. 그마저도 그 대부분은 구어적, 비어적 성격으로 변모되고 말았다. 이러한 시대적 흐름과 기운에 따라 일본어의 발음을 통한 직접차용은 자연스럽게 정화되기에 이르렀다.

간접차용 중에는 학술어사와 일반어사가 있는데 어느 것이나 대체적으로는 한자표기를 통해서 이루어졌다. 학술어사의 차용은 서구문화의 수용과 함께 주로 일본어를 통하여 이루어졌는데, 이들은 새로운 문화를 전달하는 수단이었으므로 다양한 분야에 걸친 대량의 신생 한자어였음에도 불구하고 어렵지 않게 국어에 수용될 수 있었다. 그러나 일반어사는 국어에 수용되는 과정에서 전통적 국어어사, 특히 한자어와의 충돌을 피하기가 어려웠다. 그 과정에서 개별적인 일본한자어 하나하나는 국어와 충돌할 때마다 강자의 언어라는 유리한 위치 때문에 손쉽게 승리를 거두면서 새로운 국어어사로서의 기반을 구축하기에 이르렀다.

번역차용에는 일반적인 경우와 특수한 경우가 있었다. 고유일본어의 합성어를 국어로 번역한 것이 일반번역차용이라면 한자표기를 국어한자음으로 받아들인 것이 특수번역차용이다. 후자에 속하는 실례들은 마치 한자어를 통한 간접차용이나 다름없는 결과로 국어에 정착하게 되었다. 그 때문에 국어에는 전통적인 한자어와는 성격이 전혀 다른 일본어 기원의 특수한 한자어가 크게 늘어나기에 이르렀다.

조어법의 차용으로서는 번역차용을 통한 합성법의 확장과 한자형태소의 접사적 활용법 수용을 들 수 있다. 이들 두 가지의 경우, 국어에 본래부터 없었던 것은 아니지만 일본어의 간섭에 따라 전통적인 조어법의 생산성이 더욱 활발해지면서 수많은 합성어와 파생어가 새로 태어나기에 이르렀다.

마지막으로 통사층위에서는 수많은 수사적 관용구와 새로운 통사구조의 번역차용이 나타났다. 여기에는 서양어 기원의 관용구나 통사구조도 포함되어 있으나 관용구의 경우에는 특히 일본어의 간섭이 많았던 것으로 이해된다.

국어와 일본어의 언어적 접촉은 이상과 같은 광범한 차원에 걸쳐 다양한 유형의 간섭을 거치면서 현대국어의 문법구조에 적지 않은 변화를 초래한 것이다.

# 참고문헌

姜信沆(1957), 軍隊卑俗語에 대하여, 『一石李熙昇先生頌壽紀念論叢』, 서울 一潮閣, pp.51-57.
_____(1968), 洋服關係語彙考, 『李崇寧博士頌壽紀念論叢』, 서울 乙酉文化社, pp.1-13.
_____(1969), 現代國語의 建築關係 語彙考, 『金載元博士回甲紀念論叢』, 서울, 乙酉文化社,

          pp.797-814.

金完鎭(1957), 濟州方言의 日本語語詞 借用에 대하여,『국어국문학』18, pp.112-131.

金亨奎(1974),『韓國方言硏究』, 서울대 出版部.

배양서(1971),『韓國外來語辭典』, 서울, 宣明文化社.

徐在克(1970), 開化期 外來語와 新用語,『東西文化』, 啓明大 東西文化硏究所, pp.73-119.

安東淑·趙惟敏(1972), 1900年代 初期에 나타난 外來語 考察,『韓國語文學硏究』12, 梨花女大文
          理大國語國文學會, pp.19-47.

趙文濟(1972), 漢城師範學校 敎育과 國語科 敎育,『箕軒孫洛範先生回甲記念論文集』, 한국국어
          교육연구회, pp.485-507.

楳垣實(編)(1973),『增補外來語辭典』, 東京 東京堂出版.

小倉進平(1944),『朝鮮方言硏究』(上, 下), 東京 岩波書店.

阪倉篤義(외 共編)(1971),『講座國語史 3, 語彙史』, 東京 大修館書店.

佐藤喜代治(외 共編)(1972),『講座國語史 6, 文體史·言語生活史』, 東京 大修館書店.

白石大二(編)(1965),『國語慣用句辭典』, 東京 東京堂出版.

**出處** <聖心女大(1979. 4.),『論文集』10: 29-62.>

# 朝鮮通信使의 日本語 접촉

## 1. 서 언

　朝鮮時代를 통하여 日本에 파견된 바 있는 通信使 일행은 현지의 일본어와 자연스럽게 접촉하게 되었다. 그들은 그러한 경험을 단편적으로나마 기록에 남기고 있다.

　통신사 일행의 일본어에 대한 접촉 경험은 주로 인명과 지명 등 고유명사에 집중되어 있다. 특히 지명에 관해서는 그 발음이 하나하나 밝혀져 있는 경우가 많아, 그것들이 국어나 일본어 음운사에 보조적인 자료로 활용될 수 있다.

　통신사 일행 가운데에는 지명 이외에도 일반단어, 문화관련 단어, 한자·한문에 대한 일본식 용법, 동식물명 그리고 언어일반에 대한 경험과 관찰을 기록으로 남긴 사람이 많다. 이러한 기록들은 조선시대에 이루어진 국어와 일본어의 언어 접촉 자료로 이용될 수 있다.

　조선시대를 통하여 현지의 일본어를 직접 경험한 사람들 가운데에는 임진·정유왜란 때 일본으로 끌려갔던 포로, 풍랑을 만나 일본 땅을 밟게 된 표류자도 있다. 이들도 많건 적건 간에 자신들의 언어접촉 경험을 기록에 남기고 있다. 표류자 중에는 특이하게도 북해도에 흘러 들어가 당시의 아이누어를 직접 들어본 사람도 있다.

　본고는 이상과 같은 조선시대 사람들의 일본어 접촉 경험을 구체적으로 정리해 보려는 것이다.

## 2. 자 료

　본고는 다음과 같은 자료를 대상으로 한다. 이들의 대부분은 민족문화추진회(1974~1977),

『국역해행총재』 I~XI의 각 권 말에 원문으로 수록되어 있다.

(1) 통신사의 일기류

宋希璟(1376~1446), 『日本行錄』(1420)[1] <『국역해행총재』 VIII>

申叔舟(1417~1475), 『海東諸國記』(1471)[2]

黃　愼(1560~1617), 『日本往還日記』(1596)[3] <『국역해행총재』 VIII>

慶　暹(1562~1620), 『海槎錄』(1607) <『국역해행총재』 II>

吳允謙(1559~1636), 『東槎上日錄』(1617) <『국역해행총재』 II>

李景稷(1577~1640), 『扶桑錄』(1617) <『국역해행총재』 III>

姜弘重(1577~1642), 『東槎錄』(1624~5) <『국역해행총재』 III>

任　絖(1579~1644), 『丙子日本日記』(1636~7) <『국역해행총재』 III>

金世濂(1593~1646), 『海槎錄』(1636~7) <『국역해행총재』 IV>

黃　屎(?~?), 『東槎錄』(1636~7) <『국역해행총재』 IV>

申　濡(1610~1665), 『海槎錄』(1643) <『국역해행총재』 V>

著者未詳, 『癸未東槎日記』(1643) <『국역해행총재』 V>

南龍翼(1628~1692), 『扶桑錄』(1655~6) <『국역해행총재』 V>, 『聞見別錄』
　　<『국역해행총재』 VI>

金指南(1654~?), 『東槎日錄』(1682) <『국역해행총재』 VI>

任守幹(1665~1721), 『東槎日記』(1711~2) <『국역해행총재』 IX>

申維翰(1681~?), 『海槎錄』(1719~20) <『국역해행총재』 I~II>

曺命采(1700~1763), 『奉使日本時聞見錄』(1748) <『국역해행총재』 X>

趙　曮(1719~1777), 『海槎日記』(1763~4) <『국역해행총재』 VII>

金仁謙(1707~?), 『海遊錄』(1763~4) <가람文庫本>

金綺秀(1832~1894), 『日東記游』(1876) <『국역해행총재』 X>

李鑣永(1837~1910), 『日槎集略』(1881) <『국역해행총재』 XI>

朴泳孝(1861~1939), 『使和記略』(1882) <『국역해행총재』 XI>

朴戴陽(?~?), 『東槎漫錄』(1884) <『국역해행총재』 XI>

---

1) 여기에 표시된 연대는 원칙적으로 기록자의 일본왕래 시기를 나타낸다.

2) 申叔舟는 1443년(세종25)에 正使 卞孝文, 副使 尹仁甫와 함께 書狀官으로서 對馬島에 다녀왔다. 따라서 이 책은 通信使行時의 직접적인 기록은 아니다.

3) 이 冊의 필자는 正使 黃愼으로 알려져 있으나, 거기에는 의문점이 남아 있다. 趙曮의 『海槎日記』(1763년 10월 6일)에 의하면 "丙申有黃秋浦愼之書寫金哲佑東槎錄一編 秋浦所錄 逸而不傳 誠可恨也"라는 기록으로 보아, 趙曮은 이 책을 逸書로 보았을 뿐 아니라, 이 책의 本文에서도 자신을 正使라고 지칭하고 있어, 이 책이 黃愼 자신의 기록이 아닐 가능성을 암시하고 있기 때문이다.

(2) 捕虜의 기록류
   姜　沆(1567~1618), 『看羊錄』(1597~1600) <『국역해행총재』 Ⅱ>
   鄭希得(1575~1640), 『海上錄』(1597~1599) <『국역해행총재』 Ⅷ>

(3) 漂流者의 기록류
   李志恒(英祖朝人), 『漂舟錄』(1756~?) <『국역해행총재』 Ⅲ>

(4) 日本語 教科書類
   康遇聖(1581~?), 『捷解新語』(1676 刊行)4)

　　이상의 자료들은 시대적으로 15세기 초엽에서 19세기 말엽에까지 걸쳐 있다. 이들 자료의 日本語에 대한 觀察이나 經驗을 編年式으로 정리한다면, 國語와 日本語의 言語接觸史가 자연스럽게 밝혀질 것이다. 특히 19세기 말엽의 자료들은 甲午更張(1894) 이전 日本에서 漢字로 新造된 西洋文化 關聯 단어를 적지 않게 보여 준다는 점에서 주목된다.

　　대부분의 자료들은 漢文을 원문으로 하고 있다. 따라서 여기에 나타나는 日本語 訓讀도 일부 특수한 경우를 제외하고는 그 대부분이 漢字音譯으로 표기되어 있다.


## 3. 日本語 觀察의 諸類型


　　朝鮮時代人들의 日本語에 대한 관찰 유형은 상당히 다양하다. 人名이나 地名과 같은 고유명사를 제외하고 나면 그 유형은 다음과 같이 정리될 수 있다.

---

4) 이 冊의 原橋가 완성된 時期는 1625년(仁祖3) 이후 1636년(仁祖14) 이전으로 추정된다. 따라서 編者인 康遇聖은 이 冊의 刊行을 보지 못하고 他界했으리라고 생각된다. 康遇聖의 생애를 자세히 밝히기는 어려우나 壬辰倭亂이 일어 난 해인 1592년(宣祖25) 10月 晋州城이 함락되면서, 그는 倭軍의 捕虜가 되었던 것으로 믿어진다. 12살의 어린 나이로 日本에 끌려간 그는 주로 오오사카(大阪) 또는 교오토(京都) 부근에서 10년 동안의 억류생활을 보낸 것으로 여겨진다. 1600년 9월 세키가와라(關原) 전투 때에는 도쿠가와 이에야스(德川家康)의 軍陣에서 전투광경을 직접 목격하기도 하였다. 이 사실은 훗날 그가 通信使를 따라 日本으로 건너갔을 때 세키가와라를 지나면서 副使 姜弘重에게 들려 준 회고담으로 알 수 있다(姜弘重 『東差錄』 1624.8.29. 및 1625.1. 7.). 1601년 6월에는 壬辰倭亂時의 捕虜 250명이 釜山으로 刷還되어 돌아왔는데, 康遇聖도 그 중에 끼어 있었던 듯하다. 그는 10년 동안이나 日本에서 지냈기 때문에 日本의 風俗을 익히 알고 있었으며, 日本語에도 능통하였다(『通文館志』 卷七 人物). 그리하여 1609년(光海君1)에는 倭學으로 譯科에 합격되었으며, 전후 다섯 차례에 걸쳐 釜山 訓導를 지낸 바 있다. 1617년(光海君9), 1624~5年(仁祖2~3), 1636~7년(仁祖14~15)에는 通信使를 수행하는 譯官으로서 세 차례나 日本에 다녀왔다. 따라서 康遇聖의 日本語 接觸은 그 누구의 것보다 풍부했다고 할 수 있다.

## 1) 固有日本語

여기에 대한 觀察은 이미 15세기 초엽부터 나타나기 시작한다.

> 日本法童男女上寺不削髮 着僧衣喫肉 謂之可乙只 年至十四五削髮(宋希璟, 『日本行錄』 1420.6.25.)

이 때의 해설에 따르면 童男女로서 절에 들어가 머리를 깎지 않은 채 僧衣를 입고 고기를 먹는 자를 '可乙只'라고 했다는 것이다. 이는 山野에서 隱居하거나, 佛道를 修行하는 僧侶의 從者로서 짐을 나르거나 길을 안내하는 사람을 뜻하는 *gauriki*(强力)에 대한 音譯인 듯하다.

> 其相尊稱或稱殿或稱槎 其呼主倭亦然 女主則稱爲上槎 盖言殿爲頓吾 槎爲沙馬 上槎爲加美沙馬(黃愼, 『日本往還日記』 1596.12.9. 附記)

> 關白以下各州太守 則其下呼之曰敦干沙麻 敦于殿之譯 沙麻樣之譯 卽殿樣也 其外尊敬者 皆呼曰烏麻伊沙麻 烏則倭音御字 麻伊前者之譯 乃御前樣也(申維翰, 『海游錄』 1719~20年 聞見雜錄)

첫번째 引用文에 여러 번 나타나는 '槎'는 모두가 '樣'의 誤記임이 분명하다. 이들 자료에 보이는 '頓吾' 또는 '敦于', '沙馬' 혹은 '沙麻', '加美沙馬', '烏麻伊'는 각기 日本語의 *tono*(殿), *sama*(樣), *kamisama*(上樣), *omafe*(御前)에 대한 音譯이 된다.[5]

위와 비슷한 관찰은 그 후에도 자주 나타난다. 한 가지만 예를 들어 둔다.

> 其所尊稱之言 或曰殿 倭言頓吾也 或稱樣 倭言沙馬也 極尊則稱以上樣 倭言謂又沙馬 而一云加美沙馬云也 稱其君長 亦以此云(李景稷, 『扶桑錄』 附錄)

日本語 '上樣'에 대한 또 하나의 音譯 '又沙馬'가 여기에 처음 보이는데, 이는 *uesama*라는 訓讀에 대응하는 語形이다.

---

5) '殿, 樣'등에 대한 訓讀과는 관계없이 그 用法上의 問題點을 지적한 경우도 있다.
其相稱號 或曰樣 或曰殿 自關白至庶人通用之 夷狄之無等威如此(姜沆, 『看羊錄』 倭國八道六十六州圖)
其相稱必曰樣 次曰殿 書辭必御 自天皇至庶人通用之 上賜下或曰貢 上臨下或曰朝 其無等級如此(姜沆, 『看羊錄』 詣承政院啓辭)
其相稱號或曰樣或曰殿 樣之稱尊於殿之稱云 而自王公至庶人通用之 夷狄之無等威如此(鄭希得, 『海上錄』 附日本總圖)

振舞猶我國所謂宴也　倭音謂候老麻伊……津和島卽訛時麻　政與根島相對……倭音以島爲時麻(李景稷, 『扶桑錄』1617.8.12.)

兩人皆着肩衣　倭音可當其婁　此是尊前所着上衣也(李景稷, 『同書』1617.8.20.)

公服則紫黑紅三色　而所着之物　亦有三樣　如義成所着者　名曰加牟里　最上者　渠所謂冠也　次曰烏里染甫　渠之所謂折烏帽也　次曰染浦　是渠之所謂烏帽也(李景稷, 『同書』1617.8.26.)

冠有三樣之制　其一狀如紗帽……倭言曰加牟里　所謂冠最上者也　其一狀如盛炭之器　倭言曰烏里染甫是　所謂折烏帽　其次也　其一狀如丁字形　倭言曰染甫是　所謂烏帽　又其次也(李景稷, 『同書』附錄)

其次曰肩衣　用兩幅爲單衫無袖　倭言曰可當其婁　着此之後　又着如唐袴者　結束於腰　此是尊前通用之服　倭言化可馬　其次曰道袍　其制稍短　下纔掩膝　無前衽旁有小裾　亦是尊前通用之服　倭言曰老服古也(李景稷, 『同書』附錄)

이 자료에 의하면 李景稷은 固有日本語에 대하여 관심이 컸음을 알 수 있다. '候老麻伊'는 接待를 뜻하는 *furumafi*(振舞), '時麻'는 섬을 뜻하는 *sima*(島)를 音譯한 것이다. '可當其婁'는 어깨와 등을 덮는 소매 없는 短衣를 뜻하는 *kataginu*(肩衣)를 音譯한 것이며, '加牟里'는 略裝用 冠을 뜻하는 *kamuri*(冠)를 나타낸 것이다. '烏里梁甫, 染浦'는 附錄에 다시 '烏里染浦是, 染甫是'로 나타나는데 語形上으로는 附錄이 정확한 모습을 보이고 있다. 각기 *oriebosi*(折烏帽子), *ebosi*(烏帽子)에 대한 音譯이기 때문이다. *oriebosi, ebosi*의 *bosi*는 *bousi⟩bosi* 곧 일본어의 장모음(이중모음)을 單母音으로 인식한 결과인데, 국어에는 비어두음절에 장모음이 나타나지 않기 때문에 외국어 청취 때 국어의 음운규칙이 간섭을 일으켰기 때문일 것이다. '化可馬, 老服古'는 각기 허리 밑을 가리는 下衣의 뜻인 *fakama*(袴)와 기장이 짧은 上衣의 뜻인 *doubuku*(胴服)를 音譯한 것이다. 日本語의 첫 音節 *dou*가 '老'로 音譯된 데에는 두 가지 음운론적 의문점이 내포되어 있다.

그 하나는 日本語의 語頭有聲子音 *d*가 어째서 李景稷에게 ㄴ으로 인지되었을까 하는 점이고, 다른 하나는 제1음절의 장모음(이중모음)이 어째서 반영되지 않았을까 하는 점이다. 그러나 첫번째 의문점은 李景稷 개인의 오류가 아니라 당시의 일본어 유성자음 *b, d, z, g*가 先鼻音性(prenasalized)을 동반한 [ⁿb, ⁿd, ⁿz, ⁿg] 또는 [ᵐb, ᵈd, ᵈz, ᵈg]였기(馬淵和夫1971: 126~128, 井上史雄1971: 35~38, 外山映次1972: 183~186, 241~242, 森田武1977: 260~262) 때문이었던 것으로 해석된다.

다시 말하면 당시의 朝鮮人들은 日本語의 有聲子音 *d*에 나타나는 剩餘的 資質(redundant feature)인 先鼻音性으로 *n*을 認知하고 이를 ㄴ으로 音譯한 것이다. 이와 같은 사례는 『捷解新語』(1676)에도 나타나기 때문이다.[6]

장모음에 대한 문제도 해석의 길이 있을 수 있다. *dou*에 나타나는 *ou* 곧 長母音 [ō]가 '老'로만 音譯된 것은 國語漢字音 '老' 자체가 長母音으로 실현되기 때문이었을 것이다. 그러므로 일본어 *dou*가 '老'로 音譯된 데에는 이렇다 할 오류가 개입되지 않은 것이다. 문제가 된다면 어찌하여 *doubuku*의 *buku*가 '服古'로 音譯되었을까 하는 점이다. 이 때에는 國語에 의한 干涉이 있었던 것으로 풀이된다. '服'은 日本語 用字와 意味에 의한 類推일 것이며, '古'는 선행음절 '老服'의 모음이 모두 ㅗ이기 때문에 거기에 이끌린 결과일 것이다.

　　進饌奉酒者 皆年少美貌伶俐之人 其名曰弱衆 方言則瓦家守也 皆着長袴竟踝
　　垂地者又有尺許 行步之際 使不敢動地 寸寸進退 盖國俗尊敬之禮也(姜弘重, 『東
　　樣錄』 1624年 10月 10日)

'瓦家守'는 젊은이 또는 男色의 相對役을 맡는 少年을 뜻하는 *wakasyu*(若衆)에 대한 音譯이다. 따라서 本文의 日本語 表記 '弱衆'의 '弱'은 '若'의 錯誤일 것이다. 『捷解新語』에는 '若衆'이라는 올바른 語形이 나타난다.

　　기듕의도 놀래브르든 若衆들희 연고업기를 전위ᄒ엿ᄉ닉(九 5b)

金世濂은 *waka*(若)에 대한 두 가지 의미에 관심을 표한 바 있다.

　　其城主則年方十四 爲大君瓦家 是方言寵倖小童之稱(金世濂, 『海樣錄』 1637
　　年 1月 3日)

---

6) 自國語와 音聲資質을 달리하는 外來語 音聲이 借用될 때에는 自國語의 音聲資質 體系에 의한 調整이
　　따르기 마련인데, 現代國語에 現代日本語의 *dokata*(土方), *dokaɴ*(土管)이 각기 '노가다(노가대), 노깡'으로
　　受容된 것도 그러한 실례라고 할 수 있다. 이 경우 現代日本語 *do*의 *d*는 國語에서 無聲化하므로 *do*가 '노'로
　　受容되는 것이 자연스러운 결과였을 것이다. 그것이 '노'로 受容되었다는 사실은 國語의 高母音 앞에 나타나
　　는 ㄴ의 條件的 變異音 [ⁿn]가 非高母音 *o*앞의 *d*에까지 擴大適用되어 *do* → ⁿ*no* → *no*와 같은 과정을 겪은
　　결과로 解釋된다. 借用語는 아니지만 위와같은 이유로 解釋될 수 있는 사례가 『捷解新語』에도 나타나는
　　것이다. 여기에는 日本語 *dousitemo*(아므리 ᄒ여도), *douyutemo*(아므리 닐러도)여야 할 *dou*가 아예 日本文
　　字 表記 *nou*, 國語音譯 '노우'(八 6a, 8b)로 나타나고 있다. 日本語 音節 *do*가 康遇聖에게도 '노'로 인지되
　　었음을 보여준다.

國俗絶重男色 道路所見童男七八歲已上 至二十餘歲男子 無不艷服冶容 謂之
瓦家 是卽寵男之稱 上下成風 至多怨女云(金世濂, 『同書』 1637年 1月 26日[7]))

이 때의 '瓦家'는 어리다거나 젊다는 뜻인 waka(若)가 名詞化한 것이다. 金世濂은 이밖에도
그의 『海槎錄』 聞見雜錄에 '頓吾(殿), 沙馬(樣), 加美沙馬(上樣), 可當其婁(肩衣), 化可馬(袴), 老
服古(胴服), 加牟里(冠), 烏里恭浦是(折烏帽子), 恭浦是(烏帽子)' 등을 提示하고 있으나, 모두가 前
代의 문헌에 이미 나타난 바 있는 것들이다. 짐작컨대 前代의 記錄에서 옮겨 온 것으로 생각
된다.[8]

溪冶 倭音爲溪
冶字爲樫 (申濡, 『海槎錄』, 1643年 太平寺雜詠 四首)

申濡는 태평사에서 '蘇鐵, 溪冶, 杉, 梔子'에 대해서 각기 한 수씩 詩를 읊었는데, 두번
째 詩題인 '溪冶'는 느티나무를 뜻하는 keyaki(欅)의 keya에 대한 音譯이다. 日本語에서는 '欅'
는 keyaki, '樫'은 kasi로 訓讀되며, 그 뜻은 각기 느티나무와 떡갈나무를 나타낸다. 그러나
國語釋으로는 이 두 漢字가 모두 떡갈나무를 뜻하고 있다. 따라서 申濡가 keyaki의 keya에
'樫'을 對應시킨 것은 日本語의 일반적 用字에는 어긋나지만 國語의 意味로는 별다른 問題가
생기지 않는다.

凡人之笑小兒之啼 一如我國 而言語之聲 高而急煩而長 且多疊語 如應對曰呀
呀 然諾曰羅可羅加 稱不然曰咿也咿也 稱不好曰曰伊曰伊 贊美敬訝之極 必稱沙
第沙第之類是也(南龍翼, 『聞見別錄』 1655~6 性習)

여기에 나타나는 바와 같이 南龍翼은 매우 독특한 觀察을 하고 있는 것이다. 사람의 웃음
소리나 어린애의 울음소리가 우리나라와 같다던가, 말소리가 높고 急煩하며 길다던가, 疊語
를 많이 쓴다던가 하는 觀察이 바로 그러한 것들이다. 그러나 그가 제시한 疊語는 모두가
感歎語로서 쓰이는 것들이다. 그는 肯定的 應答으로 쓰이는 haha, nakanaka, 否定的 應答으
로 쓰이는 iyaiya, 나쁘다는 氣分을 나타내는 waruiwarui, 相對方의 말을 肯定的으로 재촉하
는 satesate를 각기 '呀呀, 羅可羅加, 咿也咿也, 曰伊曰伊, 沙第沙第'로 音譯한 것이다. 南龍翼

---

7) 原文의 26日은 27日의 錯誤이다.
8) 이 점에 있어서는 黃床, 『東槎錄』(1636~7) 聞見撮錄도 마찬가지다. 이러한 共通要素가 各文獻의 마지막에
   덧붙여진 聞見別錄, 聞見雜錄 부문에 나타난다는 점도, 그것이 前代記錄의 移記일 가능성을 시사하고 있다.

의 『聞見別錄』에는 그밖에도 '可當其妻(肩衣), 化可馬(袴), 老服古(胴服), 加毛里(冠), 烏里染甫是(折烏帽子)'가 나타나지만, 앞에서 지적한 바와 같이 이들은 前代의 기록을 거의 그대로 옮겨 놓은 것임이 분명하다.

> 奉盃進饌者 皆年少...其名曰若衆訪(臥可氏)皆着長袴(方言和可麻)(金指南, 『東槎日錄』 1682.6.29.)

> 到船倉下陸 則堂上所乘乘物(方言老里毛老 有似乎我國屋轎而一杠 綴於上兩人前後肩之所謂懸轎也)(金指南, 『同書』 1682.6.24)

> 夕奉行倭等 呈杉重(方言承其主 右以杉木作三層 積成以餠果餙饌)(金指南, 『同書』 1682.7.5.)

일본어 wakasyu(若衆)에 대한 '臥可氏', fakama(袴)에 대한 '和可麻'는 이미 前代의 記錄에 나타난 바 있는 단어에 속하지만, 音譯漢字가 前代의 것과는 다른 점으로 미루어 볼 때, 이들은 金指南이 독자적으로 기록한 사례로 판단된다. 다만 '若衆'에 덧붙여져 있는 '訪'이 무엇인지는 확실하지 않으나 '坊'(bou)의 오기가 아닐까 한다.

細註에 나타나는 '老里毛老'와 '承其主'는 각기 本文에 나타나는 norimono(乘物), sugidzyuu(杉重)에 대한 音譯이다. norimono는 본래 사람이 타고 다니는 가마를 뜻하였으나, 近世日本語에서는 훌륭한 駕籠을 뜻하게 되었다. sugidzyuu는 日本 삼나무(杉木)의 얇은 판으로 만든 白木의 層箱子를 뜻한다.[9]

> 饌品以杉煮爲美 雜用魚肉菜蔬百物 和酒醬爛煮 如我國雜湯之類 昔有群倭避雨於杉木之下 飢甚思食 各以所有之物 合投於一器 而炊杉木以煮 其味便好 因爲得名 方言謂杉曰勝技 故俗呼勝技冶歧 冶歧又煮之訛音也(申維翰, 『海游錄』 1719-20년 聞見雜錄)

> 我國所謂南草 本自東萊倭館而得來 俗諺呼爲淡麻古 卽倭音多葉粉之訛也 倭人所呼 亦如我國諺 而其義則 取多葉草 而細粉故云爾 觀其蒸乾殺毒 細切如絲 每人必具煙管二枚 遞易而吸之 不令熱氣逼喉吻 食物之致精如此(申維翰, 『同書』

---

9) 이 三層箱子는 떡이나 과자 또는 값진 안주 등을 담는 선물용 사치품이었기 때문에, 조선통신사들은 江戸往復路程에서 먹을 것이 담긴 이 상자를 자주 선물로 받았다. 그러나 다른 문헌에는 이 단어가 한자식 표기인 '杉重'으로만 나타난다.
果品則貯以白杉木三層盒 故名之曰杉重盒(曺命采, 『奉使日本時聞見錄』 1748.2.18.)
松平紀伊守送杉重(趙曮, 『海槎日記』 1764.1.27.)

聞見雜綠)

倭言之無意者 山曰夜麻 海曰由未 水曰閔注 紙曰加未 筆曰侯代 黑曰愁未 硯曰愁愁里 見物之美者曰乂伊 不好者曰曰伊 搖櫓者爲用力之聲曰乂沙乂沙 或稱夜沙夜沙 舁夫則前者唱曰高里臥沙 後者應曰高里臥是 徐行則緩聲曰伊卽于伊 疾行則急呼曰疏老疏老 大抵皆用疊語(申維翰,『同書』聞見雜錄)

如梭各努力 且看何者先登橋 <sup>倭人用力者其音<br>若曰加梭如梭</sup>(申維翰,『同書』1719.7.17.)

申維翰은 그 누구보다도 日本語에 대하여 관심을 많이 기울인 인물이었다. 그러한 그의 관심은 固有日本語에 대한 觀察에서도 십분 발휘되었다. 위에 제시된 자료만으로도 그 사실이 뒷받침될 수 있다. *sugiyaki*(杉燒), *tabako*(담배)의 音譯인 '勝技冶歧', '淡麻古'에 대한 그의 관찰과 기술은 어학적으로 거의 완벽한 것이다. 일반 단어 '夜麻, 由未, 閔注, 加未, 後代, 愁未, 愁愁里, 乂伊, 曰伊'는 각각 *yama*(山), *umi*(海), *midzu*(水), *kami*(紙), *fude*(筆), *sumi*(黑), *susuri*(硯), *yoi*(良), *warui*(惡)에 대한 音譯이다. 南龍翼이 일찍이 감탄어로 쓰이는 첩어를 지적한 바 있는데, 申維翰은 여기에 다시 새로운 사례를 덧붙이고 있다. '乂沙乂沙', '夜沙夜沙'는 노를 저으며 힘을 쓰는 소리라고 했으니, *yoisyayoisya* 또는 *yaisyayaisya*와 같은 무의미한 발성을 나타낸 것이다. 마지막에 細註로 나타나는 '加梭如梭'도 같은 종류의 발성에 대한 음역이다. '高里臥沙', '高里臥是'는 들것을 든 앞 사람이 메기는 소리와 뒷 사람이 호응하는 소리라 했으니, *koriwasa*, *koriwasi* 정도의 발성을 주고 받으며 들것을 함께 옮기는 소리로 풀이되며, '伊卽于伊', '疏老疏老'는 속도조절을 명하는 명령어인 듯하다. '伊卽干伊'와 '疏老疏老'는 어떤 어형의 음역인지 분명하지 않으나, 서둘기를 재촉하는 *isogu*(急) 또는 *isofu*(動, 觀)와 관련이 있는 듯하며, '疏老疏老'는 천천히 하라는 뜻을 나타내는 *sorosoro*의 音譯인 듯하다.

其俗不設烟埃 皆作板廳鋪以茶毯 茶毯卽日本席名 而如我國之所謂籐苺席者(曹命采,『奉使日本時聞見錄』1748.2.17.)

關白所坐處 重鋪茶唻 又鋪繡席(趙曤,『海槎日記』1764.2.27.)

다담이를 담복 실고 바람벽은 아니ᄒ고(金仁謙,『日東壯遊歌』1763~4년)

正官差倭輩之來往道路 有一槍竿之前導渠輩之稱 名夜里者(曹命采,『同書』1748.2.17.)

延接官來謂譯官曰島主方送勝妓樂於使行午飯姑徐進云 勝妓樂者 彼中之第一
味云者 俄聞使者領來而倭人親爲調進 若我國所謂悅口資雜湯之類 而其色白而
濁醬味甘甚殊 未知爲異味也(曺命采,『同書』 1748.3.20.)

見路上之老倭老媼 多向使行合掌而祝曰 沙乙邑我 沙乙邑我 問之從倭 則好歸
去祝云(曺命采,『同書』 1748.6.14.)

‘茶毯’ 또는 ‘茶唉’은 일본식 돗자리인 *tatami*(疊)에 대한 음역이다. 金仁謙의 『日東壯遊歌』
에는 ‘다담이’라는 표기로 나타난다. 현대국어에서 유통되고 있는 ‘다다미’는 개화기 이후의
차용어인데, 이 단어는 벌써 18세기 국어에 기록으로 전해진 바 있음을 알 수 있다. ‘夜里’는
槍擔을 들고 무사의 뒤를 따르는 *yarimotsi*(槍持)를 나타내는 말인데, 이를 줄여서 *yari*라고도
한 듯하다. ‘勝妓樂’은 *sugiyaki*(杉燒)에 대한 음역이지만 그 語形이 불완전하다. 짐작컨대 한
자어로 뜻이 통하도록 적다 보니 실제 발음과는 거리가 생긴 듯하다. 이 단어에 대한 음역은
바로 앞에 인용된 바 있는 申維翰의 ‘勝技冶歧’가 더 정확하지만, 曺命采는 독자적으로 이
단어를 기록한 듯하다.10) ‘沙乙邑我 沙乙邑我’는 잘 가라는 인사말 *saraba saraba*에 대한 음
역이다.

彼人之喞啾言語 末由曉其一端 而至於小兒啼哭之聲 男女急笑之音 與我國無異
以其發於同得之天性 無關於異音之方言而然耶(趙曮,『海槎日記』 1763.10.10.)

僧俗與盲人或有流丐於道者 而其中僧尼之丐乞者 則合掌傴僂 口誦阿彌陀佛
阿彌陀佛四字聲音 則無異於我國之聲音 其亦異矣(趙曮,『同書』 1764.2.6.)

島中有草根可食者 名曰甘藷 或謂孝子麻 倭音古貴爲麻 其形或如山藥 或如菁
根 如瓜如芋 不一其狀 其葉如山藥之葉 而稍大而厚微有赤色 其蔓亦大於山藥之
蔓 其味比山藥而稍堅 實有眞氣 或似半煨之栗味 生可食也 炙可食也 烹亦可食
也……此物聞自南京流入日本 日本陸地諸島間多有之 而馬島尤盛云……昨年初
到佐須奈浦 見甘藷求得數斗 出送釜山鎭 使之取種 今於回路 又此求得 將授於萊
州校吏輩 行中諸人 亦有得去者 此物果能皆生 廣布於我國 與文綿之爲則 豈不大
助於東民耶(趙曮,『同書』 1764.6.18.)

---

10) 이 단어에 대해서는 趙曮 또한 ‘勝妓樂’으로 음역하고 있으나, 시기적으로 보아 趙曮은 曺命采의 음역을
본받았을 가능성이 크다. 다만 趙曮은 이 단어를 한자어로 인식하였다.
島主供以勝妓樂 所謂勝妓樂一名杉煮 雜而魚菜而煎湯者 彼人謂之一味 名以勝妓樂 而其味何敢當我
國悅口子湯也(趙曮,『海槎日記』 1763.11.29.)

일찍이 南龍翼은 사람의 웃음소리나 어린애의 울음소리에 있어 日本이 우리나라와 같다는 점을 지적하였는데, 趙曮 역시 똑같은 사실에 주목했음을 알 수 있다. 뿐만 아니라 조엄은 '阿彌陀佛'이란 발음에 양국이 차이가 없는 점을 의아해 하기도 하였다. 그러나 이 경우만은 조엄의 선입관에 의한 오류임이 분명하다. 국어의 '아미타불'과 일본어의 *amidabutsu*는 제3음절부터 발음을 달리하고 있기 때문이다. 맨 나중의 길다란 인용문은 '고구마'의 전래를 알려주는 유명한 기록이다. 다만 '고구마'란 말이 일본어형 '孝子麻 倭音 古貴爲麻'에 그 기원을 두고 있음에는 틀림 없으나, 그 어원에는 아직도 未審한 점이 남아 있다.

한편, 朝鮮通信使들은 日本人을 통하여 西洋語를 일찍이 經驗하기도 하였다.

> 留江戶 道春及右京等來到館中 招洪李兩譯[11] 以小紙所書問曰 我邦近歲 南蠻
> 耶蘇邪法之徒 俗曰吉利支丹 其首者伴天連 密來弘其法[12]......貴國亦有迷邪法者
> 制禁之否如何......洪譯答曰吉利支丹之名 到馬島始聞 我邦之內 豈有如此惇亂之
> 事乎(著者未詳, 『癸未東槎日記』 1643.7.13.)

洪喜男이 對馬島에 와서야 '吉利支丹'이란 말을 처음 들었다고 말하고 있는 점으로 미루어 볼 때, 그때까지의 조선인들은 '耶蘇'나 '伴天連'이란 말도 들어 본적이 없었을 것이다. 이러한 서양어 단어를 그들이 처음 듣게 된 것은 일본에서였던 것이다. 이들은 포르투갈語를 타고 일본에 전해진 것들로서 '耶蘇'는 *Jesus*, '吉利支丹'는 *Christão*, *Christã*, '伴天連'은 *padre*(司祭, 神父)에 대한 음역차용어인데, 일본어형으로는 각기 *yaso*, *kiristitan*, *bateren*이었다.

甲午更張(1894)보다 10여년 이전에는 서양어 기원의 문화관련 단어를 일본에서 경험하게 된다.

> 瓦斯(李鑛永, 『日槎集略』 1881.6.13.)
> 噸, 嗎, 野兒都, 咑呎(李鑛永, 『同書』 1881.7.30.)
> 哶(李鑛永, 『同書』 問答錄)

이 생소한 말들은 차례로 영어의 gas, ton, metre, yard, dozen, pound에서 온 것들이다.

---

11) 洪은 역관 洪喜男, 李는 역관 李長生이다.
12) 『국역해행총재』 V:276에는 '伴天運密來......'가 '天運密과 함께 와서'로 번역되어 있으나 이것은 잘못이다.
  이 부분은 '伴天運(바데렌)이 몰래 와서'를 뜻한다.

## 2) 漢字表記에 의한 固有日本語

固有日本語의 範疇에 속하는 단어임에도 불구하고, 그것이 漢字로 표기될 때에는 그것을 漢字語처럼 인식한 경우도 많다.

> 又有造作怪字 以圴字爲決斷之謂 辻字爲這樣那樣之謂者是也 又有稱號文字 如稱酒曰柳 壺曰鶴頂 雞曰庭鳥 卵曰玉字 蛇曰口繩 娼樓曰柳町 盲曰目暮 兒曰小性 高官曰大名 城曰市樓 劍曰脇脂 冊曰物本 愚曰阿房 怒曰腹立 宴曰振舞者是也(南龍翼, 『聞見別錄』 風俗 文字)

> 其俗有別用文字 如以誘字 爲凡物結束之謂 態字爲委問之謂 誂字爲工匠處約造之謂 影字爲凡物接主人之謂 仕舞二字爲完事之謂 目出度三字爲慰賀之謂 馳走所三字爲宴廳之謂者是也(南龍翼, 『同書』 風俗 文字)

南龍翼은 특히 '柳, 庭鳥(鳥의 잘못), 玉字(子의 잘못), 口繩, 目暮, 脇脂(指의 잘못), 腹立, 振舞, 仕舞, 目出度' 등이 訓讀으로만 쓰이는 固有日本語라는 점을 모르고 漢字語로 보았기 때문에, 日本人들의 漢字利用法이 이상하다고 느꼈던 것이다. 訓讀式 漢字利用法을 가지고 있지 않았던 朝鮮時代의 지식인들로서는 어쩔 수 없는 일이었다.[13]

> 一里有管一里之人 以掌役民之事 謂之肝煎 如我國之有司也(金世濂, 『海槎錄』 聞見雜錄)
> 倭俗以萬全之策 謂之殿樣風 殿樣風其島主之稱而善占風發行之故也(曺命采, 『奉使日本時聞見錄』 1748年 3月 20日)
> 倭人以長持二坐 納于各房……而長持卽長樻之名(曺命采, 『同書』 1748.5.1.)
> 馬守又送使言查出首倡者二人施以召放之罰云 其罰之輕重不可知而循例答送之馬守(曺命采, 『同書』 1748.5.4.)

여기에 나타나는 '肝煎, 殿樣風, 長持, 召放'도 漢字語가 아니라 固有日本語로 訓讀되는 것들이다. 이처럼 固有日本語를 國語로 간단히 나타내기 위해서는 日本式 漢字表記를 그대로 利用하면 편리할 때도 있다. 실제로 『捷解新語』(1676)에는 그러한 方法으로 國語飜譯文에 쓰인 固有日本語가 상당수 나타난다. 오른 쪽에 日本語形을 로마字 轉字로 곁들여 둔다.

---

13) 그러나 개중에는 申維翰과 같이 日本人들의 漢字訓讀法을 충분히 이해하고 있었던 사람도 있다.
聽其音譯 則山川地名六甲五行之人姓名職號 皆以方言釋而呼之(申維翰, 『海游錄』 聞見雜錄).

| | |
|---|---|
| 御念比ᄒᆞ(一 2a) | *go-nen-goro-na* |
| 氣遣ᄒᆞ오니(一 3b) | *ki-dzukai-marusuru-fodo-ni* |
| 日吉利ᄅᆞᆯ(一 8a) | *fi-yori-o* |
| 遠見의(一 8b) | *tou-mi-ni* |
| 御陰을 ᄡᅥ(一 11a) | *o-kage-o-moqte* |
| 聞及ᄒᆞ엿ᄉᆞ니(一 18b) | *kiki-oyobi-marusita-fodo-ni* |
| 御念入ᄒᆞ셔(一 21a) | *go-nen-o-irete* |
| 肝煎ᄒᆞ옵소(一 21a) | *kimo-irasirare* |
| 氣相도(一 28b) | *ki-ai-mo* |
| 折節(二 3b) | *ori-fusi* |
| 聞合을 위ᄒᆞ여(三 13b) | *kiki-awase-no-tameni* |
| 常常(三 15b) | *tsune-dzune* |
| 御手前(三 16b) | *o-te-maye* |
| 正根을(三 18a) | *syou-ne-o* |
| 相指ᄅᆞᆯ(三 27b) | *ai-satsu-o* |
| 申含ᄒᆞ여(四 4a) | *mousi-fukome* |
| 思合ᄒᆞ셔(四 16b) | *omoi-awasete* |
| 見合도(四 17a) | *mi-awase-mo* |
| 御仕合이 옵도쇠(五 2a) | *o-siawase-de-gozaru* |
| 振舞(六 5a, 六 18a, 八 10a) | *furu-mai* |
| 爰元(六 11a) | *koko-moto* |
| 心得ᄒᆞ고(七 2b) | *kokoro-yete* |
| 思分ᄒᆞ셔(九 14a) | *omoye-wake* |

朝鮮時代 사람들의 日本語 接觸과정에서는 漢字表記에 의한 이상과 같은 固有日本語에도 어느 정도 親近感을 느꼈을지는 모르나, 國語漢字音으로 音讀되는 이들 단어의 意味가 얼마나 정확하게 이해될 수 있었을 지에 대해서는 의심스러운 시선으로 보지 않을 수 없다.


## 3) 漢字語

國語와 日本語의 漢字造語에는 상당한 차이가 있다. 특히 漢字利用 역사가 거듭되면서 日本語에는 수많은 新造 漢字語가 생겨났다. 朝鮮通信使들이 경험한 日本式 漢字造語는 그것이 일반단어건 文化관련 단어건, 그들에게는 생소한 것이었으리라고 믿어진다. 日本式 漢

字語에 대한 그들의 각별한 관심표시가 그 사실을 잘 말해 주고 있다.

그들이 관심을 보인 것은 우선 특수한 의미를 나타내는 漢字語였다고 할 수 있다.

　　　　日本之法 自王至武衛管領及殿 殿分受土地 或一二州 多至四五州 送其伴人 名
　　之曰代官 領其衆 收錢私用 父子相傳也(宋希璟,『日本行錄』1420.4.21.)

　　　御所 日本之人謂<br>其王曰御所(宋希璟,『同書』1420.4.23.)

　　　　於其國中 不敢稱王 只稱御所(申叔舟,『海東諸國記』日本國記 國王代序)
　　　富人取女子之無歸者 給衣食容飾之 號爲傾城(申叔舟,『同書』日本國記 國俗)
　　　僧之爲將倭者 其官或曰寺 或曰院 或曰法印 不爲將倭者 其官始曰藏師 次曰首
　　座 次曰東堂 次曰西堂 次曰和尙 次曰長老而極焉(姜沆,『看羊錄』詣承政院啓辭)
　　　俗呼溷厠曰雪隱(申維翰,『海游錄』聞見雜錄)
　　　厠間付一紙書以東司 倭音則東與通同書 我國之指厠爲通司者似是 倭音之流
　　襲也(曺命采,『奉使日本時聞見錄』1748.4.19.)

여기에 보이는 '代官, 御所, 傾城, 寺, 院, 法印, 藏師, 首座, 東堂, 西堂, 和尙, 長老, 雪隱,
東司' 등은 모두가 朝鮮朝人들에게는 익숙하지 않은 漢字語였다고 할 수 있다.

『據解新語』에도 이와 類似한 日本式 漢字語가 그대로 쓰인 경우가 많다.

　　　案內 술오시ᄃ라 니르고 오라(一 1b)
　　　언머 無調法이 녀기시믈 알건마ᄂ(一 6a)
　　　하 無斗方ᄒ여(一 6a)
　　　多分 비가 올 거시니(一 8b)
　　　油斷홀 일은 업ᄉ오리(一 9b)
　　　茶禮는 卒度之間이오니(一 29b)
　　　迷惑을 프르시과댜(一 30b)
　　　亭主ㅣ 보디 아니ᄒᆞᆸᄂᆞ가(一 32b)
　　　아ᄆ리커나 남의도 養性ᄒ여(一 33b)
　　　드믄 信使의 御馳走ㅣ 오면(六 9b)
　　　奉行으로써(七 15a)
　　　小判金子(八 2b)

朝鮮通信使들의 관심을 모은 또 한 부류의 漢字語는 動植物名과 飮食 物名이라고 할 수 있다. 특히 朝鮮에 없었던 文物에 대해서는 주의 깊은 관찰을 나타내고 있다.

寓於天瑞寺 軒楹寬敞 花木滿庭 庭前有木 其名蘇鐵 幹無傍枝而直上 根不盤錯
而直下 葉發於顚 四散如傘 如或焦枯 則拔之曝三四日 遍身加鐵釘 植於燥强之
地 則卽蘇 故名之云(慶暹, 『海槎錄』 1607.4.12.)
棕櫚, 蘇鐵, 鶴羽, 白丁木, 唐茄, 枇杷(南龍翼, 『聞見別錄』 風俗 園林)
長門州送寒晒葛粉一箱雲丹一壺 盖海中如栗殼之中盛紫液者作鹽品 味不甚佳
矣(任守幹, 『東槎日記』 1711.9.5.)
七月進紫桐花一技……言自中國得來 俗呼唐桐云(申維翰 『海槎錄』 1719.7.3.)
有異草一葉而無技……倭稱一葉草而無他名(申維翰, 『同書』 1719.7.17.)
蘇鐵(申維翰, 『同書』, 1719.8.10.)
又有古木秀而茂 名曰木犀(申維翰, 『同書』 1719.8.10.)
倭言以魴爲紅魚大口魚曰鱈(申維翰, 『同書』 1719.8.28.)
有細木似草技繁葉細花淺紫 俗呼皐月(申維翰, 『同書』 1719.9.1.)
鸚鵡, 錦雞, 白鷳(申維翰, 『同書』 1719.10.9.)
見閭巷左右 橘柚柑諸樹……其味之爽而甘者 倭呼蜜柑(申維翰, 『同書』 1719.10.27.)
胡椒, 丹木, 雪糖, 花糖, 黑角, 孔雀羽(申維翰, 『同書』 聞見雜錄)
有曰饅頭 如我國霜花餠 而外白內黑味甘(申維轉, 『同書』 聞見雜錄)
裁判呈羊羹 凝如煎藥而味甘而已(曹命采, 『奉使日本時聞見錄』 1748.4.26.)
得見木實之有曰枇杷者(曹命采, 『同書』 1748.5.5.)
後庭有所謂覇王草者 非木非草……謂之仙人掌云(曹命采, 『同書』 1748.5.17.)
稻葉丹後守……送糖糕一篋(趙曮, 『海槎日記』 1764.1.27.)
戶田采女正氏英 呈饊糕一箱(趙曮, 『同書』 1764.2.1.)
似木似草 問是仙人掌云(趙曮, 『同書』 1764.2.10.)
又有一叢異卉……問其名於彼人 謂以小天萬里 此必是俗音(趙曮, 『同書』 1764.3.17.)

　이들 物名 중에는 그 대상물이 밝혀지지 않는 것도 있으나, '蘇鐵, 枇杷, 雲丹, 蜜柑, 饅頭, 羊羹, 枇杷, 仙人掌, 糖糕(團子)' 등은 현대국어에서도 그대로 유통되는 한자어들이다.
　한자어 중에서도 특기할만한 것은 甲午更張(1894)보다 10여 년 전 修信使들이 日本에서 西洋文物 관계 新造語와 접촉하게 되었다는 사실이다. 그 내용을 간단히 정리해 보면 다음과 같다.

火輪船, 博物院, 水磻砲, 會社, 鐵路關, 電線, 火輪車, 甲板, 子午盤, 燈明臺,
造幣局, 造船局, 人力車, 時計, 步兵, 大砲, 電信, 馬車, 新聞紙, 汽車, 警察官,

西人筆(金綺秀, 『日東記游』1876년)
　　關稅局, 輸出入表, 騎兵, 砲兵, 工兵, 測量, 蒸氣機關, 軍艦, 陸軍, 海軍, 燈臺,
鐵道, 電信, 鑛山, 學校, 地毯, 郵便, 懲役, 歲入, 證券, 印紙, 營業, 豫算表, 麥末
餠, 博覽會, 博物館, 公使, 關稅, 領事(館), 輸入, 輸出, 紙幣, 醫學, 數學, 理學,
社長, 鐵道局, 待合所, 電氣線, 停車所, 紡績所, 監獄署, 裁判所, 博物會, 療病院,
郵便局, 地球, 盲啞院, 乾葡萄, 日曜日, 半曜日, 大統領, 六穴銃, 國立銀行局, 寫
眞(局), 開化, 國會, 政府, 電報(李鑢永, 『日槎集略』1881년)
　　汽船, 國旗, 停車場, 汽車, 競馬場, 圖書館, 博物館, 動物園, 練兵場, 印刷局,
電報, 菓子, 卷煙草(朴泳孝, 『使和記略』1882년)
　　銀行, 雙馬車, 宴會, 錢標去來, 水道(朴戴陽, 『東槎漫錄』1884년)

　　가능한 한 중복을 피하면서 대충 훑어 보더라도 文明을 나타내기 위하여 日本에서 주로
新造된 漢字語가 거의 그대로 朝鮮通信使를 따라 國語에 전해졌음을 알 수 있다. 이들 중
대부분은 現代國語에서도 그대로 통용되고 있다.


## 4) 아이누語

　　朝鮮時代 사람 가운데에는 특이하게도 漂流 끝에 北海島에 닿는 바람에 아이누語를 經驗
한 사람도 있다. 英祖朝 인물로 추정되는 李志恒이 바로 그 주인공이다. 다만 그가 기록으로
남긴 자료는 약간의 地名과 몇 개의 아이누語 일반단어 뿐이다. 그러나 朝鮮朝人의 外國語
接觸자료로서 주목되는 것이다.

　　余在船中日 與書示探識其言語物情而不盡詳知 問蝦夷通事者曰 蝦夷等 마즈
마이云者 何言耶 曰謂松前稱也 又問앙그랍에 何耶曰平安也 빌기의何也 美也 악
기何也 水也 아비何也 火也 憑以倭語則大相不同(李志恒, 『漂舟錄』1756.7.1.)

　　결국 '松前'이라는 地名과 '平安, 美, 水, 火'에 각기 해당되는 단어 4개에 불과하지만, 아이
누語도 日本地域이기 때문에 朝鮮時代 사람의 아이누語 接觸은 日本語 接觸의 일환이었다고
볼 수 있다.

## 4. 결 어

朝鮮通信使를 주축으로 하는 朝鮮朝人들의 日本語의 接觸은 크게 4가지 유형으로 이루어진 바 있다. 그 내용을 정리해 보면 다음과 같다.

첫째, 固有日本語
주로 日本의 固有文化를 나타내는 단어에 朝鮮朝人들의 관심이 나타났다. 擬聲語나 感歎語를 제외하고 나면 그 윤곽은 다음과 같다.

強力(*gauriki*), 殿(*tono*), 樣(*sama*), 上樣(*kamisama*), 御前(*omafe*), 振舞(*furumafi*), 島(*sima*), 肩衣(*kataginu*), 冠(*kamuri*), 折烏帽子(*oriebosi*), 烏帽子(*ebosi*), 袴(*fakama*), 胴服(*doubuku*), 若衆(*wakasyu*), 欅(*keyaki*), 乘物(*norimono*), 杉重(*sugidzyuu*), 杉燒(*sugiyaki*), 多葉粉(*tabako*), 山(*yama*), 海(*umi*), 水(*midzu*), 紙(*kami*), 筆(*fude*), 墨(*susuri*), 良(*yoi*), 惡(*warui*), 疊(*tatami*), 槍持(*yarimotsi*), 孝子麻(*koukoimo*)

現代國語에서 통용되는 '담배, 고구마'는 물론 '다다미'도 이미 近代國語 시대에서 그 始原을 더듬을 수 있다.

둘째, 漢字表記에 의한 固有日本語
漢字의 訓讀利用法을 모르고 있었던 朝鮮朝人들은 固有日本語까지도 漢字語로만 이해할 수밖에 없었다.

柳(*yanagi*, 酒), 庭鳥(*nifatori*, 鷄), 玉子(*tamago*, 卵), 口繩(*kutsinafa*, 蛇), 目暮(*mekura*, 盲), 脇指(*wakizasi*, 劍), 腹立(*faratatsi*, 怒), 振舞(*furumafi*, 宴), 仕舞(*simafi*, 完事), 目出度(*medetasi*, 慰賀), 殿樣風(*tonosamakaze*), 長持(*nagamotsi*), 召放(*mesifanatsi*)

『捷解新語』(1676)에는 많은 固有日本語가 漢字表記 그대로 借用되어 있다. 朝鮮朝人들에게는 위와 같은 日本語 用字法이 괴상하게 느껴졌을 것이다.

셋째, 漢字語
朝鮮朝人들은 먼저 國語에 잘 쓰이지 않는 日本特有의 漢字語에 注目한 바 있다.
代官, 御所, 傾城, 寺, 院, 法印, 藏師, 首坐, 東堂, 西堂, 和尚, 長老, 雪隱, 東司

『捷解新語』에도 日本式 漢字語가 적지 않게 借用되어 있다. 한편, '蘇鐵, 批把, 雲丹, 饅頭, 羊羹, 仙人掌, 糖糕'와 같은 단어도 일찍이 朝鮮通信使의 日本語 접촉을 통하여 國語에 알려졌던 것으로 생각된다. 다만 '饅頭, 仙人掌' 등은 中國語를 통하여 국어에 수용되었을 가능성도 없지 않다.

朝鮮朝末, 곧 甲午更張(1894)이전에는 日本에서 新造된 西洋文化 關聯 漢字語와 일찍부터 接觸이 이루어지기도 하였다. 이들 중에는 現代國語로 정착된 것들이 많다.

會社, 人力車, 時計, 電信, 新聞, 汽車, 警察, 關稅, 輸出, 輸入, 測量, 蒸氣機關, 鐵道, 郵便, 證券, 印紙, 稅關, 醫學, 化學, 地球, 日曜日, 銀行, 國會, 政府, 電報, 國旗, 圖書館, 動物園, 水道......

이러한 단어들은 現代國語의 漢字語를 一新하는 데에 적지 않은 영향을 끼친 바 있다.

넷째, 아이누語

李志恒이라는 英祖朝人은 뜻하지 않게도 北海島에 漂流하여 아이누語와 접촉하게 되었다. 朝鮮朝人의 아이누語 경험은 독특한 의미를 지닌다.

이상과 같은 朝鮮朝人의 日本語 접촉은 당연히 國語史의 일부가 될 수 있다.


# 참고문헌

廣田榮太郎(1969), 『近代譯語考』, 東京: 東京堂出版.

大野晋(編)(1977), 『岩波講座 日本語 5. 音韻』, 東京: 岩波書店.

馬淵和夫(1971), 『國語音韻論』, 東京: 笠間書院.

濱田敦(1957), 海行總載に散見する日本語彙, 『神田博士還曆記念書誌學論集』 所收, 東京: 平凡社.

_____(1970), 『朝鮮資料による日本語研究』, 東京: 岩波書店.

_____(1983), 『續朝鮮資料による日本語研究』, 京都: 臨川書店.

山田孝雄(1940), 『國語の中に於ける漢語の研究』(訂正版, 1958) 東京: 寶文館

森岡健二(1969), 『近代語の成立』―明治期語彙編―, 東京: 明治書院.

杉本つとむ(1967), 『近代日本語の新研究』, 東京: 櫻楓社.

_____(1983), 『語源の文化史』, 東京: 開拓社.

森田武(1977), 音韻の變遷(3), 大野晋(1977), 所收.

小倉進平(1920),『國語及び朝鮮語のため』, 京城: ウツボや書籍店.

宋　敏(1979), 言語의 接觸과 干涉類型에 대하여 —現代國語와 日本語의 경우—,『聖心女大論文集』10.

_____(1985), 派生語形成 依存形態素 '-的'의 始原,『干雲朴炳采博士還曆紀念論叢』.

松村明(1957),『江戸語東京語の研究』, 東京: 東京堂出版.

_____(1970),『洋學資料と近代日本語の研究』, 東京: 東京堂出版.

_____(1977),『近代の國語』—江戸から現代へ—, 東京: 櫻楓社.

外山映次(1972), 近代の音韻, 中田祝夫(1972) 所收.

柳父章(1982),『飜譯語成立事情』(岩波新書), 東京: 岩波書店.

井上史雄(1971), が行音の分布と歴史,『國語學』(日本: 國語學會) 86.

佐藤喜代治(1971),『國語語彙の歴史的 研究』, 東京: 明治書院

中田祝夫(編)(1972),『講座 國語史 2. 音韻·文字史』, 東京: 大修館書店.

進藤咲子(1981),『明治時代語の研究』—語彙と文章—, 東京: 明治書院.

**出處** <國民大 語文學研究所(1986. 2.),『語文學論叢』5: 37-52.>

# 朝鮮通信使의 母國語 체험

## 1. 머리말

조선시대를 통하여 일본에 파견된 바 있는 통신사 일행은 현지에서 일본어와의 접촉을 통한 언어적 체험을 여러 가지로 쌓게 된다. 그들은 그러한 체험을 통하여 언어와 그 주변문제에 대한 인식을 새롭게 할 수 있었으리라고 생각된다. 『海行摠載』에 수집되어 있는 海槎錄 류와 그밖의 日記 류에 전하고 있는 기록을 통하여 그 내용을 정리해 본다면 대략 다음과 같은 3가지 유형으로 분류될 수 있을 것이다.

첫째는 일본어와의 직접적인 접촉을 통한 고유어휘, 문화어휘, 한자어휘, 동식물명 등에 대한 새로운 체험이다. 한자표기나 한자표현만으로도 언어문화생활에 불편함을 느끼지 못했던 당시의 지식인들인 통신사 일행은 고유일본어, 한자로 표기되면서도 훈독되는 어휘, 일본식한자어, 신조어 등과 접하게 되면서 그 독법이나 용법의 기이함에 疑念을 가질 수밖에 없었다. 이러한 어휘에 대해서는 송민(1985b)에 그 윤곽을 정리해 본 바 있다.

둘째는 타국인 일본에서 겪게 되는 모국어 체험과 그에 대한 새로운 인식이다. 통신사 일행은 일본에 다녀오는 동안 국어를 쓸 줄 아는 외국인을 만나기도 하며, 壬辰·丁酉倭亂 때 일본으로 끌려간 포로들의 모국어 능력을 관찰하게 되기도 하고, 연락용 日本側 書信을 역관으로 하여금 언문으로 번역시켜 읽히기도 한다. 본고에서는 이러한 모국어 체험에 대해서 검토하게 될 것이다.

셋째는 일본어와의 접촉을 통해서 새로 깨우치게 된 언어주변문제에 대한 인식이다. 통신사 일행은 일본어의 문자, 일본어의 문자생활능력, 한자·한문의 색다른 용법 등에 자주 관심을 표시한다. 공식외교문서, 예컨대 國書나 答書 가운데 나타나는 부적절한 한자어구를 서로 지적하며, 그 수정을 요구하기도 하고, 관용적 한자용법의 독자성을 서로 이해하지 못하고 의견이 대립되기도 한다. 여기에 대해서는 차후에 一文을 엮을 예정이다.

이상과 같은 사실들은 어문접촉에서 생겨날 수밖에 없는 제반 문제점을 알려 주고 있다. 그러나 조선통신사의 일본어접촉이 무의미한 체험으로 끝났다고는 볼 수 없다. 당시의 일부 지식인들이나마 그러한 언어접촉을 통하여 모국어에 대한 인식을 새롭게 할 수 있었으리라고 믿어지기 때문이다. 본고에서 통신사 일행의 모국어 체험에 대한 기록을 정리해 보려는 이유도 거기에 있다.

## 2. 倭亂 被拉者들의 모국어 능력

壬辰(1592, 宣祖25), 丁酉(1597, 宣祖30) 兩倭亂을 통하여 일본으로 끌려간 피랍자중 고국에 돌아올 수 없었던 많은 사람들은 현지에 정착할 수밖에 없게 된다. 그들의 모국어 능력은 세월이 흐름에 따라 약화되어 간다. 통신사의 일기류에 그 사실이 잘 반영되어 있다. 그 실상을 차례로 정리해 보면 다음과 같다.

### 1) 1607년 使行時[1]의 사례

임진·정유 양왜란 이후 통신사가 정식으로 일본에 파견된 것은 1607년(선조40)이 처음이었다.[2] 이때의 통신사에게 부여된 임무는 修好·回答兼刷還이었다. 따라서 통신사 일행은 往還 길에 被拉同胞送還에 盡力한 바 있다. 그 전후사정을 副使 慶暹(1562~1620)은 대마도에서 다음과 같이 적고 있다.[3]

　　되돌아오는 길에 포로를 점검해 보니 남녀 합쳐 겨우 1천 4백 18명이었다. 그래서 10일 양식을 내주었다. 대개, 포로인으로 일본 내지(內地)에 흩어져 있는 자가 몇 만이나 되는지 모른다. 비록 돌아가기를 원하는 자에게는 돌아가게 하라는 관백의 명령이 있기는 하였으나, 그 주인들이 앞을 다투어 서로 숨겨서 마음대로 할 수 없게 하였

---

1) 이때의 正使는 呂祐吉, 副使는 慶暹, 從事官은 丁好寬이었다.
2) 왜란이 시작된 후 비공식으로 일본에 다녀온 使行이 없었던 것은 아니다. 1696년(선조29)에는 黃愼, 1604년(선조37)에는 惟政이 일본에 파견된 바 있으므로 1607년 이전에도 실상은 2번에 걸친 使行이 있었다. 그러나 정상적 절차에 의한 통신사 파견은 1607년이 亂後 첫 번째에 해당하는 것이다.
3) 본고에서는 민족문화추진회(1974~1977)의 『국역해행총재』 I~XI에 나타나는 번역문으로 인용한다.

고, 또 포로인들도 정주(定住)를 편케 여겨 돌아오려는 자가 적었다. 지금 쇄환해 오는 수는 아홉 마리 소 가운데 털 한 개 뽑은 정도도 못 되니, 통탄함을 이길 수 있겠는가?4)

이때는 피랍자들이 일본에 억류된지 10년 내외의 세월이 흐른 뒤였다. 그럼에도 불구하고 피랍자들은 대개 모국어를 그대로 쓸 수 있었다. 그러한 사실은 피랍자들이 통신사에게 보내오는 諺書로 확인된다. 두세 명의 士族女가 大坂에 머물고 있는 통신사에게 諺書를 보내어 陳情한 일이 다음과 같이 기록되어 있다.

> 사로 잡혀 간 남녀가 양식을 싸가지고 모여 와 문밖을 메웠으므로, 역관(譯官) 박대근(朴大根)으로 하여금 돌아갈 때에 데리고 가겠다는 뜻으로 타일러 위로해 보내게 하였다. 먼 곳에 있어 올 수 없는 사람은 많이 서찰(書札)을 보내어 그들이 머물고 있는 곳을 아뢰었다. 그 가운데 두세 명의 사족(士族) 여자가 언문 편지로 진정하기에 역관으로 하여금 말을 만들어 답하게 하였다.5)

이와 같은 諺書陳情은 慶暹의 『海槎錄』에 한 번밖에 나타나지 않지만, 당시의 피랍자중 돌아오고 싶었던 사람들이 많았다는 사실과 더불어 중요한 의미를 지닌다. 이때까지의 피랍자들은 모국어를 거의 잊지 않고 있었다는 사실이 확인될 수 있기 때문이다.

## 2) 1617년 使行時6)의 사례

왜란 이후 두 번째의 통신사 파견은 1617년(광해9)에 이루어졌다. 첫 번째로부터 다시 10년의 세월이 흐른 뒤였으나 이때의 통신사에게도 쇄환의 임무가 회답과 함께 주어졌다. 그러나 일본에 끌려간 피랍자들로 보면 벌써 20년 내외의 세월을 일본에서 보낸 뒤였다. 따라서 통신사 일행은 현지에서 동포들의 모국어 능력이 점차 약화되어 가고 있음을 체험하게 되지만, 이때까지는 그래도 모국어를 잊지 않고 있는 사람들이 적지 않았던 것으로 보인다. 藍島에 통신사가 머무는 동안 다음과 같이 諺札을 받은 사실이 있기 때문이다.

---

4) 慶暹, 『海槎錄』 1607년 閏6월 24일.
5) 慶暹, 『海槎錄』 1607년 4월 9일.
6) 이때의 正使는 吳允謙, 副使는 朴梓, 從事官은 李景襃이었다.

또 한 사람은 하인들이 있는 곳에 언문(諺文) 편지를 던졌다. 그 편지의 대략에 "조선국 전라도 순창(淳昌) 남산(南山) 뒤에 살던 권목사(權牧使)의 손녀이며, 아버지는 권백(權伯)이었습니다. 첩(妾)의 나이가 열다섯 살일 때에 포로되어 와 이 고을 태수와 친근한 노(奴)의 여종이 되었습니다. 이 고을 이름은 바로 지구전(至久前)인데 이곳에서 가장 귀한 것은 호피(虎皮)니, 만약 한 장만 얻으면 제대로 팔아서 돌아갈 수가 있습니다. 비록 그렇게 되지 못하더라도 이 고을 태수에게 말을 할 것 같으면 반드시 놓아주어 돌아가도록 할 것입니다. 첩(妾)은 살아 돌아가 고향에서 죽으려고 생각하여, 남들은 모두 시집갔으나 저는 홀로 살고 있습니다. 이번에 우리나라 사신이 온다는 것을 듣고 구제(救濟)될 길이 있기를 바라며 감히 이렇게 앙달(仰達)합니다" 했는데, 그것을 한 왜인이 와서 전하는 것이었다. 하인들을 시켜 언문 편지를 만들되, 돌아갈 때에 쇄환하겠다는 뜻을 말해 주게 하였다. 축전주 태수와 친근한 노의 집에 살고 있는 사람이라고 범연히 말하고 그 주왜(主倭)의 성명 및 그의 항시 부르는 이름은 적지 않았다. 편지를 전하는 왜인에게 물어보았으나 역시 자세하게 말하지 않았으니, 필시 두려워해서 감히 말하지 못한 것이다. 지구전(至久前)은 바로 축전(筑前)의 왜음(倭音)이었다.[7]

순창(淳昌)에 살던 여인이 언문 편지를 보내기를 "제 조부는 목사(牧使) 권대덕(權大德)이고 외조는 용안현감(龍安縣監)입니다. 나이 15세 때인 정유(丁酉)년에 사로잡혀 와서 지금 나이는 35세요, 축전수(筑前守) 친노(親奴)의 비자(婢子)가 되었는데 돌아가고 싶습니다"하였다.[8]

前者가 從事官 李景稷(1577~1640)의 기록이고, 後者가 正使 吳允謙(1559~1636)의 기록인데 똑같은 사실에 대하여 두 사람의 기록이 약간 다르기는 하나 근본적인 차이는 보이지 않는다. 이 기록은 15살 때 피랍된 한 여인이 20년동안 모국어를 잊지 않고 諺札을 쓸 수 있었던 사실을 전해 주고 있다.

諺書能力은 또다른 피랍자들에게서도 확인된다. 다음은 淀浦에서의 기록이다.

유식(柳植)·유석준(柳錫俊)의 딸들이 와서 언문 편지를 전하므로[9], 각기 친속(親屬) 및 고향에서 서신이 오는가의 여부를 물었더니, 언문 편지 가운데 남소문동(南小門洞) 신형□(愼馨□)·이혜(李惠)·순흥군(順興君)의 성명을 쭉 써서 그 안부를 묻고 있었다. 필시 이 사람들의 자녀(子女)·친속인 모양이다. 이 사람들이 협판중서

---

7) 李景稷, 『扶桑錄』 1617년 8월 3일.
8) 吳允謙, 『東槎上日錄』 1617년 8월 4일.
9) 이때의 '전하므로'는 '전하는데', '물었더니'는 '물었다'로 번역되어야 할 곳이다. 그렇지 않으면 문맥이 통하지 않기 때문이다.

(協判中書)의 집에 있다가, 이예주(伊預州)로부터 대판으로 옮겨 왔다는데, 또 대판에서 옮겨 왜경으로 왔다는 것이다.10)

　　한 왜인이 와서 언문(諺文) 편지 한 장을 군관(軍官)과 역관이 있는 곳에 전하였는데, 첫머리에 "묵사동(墨寺洞) 유첨지(柳僉知)의 아들 유석준(柳錫俊) 생원(生員)의 편지가 만약 왔으면 전해 보내 주기를 원합니다"하였고, 인해서 남소문동(南小門洞) 신향(愼向), 새문밖 이혜(李惠), 남대문밖 장기택(長耆宅), 건천동(乾川洞) 유식(柳植), 장의동(莊義洞) 이여수(李汝壽), 동대문밖 판서 이희검(李希儉), 승지(承旨) 이수광(李晬光)을 내리 적고는 "이 사람들의 겨레붙이와 혹은 자식들이 포로되어 여기에 있으니, 만약 서신(書信)을 부쳐 왔으면 행여 전해 주기를 원합니다. 고향 소식을 전연 듣지 못해서 밤낮으로 슬픕니다. 모든 사람이 생사(生死)를 알고 싶으니, 고국사람을 불쌍하게 여겨 상세하게 알려주기를 바랍니다"하였고, 또한 돌아가기를 원하는 뜻을 언급했으나, 누구의 편지라는 것은 적혀 있지 않았다.11)

　　전일에 유식(柳植)의 딸 등의 편지를 전하던 중이 또 언문 편지를 전하는데, 모두 전일 편지에 말했던 돌아가기를 원하는 뜻이었다. 군관 정충신을 시켜, 이미 집정에게 통했다는 뜻으로써 답서를 만들어 보내도록 하였다.12)

여기서 알 수 있는 바와 같이 諺札을 보내 온 것은 주로 부녀자였다. 이에 반하여 남자일 경우에는 직접 찾아와 만나는 사람도 적지 않았다. 몇 가지 사례만 찾아보면 다음과 같다.

　　한 사람이 와서 주방 군관 이영생(李瀛生)에게 말하기를 "소인은 바로 순천(順天) 가리포(加里浦)에 살던 방답수군(坊踏水軍)이었습니다. 진무(鎭撫)하는 일을 하다가 한산(閑山)에서 패전(敗戰)하였을 적에 법인(法印)의 진(陣)에 포로되어, 비란도(飛蘭島)에 와서 살고 있습니다"하는데, 곧 평호도(平戶島)였다. 곧 불러 보고 먼저 그 나라를 향모(向慕)하는 정성을 격려해 주고, 다음에 조정에서 선유(宣諭)하는 뜻을 일러 돌아갈 때 모집하여 기다릴 것을 약속하였더니, "이미 수십명이 서로 약속했습니다. 사행(使行)이 바다를 건넌다는 말을 듣고 와서 등대(等待)한지가 벌써 10여일입니다"하였다. 우리나라 이름으로는 박춘절(朴春節)이고, 왜의 이름은 신시로(信時老)였다. 대마도 왜인들이 우리나라 포로를 금하여 마음대로 와서 보지 못하도록 하니, 놀랍고 분함을 견딜 수 없었다.13)

---

10) 吳允謙, 『東槎上日錄』 1617년 8월 22일.
11) 李景稷, 『扶桑錄』 1617년 8월 23일.
12) 李景稷, 『扶桑錄』 1617년 9월 6일.
13) 李景稷, 『扶桑錄』 1617년 8월 2일.

포로된 진주(晉州) 사람 이인송(李人松)이 와서 군관 등을 보고 "소인은 진주 사인(士人) 이만경(李萬璟)의 아들이요, 이분(李芬)의 아우인데, 정유년 난리에 하동(河東)에서 포로되어 지금 풍전주(豊前州) 소창시가(小倉市街)에 있습니다. 행차가 여기에 도착한다는 것을 듣고, 사정을 아뢰려 나루를 건너 왔는데, 사신이 돌아갈 때에 따라갈 작정입니다"하였다. 군관을 시켜 특별히 위로해 주고, 포로된 딴 사람들도 불러 모아 기다리라는 뜻으로 타일렀다.[14]

함안(咸安) 교생(校生)이던 하종해(河宗海)라는 사람이 와서 뵙고 간단한 편지를 바쳐서 돌아가기를 원한다는 뜻을 진술하였다. 대략에 "25년 동안 음식을 먹어도 맛을 모르고 잠을 자도 편치 못하며, 임금을 그리는 일편단심과 어버이를 생각하는 눈물을 얼마나 흘렸는지......"하였다. 불러 보고 술을 먹이며 돌아가자는 뜻으로 간곡하게 타이르고 칭찬하며 격려하여 보냈다.[15]

포로된 사람으로, 충청도 정산(定山)에 살던 정로위(定虜衛) 김계용(金繼鎔)이 기이주(紀伊州)에서 와 뵙고 돌아가기를 원하며 "제가 거주하는 지방에도 조선사람이 많으나, 본국 사정을 몰라서 모두 돌아가기를 즐겨하지 않습니다. 만약 권유(勸諭)하는 문서를 가지고 간다면 불러 모아 함께 돌아갈 수 있을 것입니다" 하기에, 불러 보고 매우 가상하게 여겨 쌀 1섬을 주어 양식으로 하도록 하고, 유시문(諭示文) 한 벌을 써서 인(印)을 찍어 주었다.[16]

여기에 나타나는 피랍자 朴春節이나 李仁松, 河宗海, 金繼鎔은 모국어를 쓸 수 있는 사람들이었을 것으로 생각된다. 그들은 돌아오기를 원하고 있었을 뿐 아니라, 사행처소에 직접 모습을 나타낼 수 있었던 사람들이기 때문이다.

이와는 달리 사신들은 곳곳에서 모국어를 완전히 잊거나 거의 잊어버린 피랍자들을 만나게 된다.

김제(金堤) 사람 하나가 와서 뵙기에 거주(居住)하던 곳과 성명, 부모, 형제의 유무를 물으니, 모두 모르고, 조선말도 또한 알아듣지 못했다. 10세 때에 포로되었다 하는데, 그 어리석고 용렬함이 이와 같았다. 올 때에 나와서 기다리도록 약속했으나, 이와 같은 사람은 하나의 왜인일 뿐이었다.[17]

포로된 남원(南原) 사인(士人) 김용협(金龍俠)의 아들 길생(吉生)이 와서 뵙는데,

14) 李景稷, 『扶桑錄』 1617년 8월 7일.
15) 李景稷, 『扶桑錄』 1617년 8월 27일.
16) 李景稷, 『扶桑錄』 1617년 9월 6일.
17) 李景稷, 『扶桑錄』 1617년 8월 3일.

13살 적 정유년에 포로되었다 하였다. 말은 매우 더듬거리나 문자는 제법 알았다. 부상(富商)의 집 사위가 되었는데 돌아가고 싶은 마음이 많으나 뜻을 쉽사리 결단하지 못하므로, 간곡하게 타일러서 보냈다.18)

　　포로된 창원(昌原)에 살던 김개금(金開金)이라는 사람이 와서 뵙고 12~13세 적에 포로되어 왔다고 하는데, 한마디 말도 통하지 못하니, 특히 하나의 왜인이었다. 고향으로 돌아가자는 뜻으로 타이른 즉, 답하기를 "왜 주인이 지금 강호에 있으니 돌아오기를 기다려 고한 다음이라야 갈 수 있습니다. 20여년이나 은혜받은 사람을 져버릴 수 없습니다" 하였다. 재삼 타이르기를 "은혜를 받은 것이 너의 부모(父母)와 어느 쪽이 더한가? 네가 포로되어 올 때에 너의 부모에게 고했던가? 네가 만약 고향에 돌아가서 부모형제를 보게 된다면, 이것은 죽었다가 살아난 즐거움이다. 너의 부모를 다시 보는 즐거움을 어찌 헤아릴 수가 있겠는가? 금수(禽獸)는 지극히 무지한 것이지만, 새는 옛 둥우리로 돌아오고, 말이나 소도 제 집을 아는데, 하물며 사람으로서 금수만 같지 못하여서야 되겠는가?" 하였다. 옆에 있는 왜인이 듣고는 혀를 껄껄 찼는데, 이 사람은 미련하게 움직이지 않아 죽이고 싶었으나 어찌할 수가 없었다. 대개 돌아가기를 생각하는 자는 조금 식견이 있는 사족(士族) 및 여기에 있으면서 고생하는 사람이었고, 그 나머지는 처자가 있거나 재산이 있어서, 이미 그 삶이 안정된 자는 돌아갈 뜻이 전연 없으니, 가증스럽기 한이 없는 일이다.19)

　모국어를 잊어버린 사람들에게 공통점이 있었다면 그것은 10~13살 때에 피랍되었다는 사실이다. 그러므로 그 나이에 외국에서 20년 정도를 살다보면 모국어 능력이 없어질 수 있는 것으로 생각된다. 종사관 李景稷은 고국에 돌아오기를 원하는 사람이 士族이거나 고생을 하는 사람들이며, 처자와 재산이 있어 생활이 안정된 사람들은 돌아갈 뜻이 없었다고 했지만, 거기에는 또 하나의 이유가 개재되어 있었으리라고 풀이된다. 곧 모국어 능력을 갖지 못한 사람들 또한 돌아오기를 원하지 않았을 것으로 생각되기 때문이다.20) 어려서 피랍되다 보니 모국어를 쉽게 잊어버릴 수밖에 없었을 것이고, 모국어를 잊어버리고 나니 '一倭人' 곧 언어와 동작까지 '하나의 倭人'이 될 수밖에 없었을 것이다. 이러한 사람들은 당시에 자주 使行의 눈에 띄었던 듯하다.

---

18) 李景稷, 『扶桑錄』 1617년 8월 27일.
19) 李景稷, 『扶桑錄』 1617년 9월 20일.
20) 地域別로는 湖南 사람들이 돌아오기 싫어했다는 觀察도 있다.
　　나주(羅州) 사람 나윤홍(羅允紅)은 제 말이 나덕창(羅德昌)의 6촌으로 명문가(名文家)의 자제인데, 10세 때에 포로 되었다 한다. 그 모습을 보고 그 말을 들으면, 돌아갈 마음이 조금도 없었으니, 미운 마음을 견딜 수 없었다. 대개 고향을 그리워하는 마음이 없기로는 호남(湖南) 사람으로서 포로된 자가 더욱 심했다(李景稷, 『扶桑錄』 1617년 8월 22일).

지나오는 도중에 더러 포로당한 사람이 있었으나 그 수효가 많지 않았고, 왜경(倭京)에 도착한 이후에는 와서 뵙는 자가 연달아 있었으나 돌아가기를 원하는 자는 매우 적었다. 나이 15세 이후에 포로된 자는 본국 향토(鄕土)를 조금 알고 언어도 조금 알아 돌아가고 싶어 하는 마음이 있는 듯하였으나, 매양 본국의 살기가 어떠한가를 물으며 양쪽에 다리를 걸쳐 거취(去就)를 정하지 못하므로, 정녕(丁寧)하게 말해 주고 되풀이해서 간곡하게 타일러도 의혹(疑惑)이 풀리는 자는 또한 적었다. 10세 이전에 포로된 사람은 언어와 동작이 바로 하나의 왜인이었는데 특히 조선 사람이라는 것을 아는 까닭으로 사신이 왔다는 것을 듣고 우연히 와서 뵙는 것이고 고국(故國)을 향모(向慕)하는 마음은 조금도 없었다.[21]

모국어를 잊어버렸을 뿐 아니라 돌아오기를 원하지 않는 사람이 많음을 알게 된 사신들은 이들을 타이르는 諭文과 함께 그에 대한 일본문 번역까지 만들어 피랍자들을 불러 모으도록 하기에 이른다.

또 "본도(本島)에 포로된 사람이 많습니다" 하므로 곧 유시문(諭示文)을 쓰고 또 일본 언서(諺書)로 번역해 주어 포로된 사람을 불러 모아 오게 하고 중한 상을 하기로 약속하여 보내며 쌀 1섬을 주어 노자와 양식을 하도록 하였다.[22]

이상으로 왜란 피랍자들에 대한 20여년 후의 모국어능력을 살펴보았다. 그 결과 15살 미만의 어린 시기에 피랍된 사람들은 모국어를 완전히 잊고 있었음이 확인되었다. 그러나 이때까지는 그래도 나은 편이었다. 통신사 일행은 아직도 모국어능력을 지닌 피랍자들을 만날 수 있었기 때문이다. 1617년 이후의 使行時에도 통신사들은 가끔 왜란 피랍자를 만나보게 된다. 그러나 모국어를 간직하고 있는 사람을 만났다는 기록은 한 둘에 그치고 있다.

### 3) 1624~5년 使行時[23]의 사례

다시 세월은 7년이 흘렀다. 그러나 이때의 통신사도 피랍자를 일본에서 만난 적이 있음을 전하는 기록이 남아 있다. 다음은 江戸에서 副使 姜弘重(1557~1642)이 겪은 일이다.

사로 잡혀 온 사람 무안공생(務安貢生) 이애찬(李愛贊)이 와서 소지(所志)를 올

---

21) 李景奭, 『扶桑錄』 1617년 8월 22일.
22) 李景奭, 『扶桑錄』 1617년 9월 9일.
23) 이때의 正使는 鄭岦, 副使는 姜弘重, 從事官은 辛啓榮이었다.

려 당시에 사로 잡혀 온 곡절과 고국으로 돌아가고자 하는 뜻을 하나하나 말하였는데, 사연이 심히 비통하여 차마 볼 수 없었다. 그래서 돌아갈 때에 같이 데리고 가겠다는 뜻으로서 제급(題給)하였다.[24]

또 곤양(昆陽) 사람이 찾아와 뵙고 스스로 이르기를 "김첨사(金僉使)의 아들인데 임진년에 사로 잡혀 와 이곳에서 살고 있습니다. 대포를 잘 쏘므로 수십인을 데리고 항시 교련을 시키고 있는데, 행차가 돌아가실 때에 만약 데리고 가신다면 이곳에 사로 잡혀 온 사람 30여인을 마땅히 개유(開諭)하여 일시에 데리고 오겠습니다" 하였다. 그러나 그 말이 경솔하여 성실하지 않은 듯하여 믿을 수 없었다.[25]

李愛贊이나 金僉使의 아들에 대한 모국어 능력은 밝혀져 있지 않으나, 적어도 사신에게 돌아오고 싶다는 뜻을 전할 정도라면 그들은 모국어를 잊지 않은 인물들이었을 것으로 생각된다. 실제로 姜弘重은 그러한 사람을 만날 수 있었다.

또 낙안(樂安) 사람 조일남(曺一男)이라는 자가 찾아와 양반의 아들이라 이르며 "정유년에 사로 잡혀 와 평호도(平戶島)에서 살고 있는데 그곳은 바로 일기도주(一岐島主)가 있는 곳으로 현재 도주의 관하가 되어 지난 4월에 도주를 따라 이곳에 왔다" 한다. 우리나라 말에는 비록 약간 서투른 듯하나 또한 아주 잊어버린 말은 없었다. 그래서 그 까닭을 물으니 대답하기를 "당초에 부처(夫妻)가 한 때에 사로 잡혀 와서 다행히 같이 살고 있습니다만, 항상 돌아갈 마음이 있으므로 본국의 말을 잊지 않았습니다......"[26]

曺一男의 경우에는 夫妻가 함께 피랍되었기 때문에 모국어를 잊지 않을 수 있었다.[27] 그러나 副使 姜弘重은 군관들을 통해서 모국어를 까맣게 잊어 버려 通話가 불가능했던 두 여인의 이야기를 전해 듣기도 한다.

사로 잡혀 온 두 여인이 스스로 양반의 딸이라 하며, 군관들을 찾아와 고향소식을 묻고자 하는데, 사로 잡혀 온 지가 이미 오래이므로 우리나라 말을 모두 잊어 말을 통하지 못하고 다만 부모의 존몰(存沒)을 물은 다음 눈물만 줄줄 흘릴 뿐이었다. 귀국의 여부(與否)를 물으니, 어린 아이를 가르킬 뿐이었다 한다. 이는 아들이 있으므

---

24) 姜弘重, 『東槎錄』 1624년 12월 14일.
25) 姜弘重, 『東槎錄』 1624년 12월 14일.
26) 姜弘重, 『東槎錄』 1624년 12월 14일.
27) 그러나 曺一男은 이때의 使行을 따라 고국에 돌아오지 않았다. 그보다 12년 후인 1936~7년 使行時에도 從事官 黃㦿가 그를 一岐島에서 다시 만나기 때문이다. 이 점에 대해서는 後述하게 될 것이다.

로 돌아가기 어렵다는 것이었다.28)

兩倭亂 이후 30년 가까운 세월이 흐른 시점에서 통신사 일행이 체험할 수 있었던 피랍자들의 모국어 능력은 이 두 여인에 의하여 상징적으로 대변되고 있었다고 할 수 있다.

### 4) 1636~7년 使行時29)의 사례

세월은 다시 12년이 흘렀다. 이때에도 통신사 일행은 행로에서 가끔 피랍자를 만나곤 한다. 從事官 黃屎(生沒年 未詳)는 그 사실을 다음과 같이 전하고 있다. 一岐島에서의 일이었다.

> 사로 잡혀 온 사람 2명이 있었는데, 하나는 전라도 낙안군(樂安郡) 사람 조일남(曹一男)이고, 하나는 흥양군(興陽郡) 사람 신천룡(申天龍)이다. 신(臣)이 탄 배에 찾아와서 인사를 올리매, 신이 몸소 만나보고 물으니 천룡은 벌써 제 고향 말을 잊었고, 일남은 묻는 대로 따라서 대답하매 자못 일본의 사정을 말하는데 믿을 수는 없다. ......(中略)......신이 그 두 사람에게 돌아갈 때에 데리고 가겠다는 뜻으로 타일렀더니, 두 놈 다 탐탁치 않은 빛을 보이니 몹시 미웁다.30)

여기에 다시 보이는 曹一男은 1624년 使行時의 副使 姜弘重을 만났던 인물이다. 이로써 曹一男은 결국 고국에 돌아오지 않았음을 알 수 있다. 그는 夫妻가 함께 피랍되어 살았기 때문에 이때까지도 모국어를 간직하고 있었음에 반하여, 申天龍은 모국어를 완전히 잊어버린 상태였다. 이와 같은 경우는 그밖에도 가끔 있었던 것으로 보인다.

> 또 우리나라 해남(海南)에 사는 백성으로 포로되어 온 자라 스스로 일컬으며 부엌에서 구걸해 먹는 사람이 있었는데, 고향을 그리워하는 생각이 조금도 없었다. 가는 길에 이따금 사로 잡혀 온 사람을 만나서 데려가겠다는 뜻으로 타이르면, 모두들 나이가 늙었고 자손이 있으며 본국의 말을 다 잊었고 부모 친척이 없다고 말하고, 심한 자는 불손한 말까지 하기를 "비록 본국에 가더라도, 의식(衣食)을 의지할 데가 없어 생활이 매우 어려우므로, 군병(軍兵)이 되지 않으면 남의 노예(奴隸)가 될 것이니, 본국에서 고난을 받기보다는 차라리 여기에서 편안히 지내겠습니다" 하니, 이런 말을 들으면 미워서 곧 목을 베어 버리고 싶으나 어쩔 수 없었다. 역관들이 또한 한껏 타일러

---

28) 姜弘重, 『東槎錄』 1624년 11월 28일.
29) 이때의 正使는 任絖, 副使는 金世濂, 從事官은 黃屎, 製述官은 權伏이었다.
30) 黃屎, 『東槎錄』 1636년 10월 25일.

도 그 마음을 돌릴 수 없었다.[31)

세월이 흐름에 따라 모국어를 잊어버림과 동시에 고국에 돌아오고 싶은 마음도 없어져 갔음을 보여 주는 사례가 아닐 수 없다. 이러한 사실을 눈앞에 보면서 통신사들의 마음 또한 착잡했음이 위의 인용문에 잘 나타나 있다.

### 5) 1655~6년 使行時[32)의 사례

이보다 앞서 使行이 없었던 것은 아니다. 1643년에도 통신사가 일본에 다녀왔던 것이다. 그러나 1643년의 통신사 일행이 일본에서 모국어능력을 체험했다는 기록은 보이지 않는다.[33) 그럼에도 불구하고 1655년 使行時의 從事官 南龍翼(1628~1692)은 大坂에서 모국어를 잊지 않은 74세의 노인 한 사람을 만나게 된다.

> 우리나라에서 포로되어 온 사람이 밖에 있어 보기를 청한다는 말을 듣고 불러서 물어보니, 전라도 태인(泰仁) 사람으로서 그의 성명은 최가외(崔加外)라 한다. 나이 지금 74세인데, 정유(丁酉)의 왜란 적에 남원(南原)에서 포로되었는데, 그 부모는 다 죽고 그의 처와 네 누이동생이 모두 포로되었다. 일본에 온 뒤에 아들과 손자를 낳고, 남의 종이 되어 신(履)을 팔아 생활을 한다하고, 아직도 우리나라의 말을 잊어버리지 아니하고, 우리나라의 일에 말이 미치자 슬퍼서 눈물을 흘리면서 고국의 땅에 뼈를 묻기를 원한다 하였다. 보기에 불쌍하여 술과 과실과 양미(糧米)를 주니 감사하다고 절하고 갔다.[34)

崔加外는 어쩌면 피랍자 가운데 모국어를 잊지 않은 최후의 인물이었을 가능성도 없지 않다. 그의 나이로 逆算해 보면 그는 16살 때쯤 피랍된 셈이다. 그럼에도 불구하고 그는 60년 가까이 모국어를 잊지 않았던 것이다. 앞에서 15세 이전에 피랍된 사람들이 모국어 능력을 완전히 상실한 여러 사례를 본바 있지만, 崔加外의 경우에는 나이도 나이려니와 妻와 누이동생들이 함께 피랍되었다는 점이 그의 모국어 능력을 유지시켜 준 이유였던 것으로 생각된다.

---

31) 黃㦿, 『東槎錄』 1636년 12월 1일.
32) 이때의 正使는 趙珩, 副使는 兪瑒, 從事官은 南龍翼이었다.
33) 이때의 기록으로는 從事官 申濡의 『海槎錄』이 있으나, 여기에는 피랍자의 모국어 능력에 관한 아무런 정보도 나타나지 않는다.
34) 南龍翼, 『扶桑錄』 1655년 9월 9일.

지금까지의 사실들을 정리해 보면 壬辰·丁酉 兩倭亂의 피랍자들은 1617년을 고비로 하여 모국어를 거의 잊어버렸던 것으로 풀이된다.[35] 이때가 피랍 20년 쯤 된 후였다. 물론 모국어를 쉽게 잊어버린 것은 어려서 피랍된 사람들이었다. 통신사 일행의 체험에 의하면 10살에서 13살 사이에 피랍된 경우에는 20년 후에 모국어를 완전히 잊어버린다는 사실이 확인된다. 그러나 15살이 넘거나, 주위에 대화할 수 있는 상대가 있을 경우에는 평생 동안 모국어를 잊지 않을 수도 있다는 사실이 통신사 일행의 체험으로 확인되기도 하였다. 그리하여 從事官 南龍翼은 倭亂 後 半世紀도 더 흐른 시점의 일본 땅에서 뜻밖에도 모국어 능력을 가진 한 노인을 만날 수 있었던 것이다.

## 3. 通信使行과 언문

통신사 일행이 사용한 공식문자는 두 말할 필요도 없이 한자와 한문이었다. 국서와 각종 서계 그리고 일기류가 모두 한문으로 작성된 점이 저간의 사정을 잘 알려 주고 있다. 그러나 언문이 전혀 필요 없었던 것은 아니었다. 앞에서 본 바와 같이 일본에서 피랍자들과 교신할 때에는 자주 언문이 이용되었다. 그 뿐만 아니라 언문으로 작성된 告目이 이용되기도 하고 통신사를 수행하는 노졸들에게 내리는 금제나 약속이 언문으로 번역되기도 하였다. 한편 일본측에서 전해 오는 소오로오(候) 문체 서신 또한 역관들에 의하여 언문으로 번역되었다. 이러한 사정 때문에 通信使行에는 언문이 필요불가결할 문자일 수밖에 없었다. 자연히 한문에 능통한 사신들도 모국어 문자인 언문을 도외시할 수 없었던 것이다.

### 1) 申維翰과 언문

申維翰(1681~?)은 1719~20년(肅宗45~46) 使行時의 제술관이었다. 그는 돌아오는 길에 名古屋에 머물면서 일본인들의 청을 받고 언문자형을 써보인 후 그들의 질문에 응답했다는 기록

---

35) 특수한 경우로서 九州 나에시로가와(苗代川) 지방에 정착한 陶工들은 수백년간 모국어를 지켜 온 사실로 유명하다. 그러나 이들은 일본인과 혼인이 제지되었고, 그들로 하여금 강제적으로 모국의 풍속습관을 지키게 한 경향이 있다고 알려져 있다(安田章1980: 358).

을 남기고 있다.

> 여러 왜인(倭人)이 우리나라 언문(諺文)의 자형(字形)을 보여 달라고 하므로 대략
> 써서 보였다. 또 어느 시대에 창제(創製)하였는가를 묻기에 나는 대답하기를 "우리나
> 라 세종대왕(世宗大王)께서 성신(聖神)의 자질로서 온갖 기예(技藝)에 박통하시고
> 열 다섯 줄의 새 글자를 만들어 만물의 음을 다 포함시켰는데 거금 3백년이 되었다"하
> 니, 여러 왜인들이 모여서 보고는 말하기를 "글자의 형상이 성신(星辰)·초목(草木)과
> 같으니 반드시 하도·낙서(河圖洛書)에서 취하였을 것이다"하였다.36)

木下實聞(1681~1752)의 『客館璀粲集』(1720)에 의하면 이 때의 언문은 姜栢(耕牧子)이 써준 것
으로 되어 있어, 어느 쪽 기록이 정확한지 판단하기 어려우나(宋敏1986: 15), 통신사 일행이
언문을 일본인들에게 써보이며 그 내력을 설명해 준 사실만은 부인할 수 없을 것이다.37)

## 2) 공식문서와 언문

通信使行의 공식문서는 원칙적으로 한문이었지만 역관들은 언문으로 문서를 작성하는 수
도 있었던 것으로 보인다.

> 왜인이, 부산훈도 이형남(李亨男) 등의 언문(諺文)으로 쓴 고목(告目)을 비로소
> 전하는데 "적의 선봉이 안주(安州)에 이르매 대가(大駕)가 서울을 떠났다. ……"하였
> 다.38)

趙曮(1719~1777)은 1763(英祖40)~64년 사행시의 정사였다. 그는 통신사행시의 금제, 약속을
언문으로 작성시켜 노졸들에게 알리도록 하였다.

> 이번의 일행이 거의 5백 명이나 되어 거듭 약속을 밝히지 않을 수 없기 때문에, 전후
> 의 통신사 행차 때의 금제(禁制) 조항을 가져다가 상고하여, 번거로운 점은 삭제하고,
> 미비한 점은 보충하면서, 하나의 합쳐진 문자(文字)를 만들어서 '금제조(禁制條), 약
> 속조(約束條)'라고 이름하여 각색(各色)의 원역(員役)들에게 효유(曉諭)하고, 또 언

---

36) 申維翰, 『海游錄』 1719년 10월 25일.
37) 『客館璀粲集』에 의하면 이 때의 언문이란 자음 ㄱㄴㄷㄹㅁㅅㅇ 7자, 가나다라마바사아자차파타카하 행순
　　음절, 그리고 이중모음 음절 과궈와워솨쉬화훠 8자로 이루어져 있다. 총169자인 셈인데 자음에 ㅂ이 빠져있
　　다(宋敏1986: 52).
38) 黃屎, 『東槎錄』 1637년 2월 24일.

문으로 써서 아래로 모든 노졸(奴卒)에게도 알리어 처음부터 죄를 범하지 않게 하였지만, 어찌 그 실효가 있기를 바라겠는가?[39]

이처럼 통신사 일행 내부에서도 언문은 필요에 따라 이용될 수밖에 없는 문자였음을 알 수 있다. 그러나 언문이 더욱 위력을 발휘한 것은 일본측 서신을 받았을 때였다. 1763~4년 사행시의 정사 趙曮은 일본의 소오로오(候)문을 역관으로 하여금 풀어서 아뢰게 하고, 번역하여 바치게 하였다.

> 예가 끝나자 도주가 손수 동무(東武)의 서신 한 통을 전해 주는데, 문리가 이루어지지 않고, 또 어록(語錄)이 많아서, 마치 우리나라의 이두(吏讀)와 같았다. 수역(首譯)으로 하여금 풀어서 아뢰게 하였더니, 대개 신행(信行) 때 조심하고 살펴서 바람을 기다리라는 뜻인데, 동무는 강호(江戶)를 가리킨 것이다. 도주에게 신칙(申飭) 하여 신행(信行)에게 통기한 것이다. 그것을 받아두고 역관으로 하여금 번역하여 바치게 하였다.[40]

趙曮은 이렇게 하여 이루어진 飜譯文을 『海槎日記』의 부록이라고 할 수 있는 '與彼人往復文字'에 포함시켜 놓고 있다. 飜譯된 書信은 모두 9件인데 참고 삼아 그 첫 번째인 '東武愼風飜書'를 예시해 보면 다음과 같다. 편의상 언문번역을 괄호 속에 넣어 표시하겠다.

> 朝鮮人乘船之節(됴션사ᄅᆞᆷ승션홀쩌에) 日和見合候儀者(일긔를보와가며ᄒ기ᄂᆞᆫ) 勿論候(의논치말고) 乘船懸風波荒候節者(ᄇᆡ타고가다가풍파사오나온쩌ᄂᆞᆫ) 不及申(니ᄅᆞ지안이ᄒᆞ여) 何方之陸(江茂아모륙디에도) 朝鮮人揚可申候得共(됴션ᄉᆞ람을ᄒᆞ륙ᄒᆞ게ᄒ려니와) 左樣者無之(그러튼아니코) 今晚與明日者(이져녁이나ᄂᆡ일은) 强風波(茂셴ᄇᆞ람도) 可有之哉與存候迄之節者(잇시이라티기ᄂᆞᆫ쩌써지ᄂᆞᆫ) 船懸而可有之候得共(ᄇᆡ타이실지라도) 左樣之節(茂이런쩌도) 陸江揚可申候(ᄒᆞ륙ᄒᆞ게ᄒ고) 其所家居些少見若敷候共無其構揚置(그곳집이젓티라ᄒᆞᆯ지라도게결이지멀고ᄒᆞ륙ᄒᆞ에) 天氣見合候而(텬긔을보와가며) 海上靜成節(ᄒᆡ샹이됴용ᄒ쩌에) 渡海可有之候(도ᄒᆡ하게ᄒᆞ옵) 右之趣(웃쏙을) 其方可相心得者被仰出候間(게셰알라ᄒᆞᄂᆞ녕이나ᄉ오이) 可被得其意候(그쯧을아옵)[41]

언문은 이처럼 通信使行時에도 그 나름의 위력을 발휘하였다. 이러한 모국어체험을 통하여 사신들은 모국어에 대한 인식을 새롭게 했으리라고 믿어진다.

---

39) 趙曮, 『海槎日記』 1763년 10월 1일.
40) 趙曮, 『海槎日記』 1763년 11월 2일.
41) 活字本 『海行總載』의 언문번역 부분에는 오류나 오식으로 보이는 곳이 많으나 原文 그대로 옮겨 놓는다.

# 4. 中·日人의 朝鮮語 能力

통신사 일행은 중국인이나 일본인을 통하여 모국어를 체험하는 수도 있었다. 그러한 체험들은 여러 가지 사례의 기록을 통하여 전해지고 있다. 그 기록 가운데는 조선어를 할 줄 아는 중국인이나 일본인에 관한 사례, 일본에서 이루어지고 있는 조선어 학습사례 등이 포함되어 있다. 여기에는 주로 이 두 가지 사례를 정리해 보기로 한다.

## 1) 중국인의 경우

回禮使로서 일본에 파견된 바 있는 宋希璟(1376~1446)은 1420년(世宗2) 王部落(京都를 뜻함)에서 중국인통사 魏天의 집에 유숙하게 되는데, 그가 조선어를 잘 알고 있는 내력을 다음과 같이 기록하고 있다.

> 위천은 중국사람이다. 어릴 때에 사로잡혀 일본에 왔고, 뒤에는 우리나라에 와서
> 이자안(李子安) 선생 집의 종이 되었다가 또 회례사(回禮使)를 따라 일본에 왔다.
> 강남(江南)의 사신이 마침 왔다가 보고 중국 사람이라 하여 빼앗아 가지고 돌아갔다.
> 황제가 보고 일본으로 돌려 보내어 통사가 되었다. 천은 아내를 얻어 딸 둘을 낳았으
> 며, 또 전왕(前王)의 총애를 받아 돈과 재물이 있었다. 나이는 70세가 넘었는데, 조선
> 의 회례사가 왔다는 말을 듣고 술을 갖고 동지사(冬至寺)에 나와 즐거이 영접하였다.
> 우리나라 말을 잘 알고 있어서 나와 더불어 말하는 것이 전부터 알던 사이 같았다.
> 그리하여 나를 자기의 집에 맞아 가기에 이르렀다.42)

그 내력으로 볼 때 魏天은 조선어와 일본어를 다 잘할 수 있는 중국인이었던 것으로 보인다. 그의 모국어는 중국어였을 것이므로, 魏天은 결국 3개 국어통사였던 셈인데, 宋希璟은 그러한 인물을 일본에서 만날 수 있었던 것이다.

## 2) 일본인의 경우

통신사와는 달리 왜란시의 피랍자로서 일본에 머무는 동안 현지의 조선어 사정을 체험한 기록도 남아있다. 丁酉年에 피랍된 鄭希得(1575~1640)은 1598년 귀로인 대마도에서 조선어를

---

42) 宋希璟, 『日本行錄』 1420년 4월 21일.

잘하는 일본인 *彦衛*를 만났다.

> 배에서 내려 왜인의 집에 드니 이름을 언위(彦衛)라 했다. 그전부터 장사치로서 우
> 리나라를 왕래했기 때문에 우리말에 능했다. 문을 열어 맞아 들이고는, 7년 동안의
> 병란의 어지럽던 일을 이야기했다.[43]

대마도에 조선어를 해득하는 일본인이 많았다는 사실은 잘 알려진 바 있지만, 피랍자였던
姜沆(1567~1618) 역시 그 사실을 기록에 남기고 있다.

> 그 여자들은 우리나라 의상을 많이 입고 그 남자들은 거의 우리나라 언어를 해득하
> 며, 왜국을 말할 때는 반드시 일본이라 하고, 우리나라를 말할 때는 반드시 조선이라
> 하며 당초부터 아주 일본으로 자처하지 않는다. ……(중략)…… 대마도의 왜들은 날
> 쌔고 독하기는 부족하지만 교사(巧詐)가 오만가지이고, 우리나라 일에도 두루 알지
> 못하는 것이 없어, 평시부터 섬 안의 영리한 아이들을 선택하여 우리나라 언어를 가르
> 치고, 또 우리나라 서계(書啓)와 간독(簡牘)의 낮추고 올리는 곡절(曲節)을 가르쳐,
> 비록 눈이 밝은 사람으로도 창졸간에 보면 선뜻 왜서(倭書)인 것을 분간하지 못할
> 정도였다.[44]

漢學 역관 金指南(1654~?)은 1682년(肅宗8) 通信使行時 押物通事의 임무를 띠고 일본에 건
너 갔다. 그는 강호에서 使館 근처를 산책하다가 우연히 漢語를 할 줄 아는 왜인 한 사람을
만나 말배운 까닭을 물었다. 그의 대답에는 다음과 같은 내용이 나타난다.

> 대군(大君)의 종조(從祖) 수호후(水戶侯)의 문하(門下)에는 의사나 화공(畵工)
> ·방술(方術)하는 사람 따위가 많이 있습니다. 그 중에서도 더욱 여러나라 말에 유의
> 를 해서 조선·유구(琉球)·안남(安南)·섬라(暹羅) 등의 말을 통역하는 사람을 모두
> 딴 사관에 거처시키고 후하게 대접합니다.……(중략)……그리고 귀국 말은 대마도 사
> 람이 많이 알기 때문에 국가에서 관리를 두고 배우는 법이 없는 터입니다.[45]

여기에 나타나는 水戶侯란 水戶藩의 제2대 藩主였던 德川光圀(1628~1700)에 대한 칭호이
다.[46] 金指南이 만났던 왜인은 결국 光圀의 문인이었던 것으로 생각되는데, 그 문인의 말에

---

43) 鄭希得, 『海上錄』 1598년 12월 22일.
44) 姜沆, 『看羊錄』 賊中聞見錄 倭國八道六十六州國 西海道九國 對馬.
45) 金指南, 『東槎日錄』 1682년 8월 21일.
46) 德川光圀은 소위 강호막부 초기의 御三家 大名의 한 사람으로서 民治, 農政, 示敎, 學術文化 등 모든
   분야에 걸쳐 많은 업적을 남긴 인물이다. 특히 학술문화면에서는 일본으로 망명해 간 明末의 유학자 朱舜水

따르면, 17세기 80년대에는 적어도 光圀의 문하에 조선어를 아는 사람이 있었다는 점, 대마도에는 조선어 능력을 갖춘 사람이 많았다는 점, 그때문에 일본조정에서는 따로 조선어 통사 양성의 필요성을 느끼지 않았다는 점 등이 밝혀진다. 金指南이 남긴 기록은 간접적이나마 당시의 일본사정을 확인시켜 주는 셈이다.

그로부터 거의 40년 후인 1719(肅宗45)~20년 제술관으로서 通信使行에 참여한 申維翰은 대마도 藩士였던 雨森芳洲(1668~1755)와 강호왕복 길을 함께 하였다. 이에 따라 申維翰은 芳洲에 대한 이야기를 기록에 많이 남기고 있는데, 거기에는 芳洲의 조선어 능력을 구체적으로 암시해 주는 사례가 세 번 나타난다.

첫 번째 사례는 芳洲가 통사를 거치지 않고 申維翰의 말을 직접 알아들었다는 기록이다. 使行이 대마도에 이르렀을 때 申維翰은 島主를 만나러 간다. 전례를 물으니 "제술관이 앞에 가서 절하면 태수가 앉아서 읍한다"는 것이었다. 申維翰은 島主가 우리나라에 대하여 藩臣에 지나지 않으므로, 그에게 절을 할 수는 없고 서로 마주 서서 자신은 두 번 읍하고, 도주는 한 번 읍하기로 하자고 버틴다.

> 말이 나오자 역관이 겁을 내기로 내가, "일이 급박하게 되었다. 이것도 또한 조정의 기강(紀綱)에 관계되는 일이니, 네가 나를 위하여 잘 말하여 이 몸으로 하여금 조정과 국가의 수치를 사지 않게 하라"하였다. 오직 雨森東이 내 뜻을 알아듣고 발끈 성을 내며……47)

두 번째 사례는 一岐島에 도착한 후 芳洲가 또 한 사람의 대마도 번사였던 松浦儀를 데리고 찾아와 申維翰의 이야기를 통역했다는 기록이다.

> 내가 관에 들어가 조금 쉬는데 우삼동(雨森芳)과 송포의(松浦儀)가 보러왔다. 내

---

(1600~1682)를 초빙하여 스승으로까지 대우를 하면서 水戶藩의 학문발전을 꾀하였고, 강호의 駒込에 있던 別邸에 史局을 설치하여 『大日本史』편찬을 시작, 평생에 걸쳐 그 사업에 힘을 기울였다. 史局은 후에 강호의 小石川에 있던 자신의 本邸로 옮겨지면서 彰考館이란 이름이 붙여졌다. 彰考館은 1906년『大日本史』가 완성될 때까지 존속되다가 나중에 彰考館文庫로 바뀌었다. 후세의 講談師에 의하여 『水戶黃門漫遊記』가 만들어질만큼 德川光圀의 명성은 대단했으나, 그가 사사로이 기예하는 사람을 기르는 이유에 대하여 金指南은 다음과 같은 의문만을 남겼을 뿐이다.
"공사(貢使)가 다닐 때 에는 왜어(倭語)를 아는 자가 따르는 법이요, 통신사(通信使)에게도 역시 한학(漢學)을 아는 통사(通事)가 따르는 것은 곧 조정에서 깊이 생각하고 원대한 의견에서 나오는 일이다. 수호(水戶)라는 왜인이 통역하는 사람을 양성한 것도 역시 여기에 뜻이 있어서인가? 다만 공사(公事)로 하지 않고 사사로 한다는 것은 그것이 꼭 옳은 일인지 모르겠다"(金指南, 『東槎日錄』 1682년 8월 21일).
47) 申維翰, 『海游錄』 1719년 6월 30일.

가 송포의에게 이르기를 "당신이 하소시인(霞沼詩人)이 아닙니까? 방명(芳名)을 들은지 오랩니다. 저번에 부산에서 배를 나란히 출발하여 바다를 건너고 대마도에서 열흘동안이나 머물면서 한 번 만나 이야기하지 못하고 답답하게 오늘이 되었습니다. 어찌 보기가 늦었습니까?" 하였다. 그가 우리말을 알아 듣지 못하므로 우삼동이 옆에서 통역하였는데......48)

세 번째는 芳洲가 화난 가운데 조선어와 일본어를 섞어 썼다는 기록이다. 귀로중 京都에 도착했을 때였다. 使行이 돌아오는 길에는 京都 남쪽 5리쯤에 있는 大佛寺에 들러 연회를 받는 것이 관례였다며, 도주로부터 다음 날 아침에 왕림해 달라는 요청이 있었다. 그러나 그 절이 豊臣秀吉의 願堂이라고 들은 바 있는 正使 洪致中(1667~1732)은 그 절에 들어가기를 거절하였다. 그러나 그 절이 강호막부의 제3대 장군 德川家光을 위하여 세워졌다는 사실이 문헌으로 확인되자 정사 洪致中과 부사 黃璿은 연회에 참석하자는 쪽으로 기울었으나, 종사관 李明彦은 不可를 내세웠다. 이 때문에 芳洲가 화를 내게 된 것이다.

종사관은 병으로 연회에 참석하지 못하고 바로 정성(淀城)으로 가려하니 대마도 태수가 하인을 보내어 문안하고 또 3사신도 함께 오기를 권하였다. 사신이 사체(事體)가 서로 다르니 강권할 것이 아니다고 꾸짖어 답하였다. 우삼동(雨森芳)은 모진 사람이어서 성을 풀 데가 없어서 곧 수역관과 사사로운 싸움을 벌여 조선말 왜말을 섞어 가며 사자(獅子)처럼 으르렁거리고 고슴도치처럼 뿔이 나서 어금니를 들어 내고 눈가이 찢어져서 거의 칼집에서 칼이 나올 듯 하였다.49)

이와 같은 세 번의 사례를 통하여 짐작컨대 雨森芳洲는 조선어를 잘 들을 수도 있고 통역까지도 할 수 있는 능력을 갖추고 있었던 것으로 생각된다. 다만 화가 나서 싸울 때에는 조선어만으로 완전한 의사표현을 할 수가 없었던 것이 아닌가 한다. 결국 芳洲는 조선어에 의한 듣기와 말하기가 비교적 자유로웠지만, 그것은 어디까지나 정상적 상태일 때였고 격한 감정까지를 빠른 속도로 표현하기는 어려웠던 것으로 보인다.50)

조선통신사로서 먼 발치로나마 芳洲를 마지막으로 본 사람은 1748년(英祖24) 사행시의 종사관 曺命采(1700~1763)였다. 曺命采는 방주의 생애와 그 말년의 모습을 이렇게 전하고 있다.

---

48) 申維翰, 『海游錄』 1719년 7월 19일.
49) 申維翰, 『海游錄』 1719년 11월 3일.
50) 조선어에 의한 글짓기는 비교적 자유스러웠던 것 같다. 조선어 학습서의 일종인 『全一道人』(1729)에 의하여 그러한 사실이 관찰된다. 한편 그가 사용했던 조선어의 현실성과 지역성에 대한 구체적 논의는 宋敏(1985a, 1986: 41~61) 참조.

섬 안에 우삼동(雨森東)이란 자가 있어 호는 방포(芳浦)[51]인데, 시문에 능하고 3국의 말을 잘하며, 백석(白石) 원여(源璵)와 동문생(同門生)이다. 관백 가선(家宣) 때에 원여가 득지(得志)하여, 우삼동과 더불어 개연히 풍속을 번혁할 뜻이 있어 한 세상을 고매하게 살아서 국중의 호걸로 자처하였다. 원여가 패하게 되자, 삼동이 고향에 돌아와서 불우한 처지에 빠졌다. 마도주가 교린(交隣)의 책임이 중하다 하여 문사(文士)를 얻어 부중(府中)에 두려고 강호에 주문하여 기실(記室)로 맞아 오매, 삼동이 드디어 집을 옮겼다. 그러나 항상 답답해 하며 즐거운 의사가 없어 무릇 시를 읊을 때에 개탄하는 말이 많이 있었다. 그리고 섬 안에서 용사(用事)하는데, 위인이 음험하니 섬 안의 사람이 매우 미워하였다. 문자로 섬 안의 사장(師長)이 되어 청(廳) 하나를 설치하여 숭신청(崇信廳)이라 하고 문생 제자로 하여금 살게 하니, 늠료(廩料)를 받아 먹는 자가 10여인이나 되었다. 지금은 늙어서 집에 물러나와 있으나, 문부(文簿)에 관계되는 섬 안의 일은 아직도 모두 참여한다. 어떤 사람은, 삼동은 장기도(長崎島) 창녀의 소생인데 중국 사람의 유종(遺種)이라고 한다.

금번 도주의 부중에 연회 참석하러 갈 때에 길이 삼동의 집 앞을 지나가게 되었는데, 문 안에 선 그를 보았더니, 키가 거의 7척은 되고 얼굴은 풍만하고 길어서 족히 섬 오랑캐 중의 위인이라 할 만 하였다.[52]

한편 申維翰은 또 하나의 삽화를 전하고 있다. 대마도에서 申維翰은 姜子靑과 더불어 사관의 諸將을 데리고 망중한을 보낼 양으로 배를 내어 놀이를 떠난다. 어느 해변의 절벽 밑 돌 위에 걸터 앉아 紅酒를 마시며 함께 간 악공과 취수들에게 풍류를 연주시켰다. 이 자리에서 倭通事 한 사람이 조선 노래를 부른 것이다.

풍류가 끝나자 여러 악공들이 북을 치면 광대담(廣大談)·창우(倡優)의 모든 희롱을 하니 보는 사람들이 즉각 크게 웃으며 절도(絶倒)하자 소리가 골짜기에 메아리쳤다. 왜통사 한 사람이 이름이 무조(茂助)인데, 자신이 조선 노래를 부를 줄 안다 하므로 노래를 시켰더니, 그 소리가 끊어졌다 이어졌다 하여 곡조가 맞지 않았으므로 웃던 사람이 더욱 웃게 되어 또 한가지 새로운 기괴를 보태었다.[53]

끝으로 조선말기의 修信使 金綺秀(1832~?), 李鑢永(1837~1910) 등의 기록에 보이는 傳語官 몇 사람에 대하여 알아보기로 한다. 먼저 1876년(高宗13)의 수신사 金綺秀는 자기를 수행한 전어관들에 대하여 다음과 같이 적고 있다.

---

51) 原文에도 '芳浦'로 되어 있으나 '芳洲'의 잘못이다.
52) 曺命采, 『奉使日本時聞見錄』 聞見總錄 對馬島.
53) 申維翰, 『海游錄』 1719년 7월 17일.

황천덕자(荒川德滋)는 그전 이름이 금조(金助)였는데, 전어관(傳語官)으로서 당시 의무성 서기(書記)로 있었다. 나이는 40세에 가까웠으며, 키도 크고 몸집도 컸다. 우리말을 잘 하였는데 말의 억양은 억세어서 우리나라 영남 사람의 말과 비슷하였다. 일을 좋아하고 서로 틈이 생기는 것을 즐겨하며 술 먹은 후에는 망령된 말을 거리낌 없이 한다고 하나, 정색을 하고 대하면 온화하고 성실한 사람이었다. 나를 부산까지 와서 영접하였으며, 돌아올 때는 또 나를 수행하여 대마도까지 와서 뒤에 떨어져 남았다.54)

포뢰유(浦瀨裕) 역시 전어관(傳語官)으로서 당시에 외무성 서기로 있었는데, 관위는 황천덕자의 위였으며 예전 이름은 최조(最助)였던 사람이다. 두 사람이 오랫동안 초량(草梁)에 있었으며, 또한 함께 강화도에까지 왔는데, 금조는 성질이 음험하고 간사하며, 최조는 성질이 탄솔(坦率)하고 평이(平易)하다 하였는데, 이제 보니 과연 그러하였다. 나이는 50여세나 되었으며, 이마 가까이 북상투를 틀고 얼굴은 툭 들어나서 흡사 궁한 선비와 같았다. 태도가 매우 조심스러워서 그와 더불어 이야기 할 수도 있고 일을 맡길 수도 있었다. 나를 횡빈에서 영접하였으며 돌아올 때는 부산까지 수행하여 작별을 고하였는데도 서로 잊을 수 없는 뜻이 있었다.55)

중야허다랑(中野許多郞)은 관위(官位)가 황천덕자(荒川德滋)의 다음으로 역시 서기였으며, 나이는 40세에 가까웠다. 몸은 짧고 작았으며, 태도는 조심스럽고 조용하였다. 나를 부산에서 영접하고 또 부산까지 전송하였는데, 시종 실수가 없었다.56)

荒川德滋의 말씨는 억양이 억세어 마치 영남 사람이 말하는 것 같았던 모양인데 그 이유는 명확하지 않다. 다만 浦瀨裕와 함께 오랫동안 초량에 있었던 점으로 볼 때 荒川의 말씨에는 경상도의 액센트나 억양이 섞여 있었을 가능성도 없지 않을 것이다. 浦瀨裕는 후일 『交隣須知』를 校正增補하여 간행한(1881) 인물이다. 中野許多郞의 임무는 밝혀져 있지 않으나 그 역시 조선어를 알고 있었다. 金綺秀 일행이 배를 타기 위하여 東萊府에 이르렀을 때 釜山駐在 日本公舘長 代理 山之城佑長이 보내 온 使臣迎接 節目에 다음과 같은 條目이 들어있기 때문이다.

외무 6등 서기행 황천덕자(荒川德滋), 동(同) 중야허다랑(中野許多郞)과 생도 11명은 통역과 연접(延接)하는 사무를 맡도록 하였습니다.57)

----

54) 金綺秀, 『日東記游』, 卷二 結識.
55) 金綺秀, 『日東記游』, 卷二 結識.
56) 金綺秀, 『日東記游』, 卷二 結識.
57) 金綺秀, 『日東記游』, 卷三 舘倭書 第三條.

中野許多郎은 그후 釜山駐在 日本領事館에 있다가 1881년(高宗18) 본국으로 들어가는 길에 마침 渡日하는 紳士遊覽團 일행을 만나 같은 배를 타게 된다. 紳士遊覽團의 일원이었던 李鑛永은 中野에 대하여 다음과 같은 기록을 남기고 있다.

　　일본에 가고 오며 체류(滯留)한 사이에 일본에서 만나 본 숫자가 적지 않아 다 열기(列記)하기는 어렵다. 초량항에 도착하여 일본의 영사(領事) 근등진서(近藤眞鋤)를 만나, 배가 가는 길의 험악함과 일본에 다닐 각처를 대강 얘기했다. 그리고, 속관(屬官)인 중야허다랑(中野許多郎)이 외무성의 명령통고로 본국으로 들어간다는 것이었다. 그래서 같은 배로 같이 가 그가 주선(周旋)함이 많았다.58)

　　아침을 먹고 난 뒤, 복물(卜物)은 우리 측 배로 실어 화륜선이 정박해 있는 곳으로 수송하고, 이어 우리 일행이 모두 우리의 배를 타고 왜관(倭館)에 도착했다. 영사관을 접견하고 인사를 마친 후 영사관과 함께 위층에 올라갔더니, 여러 질의 서책과 각국 인영첩(人影帖)을 보여 주므로 손이 가는대로 펼쳐 보았다. 또 따로 성찬을 차렸는데, 각기 맛에 따라 한 그릇씩 담아 거듭 다섯 차례를 내오고, 잇달아 저녁이 나왔다.......(中略)......해진(海津)·상야(上野)·무전(武田) 및 중야허다랑(中野許多郎)·삼촌준(三村濬)·뇌유(瀨裕)[병자년(1876, 고종13)에 심도(沁島: 강화도)에 나왔던 자다]가 모두 참석하였다.......(中略)......이날 밤은 그대로 배안에서 자고 영사관은 배에 올라 작별하였다.

　　함장(艦長) 광뢰괴길(廣瀨魁吉)과......(中略)......대화하였다[무전(武田)과 상야(上野)는 통역시킬 목적으로 삯을 주고 데려갔고, 중야(中野) 또한 우리말을 알므로 함께 타고 주선하였다]. 선주는 주우(住友)라는 사람인데, 일본 대판(大阪)에 산다고 하였다.59)

이때의 中野許多郎은 조선어를 알고 있었으므로 같은 배를 타게 되자 일행을 비공식으로 도와주었을 뿐 정식 통역관으로서 수행했던 것은 아니었음을 알 수 있다.60) 한 가지 흥미로운 사실은 紳士遊覽團 渡日時에 각자가 조선인 통역과 수행원 한 사람씩을 데리고 갔는데61), 통역의 경우에는 따로 일본인을 유료로 사서 썼다는 점이다. 다만 이들 통역이 일본측

---

58) 李鑛永, 『日槎集略』 天 聞見錄.
59) 李鑛永, 『日槎集略』 地 1881년 4월 8일.
60) 당시 釜山駐在 日本領事館에는 中野住永라는 傳語官이 따로 있었다(李鑛永, 『日槎集略』 1881년 3월 28일).
61) 李鑛永의 통역은 처음에 金快連으로 정해졌다가 민첩하지 못한 듯하다 하여 林琪弘으로 바뀌었다(李鑛永, 『日槎集略』 1881年 3月 25日).

고용인인지 조선측 고용인인지는 확실하지 않다. 그리고 武田과 上野의 이름이 무엇이었는지에 대해서도 밝혀지지 않는다.

## 5. 맺는 말

일본을 往還한 바 있는 조선통신사 일행의 모국어에 대한 체험은 세 가지 유형으로 정리될 수 있다.

첫째, 통신사 일행은 壬辰·丁酉 兩倭亂때의 조선인 피랍자들이 세월의 흐름과 함께 모국어와 모국을 점차 잊어 가고 있는 실상을 체험할 수 있었다. 1607년 使行의 副使 慶暹은 被拉 士族女들이 諺書로 뜻을 전해 오는 현실을 체험하였다. 1617년 使行의 正使 吳允謙, 從事官 李景稷 또한 婦女子의 諺札을 여러 번 받기도 하고, 찾아오는 많은 피랍자를 만나기도 하였다. 그러나 한편으로는 모국어를 아주 잊어버렸거나 거의 잊어버린 피랍자를 만나기도 하였다. 모국어를 잊어버린 사람들은 10~13살쯤에 잡혀 간 경우였다. 15살 이후에 피랍된 사람들은 모국어를 조금 알고 있었다는 사실도 통신사 일행의 체험을 통하여 확인되었다. 이때는 이미 피랍자를 설득하기 위한 諭文이 일본어로 번역되어야 할 만큼 피랍자들의 모국어 능력은 점차 약화되고 있었다. 1624~5년 使行의 副使 姜弘重도 모국어 능력을 지니고 있던 피랍자를 만났으나, 눈물만 흘릴 뿐 對話가 불가능했던 두 여인의 사례를 체험한 바 있다. 1636~7년 使行의 從事官 黃㦿 역시 모국어를 완전히 잊어버린 피랍자에 대한 체험을 기록해 두고 있다. 1643년 使行의 기록에는 피랍자의 모국어 능력에 관한 사례가 나타나지 않으나, 1655~6년 使行의 從事官 南龍翼은 그때까지도 모국어를 거의 잊지 않고 있는 74살의 노인 한 사람을 만났다. 통신사 일행의 체험을 통하여 확인되는 하나의 사실은 15살이 넘었거나 주위에 대화상대가 있는 피랍자는 오랫동안 모국어를 잊지 않았다는 점이다.

둘째, 통신사 일행은 필요에 따라 諺文을 이용함으로써 외국에서 새삼스럽게 모국어의 효율성을 체험할 수 있었다. 壬辰·丁酉倭亂時의 피랍자에게 보내는 답신에는 자주 언문이 이용되었으며, 1719~20년 使行의 製述官 申維翰은 일본인들에게 諺文字形을 써 보인 후 그 來歷을 설명해 주기도 하였다. 1763~4년 使行의 正使 趙曮은 역관으로부터 諺文告目을 받은 일도 있으며 奴卒들에게 보일 禁制, 約束과 같은 공식문서와 일본측에서 보내오는 소오로오(候)文體 書信을 諺文으로 번역시킨 일도 있었다.

셋째, 통신사 일행은 일본 往還 길에 조선어를 할 줄 아는 외국인을 통하여 모국어를 간접적으로 체험할 수도 있었다. 1420년 使行의 宋希璟은 조선어를 잘 아는 중국인 통사 魏天을 만난적도 있으나, 통신사 일행이나 피랍자들이 직접, 간접으로 만나보고 들어본 바 있는 그 밖의 외국인은 모두가 일본인들이었다. 피랍자 鄭希得이 1598년에 만나본 彦衛, 申維翰이 1719~20년에 만나본 雨森芳洲, 朝鮮末期의 修信使 金綺秀나 李鑢永이 만나본 荒川德滋, 浦瀨裕, 中野許多郎 등이 그중에서도 대표적인 인물들이었다.

이상과 같은 조선통신사 일행의 모국어 체험은 당시의 지식인이었던 그들 자신에게 모국어에 대한 인식을 나름대로 새롭게 해주었으리라고 생각된다. 모국어에 대한 여러 가지 체험을 기록으로 남겼다는 사실이 그러한 해석을 뒷받침 해준다. 다만 그 누구도 모국어에 대한 새로운 인식을 밖으로 드러낸 일은 없었다. 이것은 당시의 지식인들이 지나칠 만큼 漢字·漢文에 속박되어 있었음을 의미하며, 그와 같은 閉鎖的 固定觀念은 결국 言語文化나 政策의 進取的 발전을 저해한 一要因으로 지적될 수 있을 것이다.

## 참고문헌


민족문화추진회(1974-7), 『국역해행총재』I-XII.

宋 敏(1985a), 雨森芳洲의 韓語觀, 『羨烏堂金炯基先生八耋紀念 國語學論叢』, 語文研究會.

______(1985b), 朝鮮通信使의 日本語 接觸, 『語文學論叢』 5, 國民大 語文學研究所.

______(1986), 『前期近代國語 音韻論 研究』—특히 口蓋音化와 ·음을 중심으로—, 塔出版社.

安田章(1980), 『朝鮮資料と中世國語』, 東京: 笠間書店.



**出處** <國民大 語文學研究所(1987. 2.), 『語文學論叢』 6: 63-83.>

# 국어에 대한 일본어의 간섭

## 1. 머리말

현대국어의 내부에는 여러 가지 성격의 언어적 外來性(foreignism)이 얼기설기 누적되어 있지만, 그중에서도 지금까지 특별한 관심을 끌어온 부분은 일본어 요소의 干涉(interference)이라는 측면이었다. 현대국어의 각 층위에 나타나는 일본어 요소의 간섭은 그만큼 복잡하고 특수한 역사적 배경을 간직하고 있을 뿐 아니라, 그 유형 또한 일반적으로 알려져 있는 것보다 훨씬 다양하기 때문이었다.

국어에 대한 일본어의 직접적인 간섭은 조선조 말엽인 1870년대 말엽부터 구체적으로 나타나기 시작하여 아직까지 계속되고 있으므로, 그 실질적인 역사도 이제는 1세기 이상을 헤아리게 되었다. 국어 속의 일본어 문제는 결국 국어사적 과제가 되기까지에 이른 것이다.

본고에서는 현대국어에 누적되어 있는 일본어의 간섭에 대한 역사적 배경을 먼저 살펴본 후, 아직도 국어 속에 살아 있는 간섭유형을 정리하고 나서, 그와 관련되는 몇 가지 문제점에 대하여 논의하게 될 것이다.

## 2. 간섭의 역사적 배경

국어와 일본어의 구체적인 접촉은 조선시대까지 거슬러 올라간다. 따라서 국어에 대한 일본어의 간섭도 생각보다는 오랜 역사적 배경을 지니고 있는 셈이다. 그러나 국어와 일본어가 실질적으로 접촉하기 시작한 것은 구한말인 1870년대부터였다고 할 수 있다. 이때부터 국어에 대한 일본어의 일방적 간섭이 실제로 나타나는 것이다. 그 간섭의 세력은 그때그때의 역사적 배경에 따라 상당한 정도의 차이를 보이고 있지만 오늘에 이르기까지 1세기가 조금 넘는 기간에 걸쳐 여전히 지속되고 있다. 여기서는 그 역사적 배경을 다음과 같은 시기로 구분하여 살펴보기로 한다.

### 1) 조선시대(1876년 이전)

국어와 일본어의 접촉은 일본에 파견된 바 있는 朝鮮通信使를 통하여 이루어졌다. 그들의 기록에서 그 구체적인 사례를 찾아 볼 수 있다(송민1985b). 宋希璟의 『日本行錄』(1420), 申叔舟의 『海東諸國記』(1471), 慶暹의 『海槎錄』(1607), 李景稷의 『扶桑錄』(1617), 姜弘重의 『東槎錄』(1624~5), 金世濂의 『海槎錄』(1636~7), 南龍翼의 『扶桑錄』(1655~6), 申維翰의 『海游錄』(1719~20), 曺命采의 『奉使日本時聞見錄』(1748), 趙曮의 『海槎日記』(1763~4) 등과 康遇聖의 『捷解新語』(1676)를 통하여 조선시대에 이루어진 국어와 일본어의 접촉 내지 국어에 대한 일본어의 간섭 내용이 밝혀진다.

이들 문헌에 나타나는 사례로서 주목되는 것으로는 '勝技治岐(杉燒, 申維翰), 淡麻古(多葉粉, 申維翰), 茶毯(疊, 曺命采), 茶啖(疊, 趙曮)'과 같은 고유일본어와 '蘇鐵, 批把, 密柑, 饅頭, 羊羹, 仙人掌, 糖糕(團子)'와 같은 한자어들이 있다. 현대국어에 나타나는 '담배, 고구마'는 이 시기의 차용어로서 오늘날까지 그 명맥을 이어온 것이다. 그밖의 '스끼야기, 다다미, 소철, 비파(과일), 밀감, 만두, 양갱, 선인장, 당고' 등은 이 시기의 차용어를 계승한 것이라기보다 개화기 이후에 새롭게 받아들인 것이겠지만, 조선시대에 이미 그 명칭이 알려져 있었다는 사실에 주목할 필요가 있다.

한편 『捷解新語』의 일본어 문장에 대한 국어 대역문 가운데에는 '御念比(*go-neɴ-goro*), 氣遣(*ki-dzukai*), 日吉利(*fi-yori*), 遠見(*tou-mi*), 御陰(*o-kage*), 聞及(*kiki-oyobi*), 御念入(*go-neɴ-o-irete*), 肝煎(*kimo-irasirare*), 氣相(*ki-ai*), 折節(*ori-fusi*), 聞合(*kiki-awase*), 御手前(*o-te-maye*), 申含(*mousi-fukome*), 思合(*omoi-awase*), 見合(*mi-awase*), 御仕合(*o-si-awase*), 振舞(*furu-mai*), 爰元(*koko-moto*), 心得(*kokoro-ye*), 思分(*omoye-wake*)'와 같은 고유 일본어 내지 한자와의 混種語(hybrid) 이외에도 '案內, 油斷, 御馳走'와 같은 일본식 한자어가 그대로 쓰이고 있다. 특수한 경우에 한정되어 있긴 하지만 이들 또한 국어에 대한 일본어의 간섭으로 볼 수 있다.

이 시기의 일본어 간섭요소가 현대국어에까지 계승된 사례는 거의 없지만 국어와 일본어의 접촉이 조선시대에도 상당히 이루어졌다는 사실에 주목할 필요가 있을 것이다.

## 2) 개화시대(1876~1910)

국어와 일본어의 실질적인 접촉은 朝日修好通商條約(일반적으로는 江華條約 또는 丙子條約)이 체결된 1876년 修信使 金綺秀가 일본에 다녀오면서 이루어지기 시작하였다. 당시의 일본은 서구의 문물을 한참 활발하게 받아들이고 있는 중이었다. 그 때문에 金綺秀는 일본에서 새로 만들어진 문명 어휘와 직접 접촉할 수 있었다.

修信使 金弘集(1880), 紳士遊覽團(1881), 修信使 朴泳孝(1882), 特命全權大臣 徐相雨(1884) 등이 잇달아 일본으로 파견되면서 국어와 일본어의 접촉도 더욱 활발해졌다. 金綺秀의 『日東記游』(1876), 金弘集의 『修信使日記』(1880), 李鑛永의 『日槎集略』(1881), 朴泳孝의 『使和記略』(1882), 朴戴陽의 『東槎漫錄』(1884~5)과 같은 기록을 통하여 당시의 사정을 더듬어 볼 수 있다(송민1988).

국어에 대한 일본어의 간섭은 이렇게 시작되어 甲午更張(1894)을 거치고 韓日合邦(1910)으로 이어지면서 더욱 빠른 속도로 그 영역을 넓혀갔다. 그러나 이 시기에 나타나는 일본어의 절대 다수는 한자어였다. 수신사들의 기록에는 '蒸氣船, 汽車, 新聞紙, 人力車, 電線, 電信, 博物院, 會社, 師範學校, 鐵道, 議事堂, 地球, 外交, 警察官'(이상 金綺秀), '汽船, 開化, 日曜日, 土曜日, 大統領, 圖書館, 證券, 印紙, 稅關, 數學, 化學, 判事, 議員, 監獄署, 郵便局, 盲啞院, 商社, 太平洋, 簿記, 國會, 合衆國, 新聞, 電報, 經濟, 病院, 銀行, 六法, 政黨, 思想, 民權'(이상 李鑛永)과 같은 실례가 나타나는데, 이들은 그후 별도의 과정을 통하여 현대국어에 정착되었다. 어쩌다가 순수 한자어가 아닌 경우도 나타나지만, 이들은 얼마 후 소멸의 길을 걸었다. '襦袢, 瓦斯'와 같은 서양어 기원의 외래어, '頭取(tou-dori), 取締(tori-simari), 心得書(kokoro-e-gaki)'(이상 李鑛永)와 같은 混種語 내지 고유 일본어가 그러한 사례에 속한다.

甲午更張을 전후로 하여 국어에 수용된 위와 같은 일본어는 상당한 양에 달한다. 지금까지 조사된 결과만으로도(徐在克1970, 이한섭1985) 그 사실을 짐작할 수 있다. 다만 이 시기를 통하여 국어에 간섭을 일으킨 일본어 요소는 거의 새로운 한자어에 국한되어 있었다. 파생어 형성 의존형태소 '-的'(國家的, 民族的)이 어렵지 않게 국어에 수용될 수 있었던 것도 그것이 한자 형태로 인식되었기 때문일 것이다(송민1985a).

## 3) 식민지시대(1910~1945년)

한일합방이 이루어지면서 국어와 일본어의 접촉은 날이 갈수록 심화되어 갔다. 이에 따라

국어에 대한 일본어의 간섭도 자연스럽게 확산될 수밖에 없었다. 1920년대부터는 고유 일본어 요소의 간섭이 점차 국어문장에 구체적으로 노출되기 시작한다. 발음 그대로를 수용하는 직접차용(intimate borrowing)이 드디어 본격적으로 시작된 것이다. 한 조사 보고서에 의하면 1920년대 후반부터 1930년대 전반까지의 문학작품에는 이미 직접차용이 제한없이 이루어지고 있었음을 알 수 있다.

'가시끼리, 고부가리, 고시마끼, 네마끼, 네우찌, 다모도, 덴쌀라소바, 도고야, 도비소미, 마지메, 메다쓰, 사루마다, 아까보, 야끼이모, 에노구, 오시이레, 요비링, 조오리, 하부다이, 히니꾸, 히야까시'(安東淑·趙惟敬1972).

이상과 같은 사례들은 그 일부에 지나지 않거니와, 이러한 직접차용이 국어문장에까지 등장할 정도였다면 실제로는 얼마나 많은 간섭이 행해졌을지 짐작하기 어렵지 않을 것이다.

국어에 대한 일본어의 이러한 간섭은 1940년 전후에 드디어 그 절정에 이르렀다. 국어에 대한 호칭은 이미 조선어였고 그 대신 일본어가 국어로 불리게 되었다. 『한글』지는 '朝鮮語에 쓰이는 國語 語彙'라는 난을 통하여 당시의 사정을 잘 보여주고 있다(『한글』61, 62:1938, 64, 66:1939 참조).

이 시기에 이루어진 일본어의 간섭은 국어의 어휘체계와 문법구조에도 적지 않은 변화를 불러일으켰다. 다음 장에서 정리해 볼 간섭 유형으로 그 사실을 확인할 수 있게 될 것이다.


### 4) 광복시대(1945년 이후)

제2차 세계대전의 종말과 함께 국어에 대한 일본어의 간섭은 일단 그 세력이 크게 약화되었다. 적어도 표면적으로는 직접차용이 어렵게 되었고, 일제의 잔재추방이라는 의도적 명분에 밀려 기존의 일본어 요소도 점차 자취를 감추게 된 것이다. 그러나 내면적으로는 국어와 일본어의 접촉이 중단된 적은 없었다. 적어도 일본어를 자유자재로 구사할 수 있는 인적구성이 각계각층에 그대로 남아있었기 때문이다. 이들은 일본어 서적이나 신문, 잡지를 계속 읽을 수 있었고, 영어를 배우거나 읽을 때에도 英日辭典을 이용하는 계층이었다. 그 때문에 순수한자어는 물론 한자로 표기될 수 있는 고유 일본어도 한자어의 자격으로 국어에 계속 수용될 수 있었다. 결국 제2차 세계대전의 종말과 함께 고유 일본어에 의한 간섭은 한동안 거의 중단되었지만 한자어에 의한 간섭은 아무런 제약없이 지속되었다고 할 수 있다.

한일 국교의 정상화(1965)를 계기로 국어와 일본어의 접촉은 다시금 활발해졌다. 1970년대를 고비로 하여 한국에서는 일본어 학습자가 날로 늘어났고, 정치 경제 학술 문화 산업 기술 등 거의 모든 분야에 걸친 일본과의 인적교류가 빠른 속도로 확산되었다. 대도시에는 일본 음식점이 호화롭게 세워지고, 도처의 술집에서는 일본식 유행을 본뜬 노래방이 성황을 이루고 있다. 백화점이나 수입상품 가게에는 일본상품이 넘쳐흐른다. 필연적으로 국어에 대한 일본어의 간섭이 되살아날 수밖에 없게 되었다.

이 시기의 간섭으로서 가장 일반적인 것은 언제나처럼 일본에서 새로 만들어지거나 유행하고 있는 한자어였다고 할 수 있다. '民主化, 過剩保護(過保護), 日照權, 事件記者, 集中豪雨, 殘業, 人災, 別冊, 反體制, 案內孃, 耐久消費財, 準準決勝, 防禦率, 自責點, 嫌煙權, 情報化社會' 등이 그러한 실례가 될 것이다. 요즈음 '올림픽 特需'란 말이 자주 쓰이고 있는데, 이때의 '特需'는 '特別需要'의 단축형으로서 한국동란(1950) 때 일본에서 태어난 어형이다. 새삼스럽게도 뒤늦게 국어 속에 되살아난 것이다. 太宰治의 '斜陽'(1947)이란 소설이 발표되면서 '斜陽族'이란 유행어가 한동안 일본을 휩쓸었고, '斜陽'과 '族'은 각기 수많은 신조어의 조어성분이 되었다. 국어에 나타나는 '斜陽産業'이나 '장발族, 히피族'도 그러한 흐름 속에서 생겨난 말이다.

일본에서 제2차 대전 후에 만들어진 번역어도 그대로 국어에 들어오는 경우가 많았다. '冷戰(cold war), 죽음의 재(sand of death), 壓力團體(pressure group), 微視的(micro), 國民總生産 (G.N.P.), 聖火(Olympic torch)'. 일본에서 만들어진 그릇된 영어나 의미가 달라진 것도 국어에 자주 들어온다. '나이터(경기), 마카로니 웨스턴, CM탈랜트, 아프터 써비스, 후리 쎅스'나 '아베크, 레저' 등등. 반주용 레코드 테이프를 지칭하는 '가라오께(kara/빈+오케스트라)'란 混種語는 이제 아무데서나 거리낌 없이 들을 수 있게 되었다.

이러한 흐름을 타고 고유 일본어가 버젓이 되살아나기도 한다. '야끼도리, 뎃빵야끼'와 같은 간판까지 길거리에 세워져 있는 것이다. 이 시대에 이르러 일본어의 간섭은 다시 옛 세력을 되찾아 가고 있는 느낌마저 든다.


## 3. 간섭의 유형

국어에 대한 일본어의 간섭은 오랜 기간에 걸쳐 이루어진 만큼 그 유형 또한 다양하여 국어의 거의 모든 층위에 걸쳐 있다. 유형별로 그 윤곽을 잠시 더듬어 보기로 한다(송민1979).

## 1) 형태층위의 간섭

### 가. 模寫(replica)에 의한 직접차용

여기에는 우선 고유 일본어가 있다. '오뎅, 오봉, 가마니, 구두, 구루마, 고데, 노가대, 노깡, 사시미, 사라, 시아게, 시다, 자부동, 다다미, 다라이/다라, 데모도, 하꼬(짝/방), 히야시/씨야시, 호리(꾼), 마호(병), 무뎁뽀, 모찌(떡), 와이당, 와리바시'. 이들이 문장어에 쓰이는 일은 매우 드물다. 아직도 이들에 대한 저항감이 분명히 작용하고 있기 때문이다. 그러나 구두어에서는 별다른 제약 없이 쓰이고 있다. 특히 이들은 특수사회의 구두어로서 아직도 끈질긴 생명력을 지니고 있어 국어생활을 어둡게 하고 있다. 자연히 이 유형의 차용어는 특수사회 계층의 비어나 은어로 활용되고 있는 것도 많다(姜信沆1957, 1968, 1969, 1983).

다음에는 일찍이 일본어를 거쳐 국어에 들어 온 중국어나 서양제어가 있다. '우동, 가방, 잉꼬, 장껜뽕, 단스, 라면(중국어), 카스테라, 담배, 뎀뿌라, 빵(포르투갈어), 메리야쓰(스페인어), 고무, 뻥끼(네덜란드어), 구락부(俱樂部), 구리스, 샤쓰, 스빠나, 작끼, 타올, 도나스, 빠꾸, 빵꾸, 빤쓰, 바께쓰, 삐라, 뻰찌, 빠클, 혹꾸, 남포, 와이샤쓰(영어), 쎄무가죽, 쓰봉, 부라자, 낭만(浪漫)(불어), 코펠(독일어)' 등등. 이밖에도 일본어를 거치는 동안 어형이 단축된 것들도 있다. '아파트, 테레비, 테러, 도란스, 데모, 파마, 바리콘, 마이크, 미싱, 메모, 포르노(영어)'. 또한 각종 언어 요소에 의한 혼종어도 있다. '깡기리, 쎄라복, 식빵, 도꾸리샤쓰, 돈까스, 요비링, 가오마담, 야끼만두, 전기다마' 등등.

### 나. 한자를 통한 간접 차용

여기에는 우선 일본어에서 만들어진 수많은 문명·문화어나 학술어가 있다. 그 일단에 대해서는 앞에 예시한 바 있다. 이들은 한자로 조어되어 있기 때문에 별다른 저항감 없이 국어에 수용될 수 있었다. 직접차용의 유형에 속하는 어형들이 국어에서 냉대를 받고 있는 현실과는 좋은 대조를 이룬다. 어떻게 되었든 이 유형의 차용어는 국어의 한자어 체계를 크게 확대시켜 주기에 이르렀다.

학술어 이외에도 일반적 일본 한자어가 전통적 국어 한자어를 크게 약화시키거나 아주 몰아낸 경우도 허다하다. 괄호 속에 든 것이 전통적 한자어이다. '美人(一色), 自白(吐說), 請負(都給), 交際(相從), 約束(言約), 職業(生涯), 工事(役事), 見本(看色), 現金(直錢), 利益(利文), 高利(重

邊), 株券(股票), 費用(浮費), 表紙(册衣), 日曜日(空日), 取調(査實)' 등등. 이들 일본 한자어들은 전통적 국어 한자어 체계에 큰 변화를 불러 일으켰다.

### 다. 번역 차용

일본어는 국어에 적지 않은 번역차용(loan translation)을 유발시켰다. 그중 일반번역 차용으로는 다음과 같은 것들이 있다. '뒷말, 돌대가리, 웃돌다, 밑돌다, 짝사랑, 돈줄, 벽걸이, 꽃다발, 가로놓이다'. 이러한 번역 차용은 현대국어의 복합어 체계를 풍부하게 늘려주기도 하였다.

현대국어에 나타나는 번역차용 가운데 다음과 같은 사례들은 매우 특수한 성격을 지니고 있다. 우선 실례부터 예시한다. '明渡, 編物, 言渡, 家出, 入會, 入口, 受付, 受取, 內譯, 乳母車, 埋立, 賣上, 賣出, 賣渡, 追越, 大形, 大幅, 落葉, 溺死, 織物, 買入, 買占, 貸切, 貸出, 貸付, 壁紙, 氣合, 生藥, 切上, 切下, 組合, 組立, 毛織, 小賣, 小形, 凍死, 小包, 先取, 先佛, 後佛, 差押, 揷木, 差出, 敷地, 下請, 品切, 据置, 競合, 競賣, 立場, 立替, 建坪, 手當, 手續, 手荷物, 手配, 戶口, 屆出, 取扱, 取下, 取調, 積立, 荷役, 葉書, 引上, 引下, 引受, 引渡, 引出, 引繼, 船積, 見積, 見習, 見本, 行方, 呼出, 呼名, 割引' 등등.

이들은 얼핏 한자어처럼 보이지만 실상은 거의 대부분이 고유 일본어에 의한 복합어들이다. 그 때문에 이들은 완전히 훈독되거나 부분적으로 훈독한다. 실제로 이들 가운데에는 한자 조어법에 어긋나는 것도 있다. 가령 '집을 나가다'는 '出家'이어야 할텐데 실제로는 '家出'이다. 이 어형을 일본어로 훈독할 때에는 아무런 문제도 생기지 않는다. 그러나 '家出'과 같은 고유 일본어를 국어에서 무조건 한자어처럼 받아들이고 만 것이다. 전통적 국어 한자어는 어느 것이나 한자 조어법에 어긋나는 일이 없다. 그런데 위와 같은 특수한 어형이 국어에 차용되면서 한자 조어법에 어긋나는 모습을 보이게 된 것이다. 그만큼 국어의 한자어 체계속에 이질적 존재가 생긴 것이다.

### 라. 조어요소의 차용

일본어에서는 일부 한자 형태소가 파생어의 조어요소로 전용된 경우가 많다. '-的, -式, -性, -量, -期, -部, -率, -學, -上, -下'와 같은 접미요소와 '半-, 不-'과 같은 접두요소가 그것이다. 이들에 의한 파생어 형성은 전통적 국어 한자어에도 어느 정도 있었으나 일본어와의 접촉을 통하여 그 영역은 크게 확산되기에 이르렀다.

## 2) 통사층위의 간섭

### 가. 관용적 비유의 차용

우선 여기에는 다음과 같은 관용구를 들 수 있다. '애교가 넘치다, 화를 풀다, 의기에 불타다, 원한을 사다, 종말을 고하다, 희망에 불타다, 호감을 사다, 흥분의 도가니, 엉덩이에 불이 붙다, 종지부를 찍다, 순풍에 돛을 달다, 손에 땀을 쥐다, 도토리 키재기, 낯가죽이 두껍다, 패색이 짙다, 이야기에 꽃이 피다, 콧대를 꺾다, 반감을 사다, 무릎을 치다, 비밀이 새다, 마각을 들어내다, 폭력을 휘두르다, 새빨간 거짓말, 눈살을 찌푸리다, 귀에 못이 박히다, 가슴에 손을 얹다, 눈시울이 뜨거워지다, 눈을 빼앗기다, 손꼽아 기다리다, 욕심에 눈이 어두워지다, 낙인을 찍다' 등등.

이와 같은 관용적 비유의 성립과정을 이 자리에서 일일이 밝히기는 어려우나, 이들이 통사적 번역차용일 가능성은 매우 높을 것이다. 이러한 비유표현의 수용은 국어의 문구조나 문체에 커다란 변모를 가져왔다.

명언 가운데도 일본어를 통하여 전해진 것이 많으나 그중에는 잘못 번역된 것도 있다. "예술은 길고 인생은 짧다"(히포크라테스)의 '예술'은 '기술(의술)'을 뜻할 뿐이며, "자연으로 돌아가라"(루쏘)도 "자연을 따르라"는 뜻이었지, "사회를 버리라"는 뜻은 아니었다고 한다.

### 나. 통사 구조의 차용

현대 국어의 '~있을 수 있다, ~한/~던 것이다'와 같은 통사 구조나 '보다 빠르게, 뿐만 아니라'처럼 '보다'나 '뿐'이 문두에 쓰일 수 있게 된 것도 실상은 일본어의 간섭에 의한 것이다.

## 3) 언어의식의 간섭

언제부터인지 모르나 한국인들은 '4'(四)라는 숫자를 '죽을 死'라고 하여 매우 기피하는 습성을 가지고 있다. 그러나 조선시대에는 그러한 의식이 없었다고 생각된다. 金世謙의 『海槎錄』(1636~7)에는 당시의 사정을 알려주는 일화가 나타난다. 그는 대마도 왜인과 문서를 교환하다가 일본인이 '4'자를 불길하게 여긴다는 사실을 비로소 알게 되는 것이다(송민1987). 결국 '4'자에 대한 기피의식은 조선시대에는 없었던 것인데, 개화기 이후의 어느 시기에 일본인들로부터 새로 전해 받았으리라고 생각된다.

어떤 사람의 長技나 자랑할 만한 노래를 '18번'이라고 하는데, 이 역시 일본의 전통문화가 移入된 결과에 속한다. '18번'이란 본래 가부키(歌舞伎)의 대표적 대본 18종을 지칭하던 말로서 처음에는 뛰어난 교오겐(狂言)을 뜻하다가 후에는 일반 長技라는 뜻으로 쓰이게 되었는데, 국어의 '18번'은 이를 그대로 받아들인 것이다. 따라서 이때의 '18'이란 숫자는 한국인의 전통과는 무관한 일본문화에 의한 언어의식의 간섭일 수밖에 없다.


## 4. 국어 속의 일본어 문제

현대국어 속에 자리를 굳히고 있는 다양한 유형의 일본어 요소들은 위에서 본 것처럼 길고 복잡한 역사적 배경과 더불어 생겨난 것이다. 이제 결론삼아 이들이 국어생활에 어떠한 문제점으로 나타나는지에 대하여 간략히 정리하기로 한다.

첫째, 문장어와는 달리 구두어나 비속어에서는 아직도 엄청난 분량의 고유 일본어 요소가 무심결에 쓰이고 있다.

둘째, 일반어보다는 전문어(학술어 포함), 직업어, 그리고 기술어 등에서 지나치게 일본어 요소가 큰 비중을 차지하고 있다.

셋째, 고유 일본어에 대한 번역 차용식 한자어 중에는 한자 조어법에 어긋나는 경우가 많아 국어 한자음 체계에 혼란을 일으키고 있다.

넷째, 혼종어 중에는 일본어 요소가 많이 포함되어 있어 국어의 어휘체계에 비속화를 부채질하고 있다.

다섯째, 관용적 비유표현에는 일본어 요소가 지나치게 이용되고 있어 국어문체의 순수하고 참신한 발전을 저해하고 있다.

이러한 문제점을 해소하기 위해서는 우선 국어 속에 누적되어 있는 일본어 요소를 좀더 포괄적으로 인식해 둘 필요가 있다. 지금까지는 구두어나 비어 또는 전문어 속에 나타나는 고유 일본어 요소에만 관심이 집중되어 왔으나 그것만으로는 충분하지 않다. 그 때문에 문장어에 나타나는 일본식 한자어와 관용구에 대해서도 철저히 검토해 볼 필요가 있다. 다시 말하면 국어의 모든 층위에 나타나는 일본어 요소를 좀더 깊이 있게 검토해가야 할 것이다.

그런 다음이라야 국어 속의 일본어 요소에 대한 포괄적인 대책도 수립될 수 있을 것이다.

# 참고문헌

姜信沆(1957), 軍隊卑俗語에 대하여, 『一石李熙昇先生頌壽紀念論叢』, 一潮閣.

_____(1968), 洋服關係語彙考, 『李崇寧博士頌壽紀念論叢』, 乙酉文化社.

_____(1969), 現代國語의 建築關係語彙考, 『金載元博士回甲紀念論叢』, 乙酉文化社.

_____(1983), 外來語의 實態와 그 受容 對策, 李基文(외 6인), 『韓國語文의 諸問題』, 一志社.

徐在克(1970), 開化期 外來語와 新用語, 계명대 『東西文化』 4.

宋 敏(1979), 言語의 接觸과 干涉類型에 대하여—現代國語와 日本語의 경우—, 聖心女子大學 『論文集』 10.

_____(1985a), 派生語形成 依存形態素 '-的'의 始原, 『于雲朴炳采博士還曆紀念論叢』, 同刊行委員會.

_____(1985b), 朝鮮通信使의 日本語 接觸, 國民大學校 『語文學論叢』 5.

_____(1987), 朝鮮通信使의 日本語 周邊認識, 『한실이상보박사회갑기념논총』, 동간행위원회.

_____(1988), 朝鮮修信使의 新文明語彙 接觸, 國民大學校 『語文學論叢』 7.

安東淑·趙惟敏(1972), 1900年代 初期에 나타난 外來語 考察, 梨花女子大學校 『韓國語文學研究』 12.

熊谷明泰(1987), 朝鮮語における借用語の研究方法—日本語からの原音借用語に關する調査に基づく考察—, 韓國外國語大學校 『日本文化研究』 3.

李漢燮(1985), 西遊見聞の漢字語について—日本から入った語を中心に—, (日本)國語學會 『國語學』 141.

_____(1987), 『西遊見聞』에 받아들여진 日本의 漢字語에 대하여, 東國大學校 『日本學』 6.

**出處** <국어연구소(1988. 9.), 『국어생활』 14: 25-34.>

# 韓國語內의 일본적 외래어 문제

## 1. 문제의 발단

여기에 내세운 국어 속의 일본어 외래어라는 과제는 사실 그렇게 무겁게 다루어져야 할 현안은 아니다. 이 문제에 대해서는 누구나가 이미 잘 알고 있을 뿐 아니라, 일상적 언어생활 속에서 직접 들으며 느끼고 있기 때문이다. 그러나 국어와 일본어의 실질적인 접촉역사도 이제는 1세기를 넘어섰다. 따라서 그동안의 접촉과정에서 생겨난 여러 가지 유형의 언어적 간섭에 대해서는 충분히 검토 정리해둘 필요가 있다. 얼핏 하찮게 보일지도 모를 이 과제를 새삼 이 자리에 내세우는 이유가 거기에 있다.

### 1) 외래어 수용의 일반적 유형

외래어를 수용하게 되는 일반적 유형에는 두 가지가 있다. 그 하나는 어휘체계의 공백항목을 메꾸기 위한 것이고, 다른 하나는 학술, 문화, 문명 등의 새로운 개념을 수용하기 위한 것이다.

### 가. 어휘체계의 공백항목 메꾸기

국어의 고유 색깔명에는 '빨강, 노랑, 파랑'이 있다. 여기에 '보라'가 포함될 듯하지만, 이는 사실 외래어에 속한다. 그런데 문화의 접촉을 통하여 무지개의 색깔은 7가지로 구분되지만, 이를 나타내기 위해서는 당장 7가지 색깔명칭이 필요한데도 국어에는 실제로는 '보라'까지 합쳐도 4가지밖에 없다. 이에 할 수 없이 한자어에서 '주황색, 초록색, 남색'을 빌려다가 무지개 색깔의 공백(gap)을 모두 메꿀수 있게 되었다.

공백을 메꾸기 위한 외래어의 수용은 문화어휘에 국한되는 것만은 아니다. 예컨대 『雞林類事』에는 '어제, 오늘'과 함께 '내일'에 해당하는 단어가 모두 나타나는 것으로 보아 고려시대에는 이들 세 단어가 모두 고유어로 채워져 있었다고 생각된다. 그러나 '내일'에 해당하는 고유어가 없어지게 됨에 따라 어휘체계에 공백이 생기자 한자어에서 '來日'을 가져다가 그 자리를 채우게 되었다. 실제로는 국어와 한자어가 경쟁을 벌이다가 국어가 패배하고 만 결과이겠지만, 국어 어휘체계의 공백이 한자어로 메꾸어진 것만은 틀림없는 사실이다.

친족명칭에도 똑같은 절차가 나타난다. '할아버지, 할머니, 아버지, 어머니, 아들, 딸'까지는 고유어가 잘 갖추어져 있으나, '고모, 이모, 삼촌, 외삼촌, 사촌, 외사촌, 손자, 손녀'와 같은 자리는 한자어로 메꾸어져 있다. 어떤 경우에는 과거에 고유어로 나타났던 것이 폐어가 되면서 한자어가 그 자리에 채워진 것도 있다. '몬'(伯)에 대한 '兄', '아ᅀᆞ'(弟)에 대한 '同生'이 그러한 사례로 꼽힌다. 어느 경우에나 현대국어로 보면 어휘체계의 공백에 한자어가 채워진 셈이다.

## 나. 학술, 문화, 문명의 개념에 대한 형태적, 의미적 수용

학술, 문화, 문명의 접촉과정에서는 새로운 외래적 요소를 빌려다 써야 할 때가 더욱 많아진다. 이때에 새로운 어형이나 개념을 받아들이게 된다. 이 과정에서 새로운 단어를 만들거나 빌려오는 것이 형태적 수용이고, 새로운 개념만을 빌려오는 것이 의미적 수용이다. 다만 형태적 수용에는 반드시 의미적 수용이 따라붙지만, 의미적 수용에 형태적 수용이 언제나 붙어다니는 것은 아니다.

가령 국어에는 '춤'이라는 단어가 있지만 이 말로 '서양춤'까지를 나타내기에는 어쩐지 어색하다. 그 때문에 '댄스'라는 영어단어를 따로 받아들여 쓰고 있다. '뚝'에 대한 '땜', '놀이'에 대한 '께임' 등도 마찬가지 범주에 들어간다. '수레'와 같은 경우에는 더욱 다양한 모습을 드러낸다. '리어카, 버스, 택시' 등도 넓은 의미에서는 '수레'에 들어가겠지만, 한국의 전통문화에는 그러한 사물이 없었다. '기차, 자동차, 비행기' 등도 마찬가지다. 이러한 사물들은 외래문화나 문명과 접촉하는 과정에서 새로 알게 된 것들이다. 따라서 이 새로운 단어들은 형태와 개념이 함께 수용된 결과라고 할 수 있다.

경우에 따라서는 개념만 수용되는 수도 있다. 이때는 기존의 단어에 새로운 의미가 추가되거나, 종래의 의미가 통째로 바뀌기도 한다. 『韓英字典』(1897)에 의하면 '샤회(社會)'라는 말은 sacrificial festivals, 곧 祭禮儀式이라는 뜻으로 풀이 되어 있다. 이러한 의미는 중국어에 그 시원을 두고 있지만 일본에서는 19세기의 70년대부터 이 단어가 서양제어의 society에 대한 번역어로 쓰이기 시작했다고 한다(齋藤毅1977: 175-228). 결국 '사회'라는 단어는 전통적 의미를 잃고 서양문화적 개념만을 나타내게 되었다. 현대국어의 '사회'라는 단어는 이처럼 일본어의 행보에 따라 똑같은 의미개신을 겪기에 이르렀다. 기존의 전통적 단어에 외래적 개념이 이식된 결과로서 의미적 수용만을 겪은 실례라고 할 수 있다. '圖書, 發明, 發表, 發行, 放送, 産業, 食品, 新人, 室內, 自然, 中心, 創業'과 같은 단어들도 마찬가지의 의미개신을 겪은 바 있다(송민1988b: 81-82). 따라서 이들이 현대국어에서와 같은 의미를 갖게 된 것도 의미적 수용의 결과에 속한다. 그 어형만은 과거에 다른 의미로 쓰여왔기 때문이다.

서로 다른 문화가 접촉을 일으키면서 새로운 문물이 넘나들게 됨에 따라 많은 단어가 새로 필요하게 된다. 이때에 외래어수용은 어쩔 수 없이 일어나기 마련이다. 이러한 현상 자체는 결코 탓할 일이 아니다. 그러한 과정은 세계의 어느 언어에서도 자연스럽게 일어나는 현상이기 때문이다. 뿐만 아니라 외래어의 수용은 자국어의 어휘체계를 조정, 확대시켜 주는 동시에 그만큼 표현력을 정밀하고 풍부하게 만들어 주기 때문에 외래어의 수용이 적절히 이루어지기만 한다면 오히려 한 언어의 어휘체계가 효율적으로 정비될 수도 있다.

## 2) 국어에 수용된 일본어적 요소

외래어의 수용은 위에서 살핀 두 가지 유형으로 흔히 나타나지만, 국어에 수용된 일본어적 요소는 유형적으로 매우 특이한 성격을 보일뿐 아니라, 그 범위도 형태론적 간섭에서 통사론적 간섭에까지 걸쳐 있다.

일반적으로 국어에 수용된 일본어적 요소는 다음과 같은 특징을 가진다. 문장어보다는 구두어나 비속어에 일본어적 요소가 많이 나타난다. 또한 일반 단어보다는 전문용어나 학술용어, 기술용어와 같은 직업어휘에 일본어적 요소가 많이 수용된 바 있다. 발음을 통한 직접 차용보다는 한자표기를 통한 간접차용이 많다는 점도 특징적이라고 할 수 있다. 그밖에도 여러 가지 형태론적인 조어성분이나 통사론적인 관용어구가 엄청나게 현대국어에 수용된 바 있다.

## 2. 일본적 외래어의 역사적 배경

일본적 외래어가 구체적으로 국어에 알려지기 시작한 시기는 조선시대로 거슬러 올라간다. 여기서는 그 역사적 배경을 다음과 같은 4기로 나누어 볼 수 있다.

### 1) 조선시대(1876 이전)

국어와 일본어의 접촉은 일찍이 조선통신사의 使行과정에서 이루어졌다. 다음에 보일 그들의 사행기록에는 단편적이나마 접촉내용이 나타난다. 조선시대에는 또한 일본어 교재가 몇 가지 편찬되기도 하였다. 부분적이긴 하지만 국어와 일본어의 접촉은 이러한 교재를 통해서도 이루어졌다.

접촉내용을 전해주는 사행기록에는 宋希璟의 『日本行錄』(1420), 申叔舟의 『海東諸國記』(1471), 慶暹의 『海槎錄』(1607), 李景稷의 『扶桑錄』(1617), 姜弘重의 『東槎錄』(1624=1625), 金世濂의 『海槎錄』(1636-7), 南龍翼의 『扶桑錄』(1655-6), 申維翰의 『海遊錄』(1719-20), 曹命采의 『奉使日本時聞見錄』(1748), 趙曮의 『海槎日記』(1763-4) 등이 있다. 이들 문헌에는 通信使들이 일본에서 직접 들은 단어가 기록되어 있다. '勝技冶歧(杉燒), 淡麻古(多葉粉), 茶毯·茶啖·다담이(疊), 古貴麻(孝子麻)'와 같은 단어가 그것이다. '다담이'는 金仁謙의 『日東壯遊歌』(1763-4)에 나오는 실례이다(송민1985b: 39-45). 이중에서 '淡麻古'와 '古貴麻'는 각기 '담배'와 '고구마'로 국어에 정착되었으므로 그 역사가 매우 오래임을 알 수 있다.

通信使들은 이밖에도 일본에서 처음 보고 들은 문물을 기록에 남기고 있다. 예컨대 '蘇鐵, 枇杷(과일명), 蜜柑, 羊羹, 仙人掌, 糖糕'와 같은 단어들이다(송민1985b: 48). 이들은 현대국어에도 그대로 쓰이고 있으나, 조선시대의 기록과는 관계없이 개화기 이후의 어느 시기에 새로 수용된 결과일 것이다.

이밖에도 康遇聖의 『捷解新語』(1676)에는 한자로 표기된 고유 일본어가 국어번역문에 그대로 반영되어 있다. '御念比(go-nen-goro), 氣遣(ki-dzukai), 日吉利(fi-yori), 遠見(tou-mi), 御陰(o-kage), 聞及(kiki-oyobi), 氣合(kiki-awase), 振舞(furu-mai), 爰元(koko-moto), 心得(kokoro-ye), 思分(omoye-wake)' 등이 여기에 속한다(송민1985b: 46-47). 이들이 국어번역문에서 어떻게 읽혔는지는 알 수 없으나, '御念比'가 go-nen-goro라고 읽혔을 가능성은 거의 없다. 그렇게

읽혔다면 일본어가 되어버리기 때문이다. 이는 결국 '어녬경'처럼 읽혔을 것이다. 아마도 역관들끼리는 그런 식으로 뜻이 통할 수 있었을 것이다. 결국, 이들은 순수한 일본어로서 국어 번역문에 수용된 셈이다. 한편 『捷解新語』의 국어번역문에는 '案內, 油斷, 御馳走'와 같은 일본식 한자어도 나타난다.

　이처럼 국어와 일본어의 접촉은 조선시대에 이미 다양하게 이루어졌다. 다만 이 시대의 접촉으로 기록에 남아있는 일본어가 현대국어에까지 계승된 경우는 거의 없다. 따라서 이 시대의 접촉은 일시적인 것이었을 뿐, 그 결과가 국어에 수용된 바는 거의 없었다.


## 2) 개화시대(1876~1910)

　이른바 雲揚號사건이 강화도 부근에서 일어난 다음 해인 1876년(고종13), 조선조정은 일본의 뜻에 따라 반갑지 않은 朝日修好通商條約(江華條約, 丙子條約)을 억지로 맺게 된다. 이 조약의 실질적인 마무리를 위하여 수신사로 발탁된 金綺秀가 일본으로 건너갔다. 그가 일본에서 겪은 일을 기록한 것이 『修信使日記』와 『日東記遊』(1876)이다. 그 이후로는 조선과 일본 사이의 길이 자연스럽게 트여 수신사가 연달아 일본으로 건너갔다. 그들은 일본에서 새로운 세상을 보게 되었다. 당시의 일본은 明治維新(1868)으로 문호를 개방하고 얼마 지나지 않은 시기였다. 서양문물이 물밀듯이 들어와 일본은 날로 새로워지고 있었다. 조선의 선비들은 일본에서 놀랄만한 경험을 할 수밖에 없었다.

　수신사일행은 인천에서 '火輪船'을 타고 大阪에 도착한다. 대판에서는 그들에게 기념촬영을 시킨다. 마그네시움이 터지는 소리에 깜짝 놀란 그들은 다음부터 사진을 찍지 않겠다고 버티기도 한다. 일본인들이 무언가 번쩍이는 불꽃을 터뜨려 조선사람의 혼을 빼앗아 가려한다고 생각했기 때문이다. 橫濱에 상륙해서는 '火輪車'를 타게 된다. 화륜차가 달리기 시작하니까 그 소리로 천지가 진동하는 바람에 정신이 혼미해질 지경이었다. 그러나 마음 속으로는 은근히 위로를 받았다. 일본인들은 이 화륜차를 타는 바람에 모두가 넋이 빠질 테지만 조선사람들에게는 그런 일이 없을 테니까 걱정이 없다고 생각했던 것이다.

　이러한 경험들을 수신사들은 일일이 기록으로 남겼다. 그러한 기록으로 앞에 든 김기수의 기록에 이어 金弘集의 『修信使日記』(1880), 李鑛永의 『日槎集略』(1881), 朴泳孝의 『使和記略』(1882), 朴戴陽의 『東差漫錄』(1884-5) 등이 더 있다. 俞吉濬의 『西遊見聞』(1892/1895)은 또 다른 범주에 속하는 자료라고 할 수 있다. 이들 문헌에는 적지않은 문명어휘가 나타나는데 그

대부분은 일본에서 만들어진 번역어들이다. 가령 金綺秀는 '蒸氣船, 汽車, 新聞紙, 人力車, 電線, 電信, 博物院, 會社, 師範學校, 鐵道, 議事堂, 地球, 外交, 警察官'과 같은 한자어를 기록으로 남기고 있으며, 李鑛永은 '汽船, 開化, 日曜日, 土曜日, 大統領, 圖書館, 證券, 印紙, 關稅, 數學, 化學, 判事, 議員, 監獄署, 郵便局, 盲兒院, 商社, 太平洋, 國會, 合衆國, 新聞, 電報, 經濟, 病院, 銀行, 六法, 政堂, 思想, 民權'과 같은 한자어 이외에도 '簿記, 襦袢, 瓦斯'와 같은 서양제어의 模寫形(replica)과 '頭取, 取締, 心得書'와 같은 고유 일본어까지 기록에 남기고 있다. 이와같은 신문명어휘들은 그후 또다른 경로를 통하여 현대국어에 거의 그대로 재수용되었다. 특히 한자어의 경우에는 그것이 일본적인 외래어임에도 불구하고 별다른 저항감 없이 국어의 어휘체계 속에 자연스럽게 정착되어 지금까지 널리 쓰이고 있다.

갑오경장(1894)을 거치면서 조선의 문물제도는 거의 대부분이 일본식으로 바뀐다. 문호가 개방되었다고는 하지만 일차적으로는 일본과 가장 쉽게 접촉할 수밖에 없었기 때문이다. 서양문화와의 접촉 또한 한동안은 일본의 중계를 통하여 간접적으로 이루어졌다.

가령 '大統領'이라는 단어는 영어 president에 대한 번역어로서 명치유신(1868) 이전 일본에서 만들어진 것인데 당시에는 널리 쓰인 바 있다고 한다(佐藤亨1986: 309-311). 실제로 李鑛永은 1881년 일본에서 '新聞紙'를 통하여 이 단어와 만나게 된다. 그러나 그에게는 이 단어의 개념이 명확히 이해될 리 없었을 것이다. 이에 그는 이 단어에 '卽國王之稱'이란 細註를 달고 있다. '大統領'을 '國王'쯤으로 이해한 것이다. 그러나 李鑛永이 처음으로 듣고 기록에 남긴 이 단어는 국어에 직접 수용되지 못한 듯하다. 『增補文獻備考』에 의하면 1891년까지는 이 단어가 '伯理璽天德'과 같은 중국식 模寫形(replica)으로 쓰이다가 1892년부터 비로소 '大統領'이란 표기로 나타나기 때문이다(송민1988b: 73-74). 결국 이 단어는 李鑛永의 기록과는 다른 경로를 통하여 국어에 수용되었음을 알 수 있다. 1892년 공식기록에 나타나는 점으로 볼 때 이 단어는 이때부터 국어에 수용되었다고 할 수 있다.

갑오경장을 전후로 하여 일본적 신문명 어휘가 물밀듯이 국어에 수용되었으리라는 사실은 누구나 쉽게 짐작할 수 있는 일이다. 李鳳雲·境益太郎의 『單語連語日話朝雋』(1895), 李準榮·鄭玹·李琪榮(외)의 『國漢會語』(1895), Gale, J.S.의 A Korean-English Dictionary(1897), 그 밖에도 당시의 신문, 잡지, 교과서, 번역서 등은 그러한 사정을 잘 보여주고 있다(송민1988b). 특히 이 시대의 국어나 역사 이외의 교과서에는 많은 신문명 어휘의 수용이 보인다. 그러나 국어와 역사 교과서에는 1905년까지만 해도 일본적 외래어에 대한 수용이 거의 없었다. 이것은 일본적 외래어가 거의 대부분 신문명 어휘였기 때문이다.

이러한 신문명 어휘는 물론 중국을 통해서 국어에 수용되기도 했다. 그러나 그것은 잠시 뿐이었다. 예컨대 중국어에서 수용된 '火輪車'는 결국 일본어에서 수용된 '汽車'에 밀려 자취를 감추고 만다. 일본식 번역어가 승리하는 과정을 보여주는 사례라고 할 수 있다. 이 시대에 이루어진 신문명 어휘의 수용과정에 대해서는 아직 세밀하게 밝혀진 바가 별로 없다. 그러나 현대국어의 어휘체계에 나타나는 신문명 어휘 가운데에는 일찍이 이 시대의 일본어로부터 수용된 것들이 많다는 사실을 부인하기 어려울 것이다.

## 3) 식민지시대(1910~1945)

이 시대에는 학교교육이 널리 일본어로 행해졌고, 문화접촉이 직접 이루어졌기 때문에 일본적 외래어에 대한 수용 또한 더욱 활발하게 진행되었다. 일본어는 이제 외국어가 아니라 모국어처럼 통용되었다. 한자어에 국한되었던 일본적 외래어의 수용은 고유일본어에까지 마음대로 확산되기에 이르렀다. 한 조사보고에 의하면 1920년대 후반부터 1930년대 전반까지의 문학작품에는 다음과 같은 일본어 模寫形이 나타났다고 한다(安東淑·趙維敬1972: 27).

> "가시찌리, 가오루, 가와찌, 게다, 겡광, 고구라, 고디기, 고부가리, 고시마찌, 고쓰갱이, 고이비도, 구루마, 구론보, 구쓰, 기라쭈, 기모노, 나까나까, 나마가시, 나마이찌, 나지미, 낫쏘, 네쬬이라즈, 네마찌, 네우찌, 노가다, 노시, 다쑤앙, 다다미, 다모도, 덴쑤라소바, 도고야, 도비쬬미, 도로로, 도리우찌, 마사무네, 마지메, 메다쓰, 베니, 벤도, 보로, 사구라, 사루마다, 사미쎙, 셋다, 쓰메에리, 스스찌, 시찌시마, 시로도, 아까보, 야찌이모, 에노구, 에리, 오리에리, 오비, 오시이레, 요비링, 유가다, 자부동, 조오리, 쥬스다비, 하리이다, 하부다이, 하오리, 호리바다, 히니쭈, 히야까시" 등등.

이러한 현실은 해가 거듭될수록 그 정도가 심해져 갔다. 그리하여 1940년대 전반에는 그 정도가 절정에 달했다. 물론 이 때의 국어는 이미 공용어의 자리에서 쫓겨난 상태였다. 일본어는 이제 외국어가 아니라 당당한 상용어 대우를 받았다. 따라서 이 때의 일본어 요소 수용은 외래어라고 볼 수 없다는 의견도 있다.

## 4) 광복시대(1945 이후)

이 시대는 다시 두 시기로 구분될 수 있다. 韓日國交正常化(1965) 이전과 이후가 그것이다. 광복을 계기로 한동안은 왜색배격이라는 시대적 명분을 타고 일본적 외래어가 대부분 자취를 감추는 듯 하였다. 실제로 고유일본어의 模寫形은 급격히 줄어들었다. 그러나 이것은 표면적인 현실이었다. 문장어에서는 분명히 고유일본어 요소가 거의 없어졌다. 그러나 구두어에서는 고유일본어 요소가 끈질기게 살아남아 있었다. 특히 직업어, 기술어, 비어, 속어 등에 스며든 고유일본어 요소는 그 뿌리가 너무 질겨 아직도 뽑히지 않고 있다.

그렇다고 1945년부터 1965년까지 일본어에 대한 새로운 수용이 없었느냐 하면 그렇지도 않다. 일본어를 마음대로 구사할 수 있는 인적 계층이 그대로 우리 사회에 남아 있었기 때문다. 이들은 일본어로 신문, 잡지, 서적, 외국어사전과 계속 접촉하면서 여전히 일본적 외래어를 국어에 수용해왔다. 특히 한자어일 경우에는 자유스럽게 국어의 어휘체계에 끼어 들어왔다. 따라서 국교정상화 이전이라고 해서 일본적 외래어에 대한 수용이 중단되었다고는 볼 수 없다.

두 나라의 국교가 정식으로 이루어지면서 우리 사회에서는 다시 일본어 학습이 시작되었다. 뿐만 아니라 한쪽으로는 일본의 대중문화가 다시 이땅으로 흘러들기 시작하였다. 이러한 시대적 흐름을 타고 일본적 외래어는 당연한 일처럼 다시 국어에 섞여들어 왔다. 이처럼 일본적 외래어는 광복이후 지금까지도 끊임없이 국어에 수용되고 있다. '團地, 公害, 過(剩)保護, 日照權, 事件記者, 集中豪雨, 殘業, 人災, 別冊, 反體制, 案內孃, 耐久消費財, 準準決勝, 防禦率, 自責點, 嫌煙權, 情報化社會, 春鬪, 特需, 民主化, 落下傘候補, 豪華版, 視聽率, 定年, 女性上位時代, 猛烈女性' 등이 그러한 사례의 일단에 속한다 太宰治의 '斜陽'(1947)이란 소설에서 비롯된 파생어 '斜陽○○' 또는 '○○族'과 같은 유행어는 그 후 폭발적으로 늘어났는데, 국어의 '斜陽産業'도 그중 하나에 속한다. 이렇게 파생된 또 다른 유행어로는 '장발族, 히피族, 제비族' 등이 있다. 이 '族'은 본래 '民族'이나 '家族'처럼 쓰였을 뿐 '장발族'이나 '제비族'처럼 쓰일 수 있는 造語要素는 아니었다. 그러나 일반민중의 언어감각은 놀라우리만큼 예민한 것이어서 '斜陽'과 '族'은 일본어에서 수많은 신조어를 파생시켰다. 그 여파가 국어에까지 미쳤다고 할 수 있다.

비교적 최근에 생긴 일본식 외래어로는 '가라오께, 財테크, 원高現象' 등이 있다. 1977년경 일본에서 만들어진 '가라오께'는 이제 국어단어로 정착되어 버린 느낌이다. '원高'는 국어의 조어법에 어긋나는 어형인데도 경제용어로 널리 쓰이고 있다.

서양적 외래어 중에는 일본식 번역어로 국어에 수용된 경우가 많다. '冷戰(cold war), 죽음의 재(sand of death), 압력단체(pressure group), 微視的(micro), 國民總生産(G.N.P), 高速道路(high way), 附加價値(value added), 聖火(Olympid torch)' 등이 그러한 사례가 될 것이다. '죽음의 재'는 분명한 일본식 번역이다. sand는 '모래'일텐데, 그렇게 부른다면 실감이 나지 않아서였는지 일본어에서는 '재'로 번역되었다. 국어는 이 일본식 번역을 직역한 것으로 보인다. 영어의 high way는 본래 상류계급의 전용도로를 뜻했다고 한다. 이것이 일본어에서 '高速道路'로 번역되는 바람에 국어도 이를 그대로 받아들인 듯하다. Olympic torch의 의미는 단순히 '올림픽 횃불'일 뿐인데도 일본어에서는 이를 '성스러운 불'로 격상시켰다. 이것이 그대로 국어에 수용된 것이다.

여기에 약간 문제가 되는 것은 일본식 서양제어 표현이 국어에 자주 끼어드는 일이다. '나이터(경기), 마카로니 웨스턴, CM탈랜트, 아프터 써비스, 후리 쎅스, 아베크, 레저' 등이 그러한 사례일 수 있다. 이들은 조어법이나 의미로 볼 때 완전히 일본식이다. 가령 영어의 leisure는 '여가선용'이라는 뜻이다. 그런데 현대국어의 '레저'에는 '단순히 재미있게 노는 일'까지 포함되는 듯하다. 이러한 의미추가는 일본어에서 먼저 일어났다. 따라서 국어의 '레저'가 나타내고 있는 새로운 의미는 일본어식 의미를 잘못 수용한 결과로 보인다.

끝으로 한일국교정상화 이후부터 다시 생겨나기 시작한 번역차용도 있다. '웃돌다, 밑돌다'와 같은 합성표현은 1970년부터 매스컴에 나타난 것으로 기억된다. 이러한 합성어가 국어에서 자생적으로 조어된 것인지, 일본어로부터 번역차용된 것인지, 지금으로서는 확실한 근거가 없으나, 아마도 후자일 것으로 생각된다.

이처럼 일본적 외래어는 광복이후 지금까지도 끊임없이 국어에 영향을 끼치고 있다고 볼 수 있다.


## 3. 일본적 외래어의 유형


현대국어의 어휘체계 속에는 아직도 일본적 외래어가 많이 살아남아 있다. 그들은 형태층위에서 통사층위까지 널리 분포되어 있으며 갖가지 유형으로 국어에 간섭을 일으켰다. 여기서는 오래전에 이미 발표된 논문(송민1979)을 통하여 그 유형을 간략하게 살펴보겠다.

## 1) 형태층위

### 가. 직접차용

발음을 통한 직접차용은 주로 구두어에 많이 남아 있다. '오뎅, 오봉, 가마니, 구두, 구루마, 고데, 노가다, 노깡, 하꼬(방/짝), 마호병, 와이당' 등 그 수는 생각보다 훨씬 많다. 특히 직업어, 기술어에서는 아직도 일본적 외래어가 거의 그대로 쓰이고 있다. 이 유형의 일본적 외래어는 비어화하는 경우도 많아 국어에 어두운 그늘을 던지기도 한다. '구라까지 마, 아사리 판, 보로가 터지다, 쿠사리 먹다, 사바사바, 야마가 돌다'와 같은 표현이 그러한 것들로 생각된다.

지금은 '한국의 國技'라고 일컬어질만큼 성행하고 있는 도박성 오락으로 '고도리'라는 것이 있다. 이 말이 '小鳥'[kotori]에서 온 것인지 '五鳥'[gotori]에서 온 것인지는 확실하지 않으나 일본어식의 발음을 橫寫한 것이란 사실만은 분명하다. 이 명칭은 일본어에서 직접차용으로 국어에 수용된 것이 아니라 이 땅에서 자생한 것으로 보이지만, 일본어의 간섭이 아직도 도처에서 활개치고 있는 현실을 단적으로 보여주고 있다.

직접차용 중에는 기원적으로 근대중국어가 일본어화한 것도 있다. '잉꼬(鸚哥), 우동(饂飩), 가방(夾板), 장껜뽕(掌拳), 요깡(羊羹), 라면(老麵)'. 또한 서양제어에서 일본어에 수용되었다가 다시 국어에까지 옮겨진 것도 있다. 포르투갈어에서 온 '카스테라(castella), 담배(tabaco), 뎀뿌라(tempora), 빵(pão), 비로드(veludo), 보당(botão)', 스페인어에서 온 '메리야쓰(medias)', 네덜란드어에서 온 '고무(gom), 뼹끼(pek), 뽐뿌(pomp), 렛델(letter)' 등이 그러한 것들이다. 이들은 일찍이 江戸時代(1603-1868)에 일본어에 수용된 바 있는 것들이다. 영어에서 온 것으로는 '俱樂部(club), 구리스(grease), 사라다(salad), 샤쓰(shirt), 샷다(shutter), 스빠나(spanner), 작끼(jack), 도나스(doughnut), 삐라(bill), 남포(lamp)', 불어에서 온 것으로는 '쎄무가죽(chamois), 부라자(brassiere), 낭만(roman)', 독어에서 온 것으로는 '코펠(Kocher), 스피츠(Spitz)' 등이 있다.

일본어를 거치면서 축소된 어형으로 국어에 수용된 西洋諸語도 많다. '아파트(apartment house), 텔레비(television), 테러(terrorism), 도란스(transformer), 데모(demonstration), 파마(permanent wave), 뻬에빠(sand paper), 함박(hamburg steak), 마이크(microphone), 미싱(sewing machine), 메모

(memorandom)’ 등. ‘바리콘(variable comdenser), 簿記(book keeping)’와 같은 단어도 일본어에서 만들어진 것들이다.

이러한 일본적 외래어 수용은 다시 국어에 적지 않은 混種語(hybird)를 만들어 놓았다. ‘아까징끼, 옷또세이, 건빵, 식빵, 동까스, 요비링, 가오마담, 야끼만두, 잉꼬부부, 다마치기, 전기다마, 도꾸리샤쓰’ 등등.

### 나. 간접차용

일본어에서 만들어진 신문명 어휘는 대부분 한자어였다. 학술용어라고도 할 수 있는 이들 한자어는 일본식 한자음이 아닌 국어식 한자음으로 국어에 수용되었다. 말하자면 한자표기를 통한 간접차용인 셈이다. 이들 단어는 정치, 경제, 사회, 교육, 학술, 제도, 천문, 신식문물에 널리 걸쳐 있는데, 그 대부분은 한자어로 국어에 수용되어 지금까지 쓰이고 있다. 어휘체계로는 학문명칭, 문법용어, 요일명칭, 유성명칭, 철학술어 등 헤아리기 어려울 만큼 많다.

‘名詞’라는 문법용어가 일본어에서 만들어지기까지는 1세기 이상의 노력이 필요했다. 蘭學時代의 초기에는 ‘靜辭, 實名辭’와 같은 용어가 널리 쓰였다. 그것이 ‘名辭’로 굳어진 것은 1870년경이었는데 그 후 다시 ‘名詞’로 바뀌었다. 일본에서는 한 분야의 어휘체계가 이렇게 많은 학자들의 노력으로 다듬어졌다. 이들이 국어에는 너무 쉽사리 수용된 것이다. 이점에 대해서 우리는 지금부터라도 심사숙고할 필요가 있지 않을까 생각된다.

일본적 외래어의 수용은 학술용어에만 국한되지 않았다. 일반어휘 가운데에도 일본식 한자어로 대치된 경우가 많기 때문이다. 가령 국어에는 전통적 한자어로 ‘一色’이 있었다. ‘네가 잘나서 一色이냐’처럼 쓰인 ‘一色’이다. 이것이 일본식 한자어인 ‘美人’으로 바뀐 것이다. 이러한 단어대치 또한 매우 많다고 할 수 있다. ‘都給’에 대한 ‘請負’, ‘相從’에 대한 ‘交際’, ‘言約’에 대한 ‘約束’, ‘生涯’에 대한 ‘職業’, ‘役事’에 대한 ‘工事’, ‘看色’에 대한 ‘見本’, ‘直錢’에 대한 ‘現金’, ‘冊衣’에 대한 ‘表紙’, ‘股票’에 대한 ‘株式’, ‘路資’에 대한 ‘旅費’, ‘丹粧’에 대한 ‘化粧’, ‘出給’에 대한 ‘支拂’이 모두 그러한 단어대치에 속한다.

### 다. 번역차용

여기에는 두 가지가 있다. 그 하나는 일반번역 차용이다. 가령 ‘뒷맛, 돌대가리, 짝사랑,

돈줄, 꽃다발, 벽걸이, 떠오르다, 만들어내다, 타오르다, 불러내다, 가로놓이다, 웃돌다, 밑돌다'와 같은 합성어가 여기에 속한다. '떠오르다, 만들어내다, 타오르다, 불러내다'까지 번역차용이라고 보는 이유는 따로 문헌적 검증이 필요하겠지만, 이들만은 분명히 일본어의 합성어에 그대로 대응되기 때문이다. 실상 국어에는 본래 '-아/-어'에 의한 합성동사가 그렇게 많지 않았다. 따라서 일본어와의 접촉을 통하여 그 생산성이 크게 확대되어 위와 같은 합성동사가 일본어 합성동사에 대한 번역차용 과정에서 새로 만들어졌으리라고 생각된다.

다른 하나는 특수번역 차용이다. 가령, '明渡, 編物, 言渡, 家出' 등은 얼핏보면 한자어처럼 보이지만 실상은 고유일본어에 의한 합성어이다. 이들은 국어에 한자어처럼 수용되었다. 일본어 발음과는 아무 관계없이 국어한자음으로 받아들인 것이다. 이점이 한자어인 학술용어나 일반어휘와 다르다. 이들을 특수번역 차용이라고 한 이유가 거기에 있다. 이 유형에 속하는 단어는 의외로 많다. '入會, 入口, 受付, 受取, 內譯, 乳母車, 埋立, 賣上, 賣出, 賣渡, 追越, 大形, 大幅, 落葉, 織物, 買入, 買占, 貸切, 貸出, 貸付, 壁紙, 氣合, 生藥, 切上, 切下, 組合, 組立, 毛織, 小賣, 小形, 凍死, 小包, 先取, 先佛, 後拂, 差押, 揷木, 差出, 敷地, 下請, 品切, 据置, 競合, 競買, 立場, 立替, 建坪, 手當, 手續, 手荷物, 身柄, 戶口, 屆出, 取扱, 取下, 取調, 積立, 荷役, 葉書, 引上, 引下, 引受, 引渡, 引出, 引繼, 船積, 見積, 見習, 見本, 行方, 呼出, 呼名, 割引' 등등. 이들은 고유 일본어의 합성어이기 때문에 때로는 한자어로 부적합한 경우도 있다. 가령 '家出'이라면 한자조어법으로는 '집이 나간다'는 뜻이어서 우리말로는 의미가 통하지 않는다. 그런데도 '家出'은 '집을 뛰쳐 나간다'는 뜻으로 국어에 수용되었다. 이는 일본어식 어형이요 의미일 수밖에 없다. 그러한 '家出'과 국어의 전통적 한자어인 '出家'가 다같이 국어에 쓰이고 있는 현실은 어쩐지 어색하다.

번역차용 중에는 의미만 빌려온 경우도 있다. 가령 '圖書'의 전통적 의미는 '책이나 그림에 자기 것이라는 표시로 찍어두는 도장'이었다. 그러나 현대국어에서는 그러한 의미가 없어졌다. '圖書'가 나타내고 있는 '書籍'이라는 의미는 일본어에서 차용된 것으로 보인다. 의미차용은 이처럼 전통적 어휘의 의미개신을 불러 일으켰다. 앞에서 잠깐 스쳤지만 전통적 한자어 '發明, 發表, 發行, 放送, 産業, 社會, 生産, 食品, 新人, 室內, 自然, 中心, 創業' 등의 의미가 오늘날 전혀 달라지게 된 것도 의미차용의 결과였다.

'十八番'이란 의미는 좀더 특이한 사례에 속한다. 이 말이 歌舞伎 臺本의 箱子番號에서 나왔다는 사실을 안다면 '十八番'이라는 한자어의 뜻이 이상하게 들릴 것이다. 문제는 그 의

미에 있기 때문이다. 이 말은 일본어의 어형과 의미가 함께 국어에 차용되었지만 언어의식
으로는 의미차용 쪽이 훨씬 강하다.

### 라. 조어요소의 차용

모든 한자는 기본적으로 조어요소가 될 수 있다. 그러나 어떤 한자는 일본어에서 특별한
조어요소로 개발된 경우도 있다. 그 대표적인 실례가 파생어형성 의존형태소로 크게 활용되
고 있는 '-的'이다. 大槻文彦의 『復軒雜纂』(1902)에 의하면 이 '-的'은 명치유신 초기에 영어의
형용사 접미사 -tic에 대한 번역 수단으로 처음 이용되었다고 한다. 근대중국어의 구어문에
널리 쓰이는 이 '-的'의 발음이나 의미가 영어의 '-tic'과 유사하기 때문이었다. 그러므로 이
'-的'은 일본어적 조어요소로서 국어에 수용된 것이라고 할 수 있다. 이 '-的'은 그 동안 한자
어와만 결합되었으나 최근에는 '마음的'과 같이 고유어와의 결합으로까지 확산되고 있다.
집단구분을 뜻하는 '-組'가 일본어에서 국어에 수용된 조어요소라는 사실은 새삼 지적할
필요도 없을 것이다. 오락회에서 편을 가를 때 자주 쓰이는 '一組, 二組' 또는 'A組, B組'가
바로 그것이다. 한편 '-式, -性, -量, -期, -部, -率, -學, -上, -下'와 같은 접미사적 조어 요소나
'半-, 不-'과 같은 접두사적 조어요소 또한 일본적 외래요소로서 국어에 수용된 것들이다.

## 2) 통사 층위

### 가. 관용구

국어의 통사층위에서 일어난 일본어의 수용에 대해서는 지금까지 별로 주목된 일이 없다.
그러나 현대국어에서 활용되고 있는 수많은 관용구 중에는 일본어에 그 뿌리를 대고 있는
것이 많다고 생각된다. '애교가 넘치다, 화를 풀다, 의기에 불타다, 원한을 사다, 엉덩이에
불이 붙다, 종지부를 찍다, 순풍에 돛을 달다, 흥분의 도가니, 손에 땀을 쥐다, 손꼽아 기다리
다, 도토리 키재기, 낯가죽이 두껍다. 패색이 짙다, 이야기에 꽃을 피우다, 콧대를 꺾다, 반감
을 사다, 무릎을 치다, 비밀이 새다, 마각을 들어내다, 폭력을 휘두르다, 새빨간 거짓말, 눈살
을 찌푸리다, 귀에 못이 박히다, 가슴에 손을 얹다, 눈시울이 뜨거워지다, 눈을 빼앗기다,
욕심에 눈이 어두워지다, 낙인이 찍히다, 상상하기 어렵지 않다, 금메달을 넘보다, 전화를
걸/넣다, 전보를 치다' 등등. 수사적 관용구인 이들은 일본어 관용구에 대한 번역차용으로

국어에 수용되었음에 틀림없을 것이다. 이러한 관용구가 한국 고전에서는 거의 발견되지 않는 반면 일본문헌에는 일찍부터 나타나기 때문이다.

## 나. 인용 명언

히포크라테스의 '예술은 길고 인생은 짧다'라는 명언은 일본어 번역을 통하여 국어에 수용되었을 것이다. 그 때문에 번역이 잘못된 채로 아직도 쓰이고 있다. 이 말에 대한 일본어 번역은 art is long, life is short라는 영문을 통하여 이루어졌겠지만, 문제는 art에 대한 번역이 '예술'이라는 점이다. 의사였던 히포크라테스가 '인생은 짧다'라고 한 데는 문제가 없겠으나 '예술은 길다'라고 한 점이 얼른 이해되지 않기 때문이다. 이렇게 볼 때 히포크라테스는 '의술을 익히기에는 인생이 너무 짧다'고 느꼈을 것으로 이해된다. 따라서 art는 '예술'로 번역되기보다는 '기술(의술)'로 번역되어야 마땅했을 것이다. 실제로 art에 대한 라틴어 명사형 ars에는 '기술'이라는 뜻도 있다고 한다(見坊豪記1979: 47). 결국 '기술(의술)은 길고 인생은 짧다'가 잘못 번역된 채 국어에 수용된 것이다.

이러한 사례는 그밖에도 또 있다. 루쏘의 '자연으로 돌아가라'도 실제로는 사회를 버리라는 뜻이 아니라 '자연을 따르라'는 뜻이며, 셰익스피어의 "햄릿"에 나타나는 '약한 자여 그대 이름은 여자나라'라는 표현도 실제로는 유혹에 빠지기 쉬운 여성을 비난하는 대사이며, '건전한 육체에 건전한 정신이 깃든다'는 표현도 직역하면 '건전한 신체에 건전한 정신이 깃들기를 빌어야 한다'는 뜻이었다고 한다(見坊豪記1979: 46-47). 따라서 이 명언들은 일본어에서 잘못 번역되어 그 뜻이 왜곡된 상태로 국어에 수용되고 만 것이다.

## 다. 기타 통사구조

현대국어의 문장어에 주로 쓰이는 '~있을 수 있다, ~한/~던 것이다'와 같은 문말구조는 일본어에 대한 번역차용으로 보인다. '보다, 뿐만 아니라'가 문두에 나타나는 현상도 일본어 문장에 대한 직역에서 생겨났으리라고 짐작된다. 또 한 가지만 더 든다면 '왔다리 갔다리'처럼 쓰이는 '-리'는 국어요소가 아니라 일본어 문법요소임이 분명하다. 다만 이 요소는 다른 동사와는 결합되는 일이 없고, 구두어에만 나타난다. 대학원 시절에 異河潤 선생으로부터 들은 이야기지만 해방 직후 아나운서의 일기예보에는 자신도 모르게 '흐렸다리 맑았다리 하겠습니다'와 같은 표현이 쓰였다고 한다. 그러나 지금은 그런 말을 들을 수 없다.

### 3) 언어의식

지금도 병원이나 여관건물에는 4호실이나 4층이란 호칭이 아예 쓰이지 않는 수가 있다. 4가 죽을 死와 발음이 같아서 불길하다는 언어의식 때문인데, 이러한 4字 기피습성은 한국적 전통이 아니라 일본적 전통이다. 金世濂의 『海槎錄』(1636-7)으로 그 사정을 알 수 있다. 부산에 도착한 통신사로부터 別幅을 넘겨받은 對馬島 奉行은 '筆墨四十'에 대하여 이의를 제기한다. '四十'의 '四'字는 '死'字와 발음이 같아서 자기들이 크게 기피하는 바인데 하필 '四'를 쓴 저의가 무엇이냐는 것이었다. 결국 조선 조정에서는 '四十'을 '五十'으로 올려 말썽을 없앴다(송민1987: 702-703). 이 사실은 '四'字 기피습성이 본래 한국적 의식과는 관계가 없었음을 알려 준다. 따라서 '四'字에 대한 기피습성은 개화기 이후의 어느 시기에 일본어의 언어의식으로부터 받아들인 것으로 보인다.

## 4. 문제에 대한 대책

국어에 수용된 일본적 외래어는 역사적 배경으로 보나 유형적 내용으로 보나 복잡하고 다양한 성격을 나타내고 있다. 그럼에도 불구하고 여기에 대한 관심은 여전히 미약하다. 그러나 국어에 나타나는 일본적 외래어에 대한 전반적 성격구명이나 단어 하나하나에 대한 어휘사적 검토는 국어사적 견지에서 충분히 검토되어야 할 과제이다. 그래야만 일본적 외래어에 대한 대응책 수립이 가능하기 때문이다.

여기서는 우선 지금까지 밝혀진 사실을 토대로 하여 몇 가지 대책을 잠정적으로 제시하고자 한다.

현대국어에는 일본식 한자어가 많이 수용되어 있다. 특히 다양한 학술용어는 이미 문장어에서도 자연스럽게 쓰이고 있다. 이러한 한자어휘들은 국어의 어휘체계를 보완해 주고 있으므로 이제와서 문제삼을 필요는 없을 것이다. 그러나 일반어휘 가운데 전통적 한자어가 있는 경우 그것을 살려보려는 노력이 필요하지 않을까 여겨진다. 가령 '請負'보다는 '都給', '旅

費'보다는 '路資', '化粧'보다는 '丹粧'을 살려보려는 시도가 바람직하다는 뜻이다. 특히 특수 번역 차용에 대한 인식은 좀더 분명해져야 할 필요가 있을 것이다. 예컨대 '家出, 立場, 身柄, 見本'과 같은 단어는 본래부터 한자어가 아니기 때문에 가능한 한 다른 말로 바꾸어 볼 일이다. 실제로 '立場'이란 말은 그때그때의 뜻에 따라 '처지, 측면, 생각, 뜻, 마음'과 같은 말로 바꾸어 쓸 수 있다고 생각된다. 어쩔 수 없이 특수번역 차용을 그대로 써야 할 때에는 그 語誌的 始原이라도 분명히 알고나 썼으면 좋겠다. 그러한 인식이 국어에 대한 도리라고 생각된다.

일본적 외래어로서 卑俗語化하거나 混種語化한 경우에는 당연히 순화시켜 나갈 필요가 있을 것이다. 특히 구두어에서의 순화는 아직도 절실히 요구되는 과제가 아닐 수 없다. 이것이 어린이의 언어교육에 대한 기성세대의 책임일 것이다. 또한 어형이나 의미가 크게 바뀐 직업어, 기술어 역시 다듬어 나갈 필요가 있다. 관용구에 대해서도 일본식을 맹목적으로 쓰고만 있을 것이 아니라 새로운 표현을 계속 만들어 나가는 노력이 필요하다. 특히 최근의 서양식 새로운 학술용어에 대해서는 국내학자들이 보다 적극적으로 번역어를 만들어 나갈 필요가 있다. 이러한 노력이 쌓임으로써 학술용어에 대한 일본어의 지배를 벗어날 수 있기 때문이다.

일본적 외래어를 감정적으로 배격할 필요는 조금도 없을 것이다. 외래어는 어느 언어에나 존재하기 마련일 뿐 아니라, 자국어의 어휘체계를 보완해 주는 장점도 지니고 있기 때문이다. 더구나 일본어적 외래어는 그동안 역사적으로나 유형적으로 국어 속에 너무 깊숙이 파묻혀 버린 감이 없지 않다. 그럴수록 그 배경과 성격을 명확히 밝혀 둘 필요가 있지 않을까 한다. 그리고 나서야 어떤 것이 국어로서는 바람직스럽지 못하다거나 국어의 구조에 적합한지의 여부를 가려낼 수 있을 것이다. 이러한 토대가 마련되고 지식인들이 감정적인 차원을 떠나 냉정하게 조금씩이라도 노력을 계속한다면 국어순화의 미래도 밝아질 것이다.

## 참고문헌

송  민(1979), 언어의 접촉과 간섭 유형에 대하여—현대국어와 일본어의 경우—, 성심여자대학 『논문집』 10.

_____(1985a), 파생어형성 의존형태소 '-的'의 始原, 『干雲朴炳采博士還曆記念論叢』.

_____(1985b), 조선 통신사의 일본어 접촉, 국민대학교 『語文學論叢』 5.

_____(1987), 조선 통신사의 일본어 주변인식, 『한실이상보박사기념논총』.

_____(1988a), 조선 수신사의 신문명어휘 접촉, 국민대학교 『語文學論叢』 7.

_____(1988b), 개화기 신문명어휘의 성립과정, 국민대학교 『語文學論叢』 8.

_____(1988c), 국어에 대한 일본어의 간섭, 국어연구소 『국어생활』 14.

安東淑·趙維敬(1972), 1900년대 초기에 나타난 외래어 고찰, 이화여대 문리대 국어국문학회 『한국어문학연구』 12.

見坊豪記(1979), 『ことばのくずかご』, 筑摩書房.

齋藤毅(1977), 『明治のことば』, 講談社.

佐藤喜代治(1977), 『國語語彙の歷史的硏究』, 明治書院.

佐藤亨(1983), 『近世語彙の硏究』, 櫻楓社.

_____(1986), 『幕末·明治初期語彙の硏究』, 櫻楓社.

鈴木修次(1981a), 『文明とのことば』, 廣島 文化評論社.

_____(1981b), 『日本漢語と中國』<中公新書626>, 中央公論社.

惣鄉正明·飛田滿文(1986), 『明治のことば辭典』, 東京堂出版.

廣田榮太郎(1969), 『近代譯語考』, 東京堂出版.

森岡健二(1969), 『近代語の成立—明治期語彙編』, 明治書院.

**出處** <韓國日本學會(1989. 11.), 『日本學報』 23: 3-23.>

# 語彙變化의 양상과 그 배경

## 1. 머리말

현대국어의 어휘체계는 대체로 두 번에 걸친 시대적 전환점을 계기로 그때그때의 사회적 배경에 따라 갖가지 변화를 겪어왔다. 그 첫 번째는 갑오경장(1894)이었고, 그 두 번째는 조국광복(1945)이었다. 여기서는 이들 두 전환점을 배경으로 하여 일어나게 된 국어어휘 체계의 변화 양상에 대하여 간략히 살펴보기로 한다.

## 2. 갑오경장 이후

좀더 구체적으로 볼 때 이 시대는 다시 한일합병(1910) 이전과 그 이후 두 시기로 나뉠 수도 있다. 그러나 국어어휘의 변화라는 측면에서는 그러한 시기구분이 필연적인 의미를 가지지 못한다.

이 시대의 특징이라면 무엇보다도 국어어휘 체계에 대한 일본어의 대폭적인 간섭이라고 할 수 있다. 그러한 간섭은 갑오경장(1894)을 계기로 본격화하여 한일합병을 거치면서 그 정도가 양적으로 점차 확대일로에 접어들었을 뿐이다.

이처럼 한일합병 이전과 그 이후는 국어어휘 체계의 변화라는 측면에서 질적으로 아무런 차이를 보이지 않는다. 한일합병이라는 시대적 전환점으로 특별히 시대를 구분할 필요가 없는 이유도 거기에 있다.

국어어휘 체계에 약간이나마 가시적 변화가 나타나는 시기는 갑오경장보다 조금 앞선다. 구체적으로는 한일수호조약(1876)이 그 출발점이라고 할 수 있다. 이 때부터 일본에 건너간 조선조의 지식인들은 일본어에 범람하는 신문명 어휘를 접하게 된다.

신문명 어휘의 대부분은 일본에서 만들어진 번역어휘였다. 여기에는 대체로 두 종류가 있다. 그 하나는 중국고전에 나타나는 어형을 새로운 의미로 전용한 것이고, 다른 하나는 번역차용 방식으로 신조된 것이다. '文明, 自由, 文學, 自然'과 같은 한자어는 전자에 속하지만, '大統領, 日曜日, 演說, 哲學, 美術, 葉書, 進化論, 生存競爭, 適者生存'과 같은 한자어는 후자에 속하는 유형이다.

신문명 어휘 가운데에는 서양제어로부터의 번역차용이 아닌 일본의 자체적 신조어도 많았다. 문물제도의 변화에 따라 그때그때 일본에서 만들어진 '勅任, 奏任, 判任, 大臣, 總裁, 總務, 庶務, 主事'와 같은 한자어가 이 유형에 속한다.

이상과 같은 어휘가 본격적으로 국어에 수용되기 시작한 것은 이른바 更張官制(1894)를 통해서였다. 특히 관직이나 제도관련 명칭은 그 상당부분이 일본어를 그대로 받아들인 것이었다. 이렇게 수용된 일본어는 정치, 경제, 사회, 문화, 학술, 교육, 법률, 군사, 기술 등에 이르기까지의 국어어휘 체계에 갖가지 개신을 불러 일으켰다. 이러한 어휘체계의 변화 양상은 크게 보아 의미변화와 어형변화로 구분될 수 있다.

## 1) 의미 변화

일본어의 간섭은 전통적 한자어에 의미개신을 불러왔다. 가령, 게일의 『韓英字典』(1897)에 등록되어 있는 다음과 같은 단어들은 전통적 의미를 유지하고 있었다.

> 도셔圖書 A private seal or stamp—as that bearing one's name. *See* 투셔(680右)
> 발명ㅎ다發明 To make clear; to prove(391右)
> 발표ㅎ다發表 To come out as pustules—in small pox. *See* 발반ㅎ다(392左)
> 발힝ㅎ다發行 To set out; to depart; to start. *See* 발졍ㅎ다(390右)
> 방송ㅎ다放送 To pardon and set free(388右)
> 산업産業 Possessions; calling; trade; real estate; landed property. *See* 세간(515右)
> 샤회社會 Sacrificial festivals. *See* 동회(527右)
> 싱산ㅎ다生産 To bear a child. *See* 식성(578右)
> 식품食品 Appetite; taste. *See* 식성(578右)
> 신인新人 A bride or bridegroom. *See* 신부(582左)
> 실뇌室內 Your wife. *See* 실가(589右)

ᄌᆞ연自然 Of itself; naturally so; self-existent; of course. *See* 절노(728右)

즁심中心 Mind; heart. *See* 즁졍(790右)

창업ᄒᆞ다創業 To found a dynasty. *See* 긔국ᄒᆞ다(796右)

이들 단어의 전통적 의미는 위의 語釋에 나타나 있는 바와 같이 현대국어와는 전혀 달랐다. 일본식 의미의 수용에 따라 이들 단어의 의미는 오늘날처럼 바뀌고 말았다. 이들 단어에 일어난 의미변화를 간략히 정리해 보면 다음과 같다.

圖書 藏書印>서적

發明 해명>새로운 물건을 만들어 냄

發表 찬연두 자국이 들어남>공표함

發行 출발>책을 펴냄

放送 석방>전파로 소리나 그림을 내 보냄

産業 소유물, 재산>물자를 생산하는 일

社會 제례의식 공동체>인간의 조직 집단

生産 출산>물자를 만들어 냄

食品 식성, 입맛>먹거리

新人 신랑, 신부>연예계의 새 얼굴

室內 남의 아내>방안

自然 저절로>천연 현상

中心 마음 속>사물의 한가운데

創業 국가를 일으킴>사업을 일으킴

여기에 예시된 사례는 극히 일부분에 지나지 않지만, 일본어의 수용은 수많은 단어의 전통적 의미에 개신을 가져온 바 있다.


## 2) 어형 변화

일본어의 간섭은 전통적 어휘의 어형에도 커다란 변화를 가져왔다. 가령 奧山仙三(1929), 『語法會話 朝鮮語大成』(京城, 日韓書房)의 부록에는 일본식 한자어와 국어식 한자어의 차이가 부문별로 정리되어 있는데 그 일부를 옮겨보면 다음과 같다. 괄호 속에 묶어둔 것이 전통적 국어식 한자어형이다.

- 人事: 家族(食口), 兄弟(同氣), 夫婦(內外), 學者(文章), 保證人(保人), 美人(一色), 外出(出入), 引繼(傳掌), 訴訟(呈訴, 呈狀), 同伴(作伴), 更送(改差), 融通(變通)
- 性行: 嫌惡(大忌), 氣分(氣運), 自白(吐說), 贅言(客說, 客談), 見聞(聞見), 企圖(生意)
- 身體: 熱病(運氣), 胃病(滯症), 天然痘(疫疾), 盲人(判數), 處方書(方文), 變死(誤死), 全滅(沒死)
- 衣食: 化粧(丹粧), 穀物(穀食), 食前(空心), 食欲(口味), 煙草(南草)
- 建築: 民家(閭閻), 貸家(世家), 別莊(亭子), 露店(假家), 客室(舍廊), 階段(層臺), 請負(都給), 便所(廁間)
- 器具: 椅子(交椅), 懷中時計(時表), 分針(刻針), 望遠鏡(千里鏡), 天幕(帳幕), 拳銃(六穴砲), 彈丸(鐵丸)
- 慶吊: 慶賀(致賀), 香典(賻儀), 出産(生産), 三周忌(大祥, 大朞), 一週忌(小祥, 小朞)
- 交際: 交際(相從, 接接), 訪問(尋訪), 不和(圭角, 氷炭), 通知(通寄, 寄別), 奉迎(祗迎), 奉送(祗送), 出迎(迎接), 送別(餞送, 餞別), 約束(言約, 相約), 延期(退定)
- 職業: 職業(生涯), 仲買(居間), 醫者(醫員), 農夫(農군), 小作人(作人), 料理人(熟手), 人夫(役夫), 工事(役事), 石工(石手匠), 兵士(兵丁)
- 經濟: 市場(場), 行商(褓負商), 見本(看色), 小賣(散賣), 競賣(公拍), 組合(都中), 紙幣(紙錢, 紙貨), 現金(直錢), 口錢(口文), 利息(邊利), 利益(利文), 元利(本邊), 高利(重邊), 低利(輕邊), 下宿料(食債, 食價), 株券(股票, 股本票), 船賃(船價), 旅費(路需, 路資), 爲替(換錢), 租稅(結錢, 稅納), 費用(浮費, 所費), 元金(本錢, 本金), 原價(本金, 本價), 差引(相計, 計除), 支佛(支撥, 出給), 販賣(放賣)
- 天文地理: 地震(地動), 貯水池(洑), 堤防(防築), 溫泉(溫井). 墓地(山所), 庭園(東山), 下水(水道), 境內(局內), 地方(外方), 上陸(下陸), 果實(實果)
- 文書: 書籍(冊, 書冊), 表紙(冊衣), 送狀(物目), 證書(手標, 手記), 活字(鑄字)
- 時: 昨年(上年), 日曜日(空日), 土曜日(半空日), 正午(午正), 午前(上午), 午後(下午), 將來(來頭), 近日(日間), 瞬間(瞥眼間)
- 기타: 惡魔(雜鬼), 曲馬(馬上技/才), 賭博(雜技), 等級(等分), 大概(居半), 假令(設或, 設使), 內容(裏許, 內坪), 失敗(狼狽), 境遇(至境), 調査(相考), 確實(的實, 分明), 取調(査實), 途中(中路, 路上), 妨害(毁謗), 硏究(窮究), 授受(與受)

　더러는 미심스러운 항목도 없지 않으나 이상과 같은 자료는 적어도 전통적 국어로서의 한자어휘가 일본어식 한자어로 적지 않게 대치되었음을 알려준다. 이러한 어형변화는 일본어의 간섭에서 그 원인을 찾을 수밖에 없다.

　결과적으로 현대국어의 어휘체계는 중국어 어형과 달라진 것이 많다. 그 내용을 잠시 살펴보면 다음과 같다. 왼쪽에 국어식 한자어, 오른쪽에 중국어 어형을 제시해 둔다.

첫째, 한자형태소의 결합이 역으로 이루어져 있는 경우.

| | |
|---|---|
| 感銘 | 銘感 |
| 苦痛 | 痛苦 |
| 短縮 | 縮短 |
| 賣買 | 買賣 |
| 紹介 | 介紹 |
| 施設 | 設施 |
| 運搬 | 搬運 |
| 運命 | 命運 |
| 制限 | 限制 |
| 平和 | 和平 |

둘째, 국어가 중국어보다 압축된 어형을 보이는 경우.

| | |
|---|---|
| 都心 | 都市中心 |
| 名作 | 有名的著作 |
| 不信 | 不守信用, 不相信 |
| 要因 | 主要原因 |
| 特定 | 特別指定 |

셋째, 국어와 중국어의 어형이 서로 다른 경우.

| | |
|---|---|
| 家屋 | 房屋 |
| 看板 | 招牌 |
| 看護 | 護理 |
| 勘當 | 廢嫡 |
| 共學 | 同校 |
| 歸國 | 回國 |
| 勤務 | 服務, 工作 |
| 急行 | 快車, 急性地赶到 |
| 寄付 | 損錢, 損助, 損贈 |
| 氣分 | 情緒, 精神, 心情 |
| 亂暴 | 粗暴, 野蠻 |

| | |
|---|---|
| 大金 | 巨款 |
| 大統領 | 總統 |
| 大學院 | 大學研究所 |
| 同級生 | 同班同學 |
| 同封 | 附在內信 |
| 萬年筆 | 自來水筆 |
| 滿點 | 滿分, 滿好 |
| 募金 | 募損 |
| 沒頭 | 埋頭 |
| 無關心 | 沒關心 |
| 無禮 | 不恭敬, 沒有禮貌 |
| 無意味 | 沒有意味 |
| 未熟 | 沒熟, 不熟練 |
| 密接 | 密切 |
| 事務所 | 辦公室, 辦事處 |
| 寫本 | 抄本 |
| 社說 | 報紙社論 |
| 社長 | 董事長, 總經理 |
| 寫眞 | 相片 |
| 司會 | 主持會議, 司儀 |
| 三面記事 | 社會新聞, 第三版消息 |
| 上京 | 晋京 |
| 相談 | 商量 |
| 宣敎師 | 傳敎師 |
| 洗濯 | 洗衣服 |
| 素朴 | 樸素 |
| 速達 | 快信 |
| 殺到 | 蜂擁而來 |
| 水泳 | 遊泳 |
| 遂行 | 執行, 達到 |
| 順位 | 位次 |
| 食器 | 餐具 |
| 食事 | 飯, 飯食 |
| 食卓 | 飯卓 |
| 食後 | 飯後 |

| | |
|---|---|
| 新規 | 新來, 從新 |
| 新聞社 | 報社 |
| 新婦 | 新娘 |
| 野球 | 棒球 |
| 餘裕 | 浮餘 |
| 年賀狀 | 賀年片 |
| 映畫 | 電影, 影片 |
| 屋上 | 屋頭 |
| 料金 | 費 |
| 牛乳 | 牛奶 |
| 運轉手 | 司機 |
| 月給 | 薪水, 月薪 |
| 義理 | 人情, 情面, 情分, 面子 |
| 利點 | 優點, 長處 |
| 自動車 | 汽車 |
| 自慢 | 自誇, 自滿 |
| 自轉車 | 自行車 |
| 自宅 | 家, 本宅 |
| 貯金 | 存款 |
| 貯蓄 | 儲蓄 |
| 適切 | 恰當 |
| 弟子 | 學生, 門生, 徒弟, 學徒 |
| 早朝 | 淸早, 淸晨, 早晨 |
| 卒業 | 畢業 |
| 注文 | 訂貨, 叫 |
| 主催 | 主辦 |
| 遲刻 | 遲到 |
| 支店 | 分行 |
| 車掌 | 列車長(기차의 경우), 售票員(버스의 경우) |
| 淸書 | 謄淸 |
| 滯在 | 逗留 |
| 追放 | 驅逐, 出境 |
| 寢臺 | 床, 床舖 |
| 退院 | 出院 |
| 編成 | 編造, 編制 |

| | |
|---|---|
| 爆彈 | 炸彈 |
| 下宿 | 公寓 |
| 玄關 | 房門口 |
| 歡談 | 暢談 |
| 會社 | 公司 |
| 後輩 | 晩輩, 後班生 |
| 休講 | 停課 |
| 興味 | 興趣 |

이상의 어느 경우로 보나 국어식 한자어는 중국어보다 일본어 쪽에 훨씬 가깝다. 물론 여기에 예시되지는 않았지만 국어의 한자어 중에는 중국어 쪽에 가까운 경우도 적지 않다. 전통적인 국어 한자어의 대부분은 중국어에서 유래했기 때문이다. 그런데도 현대국어에서 보편적으로 활용되고 있는 한자어의 대부분은 일본어와 같은 경우가 허다하다. 현대국어의 한자어휘 체계는 그만큼 일본어의 간섭을 겪은 결과라고 할 수 있다. 이러한 과정을 통하여 현대국어의 어휘체계는 이 시대에 이미 근대국어와는 상당한 차이를 보이게 되었다.


## 3. 조국광복 이후

이 시대는 대체로 70년대 이전과 그 이후로 다시 구분될 수 있다. 한국이 후기 산업사회로 접어든 시기가 대략 1970년 이후부터이기 때문이다. 후기 산업사회화는 국어의 어휘체계에 도 질적으로나 양적으로 엄청나고도 급속한 변화를 불러 일으켰으며, 그러한 변화는 지금도 계속되고 있다.

여기에다 그 변화양상도 이전처럼 단순한 의미변화나 어형변화에 그치지 않고 있다. 따라 서 이 시대의 어휘변화는 좀더 다른 차원의 양상을 드러내고 있다고 할 수 있다.

그 동안 우리 주변의 일상문화나 생활양식은 하루가 다르게 그 모습이 바뀌어 왔다. 이에 따라 전통적 구식생활 문화어휘의 상당부분은 날로 퇴조하고 있는 반면, 신식생활 문화어휘 나 첨단 문화성 전문어휘는 급격히 확산되고 있다.

그런데도 그 동안은 한자 한문교육의 부재시대였다. 그 결과 한자어에 대한 일반인의 의미 분석능력이 날로 약화되고 있다. 여기다가 대중매체가 크게 발달함에 따라 어휘체계의 지역성과 계층성이 자꾸 무너지고 있다. 각종 구어성 어휘가 날로 그 기반을 강화해 나가고 있는 것이다.

한편, 전시대의 유물이었던 일본어의 간섭은 아직도 국어 어휘체계의 곳곳에서 지속적으로 활개를 치고 있다. 여기서는 이상과 같은 몇가지 차원에서 국어의 어휘체계에 어떠한 변화가 일어나고 있는지를 훑어보기로 한다.

## 1) 전통적 생활문화 어휘의 퇴조

급격한 생활 문화의 변화는 국어의 어휘체계에 그대로 반영되어 많은 생활 문화어휘가 퇴조의 물결에 휩쓸려 폐어화하고 있다. 이러한 경향은 의식주와 관련된 어휘에 가장 잘 나타나고 있지만, 그 밖에도 생활도구, 민속놀이, 토속신앙, 농어업 관련어휘로 확산되고 있다. 여기에 그 일부를 정리해 본다.

- 의생활: 고부탕이, 깜찌기, 도투마리, 무두질, 설피창이, 실보무라지, 푸서, 피륙(이상 길쌈과 옷감 관계), 강풀치다, 고두저고리, 곱솔, 길목버선, 난든벌, 다대, 다로기, 도랑 치마, 동옷, 뚜께버선, 무지기, 밀골무, 바늘겨레, 배래기, 불끼, 사뜨다, 수눅, 아얌, 옹구바지, 쟁치다, 징거매다, 차렵, 타래버선, 핫퉁이(이상 바느질과 옷손질 관계), 개귀 쌈지, 거미발, 겹사라리, 고불통, 까치부채, 동고리, 떨새, 몽글리다, 사라지, 어루쇠, 첩지, 희매하다(이상 맵시와 신변용구 관계), 꺽두기, 노파리, 다로기, 도갱이, 멱신, 배 악비, 사갈, 우너리, 재리, 조라기, 총갱기(이상 신발관계)
- 식생활: 강피, 거란지, 겨반지기, 고거리, 곤자소니, 골마지, 굴퉁이, 꽃소금, 나깨, 녹 쌀, 또라젓, 무거리, 미절, 불치, 비웃, 심쌀, 오사리, 자래, 제깃물, 희아리(이상 식품 관계), 거섭, 구메밥, 당수, 되지기, 매나니, 물수랄, 밀푸러기, 섞박지, 수볶이, 알고명, 왁저지, 외보도리, 저냐, 칼싹두기(이상 음식물 관계), 거멀접이, 노티, 부꾸미, 엿자박, 주악, 중배끼, 회오리밤(이상 기호식품 관계), 강밥, 두리기, 볼가심, 세뚜리, 양냥이, 초련, 퇴물림(이상 식사관계), 겅그레, 구기, 귀때, 도드미, 동방구리, 두멍, 바라기, 방 구리, 버치, 볼씨, 부디기, 오둠지, 이남박, 전두리, 족자리, 짚주저리, 치룽(이상 식생활 도구관계)
- 주생활: 고미집, 까대기, 달개집, 얼럭집, 울대, 죽담(이상 주거관계), 개자리, 고미, 군 새, 기스락, 도내기, 떠릿보, 머름, 미세기, 발비, 방보라, 보꾹, 보아지, 부출, 사개, 살 강, 서돌, 안고지기, 어리, 조자리, 찰쇠, 초막이(이상 집 구조물 관계), 개잘량, 귀불, 등메, 잇비, 타래쇠(이상 가정집기 관계), 그레질, 땀질, 매기, 모막이, 미레질, 비계, 섭

새기다, 소마걸이, 쇠시리, 엇치량, 쪽매, 콩댐(이상 건축작업 관계), 건지, 군두쇠, 까뀌, 끈치톱, 동가리톱, 들살, 모끼, 바곳, 지모끼, 탕개, 푼끌(이상 공구관계)

위에 예시된 사례들은 박용수(1989), 『우리말 갈래사전』(한길사, pp.298-392)에 뜻풀이와 함께 실려있는 의식주 생활어휘의 극히 일부이다. 그러나 현실적으로 이들 어휘의 대부분은 일상생활에서 활용되는 일이 거의 없다. 말하자면 폐어에 가까운 것들이다. 이처럼 전통적인 생활어휘가 퇴조의 물결을 타고 국어의 어휘체계 안에서 빠져나가고 있음은 생활문화의 변화에서 말미암은 현상이라고 할 수 있다. 이러한 어휘의 퇴조는 형태론적으로 단일어보다는 합성어나 파생어에서, 동사형보다는 명사형에서 더욱 쉽게 일어나고 있다. 이러한 경향은 어휘변화 전체에 걸치는 하나의 특징이라고도 할 수 있다.

## 2) 첨단 문화성 전문어휘의 확산

오늘날의 세계적 첨단문화는 교통이나 통신 외에도 출판술의 발달에 힘입어 그날그날 지구의 골골샅샅으로 전해진다. 이에 따라 첨단 문화성 전문어휘 또한 빠르게 전파된다. 이러한 전문어휘들은 각 언어의 어휘체계에 널리 수용될 수밖에 없다. 국어의 어휘체계도 여기서 예외일 리가 없다.

이러한 첨단문화 어휘는 정치, 경제, 사회, 문화, 국제문제, 군사, 과학기술, 법률, 스포츠에 걸쳐 날로 증가한다. 자연히 이들 어휘에는 시사성, 외래성이 강하게 반영되어 있어 그 어형 또한 번역차용, 직접차용, 약어 등의 형태로 다양하게 나타난다. 여기서는 동아일보사(1990), 『현대시사용어사전』(1990 최신판)을 통하여 그 윤곽을 더듬어 보기로 한다.

- 정치관계: 거국일치내각, 거부권, 계급투쟁, 국가모독죄, 국가보안법, 국정감사, 긴급조치, 다당제, 면책특권, 문화대혁명, 보안처분, 비동맹주의, 비례대표제, 비핵지대, 서울의 봄, 성역, 수정자본주의, 安家, 軟禁, 緣坐制, 외교특권, 원외투쟁, 인민재판, 정치깡패, 주체사상, 지방자치, 청문회, 통치권, 평생동지, 평화선
- 경제관계: 가계소득, 개발이익, 개발제한구역, 검폐율, 경상수지, 경영정보시스템, 경제성장률, 경제특구, 경질유, 계통출하, 고정환율제, 공업센서스, 공업소유권, 공정거래법, 공한지세, 과세특례, 관세환급, 구상무역, 구제금융, 국민생활지표, 국민총생산, 국제조사, 국제수지, 그린벨트, 근로소득제, 금융실명제, 금융채권, 금전신탁, 기관투자가, 기능올림픽, 기술이전, 기준지가고시제, 긴급통화, 내부자거래, 노하우, 녹색혁명, 농어민후계자, 다국적기업, 덤핑관세, 데드라인, 데이터뱅크, 독립채산제, 로열티, 매출

원가, 매판자본, 목적세, 무상증자, 무역외수지, 물가지수, 물질특허, 바이오산업, 반덤
핑법, 뱅크론, 벤처캐피틀, 변동환율제, 보세구역, 복합영농, 부가가치, 부머랭효과, 분
리과세, 불공정거래행위, 비과세소득, 비디오산업, 상장법인, 생계비, 先物市場, 先行
指標, 세액공제, 소비성향, 소비자금융, 소비자물가지수, 소비조합, 소프트산업, 손익
분기점, 수출신용장, 신종기업어음, 신흥공업국, 엔高, 온라인예금제, 우루과이라운드,
원천과세, 은행지로제, 財테크, 재형저축, 전략산업, 제로성장, 제2금융권, 조세부담율,
종합보험, 종합상사, 종합소득세, 중개무역, 증권파동, 지하경제, 借款, 총통화, 큰
손, 클레임, 토지공개념, 특별소비세, 특별회계, 프리미엄, 플랜트수출, 하이테크산업,
하이퍼마킷, 한국공업규격, 핫머니, 현물시장, 홈뱅킹

- 사회관계: 가라오케, 경로우대제, 고3병, 광화학스모그, 교수재임용제, 국토건설단, 근
로기준법, 난수표, 노동귀족, 노동3권, 대기오염, 대마초, 대자보, 디스코, 람보현상, 마
리화나, 마피아, 모니터, 모자보건법, 미나마타병, 부당노동행위, 불고지죄, 불심검문,
산성비, 산업폐기물, 오피스텔, 월요병, 위장취업자, 유니섹스, 이타이이타이병, 정보화
사회, 제3자개입금지, 제8학군증후군, 졸업정원제, 직업병, 집단히스테리, 카드뮴중독,
컴퓨터범죄, 테크노스트레스, 헤로인, 히로뽕

- 문화관계: 감정이입, 개그, 개방대학, 공영방송, 기네스북, 뉴미디어, 다중방송, 대동놀
이, 레이아웃, 마당놀이, 무크, 무형문화재, 미래학, 바이오리듬, 부조리, 불확실성의
시대, 블루필름, 삼림욕, 성숙사회, 스턴트맨, 심포지엄, 싱크탱크, 씻김굿, 아마추어무
선, 아스팔트문학, 앵커, 여성학, 인간문화재, 정신극기훈련, 제3의 물결, 주문식단제,
카피라이터, 컨트리음악, 컴퓨토피아, 콘더미니엄, 패키지여행, 평생교육, 프리랜서, 해
방신학, 황금분할

- 국제문제 관계: 개발차관, 고등판무관, 口上書, 국제운전면허증, 난민, 냉전, 도미노이
론, 보트피플, 블랙파워, 오일달러, 오일쇼크, 외인부대, 인터폴, 적군파, 제3세계, 춘
투, 페레스트로이카, 핵우산

- 군사관계: 공격위성, 다핵탄두미사일, 마지노선, 우주전쟁, 전략포격, 집단안전보장, 화
학무기

- 과학기술 관계: 가시광선, 고분자화합물, 골수이식, 관성항법장치, 광디스크, 광섬유,
광통신, 기상위성, 기억소자, 농축우라늄, 뇌사, 뉴세라믹스, 다이오드, 단말장치, 데이
터통신, 도핑, 디지틀, 레이저, 메트로닉스, 모듈, 무중력상태, 바이오일렉트로닉스, 반
도체, 블랙박스, 블랙홀, 산성비, 산업디자인, 산업용 로봇, 소프트웨어, 시험관아기, 식
물인간, 아나로그, 안락사, 열대야, 오피스오토메이션, 우주기지, 워드프로세서, 유전자
공학, 음성정보서비스, 인간공학, 인공수정, 인터페론, 전자총, 직접회로, 체외수정, 컴
퓨터그래픽스, 컴퓨터바이러스, 콜레스테롤, 타임캡슐, 파라볼라안테나, 파이렉스, 팩시
밀리, 퍼스널컴퓨터, 하드웨어, 하이브리드재료, 하이비전, 핵겨울, 홈쇼핑, 항체

- 법률관계: 가석방, 가처분, 감정유치공증인, 구인장, 근저당, 묵비권, 미필적 고의, 사
면, 알권리, 알리바이, 이의신청, 인격권, 임의동행, 저항권, 정식재판, 즉결심판, 청원권,

친고죄, 확신범
- 스포츠 관계: 게이트볼, 그랜드슬램, 드래프트시스팀, 랩타임, 매치포인트, 서핑, 스쿠버다이빙, 시간차공격, 에어로빅스, 엔트리, 유니버시아드, 카누, 카약, 테니스엘보, 토너먼트, 행글라이더

여기서 알 수 있는 바와 같이 이 시대의 첨단 문화성 전문어휘의 거의 전부는 한결같이 한자어나 외래어로 이루어져 있다. 더구나 이 유형의 전문어휘는 여기서 그치지 않는다. 걸핏하면 약어로 나타나기도 하고, 아예 영문자에 의한 약어로 나타나기도 하거나, 영문자에 의한 약어로만 통용되는 경우도 허다하다.

이러한 첨단성 전문어휘의 확산은 국어의 어휘체계를 더욱 복잡하게 만들고 있다. 우선 이들을 이해하기 위해서는 엄청난 부담이 필요하다. 한자어나 외래어가 흔히 한글문자로 표기되기 때문에 그 부담은 더욱 무거워진다.

오늘날은 특별한 전문가에게만 이들 어휘가 필요한 시대는 아니다. 정치는 좀 제껴둔다고 할지라도 경제나 사회, 문화나 과학기술, 법률이나 스포츠 이 모든 분야가 각자의 일상생활에 직결되지 않는 경우는 드물다. 그만큼 이들 분야에 대한 관심을 가지지 않고서는 제대로 살아가기도 힘들다. 여기에 의미도 불투명한 전문어휘가 그칠 줄 모르고 쏟아져 나온다. 이러한 현실은 평상인에게 적지 않은 부담이 된다. 전문어휘를 국어로 전용할 때에는 이 점에 대한 배려가 반드시 필요할 것이다.


### 3) 한자어 의미의 불투명화

일찍부터 '妻家집, 驛前앞, 海邊가'식 혼종어가 실제로 국어에서 널리 통용되고 있지만, 이들 어형들은 모두 잉여적 의미를 드러내고 있다. 다시 말해서 뜻이 겹친다. '妻家, 驛前, 海邊'의 '家, 前, 邊'은 각기 '집, 앞, 가'를 뜻하는 한자형태소인데도 여기에 다시 같은 말을 겹쳐 놓은 결과가 되기 때문이다.

최근에는 다시 '餘暇시간, 懸案문제'와 같은 어형이 쓰이고 있지만, 그 뜻으로 볼 때 이들도 각기 '여가, 현안'으로 충분한 표현이 될 수 있다. 그러나 이러한 표현은 나날이 늘어나고 있다. 그것도 '처가집, 현안문제'처럼 형태론적 구성에서 끝나지 않는다. '넓은 광장, 따뜻한 온정, 떨어지는 낙엽, 밝은 명월'식 명사구나 '결실을 맺다, 과정을 거치다, 소득을 얻다, 순찰을 돌다, 시범을 보이다, 집무를 보다, 출동을 나가다, 피해를 입다'식 동사구처럼 그 층위가

통사론적 구성으로까지 확대되고 있다.

마침 米昇右(1986), 『잘못 전해지고 있는 것들』(汎友社, pp.24~261)에 그러한 사례가 많이 모아져 있으므로 그 일부만을 여기에 옮겨보기로 한다.

> 가까운 측근, 같은 동포, 결연을 맺는다, 계속 이어지다, 공감을 느낀다, 구전으로 전해지다, 남은 여생, 내재해 있다, 더러운 오물, 마지막 종점, 무수히 많은, 밀고 나아가는 추진력, 부드럽고 유연한, 사랑하는 애인, 수확을 거두다, 어려운 난관, 여백이 남다, 유산을 남겨주다, 일찍이 조실부모하고, 잔재가 남다, 전래되어 오는, 지나가는 통행인, 포로로 잡히다, 향락을 즐기다, 회의를 품는다

이러한 현실은 한자어의 의미가 날로 불투명해져 가고 있음을 나타낸다. '역전'은 '기차정거장 앞'을 뜻한다. 그러나 사람들은 무심히 '역전'을 '기차정거장'쯤으로 인식하고 있기 때문에 거기에 다시 '앞'을 붙여 '역전 앞'을 만든다. 그래야만 그 뜻이 투명해지는 것처럼 느껴지기 때문이다.

모든 한자어는 그 한 글자 한 글자에 뜻이 담겨있다. 이를 분석적으로 인식할 수 있다면, '역전앞'은 분명히 어색한 표현임을 곧 깨달을 수 있다. 그러나 한자어의 의미에 대한 분석적 능력이 점차 약화되면서 '역전'보다는 오히려 '역전앞'이 훨씬 자연스럽게 느껴진다. '역전'의 뜻이 그만큼 불투명해졌음을 나타낸다.

결과적으로 '역전'의 의미에 변화가 일어났다고 볼 수 있다. '기차정거장 앞'이 '기차정거장'쯤으로 변한 것이다. 위에서 살펴 본 모든 한자어에는 비슷한 의미변화가 나타나고 있음을 알 수 있다. 이러한 의미변화는 그다지 바람직한 것이 아니다. 이러한 맥락에서 한자교육은 아직도 필요함을 느낄 수 있다. 한자를 많이 쓰자거나 표기에까지 한자를 꼭 이용하자는 뜻은 아니다. 어쩔 수 없이 국어의 어휘체계에 들어와 있는 한자어를 정확히 써먹기 위해서라도 한자의 의미에 대한 인식을 정확히 해둘 필요가 있다는 뜻이다.

## 4) 구어성 어휘의 범람

오늘날의 사회는 대중매체의 천국이다. 라디오나 텔레비전에 이어 나타난 오디오·비디오 장비, 더욱 불어난 신문과 잡지, 여기서 매일처럼 쏟아져 나오는 오락성 프로그램이나 상업광고는 엄청난 정보를 전국에 뿌리고 있다. 그 때문에 얼마 전까지는 특정지역이나 일부계

층에서만 쓰여온 구어성 어휘들이 빠른 속도로 전국에 확산되고 있다. 갖가지 비속어, 은어, 방언, 외래어가 거리낌없이 국어 어휘체계에 범람하고 있는 셈이다. 이러한 실상은 한국국어교육연구회(1976/1979), 『國語醇化의 方案과 實踐資料』(世運文化社)에 잘 모아져 있다. 여기서는 이 자료를 통하여 국어 어휘체계를 어지럽히고 있는 구어성 어휘의 실상을 극히 일부나마 더듬어 보기로 한다.

> 갈비씨(바싹 마른 사람), 까지다(약아빠지다), 깡다구(배짱), 꺼지다(없어지다), 꼬시다(유혹하다), 날리다(잃다), 바지저고리(바보, 시골사람), 왕초(두목), 찍히다(들통나다, 남에게 안좋게 보이다), 짜다(인색하다), 토끼다(도망가다), 갈기다(때리다), 뿔따구(화), 개소리(잔소리, 듣기 싫은 소리), 깨지다(얻어맞다, 돈을 잃다), 거지발싸개(더럽다), 걸리다(붙들리다, 들통나다), 검은 손(범죄인), 저기압(기분이 좋지 않은 상태), 끄나풀(정보원), 씹다(헐뜯다), 골로 가다(죽다, 실패하다), 꼬나보다(노려보다), 꼬불치다(숨겨두다, 감춰두다), 꼽사리끼다(끼어들다), 끌리다(힘이 달리다), 급행료(뇌물), 기어오르다(대들다), 김새다(어떤 일이 잘 안되다), 나발불다(소문내다), 새발의 피(보잘 것 없는 존재), 쪽팔리다(난처해지다, 부끄러움을 느끼다), 눈깔나오다(힘들다, 바쁘다), 때빼고 광내다(멋내다), 땡땡이 치다(빠져나가다), 똥줄타다(힘들다), 구절순(뚱뚱한 여자), 박호순(못생긴 여자), 귀싸대기(뺨), 금갔다(망쳤다), 날날이방구(욕), 따라지(처량한 신세), 묵사발(심히 얻어맞음), 바람맞다(약속에 어긋나다), 비행기 태우다(과분하게 칭찬하다), 싹이 노랗다(희망이 없다), 삼삼하다(좋다), 쌔비다(훔치다), 센스가 형광등(둔하다), 소식이 깡통(아무것도 모르다), 스타일 구기다(망신당하다), 아구창(입), 엉기다(일이 잘 안풀리다)

괄호 속의 뜻풀이는 편의상 원문을 그대로 따르지 않고 그때그때 조금씩 고쳐 놓았다. 하여튼 이러한 구어성 어휘는 지금 우리 사회의 도처에 흘러 넘친다. 이를 자랑스럽게 여길 사람은 아무도 없을 것이다.


## 5) 일본어 간섭의 부활

광복 이후 한동안은 일본어 잔재에 대한 저항감 때문에 일본어가 새로 국어에 수용되는 일은 드물어졌다. 그러나 한자어만은 언제나 예외였다. 더구나 최근에는 일본식 서양어에, 심지어는 일본어가 섞인 혼종어도 국어 속에 끼어들고 있다. 그 일부를 찾아보면 다음과 같다.

- 한자어: 脚線美, 缺食兒童, 缺陷車, 高速道路, 高水敷地, 公害, 過剰保護, 交通戰爭, 冷戰, 落下傘候補(또는 人事), 耐久消費財, 團地(아파트 단지, 공업단지), 大河小說, 猛烈女性, 文化財(인간문화재), 反體制, 白書, 別冊, 附加價値, 分讓(아파트 분양), 不快指數, 事件記者, 四半世紀, 斜陽族(사양산업, 아베크족, 장발족, 히피족, 제비족), 三冠王, 三面記事, 生産性, 暑中人事狀, 成人病, 聖火(올림픽 성화), 首都圈, 視聽率, 試行錯誤, 試驗官아기, 案內孃, 安樂死, 壓力團體, 女性上位時代, 連呼(구호를 연호하다), 獵奇的 事件, 虞犯地帶, 엔高現狀, 月賦, 有望株, 人災, 日照權, 殘業, 장마前線, 低開發國, 赤線地帶, 停年退職, 情報化社會, 終着驛, 地下鐵, 集中豪雨, 蒸發(사람이 증발하다), 靑書, 總會꾼, 推理小說, 春鬪, 探鳥會, 宅配制度, 特需(올림픽 특수), 八等身(일본어에서는 본래 八頭身), 暴走族, 核家族, 嫌燃權, 豪華版
- 서양어·기타: 고로께(croquette), 레저붐, 러브호텔, 리모콘(remote control), 슈크림(chou cream), 에키스(인삼에키스, 생약에키스), 터키탕, 포르노(pornography), 하이테크(high technique), 히로뽕(philopon), 財테크(財務, 財政technique), 가라오케(空 orchestra), 오방떡(大判떡)

이상은 모두가 일본식 어형이 새로 국어에 간섭을 일으킨 사례들이다. 이처럼 일본어는 아직도 국어에 지속적으로 간섭을 일으키고 있다. 이 때문에 국어 어휘체계는 적지 않은 혼란에 빠져들고 있다.

특히 일본어를 통해서 들어오는 서양 외래어에는 많은 문제점이 서려 있다. '고로께'는 영어식으로 '크로케트'나 불어식으로 '끄로께뜨'쯤 되는 말이다. '슈크림'은 완전한 일본식 조어에 속한다. 불어라면 chou à la crème이어야 하고 영어라면 cream puff이어야 뜻이 통하기 때문이다. '에키스'는 德川幕府 시대의 일본학자들이 네딜란드어 extract(精髓)의 첫음절만을 따낸 말이다. '포르노'나 '히로뽕'은 완전한 일본식 발음으로 이루어진 말이다. 이러한 어형들이 국어 어휘체계에 끼어드는 일은 결코 반가운 현실이 아니다.


## 4. 맺는말

지금까지 우리는 현대국어 어휘체계에 나타난 변화양상과 그 배경에 대하여 살펴보았다. 그 결과 국어의 어휘변화는 광복이전과 그 이후가 차이를 보이고 있음을 알게 되었다. 곧 광복 이전의 어휘변화는 단순히 의미변화와 어형변화로 구분되지만, 광복 이후 지금까지의 어휘변화는 훨씬 복잡한 양상으로 구분될 수 있다.

여기서 문제가 되는 점이 있다면 그것은 광복 이후, 특히 70년대 이후의 변화양상일 것이다. 이때부터의 어휘변화는 한결같이 바람직하지 못한 방향으로 진행되고 있기 때문이다. 전통적 생활어휘는 소멸되어 가고 있으며, 첨단 문화성 전문어휘는 나날이 확산되고 있다. 그런데도 한자어에 대한 의미분석 능력은 날로 떨어져 많은 한자어의 의미가 불투명해지고 있다. 거기다가 바람직하지 않은 갖가지 구어성 어휘들은 엄청나게 늘어나고 있으며, 일본어의 간섭은 아직도 계속되고 있다.

이러다가는 구어의 어휘체계가 한자어나 외래어로 메워지고 말 염려도 있다. 이러한 결과에 반가움을 표시할 사람은 아무도 없을 것이다. 국어 어휘체계의 변화에 대한 많은 사람들의 관심과 애정이 더욱 더 기대되는 요즈음이다.

## 참고문헌

Gale, J.S(1897), 『韓英字典』, *A Korean-English Dictionary*, Yokohama, Shanghai, Hongkong and Singapore, Kelly & Walsh, Limited.

韓國國語敎育硏究會(1976/1979), 『國語醇化의 方案과 實踐資料』, 世運文化社.

東亞日報社(1990), 『현대시사용어사전』 1990 최신판.

米昇右(1986), 『잘못 전해지고 있는 것들』, 汎友社.

박용수(1989), 『우리말 갈래사전』, 한길사.

宋 敏(1979), 言語의 接觸과 干涉類型에 대하여―現代國語와 日本語의 경우―, 『聖心女大論文集』 10.

_____(1989), 開化期 新文明語彙의 成立課程, 國民大 語文學硏究所 『語文學論叢』 8.

奧山仙三(1929), 『語法會話 朝鮮語大成』, 京城 日韓書房.

出處 <국어연구소(1990. 10.), 『국어생활』 22: 42-57.>

# 固有日本語의 國語化 실상

## 1. 서 언

　현대국어에 널리 통용되고 있는 漢字語 중에는 19세기 말엽의 개화기 이래 반세기가 넘는 동안 일본어와의 직접 또는 간접 접촉을 통하여 국어화한 借用語가 뜻밖에도 상당히 많다. 어휘사 측면에서 볼 때 비전통적 漢字語 또는 非漢語系 漢字語로 분류될 수 있는 이들 사이 비 漢字語 중에는 처음부터 日本漢字語를 고스란히 국어에 받아들인 경우와 고유일본어를 漢字語처럼 받아들인 경우가 있다.

　일본한자어를 그대로 받아들인 경우라 할지라도 그 내용은 다시 문명개화에 따라 하나 둘씩 태어나게 된 新造漢字語와 전통한자어로 구분될 수 있다. 우선 '大統領, 日曜日, 地球, 汽車, 映畵, 電話, 太平洋, 共和國' 따위는 처음부터 漢字音을 이용한 新造語로서, 이들은 거의 예외 없이 국어에 직접 차용되었다. 이들은 서양문명이나 문화를 배경으로 하여 태어난 新造漢字語였으므로 국어에 借用되는 과정에서도 달리 국어한자어와 충돌을 일으킨 적이 거의 없다. 국어에는 당초 이들 한자어와 충돌할 만한 단어가 따로 없었기 때문에 문제가 생길 이유가 아무데도 없었던 것이다.

　그러나 일본의 전통한자어가 국어에 借用되는 과정에서는 전통적 국어한자어와의 충돌을 피할 수 없었다. 그 결과 국어의 전통한자어중에는 일본의 전통한자어에 의한 간섭에 밀려 거의 소멸되거나 의미변화를 입은 것들이 꽤 많다. 예컨대 '家族, 現金, 販賣, 地震, 失敗' 따위의 漢字語는 각기 '食口, 直錢, 放賣, 地動, 狼狽'와 같은 국어의 전통한자어를 거의 몰아내고 그 자리를 대신 차지한 일본의 전통한자어들이다.

　의미변화를 겪은 국어의 전통한자어중에는 '發明, 發行, 放送 生産, 食品, 室內' 따위가 있다. 이들의 전통적 의미는 각기 "해명하다, 길을 떠나다, 죄인을 풀어주다, 아이를 낳다, 식성, 남의 아내" 정도였다. 그러나 현대국어에서는 이들이 각기 "물건을 새로 만들어내다, 책을 펴내다, 전파로 음향이나 영상을 내보내다, 곡식이나 물건을 만들어내다, 음식물, 방 안"과 같은 뜻을 나타낸다. 이 새로운 의미는 일본한자어 '發明, 發行, 放送 生産, 食品, 室內'의 의미 借用에서 생겨난 것들이다. 국어의 전통적 의미를 상실한 漢字語는 다시 새로운 일본한자어로 대치되기도 하였다. '發明, 發行, 放送, 生産'에 대한 '解明, 出發, 釋放, 出産'과 같은 경우가 그러한 사례에 해당한다.

지금까지 보아온 일본어의 국어에 대한 간섭은 모두가 漢字語 범주 내에서 일어난 것들이다. 이에 따라 이들 借用語를 새삼스럽게 문제로 삼을 필요는 없을 것이다. 다만 국어어휘사 측면에서만은 이들 非漢語系 일본한자어의 성립배경이나 국어화 과정이 좀더 구체적으로 명확히 밝혀져야 할 것이다.

국어에서 고유일본어를 漢字語로 받아들인 경우에도 그 내용은 다시 순수한 일본어만의 合成語와, 漢字形態素가 섞인 混種語(hybrid)의 두 가지로 구분될 수 있다. 고유일본어만의 合成語가 국어화한 실례로는 '埋立, 賣渡, 買入, 競合, 取扱, 取消, 引上, 引受, 引渡, 家出, 組合, 組立, 据置, 出迎, 船積, 見習, 見積, 割引'과 같은 동사성 合成語와 '片道, 內譯, 立場, 葉書'와 같은 명사성 合成語를 찾을 수 있다. 이들은 모두가 고유일본어의 合成語들인데도 국어화하는 과정에서 漢字語가 되어버렸다. 이들에 대한 일본식 漢字表記만을 국어식 음독으로 받아들였기 때문이다. 文字에 의한 일종의 間接借用인 셈이다. 이 범주에 속하는 漢字語에 대한 정확한 분석이나 정리는 아직까지 이루어진 바 없지만 짐작컨대 수백에서 수천을 헤아릴 수 있을 것이다. 고유일본어가 이처럼 漢字라는 문자를 매개로 하여 국어에 借用되면서 전통적 漢字語와 다름없이 행세하고 있으니 따지자면 문제꺼리가 아닐 수 없다.

混種語가 국어화한 사례는 다시 두 가지로 나뉜다. 그 하나는 混種語의 直接構成要素 (immediate constituent) 중 漢字形態素가 앞쪽, 고유일본어가 뒤쪽에 결합된 경우로 '落書, 役割, 格下, 氣合' 따위가 그 실례에 속한다. 이를 편의상 '落書'형[1]이라고 불러둔다. 다른 하나는 고유일본어가 앞쪽, 漢字形態素가 뒤쪽에 결합된 경우로 '組長, 敷地, 手配, 荷役, 花代, 見本, 持分' 따위가 그 실례에 속한다. 이 또한 편의상 '組長'형[2]으로 불러둔다. '落書'형이나 '組長'형 사이에 특별한 문법적 차이는 없다. 다만 '落書'형은 어느 정도 동사성을 띠고 있는 반면,

---

1) 일본어학에서는 이를 '重箱읽기'(重箱讀み)라고 한다. '重箱'의 앞쪽은 漢字音으로, 뒤쪽은 고유일본어로 읽히기 때문이다. 국어로 예를 들자면 '종소리, 산울림, 용돈, 남쪽'과 같은 混種語가 거기에 해당한다.

2) 일본어학에서는 이를 '湯桶읽기'(湯桶讀み)라고 한다. '湯桶'의 앞쪽은 고유일본어로, 뒤쪽은 한자음으로 읽히기 때문이다. 국어로 예를 들자면 '기둥서방, 구석방, 민둥산, 아랫방, 한참, 밥통'과 같은 混種語가 거기에 해당한다.

'組長'형은 주로 명사성을 띠고 있다. 모든 한자어는 일본어에서도 원칙적으로 명사성 어근이 되기 때문에 漢字形態素가 마지막에 나타나는 '組長'형 混種語가 명사성을 띠는 것은 당연한 일이라고 할 수 있다.

이러한 漢字語는 경우에 따라 세 글자 또는 그 이상의 漢字로 표기될 때도 있다. '手數料, 生放送, 取引所, 乘組員, 波止場' 따위가 그러한 실례에 속한다. 어느 경우건 고유일본어가 어떤 자리에 끼어있느냐의 차이일 뿐 '落書'형과 '組長'형에 어떤 본질적 차이가 나타나는 것은 아니라고 할 수 있다.

현대국어는 이러한 混種語의 일부요소인 고유일본어까지를 漢字形態素化하여 借用한 경우가 많다. 이때의 고유일본어가 일본어에서는 흔히 漢字로 표기되기 때문에 이 漢字표기를 그대로 국어식 음독으로 받아들인 셈이다. 이 또한 문자에 의한 간접 차용이란 점에서 고유일본어에 의한 合成語 借用 때와 그 방식이 같음을 알 수 있다.[3]

이상으로 알 수 있는 점은 고유일본어의 合成語건 漢字形態素와의 混種語건 이들이 국어에 借用될 때에는 그 가운데의 고유일본어가 모두 漢字語化한다는 사실이다. 이와 같은 사이비 漢字語가 경우에 따라 문제가 되는 이유는 그 구조가 국어의 전통적 漢字語에 나타나는 造語法과 어긋날 때도 있기 때문이다. 예를 들자면 전통적 漢字語일 경우 '家出'은 "집이 나간다", '船積'은 "배가 짐을 쌓다" 쯤의 뜻으로 풀이된다. 그러나 현재의 실제 의미는 각기 "집을 나간다, 배에 짐을 싣다"로 통한다. 이러한 의미는 일본어식일 뿐이다. 이들 합성어는 본래 漢字造語法을 따른 것이 아니라 일본어 고유형태소의 일본문법식 결합을 따른 것이기 때문이다. 그 증거로서 이들 한자표기는 일본어에서 절대로 음독되는 일이 없고 고유일본어로만 통용된다는 사실을 들 수 있다. 다시 말하자면 이들은 漢字語가 아니라 일본어의 合成語일 뿐이다. 그러한 일본어의 습관상 漢字表記를 맞대어 놓은 것이므로 그 漢字表記는 어디까지나 부차적인 것이다.

이러한 고유일본어가 국어에 차용되면서 漢字語처럼 굳어졌으니 당연히 관심의 대상이 될 수밖에 없다. 이를 그대로 놓아둔다면 전통적 國語漢字語의 형태분석이나 의미해석에 혼란이 생길 수도 있기 때문이다.

이에 본고에서는 고유일본어 요소의 국어화 과정에 나타나는 약간의 실상을 짚어나가면서 그에 따른 몇 가지 특징을 밝혀보기로 한다.

---

3) 일찍이 필자는 국어에만 나타나는 이러한 유형의 借用을 特殊翻譯借用이라고 규정한 바 있다(宋敏1979).

## 2. 고유일본어의 국어화 실상

현대국어에서 일어난 고유일본어 借用은 口頭語나 卑俗語 또는 특수전문기술어 따위를 제외한다면, 서언에서 잠시 논의한 바와 같이 고유일본어에 의한 合成語나 混種語에 국한되어 있다. 따라서 고유일본어의 단독형태소가 국어에 借用된 사례는 그다지 많지 않다. 뿐만 아니라 合成語나 混種語에 대한 借用은 거의 모두가 漢字表記를 통하여 간접적으로 이루어졌기 때문에 그 항목은 지극히 산발적이며 그 범위 또한 매우 한정적이다.

이러한 借用의 특징으로서는 고유일본어의 合成語일 경우, 그 構成要素 하나하나가 일본어식 한자표기 그대로 漢字形態素化한다는 사실을 들 수 있다. 그리고 混種語일 경우, 그 내부의 고유일본어 또한 일본어식 한자표기 그대로 漢字形態素化한다. 고유일본어가 모두 漢字語化함에 따라 그 문법적 성격은 명사성 어근으로서의 기능을 지니게 된다.

고유일본어에 의한 合成語는 보통 두 개 또는 그 이상의 直接構成要素로 이루어지기 때문에 이들이 국어화할 때에는 2音節 또는 그이상의 漢字語로 굳어진다. 이점에 있어서는 混種語도 똑같은 과정을 보인다. 다만 일본어 混種語중에는 '改札口, 條件附'나 '仮釋放, 生放送'처럼 아예 둘 또는 그 이상의 漢字形態素로 이루어진 漢字語에 고유일본어가 마지막 또는 맨앞에 결합되는 경우도 있다. 이때의 고유일본어는 국어화 과정에서 漢字形態素化함과 동시에 派生接辭化하고 만다. 이렇게 생겨난 漢字派生形態素는 국어의 造語成分으로 굳어져 새로운 漢字語派生에 활용되는 수가 많다.

이러한 派生接辭는 다시 派生接尾辭와 派生接頭辭로 갈리는데 본고에서는 이들 派生接辭가 어떤 식으로 국어화했는지 그 배경을 잠시 훑어보았으면 한다.

### 1) 派生接尾辭化

이 유형의 漢字形態素에는 '-先, -口, -元, -組, -当, -付, -高' 따위가 있다. 이들은 각기 고유 일본어 'saki, kuci, moto, kumi, ate/atari, cuki, taka'에 대한 한자식 표기인데, 그 표기가 그대로 국어에서 漢字形態素化한 것이다. 이들은 모두가 일본어에서 자립형태소로도 널리 쓰이는 것들인데 마지막의 'taka'만은 형용사의 어간형태소로서 그 자체는 자립형태소가 아니지만 合成語나 混種語의 構成要素로는 손색없이 쓰일 수 있다. 그밖에도 'saki, kuci, moto'

는 순수한 명사지만 'ate/atari, cuki'는 동사의 명사형이다. 그러나 이들이 漢字語化를 통하여 국어에 借用되고부터는 모두가 명사성 어근이 된다. 뿐만아니라 국어에서는 이들이 자립형태소가 될 수 없으므로 결국은 派生接尾辭化한 셈이다.

그렇다면 이들이 일본어의 合成語나 混種語에서는 어떻게 나타나며 국어에서는 또 어떻게 쓰이는지 하나하나 검토해 보기로 하겠다.

### 가. *saki*(先)

일본어에서는 이 형태소가 다음과 같이 쓰이고 있다.[4]

> *akari-saki*(明かり先), *ate-saki*(宛て先), *iki-saki*(行き先), *oi-saki*(生い先, 老い先), *kado-saki*(角先), *kuci-saki*(口先), *sio-saki*(潮先), *sigoto-saki*(仕事先), *sita-saki*(舌先), *tabi-saki*(旅先), *cukai-saki*(使い先), *cutome-saki*(勤め先), *tokui-saki*(得意先), *todoke-saki*(届け先), *torihiki-saki*(取引先), *hana-saki*(鼻先), *haru-saki*(春先), *mise-saki*(店先), *yubi-saki*(指先)

고유일본어 *saki*는 그 자체가 명사일 뿐 아니라 자립형태소이지만, 다른 한편으로는 이처럼 '落書'형 合成語나 混種語로도 널리 쓰이고 있다. 이때의 일본어 표기 '先'이 국어에 借用되어 '去來先, 輸入先, 供給先, 借款先, 投資先, 技術導入先'처럼 쓰이고 있다. 바로 이때의 '先'은 일본어와는 달리 음독될 뿐 아니라 자립형태소가 될 수도 없으므로 派生接辭化한 것이다. 고유일본어를 漢字形態素로 借用한 실례 중 하나가 된다.

### 나. *kuci~guci*[5](口)

일본어의 용례를 약간 모아본다면 다음과 같다.

> *agari-guci*(上がり口), *iri-guci*(入り口), *uke-guci*(受け口), *uri-kuci*(売り口), *okubyou-guci*(臆病口), *ori-kuci*(降り口), *kaisacu-guci*(改札口), *katari-kuci*(語り

---

4) 본고의 일본어 용례는 특히 '落書'형의 경우, 北原保雄(1990), 『日本語逆引き辞典』(東京 大修館書店)의 도움을 많이 받았다. 고유일본어가 뒤쪽에 결합되는 合成語나 混種語의 용례수집에는 逆順辭典이 안성맞춤이기 때문이다.

5) 이 경우의 異形態는 이른바 일본어의 連濁現象, 곧 合成語나 混種語의 뒤쪽 위치에서 일어나는 어두음의 有聲音化 때문에 생겨나는 것이다.

口), *kumi-tori-guci*(汲み取り口), *kesi-guci*(消し口), *sagari-kuci*(下がり口), *sa-si-de-guci*(差し出口), *sui-kuci*(吸い口), *cuuyou-guci*(通用口), *cugi-kuci*(注ぎ口) *de-guci*(出口), *de-iri-guci*(出入口) *to-guci*(戸口) *tozaN-guci*(登山口), *tori-guci*(取り口), *nobori-guci*(上り口), *hizyou-guci*(非常口), *mado-guci*(窓口)

고유일본어 *kuci*는 훌륭한 자립형태소인데 또 한편으로는 고유일본어 合成語나 '落書'형 혼종어 형성에도 자유롭게 참여하고 있다. 이때의 일본어 표기인 '口'는 국어에도 그대로 차용되어 널리 쓰이고 있다. '入口, 出口, 戸口, 窓口'와 같은 2음절 漢字語와 '出入口, 改札口, 非常口'와 같은 3음절 漢字語는 일본어 용례에서 곧바로 차용된 결과일 것이다. 이밖에도 국어에는 '投入口, 昇降口, 賣票口'와 같은 실례가 나타난다. 특히 3음절 漢字語에 나타나는 '口'는 이미 派生接辭化한 것이다. 그러나 2음절 漢字語에 쓰이고 있는 '口'까지를 派生接辭 라고 보기는 어려울 것이다.

### 다. *moto*(元)

고유일본어 *moto*는 다음과 같은 合成語 또는 混種語에 쓰이고 있다.

*ie-moto*(家元), *eri-moto*(襟元), *oya-moto*(親元), *zi-moto*(地元), *te-moto*(手元), *haN-moto*(版元), *hiza-moto*(膝元), *makura-moto*(枕元), *mi-moto*(身元)

이렇게 쓰이고 있는 고유일본어 *moto*는 그 표기에 따라 '元'으로 국어에 借用되어 '製造元, 供給元'처럼 派生接尾辭化하였다. 派生接尾辭化는 이 경우에도 3음절 漢字語에 나타난다. 따라서 '身元'은 일본어 그대로를 아예 통째로 借用한 결과일 것이다.

### 라. *kumi~gumi*(組み)

고유일본어 *kumi*는 다음과 같이 쓰이고 있다.

*isi-gumi*(石組み), *iwa-gumi*(岩組み), *ude-gumi*(腕組み), *ki-gumi*(木組み), *ko-koro-gumi*(心組み), *si-kumi*(仕組み), *tate-gumi*(縦組み), *tonari-gumi*(隣組み), *tori-kumi*(取り組み), *nori-kumi*(乗り組み), *baN-gumi*(番組み), *beta-gumi*(べた組み), *hone-gumi*(骨組み), *yoko-gumi*(横組み), *waku-gumi*(枠組み)

이때의 *kumi*는 동사 *kumu*의 명사형으로서 위에 보인 바와 같이 合成語나 混種語에도 널리 쓰이고 있다. 그것이 국어화하면서 漢字形態素 '組'가 되어 '縱組, 橫組'와 같은 인쇄용어로 아직도 쓰이고 있다. 뿐만 아니라 이 '組'는 '一組, 二組, A組, B組'처럼 쓰이고 있으며, 아예 '組를 짜다'의 '組'처럼 자립형태소로 활용되기도 하나 '組'에는 이미 '짜다'라는 의미가 내포되어 있으므로 '組를 짜다'라는 표현은 아무래도 부자연스럽다.[6]

어찌 되었건 이러한 '組'는 고유일본어에서 직접 또는 간접으로 借用된 한자형태소라고 할 수 있다. 다만, 이 '組'는 아직 국어에서 派生接尾辭化했다고 보기 어려울 듯하다.

### 마. *ate/atari*(當て/當たり)

일본어 표기에서는 타동사 *ateru*의 명사형 *ate*나 자동사 *ataru*의 명사형 *atari*에 다같이 '當'이 쓰인다. 그런데 이들은 각기 다음과 같은 合成語 형성에 이용되고 있다.

> *kokoro-ate*(心當て),    *kosi-ate*(腰當て),    *cura-ate*(面當て),    *te-ate*(手當て),
> *hara-ate*(腹當て), *hiki-ate*(引き當て), *me-ate*(目當て), *wari-ate*(割り當て)

> *kuci-atari*(口當たり),   *kokoro-atari*(心當たり),   *sasi-atari*(差し當たり),   *cu-ki-atari*(突き當たり),   *cubo-atari*(坪當たり),   *te-atari*(手當たり),   *hi-atari*(日當たり), *magure-atari*(紛れ當たり), *yuki-atari*(行き當たり)

이 중 현대국어에 막바로 借用된 것으로는 '手當, 割當, 坪當' 따위가 있다. '手當'에 해당하는 일본어는 *te-atari*(手當たり)도 있으나 국어의 '手當'은 그 의미로 볼 때 *te-ate*(手當て)에서 借用된 것이다. 위에 보인 일본어 용례 중에는 *hi-atari*(日當たり)가 있어 표면상 국어의 '日當'처럼 보이지만 그 의미가 서로 다르다. 짐작컨대 국어의 '日當'은 일본어에서 借用된 것이 아니라 국어에서 만들어진 漢字語가 아닐까 한다.[7] 하여튼 이때의 '當'은 국어가 일본어에서 借用한 漢字形態素인데 '學級當, 一人當'처럼 쓰이는 수도 있으므로 이미 派生接尾辭化하고

---

6) 그러나 현대국어에는 '組를 짜다'처럼 의미가 중복되는 표현이 날로 확대되고 있다. 예컨대, "結實을 맺다, 떨어지는 落葉, 따뜻한 溫情, 遺産을 남기다, 共感을 느끼다, 남은 餘生, 어려운 難關, 懷疑를 품다"처럼 쓰이는 경우가 그것이다. 漢字語에 나타나는 이러한 의미중복은 당초 "驛前앞, 海邊가, 草家집, 妻家집"처럼 형태론적 구성인 단어층위에만 나타나던 것이 지금은 통사론적 구성인 句나 文으로 확대되고 있다(宋敏 1990).

7) 국어의 '日當'(하루치 품삯)에 해당하는 일본어라면 *hi-ate*(日當て)가 되어야 할 텐데 실제로는 그러한 合成語가 일본어에서는 쓰이지 않는다. 따라서 국어의 '日當'은 '手當'에서 유추된 자생적 발달로 생각된다.

있는 것으로 풀이된다.

### 바. *cuki*(付き)

일본어 *cuki*는 동사 *cuku*의 명사형인데 合成語에는 다음과 같이 나타난다.

*ie-cuki*(家付き), *kata-gaki-cuki*(肩書き付き), *keihiɴ-cuki*(景品付き), *keɴri-cuki*(権利付き), *kotoba-cuki*(言葉付き), *zyoukeɴ-cuki*(条件付き), *syou-huda-cuki*(正札付き), *sumi-cuki*(墨付き), *tori-cuki*(取り付き), *himo-cuki*(紐付き), *huta-cuki*(蓋付き), *huda-cuki*(札付き), *yori-cuki*(寄り付き)

국어에는 이 '付'(附)가 '景品付(附), 條件付(附)'처럼 쓰이고 있으나 이들은 그 자체로 일본어에서 차용된 것이다. 이때의 '付(附)'는 3음절 漢字語에 나타나므로 국어에서는 이미 派生接尾辭化한 것으로 해석될 수 있다.

### 사. *taka~daka*(高)

이 *taka*는 형용사의 어간이어서 지금까지의 논의에 나타난 명사 또는 동사의 명사형과는 그 성격이 다르지만, 일본어의 형용사 어간은 어미와 분리될 수 있을 뿐 아니라 자립성이 강하기 때문에 명사성 어간으로 해석된다. 실제로 이 어간은 合成語와 混種語 형성에 활발하게 참여하여 다양한 合成名詞를 만들고 있다.

*ure-daka*(売れ高), *eɴ-daka*(円高), *geɴzai-daka*(現在高), *kowa-daka*(声高), *zaɴ-daka*(残高), *sei-daka*(背高), *deki-daka*(出来高), *me-daka*(目高), *yama-taka*(山高), *wari-daka*(割高)

국어의 '원高現象, 殘高'는 일본어를 그대로 借用한 것이지만 이밖에도 '高'는 '賣上高, 漁獲高, 物價高, 發行高'처럼 쓰이기도 한다. 3음절 漢字語에 나타나는 '高'는 당연히 派生接尾辭化한 것이다. 다만 이들 漢字語에 쓰이고 있는 '高'는 漢字造語法上 아무래도 부자연스럽다.[8] 그럼에도 불구하고 이 '高'가 국어에 활용되고 있는 것은 漢字形態素가 기본적으로는

---

8) 漢字形態素 '高'의 통사적 기능은 원칙적으로 동사나 형용사적이다. 따라서 '원高'의 의미는 "원이 비싸다, 원의 가치가 높다"로 분석된다. '山高'가 "산이 높다"를 뜻하는 이치와 같은 것이다. 문법적으로 따지자면

명사성 어근이 될 수 있기 때문이다.

## 2) 派生接頭辭化

이 유형의 漢字形態素에는 '仮-, 空-, 生-' 따위가 있다. 이들은 각기 고유일본어 'kari, kara/sora, nama/ki'에 대한 한자식 표기로서 그 표기가 그대로 국어에서 漢字形態素化한 것이다. 이들은 일본어에서도 주로 接頭辭로 쓰이고 있어 의존형태소에 가까운 성격을 나타낸다. 이들이 일본어의 合成語나 混種語에서 어떻게 나타나며, 국어에서는 또 어떻게 쓰이는지를 잠시 살펴보기로 한다.

### 가. kari(假)

고유일본어 kari에는 '임시의, 일시적인'과 같은 뜻이 있는데 그 용례는 다음과 같은 合成語나 混種語에 나타난다.

> kari-no-oya(仮の親), kari-no-syoci(仮の処置), kari-syobuɴ(仮処分), kari-no-su-gata(仮の姿), kari-zumai(仮住まい), kari-some(仮初め), kari-tozi(仮綴じ), kari-nui(仮縫い), kari-ne(仮寝), kari-basi(仮橋), kari-buki(仮葺き), kari-miya(仮宮), kari-no-yo(仮の世), kari-ryousyuusyo(仮領収書), kari-watasi(仮渡し)

이들 용례 중 '假處分, 假縫, 假橋'는 일본식 漢字表記가 그대로 국어화한 것이다. 이밖에도 국어에는: '假建物, 假埋葬, 假釋放, 假收金, 假收證, 假需要, 假植床, 假貯藏, 假接受, 假住所, 假差押'과 같은 용례가 나타난다. 이들 또한 직접 또는 간접으로 일본어에서 차용된 것이다. 이들 중 3음절 漢字語에 나타나는 '假'는 분명히 派生接頭辭化한 漢字形態素다. 이 '假'의 의미가 "임시의, 일시적인"으로 일본어와 같다는 사실은 이때의 '假'가 일본어에서 借用된 것임을 말해 준다. '假'는 국어의 전통적 의미로 "거짓, 가짜"를 나타낸다. '假睡, 假飾, 假裝'에는 아직도 그러한 의미가 남아있다. 따라서 모든 '假'가 借用된 것은 아니다. 그러나 국어의 '假' 중에는 借用된 쪽이 더 많이 쓰이고 있다.

---

'원高'보다는 '高원'이 더욱 합당하다. "높은 산"을 나타내려면 '山高'보다는 '高山'이 더욱 합당한 이치와 같다. 그 때문에 '高'가 派生接尾辭로 쓰일 때에는 그 의미가 아무래도 부자연스러워지는 것이다.

나. *kara/sora*(空)

고유일본어 *kara*는 "아무 것도 없는, 텅빈"을 뜻하는데, 이와 의미가 비슷한 말에 *sora*라는 별개의 형태소도 있다. 이 말의 기본의미는 '하늘'이지만 "거짓말, 실체가 없는 것"이란 뜻도 가지고 있어 漢字로 表記될 때에는 두 말에 모두 '空'이 쓰인다. 모두가 자립성이 별로 없어 合成語나 混種語에 두루 나타나는데 그 용례를 살펴보면 각기 다음과 같다.

*kara-age*(空揚げ), *kara-ibari*(空威張り), *kara-ucusi*(空写し), *kara-uri*(空売り), *kara-okuri*(空送り), *kara-oke*(空オケ), *kara-osi*(空押し), *kara-kuzi*(空籤), *kara-guruma*(空車), *kara-geiki*(空景気), *kara-genki*(空元気), *kara-sawagi*(空騒ぎ), *kara-cuyu*(空梅雨), *kara-te*(空手), *kara-tegata*(空手形), *kara-nenbucu*(空念仏), *kara-buri*(空振り), *kara-bori*(空堀), *kara-mawari*(空回り), *kara-mi*(空身)

*sora-goto*(空言), *sora-de*(空手), *sora-naki*(空泣き), *sora-namida*(空涙), *sora-ni*(空似), *sora-nenbucu*(空念仏), *sora-me*(空目), *sora-mimi*(空耳), *sora-yume*(空夢)

이들 용례 중 '空車'는 한동안 국어에서도 그대로 쓰였으나 지금은 '빈車'로 대치되었다. 지난 80년대 초부터 한국에 확산되기 시작한 '가라오께'는 어쩔 수 없이 국어에 정착된 직접 차용어 중의 하나가 될 듯하다. 이밖에도 국어에는 '空瓶, 空家, 空罐, 空袋, 空箱子, 空席, 空船, 空閑地, 空行囊, 空手票, 空테이프'와 같은 용례가 나타난다. 다만 '空瓶'이하 '空船'까지는 각기 '빈병, 빈집, 빈깡통, 빈자루, 빈상자, 빈자리, 빈배'로 거의 대치되었고, '空行囊, 空테이프' 또한 '빈행낭, 빈테이프'로 쓰이는 수가 있다. 그러나 '空閑地, 空手票'만은 아직도 그대로 통용되고 있어 이때의 '空'은 派生接頭辭化한 漢字形態素라고 할 수 있다.

다. *nama/ki*(生)

고유일본어 *nama*는 "미숙한, 어정쩡한, 자연 그대로의, 가공하지 않은, 불충분한"과 같은 뜻을 나타내는데 이와 비슷한 말에 *ki*라는 별개의 형태소도 있다. 이 말은 "본래 그대로의 상태, 순수한 상태"를 나타내는데 漢字로 표기될 때에는 두 말에 모두 '生'이 쓰인다. 모두가 자립성이 별로 없어 주로 合成語나 混種語에 두루 쓰이는데 그 용례를 잠시 모아보면 다음과 같다.

*nama-akubi*(生欠伸), *nama-age*(生揚げ), *nama-atatakai*(生暖かい), *nama-iki*(生意気), *nama-eɴsou*(生演奏), *nama-gasi*(生菓子), *nama-kaziri*(生齧り), *nama-kabe*(生壁), *nama-kawa*(生皮), *nama-kawaki*(生乾き), *nama-ki*(生木), *nama-kizu*(生傷), *nama-gusai*(生臭い), *nama-kubi*(生首), *nama-kuriimu*(生クリーム), *nama-go-mi*(生塵芥), *nama-gomu*(生ゴム), *nama-gorosi*(生殺し), *nama-koɴkuriito*(生コンクリート), *nama-zakana*(生魚), *nama-tamago*(生卵), *nama-cyuukei*(生中継), *nama-nie*(生煮え), *nama-nurui*(生温い), *nama-biiru*(生ビール), *nama-huirumu*(生フィルム), *nama-housou*(生放送), *nama-mizu*(生水)

*ki-iqpoɴ*(生一本), *ki-ito*(生絲), *ki-urusi*(生漆), *ki-gami*(生紙), *ki-ginu*(生絹), *ki-gusuri*(生薬), *ki-zake(*生酒), *ki-zi*(生地), *ki-zyouyuu*(生醬油), *ki-soba*(生蕎麦), *ki-nari*(生成り)

이들 용례로 우선 알 수 있는 사실은 국어의 '生菓子, 生고무, 生中繼, 生麥酒, 生放送'이나 '生絲, 生絹, 生藥' 따위의 경우 일본어 그대로가 국어화했다는 점일 것이다. 그렇다면 여기에 나타나는 '生'은 일본어에서 借用되어 派生接頭辭化한 형태소일 수밖에 없다. 최근에 인기를 끌고있는 '生水'라는 말도 어쩌면 일본식 표현에서 나왔을 가능성이 있으나 아직 단정하기는 어렵다. '生乳, 生肉, 生漆' 따위 또한 다분히 일본어 '生'과 직접 또는 간접으로나마 관련이 있을 것으로 짐작된다. 그렇다고 모든 '生'이 借用된 것은 아닐 것이다. 국어의 전통적 파생어에도 '생감, 생쌀, 생가죽, 생굴, 생모시, 생당목, 생가슴, 생트집, 생가지' 따위처럼 '生'이 쓰이고 있기 때문이다. 그러나 '生菓子, 生中繼, 生麥酒, 生放送'과 같은 3음절 한자어에 나타나는 '生'만은 고유일본어에서 借用되어 派生接頭辭化한 漢字形態素임이 거의 확실할 것이다.


## 3. 결 어


지금까지 현대국어의 漢字接尾辭 '-先, -口, -元, -組, -当, -付, -高'와 漢字接頭辭 '仮-, 空-, 生-'으로 이루어진 派生語를 대상으로 하여 그 성립배경, 의미구조 등을 분석한 결과 이들의 전부 또는 그 일부가 일본어에서 借用되어 국어화한 것임을 알게 되었다. 그 내용을 정리해 보면 다음과 같다.

## 1) 接尾辭

① -先: 去來先, 輸入先, 供給先, 借款先, 投資先, 技術導入先

② -口: 入口, 出口, 戶口, 窓口 / 出入口, 改札口, 非常口, 投入口, 昇降口

③ -元: 身元 / 製造元, 供給源

④ -組: 縱組, 橫組, 一組, 二組, A組, B組

⑤ -當: 手當, 割當, 坪當, 日當 / 學級當, 一人當

⑥ -付(附): 條件付(附), 景品付(附)

⑦ -高: 원高, 殘高 / 賣上高, 漁獲高, 物價高, 發行高


## 2) 接頭辭

① 假-: 假縫, 假橋 / 假處分, 假建物, 假埋葬, 假釋放, 假收金, 假收證, 假需要, 假植床, 假貯藏, 假接受, 假住所, 假差押

② 空-: 空瓶, 空家, 空罐, 空袋, 空席, 空船 / 空箱子, 空閑地, 空行囊, 空手票, 空테이프

③ 生-: 生絲, 生絹, 生藥, 生水, 生乳, 生肉, 生漆 / 生菓子, 生고무, 生中繼, 生麥酒, 生放送


우선 주목되는 점이 있다면 이들 接辭는 고유일본어에서 借用된 존재라는 사실이다. 그 차용과정에서 다음과 같은 변화가 일어났다는 사실도 기억해 둘만한 점이다. 첫째는 이들 接辭가 일본식 漢字表記 그대로 국어에 借用되면서 漢字形態素化했다는 점이다. 둘째는 이들 接辭가 주로 2음절 이상의 漢字語와 결합될 때 더욱 두드러진다는 점이다. 셋째는 接尾辭의 경우 이들이 漢字形態素化함에 따라 그 본래의 통사적 기능과는 관계없이 모두가 명사어간화했다는 점이다. 넷째는 고유일본어가 국어에 차용될 때 적어도 두 가지 이상의 형태소 결합인 합성어 또는 混種語에 국한된다는 점이다.

이들 接辭가 쉽게 국어화할 수 있었던 이유는 일본어식 표기가 漢字로 이루어졌다는 점에 있다. 漢字는 東洋文化圈에서 라틴어와 같은 존재였기 때문이다. 그러나 이들 接辭의 借用으로 국어문법에 새로 생긴 부정적 측면도 있다. 일본식 한자 또는 한자어의 의미는 국어식과는 다르기 때문이다. '仮'에 대한 일본어 의미는 '임시의, 일시적인'인데, 국어의 의미는 '거짓의'이다. 이에따라 '仮處分'에 대한 일본어 의미는 '임시處分'인데 그것이 국어에 들어와

서는 '거짓處分'이 되어야 하나 실제로는 '임시處分'으로 통하고 있다. 그 결과 국어에서는 '仮'의 의미가 그때그때 달리 쓰이는 혼란을 겪고 있다.

어떤 일본식 한자어는 造語法에 어긋나는 경우도 있다. 국어식 조어법에서 본래 '名詞+動詞(또는 形容詞)'로 이루어진 漢字語의 앞쪽 명사는 주어기능을 담당한다. 그러나 고유일본어의 合成語에서 借用된 '家出, 船積, 원高'와 같은 漢字語는 국어 문법에 어긋난다. 借用語에 나타나는 이러한 비문법성에 대해서는 앞으로 좀더 관심을 기울여야 할 것이다.

借用語는 한 언어의 어휘체계에 나타나는 공백을 메꾸어 준다. 그러나 국어에 借用된 일본어는 실질적으로 지극히 산발적이며 한정적인 성격을 보여주면서도 漢字로 표기되는 고유일본어의 合成語나 混種語는 사정이 조금 다르다. 이들은 실질적인 고유일본어인데도 국어에 借用되는 과정에서 한자어가 되고 만 것이다. 앞으로 국어어휘사 측면에서는 이러한 단어 하나하나의 배경에 대해서 정밀한 검토가 행해져야 할 것이다.


# 참고문헌

강신항(1991), 『현대국어어휘사용의 양상』, 태학사.
국어연구소(1988), 『국어순화자료집』.
문교부(1983), 『국어순화자료』.
宋　敏(1979), 言語의 接觸과 干涉類型에 대하여―現代國語와 日本語의 경우―, 聖心女大 『論文集』 10.
_____(1988a), 朝鮮修信使의 新文明語彙 接辭, 國民大 『語文學論叢』 7.
_____(1988b), 국어에 대한 일본어의 간섭, 국어연구소 『국어생활』 14.
_____(1989a), 開化期 新文明語彙의 成立過程, 國民大 『語文學論叢』 8.
_____(1989b), 韓國語內의 日本的 外來語 問題, 韓國日本學會 『日本學報』 23.
_____(1990), 語彙變化의 양상과 그 배경, 국어연구소 『국어생활』 22.
北原保雄(1990), 『日本語逆引き辭典』, 東京 大修館書店.

**出處** <중앙대 외국어대학 일어학과(1991. 11.), 『瑞松李榮九博士華甲紀念論叢』(도서출판 한누리), : 37-52.>

제**3**부 부록

"韓・日　兩國語
비교어휘" 색인

# "韓·日 兩國語 비교어휘" 색인

## 범 례

1. 이 색인은 본서 제1부에 실린 "韓·日 양국어 비교연구사"의 내용을 보완하고 그 이해를 돕는 한편, 그 동안에 이루어진 비교어휘의 윤곽을 정리하는 의미에서 작성된 것이다.

2. 색인의 대상은 양국어 비교연구사상 특히 대표적일 뿐 아니라 비교대상 言語資材의 대부분을 내포하고 있는 다음의 논저 8편으로 국한하였다.

① A = Aston, W.G.(1879), A Comparative Study of the Japanese and Korean Languages(*The Journal of the Royal Asiatic Society of Great Britain and Ireland, new series* Vol. XI, Part III, London/pp.317-364).

② 白 = 白鳥庫吉(1898), 日本の古語と朝鮮語との比較(『國學院雜誌』 第4卷, 第4, 第5, 第6, 第7, 第8, 第9, 第10, 第11, 第12/pp.255-273, 283-296, 315-328, 335-344, 362-375, 379-390, 409-416, 434-451, 461-476[총9회]).

③ 宮 = 宮崎道三郎(1906-7), 日韓兩國語の比較硏究(『史學雜誌』 第17編 第7號, 第8號, 第9호, 第10號, 第12號/第18編 第4號, 第7號, 第8號 第10號, 第11號/pp.657-680, 809-818, 926-946, 1012-1031, 1211-1225/357-366, 709-723, 839-851, 1055-1067, 1173-1182[총10회]).

④ 金 = 金澤庄三郎(1910), 『日韓兩國語同系論』(三省堂, 東京).

⑤ R = Ramstedt, R.G.(1949), *Studies in Korean Etymology*(*Mémoires de la Société Finno-ougrienne* 95, Helsinki).

⑥ H = Haguenauer, Ch.(1956), *Origines de la civilisation japonaise―Introduction à l'étude de la préhistoire du Japon.* 1[ère] partie(Paris).

⑦ 大 = 大野晋(1957), 『日本語の起源』(岩波文庫289, 東京).

⑧ M = Martin, S.E.(1966), Lexical Evidence Relating Korean to Japanese (*Language* Vol.42, No.2/pp.185-251).

(맨 앞에 예시된 문자는 본 색인에서 사용된 각 논저의 약호표시이다)

3. 이 색인은 한국어와 일본어의 비교만을 대상으로 하였기 때문에 위의 논저에 나타나는 동계의 言語資材는 일체를 생략하였다. 단, 일본어와 동계인 琉球語만은 포함시켜 두었다.

4. 검색의 편의상 색인의 표제어는 한국문자로 작성되었으며 '가나다' 순으로 배열되었다. 표제어는 원전에 제시되어 있는 언어자재의 의미에 따라 현대한국어 어형으로 제시되어 있으나 간혹 형태가 미심한 것은 전사기호의 발음에 의거 한국문자로 옮겨 적은 것도 있다.

5. 연구자에 따라 전사기호가 서로 다를지라도 원문의 전사법을 최대한 그대로 살려두었다. 따라서 분명한 과오나 오식으로 형태가 불분명한 경우라도 원형을 그대로 따랐다. 다만 모든 전사기호는 원칙상 이탤릭체로 통일시켰다.

6. 한 표제어 밑에 여러 연구자의 비교가 포함되어야 할 경우에는 해당 논저의 발표연대순에 따라 배열하였다.

7. 약호 다음의 숫자는 원전의 페이지를 표시한다. 단 宮崎道三郎의 논문은 『史學雜誌』 第17編, 第18編에 걸쳐있으므로 그 구별을 위해서 출전 페이지 앞에 17 또는 18을 덧붙였다.

8. 논저에 따라서는 중세한국어, 고대일본어, 차용어 등의 형태를 구분한 것도 있으나 본 색인에서는 원칙상 한국어는 '韓', 일본어는 '日'로만 표시하였다.

▷ 가. H396=韓*ka*(bord), *kat-*(proche)：日*kata*(côté, bord), dans *kata.waṙa*, dans *kata.soba*, *hata*(côté, voisinage), 琉球*ya.kata*/M227=韓″*kɔs*：日*kisi*(brink).

▷ 가-. 金10=韓*ka*(行)：日*ka-ru*(離)/大176=韓*kal*(行)：日*karu*(離).

▷ -가. 白473=韓*ka*：日*ka*(天爾波)/R80=韓*ka*(the connecting particle after the subject)：日*ga*(but, nevertheless)/大176=韓*ka*：日*ka*(助詞).

▷ -가. 白448=韓*ka*：日*ka*(乎)/R80=韓*ka*(the interrog. -indefinite particle)：日*ka*(id.).

▷ 가깝-. H442=韓*ka'ᵏka'*-(proche), *ka*(bord)：日*kata*(côté, bord), *hata*>.*bata*.

▷ 가렵-. 白384=韓*karyö*：日*kayu*(癢)/大176=韓*karyö*：日*kayusi*(癢)/M234=韓*kɔyë* ʷ/ₚ-：日*káyu*-(itchy).

▷ 가루. 大178=韓*kɒrɒ*：日*kuzu*(屑)/M248=韓*kɔlɔ*：日*kó*, *koná*(flour).

▷ 가리. R97=韓*kari*, *kari-sä*(a waterfowl, the gray swan)：日*kari*(the wild goose).

▷ 가리-. 大178=韓*kɒri*：日*kaga*(影).

▷ 가마. A327=韓*kama*, *kamè*：日*kama*(apot)/白434=韓*kama*：日*kama*(釜)/宮18-359=韓*kama*：日*kama*(竈)/R90=韓*kama*(a large kitchen kettle)：日*kama*(id.)/大176=韓*kama*：日*kama*(窯).

▷ 가마. H431=韓*kama*(dessus de la tête)：日*kami*(le haut), 琉球*kaŋ*.

▷ 가물-. M230=韓*'kómɔl*, *'kɔ'mɔl*-(dry up)：日*kawák*-<*\*kabák*-.

▷ 가볍-. M249=韓*ka'pɔy'ya* ʷ/ₚ-：日*karu*(lightweight).

▷ 가을. M247=韓*kɔzɔl*：日*áki*(autumn).

▷ 가지. 白325=韓*kachi*(類)：日*kazu*(數)/金10=韓*kaji*(類)：日*kazu*(數), *kusa*(種)/M226=韓*ka'ti*(branch)：日*kadi*(rudder).

▷ 갈. M237=韓*kal*：日*kási*(oak).

▷ 갈-. 白435=韓*kal*：日*kaparu*(代)/M228=韓*'kɔl*-(change, replace)：日*kar(i)*-(borrow).

▷ 갈-. M229=韓*'kɔl*-(whet, grind)：日*kír*-(cut).

▷ -갈. R87=韓-*kal* in *čiẹt-kal*(pickles)：日*kara*- in *karai*(bitter, acrid).

▷ 갈구리. 大176=韓*karkuri*：日*kagi*(鍵).

▷ 갈매기. 大176=韓*kɒrmyöki*：日*kamamë*(鷗)/M232=韓*'kɔl'myëki*(seagull)：日*kamome*.

▷ 갉-. H442=韓*kalk*-(gratter), *kal*-：日*kak.u~hak.u*(id.)/M240=韓*'kɔlk*-：日*kák*-(scratch).

▷ 갋-. M228=韓″*kɔlw*-(line them up together)：日*kurab(e)*-(compare, match, pit, compete).

▷ 감. 大179=韓*kam*：日*kaki*(柿)/M238=韓″*kam*：日*kaki*(persimon).

▷ 감-. H382=韓ᵏ*kɔpćil*(peau), *kam*-(fermer les yeux)：日*kawa*(peau, écorce), *kami*(papier d'écorce).

▷ 감-. 白473=韓*kam*: 日*komu*(込).

▷ 감-. M246=韓*kam*-(wind around): 日*kúm*-(braid, plait).

▷ 감-. 大176=韓*kam*: 日*kuro*(黑).

▷ 감추-. 白373, 473=韓*kăm*(*chə*)(藏), *kămeu*(*rira*)(隱): 日*kumoru*(隱), *komoru*(籠).

▷ *갑-. M237=韓**kaw*-(near): 日*kapá*(side).

▷ 값. A331=韓*kap*(price): 日*kafu*(to buy)/金10=韓*kap*(價): 日*kah-u*(買)/大176=韓*kap*(價): 日*kapu*(代).

▷ 갓. A331=韓*kas*: 日*kasa*(a broad hat)/白272=韓*kat*: 日*kasa*(笠)/金10=韓*kas*(帽): 日*kasa* (笠)/R99=韓*kat*(a hat): 日*kasa*(hat, umbrella)/大176=韓*kat*: 日*kasa*(笠).

▷ 갖-. A328=韓*kachul*(to take in the hand): 日*katsugu*(to carry in the hand).

▷ 같-. A331=韓*kăttăn*: 日*gotoki*(like)/白258=韓*kat*: 日*goto*(如)/金9=韓*kăt*(同): 日*goto*(如)/ R99=韓*katta*(to be like, to be the same as, to resemble): 日**koto* in adj. *kotoki*(similar), *koto-ku*(in a similar way, alike) from *goto-ku*(as, so as..., alike)/大179=韓*kɒt*: 日*kötö* (同)/M241=韓*kɔth*-: 日(-)*goto*-(similar).

▷ 갚-. M227=韓*kaph*-(repay): 日*kap*-(buy).

▷ 개(울). 白343=韓*kaiul*: 日*kapa*(河)/M250=韓*kä*<*kay*(inlet, estuary): 日(dial.)*ka*(*a*)*ra*=*kapá* (river).

▷ 개-. H247=韓″*kay*-?<**kɔy*-(clear up): 日*kiyo*(clean).

▷ -개. H397=韓*kai*>.*kä* dans *nal.gä*(aile): 日*hane.ge*(<*ke*, 'poil, plume?').

▷ 개암. M248=韓″*kä-am*(filbert)?<**kä pam*(wild chestnut): 日*pasi-bami*(filbert)?<**pami*.

▷ 거미. A327=韓*kŭmo*: 日*kumo*(a spider)/白413=韓*kömui*: 日*kumo*(蜘)/金10=韓*kömeui*: 日 *kumo*(蜘蛛)/R105=韓*kemji*(a spider): 日*kumo*(id.)/H400=韓*kɔmöi*(araignée): 日*kumo*(id.)/ 大176=韓*kömii*: 日*kumo*(蜘蛛)/M242=韓*kë'miy*: 日*kúmo*(spider).

▷ 거북. 白411=韓*köpuk*: 日*kame*(龜)/H382=韓*kɔpuk*(tortue): 日*kame*(id.)/大179=韓*köpup*: 日 *kamë*(龜)/M244=韓*këpok*, *kë'pup*: 日*kame*(tortoise).

▷ 거품. 白272=韓*köphum*(泡): 日*kamu*(釀).

▷ 거르-. 大178=韓*köl*: 日*kösu*(濾)/M232=韓*këlï*-: 日*kös*-(filter).

▷ 건느-. 白383=韓*konno*: 日*koye*(越).

▷ 걷-. A330=韓*kŭlăm*(walking): 日*kachi*(on foot)/金10=韓*köt*(步): 日*kachi*(步)/H398=韓 ″*kɔt*-~*kɔl*-(marcher): 日*kaći*(à pied)/大178=韓*köl*: 日*kati*(徒步)/M245=韓″*kë*¹/*ᵢ*-(walk): 日*kasi*, *kati*(walking), 韓″*kët*-: 日*kayop*-(go to and fro).

▷ 걸-. H398=韓*kɔl*-(gras, fertile): 日*ko*'-(épais, gras)/M231=韓″*kël*-(be fertile): 日*koyé* (fertilizer).

▷ 걸-. 白434=韓*köl(ta)*(罹, 掛):日*kakaru*(罹)/R105=韓*kęlsaŋ*(a table on which to sit, a bench, a chair):日(*koshi wo*) *kakeru*(to hang or hook on)/大178=韓*köl*:日*kaku*(掛)/ M233=韓″*kël*-(hang):日*kák(e)*-.

▷ 걸(리)-. 白385=韓*kölni*:日*koru*(凝)/金10=韓*ngor*:日*kor-u*(凝).

▷ 검-. 白365=韓*köm*:日*kuro*(黑)/宮18-1060=韓*kara*(黑色馬):日*kuro*(黑)/R106=韓*kęmji*(dark spots on the face):日*kemuri*(the smoke).

▷ 겁-. H392=韓*kɔp*-(creux, vide):日*kubo*(cavité), *kubo-m.u*(être creux, concave).

▷ 것. A328=韓*kŭs*:日*koto*(thing)/白450=韓*köt*:日*koto*(事)/大179=韓*köt*:日*kötö*(事)/M244= 韓*kës*:日*kotó*(thing).

▷ 게. 白413=韓*köi, ke*:日*kani*(蟹)/R102=韓*kęi, kē*(a crab, a crayfish):日*kai*(id.), 琉球*ḱe, ḱu*(id.)/大179=韓*köi*:日*kani*(蟹)/M229=韓*ke*<*këy*(crab):日*kani*.

▷ 겨레. 白293=韓*kiöre*:日*ukara*(族)/大179=韓*kyöröi*:日*kara*(族).

▷ 곁. 白437=韓*kyöt*:日*kata*(方)/金10=韓*kyöt*(傍):日*kata*(傍)/大179=韓*kyöt*:日*kata*(方)/ M241=韓*kyëch*(side), *këch*(face, surface):日*katá*(direction).

▷ 고. 大176=韓*ko*:日*ki*(杵).

▷ 고개. 金10=韓*kokai*(峴):日*kuki*(岫)/R119=韓*kogä*(a pass, the peak of a hill, the back of a neck):琉球*gūfu*(<*gūku*)(a hill)/大180=韓*kokɐi*:日*kuki*(峠).

▷ 고갱이. M248=韓*kokängi*(pith):日*kokóro*(heart).

▷ 고랑. 大180=韓*koraŋ*:日*kuro*(畔).

▷ 고래. 白410=韓*korai*:日*kujira*(鯨)/大178=韓*korai*:日*kudira*(鯨).

▷ 고리. 宮17-1222=韓*kori*(箸筥):日*kauri*(行李)/R125=韓*kori*(basket):日*kori*(id.).

▷ 고-. M230=韓*koï*-(boil down, distil):日*kó*-(be deep, thick).

▷ 고을. 白435=韓*koul*:日*kopori*(郡)/金10=韓*koeul*:日*kohori*(郡)/大176=韓*koïl* :日*kopori*(郡).

▷ *고차. 宮18-1173=高句麗語'忽次, 古次'(口):日*kuti*(口).

▷ 고프-. M231=韓*kol-phɔ*-<*kolh-pɔ*-(be empty):日*kará*(empty).

▷ 고해. 大180=韓*kohai*:日*kugupi*(鴣).

▷ 곧. A331=韓*kos*(just, exactly):日*koso*(emphatic particle).

▷ 골. 金10=韓*kor*:日*kura*(洞)/大180=韓*kol*:日*kura*(洞)/M245=韓″*kol*(valley):日*kura*(id.).

▷ 곰. A327=韓*kom*:日*kuma*(a bear)/白410=韓*kom*:日*kuma*(熊)/金10=韓*kom*:日*kuma*(熊)/ R122=韓*kōm*:日*kuma*(the bear)/大180=韓*kom*:日*kuma*(熊)/M225=韓″*kom*:日*kumá*(bear).

▷ 곰(팡이). M236=韓″*kom(phangi)*:日*kabi*(mildew).

▷ 곱. 大180=韓*kop*(痢):日*kuso*(大便).

▷ 곱-. 金10=韓*kop*(美):日*koh-u*(戀), *kuha-si*(美)/H378=韓*kop*-(être beau, élégant)>*kow.a*-: 日*kawa*-?(gentil, mignon)/大180=韓*koph*:日*kupa-si*(細, 美).

▷ 곱-. 大179=韓*kop*: 日*kuma*(曲).

▷ 곳. A331=韓*kos*(place): 日*ko*(in *doko*)/白473=韓*ka*: 日*ko*(處)/大176=韓*kot*: 日*ku*(所)/M250 =韓*'kot*: 日*tokoro*(place).

▷ 괄-. R133=韓*kwālda*(to dry, to be hard): 日*kawaku*(to become hard, to dry up).

▷ 괴-. M236=韓*koy('o)*-(be loved): 日*kóp*-(love).

▷ 괴롭-. 白386=韓*koro*: 日*kurushi*(苦).

▷ 구두. H415=韓*kudu*(botte, chaussure): 日*kutsu*(id.), 琉球*hutsï*, *kidza*.

▷ 구들. A328=韓*keuteul*: 日*kutsuro*(a fireplace).

▷ 구렁. 金10=韓*kuröng*: 日*kuro*(畔).

▷ 구렁. 宮18-1060=韓*kuröng, kulhöng*(栗色馬): 日*kuri*(栗=銅色).

▷ 구름. 白365=韓*kurăm*: 日*kumo*(雲)/金10=韓*kurăm*: 日*kumo*(雲)/大176=韓*kurum*: 日*kumo*(雲) /M228=韓*kurɔm*: 日*kumo*(cloud).

▷ 구리-. M243=韓*k°/ᵤ li*-(be smelly): 日*kusá*-(id.).

▷ 구멍. M233=韓*kuméng, kumk/ku'mu*(hole): 日*kumá*(nook), 韓*kumo*(hole): 日*kúbo*(hollow).

▷ 구슬. 宮17-942=韓*kuseul*(玉): 日*kusiro*(釧)/金10=韓*keusăr*(珠): 日*kusiro*(釧)/大180=韓 *kosïl*: 日*kusirö*(釧).

▷ 국찾-. 金10=韓*kuk-chhat*(湯探): 日*kukatachi*(探湯).

▷ 군데. M250=韓*kun-te*<*kun-tëy*(place): 日*kuni*(country).

▷ 굳-. A331=韓*kŭtŭn*(hard): 日*kataki*(id.)/白344=韓*kut*: 日*kata*(堅)/金10=韓*kut*: 日*kata*(堅)/ H397=韓*kut*-(dur, solide): 日*kata*-(dur, pénible, difficile), *kata.kuřuśi*-(strict)/大176=韓 *kut*: 日*kata*(堅)/M233=韓*kut*-(hard): 日*kata*-(id.).

▷ 굴. M238=韓*'kul*: 日*kaki*(oyster).

▷ 굴. A330=韓*kul*(hole, cave), *ku*(to speak): 日*kuchi*(mouth, entrance)/H403=韓*kut*~ *kul*(trou): 日*kuř.*(creuser)/大178=韓*kul*: 日*kutu*(口)/M227=韓*"kul*(cave): 日*kúr*-(hollow, scoop it out).

▷ 굴-. 白325=韓*kul*(轉): 日*kuru*(繰).

▷ 굴뚝. 宮17-1022=韓*kulʔtok*: 日*kudo*(曲突).

▷ 굽-. H392=韓*kum*-(être courbé, voûté), *kup*-: 日*komu*(partie renflée), *kobu*(tumeur, bosse).

▷ 굿. H399=韓*kut*>*kus.i*(cérémonie à l'égard d'une esprit), *kusi*(esprit, être sacré): 日 *koto*(être surnaturel, chose surnaturelle), *mi-koto*(personne sacrée, auguste)/M237=韓 *'kut, kus*(hollow): 日*kuti*(opening, mouth).

▷ 귀. 金10=韓*kui*(耳): 日*kiku*(聞), *kowe*(聲)/大176=韓*kui*(耳): 日*kiku*(聞).

▷ 그. M244=韓*"kïy*<*kï+i*(that): 日*ko*-(*re*)(this).

▷ 그르-. M246=韓*kïlï*-(be mistaken): 日*kurúp*-(become crazy).

▷ 그림. A332=韓*keulim*: 日*kage*(a shadow).

▷ 그믐. 白372=韓*kumum*(晦): 日*kumoru*(陰, 曇).

▷ 글. A332=韓*keul*: 日*kaku*(to scrach, to write)/白338=韓*kul*(文): 日*kure*(吳)/大178=韓*kïl*: 日*kaku*(書).

▷ 긁-. 白337=韓*keurk*(*ta*)(搔), *keurim*(畵), *keus*(*ta*)(畫): 日*kaku*(搔, 畵)/金10=韓*keurk*: 日*kaku*(搔)/大178=韓*kïrk*: 日*kaku*(搔).

▷ 금. A327=韓*kum*(limit): 日*kuma*(border, limit)/白437=韓*kupui*(隅): 日*kuma*(限)/大180=韓*ʔkïm*: 日*kuma*(隈).

▷ -금. R116=韓*kịm* in *nim-gịm*(the King): 日*kimi*(the Ruler, the Emperor).

▷ *기. 宮18-841=百濟語'己, 支'(城): 日*ki*(城)/金10=韓*ki*: 日*ki*(城).

▷ 기러기. A330=韓*kalaki*: 日*kari*(a wild goose)/白411=韓*kiröki*: 日*kari*(雁)/金10=韓*kirö-ki*: 日*kari*(雁)/大180=韓*küryöki*: 日*kari*(雁).

▷ 기와. 白416=韓*kiwa*: 日*kahara*(瓦)/大176=韓*kiwa*: 日*kapara*(瓦).

▷ 길마. 大176=韓*kirɒma*: 日*kura*(鞍).

▷ 김. 白415=韓*kim*: 日*iki*(息).

▷ 깃. R114=韓*kit*(a coat collar): 日*kishi*(a shore, beach)/H397=韓*kit~ćit*(habit non empesé): 日*kïr.u*(porter un vêtement), 琉球*kïr.u.ŋ~kïs.u.ŋ>ˢs.u.ŋ*.

▷ 깃. H398=韓*kit*(plume), *.kä*, dans *nal-.gä*(aile): 日*ke*, 琉球*kï*(cheveux, poil).

▷ 깊-. M230=韓*kiph-*(deep): 日*kipá*(extreme).

▷ 까치. 宮17-1216=韓*kach'ichyak*: 日*kasasagi*(鵲)/H439=韓*ᵏkaći*(pie): 日*kasasagĩ*(id.)/大176=韓*kačʼičak*: 日*kasasagi*(鵲)/M236=韓*"ka'chi*<*"ka'chɔ*: 日*kasa-sagi*(magpie).

▷ 깨물-. 白388=韓*kaimul*: 日*kamu*(噬)/H431=韓*hamo*(mors, bâillon), *hamu~hami*: 日*ham.u*(mordre)<**kam.*, *ham.i*(mors).

▷ 꺼리-. 白291=韓*köri*: 日*kira*(*hu*)(嫌).

▷ 껍. H391=韓*ᵏkɔp*(écorce): 日*kaba'.u*<*kaba-h.u*(couvrir, protéger)<**kab.*, *kawa*(peau), 琉球*kā~kō*.

▷ 껍-. H382=韓***ᵏkɔp-*(couvrir): 日*kab.*(id.), *kawa*(peau, écorce), 琉球*kā*.

▷ 껍질. M225=韓*këpcil*, *kkapcil*: 日*kapá*(bark).

▷ 꽂-. 白416=韓*kotch'i*: 日*kushi*(串)/宮18-1173=韓*ʔkos*: 日*kusi*(串)/金10=韓*kos*: 日*kusi*(串)/H409=韓*ᵏkoʈ*(brochette), *koći~koʈ*(pointe): 日*kusi*(brochette, épingle, peigne), 琉球*gudzï*/大180=韓*ʔkos*: 日*kusi*(串)/M241=韓*koc*(skewer), *koc-*(insert): 日*kusi*(skewer).

▷ 꽃. M248=韓*koc*(*h*)(flower): 日*kusá*(grass).

▷ 꾸리-. H399=韓*ᵏkuɼ.i-da*(envelopper): 日*kuɼu-m.u*(id.), *koɼo* dans *ᴰkoɼo.mo*(vêtement).

▷ 끌. H373=韓*ᵏkɘl*: 日*kïr.i*(ciseau, burin).

▷ 끝. H411＝韓*k̓ət~*k.ə̓.s~kot'*(extrémité)：日*kir̓.*(achever), *kita*(le nord).

▷ 끼. 金10＝韓*ki*：日*ke*(食)／大180＝韓*ʔkïi*：日*kë<ka*(食).

▷ 나. 白446＝韓*na*：日*ono*(己)／大177＝韓*na*：日*na*(吾)／大178＝韓*na*：日*ana*(己)／大180＝韓*na*：日*önö*(己).

▷ 나-. A347＝韓*nal*(to go or come out)：日*naru*(to be)／白260＝韓*na, nat*：日*naru*(生, 成)／大177＝韓*na*：日*naru*(生成)／M225＝韓*na-*：日*nár-*(become).

▷ 나라. R161＝韓*nara*(the state, the country, the kingdom)：日*\*na-*(earth) in *naye*(earthquake).

▷ 나란-. 白263＝韓*narăn*：日*narabu*(並), *narahu*(習), *narasu*(齊)／H418, 437＝韓*nar̓an'i*(côte à côte, en ligne)：日*nar̓a-b.u*(ranger en ligne)／大177＝韓*naran*：日*narabu*(並).

▷ 나물. 白474＝韓*namul*：日*na*(菜)／大177＝韓*namul*：日*na*(菜)／M232＝韓*nɔmɔlh*(greens)：日*ná.*

▷ 나이. H402, 408＝韓*nahi*(âge)>*na'i*：日*tośi*(id.), *tośi₀yor̓.u*(vieillir), 琉球*tsusï₀yur̓.i*(personne âgée.

▷ 나르-. M227＝韓*nalï-<nɔlï-*(carry, convey), *nalu<nɔrɔ*(ferry)：日*nos*(*e*)(carry, convey).

▷ -나플. M240＝韓*kkïnapul*(piece of string)?<*kkï-napul*：日*napá*(rope).

▷ 날-. M240＝韓*nɔl-*(fly)：日*nor-*(ride, mount).

▷ 남-. H437＝韓*nam-*(être en excédent), *nɔm-*(être en trop)：日*ama-r̓.*(être en excédent), *amar̓.i*(trop).

▷ 남비. 白474＝韓*nampi*：日*nabe*(鍋)／R135＝漢*lam-pi*>韓*nambi*(a frying pan, a small dish for rice)>日*nabe*(id.)／大176＝*nampi*：日*nabë*(鍋)／M250＝韓*nampi*：日*nabe*(pan).

▷ 납. 白449＝韓*nap*：日*namari*(鉛)／金11＝韓*nap*：日*namari*(鉛)／R160＝韓*nap*(plumbum, lead)：?cf.日*namari*(id.)／大176＝韓*nap*：日*namari*(鉛).

▷ 낫. 宮17-1013＝韓*nas*(鎌)：日*nata*(釤)／金11＝韓*nat*(鎌)：日*nata*(釤)／R162＝韓*nat*(a sickle)：日*nata*(a hatchet, a big knife)／大176＝韓*nat*(鎌)：日*nata*(鉈)／M233＝韓*nas*(sickle)：日*nata*(hatchet).

▷ 낫. 大180＝韓*nas*：日*di*(鉤).

▷ 낫-. 白288＝韓*na, nas*：日*naho*(直)／M226＝韓*"na*(*s*)-(get/be better), *nɔoy*(again, further)：日*nápo*(more, further), *napór-*(get better), *napós-*(make better).

▷ 낮. A330＝韓*nal*(sun, day, weather), *nyŭlŭm*(summer)：日*natsu*(summer)／金11＝韓*nat*(晝)：日*natsu*(夏).

▷ 낮-. H432＝韓*nat-~yat-*(peu profond)：日*asa-*(id.).

▷ 내. 大179＝韓*nai<\*nari*：日*nare*(河).

▷ 내. A329＝韓*nè*：日*niwoi*(smell).

▷ -내. R158＝韓*nä*(=*nɑi*)(man, person)：日*ne*(person).

▷ 내내. R159＝韓*nai-nai*(again and again)：?日*nawo, nao*(still, more).

▷ 냉이. M241＝韓?*\*nas*>*na'zi*：日*naduna*(shepherd's purse).

▷ 너. A329＝韓*nŭ*:日*na*(you)／白445＝韓*nö*:日*na*(汝)／大178＝韓*nö*:日*önö*(己)／大179＝韓*nö*:日*na*(汝).

▷ 너그럽-. M243＝韓*nëgïlë*$^{w}/_{p}$-(generous):日*nokór*-(remain).

▷ 넉살. M227＝韓*nëk-sal*(brazenness):日*nóko-nóko*(brazenly).

▷ 넙. H392＝韓*nɔp.*(*tɔg.i*)(plateau, plaine):日*nora*~*no*(plaine).

▷ 넓-. 白325＝韓*nöpui*(廣), *nö*(*ta*)(鋪):日*nobu*(延)／H392＝韓*nɔlp*-~*nɔlb*->*nɔl*-(être étendu, étalé, étiré), *nup*-(être étendu, couché):日*nob.*, 琉球*nub.*(être étendu)／大177＝韓*nöp* (廣):日*nöbu*(延)／M246＝韓*nëp*-(wide):日*nób*(*i*)(stretch).

▷ 네. 宮17-1025＝韓*niei*:日*nai*(應聲).

▷ 노. 白416＝韓*na*:日*naha*(繩)／H381＝韓*no*(corde):日*nah.*(corder), *nawa*(corde de paille), 琉球*nō.*／大177＝韓*no*:日*napa*(繩).

▷ 노루. H435＝韓*nuru*~*noro*(cerf):日*noro*(id. emprunt?).

▷ 노외(야). R171＝韓*nō* in *nō-oi-ya*(again and again):日*nao*(again, still more).

▷ 노리-. 白326＝韓*nori*(慍):日*noru*(罵詈)／M243＝韓*noli*-:日*nirám*-(stare).

▷ 녹-. H434＝韓*nok.*(fondre):日*tok.*(id.).

▷ 논. M247＝韓*non*(paddy field):日*nó*, *nórá*(field).

▷ 놀-. R171＝*nōlda*(to take leisure, to amuse oneself):日*nora*(an idler), *noroi*(slow, tardy) ／H411＝韓*norä*(chant)<**nor.*, *nor.*(s'amuser):日*ne*(son, voix), *nar.*(retentir, résonner), *nor.*(parler, proclamer)／M241＝韓*″nol*-(play<*sing), *nol'ay*(song):日*nar*-(sound).

▷ 높-. 白386＝韓*nop*(高):日*noboru*(登)／金11＝韓*nop*(高):日*noboru*(登)／R171＝韓*nopta*(to be high, to be elevated):日*noppo*(a tall person, a daddy long-legs)／大177＝韓*nop*(高):日*nöböru*(登).

▷ 놓-. M239＝韓*noh*-(put aside):日*nok*(*e*)-(leave, finish)./M239＝韓*noh*-:日*nigás*-(release it), *nogás*-(id.).

▷ 누비(-). 白328＝韓*nupi*:日*nuhu*(縫)／金11＝韓*nupi*:日*nuh-u*(縫)／H392, 436＝韓*nubi*-(piquer, coudre):日*nuh.*>*nu'.*(id.)／H406＝韓*nup*-(coudre):日*nuh.*(id.)／大177＝韓*nupi*:日*nupu* (縫)／M241＝韓*nupi*-(to quilt):日*nup*-(sew).

▷ 눅-. 白296＝韓*nuki*(*ta*)(濕):日*nuru*(濡)／M245＝韓*nuk*-(get warm):日*núku*-(be warm).

▷ 눈. H430, 436＝韓*nun*(œil):日*nozo-k.u*, *nozo-m.u*(regarder), *nira-m.u*(regarder fixement), 琉球*nu$^{d}$zu-m.u.ŋ*／大177＝韓*nun*(眼):日*nemu*(睨).

▷ 눈물. 金11＝韓*nun-mur*:日*na-mida*(淚)／H430＝韓*nun.mul*(larmes):日*na'.mida*(id.), 琉球*na.n.da*／ 大177＝韓*nunml*:日*namida*(淚).

▷ 눋-. M240＝韓*″nu$^{l}/_{t}$*-(scorch):日*núru*-(be tepid), *niy-in niyas*- =*ni*-(cook it), *niy*(*e*)- (be brown, yellow).

▷ 눕-. A329=韓*nu*(to be lying down):日*nuru*(to be in bed), *neru*(to be lying down)/白 380=韓*nui*:日*ne*, *nu*(寐)/宮18-364=韓*nup*:日*ne*(寐), *neburu*(眠)/金11=韓*nup*:日*nu*(寐)/ R173=韓*nupta*(to lie down, to be bed bound):日*nu-*(to sleep)>*neru*(id.)/H434=韓 *nup*-(être couché<étendu):日 *ᴬn.u-*, *n.e-ṙ.*, *ᴬin.u-*(dormir), 琉球*ńiŋ*(qui a sommeil)/大 177=韓*nu*(臥):日*nu*(寝)/M235=韓″*nu* ″/ₚ-:日*ne*-(lie down).

▷ 뉘. 白446=韓*nui*:日*ta*(誰)/大179=韓*nui*<\**nuri*:日*idure*(誰).

▷ 느끼-. 白384=韓*nutki*:日*naku*(泣)/M242=韓*nïkki*-(feel, sob):日*nak*-(weep, wail).

▷ 느리-. 白384=韓*nurit*:日*nuru*(緩)/H435=韓*nöṙi*-(aller doucement):日*noṙo*(lent, paresseux).

▷ 느른하-. M241=韓*nⁱ/ₐ lïn ha*-(be languid):日*nóro*-(sluggish).

▷ 늙-. M235=韓*nïlk-/nɔlk*-(get old):日*nága*-(be long).

▷ 늦-. M234=韓*nïc*-(be late):日*notí*(later on).

▷ 늪. 白343=韓*nup*:日*numa*(沼)/大177=韓*nop*:日*numa*(沼)/M236=韓*nïph*:日*numá*(marsh).

▷ 다-. M247=韓*taɔ-, tao-*:日*tukús*-(exhaust), *túk(i)*-(be exhausted).

▷ 다닫-. M239=韓*tatɔⁱ/ᵢ-*:日*itar*-(reach).

▷ 다듬-. H383=韓*tat.ŏm*-(assouplir en battant), *tam*-(tremper), *ta*-(mou):日*tam*- dans *tamoṙo, tamuṙu*, dans *i.tam.e₀gawa*(peau assouplie, cuir tanné).

▷ 다리-. A328=韓*talyŭ*:日*tsureru*(to accompany)/白442=韓*tari*:日*tsure*(連)/白443=韓*tari* (隨):日*tsuku*(附)/金12=韓*tari*(伴):日*tsure*(連)/M225=韓*tɔ'li*-:日*tur(e)*(accompany).

▷ 다물-. R254=*tamɪlda*(to close the mouth, to be silent):日*tamaru*(to be silent)/M241= 韓*tamul*-(shut mouth):日*damar*-(be silent).

▷ 다발. 大176=韓*tabal*:日*taba*(把)/M227=韓*tabal*:日*tába*(bunch).

▷ 다투-. M232=韓*tɔ'thɔ*-(fight):日*tatak-ap*-.

▷ 다히-. 白385=韓*tahi*:日*tsuku*(盡).

▷ 다히-. M248=韓*tahi*-:日*tukám*-(grasp).

▷ 닥. 金12=韓*tak*:日*taku*(楮)/大176=韓*tak*:日*taku*(楮).

▷ 닦-. 白390=韓*tak*:日*togu*(磨)/金12=韓*tak*:日*tog-u*(磨)/M239=韓*task*-:日*tog*-(polish).

▷ 닫-. 白383=韓*tat*:日*todu*(閉)/金12=韓*tat*:日*tods-u*(閉)/R259=韓*tatta*(to shut, to close): 日*tate*-(closing)/大180=韓*tat*:日*tödu*(閉)/M228=韓*tat*-:日*töd(i)*-(close it).

▷ 달. A332=韓*tăl*:日*tsuki*(the moon)/白364=韓*tal*:日*tsuki*(月)/H409=韓*tal*(lune), *nal~ naṙ*(soleil, jour), *nat~nác*(midi):日*teṙ.u*(émmetre des lueurs, briller), *teṙ.a-s.u*(éclairer)/ 大178=韓*tɒl*:日*tuku*(月)/M236=韓*'tɔl*:日*tukí*(moon).

▷ 달-. 白325=韓*turi*:日*taru*(垂)/金12=韓*tar*:日*tar-u*(垂)/H425=韓*tal*-(suspendre, pendre):日 *taṙ.*(pendre)/M233=韓*tɔl*-(hang):日*tur-, tur(e)*-(hang it up).

▷ 달-. R252=韓*talda, tāda*(to be hot, to be burnt, to be scorched):日*yak-u*(to set fire to), 琉球*daġi-*, *dagi-*(the burning, the setting on fire).

▷ 달-. M232=韓″*tal*-(give me)：日*yar*-(give).

▷ 닭. A330=韓*talk*(common fowl)：日*tori*(bird)/白412=韓*talk*(鷄)：日*tori*(鳥)/金12=韓*tărk*
 (鷄)：日*tori*(鳥)/大176=韓*tɒrk*(鷄)：日*töri*(鳥)/M228=韓*tɔlk*(chicken, bird)：日*tori*(chicken,
 bird).

▷ 담-. 白295=韓*tam*(積)：日*tsumu*/金12=韓*tam*(盛)：日*tsum-u*(積)/大176=韓*tam*(盛)：日*tumu*
 (積)/M233=韓″*tam*-?<*tɔm*-：日*tum*-(heap).

▷ 닷-. M234=韓*tɔs*(ɔ)-(be warm)：日*átu*-(be hot).

▷ 닿-. M225=韓*tah*-(arrive, contact, touch)：日*túk*-(arrive, contact).

▷ 대. A328=韓*tè*：日*take*(a bamboo)/白415=韓*tai*：日*take*(竹)/金12=韓*tai*：日*take*(竹)/大176
 =韓*tui*：日*takë*(竹)/M225=韓′*tay*(bamboo, stick)：日*take*(bamboo).

▷ 대야. M246=韓*ta'ya*：日*tarapi*(washtub).

▷ 더. 大178=韓*tö*：日*itö*(多).

▷ 더덕. 金12=韓*tötök*：日*totoki*(蕈).

▷ 더듬-. 大179=韓*tötïm*：日*tadunu*(尋).

▷ 더럽-. A330=韓*tŭlŭ*(dirty)：日*doro*(mud), *darake*(bespattered)/M237=韓″*të'lë*ʷ/ₚ-(be muddy)
 ：日*doró*(mud).

▷ 더미. H406=韓*tɔmi*(tas)：日*tsum.*(entasser), *a.tsum*(rassembler).

▷ 더불-. H404=韓*tɔpuř*-(accomagner, servir)：日*tat.tob.u*(révérer)>*tō₀toh.u*.

▷ 덖-. M230=韓*tëkk*-(get dirty)：日*yogor*(*e*)-(id.), *yogos*-(make it dirty).

▷ 덜-. M235=韓″*tël*-(subtract)：日*otór*-(be inferior), *ót*(*i*)-(fall), *otós*-(drop it).

▷ 덤. H381=韓*tɔm*(filet)：日*tamo*(sorte de filet).

▷ 덤비-. M249=韓*tëmpi*-(rush, jump at)：日*tob*-(jump).

▷ 덥-. 白383=韓*tö*：日*atsu*(*shi*)(暑)/H378=韓*tɔp*-(être chaud)>*tɔwɔ*：日*tomo-s.u*~*tobo-s.u*
 (allumer un feu, une torche).

▷ 넝쿨. 白476=韓*tongkul*：日*tsuru*(蔓).

▷ 데. R161=韓*tɑi*：日*tokoro*(place)/M238=韓′*tɔ*(*y*)(place that.., situation where..)：日-*do*
 <-*to*(place).

▷ -도. M225=韓..*to*：日..*do*(although).

▷ 도끼. 金12=韓*tokkeui*(斧)：日*tatsuki*(鐇).

▷ 도리. M226=韓*toli*(crossbeam)：日*yíta*(board).

▷ 도미. 大176=韓*tomi*：日*tapi*(鯛)/M240=韓*tomi*：日*tápi*(seabream).

▷ 독. R271=漢·韓*togⱼi*(porcelain or earthenware pottery, crockery)：日*tokuri*, *tokkuri*(id.).

▷ 돈. 金9=韓*tot*(猪)：日*bu-ta*(家猪).

▷ 돋-. 白283=韓*tot*-:日*tatsu*(立)/金12=韓*tot*(登):日*tats-u*(立)/H405=韓*tot*-(s'élever): 日*tats.u* (id.)/大176=韓*tot*:日*tatu*(昇).

▷ 돌. M243=韓*"tolh*:日*yisí*(stone).

▷ 돌-. H371=韓*tu̇ru̇*-, *tol*-, *tŏl*-, *to̊ro*-, *to'i*(tourner, retourner), *tol*(anniversaire):日*to̊r*. dans *to̊r.i∘mak.u*(entourer)/M245. 韓*"tol*-(go around):日*yór*-(twist it around).

▷ 돐. M246=韓*tols*(anniversary):日*tosi*(year).

▷ 돗. 金12=韓*tot*(席):日*tsuto*(苞)/大180=韓*tot*:日*tuto*(苞).

▷ 동그라미. 白444=韓*tongorami*:日*toguro*(圓).

▷ 동무. 白294=韓*tongmo*:日*tomo*(伴)/金12=韓*tongmo*(伴):日*tomo*(友).

▷ 동이-. 白319=韓*tongki*:日*tsuka*(束).

▷ 되-. 金9=韓*toi*(化):日*idsu*(出).

▷ 두껍-. 大178=韓*tut'*:日*atu*(厚)/M244=韓*tut*-(*")kë ʷ/ₚ*-:日*atu*(be thick).

▷ 두던. M230=韓*tu'tën*, *tutïl*, *tu'tïlk*(bank, level, ridge):日*tutí*(earth).

▷ 두들기-. A328=韓*teutăl*:日*tataku*(to beat)/白293=韓*tutăli*, *tutălki*:日*tataku*(敲)/大176=韓*tutïl*:日*tataku*(叩).

▷ 두루미. A328=韓*tulumi*(a kind of stork):日*tsuru*(a stork)/白411=韓*turumi*:日*tsuru*(鶴)/金12=韓*turu-mi*:日*tsuru*(鶴)/H401=韓*tu̇rumi*(grue):日*tsu̇ru*(id.), 琉球*tsïru~tu̇ru*/大176=韓*turumi*:日*turu*(鶴)/M229=韓*turumi*:日*túru*(crane).

▷ 두르-. H403=韓*tu̇ru̇*-(entourer):日***tur*.>*to̊r*. dans *to̊r.i∘mak.u*(entourer).

▷ 둘. M245=韓*"tulh*(two):日*ture*(companion).

▷ 뒤. 白439=韓*tui*:日*shiri*(後)/大178=韓*tui*<**turi*:日*usirö*(後), *siri*(尻)/M250=韓*"twih*= *"tuyh*:日*áto*(rear).

▷ 들. H425=韓*to̊l~tɔl*(espace libre):日*håra*(plaine, lande).

▷ 들-. 金12=韓*teur*(入):日*tor-u*(取)/M231=韓*'tïl*-(enter):日*yir*-.

▷ 들-. 大176=韓*tïl*:日*turu*(擧)/M233=韓*'tïl*-:日*tór*-(hold).

▷ -들. A359=韓*teul*:日*tachi*(pl. suffix)/H373=韓*-to̊l*:日*taci*(suff. plur.)/大178=韓*tïl*:日*tati* (複數).

▷ 드러나-. 白269=韓*turöna*(著):日*teru*(照).

▷ 드레. 宮17-928=韓*teure*(pak):日*turube*(釣瓶).

▷ 드물-. 金12=韓*teumu*(稀):日*tomo-si*(乏)/大176=韓*tïm*(稀):日*tömö-si*(乏)/M240=韓*'tï*(') *mïl*-(be rare):日*tama-tama*, *tama-ni*(rarely).

▷ 등. 大178=韓*tïŋ*:日*sö*, *se*(背).

▷ 따갑-. M234=韓*ttaka ʷ/ₚ~tïkë ʷ/ₚ*-(be hot):日*at(a)taká*(-)(be warm).

▷ 따뜻-. 白383=韓*tattat*:日*atata(ka)*(暖)/大178=韓*tattat*:日*atataka*(暖).

▷ 따르-. H420=韓ˈtaɽ.(suivre, accompagner), *taəm*(suite):日*tsuɽ.u*(emmener avec soi).

▷ 따보. 大178=韓²*tapo, tapu*:日*sape*(鉏), *sapi*(小刀).

▷ 땀. 大178=韓²*tʋm*:日*ase*(汗).

▷ 땅. 白363=韓*tta, tang-*:日*tuchi*(土)/金12=韓*tta*(地):日*tsuchi*(土)/R246=韓*tta*(the earth, the soil, the land)<*ptaŋ, *ptag*:琉球*mta, nta*(earth, soil), 日*aka-da*(red ochre)< *muta*/M248=韓ˈ*stah*(ground):日*sita*(bottom).

▷ 때문. 白371=韓*taimune*:日*tame*(爲).

▷ 떡. 宮17-935=韓*stök*:日*sitogi*(飺)/金11=韓*stök*(餠):日*sitoki*(粢餠)/大176=韓*stök*(餠):日*sitöki*(粢)/M250=韓ˈ*stёk*:日*sitogi*(kind of rice cake).

▷ 떠다니-. 白258=韓*totan*:日*tatayopu*(漂).

▷ 떳떳-. 白262=韓*tottot*:日*toko*(常).

▷ 뚫-. 白382=韓*chirǎ*(刺), *ttul*(貫):日*tsura*(*nuku*)(貫)/H403=韓ˈ*tuɽ*-(percer):日*tsuɽ.* dans *tsuɽ.a ₒnuk.u*。(entourer).

▷ 뛰-. H392=韓ˈ*tuˈi*-(bondir):日*tob.*(sauter, voler), *tsuba.sa*(aile).

▷ 뜯-. 白380=韓*tut, tu*:日*tatsu*(斷)/金12=韓*tteut*:日*tats-u*(斷).

▷ 뜸. A327=韓*stum*:日*toma*(a mat)/白324=韓*tum*:日*toma*(苫)/金12=韓*tteum*(苫):日*toma*(苫).

▷ 뜻뜻-. A328=韓*steus-steus*(drip):日*shita-taru*(to drip).

▷ 띠. 白294=韓*tui*:日*chi*(茅)/金9=韓*tteui*(茅):日*chi-gaya*(茅萱)/大176=韓²*tïï*:日*tu*(茅).

▷ 띠. 白441=韓*tui*:日*tarashi*(帶).

▷ 마. 大178=韓*ma*:日*umo*(薯).

▷ 마기. R137=韓*magi*(indeed?):日*mā*(expressing surprise).

▷ 마늘. H436=韓*manal, manʋl*(ail):日*niɽa~miɽa*(id.), 琉球*bᵈza, bïra*.

▷ -마다. 金11=韓*mada*(每):日*mata*(又).

▷ 마디. 大179=韓*mʋtʋi*:日*pusi*(節).

▷ 마루. 宮17-937=韓*maru*(板間, 椽側):日*muro*(室)/金11=韓*maru*(舍):日*muro*(室)/H418, 431=韓*maɽu*(chambre    planchéiée):日*muɽo*(chambre)/大177=韓*maru*(舍):日*muro*(室), 韓*mʋrʋ*:日*mune*(胸, 棟)/M231=韓*mɔlɔ*(floor):日*muro*.

▷ 마음. 白367=韓*maam*:日*omopu*(思).

▷ 마을. 白436=韓*maeul*:日*mura*(村)/金11=韓*maeur*:日*mura*(村)/H372=韓*masʋl~måsil*>*må'ʋl*>*mɔl̄*:日*muɽa*(village)/H431=韓*māl~mōl*(village):日*muɽa*(id.)/大177=韓*mʋʋ*(里):日*mura*(村).

▷ 막. 白287=韓*mak*:日*maga*(惡).

▷ 막-. M226=韓*mak*-(block, obstruct, hold off, prevent, defend against):日*mak(e)*-(be defeated), *makas*-(defeat, beat, vanquish).

▷ 만들-. 白295=韓*măiŋkul*: 日*make*(設).

▷ 많-. 白322=韓*man*(多):日*momo*(百)/金10=韓*man*(多):日*mane-si*(普)/金11=韓*man*(多): 日*momo*(百)/大177=韓*manh*:日*mane*(多, 普)/M249=韓″*man'hɔ*-:日(*a*)*mane*-(be many).

▷ 말. A331=韓*mal*:日*mŭma*(a horse)/白410=韓*mori*:日*uma*(馬)/金12=韓*măr*:日*uma*(馬)/M249= 韓*mɔl*:日*umá*(horse).

▷ 말. A330=韓*mal*:日*masu*(a measure of capacity)/H419=韓*mal*(boisseau):日*masu*(mesure, emprunt?)/H431=韓*mal*(boisseau):日*mari*(récipient) dans *kana.mari*, *maru*(bassin, vase de nuit), *masu*(boisseau)/大177=韓*mal*:日*masu*(升)/M236=韓*mal*:日*masú*(measuring cup).

▷ 말. 白296=韓*mal*:日*mo*(藻).

▷ 말-. 白449=韓*mal*:日*maku*(捲)/大178=韓*mal*:日*maku*(卷).

▷ 말-. A330=韓*mal*(neg. verb):日*majiki*(neg. termination).

▷ 말씀. 白366=韓*mal*, *malsam*:日*mawosu*(申)/大177=韓*malsam*:日*mawosu*(申).

▷ 맛. 白261=韓*mat*:日*uma*(味)/H372=韓*mat*>*masi*:日*aźi*(goût), 琉球*adzï*<**ati*/H436=韓 *mas*>*mas.i*(goût):日*ama*-(doux au goût), *uma*(savoureux)/大178=韓*mas*:日*umasi*(味)/ M248=韓′*mas*(flavor):日*uma*-(flavorful), *ama*-(sweet).

▷ 맞-. M229=韓*mac*-(correct):日*masa*.

▷ 맞-. M236=韓*mac*-:日*mát*-(meet).

▷ 매-. M244=韓*mɔy*-:日*mak*-(tie up).

▷ 머금-. M247=韓*mëkum*-(hold in mouth):日*kám*-(bite, eat).

▷ 머리. 白476=韓*mori*:日*tsumuri*(頭)/H429=韓*mɔri*(tête):日*tsu.buri*?(tête).

▷ 먼저. M248=韓*moncyë*?<**montyë*:日*mádu*(first of all).

▷ 멀-. 大179=韓*möl*:日*paro*(遙), *paruka*(遙).

▷ 메-. A327=韓*myé*:日*umeru*(to fill up).

▷ 며느리. 金12=韓*myönari*(婦):日*u-hanari*(後妻)/大179=韓*myönɒri*:日*upanari*(婦).

▷ 몇. R147=韓*mjęt*(how many?, several)<**mi-ča*, **mič*:琉球*ɴma*(where)<**mi* or **mu*(that) and *ma*(place).

▷ 모. 白373=韓*mo*:日*mo*(方)/金11=韓*mo*:日*mo*(方)/R149=韓*mo*(an angle, a corner):日*mo* in *yomo*(the corners), *sotomo*(the outside corner)/大177=韓*mo*:日*mo*(方).

▷ 모시. 金10=韓*mosi*:日*kara-musi*(苧)/H430=韓*mosi*(urticea nivea, ortie de Chine):日 *muśi* dans *kara.muśi*(ortie de Chine)/大180=韓*mosi*:日*musi*(苧).

▷ 목. M233=韓*mok*(neck):日*muk*-(turn one's head).

▷ 몰-. 白323=韓*mora*(都, 凡):日*moro*(諸)/金11=韓*mora*(都):日*moro*(衆)/金11=韓*moto*(總): 日*mata-si*(全)/H379=韓*mota*(tout)~*mol*~*mori*:日*maru*(tout), *moro*(tous)/H391=韓*mor*~ *mot*-(tous, beaucoup):日*moro*(tous)/H414, 428=韓*mol.*~*mut*(tout, tous):日*moro*~ᵈ*muta*, *mina*(tous)/H430=韓*moři*(balle, boule):日*mari*(id.)/大177=韓*mïl*(皆):日*mörö*(諸)/大180 =韓*mot*:日*muta*(共)/M225=韓*"mol*-(drive):日*mor*-(heap them up), *moro-*(*moro*)(all, both, many, together).

▷ 몸. A327=韓*mom*:日*mi*(body)/白448=韓*mon*:日*mi*(身)/金11=韓*mom*:日*mi*(身)/H431=韓 *mom*:日*mi~mu*(corps)/大177=韓*mom*:日*mu*(身)/M226=韓*′mom*:日*mi*(body).

▷ 못. R152=韓*mot*(a lake, a pond):日*musa*(marshland)/大179=韓*mot*:日*puti*(淵).

▷ 못. 白368=韓*mot*:日*imada*(未)/白473=韓*mot*:日*mada*(未)/大178=韓*mot*(不):日*imada*(未).

▷ 몽골이. 白445=韓*monkori*(圓):日*meguru*(繞), *maparu*(廻).

▷ 뫼. R150=韓*moi*(forest, woods):日*mori*(forest)/H415=韓*mö<mo'i*(montagne, tertre):日 *moři*(hauteur, tertre)/大179=韓*moi<\*mori*:日*mure*(山)/M237=韓*"moyh*(mountain):日 *mine*(peak)/M237=韓*mo'lo*(mountain):日*mori*/M237=韓*me*(mountain):日*mori*(woods).

▷ 무겁-. M233=韓*mïkë* ᵂ/ₚ-:日*omo*-(heavy).

▷ 무르-. A327=韓*meuleul*(soft):日*moroki*(easily crumbled/H430=韓*muř.ɔ̆-da*(être mou, tendre):日*mořo-i*(fragile, peu resistant, tendre)/M242=韓*mïlɔ*-(be soft):日*moro*-(be fragile).

▷ 무릎. 大178=韓*murïp*:日*piza*(膝).

▷ 무리. A327, 330=韓*muri*(an assemblage):日*mure*(a flock), *mura*(a village), *muragaru*(to assemble)/白474=韓*muri*(衆多):日*mura*(群)/金11=韓*muri*(儕):日*mure*(群)/H431=韓 *muři*(troupe):日*muře*(id.)~琉球*buři*/大177=韓*mul*:日*mura*(群)/M229=韓*muli?<mul*:日 *muré?<mur*(*e*)-(crowd).

▷ 묵-. H431=韓*muk*-(être ancien):日*muka.śi*(l'antiquité, jadis)/M247=韓*muk*-(age, stay): 日*mukasi*(long ago).

▷ 물. A330=韓*meul*(water, river, lake):日*midzu*(water)/白340=韓*mul*:日*midu*(水)/金11= 韓*mul*:日*midsu*(水)/R154=韓*mul*(water, liquid, juice):日*mi*(water) in *izu-mi*(a spring), *mizu*(*mi-ntu*)(water)/H371, 403=韓*mul~muř~möl>mu*-:日*midzu>mizu*(eau)/H410=韓*mut*-, *mul.mut*-(humide, imbibé d'eau):日*midzu*(eau), 琉球*midu<miŋ*/大177=韓*mïl*:日*midu*(水)/ M246=韓*mïl*:日*midu*(water).

▷ 물. H414=韓*mul*.(tourner):日*mařu~mari*(pelote, balle).

▷ 물-. H419=韓*murɔ̆*-(s'en retourner, rendre):日*modořu*(rebrousser chemin)/大177=韓 *mïř*:日*mödöru*(退)/M239=韓*mul*-(repay):日*modós*-(return, pay back).

▷ 뭇-. 白382=韓*mus*:日*musubu*(結)/M227=韓*mus*(a bundle), *musk*-(bind into bundles):日 *musub*-(bind into bundles).

▷ 미리. A330=韓*mili*:日*madzu*(previously).

▷ 미르. 大178=韓*milï*:日*midu-ti*(龍).

▷ 밀. 大177=韓*mil*:日*mugi*(麥)/M251=韓*'milh*?<*'*milk*:日*mugi*(wheat).

▷ 밀-. A330=韓*mil*:日*mitsuru*(to be full).

▷ 밉-. 白290=韓*muiu*(憎):日*imu*(忌)/金10=韓*mui-p*(忌):*im-u*日(忌)/H429=韓*mui-*?(avoir de la répugnance):日*im.~ib.*(redouter, détester).

▷ 및-. 白268=韓*mit*(及):日*made*(迄)/白473=韓*mit*:日*mata*(及)/金10=韓*mit*(及):日*made*(迄)/大177=韓*mit*(及):日*mitu*(滿)/M232=韓*michï-*(reach, extend):日*mít*(*i*)-(get full).

▷ 밑. A328=韓*mis*:日*moto*(origin, bottom)/白438=韓*mit*:日*moto*(本)/金11=韓*mit*:日*moto*(下)/H410, 431=韓*mit*(base, fondement), *mui*(terre ferme):日*moto*(base), 琉球*mutu*/大177=韓*mit*:日*mötö*(本)/M247=韓*mith*(bottom, base):日*moto*(base, root, origin).

▷ 바. M228=韓*pa*(rope):日*wo*(cord, string, strap).

▷ -바. A327=韓*pa*(particle meaning 'that which, the thing which'):日*ha*(distinctive particle)/金9=韓*pa*:日*ha*(者)/R179=韓*pa*(the thing, that which, what):日*wa*(the emphatic particle)(as to, as for)~-*ba* in *naraba*(if it is)/R180=韓-*pa*(-*ba*)(after the interrogative particle *ka*, in the sense《perhaps, likely》or《look out for》):日-*wo*(the accusative ending)/大177=韓*pa*:日*pa*(者).

▷ 바구니. 大177=韓*pakoni*:日*pako*(筐)/M247=韓*pako'ni*(basket):日*pako*(box).

▷ 바꾸-. M228=韓*pakku*-(exchange it):日*băk*(*e*)-(change, become transformed), *bakăs*-(change, transform it).

▷ 바글. M226=韓*pakïl*/*pëkïl*(boiling):日*wak*-(boil).

▷ 바늘. 白328=韓*panăl*:日*pari*(針)/金9=韓*panăr*:日*hari*(針)/大177=韓*panïl*:日*pari*(針)/M237=韓*pa'nɔl*<*palɔl*:日*pari*(needle).

▷ 바다. A327=韓*pata, patang*:日*wata*(sea)/白340=韓*pata*:日*wata*(海)/金12=韓*pata*:日*wata*(海)/H409=韓*pata>pada*:日*wata*(mer) dans *wata-tsu umi*, 琉球*bata*/大179=韓*pata*:日*wata*(海)/M240=韓*palɔl*:日*wata*(sea).

▷ 바닥. R181=韓*padak*(the bottom, the lower, the lowest, the poorest, the sole):琉球*pan-nu-bata*(the sole of the foot)/H380=韓*padak*(pied, semelle, base):琉球*bata~bada~ba.t.ta*(plante du pied).

▷ 바디. 白336=韓*patui*:日*pata*(機).

▷ 바라-. 金9=韓*păra*(望):日*hara*(原).

▷ 바라-. A330=韓*pil*(to pray), *pără*(to request):日*hoshiki*(desirous), *horu* or *hossuru*(to wish)/白324=韓*para*:日*poru*(欲)/金9=韓*para*(望):日*hor-u*(欲)/大177=韓*pʋra*:日*pöru*(欲)/M230= 韓*'pɔ'la*-(desire):日*por*-.

▷ 바르-. A326=韓*pallil*:日*haru*(to paste)/金9=韓*pară*:日*har-u*(貼)/R191=韓*parịda*(to paste on, to plaster, to anoint):?日*haru*(to plaster on, to paste)/大177=韓*parï*:日*paru*

(貼)/M238=韓*pɔlɔ*-:日*par*-(paste).

▷ 바보. M248=韓*papo*:日*áho*(*o*)<*apo*(fool).

▷ 바쁘-. R189=韓*pappuda*(to be occupied, to be pressed):日**pas*- in *hasamu*(to pinch), *hasami*(scissors)/H388=韓*patpi*>*pappi*(vide):琉球*paya*>*pā*.

▷ 바위. 白362=韓*pahoi*:日*ihaho*(巖), 韓*paui*:日*ipa*(岩)/金9=韓*paui*:日*iha*(岩)/大178=韓 *pahoi*:日*ipa*(岩)/M247=韓*pa'hoy*:日*ipa, ipapo*(crag).

▷ 바지. 宮17-1023=韓*pachi*:日*patsuchi*(袴)/R195=韓*paʒi*(pantaloons, breeches, trousers): 琉球*bats'i*(trousers).

▷ 바퀴. M246=韓*pa'hoy*:日*wá*(wheel).

▷ 바탕이. 宮17-661=韓*pat'angi*:日*potoki*(*potogi*)(保止支).

▷ 박. 金9=韓*pak*(瓠):日*huku-be*(瓢)/大177=韓*pak*:日*pukube*(瓢)/M232=韓*pak*:日*pukúbe* (gourd).

▷ 박. H382=韓*pak*(fente):日*wak*.(séparer), 琉球*bag*.

▷ 밖. 金9=韓*pak*:日*hoka*(外), *hak-u*(吐)/大177=韓*pas*:日*poka*(外)/M238=韓*pask*:日*poka*(other).

▷ 반디. 白412=韓*pantui*:日*potaru*(螢)/大177=韓*pantoi*:日*potaru*(螢).

▷ 받-. 金12=韓*pat*(受):日*wata-su*(渡)/大177=韓*pat*:日*pataru*(徵)/M239=韓*pat*-(receive): 日*watar*-(fall into one's hands).

▷ 발. A330=韓*pal*(foot):日*hiza*(knee)/R185=韓*pal*(the foot):琉球*paǵi, faǵi, haǵi, pai, pā* <**pangi* or *palgi*(foot)/H389=韓*pal*(pied, jambe, foulée):日*aśi*(id.), *haśiṙ.u*(courir)/大 177=韓*pal*(足):日*pagi*(脛)/大178=韓*pal*(足):日*pasu*(走)/M232=韓*'pal*(foot):日*aśi*.

▷ 발. 白320=韓*pal*:日*piro*(尋)/金9=韓*par*:日*hiro*(尋)/大180=韓*pal*:日*pirö*(尋).

▷ 밝-. 白387=韓*palk*(明):日*paru*(晴)/金9=韓*pǎrk*(明):日*hirak-u*(開)/H391=韓*på̀lk*-(clair, brillant, évident):日*wakaṙ.u*, 琉球*bakaṙ.u.ŋ*<**wak*-?(être clair, intelligible)/大180=韓*pɒrk*:日 *piraku*(開)/M227=韓*pɔlk*-:日*par*(*e*)-(clear up), *aka-ru*(bright)/M239=韓*pïlk*-, *palk*-<*pɔlk*- :日*aka*-(be red).

▷ 밟-. H380=韓*på̀lp*-(marcher):琉球*paṙ*.(aller)/M245=韓*''pɔlp*-:日*pum*-(tread).

▷ 밥. 白415=韓*pap*:日*ihi*(飯)/金9=韓*pap*:日*ihi*(飯)/大178=韓*pap*:日*ipi*(飯)/M249=韓*pap*(cooked cereal):日*áwa*<*ápa*(millet).

▷ 밧-. M227=韓*pɔˢ/ᵤ(ɔ)*-(break, smash):日*(b)út*-(hit).

▷ 밭. 白416=韓*pat*:日*hatake*(畠)/金9=韓*pat*(田):日*hata*(畑)/R192=韓*pat*(a field, a plot of ground):日*hatake*, 琉球*fataki, pataki*(id.)/H409=韓*pat~paṫ*(champ):日*hata*(id.), *hata-ke*, 琉球*pata-gi, pat'e*<*pat'a'e*/大177=韓*pat*:日*pata*(畑)/M231=韓*path*:日*patake*(field).

▷ 배. A327=韓*pè*(belly):日*heso*(naval), *hara*(belly)/白439=韓*pai*:日*para*(腹)/R182=韓*pai*> *pä*:日*hara*(the stomach)/大177=韓*pɒi*<**pɒri*:日*para*(腹)/M243=韓*'pɔy*:日*pará*(stomach).

▷ 배. R182=韓*pai>pä*(a boat, a ship, a junk):日*\*pai>he* in *hesaki*(the bow of a boat or ship), *ha* in *hama*(harbour, haven)/大177=韓*pvi*:日*pë*(舟)/M226=韓′*pɔy*: 日*púne*(boat).

▷ 뱀. 白411=韓*paiyam*: 日*pemi*, *pebi*(蛇)/金9=韓*pǎiam*(蛇):日*hamo*(鱧)/大177=韓*pviyam* (蛇):日*pëmi*(蛇), *pamu*(鱧)/M251=韓′*pɔy′yam*: 日*pébi*(snake).

▷ 뱉-. 白385=韓*piök*:日*paku*(吐)/M242=韓*pas-*, *pat-*:日*pǎk-*(spit).

▷ 버들. 大177=韓*pötïl*(楊):日*pota*(梢).

▷ 버렁. 白475=韓*pöröng*:日*piro*(廣).

▷ 버릇. R198韓*peɾit*(a habit, a vice):日*furi*(habit, custom, manners).

▷ 버리-. 白389=韓*ppuri*(灑):日*hahuru*(散)/金9=韓*pǎri*(棄):日*hahur-u*(放)/M243=韓*pɔli-*: 日*parap-*(sweep away).

▷ 벌. A330=韓*pǔl*:日*hachi*(a bee)/白413=韓*pöl*:日*pachi*(蜂)/金9=韓*pör*:日*hachi*(蜂)/H390 =韓*pɔri~pɔl*(guêpe, abeille):日*haći*(id.), 琉球*patśi~padzï*/大178=韓*pöl*:日*pati*(蜂)/M226= 韓*pël*:日*pati*(bee).

▷ 벌. 白321=韓*polphan*:日*hara*(原)/金9=韓*pör*:日*hure*(村)/R196=韓*peɭ*(a plain, a prairie, any even ground):日*hira*(a plain)/H417=韓*pɔl*(espace libre, étendu, plaine):日*haɾa* (espace libre)/大179=韓*pöl*:日*para*(原)/M238=韓*pël*:日*pára*(plain, field).

▷ 벌-. R197=韓*peɭda*, *peda*(to be separated, to be opened, to be apart):日*hira-ku*(to open), *hiro-i*(broad)/H442=韓*pɔl-*(être ouvert)>*yɔl-*(ouvrir):日*hiɾa-k.u.*(ouvrir).

▷ 벌리-. 白320=韓*pöri*:日*haru*(張)/白321=韓*pöri*:日*paruka*(遙)/大179=韓*pöri*:日*paru*(張)/ M243=韓′*pɔli-*(split it open):日*war-*(id.)/M243=韓*pɔ′li-*:日*par-*(spread it).

▷ 벌써. M225=韓*pɔl′syë*:日*mó-paya*(already).

▷ 범. R197=韓*pem*(a tiger):日*ō-kami*(the wolf).

▷ 범. H389=韓*pɔm*(voile de navire):日*ho*(id.), 琉球*pu*.

▷ 벗. M234=韓″*pët*, *pëc*(i)(companion):日*woto*(-*kó*)(male).

▷ 벗-. M239=韓*pas-*(shed, take it off):日*padus-*(remove it).

▷ 벼. 白284=韓*ppai*(秀拔):日*ho*(穗)/金9=韓*pyö*(稻):日*ho*(穗)/M239=韓′*pyë*(riceplant):日 *pó*(ear of grain).

▷ 별. A330=韓*pyûl*:日*hoshi*(a star)/白365=韓*piöl*:日*hoshi*(星)/R196=韓*pjeɭ*(a star): 日*pira-pira*(sparkling), *hikaru*(to shine, to glitter), *hikari*(the light)/H418=韓*pyɔl* (étoile):日*hośi*(id.), 琉球*husï~fusi~.busi*/大177=韓*pyöl*:日*pösi*(星)/M243=韓″*pyël*:日*posi* (star).

▷ 병. 白475=韓*pyöng*:日*pe*(瓮)/大177=韓*pyöŋ*:日*pë*(瓮).

▷ 베. 金12=韓*poi*:日*yuhu*(布).

▷ 베-. M229=韓*pᵃ/ₑhi-*(cut):日*pag-*(strip, skin, flay).

▷ 베틀. 大177=韓poit'ïl:日pata(機).

▷ 보-. R204=韓poda(to look, to see):日-wo(the accusative ending)<*bo/R204=韓poara, pora(imperative)(look here!, see!):日hora(interj.)/大179=韓pol(見):日moru(守)/M240 =韓po-(see):日osopar-(learn), wosip(e)-(teach).

▷ -보. R203=韓-po(in compounds)(person, fellow):日akambo(a baby), dorobo(a thief), noppo(a tall person).

▷ 보지. 白290=韓pochi:日podo(陰)/金9=韓pochi:日hodo(女陰)/大177=韓poči:日pötö(女陰).

▷ 복. 大180=韓pok:日puku(河豚)/M244=韓pok:日púgu(swellfish).

▷ 볶-. M250=韓posk-(parch):日hos-(dry it).

▷ 볼. R205=韓pol(the cheek, the side):日ho, hō, 琉球fu, fū, fūtaji(the cheek)/H389=韓 pol(joue)~ᴾpam:日hoho>ho(id.), 琉球hū/M228=韓pol:日pó-po, po-ppéta(cheek).

▷ 봄. 白475=韓pom:日paru(春)/大177=韓pom:日paru(春).

▷ 부끄럽-. A326=韓peus:日haji(shame).

▷ 부딛-. M233=韓putïyc-:日(b)út-(hit).

▷ 부러-. H388=韓puṙ.ɔ-(rompre):日waṙ., 琉球baṙ.>yaṙ.(fendre).

▷ 부르-. H388=puṙ-(tourner):日huṙ.>.buṙ.(opérer un retour).

▷ 부리. A330=韓pŭli:日hashi(beak as in kuchi-bashi).

▷ 부리-. R211=韓purida(to make use of, to employ):日tsukau(to use, to employ)/M246= 韓pï'li-:日purup-(wield, brandish).

▷ 부엉이. 白415=韓puöngi:日hukuro(梟).

▷ 부치-. H388=韓put-(ćida)(agiter l'air):日huṙuh.u(agiter, trembler), huṙ.u.

▷ 부화. 大177=韓puxua:日puku(肺).

▷ 붇-. H409=韓put-(grossir, s'enfler):日huto-(gros, gras), 琉球futu-buta(porc), busa-(gras).

▷ 불. A331=韓peul(fire):日hi(fire, sun)/白363=韓pul:日pi(火)/H389=韓pul(feu):日hi~ho.< **puṙ?/大177=韓pïl:日pï<pö(火)/M231=韓'pïl:日pí(fire).

▷ 불. R203=韓pil, pil-al(the testicles)<*böl:琉球furi, furu(id.)/M250=韓pïl?<*pïhïl:日 puguri (scrotum).

▷ 불-. A332=韓pul:日fuku(to blow)/白386=韓pu:日puku(吹)/金9=韓pur(吹):日hur-u(降)/ H390=韓pul-<**pulk-?(souffler), paṙ.a.m(vent):日huk.(souffler)/H418=韓pul-(souffler) ~paṙ.a.m(vent):日huṙ.u(tomber), 琉球fuŋ~höŋ/大178=韓pul:日puku(吹)/M226=韓pïl-: 日púk-(blow).

▷ 불-. M243=韓pulo-(be full):日púy(e)-(swell, grow).

▷ 붓. M227=韓'put:日pude(brush).

▷ 비. M250=韓'pi:日áme(rain).

▷ 비-. 大177=韓*puil*:日*pora*(空)/M251=韓*pïy*-(be empty, vacant):日*pima*(opening, time).

▷ 비단. 白335=韓*pitan*:日*pata*(服).

▷ 비둘기. A326=韓*pitalki*:日*hato*(a pigeon)/白412=韓*pitulki, pitalki*:日*pato*(鳩)/宮18-357=韓*pitʋlki*:日*pato*(鳩)/金9=韓*pitărk*:日*hato*(鳩)/R200=韓*pidɑlk*(the pigeon):日*tori*(bird)/大180=韓*pitulki*:日*pato*(鳩).

▷ 비듬. M247=韓*pilɔ*:日*puke*(dandruff).

▷ 비름. 金9=韓*pir-eum*:日*hiru*(莧)/M238=韓*pilɔm*:日*píyu*(pigweed).

▷ 비롯-. A330=韓*piroso*:日*hajimete*(for the first time)/M238=韓*pilos*(-)(begin):日*pitó-tu*(one).

▷ 빌-. 白292=韓*pi*(祝, 祈):日*ipa*(*pu*)(齊, 鎭齊)/大178=韓*pi*:日*ipapu*(祝, 祈).

▷ 빛. H389=韓*piʔ*(lumière solaire):日*hiru*(clarté diurne), 琉球*piru~pitu*.

▷ 빠르-. 白384=韓*pal*:日*paya*(速)/H388=韓ᵖ*pal~*ᵖ*păr*-(vite):琉球*pari*(rapide)/大177=韓ᵖ*pʋrïi*:日*paya*(速)/M231=韓'*spɔ*(*l*)-(be swift):日*páya*-(be fast).

▷ 빨-. M245=韓'*spɔl*-(launder):日*arap*-(wash, launder).

▷ 빼-. A332=韓*pahil*(to pluck out):日*hagu*(to strip off)/白434=韓*pai*:日*hiku*(引)/M247=韓*spa*-, *spahi*-:日*pabuk*-(exclude, omit).

▷ 뻗-. 白320=韓*pöt*:日*pape*(延).

▷ 뼈. 金9=韓*pyö*:日*ho-ne*(骨), *ha*(齒)/大177=韓ᵖ*pyö*:日*pone*(骨)/M226=韓'*spyë, pspyë, sp(y)ëy*:日*poné*(bone).

▷ 뿔. H389=韓ᵖ*pul*(pointe):日*hō~*琉球*pū*(épi)/H390=韓ᵖ*pal*(pointu), ᵖ*pul*(corne):日*hari*(dard, aiguille)/H414=韓ᵖ*pul*(pointe, corne):日*ho*(pointe, épi), 琉球*pū*.

▷ 사내. H373=韓*sana, söna~sanä*(homme, mari):日ᵈ*se*(mari, frère aîné)~*sena*(dial.).

▷ 사둘. 大176=韓*sadul*:日*sade*(網).

▷ 사발. 宮17-1025=韓*sapal*(椀), *sora*(盆):日*sabari*(椀), *sara*(鈔鑼).

▷ 사슴. A328=韓*săsăm*:日*shishi*(deer)/大176=韓*sasʋm*:日*sisi*(鹿).

▷ 삭-. 白271=韓*sak*(醇熟):日*sake*(酒)/宮17-1215=韓*sak*:日*sake*(酒).

▷ 살. 宮18-850=韓*sal*:日*sa*(箭)/H418, 424=韓*sal*(dard, flèche), ˢ*so*-(décocher une flèche), *sol*(sapin):日*sara*(épine, dard), *sas.u*(piquer), *hari*(aiguille), 琉球*sis.u.ŋ*/H442=韓*sal>sari*(dard, aiguillon):日*hari~haru*(aiguille)/大176=韓*sal*:日*satu*(矢).

▷ 살. M232=韓'*sɔlh*:日*sisi*(flesh).

▷ 살-. 金11=韓*sa*(住):日*su*(巢).

▷ 살-. M245=韓*sɔl*-(remove):日*sár*-(go away).

▷ 삼. 金9=韓*sam*:日*asa*(麻)/H426, 431=韓*sam*(chanvre):日*asa*(id.)/大178=韓*sam*:日*asa*(麻)/M233=韓*sam*:日*asa*(hemp).

▷ 삼(나무). R223＝韓*sam*(the cryptomeria, spruce)：日*sugi*(id.)<\**sum-ki*.

▷ 삼-. 白380＝韓*sam*：日*shimeru*(示).

▷ 삼치. M236＝韓*sam-chi*：日*saba*(mackerel).

▷ 삽. 宮17-1028＝韓*sap*(鍤, 鍫)：日*sabi*(鉏)/M242＝韓*'salp*：日*sabi*(spade).

▷ 삿. R225＝韓*sat*(a reed-grass mat)：日*sasa*(the bamboo grass).

▷ 새. M226＝韓*"sä*(bird)：日*sagi*(heron), *kasa-sagi*(magpie).

▷ 새. 大176＝韓*sai*：日*sara*(新)/M237＝韓*'say*：日*sára*(new).

▷ 새. 白438＝韓*sai*：日*shiro*(白)/宮18-1061＝韓*syöra*(白馬)：日*siro*(白).

▷ 새우. H426＝韓*säbi*(écrevisse)：日*ebi*(id.), 琉球*ibi*, *se~sē~sa'i*.

▷ 서리. M248＝韓*së'li*?<\**sëlm*(*i*)：日*simo*(frost).

▷ 석. R226＝韓*sjęk*(an anchorage, a bay)：日*seki*(id.).

▷ 석가지. 白445＝韓*sokkachi*：日*sakikusa*(三枝).

▷ 섬. A327＝韓*syŭm*：日*shima*(an island)/白344＝韓*siom*：日*shima*(島)/金11＝韓*syöm*：日*sima* (島)/R228＝韓*sjęm*：日*shima*(an island)/大176＝韓*syöm*：日*sima*(島)/M234＝韓*"syëm*：日*sima* (an island).

▷ 섶. 宮17-1020＝韓*söp*(薪)：日*siba*(柴)/金11＝韓*syöp*：日*siba*(柴)/M227＝韓*sëp*：日*siba* (brushwood).

▷ 섶. H426＝韓*syɔp'*>*sɔp'*>*'yɔp'*(côté, proximité)：日*soba*(côté, jouxte), 琉球*suba*.

▷ 소. A328＝韓*sho*：日*ushi*(ox)/白409＝韓*syo*, *so*：日*ushi*(牛)/金12＝韓*so*：日*ushi*(牛)/H409＝ 韓*so~si*(vœuf, vache), *soi*>*sö*：日*usi*(id. emprunt?), 琉球*utsi*, *usu*, *osu*/大178＝韓*syo*：日 *usi*(牛)/M249＝韓*'syo*：日*usi*(ox).

▷ 소라. M250＝韓*so'la*(pot)：日*sara*(plate).

▷ 소리. H411＝韓*sořä*(son, voix)：日*so.soř.*(faire du bruit).

▷ 속. A328＝韓*sok*(interior)：日*soko*(bottom), *suki*(interval)/金11＝韓*sok*(內)：日*soko*(底)/ 大176＝韓*sok*(裏)：日*soko*底)/M247＝韓*"sok*：日*soko*(bottom).

▷ 속-. A328＝韓*sokil*：日*sukasu*(to deceive)/大176＝韓*sok*：日*sukasu*(欺).

▷ 속곳. 宮17-816＝韓*sokkos*：日*tapusagi*(犢鼻褌).

▷ 솔. H418, 424＝韓*sōl~soř.i*(brosse)：日*suř.u*(frotter, polir), 琉球*sïs.u.ŋ*.

▷ 솟-. 白390＝韓*sos*：日*sosogu*(潟)/H424＝韓*sos.a.*[*na-da*](surpasser), *sot-ta*(se dresser haut)： 日*so.soř.*(se dresser haut, dominer)~*so.soř.*(monter, gravir).

▷ 쇠보. 宮17-1015＝韓*soipo*(鉎)：日*sabi*(銹).

▷ 수. 金11＝韓*su*：日*se*(男)/大176＝韓*su*(雄)：日*se*(男).

▷ 수수. 金12＝韓*syusyu*(秫)：日*susuki*(芒).

▷ 숙-. M230＝韓*suk*-(droop)：日*ság*(*e*)-(hang it down).

▷ 술. A330=韓*sul*:日*saji*(a spoon)/大178=韓*sul*:日*sazi*(匙).

▷ 술. 白270=韓*sul*:日*shiru*(酒)/H424=韓*syul*>*sul*(liqueur fermentée):日*śiṙ.u*(bouillon, jus), 琉球*suṙu*/大176=韓*siï*:日*siru*(汁)/M235=韓*suïl*:日*sake*(liquor).

▷ 숯. 白434=韓*syus*(炭):日*susu*(煤), *sumi*(墨)/大176=韓*sus*(炭):日*susu*(煤)/M242=韓*sus*(*k*): 日*susú*(soot).

▷ 쉽-. 白318=韓*sui*:日*yasu*(安, 易)/M230=韓*"swiᵂ/ₚ*-(be easy)<\**su*-:日*yásu*-(be easy), *yasúm*-(rest, sleep).

▷ 스미-. 白388=韓*sumui*:日*shimu*(浸), *somu*(染)/M242=韓*'sï'mïy*-(permeate it):日*som*(*e*)- (dye it).

▷ 스러-. A329=韓*seulu*:日*sarafu*(to clear out).

▷ 스스로. 宮17-1217=韓*seuseuro*(*seusᴘro*)(自):日*sozoro*(自捐, 坐捐, 漫不覺坐).

▷ 슬슬. H373=韓*sǒl.sǒl*:日*soro*>*sot'*-(*to*)(en glissant sans bruit).

▷ 시-. A328=韓*sui*:日*suu*(sour)/R236=韓*sįida*(to be sour):日*sui*, *suppai*(sour)/大176=韓*sï*: 日*su*(酸)/M242=韓*sɔy*-:日*sú*(be sour)/M251=韓*sɔy*-:日*su*(be sour).

▷ \*시기. 金11=韓*siki*:日*siki*(城).

▷ 시리-. H399=韓*sǒr.i*-(avoir froid):日*hiya*(eau froide), *huyu*(hiver).

▷ 시아비. 金11=韓*seui-api*:日*si-uto*(舅)/大176. 韓*si-api*:日*si-fïtö*(舅).

▷ 신. 金12=韓*sin*(鞋):日*sune*(脛).

▷ 실. R233=韓*sil*(a thread):琉球*san-śiru*=*samisen*(three-stringed).

▷ 실마리. 白448=韓*silmari*:日*sumaru*(統).

▷ 심심하-. A327=韓*sim-sim han*:日*sameshiki*, *sabihiki*(lonely).

▷ 싹. 白286=韓*sak*(芽), *isak*(穗):日*saku*(咲), *sakae*(榮), *saki*(秀, 起)/金11=韓*ssak*(萌): 日*sak-u*(咲)/大176=韓*sak*:日*saku*(咲).

▷ 쌓-. 白387=韓*sa*(疊):日*osohu*(襲).

▷ 썰-. 白381=韓*sö*(*ta*)(切):日*soru*(剃).

▷ 썰-. 白381=韓*sul*(磋):日*suru*(摺)/H373=韓ˢ*söl-da*:日*suṙ.u*(limer, frotter).

▷ 쑤시-. 白381=韓*susi*:日*sasu*(刺).

▷ 씨름. 宮17-812=韓*ssireum*:日*sumahi*(相撲).

▷ 씻-. A328=韓*sisal*(to wash):日*sosogu*(to sprinkle, to wash)/白384=韓*sisa*:日*susugu* (滌)/金11=韓*ssis*:日*soso-gu*(濯)/大176=韓*sis*:日*sösögu*(洗).

▷ 아. 宮17-940=韓*a*:日*a*(我).

▷ 아기. 宮18-848=韓*aki*, *ᴘhᴘi*:日*ago*(小兒)/金9=韓*aka*:日*agi*(小兒)/大179=韓*aka*:日*agi*(小兒).

▷ 아귀. H382=韓*agu'i*(angle, bouche), *ɔgu'i*:日*ago~agi*(maxillaire, menton)/M234=韓

*akwi*(mouth):日*agó*(jaw).

▷ 아니. A329=韓*ani*(not)/日*ina*(no)/白368=韓*ani*:日*ani*(豈)/金9=韓*ani*(否):日*ani*(豈)/大 179=韓*ani*(不定詞):*ani*日(豈)/大180=韓*ani*:日*ina*(否).

▷ 아래. 大180=韓*arai*(下):日*öru*(降)/M230=韓*a'lay*, *ɔlɔy*(down, under):日*ór*(*i*)-(go down), *óros*-(put it down).

▷ 아전. 白315=韓*achyön*(胥吏):日*asomi*(朝臣).

▷ 아침. 白472=韓*achim*:日*asa*(朝)/R2=韓*ačham̯*, *ačim̯*(morning):日*asa*(morning), *asu* (tomorrow)/H426=韓*ać'ǎm~ać'im*(matin):日*asa*(matin, demain)~*asu*, *aśi-ta*, 琉球*atsa* ~*a'tsa*/大176=韓*ač'ʋm*:日*asa*(朝)/M236=韓*a'chɔm*:日*ása*(morning).

▷ 안. M234=韓*'anh*(interior, inside):日*anás*(hole), *náska*(inside).

▷ 알. M235=韓*al*..(bare, naked, stripped):日*ara*-(rough, coarse, sparse, stripped).

▷ 알-. M234=韓*"al*-(know)?<*sɔl-*:日*sir*-(id.).

▷ 암. 金10=韓*am*:日*imo*(女)/H429=韓*am*(femelle), *ɔmɔ.*(mère):日*me*(femme)/大180=韓 *am*(牝):日*imo*(女).

▷ 앞. M232=韓*alph*(front):日*mápe*?><**ma-ape*.

▷ 얕-. A328=韓*yǔs*:日*asaki*(shallow)/白319=韓*yas*:日*asa*(淺).

▷ 어긋-. M238=韓*ᵃ/ₑkis̯*-(a little open, apart):日*ak*-(open).

▷ 어른. M247=韓*"ëlin*(adult):日*oyá*(parent).

▷ 어리석-. 白389=韓*orisyök*, *uru*:日*oroka*(愚), *orosoka*(粗略)/大180=韓*ör*:日*öröka*(愚)/M243= 韓*ë'li*-:日*óroka*(stupid).

▷ 어미. 白448=韓*ömö*:日*omo*(母)/金11=韓*ömi*:日*omo*(母)/大179=韓*ömi*:日*ömö*(母)/M236= 韓*ëm*(*i*):日*omo*(mother).

▷ 어서. 金12=韓*ösö*(早):日*wase*(早稻).

▷ 어울-. M234=韓*a'ol-/ë'u*(*l*)-(join them together):日*áp*-(they join), *apás*(*e*)-(join them together).

▷ 어위-. M245=韓*ë'wi*-(be wide)<**ë'pi*-:日*obi-tadássi*-(be extreme).

▷ 어찌. 白369=韓*otchi*:日*itsu*(何)/金9=韓*öt*:日*idsu*(何).

▷ 언니. 白416=韓*öni*:日*ani*(兄).

▷ 얼. 白295=韓*öl*, *örong*(斑):日*iro*(色)/M236=韓*al/ël*(spot):日*azá*(mark), *ayá*(pattern).

▷ 얼. 白371=韓*öl*(麤, 荒布), *öriö*(疎), *orai*(久):日*ara*(荒).

▷ 얼-. H399, 418=韓*ɔl̯*-(geler), *kyɔul*(hiver):日*kōr̯.*<*ᴬkohor̯.*(geler)/M231=韓*"ël*-(freeze): 日*arare*(hail).

▷ 얽-. 白327=韓*ölk*:日*oru*(織)/大179=韓*örk*(結):日*öru*(織)/M246=韓*olk*-(bind up):日*or*-(weave).

▷ 업-.　白379=韓*öp*:日*opu*(負)/金11=韓*öp*:日*oh-u*(負)/大179=韓*öp*:日*öpu*(負)/M238=韓*ëp*-(carry piggyback):日*op*-(bear on back).

▷ 여러.　A359=韓*yŭlŭ*(numerous):日*yoro-dzu*(ten thousand)/白322=韓*yörö, yöröt*:日*yorodu*(萬)/金12=韓*yörö*(衆):日*yoro-dsu*(萬)/大179=韓*yörö*(衆):日*yörö*(萬).

▷ 여름.　H412=韓*nyŏʾ.ŏm*>'*yŏʾ.ŏm*:日*natsu*(été)/大177=韓*nyörɒm*:日*natu*(夏)/M243=韓*nyë'lïm*:日*natú*(summer).

▷ 열.　H380=韓*yɔl*(chanvre):日*yoʾ.*(tordre).

▷ 옆.　M241=韓*yëph*(side), *sëp*(eyebrow)<*syëph*:日*sóba*(side).

▷ 옛.　H435=韓*nyet*(ancien)>*yet*:日*iniśi.'e*(la passé, le temps anté rieur, ancien).

▷ 오래.　H391=韓*oʾǎ-, oʾä*-<*oʾai*(ancien, aîné):日*fuʾu*-(ancien), *o.boʾo*/M235=韓*o'la*-(be long):日*óy*(*i*)-(age).

▷ 오르-.　白260=韓*ora*:日*agaru*(騰)/H432=韓*oʾ*-:日*noʾ.*(monter).

▷ 오리.　金9=韓*ori*(鴨):日*ahi-ru*(家鴨).

▷ 오붓하-.　R174=韓*obit-hada*(to have plenty, to be sufficient):日*ōi*(<*opo-ki*)(much, many)/M239=韓*op-ïs*-(be plentiful):日*ópo*-(id.).

▷ 오이.　白439=韓*oi*:日*uri*(瓜)/金12=韓*oi*:日*uri*(瓜)/H415=韓*oi*>*uyi*?>**uʾi*?:日*uʾi*(melon), 琉球*ūʾu*>*u'i*/大180=韓*oi*<**ori*:日*uri*(瓜)/M236=韓″*oi*:日*uri*(melon).

▷ 온.　R177=韓*on*(hundred):日*jūbun*(all, full).

▷ 올.　M238=韓*ol-ap*(*ën*)*i*(older sibling):日*oyá*(parent).

▷ 올-.　H389=韓*ol*->'*o*(être):日*woʾ.*(id.).

▷ 옷.　白437=韓*os*:日*so*(衣)/金11=韓*os*:日*so*(衣)/H397=韓*ot*(vêtement):日 ᵈ*so*(id.) dans *so.de*(bras de vêtement)/大176=韓*os*:日*ösufi*(衣服).

▷ 우리.　M227=韓*uli, ë'li*:日*ori*(cage).

▷ 우물.　金12=韓*u-mur*:日*wi*(井).

▷ 우북.　M239=韓*opo*(*lo*)*k*/*upu*(*lu*)*k ha*-(be dense):日*ópo*-(be plentiful).

▷ 울.　大178=韓*ul*:日*udi*(氏)/M228=韓*'ulh*:日*údi*(clan).

▷ 울-.　H411=韓*ul*-(crier, chanter), *ut*-(rire):日*uʾe.śi*(joyeux), *yoʾo.kob.u*(se réjouir)/M242=韓″*ul*-(to sound):日*otó*(a sound).

▷ 움.　白259=韓*um*:日*me*(芽), *moye*(萌), *musu*(産), *umu*(生)/金11=韓*um*:日*me*(芽).

▷ 위.　白438=韓*u, ut*:日*upe*(上)/金12=韓*u*:日*u-he*(上)/R285=韓*ū*(the top, above, besides):日*u* in *ue*(over)/H418=韓*u'i*<*uhi*(le haut):日*uʾe*>*uʾa.*(cime, le haut), 琉球*uyā*<*uʾa*/M247=韓*uh*:日*u-pe*(above).

▷ 으르-.　M236=韓*ïlï*-(menace, threaten):日*odo*(*ka*)*s*-(menace), *odorók*-(take fright).

▷ 으실-.　白386=韓*usilusil*:日*osoru*(恐).

▷ 이. R66=韓*i*, *ję*(~*jo*)(this):日*i-ma*(now)<*i*(this)+*ma*(occasion, place).

▷ 이-. R68=韓*ida*(to be):日*iru*<\**wi-ru*(to be).

▷ 이- M227=韓″*ni*-(carry on the head):日*ní*(burden, load).

▷ 이글이글. 大180=韓*ikïlikïl*:日*ikiru*(熱).

▷ 이르-. A330=韓*nirăl*:日*noru*(to speak)/白265, 474=韓*nil*(告), *norai*(歌), *nilk*(讀):日 *noru*(告), *nori*(法), *na*(名)/金11=韓*niră*(云):日*nor-u*(宣)/大177=韓*nil*(云):日*nöru*(告).

▷ 이마. 白327=韓*nima*(額):日*nomi*(叩頭)/金11=韓*nima*(額):日*nom-u*(叩頭).

▷ 이만. 宮17-1214=韓*ima*(*chyök*), *iman*(ʔ*tai*):日*ima*(今)/R70=韓*imamttä*(at this time, just now)<*i*(this), *man*(amount, size), \**ptai*>*ttä*(time):日*ima*(now).

▷ 이스랏. 宮17-1017=韓*iseurɒ*(櫻):日*yusura*(櫻桃).

▷ 이슬. 大180=韓*isïl*:日*tuyu*(露)/M230=韓*is'ïl*<*isɔl*(dew):日*túyu*(id.).

▷ 익-. 白370=韓*nik*:日*nigi*(熟)/金11=韓*nik*:日*niko*(熟)/大177=韓*nik*:日*niko*(熟).

▷ 일-. H410=韓*nil*-~*nir*-(apparaître)>*il*-:日 *◁idz*.(id.), 琉球*id.i-ṙ*.

▷ 일컫-. 白265=韓*nilkhăt*(云):日*norito*(祝詞).

▷ 입. A327, 330=韓*ip*(mouth):日*ifu*(to speak)/白366=韓*ip*(口):日*ipu*(云)/金9=韓*ip*(口):日*hi-ge*(鬚)/金10=韓*ip*(口):日*ih-u*(云)/大177=韓*ip*(口):日*ipu*(云)/M249=韓*ip*(mouth):日*ip*-(say).

▷ 잎. H435=韓*ip*<*nip*(feuille):日*nahe*(pousse, plant), 琉球*nē̆*.

▷ 자라-. M243=韓′*cɔla*-(be sufficient), *cal*(well):日*tar(i)*-(suffice).

▷ 자루. M242=韓*cɔlɔ*(handle):日*yari*(spear).

▷ 자르-. M229=韓*cɔlï*-(cut off):日*tát*-(id.).

▷ 자시-. M231=韓″*ca'si*-, *ca*(*ɔps*)-(eat[honorific]):日*táb(e)*-(id.).

▷ 잠-. M250=韓′*cɔm*-:日*sidum*-(sink).

▷ 잡-. A327=韓*chap*(to slaughter cattle, to take):日*tsubusu*(to slaughter cattle, to break to pieces)/H407=韓*ćap*-~*ćup*-~*ćip*-(saisir, tenir en main), *t'op*(ongle), *ćom*(poing fermé): 日*tsum*.(pincer, cueillir, tenir serré, saisir), *tsum.e*(ongle, sabot, griffe).

▷ 저. 白447=韓*chyö*:日*so*(其)/大176=韓*čö*:日*sö*(其)/M244=韓′*tyë*, *co*(that):日*so(-re)*(that).

▷ 저녁. M237=韓*cë-nyëk*(evening):日*yó*(night).

▷ 적. A328=韓*cheuk, chuk*:日*toki*(time)/白260=韓*tai*:日*toki*(時)/宮17-1211=韓*chök*(*chyök*):日*toki*(時)/金12=韓*chyök*:日*toki*(時)/M244=韓*cëk*:日*toki*(time, when).

▷ 적-. A328=韓*cheuk*(few):日*sukoshi*(little), *sukunaki*(few)/白390=韓*chok*:日*suku(nashi)*, *suko(shi)*(少)/金12=韓*chök*:日*suko-si*(少)/大176=韓*čök*:日*suko*-(少)/M235=韓*cëk*-, *cak*-:日*suku-ná*, *sukósi*(little).

▷ 젖. A328=韓*chŭs*:日*chichi*(milk)/白415=韓*chyöt*:日*chi*(乳)/金9=韓*chyöt*:日*chichi*(乳)/

M227=韓cëc:日titi(breasts).

▷ 제비. A327=韓chǔpi:日tsubame, tsubakura(a swallow).

▷ 족족. M244=韓..nïn cok cok(every time that..):日toki(time, when).

▷ 좀. 金11=韓chom(蠹):日simi(衣魚)/大176=韓čom:日simi(衣魚).

▷ 좁-. 白382=韓chop:日seba(shi)(狹)/金11=韓chop:日seba-si(狹)/大176=韓čop:日seba(狹)/
M249=韓cop-(be narrow):日sema-, seba-(id.).

▷ 종. 白318=韓chiong(奴, 仕):日tsuko(奴, 仕), yatsuko(奴).

▷ 종이. M250=韓cho'hɔy=tyo'hɔy(paper):日suk-i(making paper).

▷ 좇-. M231=韓coch-:日sitagáp->sitáp-(follow).

▷ 좋-. M235=韓″tyoh-(be good):日súk-(be liked).

▷ 주-. 白389=韓chu:日ata(hu)(與).

▷ 죽-. A328=韓cheukeul(to die):日tsukiru(to come to an end, to become exhausted).

▷ 줄. A238=韓chul:日suji(thread, sinew)/金11=韓chur(絃):日sudji(線)/H419=韓ćul(ligne,
corde, fil)~śil(fil):日suźi(ligne, tendon), 琉球suṙa(lignée)~tsïⁱu(fil)/大176=韓čul:日sudi
(筋)/M235=韓cul:日sudi(line)/M243=韓cul:日turú(string).

▷ 줄-. 大178=韓čul:日sizimu(縮).

▷ 줍-. M238=韓″cuʷ/ₚ-:日tum-(pick).

▷ 즐겁-. M231=韓′cïl(′)këʷ/ₚ-(be delightful):日yorokób-(rejoice).

▷ 지-. 白296=韓chi:日otsu(落).

▷ 지-. M225=韓ti-(carry on the back):日se(the back).

▷ -지. R30=韓-či, -ǯi(the dubitative-interrogative particle):日(ni)-te, (sa)-te(a questioning
particle with sense of supposition), 琉球-(n)ti.

▷ 지아비. 宮17-1219=韓chiapi, chiömi:日tsuma(夫, 妻).

▷ 질-. M242=韓″til-(watery):日síru(juice).

▷ 집. A327=韓chip(a house, a room):日tsubone(a chamber)/M234. 韓cip:日yipé(house).

▷ 짚. M243=韓′tiph(straw):日siba(turf).

▷ 짚-. R34=韓čipta(to shove with a pole):日tsue<*tupe(stick).

▷ 짜-. M246. 韓′pcɔ-(weave):日patá(loom, woven).

▷ 짜-. R18=韓ččada(to wring out, to press out, to squeeze, to milk):日hasa-mu(to press).

▷ 짝. M249=韓pcak(pair):日puta-tu(two).

▷ 쪼개-. 白372=韓chökui(剖):日saku(析)/M242=韓ccokä-, ccakä-:日sák-(split it).

▷ 쪽. M230=韓ccok(direction):日yoko(side).

▷ 차-. A328=韓chal:日taru(to be enough).

▷ 차-. 大176=韓č′ɒl:日suzusi(冷)/M228=韓′chɔ-:日sámu-(cold).

▷ 차-. M239=韓*chɔ*-(kick, click):日*tuk*-(poke, thrust).

▷ 차리-. M236=韓*chɔl(h)i*-:日*tukúr*-(make).

▷ 참. A327, 328=韓*chhăm*:日*tamaru*(to endure), *damar-u*(to be silent)/M243=韓″*chɔm*-(be patient):日*wosám(e)*-(subdue).

▷ 찾-. A328=韓*chhachal*:日*tadzuneru*(to research)/白388=韓*ch'acha*:日*tazunu*(尋)/M236=韓*chɔc*-:日*sagas*-(look for).

▷ 초리. M244=韓*choli*:日*siri*(tail).

▷ 축-. M230=韓*chuk*-(be damp, moist):日*tuk(e)*-(soak, immerse).

▷ 춥-. M228=韓*chuʷ/ₚ*-:日*samu*-(cold).

▷ 치-. A328=韓*chhil*:日*uchi*(to strike)/白292. 韓*chi*:日*utsu*(打).

▷ 치마. 金11=韓*chi-ma*:日*mo*(裳)/金12=韓*chhima*(裙):日*tsuma*(褄).

▷ 침. A328=韓*chhum*:日*tsuba*(spittle)/白414=韓*ch'um*:日*tsubaki*(唾)/金12=*chhum*:日*tsuba*(唾)/M242=韓*chum*:日*tubá*(spittle).

▷ 칼. A330=韓*kal*(a sword):日*kiru*(to cut), *katana*(sword)/白380=韓*kalki*(剪):日*kiru*(切), *karu*(苅)/金10=韓*khar*(刀):日*kir-u*(斬)/大180=韓*k'al*(刀):日*kiru*(切)/M250=韓*kalh*(sword, knife):日*káma*(sickle)/M251=韓*kalh*(sword, knife)+*nɔlh*(blade):日*kataná*(sword).

▷ 칼. 大177=韓*k'al*:日*kasi*(柳).

▷ 코. 金10=韓*kho*(鼻):日*ka*(香)/M242=韓*k(h)oh*(nose):日*kag*-(smell it).

▷ 크-. 金10=韓*kheu*:日*ika*(大).

▷ 큰어미. 金10=韓*kheunömi*(嫡妻):日*konami*(前妻).

▷ 타-. 白326=韓*tha*:日*taku*(焚)/M227=韓*thɔ*-(burn):日*tak*-(id.)/M227=韓*thɔ*-:日*yak*-(burn it).

▷ *탄. 宮18-1179=高句麗語'旦, 頓, 呑'(谷):日*tani*(谷)/R279=韓*than, tan*(valley, dale):日*tani*(id.).

▷ 터. M238=韓*thë*(site, place):日*toko*(place)>*tokoro*/M238=韓*thë*(site, place):日*to*(ki, koro)(time, place).

▷ 턱. 大178=韓*t'ök*:日*ötög-api*(頤).

▷ 턱. M236=韓*thɔk*(hillok), *(ën)tëk*(hill):日*také*(peak).

▷ 테. M234=韓*thëy*:日*tagá*(hoop).

▷ 토끼. 白414=韓*thok*:日*usagi*(兎)/H439=韓*t'ökäŋi*:日*usagi*(lièvre)/大178=韓*t'o-kki*:日*usagi*(兎).

▷ 톱. A327=韓*thop*:日*tsume*(a finger or toe-nail, a hoof)/白414=韓*thup*:日*tsume*(爪)/金12=韓*thop*:日*tsume*(爪)/大176=韓*t'op*:日*tuma*(爪)/M228=韓*thop*:日*tume*(claw).

▷ 틀-. H381=韓*t'ɔl*(tourner, tordre, tresser), *tol*-, *təl*-(corder):日*tsuru*(lien, corde)>*tsura~tsuna, tsuta*(lierre).

▷ 티끌. 大180=韓*tït-kïl*:日*tiri*(塵).

▷ 파-. 白389=韓*phai*:日*poru*(掘)/大177=韓*p'ʋl*:日*poru*(掘)/M247=韓*phɔ*-:日*por*-(dig).

▷ 파랗-. M232=韓*phɔlɔ*-(green):日*áwo*.

▷ 파리. 白413=韓*phari*:日*pape*(蠅)/H372, 390=韓*p'aⱦi~p'oⱦi*:日*ha'i*(mouche), 琉球*paⱦi*/大 177=韓*p'ʋri*:日*pape*(蠅).

▷ 팔. A330=韓*phal*(arm):日*hiji*(elbow)/大177=韓*p'ʋl*:日*pidi*(臂)/M247=韓*p(h)ɔl*, *pɔlh*(arm): 日*pidi*(elbow).

▷ 팔-. A326=韓*phal*(to sell):日*haraf-u*(to sell off, to clear away)/M241=韓*'phɔl*-:日 (*w*)*ur*-(sell).

▷ -팔. H441=韓(*nip*)*p'al*(feuille):日*ha*(id.).

▷ 팥. M239=韓*'phɔs*=*phɔth*:日<*aduki*<?*adu-ki*(redbean).

▷ 퍽. 白385=韓*pök*:日*pagu*(剝).

▷ -포. 白323=韓*pho*(多):日*po*(百)/白474=韓*pho*:日*opo*(多)/R215=韓*pho*(many, several): 琉球*po-ku*(much, many, in great amounts).

▷ 푸르-. 大179=韓*p'ïr*:日*midöri*(綠).

▷ 풀. A327, 329=韓*pheul*(grass, straw):日*wara*(straw)/大179=韓*p'ïl*:日*mira*(蒜·草)/大 180=韓*p'ïl*(草):日*piru*(蒜·草)/M232=韓*'phïl*(grass):日*wára*(straw).

▷ 풀-. H381=韓*p'ul*-(fendre, diviser), *pɔⱦ*-:日*waⱦ*.(id.), 琉球*baⱦ*.

▷ 품-. M233=韓*phïm*-(clasp to bosom):日*pukúm*-(hold in mouth).

▷ 하-. R58=韓*hɑda*(to do, to act, to intend, to mean, to say), stem *hɑ*-<*sɑ*-~*sę*-<*so*-: 日*suru*(to do, to be).

▷ 하품. M251=韓*haphïy-om*:日*akubi*(yawn).

▷ 해. 金10=韓*hăi*:(日):日*ko-yomi*(曆).

▷ 허리. A330, 332=韓*hŭli*:日*koshi*(loins)/大178, 179=韓*xöri*:日*kosi*(腰)/M245=韓*hë'li*:日 *kosi*(waist).

▷ 헤-. M244=韓*hëy*-(swim):日*kog*-(row).

▷ 혀. H423, 425=韓*sä~ˢse*<~ˢsɔi~so'i~hyɔ*(langue):日*śita*(id.), 琉球*śida*(id.).

▷ 호미. 大179=韓*xomⱴi*:日*kupa*(鍬).

▷ 홈. M229=韓*hom*(groove):日*kumá*(corner, nook).

▷ 홑. 白449=韓*hot*:日*hito*(一).

▷ 후리매. 宮18-1181=韓*hurimai*(裌):日*koromo*(衣).

▷ 휘-. H381=韓*hu'i*-?(courber, tordre):日*woⱦ*.-(tisser)>*oⱦ*., *wo*(corde), 琉球*uⱦ*., *bū*>*o*.

▷ 흐르-. A332=韓*heul*:日*nagar-u*(to flow).

▷ 흐리-. A332=韓*heulil*(to be cloudy, turbid):日*nigoru*(to be turbid)/M232=韓*hïli*-(be cloudy):日*kiri*(fog, mist).

▷ 흙. M230＝韓*hɔlk*(dirt)：日*kita-na-*(be dirty).

▷ 희-. H425＝韓*sɔi~hə̈i-*(blanc)：日*śiřo~śiřa-*(id.), 琉球*suřu*.

▷ 힘. A332＝韓*him*(strength)：日*kimo*(liver, courage)/M249.＝韓*'him*(strength), *''kim*(breath)：日*kimó*(liver).

**出處** ＜聖心女大(1969. 6.), 『論文集』 1: pp.70-93.＞
　　　＜草風館(1999. 12.), 『韓国語と日本語のあいだ』: 224-261(日譯再錄).＞